HISTOIRE GÉNÉRALE

DES

ARTS APPLIQUÉS A L'INDUSTRIE

DU Vᵉ A LA FIN DU XVIIIᵉ SIÈCLE

PAR

ÉMILE MOLINIER

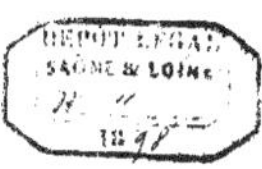

Ouvrage honoré d'une souscription du Ministère de l'Instruction publique et des Beaux-Arts

III

LE MOBILIER AU XVIIᵉ ET AU XVIIIᵉ SIÈCLE

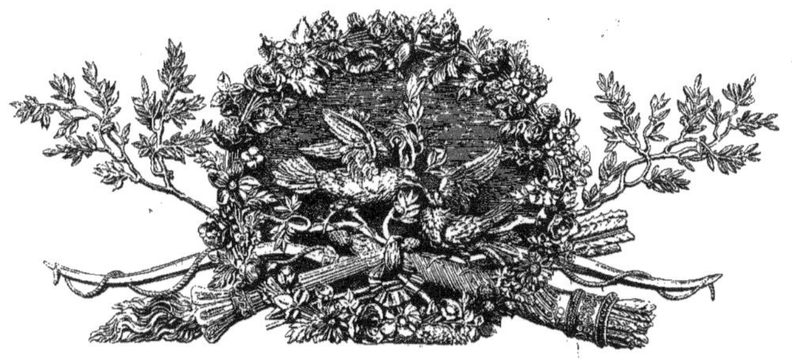

PARIS

LIBRAIRIE CENTRALE DES BEAUX-ARTS

E. LÉVY, ÉDITEUR

13, Rue Lafayette, 13

LONDRES	BRUXELLES
Cн. DAVIS	E. LYON CLAESEN
147, New Bond Street.	8, Rue Berckmans.

HISTOIRE GÉNÉRALE

DES

ARTS APPLIQUÉS A L'INDUSTRIE

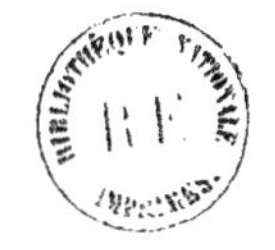

TOME III

LE MOBILIER AU XVIIe ET AU XVIIIe SIÈCLE

MACON, PROTAT FRÈRES, IMPRIMEURS

HISTOIRE GÉNÉRALE

DES

ARTS APPLIQUÉS A L'INDUSTRIE

DU Ve A LA FIN DU XVIIIe SIÈCLE

PAR

ÉMILE MOLINIER

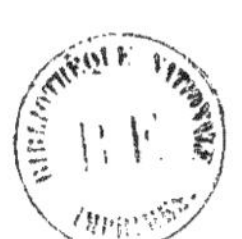

*Ouvrage honoré d'une souscription du Ministère de l'Instruction publique
et des Beaux-Arts*

III

LE MOBILIER AU XVIIe ET AU XVIIIe SIÈCLE

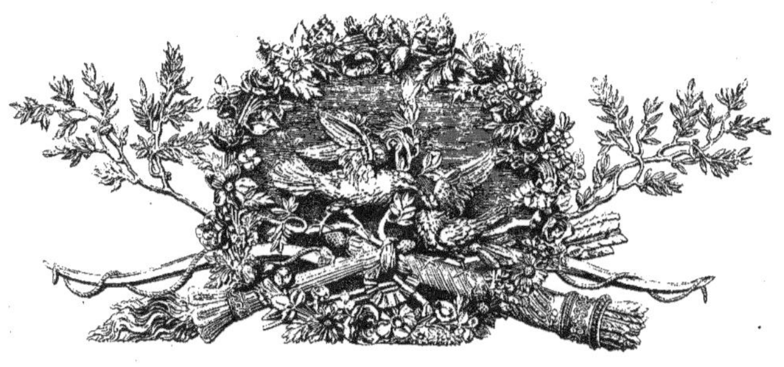

PARIS

LIBRAIRIE CENTRALE DES BEAUX-ARTS

E. LÉVY, Éditeur

13, Rue Lafayette, 13

<table>
<tr><td>LONDRES</td><td>BRUXELLES</td></tr>
<tr><td>Ch. DAVIS</td><td>E. LYON CLAESEN</td></tr>
<tr><td>147, New Bond Street.</td><td>8, Rue Berckmans.</td></tr>
</table>

AVANT-PROPOS

Les objets étudiés dans le présent volume sont certainement de ceux qui font le plus d'honneur à l'art français, de ceux qui ont le plus contribué à établir et à étendre sa réputation. Malgré les imperfections du tableau qu'on a tracé dans les pages qui suivent de cet admirable épanouissement de l'art décoratif en France au XVIIe et au XVIIIe siècle, le lecteur demeurera, je l'espère, convaincu, en fermant ce livre, qu'aucun pays ne peut offrir, au point de vue du mobilier, un développement artistique aussi parfait. Ce jugement, d'autres avant moi l'ont proclamé, et les étrangers, qui nous ont tous ou presque tous emprunté notre style, l'ont amplement ratifié et le confirment chaque jour. Pourquoi faut-il que ce soit précisément la France qui donne le spectacle de la conduite la plus irrespectueuse envers l'art du passé, qui, chaque jour, par une insouciance coupable, laisse dépérir et se ruiner le riche patrimoine qui, des mains de la monarchie, est passé dans ses mains, qui, des mains du roi, est passé dans les mains de la Nation? Il y a là une véritable impiété, une négligence impardonnable qu'il faut mettre à la charge de tous les gouvernements qui, depuis la Révolution, se sont succédé en France.

L'ancien garde-meuble de la couronne, celui du moins que nous font connaître les inventaires rédigés sous le règne de Louis XIV et sous les règnes suivants, se composait en très grande partie d'objets meublants, modernes à l'époque où étaient rédigés ces inventaires, d'objets rares ou curieux ou de pierreries. Le garde-meuble national d'aujourd'hui n'est qu'un démembrement de cette ancienne organisation, démembrement profondément illogique : car il comprend à la fois une collection d'objets anciens formant un véritable musée et dignes d'être immobilisés par une exposition permanente, et un magasin d'objets modernes sans aucune valeur artistique. Cette dualité a eu et a encore aujourd'hui les conséquences les plus déplorables : on a pris sans distinction dans l'une et l'autre parties du garde-meuble des objets qui, par affectation, sont devenus effectivement meublants — ce qui a entraîné des restaurations d'objets anciens absolument condamnables; — de plus, l'État, faute d'un budget suffisant, a trouvé commode, dérogeant à d'anciennes et utiles traditions, d'avoir là une sorte de magasin où l'on puise sans compter, sans qu'il y ait lieu d'inscrire au budget une somme considérable pour l'acquisition de meubles modernes. Mais, me dira-t-on, de la sorte l'État est sûr d'être toujours bien meublé et luxueusement. Pour l'instant, je le crois. Mais il ne faudrait pas s'imaginer que ces ressources sont illimitées : les pertes et l'usure annuelle que subit *le garde-meuble auront bien vite raison de cette collection ; le jour est proche où il ne restera plus un objet présentable dans les magasins de l'État. Enfin cet abus des meubles anciens, des anciennes tapisseries pour meubler nos administrations, nos ambassades d'Europe ou d'outre-mer est immoral au premier chef : car il supprime une source de production très importante pour notre industrie artistique qui n'est plus appelée comme autrefois à concourir à l'embellissement de nos palais. Il est humiliant d'avoir à le dire, mais en somme, en France, à ce point de vue, nous sommes dans la situation d'un particulier qui mangerait son capital. Et, je le répète, ce capital est très entamé. Il n'est que temps de couper court à cet état de choses déplorable si nous voulons que dans cinquante ans nos collections nationales puissent encore montrer ce qu'était le mobilier du XVIIe et du XVIIIe siècle ; et encore ne pourront-elles offrir, dans la plupart des cas, que des meubles odieusement redorés, estropiés et déshonorés par des ignorants, des tapisseries en loques revenues de quelque ambassade lointaine. Il y a longtemps qu'on réclame la création d'un musée du mobilier français, et d'un musée de tapisseries absolument distinct du garde-meuble réduit à la fonction qu'indique son titre, c'est-à-dire la fonction de dépôt destiné à meubler effectivement tout bâtiment de l'État réclamant un mobilier. Le jour où ce musée sera formé, les objets qui s'y trouveront seront par le fait soustraits à toutes les restaurations malheureuses, à toutes les fantaisies qui les régissent encore aujourd'hui et les font circuler du nord au midi, de l'est à l'ouest, comme s'il s'agissait d'un mobilier de nomades. Ainsi se trouvera appliquée à ces collections d'un prix et d'une valeur artistique inestimables cette fameuse loi de 1887 relative au classement des objets d'art faisant partie du patrimoine national. Car, chose étrange, alors qu'on classe, qu'on inventorie au nom de l'État, qu'on photographie, avec le plus grand soin et le zèle le plus louable, des objets de médiocre mérite appartenant à telle ou telle église de campagne, l'État n'étend pas les mêmes garanties de conservation aux meubles de prix, aux tapisseries merveilleuses ou aux objets d'art qui font partie du garde-meuble. En sorte que, par un singulier abus, les lois très justes qu'il a fait faire n'ont pas l'air d'avoir été créées pour lui-même. Il y a plus : personne n'ignore que la plupart des ministères, qu'un très grand nombre d'administrations de l'État possèdent de nombreux meubles anciens ayant fait originairement partie du garde-meuble de la couronne ou tout au moins du domaine national. Ces meubles, ces objets meublants ne sont pas même portés sur les inventaires du garde-meuble. Chaque administration s'en considère si bien comme propriétaire qu'il en est qui, pour les déposer au Louvre, ont dû en faire une vente réelle au Musée : vente peu onéreuse sans doute, purement symbolique, mais qui suffit à montrer combien toutes les règles qui régissaient si sagement l'administration de l'ancien garde-meuble sont méconnues. Il ne faut pas s'étonner dès lors que certaines villes, certaines municipalités finissent par élever des prétentions sur ce patrimoine et par s'ingérer dans l'administration d'un domaine dont les règlements sont si incertains. Il n'est que temps de refaire, scientifiquement et non administrativement, un classement général des meubles appartenant à l'État, en quelque lieu qu'ils soient déposés. Il faut qu'un document certain constate leur existence et leur état de conservation, quitte à les laisser provisoirement et en attendant leur remplacement par des meubles modernes dans les locaux qu'ils décorent actuellement.*

Voilà des prémisses, me direz-vous, qui laissent trop voir que vous voulez reconstituer au Louvre l'ancien garde-meuble. Rien n'est plus éloigné de ma pensée. Non que je juge que ces objets soient indignes du Louvre, loin de là ; mais le Louvre n'est pas un local fort élastique : un garde-meuble peut empiler des meubles dans un magasin ; un musée les doit montrer dans le meilleur jour possible, et le Louvre n'a pas de place pour créer cette série qui serait considérable. Mais la question de local n'est pas une question absolument insoluble ; à défaut de Paris, j'imagine que Versailles et les palais nationaux — considérés comme musées et non comme lieux d'habitation et rattachés à la direction des Musées — seraient des endroits suffisamment qualifiés pour abriter dans des conditions convenables ces somptueuses reliques du passé.

En résumé, le garde-meuble n'est qu'un démembrement assez maladroit de l'ancien trésor royal augmenté d'un musée dont l'existence n'y est nullement motivée, une création bâtarde; l'idée qui a depuis tantôt trente ans prévalu, à savoir que le Louvre pouvait bien sans déroger abriter un certain nombre de meubles, n'est pas nouvelle; elle remonte à la création du Musée lui-même, et un certain nombre de meubles rares ou précieux avaient été désignés dès la Révolution pour prendre place au Muséum. La plupart de ces objets, et non des moindres, attendent encore à la porte du Louvre qu'on veuille bien les faire bénéficier d'une décision gracieuse à laquelle ils avaient et ont encore tous les droits. Entre temps quelques-uns ont été perdus, vendus, égarés, brûlés même : il me paraît, et je ne crois pas être trop exigeant, que le moment serait venu de les sauver définitivement. Les hommes du XVIIIe siècle ont fait taire leurs préjugés politiques ou artistiques en les désignant pour le Muséum comme des chefs-d'œuvre incomparables; les hommes du XIXe siècle ne peuvent se montrer moins larges que leurs aînés, et j'imagine que le Louvre ou ses dépendances ne seraient pas déshonorés en donnant asile aux chefs-d'œuvre d'un Gouthière, d'un Riesener ou d'un Thomire.

Les résidences royales de l'ancien régime formaient par le fait autant de musées : tableaux, marbres, objets d'art ou meubles précieux y étaient entassés, et on peut dire qu'à la Révolution il aurait suffi de laisser ces palais en l'état, pour que la France possédât les plus beaux musées du monde. Mais ces musées n'avaient qu'un défaut : ils n'étaient point publics. On montrait bien aux particuliers de distinction, aux étrangers de marque certaines parties de Versailles ou de Fontainebleau, de Trianon ou de Marly, mais, en somme, le musée considéré comme moyen d'enseignement ou même comme simple passe-temps pour le public n'existait pas. Je sais bien qu'avant la Révolution française quelques tentatives avaient été faites dans ce sens, et on avait cherché à mettre sous les yeux du public quelques-uns des tableaux de la collection du roi : en 1750, Lenormand de Tournehem exposait dans la galerie du Luxembourg 110 tableaux et 20 dessins. Cette installation, si défectueuse qu'elle fût, si insuffisante surtout, marquait cependant un sensible progrès : le malheur voulut qu'elle ne s'améliorât pas par la suite; bien plus, en 1779, le comte de Provence s'étant installé au Luxembourg, elle fut définitivement supprimée.

On peut assurément savoir gré à l'ancien régime d'avoir très largement amassé des richesses artistiques. Je ne suis point de ceux qui seraient tentés de reprocher à Louis XIV sa manie de construction : c'était de l'argent bien employé, et la renommée de Louis XIV a survécu au souverain bien plus par l'essor que des ministres intelligents ont su donner aux arts que par ses succès politiques. L'argent dépensé pour les arts n'est jamais perdu, et une nation occupe bien plutôt une véritable place dans l'histoire du monde par la gloire qu'elle acquiert dans cet ordre d'idées que par celle qu'elle ramasse sur les champs de bataille : juste revanche de la culture intellectuelle sur la barbarie persistante de l'humanité. Mais, si on peut dire que chez nous la monarchie avait travaillé pendant des siècles à réunir les éléments de nos collections nationales, il faut reconnaître aussi qu'elle ne songea jamais sérieusement à en faire profiter libéralement la nation. On ne peut trop lui en vouloir; l'occasion ne se présenta pas sans doute, car l'idée était déjà dans l'air au XVIIIe et il eût suffi d'un ministre intelligent pour la développer. Cet honneur d'organiser ces collections, qui peut-être, sans la Révolution, aurait fait le mérite du règne de Louis XVI, revint à la Constituante et à la Convention surtout. Un décret du 20 juillet 1791 ordonnait de grouper au Louvre et aux Tuileries les monuments des sciences et des arts; la Convention, le 27 septembre 1792 et le 27 juillet 1793, décidait la création d'un Muséum aux Galeries du Louvre. Ce Muséum, bien modeste à la vérité, fut ouvert au public le 28 novembre 1793. Ces collections, exposées dans le salon carré et dans une partie de la grande galerie, puis dans les locaux occupés au rez-de-chaussée par la ci-devant Académie, dans la Galerie d'Apollon enfin, furent d'abord administrées par une Commission du Muséum nommée à la fin de l'année 1792, puis par le Conservatoire du Muséum dont les membres furent choisis par le Comité de l'instruction publique de la Convention, sous l'influence de David. C'est dire quels étaient les sentiments qui animaient ce personnel qui, en l'an V, fut remplacé par le conseil d'administration du Musée central des Arts, qui subsista lui-même jusqu'au moment où Vivant Denon devint directeur général des musées, c'est-à-dire jusqu'au 28 brumaire an XI. Sa direction, prudente et féconde en résultats, devait durer jusqu'en 1814.

Les monuments mis à la disposition du Muséum provenaient de plusieurs sources; je parle ici, bien entendu, uniquement des monuments qui, par leurs dates ou leur nature, rentrent dans les séries des arts appliqués à l'industrie. La source la plus considérable fut d'abord l'ancien garde-meuble dont l'inventaire, en ce qui touchait les séries des diamants, des bronzes et des pièces en matières dures ou en métal précieux, fut dressé et publié, dès 1791, par ordre de l'Assemblée Nationale.

Je n'ai pas à parler ici de la série des diamants, qui allait être assez sensiblement amoindrie par ce fameux vol du garde-meuble sur lequel le dernier mot n'a point encore été dit au point de vue historique, et dont les derniers vestiges sont entrés au Louvre en 1889. C'est là une acquisition qui n'a point enrichi notre Musée, et les objets qui la composent n'ayant aucun caractère d'art, je n'ai pas à m'y arrêter.

Les bronzes de l'ancien garde-meuble provenaient des collections formées sous Louis XIII et sous Louis XIV, des collections de Richelieu et de Mazarin : la série presque complète fut conservée, et il est regrettable qu'elle ait été dispersée depuis. Car il ne faut pas se dissimuler que le Louvre n'en possède qu'une petite partie : beaucoup sont encore déposés soit au garde-meuble, soit dans les résidences où ils ont été transportés dès le premier Empire, mais surtout à l'époque de la Restauration et sous Louis-Philippe pour y compléter des mobiliers.

En ce qui concerne les objets d'art provenant de saisies pratiquées chez les émigrés, les condamnés ou simplement les suspects, chez les membres de la famille royale, chez le duc de Cossé-Brissac, à Chantilly, à Louveciennes, à Richelieu, chez Mme de Brionne, etc., etc., le choix fut beaucoup plus large : il porta non seulement sur des objets d'art que leur ancienneté ou leur style pouvaient protéger contre la destruction ou l'aliénation, mais aussi sur une foule d'objets mobiliers tout modernes, et que par conséquent des admirateurs exclusifs du style pseudo-antique, alors de mode, auraient pu proscrire s'ils n'avaient pas été doués d'une certaine impartialité. Après cela, je ne ferai aucune difficulté de reconnaître que parfois ils se laissèrent guider par des considérations qui nous paraissent un peu démodées aujourd'hui; que Lenoir se montra, en formant avec mille difficultés le Musée des Monuments français, infiniment plus intelligent qu'eux; mais tout n'était pas irréprochable dans l'œuvre d'un homme qui fut un véritable précurseur, et le grain qu'il ramassa contenait pas mal d'ivraie. Au surplus, il faut se garder de prêter aux gens du passé les sentiments que nous avons aujourd'hui, et les administrateurs du Muséum, en faisant alterner, dans la Galerie d'Apollon, les orfèvreries du XVIe siècle avec les pipes indiennes en filigranes ou les meubles en laque d'une destination un peu spéciale, ne faisaient que se conformer au goût de l'époque. J'avoue qu'en relisant ces inventaires des saisies, en relisant les arguments par lesquels les commissaires essayent de sauvegarder les chenets de Gouthière ou la fameuse commode de Louveciennes qui, après bien des péripéties, a fini par échouer dans une collection parisienne, alors qu'elle était réservée pour le Louvre dès 1794, je me plais à reconnaître l'impartialité relative d'hommes qui, en somme, savaient peu de choses des arts et surtout devaient craindre, à un pareil moment, de se montrer trop conservateurs. Je sais bien qu'on m'objectera les ventes absolument stupides faites à Paris et à Versailles, prolongées pendant des mois et des mois, sans grand profit pour le Trésor et au grand détriment de l'art; d'accord; et le premier sentiment qui vous anime en relisant ces longues listes de proscription est une indignation profonde et un écœurement sans bornes. Mais en considérant plus froidement les choses, en faisant un retour sur soi-même, on devient sinon plus indulgent, du moins plus tolérant. On s'étonne même que des hommes, au demeurant peu éclairés, aient songé à sauver tant de choses alors qu'à notre époque, nous autres qui nous piquons de comprendre l'art en général, nous avons vu s'accomplir légalement des actes de vandalisme tels que la démolition des Tuileries, c'est-à-dire la ruine d'un véritable bijou artistique qu'il eût été si facile de conserver. Mais, comme on l'a dit excellemment, dans notre pays, « à chaque changement politique, on a toujours rendu responsables des gouvernements déchus les monuments qu'ils avaient fait construire[1] ». Un tel spectacle doit nous rendre plus modestes, et il nous est bien difficile de traiter de barbares les hommes d'il y a un siècle sans avouer que nous ne nous sommes guère améliorés.

À peine avions-nous fini ou à peu près de liquider — et dans quelles conditions, hélas ! — un passé artistique qui semblait nous peser, que, par un revirement peu logique, nous imposions à nos voisins des contributions de guerre d'un genre nouveau, la contribution artistique. On s'expliquerait à peine de semblables mesures, éminemment répréhensibles à toutes sortes de points de vue, si elles avaient eu pour but de faire venir au Muséum des tableaux et surtout des antiques, seules choses qu'on admirât alors; mais point, le zèle des commissaires alla jusqu'à recueillir une foule d'objets qui, infailliblement, auraient été voués à l'aliénation s'ils n'avaient fait partie du domaine de la Nation. Je ne veux pas insister sur un chapitre que je trouve plutôt douloureux; mais cependant, il faut remarquer que précisément ces apports d'Italie, de Belgique ou d'Allemagne n'eurent point le résultat qu'on se proposait : sans doute le Louvre put pendant quelques années exposer une série de chefs-d'œuvre d'une extraordinaire richesse, mais il ne faut pas oublier aussi qu'on créa un encombrement qui nuisit au développement naturel des collections. Cet amoncellement d'œuvres disparates, de tableaux qu'on devait parfois laisser privés de cadres, de statues sans socles, de bibelots relégués en magasin faute de vitrines et de place pour les exposer eut pour principal résultat d'empêcher d'organiser sérieusement les collections nationales. Il fallut véritablement toute l'habileté de Denon pour se retrouver au milieu de ce labyrinthe. Encore ne put-il jamais y mettre un ordre parfait; en sorte que ces mesures, qui se prolongèrent pendant des années, ne servirent guère qu'à entretenir contre nous des haines violentes, sans aucun profit pour l'art. Je sais bien qu'on pourra me dire que néanmoins quelques œuvres capitales restèrent à Paris : sans doute, mais ne faudrait-il pas ajouter aussi que, par des acquisitions habilement faites, à un pareil moment, on eût pu conquérir, à un titre moins précaire, infiniment plus de chefs-d'œuvre. Les quelques tentatives heureuses faites par Denon dans ce sens sont là pour en témoigner.

Si la Révolution et la guerre d'Italie avaient rempli le Muséum d'œuvres d'art de tout genre, le Consulat allait se charger de l'appauvrir : dès l'an VIII Bonaparte demande des meubles et des tableaux pour meubler le palais des consuls, et Joséphine, en femme de goût, peu contente des tableaux qu'on lui offre pour décorer un salon, vient elle-même au Muséum et s'octroie deux Corrège pour

---

1. A. de Champeaux, L'Art décoratif dans le vieux Paris, Gazette des Beaux-Arts, 3e période, t. IX (1893), p. 328-329.

commencer [1] *; en l'an IX, nouvelle saignée; en l'an X on ne choisit plus, on déménage purement et simplement le dépôt : les hommes chargés de meubler les Tuileries, Saint-Cloud, les hôtels des ministères, puisent à pleines mains, et c'est pourquoi on retrouve aujourd'hui dans quelques-uns de ces établissements des objets mobiliers qui avaient été réservés pour le Muséum par la Commission des Arts.*

On peut penser, si les collections du Louvre se trouvèrent du coup appauvries. En réalité, de ce qui devait composer plus tard le département des objets d'art, il ne subsista pas grand'chose au Musée pendant le premier Empire, et cette perte n'a jamais été compensée. Le Louvre, du reste, n'eut pas seul à souffrir de pareilles mesures, mais le patrimoine artistique de la Nation tout entier. Quand on considère ce qui de la sorte a été détruit, usé, vendu même parfois comme hors d'usage par l'administration du domaine, absolument inconsciente, on croit réellement rêver. Les apports de l'étranger, pour nombreux qu'ils fussent, de médiocre qualité très souvent, ne comblèrent pas une lacune qui, au contraire, s'agrandissait chaque jour, grâce aux exigences de l'empereur.

Et cette dilapidation continua pendant la Restauration et sous le règne de Louis-Philippe : « Bientôt s'introduisit l'abus funeste de meubler les appartements occupés par les différents pouvoirs qui se succédèrent, et même les hôtels des ministres, au moyen d'œuvres enlevées aux collections nouvellement formées. L'Empire commença ces spoliations, la Restauration les consacra. Dès lors, toute surveillance sérieuse, toute responsabilité réelle de la part des administrations des musées devint impossible. Des peintures admirables, et qui n'avaient point été destinées à un pareil usage, furent appliquées aux plafonds, encastrées dans des murailles exposées aux flammes des bougies, à l'ardeur des lustres, au tumulte des fêtes, aux invasions populaires. Des camées d'une valeur inestimable furent placés sur des consoles, dans des appartements assiégés par une foule qui se renouvelle sans cesse; des statues antiques occupèrent les niches des palais et furent dispersées dans des jardins où le public n'était pas admis. Tous ces objets, considérés bientôt comme simple décoration, étaient rayés à ce titre, et par un abus inexplicable, des inventaires où ils figuraient. Ce qui, en droit, appartenait à tous devint, en fait, la propriété particulière de quelques individus qui furent libres d'en disposer selon leur bon plaisir, de les enfouir dans les endroits les plus obscurs s'ils contrariaient certaines dispositions intérieures, de les mutiler s'ils ne s'adaptaient pas aux places où on voulait les faire entrer à toute force et même de s'en débarrasser dans les greniers, sans en tenir aucun compte, quand on renonçait à s'en servir... C'est ainsi que je ne crains pas de trop prendre sur moi-même en assurant que beaucoup de découvertes restent encore à faire dans l'intérêt d'une bonne administration des musées nationaux et de la fortune publique. » Ainsi s'exprimait très justement Jeanron, directeur des Musées, dans un rapport adressé, le 25 mai 1848, au ministre de l'Intérieur. Malheureusement ses appels, qui furent très sérieusement pris en considération à ce moment, ne devaient pas être longtemps écoutés, et le règne de l'arbitraire et de la dilapidation recommença de plus belle.

Des événements douloureux devaient ramener au bercail, c'est-à-dire au Louvre, au Musée national par excellence, des monuments que la Révolution, sauvegardant les intérêts supérieurs de la Nation,

---

1. On peut lire dans Venturi, *la Galleria Estense in Modena* (Modène, 188, p. 309), de suggestifs détails sur la façon dont Joséphine s'appropria des camées de la collection de Modène : «... La moglie del general Bonaparte si portò a Modena, e visitò la Galleria delle medaglie, e si mostrò grandemente indignata al vedere persone del suo seguito appropriarsi senza scrupoli le gemme incise della Galleria, e fece riporre ogni cosa. Nel pomeriggio di quel giorno due ufficiali, che si spacciavano per aiutanti di campo di Bonaparte, prendevan di qua e di là, ad imitazione dei compagni del mattino; e l'uno di essi degnavasi di raccontare al vicario Zerbini, custode del Museo, che voleva mandare uno di quei cammei al figlio, il quale aveva ottenuto a Milano uno canonicato dal Bonaparte. Arrivò appunto in quel momento Giuseppina, e altamente sgridò i due vandalici ufficiali, e li fece uscir dalla sala; ma la fiorissima donna, appena partiti due ufficiali, fece col generale Berthier bottino dal restante e prese da sola circa duecento cammei e pietre incise. » — Il fallut placer dans la chambre de Bonaparte, au palais des Consuls, un certain nombre des tableaux les plus célèbres du Musée, parmi lesquels la *Joconde* de Léonard de Vinci. Il fallut lui envoyer aussi un nécessaire en laque à garniture d'or qu'avait autrefois possédé Louis XV. Ce n'était vraiment pas la peine d'avoir changé de gouvernement, d'avoir cassé tant de choses et tant crié contre les abus de la royauté et ses accaparements pour en arriver là.

y avait fait entrer, et que la fantaisie de souverains éphémères en avait fait sortir. Des meubles du château de Saint-Cloud et des Tuileries, une quarantaine de vases en matières précieuses furent sauvés grâce au zèle d'un homme, Barbet de Jouy, dont le dévouement devait bientôt, dans une autre occasion, sauver le Louvre lui-même. De tels faits, de tels actes sont à coup sûr consolants pour l'avenir de nos collections nationales. Mais notre grand Musée ne serait-il pas autrement riche s'il n'avait pas subi, de notre faute, tant de revers de fortune, ou si on l'enrichissait seulement de tout ce qu'y voulait placer la Convention?

Mais les temps sont changés; notre Musée a pris un développement qu'on ne pouvait soupçonner à l'origine. L'histoire du mobilier français y trouverait aujourd'hui difficilement place. C'est dans un musée spécial, dont depuis longtemps on réclame la création, qu'elle devrait être faite. Et alors il ne serait plus question de meubles indignement redorés, de mobiliers expédiés dans toute l'Europe et même plus loin, sous le fallacieux prétexte d'y montrer ce qu'a été le luxe français aux siècles passés, de pieds crottés foulant des tapis de la Savonnerie, de toute cette folie de représentation et d'ostentation, très bourgeoise au fond, d'un goût plus que douteux et n'ayant rien de la majesté d'un Louis XIV, qui anéantit notre patrimoine et finirait par faire croire à l'étranger que maintenant nous ne pouvons plus rien produire. Qu'on rende une bonne fois au public ce qui a fait autrefois l'ornement de la monarchie, ce que la Révolution a restitué à la Nation; puis que, par des commandes largement et sagement faites, on permette à notre industrie de luxe, à notre art décoratif, de se montrer et d'affirmer leur existence. Mais ne dilapidons plus notre art du passé; nous en parlons souvent, mais nous le traitons comme traiteraient leur fortune des fils de famille. Nous ferions plus sagement d'en moins parler — il parle par lui-même — et de lui témoigner la moitié seulement du respect, j'allais dire de la vénération, qu'ont pour lui les étrangers.

LE MOBILIER

AU XVIIe ET AU XVIIIe SIÈCLE

CHAPITRE I

LE MOBILIER EN FRANCE SOUS HENRI IV ET LOUIS XIII

Si au point de vue de l'ameublement, on a dû, au précédent volume, faire une part prépondérante à la France, cette prépondérance s'affirme encore bien davantage au xviie et au xviiie siècle. En réalité, pendant cette longue période, si notre pays subit des influences diverses, c'est bien chez nous que s'élabore et est créé le style que toute l'Europe adoptera ; c'est bien le style français, mélange de notre style national et du style italien de la fin de la Renaissance, qui formera véritablement le patrimoine de toute nation policée. Et la France reprendra la place qu'elle avait occupée au moyen âge dans les arts.

Au point de vue des arts mineurs, le xviie et le xviiie siècle n'ont été pour la France qu'un long triomphe qui, on doit le dire, même au risque de froisser l'amour-propre de quelques-uns de nos voisins, éclipse complètement toute autre manifestation artistique de même ordre. En réalité, à ce moment, la France a possédé une supériorité telle, que tout effort dans un autre sens était d'avance condamné à la stérilité. Par leur talent à s'assimiler les formes, les usages créés par d'autres nations, à leur imprimer un caractère personnel et aussi à les parfaire, les Français ont rejeté dans l'ombre toutes les tentatives isolées qui se sont produites dans les pays voisins ; ce ne sont ni les essais de la Renaissance allemande pour remettre en honneur des formes abâtardies et définitivement passées de mode, ni les splendeurs par trop pompeuses du mobilier italien du déclin du xvie siècle qui prévaudront. La France, qui, avant l'Allemagne, avait compris le parti qu'on pouvait tirer des principes de l'antiquité classique rajeunie par les Italiens, profitera à son tour des efforts de ces mêmes Italiens pour s'en assimiler le style et les procédés, les développer, les exploiter, et donner à des formes nouvelles toute l'extension qu'elles demandaient. D'ailleurs des causes nombreuses militaient en faveur d'une semblable issue. Seule de toutes les nations de l'Europe, la France s'est trouvée au xviie siècle en possession d'une organisation politique qui, au point de vue de l'art, permettait les grands desseins et les vastes pensées. Ce n'étaient ni l'Allemagne, appauvrie par des guerres incessantes, ni l'Italie, morcelée, anémiée par un effort artistique de deux siècles, qui pouvaient être en réalité les héritiers des enseignements de la Renaissance. Qu'on discute sur les bons ou les mauvais côtés d'une telle succession, alors ouverte, peu importe : affaire de goût et d'opinion. Mais ce qu'on ne peut nier c'est que notre pays, avec sa monarchie puissante et définitivement constituée, était le seul capable en Europe de protéger efficacement les arts, de leur fournir les moyens d'évoluer et de se développer. Si pendant tout le xviie siècle, les regards de la France se tournent vers l'Italie, si plus que jamais les Français admirent l'antiquité classique et par contre-coup les artistes italiens, — des créations telles que l'Académie de peinture, telles que l'Académie de France à Rome en sont le vivant témoignage, — notre pays n'en est pas moins le seul qui puisse, grâce à sa constitution politique, mettre en pratique des conceptions artistiques que l'Italie était trop pauvre pour réaliser. Est-ce à dire que les Italiens ne peuvent réclamer une large part dans le développement de notre art décoratif au xviie siècle ? Il serait injuste et ingrat de le nier ; mais il serait aussi injuste d'affirmer que ces principes reçus d'Italie, que ce style n'ont point été, par nos artistes nationaux, doués d'une vie nouvelle et n'ont point reçu sous leur impulsion un développement tout à fait inattendu. En sorte que, si on avait à caractériser le style du règne de Louis XIV, on pourrait dire que c'est un style italien, assagi par les Français, porté par eux à un degré de richesse et de perfection que les artistes de la péninsule n'avaient jamais soupçonné. La France, envahie par l'art italien à la fin du xve siècle, sut avec une merveilleuse habileté se l'assimiler et le faire sien ; le même phénomène se reproduisit au xviie siècle, et les formes de l'architecture des Jésuites, importées chez nous sous Louis XIII, étaient devenues sous Louis XIV un style français ayant sa vie indépendante de toute influence étrangère, se développant à sa manière, un organisme en un mot, tout à fait homogène, capable de vivre, de se développer et de prospérer.

Le style adopté par les Français, sous les règnes de Henri IV et de Louis XIII, surtout au début de ce dernier, trahit deux influences : l'influence italienne et l'influence française. Mais en même temps se continuent les errements du xvie siècle et je n'en veux pour exemple, au point de vue de l'ameublement, que quelques-uns de ces dessins d'un recueil de la collection de M. Edmond Foule qui ont été reproduits au tome deuxième[1]. A côté d'œuvres dans le style de Du Cerceau, on rencontre des meubles assez lourds de formes, mais qui sont la simplification des premiers, dans lesquels on a laissé de côté toute l'ornementation compliquée pour ne conserver que les lignes principales de l'architecture. Il y a là une grande différence avec l'afféterie, le maniérisme exagéré du règne de Henri III. Si, parfois, on voit apparaître une décoration un peu chargée, surtout dans l'orfèvrerie, comme dans ce Christ à la colonne, en jaspe sanguin, dressé sur un socle en or émaillé, que possède le Louvre[2], d'autre part, et très fréquemment, dans les créations du règne de Henri IV et de Louis XIII, apparaît une simplicité très française : un type de cette simplicité en sculpture pourrait être retrouvé dans la fameuse *Nourrice* qui, attribuée à Bernard Palissy, peut être considérée comme une création probable de Guillaume Dupré[3] ; et quoi de plus simple d'ailleurs et de plus français à la fois que les compositions d'Abraham Bosse ou de Claude Mellan ? L'architecture elle-même se fait simple et même parfois trop simple : l'emploi simultané de la brique et de la pierre finit par localiser l'ornementation aux encadrements ; et ainsi sur ce point se trouvent renversées les traditions du commencement du xvie siècle. On se rappelle que dans les bâtiments de Fontainebleau de l'époque de François Ier[4], les encadrements sont exécutés en briques alors que les murs sont en pierre. C'est justement le contraire qui a lieu un siècle plus tard, sous Henri IV et sous Louis XIII, où dans des constructions de

---

1. Pages 139 et 140.
2. Provenant de l'ancien garde-meuble de la Couronne, n° 430, p. 18, de l'Inventaire de 1791.
3. L'original de cette composition paraît être un groupe en bois conservé au Musée de Reims.
4. Par des raisons d'économie sans doute et aussi à cause de la nature des matériaux dont disposait l'architecte. Les témoignages de ce style sont encore nombreux à Fontainebleau.

brique, la pierre vient seulement servir à élever les retours d'angles, les encadrements, et localise la décoration tout en donnant naissance à un style original et très simple.

Pour montrer la lutte qui put s'établir momentanément entre le style italien et le style français, lutte qui se termina, comme à l'époque précédente, par un compromis, il suffira de tracer rapidement la biographie de deux artistes, l'un architecte, l'autre graveur, d'Étienne Martellange et d'Abraham Bosse. Tous deux Français, l'un représente l'influence italienne, l'autre résume d'une façon aussi brillante que possible le style purement français de la première moitié du xviie siècle. Tous deux, bien que de renommée inégale, ont joué dans notre pays un rôle important, et représentent deux tendances qui après avoir lutté finiront par faire la paix, par se réunir et se combiner pour former le style français que toute l'Europe adoptera.

L'un de ceux qui ont contribué le plus à répandre dans notre pays, au début du xviie siècle, le style de l'architecture italienne, le style auquel le nom des Jésuites est resté attaché, est l'architecte lyonnais Étienne Martellange[1], dont la biographie n'a été qu'assez récemment reconstituée. Je résumerai brièvement ici ce qu'on sait de cet artiste; le nombre de ses travaux suffit amplement à démontrer l'influence qu'il a pu avoir sur le développement de notre art au xviie siècle. Étienne Martellange naquit à Lyon en 1568; fils d'un peintre, il fit avec ses deux frères, Benoît et Olivier, profession aux Jésuites. Il fit partie de l'ordre, en 1590, à titre de *coadjuteur temporel*, titre qu'il conserva toujours. Il est probable que, comme l'a supposé un de ses historiens, Bouchot, il alla à Rome très peu de temps après cette date et y demeura jusque vers 1603 ou 1604. C'est grâce à ce séjour prolongé en Italie que Martellange se put imprégner complètement du style d'architecture, style de décadence au demeurant, qu'il devait largement contribuer à acclimater en France.

C'est vers 1603 ou 1604, c'est-à-dire au moment où les Jésuites, longtemps inquiétés, rentrent en foule en France, au moment où ils entreprennent de couvrir notre pays de collèges, que Martellange revient en France pour s'y occuper des établissements de la province de Lyon. En réalité, ses pouvoirs s'étendent plus loin; il parcourt tout le pays, y dirige ou y inspecte les travaux que la congrégation y fait exécuter; bien plus, dès 1606, sa renommée est assez assise pour que Henri IV réclame ses services; on le considère déjà, à cette époque, comme « insigne peintre et architecte[2] ». Ses travaux sont si nombreux, si multipliés en France, qu'on a pu dire de lui : « Il édifia presque tous les collèges des Jésuites, un très grand nombre d'églises, mais la plus belle de ses constructions est la maison professe de Paris[3]. » Les pérégrinations de Martellange à travers la France se prolongèrent une trentaine d'années; ce fut probablement en 1637 qu'il se retira définitivement au noviciat de Paris où il mourut et fut enterré en 1641 après avoir fondé, dans presque toutes les provinces, des églises et des collèges qui devaient devenir de véritables foyers de propagation du style italien[4]. Martellange n'était point, du reste, le seul à travailler activement à la diffusion d'une architecture qui devait modifier le goût français : des artistes tels que le P. Derand, qui éleva tout au moins la façade de l'église de la maison professe de Paris[5], l'église Saint-Paul-Saint-Louis actuelle, imbu des mêmes idées, complétait l'œuvre si rapidement menée qui devait introduire en France, acclimater pour ainsi dire des formes banales, ni bonnes ni mauvaises, qui ne demandaient chez l'architecte

---

1. Cf. Charvet, *Biographies d'architectes, Étienne Martellange*, 1569-1641, Lyon, 1874, in-8°, et surtout H. Bouchot, *Notice sur la vie et les travaux d'Étienne Martellange, architecte des Jésuites*, dans la Bibliothèque de l'École des Chartes, t. XLVII (1886).

2. Bouchot, *ouvr. cité*, p. 7.

3. « Omnia prope collegia aedificavit, pluraque etiam templa, inter quae longe eminet domus probationis parisiensis » *Scriptores Provinciae Franciae S. J. collecti*, par le P. Rybeyrète. Cité par Bouchot, p. 4.

4. Voici, par ordre de date, d'après Bouchot, la liste des travaux exécutés en France par Martellange, travaux dont les dessins, conservés à la Bibliothèque nationale, au département des estampes, font connaître en tout ou en partie : collège du Puy (1605); collège de Vienne (1608); collège de Sisteron (1605); collège de Carpentras (1607); collège de la Trinité, à Lyon (1607); collège du Noviciat d'Avignon (1608); collège de Dôle (1610); collège de Besançon (1610); collège de Vesoul (1610); collège de Dijon (1610); collège de Roanne (1610); collège de Bourges (1611); collège de la Flèche (1612); collège de Nevers (1612); collège de Béziers (1616); Noviciat de Lyon (1617); collège de Chambéry (1618); collège d'Orléans (1620); collège d'Aurillac (1621); collège de Reims (1624); collège de Blois (1624); Maison professe de la rue Saint-Antoine à Paris (1627); Noviciat de Paris (1628); collège de Sens (1628); collège de Moulins (sans date).

5. Il est possible que Martellange ait collaboré avec lui pour une partie de la construction. Cf. Bouchot, p. 28 et suiv.

aucun réel talent, car celui-ci n'avait qu'à étudier trois ou quatre monuments de Rome pour en connaître tous les secrets et toutes les ressources.

Ce style pseudo-classique, pompeux et froid en même temps, possédant l'aspect correct que donne à tout édifice une construction exécutée en matériaux bien choisis et soigneusement appareillés, sans aucune originalité personnelle, eût eu sur notre pays une influence plutôt funeste; mais il ne l'a eue qu'en partie; fort heureusement en France, à la même époque, ont existé des artistes originaux qui ont conservé presque intact le patrimoine que leur avaient laissé les artistes de la seconde moitié du XVIe siècle.

Abraham Bosse peut être considéré comme l'un des derniers représentants du style personnel créé par les artistes français du XVIe siècle. Artiste un peu fantasque, intempérant de langue et impatient comme tous les convaincus, il est profondément Français; toute sa vie, il demeurera un irrégulier, furetant partout, travaillant énormément, mais tout à fait incapable de se plier à une discipline académique. Ses œuvres ont de la saveur. En contemplant ses estampes, on croit lire les mémoires du temps; et il a été largement utilisé par tous les amateurs de couleur locale, par tous les historiens et les romanciers qui ont tenté de faire revivre l'époque de Louis XIII. Au demeurant, c'est un admirable artiste, qui n'a point encore dans l'histoire la place qui lui revient de droit; l'un des derniers champions de l'art purement français en face de l'invasion du style académique, il tiendra tête même à Le Brun; c'est dire que chez lui la présomption égale l'entêtement.

Je résumerai brièvement ici la biographie qu'a tracée d'Abraham Bosse son dernier historien [1], ne retenant dans ce tableau que ce qui peut être de quelque utilité pour l'histoire du style de l'ameublement dans la première moitié du XVIIe siècle. Abraham Bosse naquit, en 1602, à Tours; fils d'un marchand d'habits, il appartenait à la religion réformée. Par cette double qualité de Tourangeau et de protestant, il est le descendant direct de cette génération d'artistes des bords de la Loire qui ont tant fait pour le développement de la Renaissance française; il continue les traditions de cette pléiade de huguenots convaincus que la lecture de la Bible n'empêche point d'admirer l'antiquité classique, les traditions d'un Palissy, d'un Du Cerceau ou d'un Goujon : tous artistes de talent ou de génie qui ont à la fois conscience de la grandeur de leur mission et de la misère de leur position au milieu d'une société où les chefs des partis sont surtout des habiles, fort légers de convictions. Est-il besoin d'ajouter que tous ces hommes avaient vraiment pris un mauvais chemin pour marcher dans la vie et se faire une place au soleil, à une époque où le succès et l'habileté tenaient le plus souvent lieu de talent.

Les premiers essais d'Abraham Bosse datent de 1622; ses estampes, sujets de guerre ou sujets religieux, sont assez gauches; mais, toutefois, déjà dans certaines compositions, surtout dans les compositions gravées par lui d'après un artiste normand, qu'il faut rattacher à l'école de Callot, Jean de Saint-Igny, dans le *Jardin de la noblesse françoise* [2], se révèlent l'élégance, la grâce profondément françaises qu'il étalera dans ses œuvres originales. Au surplus, il ne faudrait point se faire des illusions sur le rôle qu'étaient destinés à jouer de semblables recueils de gravures; ce n'était guère que ce que nous appellerions aujourd'hui des gravures de mode; et la *Noblesse françoise à l'église*, autre recueil de costumes gravé par Abraham Bosse, rentre également dans cette classe. Les *Figures au naturel tant des vestements que des postures des gardes françoises du Roy très chrétien*, parues en 1631, ne sont pas des copies : compositions et gravures appartiennent en propre à notre artiste; mais si le style est personnel, bien qu'on sente dans un certain nombre de « postures » l'influence d'estampes flamandes, il n'en est pas moins vrai qu'Abraham Bosse ne s'éloigne pas encore beaucoup des costumes imaginés par Saint-Igny. Sans doute, les tambours et les fifres, les porte-drapeaux ne pourront servir

---

1. *Abraham Bosse*, par Antony Valabrègue, 1892, in-8°.
2. *Le Jardin de la noblesse françoise, dans lequel se peut cueillir la manière de leur vestement*, 1629, 18 planches. — Pour tout ce qui concerne les estampes d'A. Bosse, consultez le *Catalogue de l'œuvre d'A. Bosse*, par Georges Duplessis. Paris, 1859. (Extrait de la *Revue universelle des arts*.)

à la noblesse de province pour se renseigner exactement sur les ajustements à la dernière mode, et ne seront que d'un médiocre intérêt pour les tailleurs; mais la façon de disposer les sujets, de camper les personnages, de les isoler, sent encore la gravure de mode, si on peut employer ce terme qui, à notre époque, a pris une signification qui n'éveille plus aucune idée artistique.

En 1632, Abraham Bosse prend femme; il épousa la fille d'un « maître horloger » de Tours, Catherine Sarrabat, calviniste comme lui. On serait tenté d'admettre que cet événement influa sur les idées de notre artiste, si on ne pouvait supposer avec autant de raison que sa nouvelle situation lui fit un devoir de chercher à gagner sa vie en produisant des œuvres un peu plus importantes. Ce qu'il convient toutefois de remarquer, c'est que ces compositions, ces séries, pour mieux dire, qu'imagine et que grave Abraham Bosse, ont toutes un but moral; toutes sont inspirées par une idée philosophique, fort simple assurément, mais une idée qui sent encore le calviniste français du xvie siècle. Les séries du *Mariage à la ville* et du *Mariage à la campagne* nous font bien sentir ce tour d'esprit particulier; mais cependant il n'y faudrait point voir des compositions inspirées par un rigorisme exagéré : on est en France et non à Genève, et parfois Abraham Bosse ne craint pas les compositions d'allure un peu libre. Le milieu qu'il représente est celui de la bourgeoisie aisée ou des paysans; on y sent une société qui vit éloignée de la noblesse turbulente de cette époque; et, à ce point de vue, les estampes d'Abraham Bosse sont en quelque sorte le commentaire de ces *Livres de raison* des bourgeois du xviie siècle qui reflètent bien mieux le véritable esprit français, avec toute sa logique et parfois aussi son étroitesse, que les mémoires qui nous font vivre dans le monde factice de la Cour.

On a comparé Abraham Bosse, comme peintre de mœurs, aux artistes hollandais; la comparaison est juste, mais jusqu'à un certain point seulement; la différence de latitude n'est pas négligeable et s'il existe de part et d'autre un grain de puritanisme, le puritanisme d'Abraham Bosse n'est point celui des gens du Nord. Abraham Bosse a un puritanisme de méridional, si on se peut ainsi exprimer : il aime les femmes et il les aime élégantes; il ne pense pas qu'il soit nécessaire d'être aussi laid que les membres de la famille Van Ostade pour être vertueux; sans doute, à l'occasion, il raillera les seigneurs et les dames dont l'édit somptuaire de 1633 vient contrarier les manies de luxe et de dépense; mais, tous ses personnages, bien que de mise un peu vieillotte, sont toujours cossus et aisés, et ses bourgeois ont conscience de la place importante qu'ils occupent déjà dans l'État. Les femmes ne font point étalage de fausse recherche, mais leur accoutrement est riche; elles ont le port élégant, elles sont coquettement coiffées; si ce sont des puritaines, elles ne montrent qu'un puritanisme de bon aloi que tout le monde approuverait. Bosse sait qu'un homme est un homme, une femme une femme, que tant qu'il y aura un homme et une femme au monde, on coquettera, et que la coquetterie même en ménage, surtout en ménage, est nécessaire. A ce point de vue, les estampes d'Abraham Bosse sont instructives, et plus d'un historien en eût pu faire son profit; il semble, d'après ce témoignage, que la rigidité de Genève se fût chez nous assouplie sans que les convictions intimes en fussent le moins du monde ébranlées; c'est un renseignement intéressant pour les historiens qui essayeraient de se figurer ce qu'aurait peut-être été la France si la Réforme n'y avait été pour ainsi dire supprimée dès sa naissance par la politique. Mais il n'y a point lieu de s'étendre ici sur ce sujet; ce qu'il importe toutefois de remarquer au point de vue artistique, c'est qu'on ne rencontre pas chez le calviniste Abraham Bosse la rigidité et l'austérité, disons mieux, l'ennui inéluctable que distillent les catholiques personnages représentés par un Philippe de Champaigne, honnêtes gens sans doute dans toute la force du terme, mais foncièrement étroits et irrémédiablement ennuyeux.

Ce ne sont ni les estampes historiques gravées par Abraham Bosse, telles que le *Siège de Casal* ou la *Promotion de l'ordre du Saint-Esprit en 1633*, ou les estampes satiriques relatives aux Espagnols qui nous peuvent intéresser ici. Ses estampes morales, ses explications en images des paraboles, *L'Enfant prodigue, Lazare ou le mauvais riche, les Vierges sages et les Vierges folles*, sont autrement

curieuses pour nous; d'abord parce qu'elles nous font connaître maint détail de décoration intérieure,
puis parce qu'elles nous révèlent des tendances artistiques assez curieuses. Au grand scandale d'un
certain nombre de ses contemporains, fort entichés des lieux communs académiques mis à la mode
par les Italiens, Bosse renoue les traditions du moyen âge; il revêt ses personnages de costumes
modernes, les fait vivre dans un milieu de son époque et rejette loin de lui tous les oripeaux et les
accessoires pseudo-antiques, usés jusqu'à la corde, dont se servaient les artistes imitateurs de la

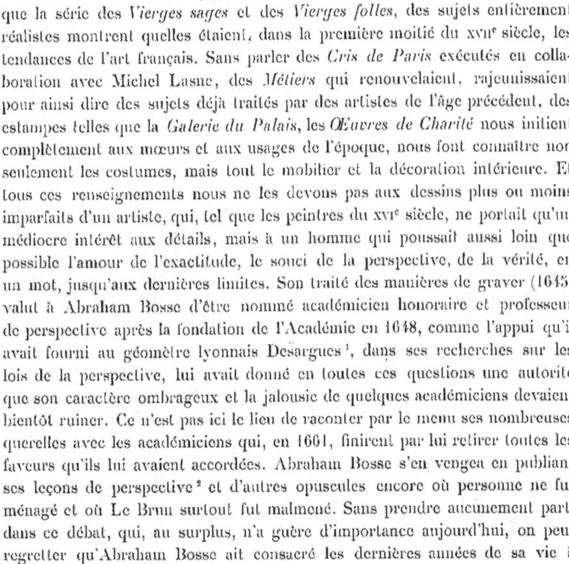

Renaissance italienne. Il y a peut-être là, comme l'a remarqué Valabrègue, un
résultat de l'influence des maîtres flamands ou allemands, d'un Aldegrever,
d'un Théodore de Bry, d'un Hans Sébald Beham, d'un Jost Amman ou d'un
Crispin de Passe; mais le style demeure français et ces estampes, au tour religieux et galant à la fois, font penser à ces productions littéraires, religieuses
et mystiques, aux titres souvent décolletés et peu propres à faire réfléchir aux
fins dernières de l'homme, qui parurent en si grand nombre à l'époque de
Louis XIII.

Mais à côté de ces estampes religieuses ou procédant d'une idée morale telle
que la série des *Vierges sages* et des *Vierges folles*, des sujets entièrement
réalistes montrent quelles étaient, dans la première moitié du XVIIe siècle, les
tendances de l'art français. Sans parler des *Cris de Paris* exécutés en collaboration avec Michel Lasne, des *Métiers* qui renouvelaient, rajeunissaient
pour ainsi dire des sujets déjà traités par des artistes de l'âge précédent, des
estampes telles que la *Galerie du Palais*, les *Œuvres de Charité* nous initient
complètement aux mœurs et aux usages de l'époque, nous font connaître non
seulement les costumes, mais tout le mobilier et la décoration intérieure. Et
tous ces renseignements nous ne les devons pas aux dessins plus ou moins
imparfaits d'un artiste, qui, tel que les peintres du XVIe siècle, ne portait qu'un
médiocre intérêt aux détails, mais à un homme qui poussait aussi loin que
possible l'amour de l'exactitude, le souci de la perspective, de la vérité, en
un mot, jusqu'aux dernières limites. Son traité des manières de graver (1645)
valut à Abraham Bosse d'être nommé académicien honoraire et professeur
de perspective après la fondation de l'Académie en 1648, comme l'appui qu'il
avait fourni au géomètre lyonnais Desargues[1], dans ses recherches sur les
lois de la perspective, lui avait donné en toutes ces questions une autorité
que son caractère ombrageux et la jalousie de quelques académiciens devaient
bientôt ruiner. Ce n'est pas ici le lieu de raconter par le menu ses nombreuses
querelles avec les académiciens qui, en 1661, finirent par lui retirer toutes les
faveurs qu'ils lui avaient accordées. Abraham Bosse s'en vengea en publiant
ses leçons de perspective[2] et d'autres opuscules encore où personne ne fut
ménagé et où Le Brun surtout fut malmené. Sans prendre aucunement parti
dans ce débat, qui, au surplus, n'a guère d'importance aujourd'hui, on peut
regretter qu'Abraham Bosse ait consacré les dernières années de sa vie à

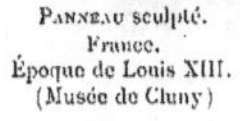

PANNEAU sculpté.
France.
Époque de Louis XIII.
(Musée de Cluny)

des polémiques aussi vaines au lieu de s'attacher uniquement à poursuivre l'œuvre véritablement
grandiose que forme le recueil de ses gravures. Aussi bien, à partir du moment où il fut absorbé par
ces discussions jusqu'à sa mort, survenue en 1676, son talent s'est-il affaibli; il n'est plus l'artiste

1. *La manière universelle de M. Desargues, lyonnois, pour poser l'es-*
sieu et placer les heures et autres choses aux cadrans du soleil, Paris,
in-8°; — La pratique du trait à preuves de M. Desargues, lyonnois,

pour la coupe des pierres en l'architecture, Paris, 1643, in-8°.
2. *Traité des pratiques géométrales et perspectives enseignées dans*
l'Académie royale, Paris, 1665.

original et plein de sève que révèlent ses premières compositions. La littérature pour Abraham Bosse a été, comme pour tant d'autres artistes, un écueil où est venu s'amoindrir et se briser son talent.

Si les compositions d'Abraham Bosse jouirent au moment de leur création d'une grande vogue, cette vogue ne survécut pas à l'auteur. Ces tableaux qui représentaient, à côté de l'art somptueux du règne de Louis XIV à son apogée, les mœurs d'un autre âge, furent vite démodés. Si on en excepte son *Traité de la gravure*, réédité à plusieurs reprises au XVIIIe siècle, avec des additions et des changements d'ailleurs, presque rien n'a surnagé de cet œuvre considérable, et ce n'est en somme que de notre temps qu'on a rendu justice à un artiste qui commenta en quelque sorte par le burin toute la vie intime de cette première moitié du XVIIe siècle. Ce n'est pas à dire que ses traditions d'observation, d'exactitude ne seront point reprises par des peintres ou des dessinateurs du XVIIIe siècle : l'œuvre d'un Chardin, à tout prendre, peut être jusqu'à un certain point, et autant que de telles comparaisons sont

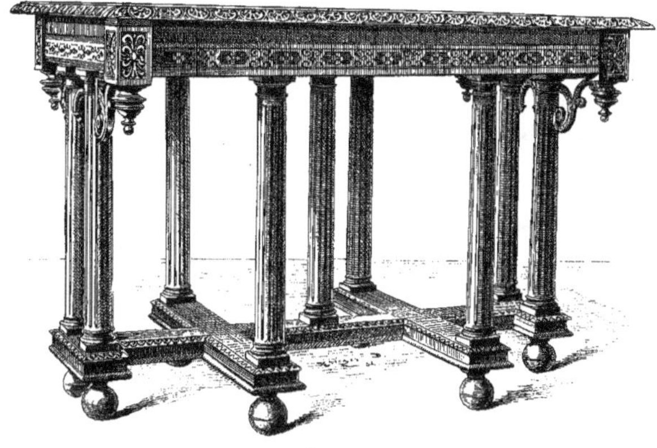

TABLE.

France. Époque de Louis XIII (Musée de Cluny)

légitimes, rapproché de l'œuvre d'Abraham Bosse. Chez tous deux, on rencontre des qualités analogues et surtout cette passion à observer la nature, cet art nullement dédaigneux des petits qui forme un si étrange contraste avec l'art héroïque du siècle de Louis XIV. Mais si on peut relever entre ces diverses manifestations artistiques certains points de ressemblance, il ne peut être question de considérer les peintres de genre du XVIIIe siècle comme les héritiers directs du grand commentateur de la vie intime des Français sous Louis XIII.

On l'a déjà remarqué, les estampes de Bosse sont une mine inappréciable pour l'historien de l'art : « Un style nouveau s'est produit dans la décoration et l'ameublement, style créé de toutes pièces et qui se prolongera encore pendant les premières années du siècle de Louis XIV. Les lits, les sièges, les lambris, les cheminées ont des formes bien distinctes. Les gravures d'Abraham Bosse nous permettent de retrouver chaque partie de la maison française d'autrefois. Et ce n'est pas seulement la maison que nous pouvons reconstituer grâce à ces estampes. Après avoir examiné les intérieurs, nous revoyons les parcs et les jardins, les cabinets de verdure, les allées s'allongeant d'une façon bizarre, les arbres taillés en pyramide et qui ressemblent à des cyprès, les charmilles aboutissant à des grottes de rocailles [1]. »

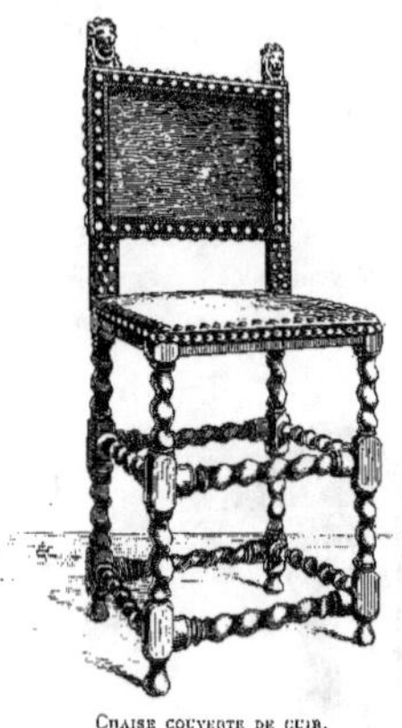

Cnaise couverte de cuir.
France ou Flandre. Époque de Louis XIII.
(Musée de Cluny)

Cette appréciation est absolument juste; et en joignant aux renseignements que nous fournissent les estampes d'Abraham Bosse les monuments encore très nombreux de l'ameublement du règne de Louis XIII, monuments qui trop longtemps ont été confondus avec des meubles du xviᵉ siècle, on peut se faire une idée très exacte de ces intérieurs, qui, à tout prendre, avaient leur mérite artistique.

En ce qui concerne les meubles sculptés au commencement du xviiᵉ siècle, nous rencontrons des types qui sont des dérivés très directs des meubles les plus surchargés de la fin du xviᵉ siècle. Les audaces sculpturales d'un Hugues Sambin sont encore dépassées : les huchiers conservent encore les formes d'architecture créées par les artistes de la Renaissance, mais ils y appliquent des sculptures, des compositions compliquées inspirées par les estampes les plus ronflantes de l'École flamande. Une armoire datée de 1617, ou plutôt un meuble à deux corps, qui fait partie des collections du Louvre, peut être considéré comme l'un des types les plus accomplis de ce genre : on y retrouve encore les figures de chimères ou de satyres, qui défrayèrent les ateliers bourguignons ou de la France méridionale sous le règne de Henri III, et, sur les panneaux, des personnages aux allures déhanchées, qui paraissent inspirés par quelque estampe de Goltzius. Le dessin est médiocre, mais l'exécution matérielle de la sculpture est excellente et tient presque du tour de force. A défaut de ce meuble, on peut également consulter les reproductions des dessins d'un recueil appartenant à M. Edmond Foule, que j'ai donnés au volume précédent [2], dessins dont quelques-uns ont sans doute été exécutés sous le règne de Henri IV. J'imagine que les meubles sculptés par Adam Billaut, le fameux menuisier de Nevers [3] qui fut poète à ses heures, devaient être de ce genre. Les meubles qui sont reproduits ici, tant d'après des originaux que d'après les indications fournies par les estampes d'Abraham Bosse, font mieux voir que toute description le style adopté sous Louis XIII. Si les meubles à deux corps, tels que celui du Louvre, peuvent passer pour des

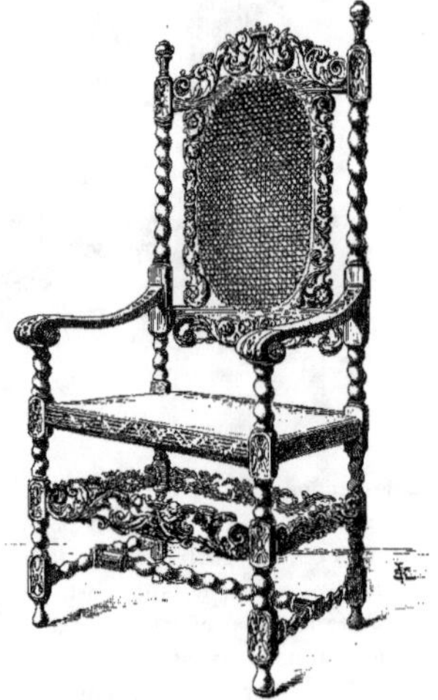

Fauteuil.
France. Époque de Louis XIII.
(Musée de Cluny)

<hr>

1. Valabrègue, _ouvr. cité_, p. 64. — Sur les grottes de rocaille et leur emploi en France au xviiᵉ siècle, voyez le mémoire de M. l'abbé Bouillet sur les rocailleurs, inséré dans les _Mémoires lus aux réunions des Sociétés des Beaux-Arts des départements_, 1893, p. 322 et suiv.

2. Pages 139 et 140.

3. Adam Billaut, de Nevers († 1662), est connu par trois recueils de vers, assez médiocres du reste et auxquels ni ses contemporains ni la postérité n'auraient prêté grande attention s'ils n'avaient été écrits par un homme plus habitué à manier le rabot que la plume. _Les Chevilles_, _Le Villebrequin_ et _Le Rabot_ valurent à notre auteur mieux que des éloges : Richelieu lui fit une pension, mais il y a apparence que le ministre ne lui fit point faire de meubles.

amplifications des meubles du xviᵉ siècle, la plupart, au contraire, peuvent être considérés comme des simplifications des mêmes modèles. Aux colonnes finement dessinées, dans la plupart des membres de la construction du mobilier, on substitue les montants unis à section quadrangulaire,

ou bien les montants tournés en spirale : le menuisier ou le tourneur remplacent le sculpteur. Mais ce qui est surtout caractéristique, c'est le rôle que jouent les étoffes dans les différentes pièces du mobilier. Les tables sont entièrement ou presque entièrement dissimulées sous des draperies qui tombent parfois jusqu'à terre : elles sont en quelque sorte habillées ; habillés aussi sont les lits dont des courtines cachent complètement l'ossature. Les sièges qui, au xviᵉ siècle, étaient, dans la plupart des cas, munis de coussins mobiles posés sur fond de bois, reçoivent une garniture de canne, d'étoffe ou de cuir fixe, rembourrée presque toujours.

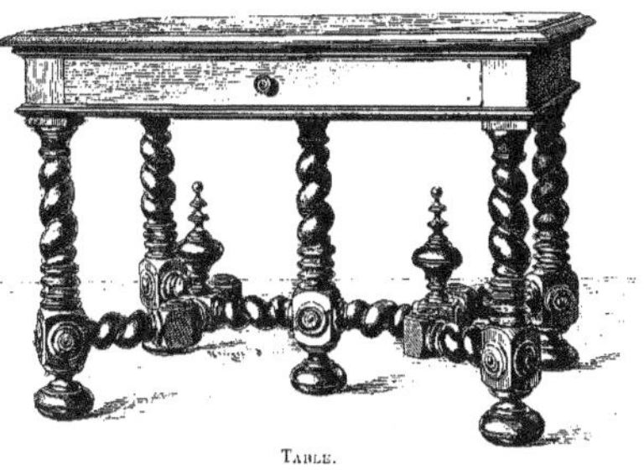

TABLE.
Époque de Louis XIII (Musée de Cluny)

On reprend là, en le développant, un système qui était usité en Italie dès le xvᵉ siècle, mais qui cependant ne s'était point généralisé chez nous, au xviᵉ siècle, même au moment de la plus grande vogue du goût italien. C'est un changement assez radical dans les usages du mobilier qu'il convient

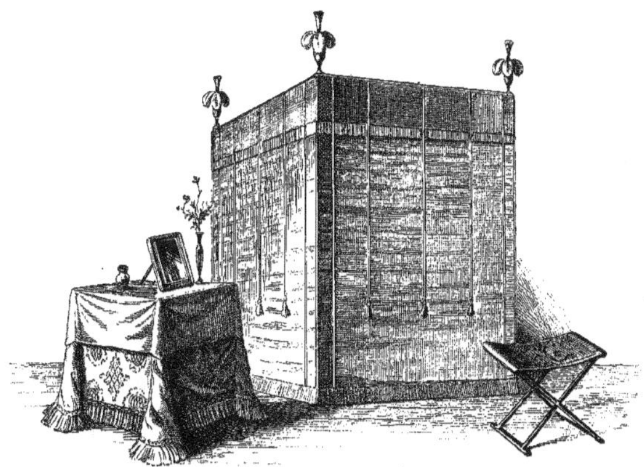

LIT, TABLE A COIFFER ET SIÈGE PLIANT
de l'époque de Louis XIII, d'après Abraham Bosse.

de noter, car, à partir du commencement du xviiᵉ siècle, ce changement devient absolument de règle, et on n'abandonnera plus cette coutume, assez rationnelle au demeurant [1]. Les meubles, en

---

1. « A Louis Hinart, maistre tapissier à Paris, pour son paiement de douze chaises à vertugadin, garnies de tripe de Chine, douze autres chaises ployantes à dos, garnyes de peaux de mouton rouge, et une douzaine d'escabeaux ployans garnys de mocquade, par luy fournis

somme, y gagnent au point de vue du confortable ce qu'ils y perdent au point de vue de la majesté, car le sculpteur est évincé de beaucoup de surfaces qu'au XVIe siècle il avait à décorer. Mais il regagnera bientôt le terrain perdu et, dès le règne de Louis XIV, la sculpture jouera un rôle différent, mais aussi considérable qu'autrefois dans la décoration du mobilier.

Si par certains côtés, si par des lignes générales, ce mobilier de l'époque de Louis XIII a des aspects plus sévères que celui du XVIe siècle, par certains détails il est plus somptueux, on peut même dire plus voyant. On y trouve déjà les lustres de cristal ou de verroterie, les bras de lumière en bronze ou en bois doré, en forme de véritables bras soutenant le luminaire, invention italienne du XVe siècle [1]; on y rencontre aussi très fréquemment, bien plus fréquemment qu'au XVIe siècle, les glaces d'assez grandes

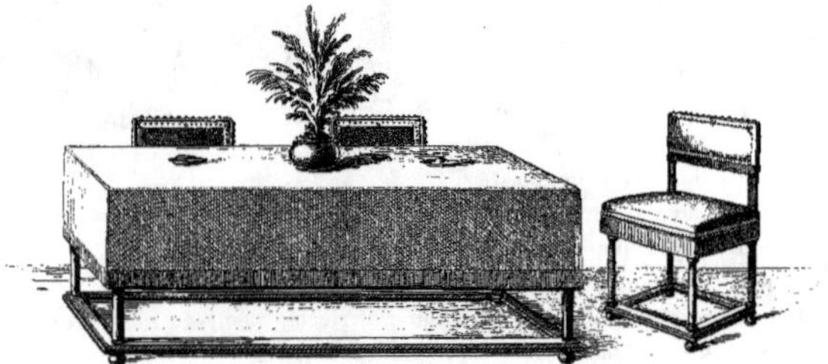

MEUBLES DE L'ÉPOQUE DE LOUIS XIII, d'après Abraham Bosse.

dimensions, italiennes d'origine, aux cadres pompeusement sculptés et dorés ou bien plaqués d'ivoire, d'ébène et d'écaille, de style italien, destinés à s'harmoniser avec les grands cabinets d'ébène, véritables meubles de deuil extérieurement, mais qui, ouverts, étalent une polychromie absolue et, disons-le, d'un goût très douteux. Parfois aussi sur ces cadres, et c'est là que reparaît l'œuvre des artistes français, sont appliqués des ornements d'argent ou de cuivre doré, bouquets de feuillages et de fleurs d'un style surchargé et compliqué, dont la composition est empruntée aux modèles d'orfèvrerie. Des tendances à la simplicité et à la somptuosité se disputaient, on le voit, le mobilier français au début du XVIIe siècle. La somptuosité, sous l'influence italienne, devait l'emporter. Les redondances de formes adoptées en architecture par les Jésuites, prévalurent dans le mobilier; et j'imagine que le style un peu puritain que nous révèlent les estampes d'Abraham Bosse ne dut guère conserver de crédit, passé 1650, que chez la bourgeoisie provinciale, qui ne pouvait suivre, et pour cause, que d'un pas très lent, les modes de la cour.

pour l'ammeublement dudict chasteau [de Fontainebleau] et y servir quand il plaira à Sa Majesté... IIIIe XXXVI liv. » (E. Müntz et E. Molinier, *Le château de Fontainebleau au XVIIe siècle*, p. 63; extrait des *Mémoires de la Société de l'histoire de Paris et de l'Ile-de-France*, t. XII, 1885.)

1. Ils sont nettement figurés dans l'estampe d'Abraham Bosse représentant la cérémonie du contrat de mariage de Ladislas III, roi de Pologne, et de Marie de Gonzague. Ce sont ces mêmes bras de lumière qu'on voit déjà dans une composition de Vittore Carpaccio. Cf. t. II, p. 79. On retrouve des bras de ce genre mentionnés dans l'Inventaire du somptueux mobilier du cardinal Mazarin : « Dans les appartemens de Son Éminence et de Madame de Mercœur au Louvre : Dans celuy de Son Éminence. Dix bras de cartons dorez avec leurs bobèches de fer blanc. » (*Inventaire de tous les meubles du cardinal Mazarin dressé en 1653*, publié par le duc d'Aumale pour la Philobiblon Society, Londres, 1861, p. 217.)

CHAPITRE II

LE CABINET, SON ORIGINE ET SON ÉVOLUTION

S'il est un objet qui a joué, au XVIIe siècle, un très grand rôle dans tout le développement et les transformations du mobilier, aussi bien chez nous que dans les pays voisins, c'est à coup sûr le meuble qu'on a appelé *cabinet*; non que sa forme fût nouvelle, et à tout prendre le cabinet rappelle par son galbe beaucoup de pièces du mobilier, le coffre par exemple, d'un usage dès longtemps général; mais la décoration particulière qui lui fut dès le XVIe siècle appliquée, l'emploi de bois exotiques,

d'incrustations de bois, de pierres ou d'ivoire, d'accessoires d'orfèvrerie, devait influer d'une manière très efficace sur tout le style adopté pour le mobilier en Italie et en Allemagne d'abord, puis chez nous, au XVIIe siècle. L'usage des bronzes dorés, appliqués sur les meubles de bois, tire directement son origine des pièces d'orfèvrerie d'or, d'argent ou de bronze employés dans les cabinets italiens de la fin du XVIe siècle.

Originairement, le cabinet est un coffre long s'ouvrant par devant au moyen d'un abattant, divisé ou non à l'intérieur en compartiments dans lesquels s'insèrent un plus ou moins grand nombre de tiroirs. Ce meuble, variante du coffre proprement dit, est d'origine orientale, et, dans certains pays subissant plus directement

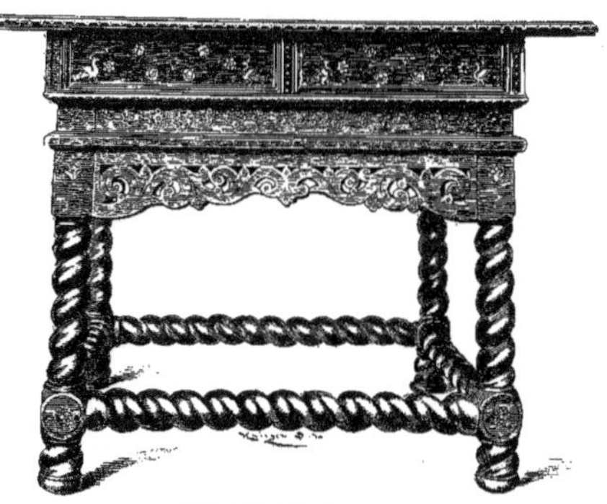

Table incrustée d'ivoire.

Espagne (?) Commencement du XVIIe siècle (Musée de Cluny)

l'influence des arts arabes ou de ses dérivés, cette forme s'est maintenue. Étant donnée cette origine, il semble que ce soit surtout à l'Espagne et au Portugal ainsi qu'à Venise qu'on soit redevable de ces importations. Mais alors que la péninsule ibérique conservait à peu près pure la forme ancienne, l'Italie lui fit subir de bonne heure des modifications profondes. Quel que soit le lieu de fabrication primitif de ces *bargueños* ou *vargueños* espagnols, nom qui, suivant quelques-uns, proviendrait de la ville de Vargas (province de Tolède) où on aurait fabriqué ces meubles en grand nombre [1], on peut supposer que ce ne sont point ces cabinets fabriqués au XVI° et au XVII° siècle qui ont influé sur la vogue que les meubles analogues ont eue en France. Que ces œuvres soient décorées de ferrures découpées ou de marqueteries et aient vu le jour en Espagne, qu'elles soient exécutées en bois exotiques tels que le bois de teck, et soient ornées de sculptures médiocres qui alternent avec les incrustations d'ébène et d'ivoire et aient vu le jour en Portugal, il semble bien que ces meubles d'un style bien spécial n'aient guère été de mode en deçà des Pyrénées. Il paraîtrait même, d'après les textes cités par M. Juan F. Riaño, que cette fabrication n'aurait pris un grand développement en Espagne que pour y supplanter la fabrication allemande ou flamande [2] qui exportait des meubles fort coûteux. Tout au plus peut-on admettre que certains meubles en écaille, incrustés d'ivoire ou de nacre, tels que ces cabinets fabriqués à Lisbonne par Prabro Fibrug, tel que ce cabinet signé Jeronimo Fernandez et daté de 1661 que possède le Musée de South Kensington ont pu exercer dans une certaine mesure une influence sur l'art italien ou l'art français du XVII° siècle [3]. A tout prendre, ces pièces ne durent guère avoir d'imitateurs chez nous, parce qu'elles étaient d'un style par trop particulier ; sinon il faudrait aussi considérer les fameuses pièces d'argent du mobilier de Louis XIV comme une imitation tardive des meubles d'argent espagnols dont un édit de 1574 prohiba l'usage [4].

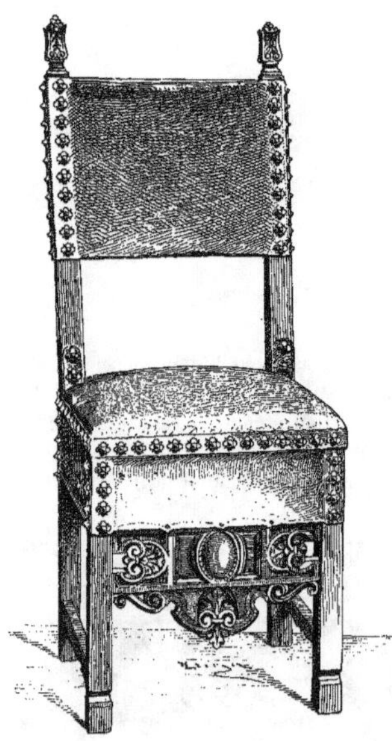

Espagne ou Flandre. XVII° siècle (Musée de Cluny)

Dans son livre sur l'art espagnol, M. J. F. Riaño a réuni un certain nombre de documents sur les provenances et les auteurs de ces meubles à différentes époques. Il cite les meubles incrustés d'ébène, de nacre et d'ivoire de la sacristie de la Chartreuse de Grenade, et, d'après les *Dialogos familiares* de J. de Luna [5], les fabriques de Salamanque où on travaillait des bois venant des colonies espagnoles ; il donne aussi un assez grand nombre de noms d'artistes relevés par lui dans des documents conservés à l'Académie de San Fernando, à Madrid [6] ; mais tous ces documents ne paraissent pas de nature à faire supposer, ainsi que quelques-uns l'ont pensé, que les meubles espagnols ont été nombreux au XVII° siècle, en dehors de l'Espagne. Il faut même remarquer qu'il semble bien que dans ce pays on n'a pas appliqué à la décoration des meubles les incrustations de pierres dures, comme en

1. Voyez au t. II, p. 56, un spécimen de ces *vargueños*.
2. J. F. Riaño, *The industrial arts in Spain*, pp. 119-120.
3. J. F. Riaño, *ibid.*, p. 120. A. de Champeaux, *Le Meuble*, t. II, p. 2.
4. J. F. Riaño, *ibid.*, p. 120.
5. Publiés à Paris en 1669.
6. Aguayo (Urban de), sculpteur sur bois (1623) ; — Carpintero (Francisco), sculpteur sur bois (1630) ; — Garcia (Marcos), sculpteur sur bois du roi (1637-1642) ; — Gomez (Juan), sculpteur sur bois (1598) ; — Gorostiza (Juan de), sculpteur sur bois (1627) ; — Iligares (Nicolas de), sculpteur sur bois (1625) ; — Hispano (Francisco), sculpteur sur ivoire (1618) ; — Iloz (Martin de la), sculpteur sur bois (1624) ; — Lara (Bernardino de), sculpteur sur bois (1612) ; — Lozano (Pedro) (1622) ; — Marcos (Juan), sculpteur sur bois (1636) ; — Martinez (Andrés), sculpteur sur bois (1622) ; — Martinez (Dionisio), sculpteur sur bois (1623) ; — Murga (Tomas de), sculpteur du roi (1614) ; — Osoz (Martin de), sculpteur sur bois (1623) ; — Parezano (Alonso), sculpteur sur bois du roi (1623) ; — Pelegrin (Jean), sculpteur sur bois (1614) ; — Peña (Jeronimo de la), sculpteur sur bois (1622) ; — Quero (Melchior de), sculpteur sur bois (1586) ; — Radio (Francisco), faiseur de cabinets en ébène et en ivoire (1617) ; — Riofrio (Martin de), sculpteur sur bois (1612) ; — Riofrio (Thomas de), sculpteur sur bois (1626) ; — Rodriguez (Bernardo de), sculpteur sur bois (1624) ; — Rodriguez (Domingo), sculpteur sur bois (1633) ; — Roxo (Domingo), sculpteur sur bois (1630) ; — Sanchez (Matias), sculpteur sur bois (1565) ; — Santana (Juan de), sculpteur sur bois (1617) ; — Sierra (Francisco de), sculpteur sur bois (1634) ; — Spano (Jeronimo), sculpteur sur bois (1617) ; — Torres (Juan de), sculpteur sur bois (1658) ; — Velasco (Lucas de), peintre et doreur de cabinets (1633) ; — Zorrilla (Domingo) (1642) (J. F. Riaño, *ouvr. cité*, pp. 122-123.)

Italie et ensuite en France ; du moins un texte du *Voyage* de Madame d'Aunoy semble assez concluant sur ce chapitre [1]. Et rappelons enfin que les relations de l'Espagne avec la Flandre ont, par contre-coup, rendu ce pays tributaire de l'Italie quand les artistes flamands, comme les artistes français, se furent appliqués à l'imitation des modèles italiens.

Sur un point cependant, on peut supposer que les meubles espagnols, chaises et fauteuils aux formes simples et un peu lourdes, ont influé sur les modes françaises au xviie siècle. Du moins quelques sièges actuellement conservés en Espagne, et en grand nombre, présentent avec des meubles français, flamands ou italiens de telles affinités qu'on peut se demander si de tels usages n'ont pas l'Espagne pour origine. Mais ce n'est là qu'un point de détail et aussi bien les textes sont-ils muets à cet endroit. De plus je vois quelques difficultés, au point de vue historique, à accepter comme probable une influence prépondérante de l'art espagnol sur l'art français. De Henri IV à Louis XIV, l'Espagnol a été pour le Français un voisin fort désagréable, parfois dangereux, ridiculisé par les artistes : ce n'était pas à coup sûr une très heureuse disposition pour accepter ses modes. Il faut cependant faire une exception pour certaines parties de l'ameublement, les cuirs de tenture notamment, dès longtemps célèbres et dès longtemps exportés. Les cuirs de Cordoue ou *guadamaciles* d'Espagne furent partout en usage jusqu'au moment où, trop coûteux, ils furent supplantés par des imitations faites soit en Italie, soit en France, soit en Flandre [2].

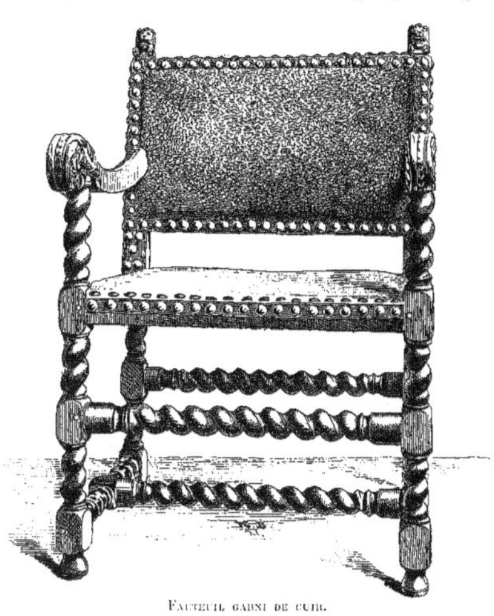

FAUTEUIL GARNI DE CUIR.
Époque Louis XIII (Musée de Cluny)

Davillier a cité un certain nombre de textes assez concluants à cet égard [3] et qui démontrent péremptoirement l'ancienneté d'une industrie qui a joué un rôle si important dans la décoration intérieure. Les rois de France, au commencement du xvie siècle, faisaient venir des cuirs dorés d'Espagne [4] et Tomaso Garzoni, en sa *Piazza Universale*, publiée à Florence en 1560, en traitant de cette matière, mentionne l'origine espagnole de ce métier [5], mais il atteste aussi, comme si la chose était absolument nécessaire, que cette industrie était florissante en Italie. Leonardo Fioravanti, dans son *Specchio universale* (Venise, 1564), livre traduit en français quelques années plus tard (en 1586) par Gabriel Chappuys [6], dit à peu près la même chose au sujet de ces fameux cuirs dont Fougeroux de Bondaroy devait au siècle dernier nous décrire la fabrication [7].

Les *Historiettes* de Tallemant des Réaux ont fourni à Davillier un texte extrêmement curieux au

1. Madame d'Aunoy (*Voyage d'Espagne*, cité par Riaño, *ouvr. cité*, p. 122) parle « de grands cabinets de pièces de rapport enrichis de pierreries, lesquels ne sont pas faits en Espagne; des tables d'argent d'entre-deux et des miroirs admirables, tant pour leur grandeur que pour leurs riches bordures dont les moins belles sont d'argent. Ce que j'ai trouvé de plus beau sont des *escaparates*, une espèce de petit cabinet fermé d'une seule glace et rempli de tout ce qu'on peut se figurer de plus rare ».

2. Cf. Ch. Davillier, *Notes sur les cuirs de Cordoue, guadamaciles d'Espagne*, Paris, 1878, in-8°.

3. Le mot de *Guadamacis*, qui sert en espagnol à désigner les tentures de cuirs dorés, proviendrait, suivant les uns, du nom d'un village d'Andalousie où on aurait inventé cet art de la préparation des cuirs; suivant l'opinion adoptée par Davillier, ce nom proviendrait au contraire de la ville de Ghadâmès, en Afrique, où, dès le xiie siècle, cette industrie aurait été florissante. Cf. Davillier, *ouvr. cité*, pp. 5, 6.

4. Texte de 1529 cité par Davillier, *ouvr. cité*, p. 4.

5. Édition de Florence, 1560, in-4°, p. 650 ; cité par Davillier, *ouvr. cité*, pp. 4, 5.

6. Voir à la page suivante le texte de Fioravanti et la traduction de Gabriel Chappuys.

7. *L'art de fabriquer les cuirs dorés et argentés*, Paris, 1762, in-folio.

sujet de l'importation en France de ces cuirs espagnols en plein xviie siècle, texte qui indique bien qu'à cette époque encore, si des tentatives avaient pu déjà être faites chez nous pour imiter une industrie dont les produits étaient forcément fort coûteux, c'était encore à leur pays d'origine, à l'Espagne, qu'on s'adressait pour avoir de beaux *guadamaciles*, de belles tentures de cuir doré[1]. A la fin du xviie siècle, cette industrie était florissante à Paris, mais on importait aussi des cuirs de Flandre[2], et il est probable que l'Italie dut parfois aussi nous envoyer des tentures de même nature[3].

[1]. « On trouve dans Tallemant des Réaux (Édit. Téchener, t. II, p. 187) l'histoire d'un certain Lopez qui on faisait venir des quantités considérables. C'était un morisque, qui se disait descendant des Abencerrages de Grenade ; il était venu d'Espagne, vers 1609, pour conclure un traité secret avec Henri IV et les descendants des anciens Mores espagnols. Il s'était fixé en France, où il fit rapidement fortune dans le commerce des diamants ; « en suitte toutes les belles pierreries luy passèrent par les mains... Insensiblement il s'étoit mis à vendre toutes sortes de choses. Le feu cardinal [de Richelieu] l'employa à faire faire des vaisseaux en Hollande, et au retour il le fit conseiller d'Estat ordinaire. En Hollande, il achepta mille curiositez des Indes, et ici il fit chez lui comme un inventaire : on crioit avec un sergent. C'estoit un abrégé de la foire Saint-Germain : il y avoit tousjours bien du beau monde : Par envie ou autrement, on l'accusa d'estre espion, et de payer les pensions d'Espagne. Un maistre des Requestes, nommé Ledoux, en croyoit avoir une conviction entière par le livre de Lopez, où il y avoit : « *Guadamasilles por el señor de Bassompierre* — tant de milliers de maravodis » et autres articles semblables. Lopez prin M. de Rambouillet de voir ce bon maistre des Requestes. Le maistre des Requestes luy dit : « Monsieur, y a-t-il rien de plus clair? *Guadamasilles*, etc. » M. de Rambouillet se mit à rire : « Hé, Monsieur », lui dit-il, « ce sont des tapisseries de cuir doré qu'il a fait venir d'Espagne pour M. de Bassompierre », et luy fait venir un dictionnaire espagnol. Lopez fut absous et le maistre des Requestes interdit, parce que Lopez prouva que, sous prétexte de les achepter, il luy avoit pris pour quatre mille livres de bagues. » Bassompierre, dans son *Journal* (année 1624), confirme la vérité de cette anecdote : « Le Doux avoit trouvé, dans le *Livre-raison* de Lopez, ces mots : *El señor mareschal de Bassompierre per gadameciles, quarante mille livres*, qui estoient deux cens mille escus. » Davillier, *ouvr. cité*, pp. 33-35.

2. Davillier, *ouvr. cité*, p. 35.

3. Urbani de Gheltof, *Les Arts industriels à Venise*, p. 204 et suiv. — — Voici un certain nombre de textes extraits du *Glossaire archéologique* de Gay qui fournissent de précieux renseignements sur les provenances des cuirs dorés en usage du xviie au xviiie siècles. Les tentures de cuir, à provenance certaine, sont aujourd'hui assez rares, bien que de nombreux collectionneurs en aient recueilli des spécimens importants. Citons entre autres les six grands panneaux représentant des personnages de l'histoire romaine, de style flamand et du xviie siècle. que possède le Musée de Cluny (nᵒˢ 1776 à 1782 du *Catalogue* de 1881) ; ces panneaux proviennent d'une maison de Rouen. Citons encore une tenture en cuir doré (xviiie siècle) conservée dans l'église de Neuville (Corrèze). Cf. E. Rupin, *Mémoires de la Soc. arch. de la Corrèze*, t. I, 1881. — « 1680. — *Tapisserie de cuir doré*. Ouvrage de cuir doré pour parer principalement quelques chambres des maisons de plaisance. Il y a des tapisseries de cuir doré d'Espagne, de Hollande, d'Allemagne, de Flandre et de Paris. — Les tapisseries de cuir doré d'Espagne sont les meilleures et les plus estimées, et celles de Hollande après. (Richelet.) — 1692. — M. Marseille, rue Saint-Denis, près la sellerie, vend des tapisseries de cuir doré de Flandre. (A. du Pradel, *Le livre des adresses de Paris*.) — *Cuir de France*. — 1723. — Les lieux de France où il se fabrique le plus de tapisserie de cuir doré sont Paris, Lyon et Avignon. Il en vient beaucoup de Flandres, qui se manufacturent presque toutes à Lisle, à Bruxelles, à Anvers et à Malines, dont celles de cette dernière ville sont les plus estimées. Il ne s'en voit plus en France de la manufacture d'Espagne estimées. (Savary.) — *Cuir de Hollande*. — 1661. — Une tenture de tapisserie de cuir doré, fabrique d'Hollande, semée de festons, de fruicts et fleurs et petitz animaux de bas relief, contenant en tout 180 peaux, et une campanne d'un tiers de largeur d'une peau par le haut des pieces, prisée 500 fr. (*Inv. de Mazarin*, nᵒ 2137.) — *Cuir de Hongrie*. — 1591. — 4 tabourets couverts de cuir de Hongrie, 40 s. (*Inv. de Guillaume de Montmorency*, nᵒ 278.) — *Cuir de Malines*. — 1730. — Malines... ses manufactures de cuir doré sont les plus estimées de celles de Flandres, qui l'ont toujours emporté sur toutes les autres qui sont établies dans le reste de l'Europe. C'est aussi un des plus considérables objets de négoce, et l'on ne peut dire combien les étrangers en enlèvent chaque année. (Savary, *Supplém.*) — *Cuir de Paris*. — 1604. — Pareil establissement de tapisseries... cuir doré et drappé de toutes les sortes et couleurs qu'il est

possible de souhaiter, plus belles que la broderie mesme, à meilleur marché et de plus grande durée, pour la facilité et invention de les nettoyer, entretenir et racoustrer, cela se voit ez boutiques des faulbourgs S. Honoré et S. Jacques...

A la charge qu'icelny Rozan, pendant le temps de sond. privilege, sera tenu fournir la France suffisamment desd. tapisseries de cuir doré et drappé. (*Id. Délibérations du conseil du commerce*, *Ibid.*, t. XIV, p. 224 et *Docum. inéd.*, *Mélanges*, série I, t. IV, p. 172.) »

Voici enfin les recettes données par Fioravanti pour la fabrication des cuirs dorés .

« *Dell' arte de' corami d' oro e sua fatura. Cap. XLI.* Certamente che colui, il quale trovò questa arte de i corami d'oro, fu huomo singolare, e di gran giuditio ; ben che io non credo, ne crederò giamai, che un solo ne fusse l' inventore, e la tirasse a quella perfettione, e bellezza, che hoggidi si fa, e questa arte, credo io che havesse origine e principio in Spagna ; percio che di quella provincia sono usciti i migliori maestri, che in questa nostra età habbino fatta tal arte : la quale è hoggidì in grandissima riputatione appresso gli huomini grandi, e molto in uso in Roma, in Napoli, in Sicilia, in Bologna, in Francia, in Spagna, e altri luoghi. Et perche l' arte è di grande' ingegno, e degna da sapersi fare, e mi sono disposto di voler scrivere l' ordine, e il modo di farla ; ancora che io creda, che nessuno de i maestri di quella sappiano farla tutta interamente. Io per me in tutto, il tempo di mia vita, non ho mai conosciuto altro che uno che la sappia fare tutta dal capo a piedi : e questo si chiama M. Pietro Paolo Maiorano della città di Napoli del Regno, huomo ingegnosissimo, e molto conosciuto per la eccellentia sua in tal arte. Il modo adunque di far tal' arte è questo : cioè si pigliano di quelle pelli, con lequali i calzolari fodrano le scarpe, che alla banda del pelo siano liscia, e belle, e si mettono a molle in acqua chiara per una notte : e poi si sbaltono tutte ad una per una sopra una pietra liscia per disromperle bene, e dipoi si lavano benissimo, e se ne cava fuori l' acqua ; e ciò fatto, bisogna havere una pietra liscia, e grande più che non è la pelle : e sopra quella distirarla benissimo, con un certo ferro fatto a posta ; e dipoi con una pezza asciugarlo bene, e fatto questo, piglisi colla fatta di ritagli di carta pergamina, e distendasi benissimo con le mani sopra alla pelle : e dipoi è necessario di havere argento in fogli, e coprire tutta la detta pelle, e poi levarla, e metterla sopra alcuna corda, o altra cosa ad asciugarsi ; come sarà bene impassita, si inchiodi sopra una tavola di legno, o si lascia asciugare in tutto o per tutto : e poi si cava via della tavola, e si taglia via quella parte, che non è inargentata : e sopra la pietra si brunisce con un brunitore fatto di lapis ematitis, tanto che diventi lustra. Fatto questo, bisogna havere una stampa intagliata in legno del disegno, del quale s' hanno a fare i corami, e havere inchiostro fatto di vernice, e fumo di ragia, e con certe mazzocche stenderlo sopra la stampa ; e poi mettervi sopra la pelle, e stamparla, e stampata che sarà, lasciarla asciugare : e asciutta che è, s'inchioda sopra certe tavole quale è fatta di olio di lino quattro parti, ragia di pino due parti, aloe cavalino una parte, bollite insieme tanto, che vi pigli il color di oro, e questa vernice si stende con le mani sopra la pelle, come ho detto ; e se il maestro lo vuol fare di oro, e di argento, con un coltello lievi via la vernice di sopra l' argento, e asciutte che sono, si dipingono. volendole dipingere ; e dipoi si pincano co i ferri quadrati, e occhi di gallo, spinapesce, e altre sorti di ferri, che in tal arte si adoperano ; e dipoi si squadrano le pelli, e poi si cuscono insieme, e così l'opera è finita ; e questa arte è di grandissimo guadagno e di gran sapere ; come di sopra ho detto, che volendo fare questa arte, egli è necessario saper fare tutte le sopradette operationi ad una per una ; e questa è arte, mediante la quale, si fanno amicitie con diversi personaggi : perciòche la maggior parte di quelli, che si servono, sono huomini illustri, e grandi : per esser l' arte in se di gran bellezza, e molto dilettevole da vedere. E ancor di grandissimo guadagno per coloro, che la fanno : perciòche questa si chiama l' arte dell' oro ; ..... (Leonardo Fioravanti, *Dello Specchio di scientia universale*, éd. de Venise, 1603, pp. 103 et suiv.). » — Voici la traduction de ce texte par Gabriel Chappuys (cité par Davillier, *ouvr. cité*, p. 12.) « *De l'Art des cuirs d'or, et comment ils se font.* Celuy qui a trouvé cet art des cuirs d'or, estoit certainement homme singulier et de grand jugement : je ne croy neantmoins, et ne croiray iamais, qu'un seul en ait esté l'inventeur, et l'ait réduit à la

Mais si le commerce espagnol put avoir quelque influence dans notre pays, déterminer certaines formes, introduire certains motifs de décoration, bien autrement décisive fut l'importation italienne. Et, sur ce point, les différences de style entre le mobilier italien et le mobilier français du xvi⁰ siècle sont tellement accentuées que le doute ne peut être un instant permis. C'est aux Italiens que nous avons emprunté les incrustations de pierres dures, les incrustations d'ivoire gravé, de nacre ou d'écaille. Cette adaptation de la mosaïque en pierres dures à la décoration des meubles apparaît à Florence vers le milieu du xvi⁰ siècle ; c'est à la fois une transformation et une adaption nouvelle de la peinture dont les Italiens avaient abusé dans la décoration du mobilier. Vasari nous initie aux débuts d'un art qui s'est perpétué jusqu'à nos jours, à Florence, où il est devenu une véritable industrie qui maintenant s'applique seulement à des objets de pacotille : il nous fait connaître les noms d'artistes qui furent chargés, par les Médicis, de décorer des meubles, quelquefois sur les dessins de Vasari lui-même, à l'aide de mosaïques de pierres dures : cabinets ou tables reçurent ce genre de décor, assez peu heureux, qui devait avoir une si grande influence sur tout le mobilier du xvii⁰ siècle. Vasari, en sa vie de Bernardo Buontalenti, son élève (né en 1536, † 1608), ou dans les lignes qu'il consacre à Porfirio da Leccio († 1601), nous décrit complaisamment un cabinet et une table qui résument en quelque sorte la formule adoptée par les meubles italiens du xvii⁰ siècle [1], un objet à la fois triste et voyant d'aspect, d'une architecture compliquée, de menuiserie médiocre, dans lequel domine l'emploi de l'ébène associé à une marqueterie polychrome dont le bronze doré vient augmenter encore l'éclat malencontreux. C'est sous cette malheureuse influence italienne, que les artisans de notre pays sont arrivés à employer un bois tel que l'ébène réservé d'abord aux marqueteries ou à la fabrication de menus ustensiles rehaussés d'or, que les menuisiers se sont transformés en ébénistes [2].

C'est dans la classe des cabinets tels que celui que nous venons de mentionner, d'après Vasari, que rentrait évidemment un autre meuble de même forme ou *stipo* exécuté par Buontalenti pour le grand-duc de Toscane, cabinet d'ébène décoré de colonnettes de pierres dures et d'ornements de bronze

---

perfection et beauté que nous voyons aujourd'huy, et pense qu'il a prins commencement en Hespagne, pour que les meilleurs ouvriers en iceluy sont sortis de cette Prouvince-là. Les grands Personnages le réputent maintenant beaucoup, et est fort en usage à Rome, à Naples, en Sicile, à Bologne, en France, en Hespagne et autres lieux. Et pour ce qu'il est de grand esprit, et digne d'estre sceu, ie me suis disposé d'escrire l'ordre et le moyen de le faire, encore que ie ne pense qu'aucun des meilleurs ouvriers le puisse faire entièrement. Je n'ay iamais cogneu qu'un qui soit venu à cette perfection. Voicy donc le moyen de le pratiquer. On prend des peaux desquelles les cordonniers accoutrent les souliers, on les met en eau claire l'espace d'une nuit, et puis on les bat toutes l'une après l'autre sur une pierre, pour les bien derompre, et puis on les lave très bien, et l'on en tire l'eau dehors : ce faict, il faut auoir une pierre polie, et plus grande que la peau, et la bien tirer dessus, avec un certain fer faict à propos, et puis la bien essuyer. Après, il faut prendre de la colle, faite des coupeures de parchemin, et la bien estendre auec les mains sur la peau, et la mettre sur quelque corde ou autre chose pour essuyer : après on la cloue sur une table de bois, où elle est laissée essuier du tout : on la tire de là, et on taille ce qui n'a esté argenté, et se brunit sur la pierre, avec un brunisseur faict de la pierre hematite, ou sanguine, tant qu'il devient luisant. Ce faict, il faut auoir une presse taillée en bois, du dessein duquel on veut faire les cuirs, et auoir ancre faict de sandarache et fumée de raye, et l'estendre, avec certaines bases, sur la presse, et puis mettre la peau dessus et l'imprimer, et estant imprimée la laisser essuyer : et après on la cloue sur certaines tables, on luy donne le vernis qui fait la couleur d'or, faite de quatre parties d'huile de lin, de deux de raye de pin, une d'aloès caualin, bouillies ensemble, tant que cela devienne de couleur d'or, et le vernis s'estend auec les mains sur la peau, comme j'ay dict ; et si l'ouvrier la veut faire d'or ou d'argent, qu'il leve auec un couteau le vernis de dessus l'argent, et le laisse essuyer, et quand les peaux sont seiches, on les dépeint, si l'on veut, puis on les accoustre auec fers quarrez, on les fait quarrées, et se cousent ensemble, et en ceste manière, l'œuvre est acheuée : c'est un art de grand proffit et sçauoir, moyennant lequel on fait amitiez avec grands personnages ! car la plus grande partie de ceux-là qui s'en servent, sont hommes illustres et grands, pour ce que l'art est de grande beauté et fort delectable à voir :

il est aussi de grand proffit pour ceux qui le font, car il s'appelle l'art de l'or, et non sans cause, pour ce qu'il tire l'or et l'argent, faisant riches ceux qui le pratiquent pourveu qu'ils soient hommes qui s'y conduisent comme il faut. »

1. « Il medesimo (Bernardo Buontalenti) ha fatto con bell' architettura, ordinatagli dal detto prencipe [Francesco di Medici] uno studiolo con partimenti d' ebano e colonne d' elitropie e diaspri orientali e di lapislazzari, che hanno base e capitelli d' argento intagliati ; ed oltre ciò, ha l' ordine di quel lavoro per tutto ripieno di gioie e vaghissimi ornamenti d' argento, con belle figurette : d' entro ai quali ornamenti vanno miniature, e fra termini accoppiati, figure tonde d' argento e d' oro, tramezzate du altri partimenti di agate, diaspri, elitropie, sardoni, corniuole, ed altre pietre finissime, che il tutto qui raccontare sarebbe lunghissima storia : basta che in questa opera, la quale è presso al fine, ha mostrato Bernardo bellissimo ingegno ed atto a tutte le cose. » (Vasari, éd. Milanesi, t. VII, p. 615.) — « Ha dato Sua Eccellenzia [Francesco de Medici] principio ancora a fare un tavollino di gioie con ricco ornamento, per accompagnarne un altro del duca Cosimo suo padre. Finì, non è molto, col disegno del Vasari un tavolino, che è cosa rara, commesso tutto nello alabastro orientale, che' è ne' pezzi grandi di diaspri, elitropie, corgnole, lapis, ed agate con altre pietre e gioie di pregio, che vagliono ventimila scudi. Questo tavolino è stato condotto da Bernardino di Porfirio da Leccio del contado di Fiorenza, il quale è eccellente in questo ; che condusse a Messer Bindo Altoviti, parimente di diaspri, un ottangolo, commessi nell' ebano ed avorio, col disegno del medesimo Vasari. » (Vasari, éd. Milanesi, t. VII, p. 616.)

2. 1554. « Ebeno utimur in operibus vermiculatis, item in statuarum elegantiam quas nolumus carie aut vetustate infici. » (Ch. Estienne, *Prædium rusticum*, 603.) — 1560. N° 231. « Ung petit vase d'ébène damasquiné d'or, enrichy de petitz rubis et turquoises, estimé 10 esc. » — N° 678. « 2 bouteilles plattes d'ébène garnies d'or, estimées 3 esc. » (*Inv. de François II.*) — 1599. « Ung tableau d'ébeyne garny d'argent doré, dedans lequel est la peinture du roy, prisé, 15 esc. » (*Inv. de Gabrielle d'Estrées.*) — 1644. « Maître Jean Macé, l'un de ses menuisiers ébeynistes [du roy] » (*Arch. de l'Art français*, t. III, p. 201) ; cité par Gay, *Glossaire*, au mot *Ébène*, t. I, p. 593.) — Ces textes au sujet de l'emploi de l'ébène sont du reste très nombreux dans tous les inventaires.

doré, enrichi de miniatures représentant les plus belles dames de Florence; c'est Baldinucci [1] qui nous fournit ce détail, et on peut même admettre avec beaucoup de vraisemblance que le meuble mentionné par Vasari, et celui que décrit Baldinucci, ne forment qu'un seul et même objet : mais peu importe, puisque ces monuments ont disparu; nous devons pourtant retenir de leur description l'indication d'un genre de décor nouveau à ce moment, la miniature introduite dans l'ornementation du mobilier. Le fait est bon à noter, car on retrouve plus tard, en France, des traces importantes de cet usage baroque, de cette conception absolument condamnable d'un meuble qui n'est pas seulement un monument d'architecture, mais emprunte sa décoration à la peinture dans ce qu'elle a de plus maigre, de plus petit, de moins décoratif en somme. Le cabinet à la composition duquel collabora Jean Bologne, en fondant des bas-reliefs d'or représentant des faits de l'histoire des Médicis, était à tout prendre une œuvre moins détestable [2].

Un meuble conservé au Musée de Cluny, un grand cabinet qui passe pour avoir appartenu à Marie de Gonzague, reine de Pologne [3], peut donner une idée de ces objets fabriqués à Florence, à la fin du XVIe et dans la première moitié du XVIIe siècle : entassement de motifs d'architecture surchargés de pierres dures, d'incrustations d'écaille ou d'appliques d'argent ou de cuivre. Ce n'est pas à coup sûr une pièce recommandable, mais néanmoins elle est à signaler parce qu'elle est typique et qu'à tout prendre elle est moins triste d'aspect que beaucoup d'autres cabinets, la plupart en ébène, tels que ceux qu'on peut voir au Palais Pitti, à Florence, ou au Musée du Louvre (Planche I), et dont toute la décoration voyante est réservée pour l'intérieur, en sorte que ces meubles, fermés, peuvent passer pour des meubles de deuil [4].

Les mosaïques florentines que nous venons de voir indiquées par Vasari, si elles ne peuvent passer

---

1. *Notizie de' professori del disegno*, t. VII, p. 11.
2. Le Cabinet n'existe plus, mais les bas-reliefs d'or ont été conservés. Cf. *Les Bronzes de la Renaissance, Les Plaquettes*, t. II, n°s 1358 à 1365.
3. *Catalogue* de 1881, n° 1455.
4. Parmi les œuvres du même genre, mais d'un goût encore plus mauvais, il convient de mentionner les deux cabinets en écaille et ivoire qui jadis ont fait partie de la collection Debruge, et dont on reproduit ici la description donnée par Labarte, dans le *Catalogue* de cette collection. D'après une tradition admise par cet auteur, ces cabinets auraient été exécutés sur les dessins de Rubens, en Flandre, puis offerts par les villes de Flandre au ministre de Philippe III, le duc de Lerme.

N° 1507. — Grand cabinet en écaille marbrée, décoré de sculptures et d'ornements en ivoire. — Ce meuble présente l'aspect d'un monument à deux étages d'ordres superposés, dont le centre, rentrant et demi-circulaire, laisse en saillie deux ailes.

L'hémicycle est divisé dans les deux étages en trois parties : une arcade en retraite dans le fond et un panneau de chaque côté de cette arcade. L'arcade de l'étage inférieur, dont l'archivolte est décorée d'un cartouche que soutiennent deux amours, forme l'entrée d'un vestibule voûté. Une statue de l'Espérance, élevée sur un piédestal, en occupe le centre. La Prudence et la Fécondité, figures de ronde bosse, portées par des consoles, sont adossées au monument au milieu des panneaux. Chacun de ces panneaux est encadré par deux colonnes torses d'ordre composite, dont le fût est décoré à la partie inférieure de rinceaux découpés à jour, donnant naissance à des feuillages d'ivoire qui s'élèvent en spirale jusqu'au chapiteau.

Dans l'étage supérieur, l'arcade qui occupe le fond est portée par deux colonnettes à base et chapiteaux d'ivoire, posant sur des socles réunis par une balustrade; c'est le motif de Palladio qu'on retrouve à la basilique de Vicence. En arrière de cette arcade, il existe un renfoncement, dont la voûte, en demi-berceau, est portée par deux colonnettes engagées faisant face à celles qui soutiennent la retombée de l'arcade. Les panneaux, à droite et à gauche de cette arcade supérieure, sont ornés d'un médaillon renfermant une composition traitée en haut relief. Deux colonnes d'ordre composite, à bases et chapiteaux d'ivoire, dont le fût à la partie inférieure est enrichi de figures d'enfants, accompagnent chacun de ces panneaux et soutiennent l'entablement.

L'étage inférieur des ailes est décoré de deux panneaux d'ivoire sculptés en haut relief. De chaque côté de ces panneaux, des cariatides de ronde bosse, dont le buste est en ivoire et la gaine en écaille, soutiennent les chapiteaux qui portent l'entablement sur lequel pose l'ordre supérieur.

Dans chaque aile, à l'étage supérieur, deux colonnes où s'élèvent au-dessus des cariatides; le champ renfoncé du panneau qui existe entre leurs piédestaux est orné de sujets traités en figures de ronde bosse et d'un élégant cartouche sculpté. Un bas-relief de la dimension de ceux qui existent à l'étage inférieur est placé entre les deux colonnes.

Les six grands bas-reliefs qui décorent les deux ailes offrent des compositions d'une belle ordonnance, et du travail le plus étonnant sous le rapport de la difficulté vaincue.

Les deux faces latérales du monument sont flanquées, à l'étage inférieur, de deux colonnes torses semblables à celles qui décorent la partie en hémicycle, et, à l'étage supérieur, de consoles renversées en ivoire, enrichies de feuillage d'une grande richesse.

Le couronnement du monument se compose d'une balustrade divisée par seize piédestaux. Quatre de ces piédestaux qui s'élèvent au-dessus des colonnes des ailes portent des statues : la Religion, l'Humilité, la Charité et la Vérité; les autres sont surmontés de vases à flamme. Cette balustrade est interrompue, au centre du monument, par un groupe de deux Amours qui soutiennent un écusson destiné à recevoir des armoiries. Au-dessus, deux lions, posés sur la balustrade, servent de support à un médaillon, où l'on devait sans doute graver une inscription.

L'harmonie des proportions, la richesse des ornements, la délicatesse d'exécution des bas-reliefs font de ce meuble un véritable chef-d'œuvre en ce genre; il est impossible dans une description d'en faire connaître toutes les beautés... Il renferme dix-huit figures de ronde bosse, dont trois statuettes de 17 centimètres de haut et quatre de 12 centimètres, quatre cariatides de 25 centimètres, six bas-reliefs de 17 centimètres de large sur 8 centimètres de haut, trois cartouches sculptés en bas-relief, deux médaillons et deux panneaux renfermant des compositions traitées en ronde bosse. Les dés des piédestaux, les frises et les encadrements des bas-reliefs sont, en outre, décorés de rinceaux et d'arabesques découpés à jour. Les sujets traités dans les bas-reliefs sont tirés de l'histoire de Joseph. — Haut. tot., 1 mètre 13; long., 1 mètre 43; larg., 0 mètre 46.

Ce meuble est placé sur une table en écaille incrustée de filets d'ivoire, qui est portée à ses extrémités par deux larges pieds contournés.

N° 1508. — Autre cabinet semblable à celui qui vient d'être décrit et lui faisant pendant. — Les sujets traités dans les bas-reliefs sont également empruntés à l'histoire de Joseph. Les statuettes de la partie en hémicycle représentent la Foi, l'Espérance et la Charité; celles du couronnement, la Puissance, la Justice, l'Abondance et la Générosité.

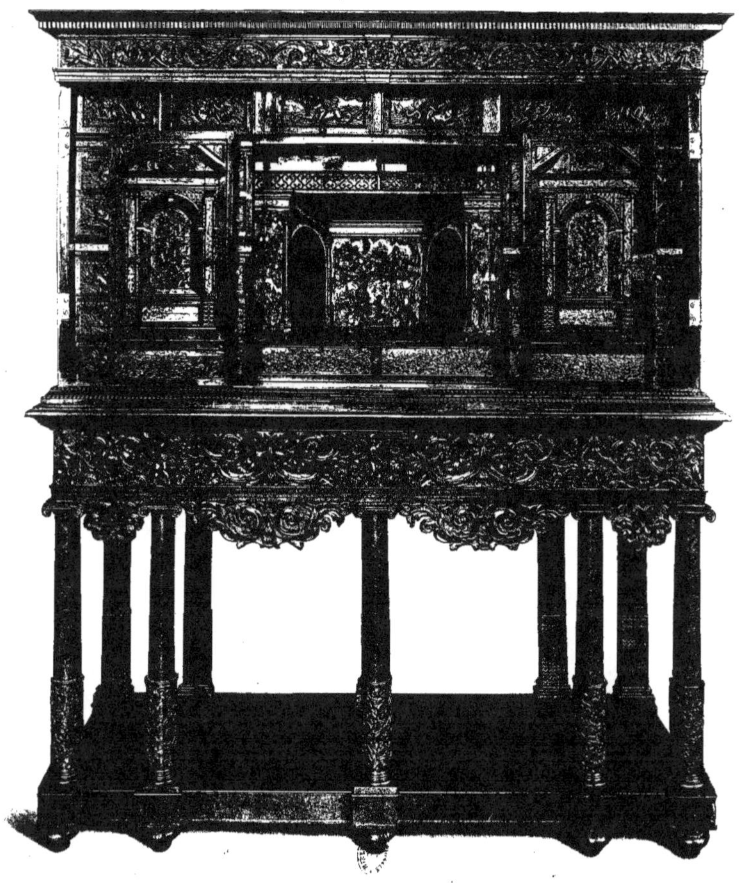

CABINET EN ÉBÈNE ET EN IVOIRE TEINT

TRAVAIL FRANÇAIS · ÉPOQUE LOUIS XIII

(Musée du Louvre)

pour une invention absolument nouvelle, devaient cependant exercer sur toute la décoration du xviiᵉ siècle une influence tout à fait capitale. Cette mosaïque, dont on reprit plus tard la fabrication en France, sous l'influence italienne, n'est en somme que la copie en matières dures, pierres précieuses ou cailloux tirés du lit de l'Arno, des mosaïques de bois diversement coloré, exécutées par les fabricants de *tarsia* du xvᵉ et du xviᵉ siècle. L'excipient sera une plaque d'ardoise ou de marbre, généralement de teinte foncée, mais quelquefois aussi une simple table de marbre blanc. Sur ce fond, on assemble, suivant le dessin d'un carton préalablement arrêté, les pièces découpées destinées à former la composition qui, une fois terminée, est polie de façon à déguiser tous les plus petits accidents de la fabrication. Ce système de décoration n'a été appliqué au xviᵉ et au xviiᵉ siècle qu'à des œuvres somptueuses dont parfois même on a singulièrement exagéré la valeur, telle la célèbre table du château de Richelieu [1], que possède maintenant le Musée du Louvre, et que La Fontaine a estimée neuf cent mille francs environ, appréciation fort surfaite, même à l'époque où ces mosaïques étaient à la mode. Mais dans la suite et encore de nos jours, on a fabriqué des mosaïques de Florence dont le mérite artistique est très mince [2].

Mais revenons aux cabinets. Bien qu'il soit absolument évident qu'on a fait en quantité des meubles de ce genre dans toutes les grandes villes d'Italie, j'avoue que je crois bien difficile, sauf exception, de reconnaître sûrement si un cabinet a été construit et décoré plutôt à Milan qu'à Naples. Le genre des incrustations, la nacre et l'ivoire appliqués sur fond d'ébène ou d'écaille, les peintures sur marbre ne me semblent pas aussi caractéristiques des meubles napolitains que l'a avancé M. de Champeaux dans son excellent travail sur le meuble [3]; car si quelques-uns des exemples qu'il cite sont très certainement de fabrication napolitaine [4], on en possède d'autres qui, tout en se rapprochant par la simplicité de leurs lignes et la sobriété de leur décoration des meubles fabriqués dans le nord de l'Italie, sont peut-être cependant d'origine napolitaine. Je citerai, entre autres, un très joli cabinet en ébène décoré d'incrustations d'ivoire (Collection Edmond Foulc), représentant des plans de ville et des cartes de géographie, des attributs et des cartouches, qui malgré sa simplicité paraît avoir vu le jour à Naples. Ce n'est, en réalité, que par des représentations particulières, des indications tout à fait extérieures qu'on peut établir d'une façon exacte la provenance de ces meubles. Le style ne suffit que rarement à asseoir un jugement, à moins qu'il ne soit particulièrement accentué et ne participe dans beaucoup de ses parties de l'ensemble de l'art du pays d'où est sorti le meuble : c'est ainsi qu'un cabinet plaqué de nacre et d'ivoire, tout rehaussé d'arabesques d'or, qui passa, il y a quelques années, de la collection San Donato dans les séries du Musée de Cluny, offre une façade

---

1. Cette table du château de Richelieu, de fabrication absolument italienne, a joui jusqu'à la Révolution d'une réputation qu'on s'explique difficilement. Bien mieux, elle a servi à répandre sur le cardinal de Richelieu, et sur ses façons de procéder pour enrichir son mobilier, une légende inepte dont le chimiste Guitton-Morveaux, l'un des commissaires chargés, en 1794, d'estimer les joyaux de l'abbaye de Saint-Denis et de mettre de côté les pièces intéressantes pour les arts, s'est fait l'écho. Ce bonhomme prétendit que toutes les pierreries qui se trouvaient sur l'une des châsses de l'abbaye de Saint-Denis étaient fausses, les originaux ayant été enlevés par le cardinal de Richelieu pour faire fabriquer sa fameuse table. Un peu plus éclairés que ce chimiste en délire, Dufourny et Visconti s'expriment d'une façon plus juste sur ce monument : «...Enfin c'est dans ce cabinet [du château de Richelieu] que se voit la fameuse table de marqueterie de Florence, en pierres fines de rapport. Elle a six pieds sur quatre ; son dessin est en compartiments, sans fruits, ni fleurs, ni figures, ses pierres sont de bonne qualité et le travail soigné. Il y a beaucoup de lapis, de jaspe, etc., et au milieu une agathe ovale d'un pied et demi sur un pied. En total, c'est un beau morceau, mais pas aussi précieux que l'ignorance et l'intérêt ont voulu le faire croire. » Cf. Bonnaffé, *Les Collections de Richelieu*, pp. 43 et 109.

2. Sur l'histoire de cette fabrication, voyez Zobi, *Notizie storiche sull' origine e progressi dei lavori di commesso in pietre dure*, Florence, 2ᵉ édition, 1853, in-8º. Voyez surtout, à partir de la page 127, tout ce que dit l'auteur au sujet de la décoration de la chapelle des Médicis, à San Lorenzo, à Florence. Bien que ce soit en Toscane que cet art ait pris sa plus grande extension et se soit, en somme, définitivement fixé, la mosaïque de pierre ainsi conçue paraît plutôt avoir pris naissance dans le nord de l'Italie. (Voyez certaines parties de la décoration de la Chartreuse de Pavie.) Et vers 1580, en effet, le grand-duc François Iᵉʳ fit venir de Milan à Florence, pour y développer cette industrie, un certain nombre de Milanais : Giovanni Bianchi, Giann' Ambrogio et Gian-Stefano Carroni, Giorgio, Cristoforo et Bernardino Gaffurri. On peut donc dire que si ces mosaïques, si communes à partir de la fin du xviᵉ siècle, sont pour la plupart d'origine florentine, il se peut que les procédés de fabrication se soient développés sous l'influence d'artistes venus de l'Italie septentrionale. On trouvera aussi dans le même ouvrage (pp. 183 et suiv.) des détails intéressants sur les portraits en mosaïque de Florence et sur un certain nombre de tables, de *stipi* ou cabinets (pp. 211, 232, 273 et suiv.). A la fin de cet ouvrage (pp. 341 et suiv.), l'auteur a dressé, dans l'ordre chronologique, une liste des artistes qui, à partir de 1574, ont exécuté des travaux pour les souverains de la Toscane.

3. *Le Meuble*, t. II, p. 17.

4. Notamment un cabinet d'ébène, incrusté d'ivoire, qui a figuré en 1880 à l'Exposition rétrospective de Turin. Il appartenait alors au comte de Bertone. On y voit le plan de la ville de Naples et les portraits des souverains des dynasties angevine et aragonaise.

et présente un aspect général qui permettent de le considérer comme d'origine vénitienne. C'est d'ailleurs un meuble rare bien que médiocre [1]. Deux grands cabinets d'une assez belle architecture, en ébène incrusté d'ivoire, qui ont fait partie de la collection Spitzer, pourraient bien avoir vu le jour à Milan, mais il serait téméraire d'être affirmatif à cet égard [2].

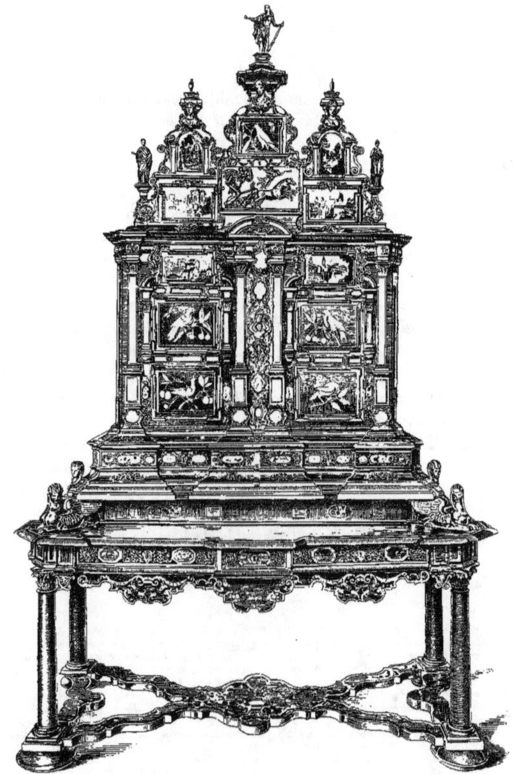

GRAND CABINET EN MARQUETERIE ET EN MOSAÏQUE DE FLORENCE,
ayant appartenu à Marie de Gonzague, reine de Pologne (Musée de Cluny)

1. N° 1477 du catalogue de 1881.

2. *Catalogue de la Collection Spitzer*, t. II; *Meubles et bois sculptés*, n°s 71 et 72; voici la description de ces meubles : — N° 72. Le cabinet s'ouvre par deux grandes portes dont l'extérieur est simplement décoré de moulures. A l'intérieur des vantaux, sous des portiques, sont encastrées des plaques d'ivoire gravées représentant des scènes de l'histoire de Romulus, accompagnées de légendes en italien. Le centre du cabinet comporte deux étages d'architecture. Au centre, entre quatre colonnes plaquées d'ivoire et décorées de gravures représentant des personnages vêtus à l'antique et des termes de femme, s'ouvre une porte masquant onze petits tiroirs. Entre les colonnes, dans des niches, on voit deux statuettes d'enfants en ivoire portant une gerbe de blé ou des oiseaux. A droite et à gauche des colonnes, s'ouvrent des tiroirs sur lesquels sont représentés le soleil, la lune, Vénus, Mercure. Sur la base, des plaques d'ivoire gravées retracent encore des scènes de l'histoire romaine. Le second étage d'architecture se compose de niches

Ce n'est pas ici le lieu de faire l'histoire de l'art de la damasquine dont il sera traité en son temps ; mais on peut remarquer que, dès le xvie siècle, en Italie comme en France, mais dans ce dernier pays à l'imitation de l'Italie, on a exécuté des cabinets en fer damasquiné d'or et d'argent, décoré de bas-reliefs, en tout semblables au point de vue de la forme et de l'ornementation architecturale aux cabinets en ébène : ce sont toujours des façades d'architecture, entre les pilastres ou les colonnes desquelles sont plus ou moins habilement distribués des portes ou des tiroirs masqués soit par des portes, soit par un abattant décoré lui aussi d'incrustations de métal. Que la plupart de ces meubles aient été faits en Italie, la chose n'est guère douteuse et leur architecture en dit assez long à ce sujet, mais bon nombre ont vu le jour en Espagne ou en France, tout en trahissant une origine italienne [1].

L'Allemagne, au point de vue de la construction du cabinet, comme au point de vue de maint autre meuble, s'est trouvée, dans la seconde moitié du xvie siècle, tributaire de l'Italie, et ce jugement pourrait s'appliquer également à la Flandre, dont non seulement les œuvres, mais encore les artistes, sont venus parfois en France, dans le courant du xviie siècle, exécuter chez nous des travaux dont nous connaissions déjà le style général, les formes et l'ordonnance grâce aux influences italiennes subies par leur pays d'origine comme par le nôtre.

Les travaux allemands de la fin du xvie siècle sont considérables non seulement par leur nombre mais encore par le soin extrême qui a présidé à l'exécution de quelques-uns d'entre eux. Étant admis le genre de ces meubles, genre qui appelle des minuties d'exécution répandues sur une architecture de style italien, une richesse souvent de mauvais goût, l'Allemagne a produit des œuvres parfaites : je ne m'arrêterai ni au cabinet que possède le Musée de Dresde, décoré de bas-reliefs et de plaques d'ivoire gravées, œuvre de Hans Schiefcrstein et daté de 1568, ni au cabinet en ébène, œuvre de Kellerthaler, orfèvre de Nuremberg, travail exécuté en 1585, que possède le même Musée ; ni au cabinet qui fait partie des collections du château de Rosenborg, meuble d'ébène décoré de plaques de cuivre gravées, dont le décor est emprunté à des compositions de Virgilius Solis, œuvre de la fin du xvie siècle [2] ; il me suffira de dire quelques mots d'un meuble célèbre entre tous, que possède maintenant le Musée d'art industriel de Berlin, l'armoire de Poméranie (*Der pommersche Kunstschrank*), dont on trouvera un croquis ici. Ce meuble excessivement somptueux résume en quelque sorte toute la magnificence et le luxe italien du commencement du xviie siècle, interprétés par des artistes allemands.

L'armoire de Poméranie [3], qui provient de l'ancienne collection formée par les princes de la famille de Hohenzollern, est entrée au Musée d'art industriel de Berlin en 1876. C'est à coup sûr l'exemple le plus achevé et le plus parfait que l'on puisse citer des cabinets qui furent de mode à la fin du xvie et au xviie siècle. Ce cabinet [4] fut exécuté à Augsbourg, pour le duc Philippe II de Poméranie, par

---

et de frontons décorés, comme le reste du cabinet, de plaques d'ivoire. Haut., 1 mètre 80 ; larg., 1 mètre 12 ; prof., 0 mètre 50. — No 71. Les vantaux sont extérieurement décorés de simples moulures. A l'intérieur, sont incrustées de grandes plaques d'ivoire gravé représentant l'enlèvement de Proserpine et l'histoire de Midas. Ces plaques sont encadrées dans une bordure d'architecture flanquée de figures de femme et surmontée d'un fronton interrompu sur lequel sont assis des anges supportant des écussons. A l'intérieur du cabinet, on voit une riche architecture à deux étages comportant un premier ordre avec quatre colonnes plaquées d'ivoire, gravées de dessins grotesques. Entre ces colonnes, dont l'entre-deux est décoré de deux figures d'enfant en ivoire, s'ouvre une porte masquant des tiroirs. Sur le vantail est représenté l'empereur Charles-Quint sur son trône, accompagné des nations qu'il a vaincues. Ce dessin reproduit à peu près un médaillon en argent repoussé conservé au Vatican. A droite et à gauche, s'ouvrent huit tiroirs sur lesquels sont représentés des sujets guerriers. Des sujets du même genre décorent le second étage d'architecture orné de niches et de frontons surbaissés ou triangulaires. Haut., 1 mètre 62 ; larg., 1 mètre 10 ; prof., 0 mètre 50.

1. Le départ, au point de vue des origines de ces cabinets, en ce qui touche l'art italien, est assez difficile à faire : les uns peuvent être florentins, d'autres vénitiens, quelques-uns milanais, si on a égard à ce fait que la technique est la même que dans l'exécution des pièces d'armures dont bon nombre sont sorties authentiquement des ateliers de Milan. Il suffira pour l'instant, au sujet de cet art qui a donné naissance à de véritables chefs-d'œuvre, de renvoyer à ce qu'en dit Urbani de Gheltof, *Les arts décoratifs à Venise*, pp. 264 et suiv., et aussi à ce que j'en dis dans le *Catalogue de la Collection Spitzer*, t. III, p. 33 et suiv. On trouvera dans ces deux ouvrages des notions suffisantes sur le sujet qui nous occupe, notions qui, du reste, seront complétées au chapitre de l'art de la damasquine.

2. Champeaux, *ouvr. cité*, t. II, p. 25.

3. Cfr. J. Lessing, *Philipp Hainofer und der pommersche Kunstschrank*, dans le *Jahrbuch der k. preussischen Kunstsammlungen*, t. IV (1883), p. 3 et suiv., et t. V, p. 42-56 ; — J. von Falke, *Geschichte des deutschen Kunstgewerbes*, p. 133 et suiv. (pl.).

4. Dans la correspondance de Hainhofer, il est désigné, en 1610, sous le terme de « Schreibzeug » ; en 1613, sous le terme de « Schreibtisch »,

Philippe Hainhofer; il fut terminé en 1617. Ce Philippe Hainhofer (né à Augsbourg en 1578, mort en 1647) fut un artiste de très grand talent si on en juge par son œuvre et par la renommée universelle dont il jouit à un âge relativement peu avancé : en 1607, il est en relation avec Henri IV; en 1608, avec le margrave de Bade; en 1610, avec le duc de Poméranie qui, en même temps qu'il lui commande une œuvre qui doit en quelque sorte résumer la somptuosité du mobilier de cette époque, l'emploie, en 1610, en 1612, en 1613, en 1617, à des missions politiques; il entretient des correspondances avec Gustave-Adolphe et avec le duc de Brunswick, et dans sa maison, qui était une des curiosités d'Augsbourg, il fabrique au moins quatre cabinets du genre de celui que possède le Musée de Berlin, cabinet commencé en 1610. Hainhofer était du reste, à bon droit, assez fier de son œuvre; il en a laissé une description qui ne comprend pas moins de 116 pages, description à laquelle il a encore ajouté force détails dans son journal (*Tagebuch*) et dans ses correspondances conservées dans la bibliothèque de Wolfenbüttel. Si la conception de cette œuvre revient de droit à Hainhofer, il ne faut pas oublier que, pour les sculptures d'ivoire, les bas-reliefs d'argent, les plaques émaillées qui la décorent, il appela à son aide un fort grand nombre d'artistes de premier ordre : Attemstetter, Langenbucher, Wallbaum, les Lencker, d'autres encore furent mis largement à contribution pour produire une œuvre, parfaite en son genre, mais d'un mauvais goût achevé. Le croquis qu'on trouvera ici permettra de se faire une idée, approximative tout au moins, de ce meuble que surmonte un Pégase[1]. Je ne vois à lui comparer, pour le mauvais goût et surtout l'application absolument déréglée de pièces d'argent émaillé sur un fond d'ébène, que certaines œuvres conservées à Munich[2], œuvres monumentales qui témoignent d'une habileté technique extraordinaire — les orfèvres d'Augsbourg ont surpassé tous leurs contemporains à ce point de vue — mais aussi d'une absence absolue de l'intelligence de la composition, plus nécessaire encore, à vrai dire, quand on fabrique des meubles que quand on fait des reliquaires.

Tous les meubles allemands de cette époque, du reste, — de la Renaissance allemande puisque ce terme est admis — dénotent, comme en France, une influence italienne absolument prépondérante. Tous les spécimens les plus caractéristiques que Falke[3] a décrits, telle cette cassette en ivoire décorée de bas-reliefs d'argent, œuvre augsbourgeoise que possède le dôme de Brixen; telle cette armoire à deux corps, décorée de *tarsia*, que possède le Musée d'art industriel de Berlin[4]; tels de nombreux cabinets en ébène, dont la riche architecture abrite des plaques d'ivoire gravées : tout ce mobilier est bien créé sous l'influence italienne. Certaines formes d'architecture, certains partis pris de construction ont pu se modifier en passant les Alpes, mais les procédés de décoration restent les mêmes : oppositions de tons bien tranchés ou voyants, incrustations et appliques de toute nature viennent varier la façade de ces palais en miniature auxquels on a donné le nom de cabinets. Il n'est guère douteux que ce style se fût développé en Allemagne comme en France, et dans un sens peu différent, si le mouvement artistique du nord de l'Europe n'avait pas été sensiblement ralenti par les événements politiques; en sorte que, dans la seconde moitié du XVIIe siècle, l'Allemagne, qui, au sortir de la guerre de Trente ans, se trouva fort en retard au point de vue du style, était toute prête et toute préparée à subir, en ce qui concerne le mobilier, l'influence française. J'aurai d'ailleurs à revenir sur ce point en parlant du mobilier en général. Qu'il suffise pour le moment d'avoir indiqué que le cabinet d'Allemagne, s'il pouvait parfois égaler ou même surpasser en richesse et en complication le cabinet

---

et dans ses lettres écrites en italien : *artificiosissimo stipo ou serigno*. Le terme de « Schreibtisch », table à écrire, revient en 1617; et en 1638, un document cité par Lessing le traite de « der schöne Tisch », la belle table. En réalité le terme de *Cabinet* le désigne très justement. Quant à l'appellation que ce meuble porte aujourd'hui, elle apparaît au XVIIIe siècle : « Der sogennante pommersche Kunstschrank, » dit un inventaire de 1786. (Lessing, *ouvr. cité*, p. 5.) Le terme français « Armoire de Poméranie », traduction assez imparfaite, est généralement adopté.

1. Le socle primitif a été perdu, puis remplacé avant 1690.
2. Zettler, *Ausgewählte Kunstwerke aus dem Schätze der reichen Capelle zu München*, pl. IX, XIV, XXI, XXXIII. — On retrouve également cette application de l'orfèvrerie émaillée sur des meubles dans un clavecin qui a figuré, en 1886, à l'Exposition de Budapest. Cfr. Pulsky, Radisics et Molinier, *Chefs-d'œuvre d'orfèvrerie à l'Exposition de Budapest*, tome I, planches.
3. *Ouvr. cité*, p. 132, fig.
4. *Ibid.*, p. 147, pl.

italien, procédait directement de ce dernier. Parfois même les artistes allemands semblent avoir perfectionné le meuble italien, au point de vue de la décoration : ils y ont introduit l'habitude de recouvrir les façades de plaques d'ambre, usage qui s'est perpétué jusqu'au XVIII⁰ siècle. Ce serait aussi

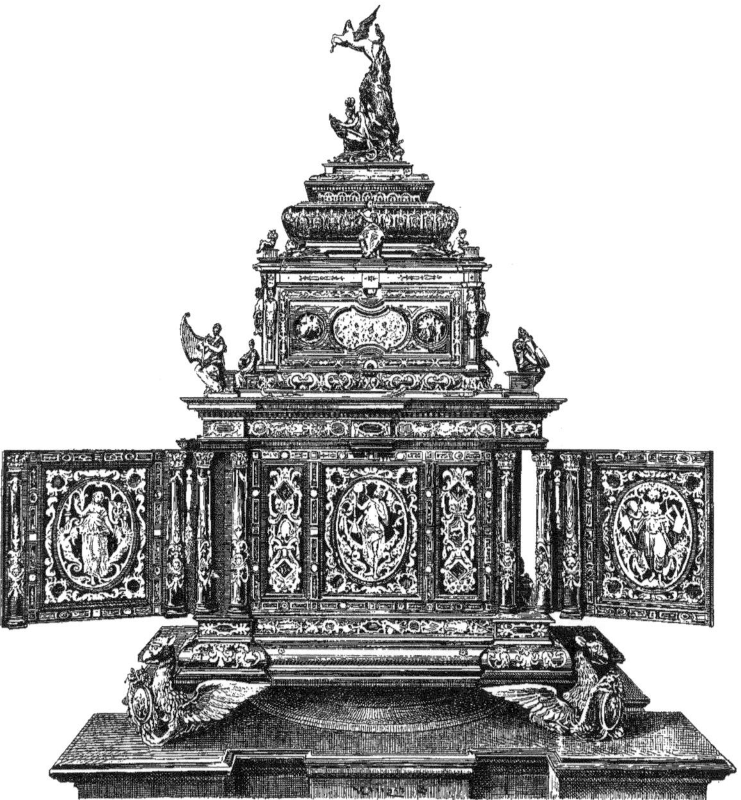

CABINET DIT « ARMOIRE DE POMÉRANIE ».
Commencement du XVII⁰ siècle (Musée d'art industriel de Berlin)

un Allemand, Hans Schwanhard [1] († 1621), qui aurait imaginé, pour la décoration des cabinets et des cadres d'ébène, l'emploi des bordures striées et ondulées, particularité qu'on rencontre d'ailleurs dans une foule de meubles du XVII⁰ siècle, fabriqués en France et en Flandre.

A ces cabinets allemands, décorés d'incrustations d'ivoire ou d'appliques de métal, émaillé ou non, à

1. Champeaux, ouvr. cité, n⁰ 25.

l'italienne, il faut ajouter encore les meubles dont toute la façade est ornée de peintures et de dorures exécutées sous verre, et dont la Collection Spitzer renfermait un échantillon très caractéristique, datant de la fin du xvie ou des toutes premières années du xviie siècle. On verra plus loin, quand j'aurai à traiter de ces verres, que dans notre siècle on a si malencontreusement et si indûment nommés *verres églomisés*, combien cette industrie, d'origine italienne en ce qui touche une semblable application, a été répandue en Allemagne. Rien d'étonnant, dès lors, qu'on ait songé à en tirer parti au point de vue de la décoration d'un mobilier sur lequel on songeait à accumuler tout ce qu'on pouvait imaginer de plus voyant.

Les Flandres, pas plus que l'Allemagne, ne pouvaient échapper à l'influence italienne : les relations politiques et commerciales expliquent assez la transmission et l'adoption de formes sur lesquelles les Flamands se hâtèrent du reste d'appliquer des décors imités de l'Italie en ce qui concerne la technique, mais dont le style et l'exécution leur appartiennent en propre. Sans parler de ces cabinets dont on trouvera plus haut la description, assemblage de placage d'écaille et de sculptures en ivoire, et dont le dessin passe pour avoir été fourni par Rubens, les cabinets et les armoires d'origine flamande, en ébène, décorés d'incrustations ou de bas-reliefs, sont absolument légion, et il est à croire que beaucoup des meubles qui seront cités plus loin, d'après le texte de certains inventaires, n'avaient pas d'autre origine. Non seulement les artistes des Pays-Bas ont adopté, à la suite des Italiens, les incrustations d'ivoire, d'écaille ou de pierres dures, mais encore ils ont exécuté des cabinets dont tous les tiroirs sont décorés de peintures dans le style de Franz Floris, de Breughel ou de Goltzius[1]. Mais où on reconnaît assez facilement les œuvres flamandes ou hollandaises, dans les grandes armoires principalement, portées généralement sur un pied comportant huit supports en forme de colonnes, c'est non seulement dans les frises ondées qui environnent les tiroirs ou les bas-reliefs des vantaux, mais surtout dans les fleurs gravées qui s'étalent sur toutes les surfaces qu'un artiste italien n'eût point songé à surcharger de décorations. Toutes ces fleurs, des tulipes presque toujours, se rattachent à l'ornementation végétale telle qu'on l'a conçue en Flandre et en France aussi au commencement du xviie siècle, vraisemblablement sous l'influence flamande. Il n'est pas sans importance du reste de remarquer combien ces meubles flamands ou hollandais, par leurs formes classiques ou italiennes, s'éloignent de ces meubles lourds et massifs, d'un dessin si caractéristique que nous révèlent les compositions de Vredeman de Vriese, de cette armoire dite hollandaise dont on trouve la reproduction dans tant de tableaux de genre du xviie siècle. Évidemment les deux styles ont cohabité pendant fort longtemps ensemble, jusqu'au moment où le style français triompha à son tour dans presque toute l'Europe.

Si le goût pour les cabinets d'Italie nous est attesté par de nombreux textes et de nombreux monuments, ce ne fut pas à l'Italie seulement que la France s'adressa pour posséder ces meubles conçus suivant la nouvelle mode. D'une foule de textes réunis par Gay dans son *Glossaire archéologique*[2], il résulte assez clairement que la Flandre, la Hollande et l'Allemagne, dès le xvie siècle,

---

1. Cf. De Champeaux, *ouvr. cité*, p. 30. Voyez surtout ce qu'il dit au sujet du cabinet acheté en Allemagne par le grand-duc de Toscane, Ferdinand II, et qui fait partie des collections du Palais Pitti, à Florence. Cette œuvre réunit à la fois des peintures de Breughel, de Gobbiani et de Cigoli. On conçoit, dès lors, en présence de tels mélanges, combien il est souvent épineux de se prononcer sur la nationalité de tel ou tel meuble d'ébène décoré de peintures sur marbre ou d'incrustations de pierres dures. Je demande pardon au lecteur d'être obligé de m'appesantir sur une série de monuments d'un art absolument secondaire, mais qui ont cependant joué un rôle assez considérable dans l'histoire du mobilier : c'est d'eux que dérivent tous les meubles du xviie et du xviiie siècle.

2. « 1582. Boîtes de sapin peintes, petits cabinets venans d'Allemagne, Flandre et autres lieux pour chacun cent. 7 s. 6 d. (*Tarif d'entrée à Calais*); cité par Gay, *Glossaire archéologique*, t. I, p. 242. — 1591. — N° 273. Une petite table de sapin faict en façon d'Allemaigne, 9 l. t. (*Inv. de Guill. de Montmorency*; *Ibid.*, p. 25.) — 1599. 2 cabinets d'Allemagne, et une petite table d'Allemagne, 12 esc. (*Inv. de Gabrielle d'Estrée*, f° 51.) — 1633. Ung petit cabinet d'Allemagne de bois violet à une serrure fermant à clef, garny de son pied de bois de noyer avec 5 ais de bois de haistre. (*Inv. de la veuve Phelipeaux.*) — 1603. Ung cabinet façon d'Allemagne, sans serrure et clef, rompu en quelques endroits, estimé 40 s. t. — ..... Ce fait, sommes sortiz dud. cabinet appelé la librayrie, et d'icelluy faict extraire ung cabinet façon d'Allemagne, et porter au cabinet de lad. deffuncte royne, appelé le cabinet verd, estant contre led. cabinet de la librayrie, estimé 6 l. t. (*Inv. de Louise de Lorraine*, pp. 6 et 16.) — 1633. Ung cabinet fasson de Hollande, doré à deux guichets et ung tirouer, prisé 60 fr. (*Inv. du maréchal Schomberg.*) — 1697. Cabinets d'Allemagne, cabinets d'ebeine et autres, 1 s. 2 den. (*Tarif du péage de la Loire*, pièce 217.) — 1723. Les cabinets d'Allemagne étaient autrefois en réputation en France, et on les y estimait à cause de diverses raretez et curiositez de

fournirent des meubles à notre pays; mais si le style de ces meubles ou du moins le style de leur décoration pouvait différer, il faut se garder d'oublier que leur forme, leur galbe étaient italiens; et, dans un certain nombre de cas, ce n'est qu'en s'appuyant sur des différences en somme fort minimes qu'on peut décider si tel meuble qui, dès une date ancienne, a figuré dans un mobilier français, provient d'Italie ou, au contraire, d'une contrée septentrionale.

M. de Champeaux a remarqué avec raison qu'il fallait que cette vogue des cabinets d'Allemagne fût bien grande, car ce fut un meuble de cette provenance que la ville de Paris offrit, en 1619, à Talon, devenu avocat général au Parlement[1], et le même auteur remarque, avec justesse du reste, que, dès le XVIe siècle, des Allemands étaient pensionnés par les rois de France pour exécuter, pour leur usage, des œuvres de marqueterie; témoin cet Hans Kraus qui, en 1576, est qualifié de marqueteur du roi[2]. La reine Catherine de Médicis possédait des cabinets d'Allemagne, et Henri IV ne fit en somme que suivre une mode dès longtemps établie, quand il envoya chercher des artistes flamands ou prit des artisans français ayant étudié en Flandre, pour les établir dans les galeries du Louvre, et fonder ainsi une sorte de manufacture nationale fort analogue à ce que devait être plus tard la manufacture des Gobelins[3], fort analogue aussi à ce qu'avait été, au siècle précédent, la colonie artistique du Petit-Nesle, dont il a été tant parlé par Benvenuto Cellini.

---

méchanique assez ingénieusement imaginées, dont ils étaient remplis en dedans. Ils conservent toujours leur prix dans les pays étrangers, et les Hollandois en portent encore dans l'Orient, mais l'usage en est presque tombé parmi les François, aussi bien que des cabinets d'ébène qui venaient de Venise. » (Savary, *Dict. du commerce.*)

1. *Le Meuble*, t. II, p. 35.

2. Jal, *Dictionnaire critique de biographie*, p. 712.

3. « *Lettres patentes du Roy obtenues au proffict des maistres des arts et mestiers establis par S. M. en sa gallerye du Louvre.* 22 décembre 1608. Henry, par la grâce de Dieu, roy de France et de Navarre, à tous ceulx qui ces présentes lectres verront, salut. Comme entre les infinis biens qui sont causez par la paix celluy qui provient de la culture des arts n'est pas des moindres, se rendant grandement florissant par icelle, et dont le public a receu une très grande commodité, nous avons eu aussy cest esgard en la construction de nostre gallerie du Louvre d'en disposer le bastiment en telle forme que nous y puissions commodément loger quantité des meilleurs et plus suffizans maistres qui se pourraient recouvrer, tant de peinture, sculture, orfevrerie, orlogerie, insculture en pierreries, que aultres de plusieurs et d'excellentz artz, tant pour nous servir d'iceulx, comme pour estre en ce qu'ilz auroient besoing de leur industrye, et aussy pour faire comme une pépinière d'ouvriers de laquelle soubz l'aprentissaige de sy bons maistres, il en sortiroit plusieurs qui par après se repandroient par tout nostre royaulme et qui scauroient très bien servir le publicq.

En quoy toutesfois il ne succède pas comme nostre intention est, car la plupart de ceulx que nous avons, logés en nostre gallerie ayans esté choisis et attirés de plusieurs endroietz de nostre dit royaulme et hors de ceste ville de Paris où ilz n'ont esté passez maistres, se trouvent à présent en une sy mauvaise condition qu'ilz sont empeschez de travailler pour les particuliers, et aussy que ceulx qui font apprentissage soubz eulx ne sont pas receuz à maistrise par les aultres maistres de ceste ville, de sorte que plusieurs jeunes hommes sont divertis par là de faire leur apprentissage soubz eulx, et pour ceste occasion ilz ne peuvent trouver aucuns apprentifz à qui ilz puissent enseigner ce qu'ilz sçavent de plus exquis en leur art, et desquelz ilz soient aussy secouruz et soulagés es ouvraiges qu'ilz ont à faire, tant pour nostre service comme ceulx qu'ilz pourroient faire pour nos subjectz; à quoy voullant pourveoir autant qu'il nous est possible, et desirans aussy les gratifier et favorablement traicter tant pour l'excelence de leur art que pour l'honneur qu'ilz ont d'avoir esté choisiz par nous et logez en nostre dicte gallerye; à ces causes et aultres bonnes considérations à ce nous mouvans nous de grace spécialle, pleine puissance et auctorité royalle, avons dict et déclairé, disons et déclairons par ces présentes signées de nostre main, voullons et nous plaist que

Jacob Bunel, nostre paintre et vallet de chambre.

Abraham de Lagarde, nostre orlogeur et aussy vallet de chambre.

Pierre Courtois, orfevre et vallet de chambre de sa royne, nostre très chère et très aimée espouze et compaigne.

Pierre Franqueville, sculteur.

Julien de Fontenay, nostre graveur en pierres précieuses et vallet de chambre.

Nicolas Roussel, orfèvre et parfumeur.

Jehan Séjourné, sculteur et fontenier.

Guillaume Dupré, sculteur et contrôleur général des poinçons des monnoies de France.

Pierre Vernier, coutelier et forgeur d'espées en acier de Damas.

Laurent Setarbe, menuisier, faiseur de cabinetz.

Pierre des Martins, paintre.

Jehan Petit, fourbisseur et damasquineur.

Estienne Raulin, ouvrier es instrumentz de mathématicques.

Alleaume, professeur des dictes mathématiques.

Maurice Dubois, tapissier de haulte lisse.

Girard Laurent, aussy tapissier de haulte lisse.

Pierre Dupont, tapissier es ouvraiges de levant.

Marin Bourgeois, aussy nostre paintre et vallet de chambre et ouvrier en globes mouvans, sculteur ès autres inventions, mis par nous et logez en nostre dicte gallerye, et ceulx que nous mectrons es places et maisons qui ne sont encore remplies en icelle, ensemble ceulx qui leur succederont esdictes maisons à l'advenir, de quelque art et science qu'ilz soient, puissent travailler pour noz subjectz tant esdictes maisons et boutieques d'icelle gallerie, que en aultres lieux es endroietz où ilz les vouldront employer, sans estre empeschez ny visitez par des aultres maistres et jurez des arts dont ilz font profession, de nostre dicte ville de Paris, ne ailleurs; auront, et leur avons [permis] de prendre à chascun d'eulx apprentiz dont le dernier sera pris à la moictyé du temps seullement que le premier aura à demeurer en apprentissaige, afin qu'auparavant que ledit premier en sorte, il puisse estre instruict en l'art pour le soulagement du maistre et ayder à dresser celluy qui succédera après audict premier; qu'entrant audict apprentissaige ilz s'obligeront aux maistres par bon contract passé devant notaires et ayans servi et achevé leur temps lesdictz maistres leur en bailleront certifficat en bonne et due forme. Sur lesquelz, tant les enfans desdictz maistres que apprentifs de cinq ans en cinq ans seullement seront receuz maistres tant en nostre dicte ville de Paris qu'en toutes les aultres villes de nostre royaulme, tout ainsy que s'ilz avoient faict leurs apprentissaiges soubz les aultres maistres desdictes villes, sans estre abstrainetz faire aucun chef-d'œuvre, prendre lettres, se présenter à la mestrise, faire appeler lorsqu'ilz seront passez les maistres desdictes villes, ou leur paier aucun festin, ne aultre chose quelconque, ne estre semblablement tenuz cinq ans auparavant se faire inscrire par nom et surnom au registre de nostre procureur audict chastellet du dict Paris, dont, en considération de ce qu'ilz auront faict leur apprentissage en nostre gallerye, nous les avons dispensez et deschargez, dispensons et deschargeons par ces dictes présentes. Les maistres orfevres d'icelle gallerie seront tenuz d'apporter les besoignes qu'ilz feront pour le publicq marquées de leur poinçon, pour celles qui le peuvent et doibvent estre, soit or ou argent, en la maison des gardes de l'orfévrerye, pour estre marquées de la marque des dits gardes, à l'instar de tous les aultres maistres orfevres de nostre dicte ville de Paris, et non à aultres choses. » — Cette très importante pièce de Henri IV a été publiée dans les *Nouvelles archives de l'Art français*, année 1873, p. 19.

Le cabinet, au XVIe et au XVIIe siècle, était si bien le meuble à la mode qu'on ne se contenta point de le fabriquer en bois ou en fer, et de varier à l'infini sur ces matières les décorations si variées déjà qu'elles comportaient. On fit aussi des cabinets de cuir gravé et peint, ou même de cuir décoré à l'aide de fers de relieur. Les collections du Musée de Cluny ont recueilli deux très intéressants spécimens de cette application du cuir; l'un est tout recouvert de motifs d'ornements gravés et dorés, s'enlevant sur un fond teinté d'azur; il paraît être d'origine flamande, et dans le sujet qui orne le guichet central, sorte de fontaine d'amour près de laquelle se tiennent debout un seigneur et une dame, Darcel a cru pouvoir reconnaître les portraits de Philippe III et de Marguerite d'Autriche, mariés en 1599. Quoi qu'il en soit de la légitimité de cette attribution au point de vue des personnages représentés, c'est une œuvre charmante qui peut être considérée comme un modèle tout à fait remarquable de l'art des cabinets à la fin du XVIe siècle (voyez planche III)[1]. Le second des cabinets du même genre, possédé par le Musée de Cluny, est purement français et a vu le jour sous le règne de Louis XIII; il est de maroquin rouge frappé d'or comme une véritable reliure, et le support du meuble même, les colonnettes qui lui servent d'appui, ont été décorées de la même manière[2].

Revenons aux ébénistes établis en France dans la première moitié du XVIIe siècle. M. de Champeaux[3] a remarqué avec toute raison qu'un des plus anciens dont le nom nous ait été conservé est un certain Laurent Stabre, que cite l'abbé de Marolles[4], Flamand de nation, et faisant partie de cette colonie d'artistes, établie par Henri IV au Louvre, colonie qui comptait et des Français ayant parfois étudié leur métier hors de France, et des artistes étrangers, amenés chez nous par les nombreux avantages qu'on avait fait miroiter à leurs yeux. Ce fait est suffisamment établi par la forme des noms d'un certain nombre des artistes travaillant pour le roi, artistes sur lesquels d'ailleurs on possède parfois du reste des renseignements plus précis[5]. C'est qu'à côté de Français tel que Jean Macé, ébéniste de Blois, ayant étudié en Flandre[6], on trouve des Allemands tel que Hanemann[7], mosaïste, ou des Suisses tel que Pierre Boulle dont la parenté exacte avec celui qui devait donner, plus tard, son nom à tout un genre de décoration appliquée au mobilier, avec André-Charles Boulle, n'a pu encore être exactement établie[8]. Mais ce qui est à noter c'est que dans ces listes ne figurent point d'artistes italiens — je parle de la première liste, bien entendu, — ce qui permet de localiser en quelque sorte l'époque à laquelle le style d'au delà des Alpes, au point de vue du mobilier, a fait irruption chez nous et par quels canaux il est venu en France. Ce sont surtout Richelieu et Mazarin qui ont contribué à orienter d'une façon définitive le style de notre mobilier; non point que le cabinet italien ne fût connu avant eux en France — les descriptions d'inventaires l'attestent suffisamment[9] — ou que parfois eux-

---

1. Ce cabinet a fait partie de la Collection Spitzer. Voyez *Catalogue* de cette Collection, t. II, *Cuirs*, n° 50.

2. *Catalogue de 1881*, n° 1449.

3. *Ouvr. cité*, p. 37.

4. Voyez plus haut, p. 23, note 3, seconde colonne.

5. Voici la liste d'un certain nombre de noms de menuisiers en ébène et d'ébénistes relevés dans les comptes royaux du XVIIe siècle. Il ne faudrait pas attacher d'importance à la différence du titre qui leur est donné; la profession des artistes dénommés, au commencement du XVIIe siècle, *menuisiers en ébène*, était la même que celle de ceux qui sont indiqués simplement sous la rubrique *ébénistes*, dans la seconde moitié du même siècle. Voici cette liste : *Menuisiers en ébène* : Adam (Jean), 1657; — Boudrillet (Philippe), 1636-1638; — Desjardins (Jean), 1636-1657; — Eyquemant (Jean), 1638-1652; — Lavenne (Nicolas), 1647-1652; — Lemaire (Jean), 1631-1637; — Macé (Jean), 1641-1652; — Nicolas (Jean), 1647-1652; — Ostermeyer (Hilaire), 1636-1657; — Quicoffe, 1647-1652. — *Ébénistes* : Équemant (Jacques), 1674-1677; — Étienne (Georges), 1674-1677; — Monchy (Henry de), 1680-1688; — Stiennou (Georges), 1680-1688. (*Nouvelles archives de l'Art français*, 1872, p. 87.)

6. Brevet de logement aux galeries du Louvre pour Jean *Macé*, menuisier en ébène du Roy, en raison de l'habileté qu'il s'est acquise en son art par une longue pratique dans les Pays-Bas, pour prendre la première place qui viendra à vaquer (16 mai 1644). — Le 15 octobre suivant, un nouveau brevet de logement lui assigne le logis de la veuve Stabre, en attendant qu'il puisse être pourvu d'un autre plus commode. (*Nouvelles archives de l'Art français*, 1873, p. 67.)

7. « A..... Haneman, aleman que le Roy a retenu pour travailler pour son service en marbres de touttes coulleurs contrefaictz pour ses gaiges durant la presente année, la somme de ....IIIe l. » (1618. Bât. roy.) (*Nouvelles archives de l'Art français*, 1872, p. 28.)

8. « A Boulle (Pierre), menuzier et tourneur en esboyne et aultre bois, de longtemps retenu par Sa Majesté, la somme de quatre cens livres par an, dont luy sera payé jusques au premier d'aoust IIe XXXIII l. VI[s] VIII d. » (1636. Louvre.) (*Nouvelles archives de l'Art français*, 1872, pp. 12-13). — L'origine suisse de Pierre Boulle est établie par le texte de son contrat de mariage avec Marie Bahuche, fille « de honorable homme Pierre Bahuche, marchand demeurant dans la ville de Lyon »; dans ce contrat, Pierre Boulle est indiqué comme fils de « deffunct David Boulle, en son vivant habitant et bourgeois du lieu de Verrière, au comté de Neufchâtel en Suisse ». (Cf. H. Stein, *l'Ébéniste Boulle et l'origine de sa famille*, dans les *Mémoires des Sociétés des Beaux-Arts des départements*, année 1890.) J'aurai, du reste, bientôt à revenir sur cet état civil des Boulle où se rencontrent des lacunes qu'il a été impossible de combler.

9. L'inventaire du mobilier de la Couronne, dressé en 1729 par M. de Fontanieu, fournit la description d'un certain nombre de meubles que des annotations indiquent comme étant en mauvais état, et dès lors hors de service, qui remontent à l'époque de Henri IV et

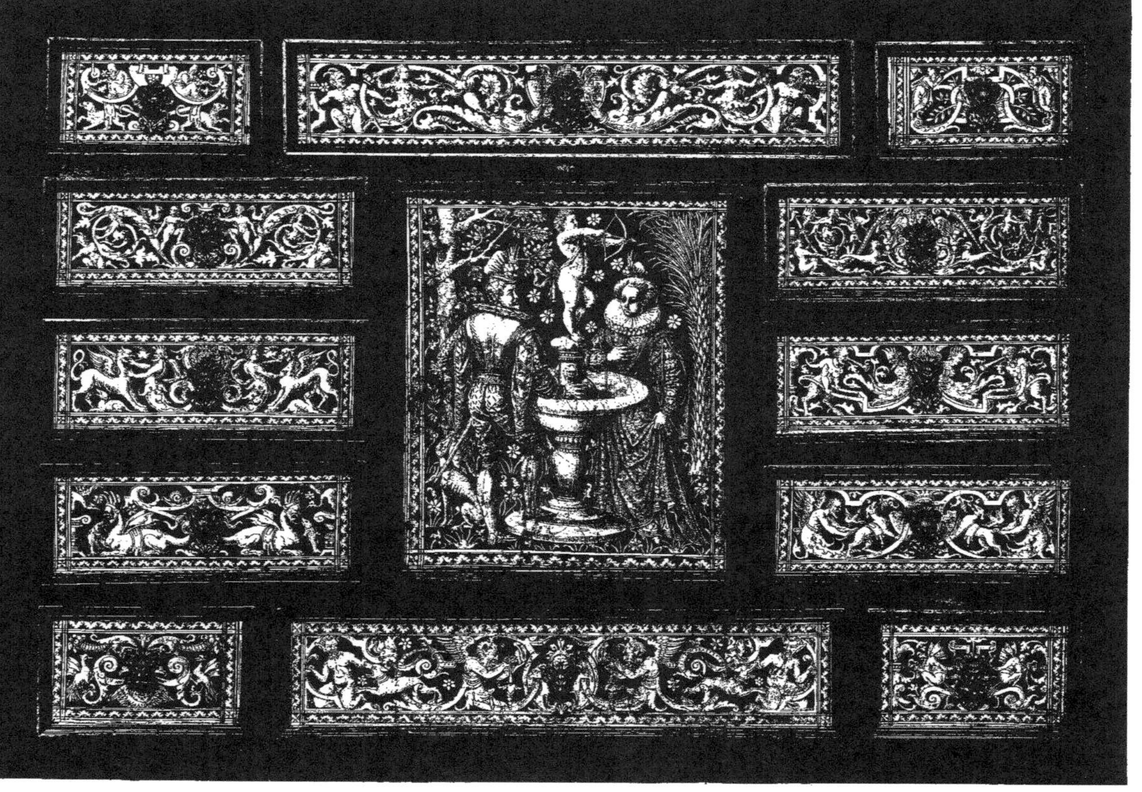

CABINET EN CUIR GRAVÉ PEINT ET DORÉ

TRAVAIL FLAMAND (?) _ FIN DU XVIe OU COMMENCEMENT DU XVIIe SIÈCLE

(Musée de Cluny)

mêmes n'aient eu recours à des artistes flamands, mais ce sont surtout Richelieu et Mazarin qui ont fait venir en France des artistes italiens, ébénistes, mosaïstes ou bronziers qui devaient définitivement acclimater chez nous le style auquel le nom de Louis XIV est resté attaché.

Si Mazarin put, dans certains cas, appeler des pays du Nord des artistes renommés tel que ce Pierre Golle ou Goler qu'il fit venir de Hollande, qui fabriqua pour lui des cabinets dont on retrouve la trace dans l'inventaire du mobilier de la Couronne [1] et qui devait fournir en France une longue carrière — il ne mourut qu'en 1684; — s'il employa des artistes tel que ce Roberdet ou Roberday, qui eut le titre de valet de chambre de la reine Marie-Thérèse [2], il ne faut pas oublier que le mobilier du palais Mazarin se composa en grande partie de meubles italiens ou de style italien [3], que c'est à lui qu'on

de Louis XIII. Ces descriptions permettent de se faire une idée exacte de ces cabinets d'ébène ornés de mosaïques de Florence ou d'appliques d'orfèvrerie. Voici quelques-unes de ces descriptions :

« N° 1. Un Cabinet de bois de cèdre, orné par devant de huit colonnes du même bois, d'ordre de Corinthe, dont les bazes et chapiteaux sont dorés ; au milieu est une niche, dans laquelle est la figure du Roy Henri IV à cheval, foulant aux pieds ses ennemis et sur l'attique, quatre figures, deux trophées et les armes du Roy soutenues par deux anges, le tout de bronze doré, porté sur son pied de bois de cèdre. Le cabinet haut de six pieds huit pouces, sur quatre pieds et demy de large et dix-huit pouces de profondeur. — 2. Un Cabinet de bois de Brésil à compartimens profilés d'yvoire, aiant vingt un tiroirs enfermés par deux battans, ornés de six pilastres d'ébène cannelés, de trois fleurs de lis dans trois ronds aussi d'ébène, et des chiffres de Louis XIII, porté sur son pied à quatre colonnes godronnées, surmontées de quatre tiroirs fermans à clef; haut de cinq pieds sur trois pieds et demy de large et dix-huit pouces de profondeur. — 3. Un Cabinet d'ébène, aiant deux grands portans de cuivre doré aux côtés, orné par devant de trois portiques entre quatre grandes colonnes de jaspe d'Allemagne, dont les bazes et chapiteaux sont de même jaspe, les portiques accompagnés de huit petites colonnes de jaspe d'orient dont les bazes et chapiteaux sont d'or; la face du cabinet couverte de tableaux de pierre de Florence représentant des paysages et enrichis de petis ornemens d'or émaillé; dont il en manque beaucoup. Le Cabinet haut de deux pieds, deux pouces de profondeur, porté sur un pied d'ébène à six colonnes en guaino, enrichy de quelques ornemens de cuivre doré; haut de deux pieds neuf pouces sur trois pieds onze pouces de large. — 4. Un autre cabinet pareil au précédent, à l'exception que la face consiste en deux portes ornées chacune d'un grand portique et de deux petits, avec consolles et petites colonnes de Jaspe d'Allemagne verd et blanc, en forme de guaino, dont les bazes et chapiteaux sont d'agathe aussi d'Allemagne. — 5. Un très grand cabinet de marqueterie de bois de diverses couleurs, fonds d'ébène, garny de plusieurs tiroirs et dans le milieu, une porte ornée des deux côtés, de deux pilastres d'ébène, cannelées dont les bases et chapiteaux sont de cuivre doré d'or moulu; haut de neuf pieds, dix pouces, sur neuf pieds, trois pouces de large et deux pieds de profondeur. — 6. Un Cabinet d'ébène enrichy partout de pierres précieuses, orné de quatre colonnes et quatre pilastres de lapis, à bazes et chapiteaux d'argent et de cuivre doré, d'ordre de Corinthe, posés sur des piédestaux de lapis ; sur la corniche sont quatre thermes et autres ornemens de cuivre doré et au dessus une gallerie à balustres avec six petites figures ; le tout de cuivre doré. Du milieu de la gallerie s'élève un frontispice terminé par un enfant nud, aussi de cuivre doré portant deux couronnes. Le cabinet haut de trois pieds deux pouces, compris les boules de cuivre doré, sur quatre pieds deux pouces de large et quinze de profondeur, porté sur un pied de bois sculté doré, représentant quatre sirennes, deux enfants qui portent des faisceaux et un cartouche chargé d'une fleur de lis. — 7. Un grand Cabinet d'ébène profilé d'étain en trois parties : la première ornée de six grandes colonnes de lapis, à bazes et chapiteaux de cuivre doré, d'ordre de Corinthe, dans le milieu une porte avec un frontispice orné de deux colonnes de marbre de Sicile, à bazes et chapiteaux de cuivre doré, d'ordre de Corinthe ; au dessus de la porte, couverte de plusieurs pierres rapportées, sont deux enfans et autres ornemens de cuivre doré; La seconde partie qui fait le second ordre, ornée de quatre consolles de cuivre doré, deux consolles d'ébène et cinq tableaux de pierres de Florence ; la troisième partie est une balustrade, aux coins de laquelle sont deux enfans, le tout de cuivre doré. Du milieu s'élève un grand frontispice dont la corniche est soutenue par quatre figures de cuivre doré en forme de thermes; le tout terminé d'une grande figure représentant la Prudence, aussi de cuivre doré. Le cabinet haut de cinq pieds deux pouces compris la figure, sur quatre pieds huit pouces de large et vingt pouces de profondeur, porté sur un pied de bois sculté doré représentant quatre figures d'hommes et un Amour portant un

E. Molinier, Arts industriels. — III.

faisceau d'armes. » (Archives Nationales, O 3336, fos 109 et suiv.)

1. — 8. « Un Cabinet d'ébène profilé d'étain, fait par Golle, orné de cinq niches entre quatorze petites colonnes et demy colonnes de marbre jaune veiné de rouge à bazes et chapiteaux de cuivre doré d'ordre de Corinthe. Dans la niche du milieu est la figure du Cardinal Mazarin, sous un pavillon et dans les quatre autres, Minerve, la Peinture, la Sculpture et l'Astrologie : sur une gallerie dont les balustres sont de cuivre doré, il y a quatre vazes et deux figures aussi de cuivre doré représentant la Force et la Justice : au dessus du frontispice, soutenu par deux colonnes de brocatelle et deux petites colonnes d'albâtre, sont les armes du Roy entre deux figures de Renommée et six vazes, le cabinet enrichy de plusieurs autres ornemens de cuivre doré, porté sur un pied de douze thermes dorés et bronzés avec les signes des douze mois sur fond bleu, haut de sept pieds trois pouces sur quatre pieds huit pouces de large et vingt un pouces de profondeur. — 9. « Un autre Cabinet pareil au précédent, excepté que les quatre grandes colonnes sont de marbre noir veiné de blanc et jaune; les quatre figures des niches des côtés représentent les quatre parties du monde et que les douze thermes du pied sont les douze divinités qui président aux douze mois de l'année. » (Inv. du mobilier de la Couronne, Ibid., fo 111.) Le nom de Pierre Golle revient très fréquemment dans les Comptes des bâtiments du roi sous le règne de Louis XIV, publiés par M. J.-J. Guiffrey : on y relève notamment de nombreux paiements relatifs à deux grands cabinets faits pour le roi : ce compte débute le 21 septembre 1665, par une somme de 6000 liv. qui lui sont données en à compte sur ces deux cabinets (Comptes des bâtiments du roi, t. I, col. 3); en 1666, nouvelle somme de 6000 liv. pour le même motif (Ibid., col. 151); en 1667, il reçoit pour le même travail 6000 livres également (Ibid., col. 172 et 216); en 1668, plus de 5000 livres (Ibid., col. 236 et 279); il semble que le paiement de ces deux meubles « de bois de chesne couvert d'ebeine et enrichis de divers ornemens de bronze et de marqueterie » n'ait été terminé qu'en 1678 et au total les deux cabinets auraient coûté 25800 livres (Ibid., col. 1018 et 1112). — En 1672, 1673, 1674 et 1675, il travaille à Versailles, en collaboration avec Boulle et Macé, à une estrade en marqueterie pour les appartements de la reine (Ibid., col. 631, 770, 840, 841). Cette estrade, de bois de rapport, parait avoir été terminée en 1675, puisque cette année il reçoit une somme de 8491 liv. 18 s. pour parfait paiement de ce travail. »

2. « Un grand miroir de glace de Venise de trente six pouces de glace ou environ dans une corniche d'ebeine, couverte d'argent blanc, travaillée à feuillages, percée à jour, rapportée sur le dit ebeine, façon de Roberdet, avec ses anneaux de fer, crochetz et cordons de fleuret vert pour le suspendre, le dit miroir dans une boëte de bois. » (Inv. de tous les meubles du cardinal Mazarin, dressé en 1653 et publié d'après l'original conservé dans les archives de Condé par le duc d'Aumale, pour la Philobiblon Society, Londres, 1861, in-8°, p. 248.)

3. La preuve en est facile à faire par l'inventaire même du cardinal Mazarin, dans lequel à côté d'œuvres qui pouvaient sortir des mains de Pierre Golle s'en rencontrent beaucoup d'autres que, d'après leur simple description, il est facile de reconnaître comme d'origine italienne. Je donne quelques extraits de cet inventaire qui ne seront, je crois, pas inutiles au lecteur pour se figurer ce qu'était un mobilier princier au milieu du xviie siècle; on me pardonnera la longueur de ces extraits en faveur de leur intérêt très réel. Remarquons en outre que l'inventaire du cardinal Mazarin est un des premiers dans lequel on voit fréquemment apparaître les laques de Chine dont les imitations en vernis devaient avoir bientôt un succès qui ne se démentit pas jusqu'à la fin du xviie siècle.

« Un bois de lict de la Chine composé de quatre colonnes à balustre garnies de cuivre doré, avec quatre vazes du mesme bois pour mettre sur les dites colonnes garnis de cuivre doré. » (Inv. de tous les meubles du cardinal Mazarin dressé en 1653..., p. 215.) — « Un autre bois de lict de la Chine profilé de cuivre doré, composé de quatre

doit la venue en France du bronzier Domenico Cucci et de Philippe Caffieri ; ce fut sans doute aussi Mazarin qui procura à Richelieu la fameuse table en mosaïque de Florence qui se trouve maintenant dans la Galerie d'Apollon au Louvre et qui a été mentionnée plus haut. Si la chapelle du palais de Fontainebleau, sous Louis XIII, avait été décorée par des artistes italiens, ou tout au moins sous la direction d'un Italien, Francesco Bordoni [1], qualifié dans les comptes de « sculpteur ordinaire du roi », bien d'autres mosaïstes italiens vinrent en France : les toscans Ferdinand et Horace Migliorini, Luigi Giacotti, Branchi trouvèrent leur emploi chez nous [2], et c'est sans doute à ces artistes, ou à

colonnes à balustres brisées en deux, et de quatre vazes pour mettre sur les dites colonnes, du chevet composé d'un double rang de quatorze colonnes à balustres chacun. » (*Ibid.*, p. 216.) — « Un grand miroir de glace de Venise quarré bislong de vingt sept pouces de glace en hauteur et vingt deux de large, garny d'une corniche d'argent vermeil doré faite à festons de fruits et animaux, avec les quatre vents aux quatre angles. » (*Ibid.*, p. 249.) — « Un cabinet d'ébeine profilé d'ivoire tout uny par le dehors, s'ouvrant à deux volletz, garni de seize tiroirs. Orné par dedans tant sur les volletz que sur le corps du cabinet de vingt huit termes de cuivre doré, et dix sept petites figures, douze de relief et cinq de bas relief, d'argent blanc, le devant des tiroirs et les ornemens d'architecture qui sont sur les volletz garnis de fleurons d'argent. Au milieu desquelz sont des camaieux, gravez de petites figures, liez en cuivre doré, les frizes des costez des volletz ornés de quatre figures d'argent blanc de bas relief, le dit cabinet de treize pouces de profondeur, large de deux pieds un pouce, haut d'un pied et demy. » (*Ibid.*, p. 250.) — « Un petit cabinet en perspective d'ébeine, orné de diverses pierres rapportées, lapis, jaspe, éliotropes, amétistes, profilées d'or, la porte ornée de colonnes rondes d'amétistes, pilastres de lapis et contre pilastres de jaspe, le chapiteau et bazes de cuivre doré avec festons d'argent, et dans le milieu du dit ornement une figure de Mars, de relief d'argent, et au haut du frontispice deux petits vazes faits au tour d'argent, le dit cabinet posé sur quatre pommes en forme d'oignon de cuivre vermeil doré, et aux deux costez deux portaux d'argent cizelé de feuillages et masques grotesques, et tout le corps du dit cabinet par dehors est profilé d'estain d'un pied et demy de hauteur, onze pouces de profondeur et deux pieds douze pouces de large. » (*Ibid.*, p. 250.) — « Un cabinet d'ébeine tout uny par les costez, posé sur quatre lions à double corps de cuivre vermeil doré, avec son sousbassement portant quatre colonnes cannelées de cuivre doré d'ordre de Corinthe, sur lesquelles sont l'architrave, frize et corniche. Et sur le frontispice sont deux figures couchées de cuivre vermeil doré ; sur le dit cabinet est une platte forme fermée d'un balustre de cuivre doré, dans le milieu de laquelle est posé un dôme ayant un grand fronton avec deux pillastres de cuivre doré au milieu de deux cartellans ; le dit cabinet porté sur un pied à huit colonnes, haut de trois pieds, de poirier noir façon d'ébeine, et le tout orné de quarante huit portraits de diverses grandeurs en façon ovalle et ronde, en forme d'une petite corniche de cuivre doré ; le dit cabinet de deux pieds sept pouces de large, quatre pieds moins un pouce de haut, compris le dôme, profond d'un pied un pouce. » (*Ibid.*, p. 250.) — « Un autre cabinet d'ébeine relevé de corniche par les costez et profilé de cuivre doré, posé sur quatre lions de cuivre vermeil doré à double corps, le fonds du dit cabinet de lapis avec un dôme entre deux pillastres, orné de dix tableaux de mignature ; dans celuy du milieu sur la porte est représenté Appolon et dans les autres au devant des tiroirs sont les neuf Muses, et aux quatre coins de la face de chaque tiroir est une médaille où sont les pourtraicts de deux poétes anciens, et deux modernes, couvertes d'un cristal de Venize enfermé dans une petite corniche à festons de cuivre vermeil doré ; le dit cabinet posé sur un pied à huit colonnes de poirier noir façon d'ébeine, ayant trois pieds un pouce de haut, trois pieds de large, un pied deux pouces de profondeur. » (*Ibid.*, p. 252.) — « Un cabinet d'escaille de tortue quarré long, profilé d'ivoire, orné de corniche de même écaille, le reste tout uny, ayant deux portes dans le milieu et douze tiroirs à l'entour, posé sur un pied à six colonnes façon d'escaille, dans la frise duquel est un tiroir, et deux portans à costé du dit cabinet de fer doré, large de trois pieds, haut d'un pied dix pouces, sur un pied deux pouces de profondeur, le pied haut de deux pieds neuf pouces. Un autre cabinet d'escaille de mesme que celuy cy dessus. — Un cabinet d'ébeine quarré dont les costez sont tout unis, la face entre deux pillastres de jaspe marbrin profilé d'estain et orné de neuf tableaux dans les quarrés d'ébeine représentant sçavoir : quatre des batailles de Manciola, et quatre des paysages de Grimaldy, et celuy du milieu de mignature représentant Regnault et Armide, les dits tableaux de diverses figures scavoir : les quatre dans les coins à huit pans, les quatre qui sont dans le milieu des quatre costez en oval, et celui du milieu en carré long, chacun dans une corniche de cuivre doré à festons ou petits godrons, et les angles des quarrez où sont les tableaux à pans

et en oval, ornez d'un triangle de lapis profilé, le dit cabinet posé sur un pied à quatre colonnes et quatre pillastres de poirier noir façon d'ébeine, haut de deux pieds un pouce, de deux pieds neuf pouces de long, et onze pouces de profondeur, le pied haut de deux pieds huit pouces. » (*Ibid.*, p. 253.) — « Un cabinet d'ébeine tout uny par les costez, profilé d'estain, posé sur quatre pommes en forme d'oignon de cuivre vermeil doré, la face du quel est orné sur les portes et tiroirs de pots de fleurs et oiseaux de pièces rapportées, jaspes, lapis, cornaline et autres pierres, les frizes à l'entour des tiroirs d'escaille de tortue, la porte ornée de deux colonnes ordre de Corinthe, d'escaille de tortue, posée sur deux pillastres dont les bazes et chapiteaux sont de cuivre doré et d'argent. Et sur le frontispice aux deux costez sont deux vases de cuivre vermeil doré ornez de festons de linge, masques, estoilles et flammes ; le dit cabinet posé sur un pied de six colonnes de poirier noir façon d'ébeine, ayant un tiroir dans sa frize, le dit cabinet d'un pied dix pouces de hauteur, trois pieds deux pouces de largeur, un pied deux pouces de profondeur, le pied haut de deux pieds huit pouces, ayant une couverture de cuir rouge à quatre pantes, bordé de cuir doré. » (*Ibid.*, p. 254.) — « Un autre cabinet d'ébeine ayant de petites moulures sur les costez, le devant duquel est divisé en deux parties, à chacune des quelles est une porte ornée de quatre pillastres de lapis d'ordre composite, les bazes et chapiteaux d'argent, la dite porte sur un soubsbassement d'ébeine, sur le quel sont rapportées trois pièces de lapis profilées d'argent, et dans celle du milieu une lozange de jaspe ; la porte et les contre-pilastres et deux autres petites lozanges entre les pillastres ornées de lapis, jaspe et autres pierres profilées d'argent ; le frontispice en cercle plat, sur lequel est rapporté un masque avec quatre rozes en bosse de jaspe et cornaline ; le dit cabinet de deux pieds quatre pouces de haut, un pied et demi de profondeur, trois pieds et onze pouces de large, sur un pied de bois de la Chine à quatre colonnes et quatre pillastres, haut de deux pieds sept pouces. » (*Ibid.*, p. 256.) — « Un autre cabinet d'ébeine tout uny par les costez, profilé d'estain, et sur le devant seize quarrés de pierre de parangon, sur les quelz sont rapportez des fleurs et oiseaux de diverses pierres profilées de marbre jaune, la corniche à l'entour d'ébeine taillée en ondes, et dans le milieu la porte avec son soubsbassement de pierres rapportées, dans le milieu de laquelle est un pot de fleurs entre deux pillastres de diverses pierres, dont les bazes et chapiteaux sont d'ébeino, et par dessus diverses autres pierres rapportées ; le dit cabinet haut de deux pieds trois pouces, trois pieds quatre pouces de profondeur, posé sur un pied d'ébeine ayant deux tiroirs dans sa frize à quatre colonnes et quatre pillastres, et ayant deux portans aux costez de cuivre vermeil doré, haut de deux pieds neuf pouces. » (*Ibid.*, p. 258.) — « Une grande table quarrée dont le corps est de pierre de touche noire, sur laquelle sont plusieurs trophées d'armes à la Turque de diverses pierres rapportées, sçavoir, albastre, lapis, jaspe, cornaline avec nacre de perle, la frize de la dite table ayant quatre vazes aux quatre coins, des quels sortent plusieurs fleurs avec leurs branches et feuillages, et huit ovalles de lapis départis dans les quatre faces profilées de blanc. Le reste du bord de la table garni de tridens, dauphins et festons ; posée sur un pied de quatre sphinges dorez ; la dite table large de trois pieds neuf pouces et demi, longue de quatre pieds cinq pouces et demi, son pied haut de hauteur deux pieds huit pouces. » (*Ibid.*, p. 263.)

1. « A François Bourdonay, sculpteur ordinaire du roy, par ordonnance du 5e aoust 1642, la somme de 1.000 livres tournois, pour premier payement et sur estantmoings ses ouvrages de pavé de marbre en compartimens qu'il a faicts et continue faire, par commandement de S. M., pour deux des oratoires de la grande chapelle du chasteau de Fontainebleau, dont il sera payé suivant la prisée qui en sera faicte, l'ouvrage estant achevé, cy... M. l. » — Le 15 octobre 1642 et le 5 mars 1643, le même artiste reçoit deux payements de 500 et de 510 livres pour le même ouvrage : le dernier payement est indiqué « pour reste et parfaict payement des dicts ouvrages de pavé de marbre pour les deux oratoires de la grande chapelle du chasteau de Fontainebleau. » (Müntz et Molinier, *Le Château de Fontainebleau au XVIIe siècle*, p. 103 ; Extrait des *Mémoires de la Société de l'histoire de Paris et de l'Ile-de-France*, t. XII, 1885.)

2. « Aux srs Miliorini et Bavay, travaillans aux ouvrages de pierres

des artistes de même origine, qu'il faut attribuer des meubles tels que ceux qui sont décrits dans l'inventaire du Mobilier de la Couronne, meubles dont nous avons déjà donné en note quelques descriptions et dont on trouvera encore ici des mentions détaillées. Mais ces pièces, peut-être exécutées sous le règne de Louis XIV seulement, peut-être même à une époque assez avancée du xviie siècle, figurent ici pour montrer combien ce goût pour les meubles italiens ou décorés à l'italienne avait chez nous de vogue. Le nombre de ceux qui sont décrits dans les inventaires ne permet pas de douter que pendant un certain temps les œuvres de mosaïques de Florence, et même les meubles damasquinés à la florentine, aient été les seules véritablement au goût du jour [1].

Mais pourquoi insister plus longtemps sur un point absolument démontré, sur cette pénétration de l'art italien chez nous au xviie siècle? Cette pénétration se retrouve partout, non pas seulement dans le mobilier, dont j'ai surtout à m'occuper ici, mais dans toute la décoration intérieure [2] : il n'est pas nécessaire de s'étendre sur cette invasion italienne que j'aurai plus d'une fois l'occasion de signaler en parlant du mobilier de Louis XIV, mais ce que je voudrais montrer, c'est que de ces cabinets

---

fines, manière de Florence, pour leurs appointemens de l'année 1669.......... 636 l. » (J. J. Guiffrey, *Comptes des Bâtiments du roi*, t. 1, col. 386.) — « A Milorini et Gachetti, lapidaires florentins, pour les pierres fines qu'ils ont taillées pendant l'année dernière 1674, et pour leurs gages.......... 4840 l. » (*Ibid.*, col. 777.) — « A Ferdinand et Horace Megliorini et Philippes Branchi, lapidaires florentins, en lad. manufacture des Gobelins, pour leurs appointemens de l'année 1678, sçavoir : aud. Ferdinand Megliorini, 2500 l., à raison de 210 l. par mois, et aux deux autres, chacun 1920 l., à raison de 160 l. par mois et 690 l., pour leur remboursement de plusieurs journées d'ouvriers.......... 7050 l. » (*Ibid.*, année 1678, col. 1002.) — « A Ferdinand Megliorini et Philippes Branchy, lapidaires florentins, tant pour leurs gages de l'année 1680, à raison de 2520 l. pour ledit Megliorini et 1920 l. pour ledit Branchy que pour leur remboursement de 1046 l. 5 s. d'une part qu'ils ont payé pour deux cent soixante dix-neuf journées de trois hommes, par chacun jour, qui ont servy à scier et polir les pierres fines, manière de Florence, mises en œuvre par lesdits Megliorini et Branchi, et de 397 l. d'autre part, pour achat d'emery et autres drogues servans à travailler lesd. pierres, cy.......... 5883 l. » (*Ibid.*, col. 1338.) — « A Megliorini, Florentin, pour deux mois et demi de ses appointemens escheus le 15 décembre dernier qu'il est mort, à 210 l. par mois.......... 525 l. » — 30 janvier 1684 : « A Branchi, autre florentin, pour ses appointemens, journées d'hommes et ustancils.......... 56 l. 9 s. 1 d. » (*Ibid.*, t. II, col. 356.) — 2 juillet-3 décembre : « A Branchi, Florentin qui travaille aux pierres fines manière de Florence, tant à compte de ses appointemens que pour journées d'hommes et ustancils...... 1615 l. » (*Ibid.*, année 1684, col. 532.)

1. Toutes les mentions suivantes sont extraites de l'inventaire de Fontanieu cité plus haut, ce qui du reste ne présume nullement de la date des monuments : — N° 12. Une table de pierres de rapport, parsemée de branches, feuillages, fleurs, fruits et oiseaux, d'améthistes, cornalines, jade, lapis, agathes et autres pierres fines de Florence, autour de laquelle règne un listel de marbre blanc entre deux filets de marbre rouge, sur son pied de bois doré, sculté de quatre thermes d'anges aux coins ; le milieu du marche-pied orné de deux dauphins couronnés, au dessus desquels est un masque ; longue de quatre pieds sept pouces, sur trente cinq pouces de large et trente cinq pouces de haut. — N° 13. Une autre table pareille à la précédente, excepté que le listel de marbre blanc qui règne autour est entre deux filets de marbre jaune, sur son pied de bois sculté, doré aussi pareil au précédent. — N° 14. Un cabinet en forme de tombeau, couvert d'une feuille d'argent, garny de vingt tiroirs, enrichy et tout couvert par devant, par dessus et par les côtés, d'agathes d'orient et d'Allemagne, jaspe, lapis, cornalines et autres pierres précieuses avec camayeux, au milieu duquel par devant, est une porte d'une seule agathe, entre deux colonnes cannelées et isolées, aussi d'agathe d'Allemagne avec leurs bazes et chapiteaux d'argent doré d'ordre de Corinthe, portées sur deux consolles aussi d'agathe d'Allemagne, au dessus du cabinet est un couvercle qui s'ouvre, enrichy par dedans et par dehors des mêmes pierreries et au bas du même cabinet, une table qui se tire, enrichie comme le reste. Le cabinet haut de deux pieds, onze pouces, sur trois pieds, dix pouces de large et dix huit pouces de profondeur, porté sur 4 boules d'argent. — N° 16. Un cabinet d'ébène à cinq pans, dont trois forment un enfoncement et sont ornés, celui du milieu d'un vaze de lapis rempli de

fleurs et fruits de pierres de Florence et les deux autres, de tableaux de mêmes pierres représentant des arbres et ruines ; les pans des côtés garnis chacun de trois tiroirs entre deux thermes de bronze doré, les deux tiroirs d'en haut ornés de paisages et les quatre autres chargés de fleurs ; le tout de pierres de Florence, sous une frise d'ébène enrichie d'ornemens de bronze doré et pierres de Florence, ayant au milieu un chapiteau surmonté d'une pendulle ; sur le milieu du bas, sont deux gradins en avant-corps à trois pans, garnis chacun de trois tiroirs, l'un desquels est une écritoire garnie en dedans de satin rouge. Tout le cabinet enrichy d'ornemens de bronze doré et de pierres de Florence ; haut de quatre pieds sur quatre pieds de large, porté sur huit vazes de bronze doré godronnés. — N° 206. Un cabinet d'ébène profilé d'étain à deux corps, celui d'en bas aiant neuf tiroirs enrichis de fleurs et oiseaux de pierres de Florence et deux guichets, sur chacun desquels est une figure en bas-relief de cuivre doré, le guichet du milieu représente un vaze de lapis et fleurs de pierres de rapport de diverses couleurs entre deux thermes de cuivre doré. Le corps d'en haut a quatre tiroirs recouverts de pierres de rapport et cinq avec ornemens de cuivre doré, terminé par un ceintre au dessous duquel sont deux enfans de cuivre doré qui soutiennent un écusson. Le cabinet haut de six pieds sur cinq de large et dix sept pouces de profondeur, porté sur son pied de quatre figures de thermes et d'aigles de bois sculté, doré. — N° 55. Une table octogone dont le corps est d'ébène, ornée de compartimens, d'hélio-tropes, lapis, jaspes de plusieurs façons, cornalines, agathes et autres pierres fines rapportées, profilées d'or, avec une frize d'un pouce et demy de large, ornée de lapis et marbre verd profilés d'étain et doré sur l'épaisseur de l'ébène ; posée sur un pied à quatre grands quarts de ronds joints ensemble par led. pied, orné comme la table, profilé d'étain et doré. La table ayant quatre pieds deux pouces de diamètre et le pied deux pieds six pouces de haut. — N° 56. Une table de pierres de rapport, sur laquelle, dans les quatre coins, sont des écussons de lapis dans des cartouches d'amethistes profilés de marbre jaune, desquels cartouches sortent des bouquets de fleurs avec leur feuillage, sur lesquels il y a des oiseaux et papillons ; le tout de lapis, calcédoine, cornalines et jaspes de diverses couleurs et au milieu est un grand cartouche remply d'un trophée d'armes de mêmes pierres et sur la bande qui règne autour de la table, sont huit cartouches de diverses pierres ; la table posée sur un pied de bois sculpté, doré, représentant quatre griffons ailés, au milieu du marche-pied un fleuron et sur le devant une teste de mercure ailée avec deux serpens. Longue de quatre pieds, onze pouces sur deux pieds onze pouces de large. — N° 315. Un beau cabinet d'acier, fait à Florence, garny de neuf tiroirs, orné par devant de quatre colonnes torses et dans le milieu une grande niche en forme de dôme, au haut de laquelle sont les armes de France couronnées, avec une balustrade qui règne au dessus du cabinet, porté sur six boules en forme d'oignons le tout d'acier, haut de 3 pieds 1/2 sur 4 pieds, 7 pouces de large. »

2. Est-il besoin de rappeler ici que la décoration en stuc, dont on a fait un si large emploi chez nous au xvie et au xviie siècle, est une simple importation italienne? Est-il besoin de rappeler qu'en 1655 la décoration de l'appartement de la reine-mère, au Louvre (sous la galerie des peintures qui devait prendre plus tard le nom de galerie d'Apollon), fut décorée de stucs exécutés par Michel Anguier et l'Italien Pietro Sasso, d'après les dessins de Romanelli? Cette décoration très somptueuse existe encore aujourd'hui, en partie du moins. Cfr. *Archives de l'Art français*, t. IV (1853-1856), p. 203 et suiv.

italiens, dégénérescence et développement tout à la fois du coffre, du meuble par excellence du moyen âge, sont sortis deux meubles qui occuperont dès lors la place la plus importante dans le mobilier. En sorte que le coffre, modifié, transformé, a continué et continue à occuper aujourd'hui une place aussi prépondérante qu'au moyen âge et à la Renaissance. Ces deux meubles, qui ne sont autres que des combinaisons de la table ou plutôt des tréteaux supportant le coffre, devenu cabinet, sont le *bureau* et la *commode*.

Pour le premier de ces meubles, la transformation paraît remonter à la première moitié du

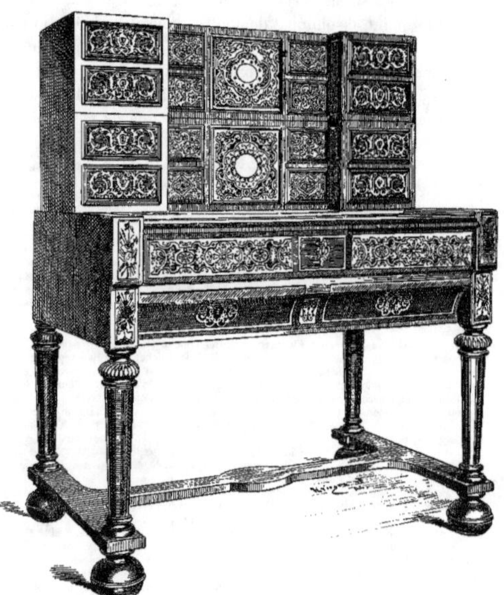

XVIIe siècle; pour le second, elle s'est certainement opérée sous Louis XIV, avant 1685. Cette opinion, pour paradoxale qu'elle semble au premier abord, n'est pas difficile à étayer de nombreuses preuves tirées des textes et des monuments.

Le terme de *bureau* est fort antérieur au XVIIe siècle [1] : primitivement il désigne une table ou un comptoir. Au XVIIe siècle et avant 1650 très certainement, le bureau se modifie : c'est toujours une table, assurément, mais à cette table on superpose un meuble qui n'est autre qu'un cabinet. C'est la fixation définitive d'un type de meuble qui date du XVIe siècle, le cabinet posé sur des tréteaux et muni d'un abattant qui pouvait servir de table à écrire. Mais cet abattant, à moins qu'il ne fût, comme dans le *vargueño* espagnol, soutenu par deux supports sortant à coulisse des parties droite et gauche du tréteau, n'offrait qu'une solidité relative. Il

ayant appartenu au maréchal de Créqui. Époque de Louis XIV (Musée de Cluny)

parut plus simple de réduire l'épaisseur du cabinet, de façon à garder, sur le haut du tréteau, assez de place pour obtenir une véritable table dont la dimension pouvait aisément se doubler en la fabriquant non point fixe, mais se manœuvrant à coulisses et glissant sous la base du cabinet. De là à ménager sous cette table mobile, dans la ceinture du support, un étage ou deux étages de tiroirs, il n'y avait qu'un pas, et ce pas dut être rapidement franchi. On eut de la sorte, sous le

1. Il faut sans doute chercher l'étymologie de ce mot de bureau dans l'usage de recouvrir les tables d'une étoffe ou *bureau*, nom qui primitivement désignait un drap de laine. D'assez nombreux textes, réunis par Gay dans son *Glossaire archéologique*, semblent du moins l'établir d'une façon certaine. Parmi ses citations, j'en choisis deux seulement qui désignent et la couverture du meuble et le meuble lui-même : « 1451. — A Jehan Chambellan, pour 3 aulnes de drap vert pour faire un bureau pour le controlleur, pour ce que les dames avoient, par le commandement et ordonnance du roy, eu le sien pour jouer aux martres et au glic, valent 4 l. 10 s. t. » (*Comptes de l'hôtel de Charles VII*, cités par Monteil, XVe siècle, hist. 3, note 34.) — 1510 : « La somme de 18 gros..... pour un bureaul et une scabelle double qui ont été mis au chapitre des Frères prescheurs de cette dicte ville... A Guy Guyon, lambroisseur, pour avoir fait un bureaul et une scabelle. » (*Comptes de la ville de Dijon*, cités par Monteil, XVe siècle, hist. 7, note 177, et hist. 9, note 194.) Ces textes sont assez concluants.

plateau, une sorte de continuation du cabinet qui, lorsqu'on lui donna plus de développement, fut rejetée en deux étages de tiroirs, à gauche et à droite d'un vide destiné à laisser la liberté de ses jambes à la personne qui était assise devant le meuble. Peu à peu, quand le bureau prit de plus vastes proportions, le type se modifia encore dans un très grand nombre de cas : le cabinet quitta la partie postérieure de la table pour former un meuble à part, qui vint prendre place à l'une de ses extrémités : on eut le serre-papier ou cartonnier, mais le type du bureau-cabinet subsista encore et dans le bureau dit bureau à cylindre et dans le bureau à corps droit, dont on trouve tant d'exemples à la fin du xviiie siècle.

Deux monuments que je mets ici sous les yeux du lecteur suffiront je pense, joints aux exemples

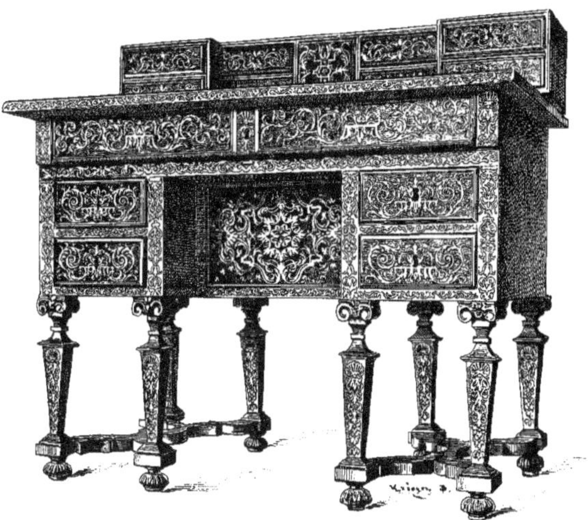

Bureau dit de la reine Marie de Médicis.
Époque Louis XIII (Musée de Cluny)

de bureaux des règnes de Louis XIV, de Louis XV ou de Louis XVI que je reproduis plus loin, à faire comprendre cette longue évolution. Le premier est connu sous le nom de « Bureau du maréchal de Créqui » et fait partie des collections du Musée de Cluny[1]; le second, qui appartient à la même collection, passe pour avoir appartenu à Marie de Médicis[2]. Ce sont des meubles en bois de violette, ornés d'incrustations d'étain, de cuivre et d'écaille, dont le style appartient bien à la première moitié du xviie siècle. C'est déjà ce même système de marqueterie qui, développé, perfectionné, fera la fortune des meubles décorés par André-Charles Boulle, système que cet artiste n'a jamais eu la prétention d'avoir inventé. Or, le bureau de Créqui, qui porte les armes du maréchal[3], ne peut être postérieur à 1638; on peut donc le dater d'une façon assez exacte pour qu'il constitue un véritable

<hr>

1. *Catalogue de 1881*, n° 1430.
2. *Ibid.*, n° 1431.
3. Il s'agit ici de Charles Ier, marquis de Créqui de Blanchefort de

Canaples, maréchal de France, † le 17 mars 1638, et non de son petit-fils François, également maréchal, mort en 1687. Le style du meuble indique du reste assez la date qu'on doit lui assigner.

document pour l'histoire du meuble, abstraction faite de quelques modifications sans importance (entrées de serrures remplacées, etc.), qui n'en changent en rien la construction et l'aspect général. Ce bureau, ainsi qu'on peut s'en assurer par l'image qui en est ici donnée, n'est en somme qu'un cabinet posé sur une table munie de tiroirs, et sa silhouette rappelle encore assez bien le *vargueño* espagnol. Le second bureau, simplement incrusté d'étain, montre déjà des modifications sensibles : on a abaissé le cabinet dont les éléments ont été reportés à la base sous forme de tiroirs, disposition qui a motivé un dédoublement des supports qui, au nombre de quatre, n'auraient plus été suffisants pour soutenir une construction massive. La table voit son plateau se dégager peu à peu, et l'adjonction de ces tiroirs, superposés sous les côtés, commence à lui donner l'aspect d'un autre meuble qui va bientôt apparaître : la *commode*, meuble auquel, pendant de longues années, on donnera encore le nom de *bureau*. Il n'est pas douteux que ce qualificatif ait désigné, assez longtemps, deux meubles assez différents quant à l'emploi, mais de même origine ; dans certains cas même, la commode conservera un embryon de cabinet, un *gradin* destiné à prendre place sur son plateau. Il est facile, à l'aide des mentions d'inventaires d'un même mobilier, rédigés à des dates différentes, de se rendre compte de l'exactitude de ce que j'avance ; la question ayant son importance, on me permettra de confronter ici un certain nombre d'articles de l'inventaire du mobilier de la Couronne, dressé sous le règne de Louis XIV, avec les articles concernant les mêmes meubles, tels que nous les lisons dans l'inventaire dressé en 1729 : pour désigner les mêmes pièces, du Metz et Fontanieu, les deux gardes du mobilier, se sont servis le premier du mot *bureau*, le second du mot *commode*.

INVENTAIRE DE LOUIS XIV
(DE SEPTEMBRE 1685 A MAI 1697 ET ANNÉES SUIVANTES)

N° 487. — « Une grande table en bureau, garnie de trois grands tiroirs, avec un gradin à quatre tiroirs qui se porte dessus, le tout de marqueterie de cuivre, ébeine et bois violet ; sur le dessus de ladite table est gravé les chiffres du roy couronnez, avec des lyres d'Apollon aux costez et des chiffres aux quatre coins accompagnez d'ornemens, les tiroirs fermans à clef, dont les entrées des serrures sont de bronze doré ; ladite table a 4 pieds 1 pouce de long, 2 pieds 8 pouces de large, sur pareille de hauteur. » (J.-J. Guiffrey, *Invent. général des meubles de la Couronne*, t. II, p. 172.)

N° 503. — « Une table en bureau de marqueterie de bois violet, avec fleurs de pièces de raport sur fond d'ébeine, garny par le devant de trois grands tiroirs dont les entrées des serrures et anneaux sont de bronze doré, longue de 4 pieds 2 pouces, large de 2 pieds 8 pouces, sur pareille haulteur. Fait et arresté à Paris, le 22e avril 1697. — Du Metz. » (*Ibid*, p. 173.)

N° 514. — « Une grande table en bureau, ayant trois tiroirs de toutte sa longueur qui est de 4 pieds 2 pouces, large de 2 pieds 2 pouces, haulte de 2 pieds 1/2, le tout plaqué et recouvert de marqueterie de fleurs et pièces de raport sur fonds d'ébeine, avec frize et compartimens de bois violet, le dessus orné au milieu d'un grand vaze de fleurs, et aux coins de huit dauphins couronnez, fleurs de lis et autres ornemens de marqueterie de bois et de bronze doré. » (*Ibid.*, p. 175.)

INVENTAIRE DE LOUIS XV
(EN 1729)

N° 487. — « Une commode à trois grands tiroirs, avec un gradin à quatre tiroirs qui se pose dessus, le tout de marqueterie de cuivre, ébène et bois violet ; le dessus orné aux quatre coins des chiffres du roy couronnés et des lyres aux côtés, les tiroirs fermans à clef, dont les entrées des serrures sont de bronze doré. Longue de 4 pieds 1 pouce et 2 pieds 8 pouces de large, sur 2 pieds 8 pouces de haut ; avec un tapis de maroquin rouge garny de molet d'or et doublé de serge. » (Archives Nationales, O¹ 3336, f° 174 r°.)

N° 503. — « Une commode de marqueterie à fleurs, de bois de plusieurs couleurs, fond d'ébène, représentant au milieu un vaze de fleurs et les chiffres du roy couronnés, aux quatre coins, le reste remply de fleurs, rinceaux, oiseaux et papillons, ayant par devant trois grands tiroirs fermans à clef, dont les entrées de serrures et anneaux sont de bronze doré. La commode longue de 4 pieds 1 pouce, sur 2 pieds et 1/2 de large et 2 pieds 8 pouces de haut, avec son tapis de maroquin rouge doublé de serge et garny de molet d'argent. » (*Ibid.*, f° 175 v°.)

N° 514. — « Une commode de marqueterie de bois à fleurs de plusieurs couleurs, sur fond d'ébène, avec frizes et compartimens de bois violet, le dessus orné au milieu d'un grand vaze de fleurs et aux coins de huit dauphins grotesques couronnés, fleurs de lis et autres ornemens de marqueterie, ayant par devant trois grands tiroirs, fermans à clef, dont les entrées de serrures et anneaux sont de bronze doré, portée sur cinq boules de bois noirci, recouvertes de cuivre doré ; longue de 4 pieds 2 pouces, sur 25 pouces 1/2 de large et trente pouces de haut, avec sa housse de cuir rouge doublée de serge. » (*Ibid.*, f° 177 v°.)

N° 515. — « Une table en forme de bas d'armoire dont le dessus est de bois de noyer plein avec un carderon profilé d'ébeine, de 6 pieds 1 pouce de long, 2 pieds 7 pouces de large, 2 pieds 9 pouces de hault, ouvrant à deux battans par devant et à un par le costé, fermant à clef, le tout de noyer à placage avec filets d'ébeine. » (*Ibid.*, p. 175.)

N° 521. — « Deux bureaux de marqueterie à fleurs de bois de diverses couleurs, fonds d'ébeine, représentant sur le dessus un vaze de fleurs posé sur un bout de campane, des festons de fleurs, oyseaux, papillons et deux grotesques d'hommes, et aux coins et milieux, des fleurs de lis avec bandes de bois violet et filets blancs, ayant trois grands tiroirs, dont les entrées des serrures et anneaux sont de bronze doré, portées sur cinq boules de bois noircy, couvertes de bronze, longs chacun de 4 pieds 2 pouces, large de 2 pieds 7 pouces, haults de 2 pieds 8 pouces. » (*Ibid.*, p. 176.)

N° 535. — « Un bureau de marqueterie à fleurs, de bois de diverses couleurs sur fond d'ébeine, représentant sur le dessus un vaze de fleurs posé sur un bout de table avec oyseaux et papillons, et, aux quatre coins, les chiffres du roy couronnez, le tout enfermé par une frise de même marqueterie, aux coins de laquelle est une fleur de lis, et au milieu une coquille entre deux bandes de bois violet et filets blancs; il y a trois grans tiroirs fermans à clef dont les entrées de serrures et anneaux sont de bronze doré, posé sur cinq boules de bois noircy, garnies au milieu d'une coquille de bronze, long de 4 pieds 1 pouce, sur 2 pieds 1/2 de large. » (*Ibid.*, p. 178.)

N° 539. — [Deux bureaux semblables à celui décrit sous le n° 535 avec cette addition] : « Et un gradin de pareille marqueterie, de 4 pieds de long sur 7 pouces de large et 8 pouces de hault, ayant quatre tiroirs pour servir sur l'un des dits bureaux. » (*Ibid.*, p. 178.)

N° 515. — « Un grand bas d'armoire de bois de noier a placage avec filets d'ébène, ouvrant à deux portes par devant et par le côté une autre porte qui forme une armoire séparée, le tout fermant à clef, longue de 6 pieds sur 2 pieds 7 pouces de large et 2 pieds 8 pouces de haut. » (*Ibid.*, f° 178 r°.)

N° 521. — « Deux commodes de marqueterie à fleurs de bois de plusieurs couleurs, fond d'ébène, représentant sur le dessus, un vaze de fleurs posé sur un bout de campanne, avec festons de fleurs, oiseaux, papillons et deux masques grotesques d'hommes, orné de six fleurs de lis, aux coins et milieux des côtés, le devant garny de trois grands tiroirs dont les entrées des serrures et anneaux sont de bronze doré, posées sur cinq boules de bois noircy, couvertes de bronze doré; longues chacune de 4 pieds 2 pouces, sur 2 pieds 7 pouces de large et 2 pieds 8 pouces de haut. » (*Ibid.*, f° 178 v°.)

N° 535. — « Une commode de marqueterie à fleurs, de bois de diverses couleurs, fond d'ébène, représentant au milieu un vase de fleurs, sur un bout de table et les chiffres du roy couronnés aux quatre coins, avec oiseaux et papillons, le tout enfermé par une frize de même marqueterie, aux coins de laquelle est une fleur de lis et au milieu une coquille entre deux bandes de bois violet et filets blancs, le devant garny de trois grands tiroirs fermans à clef, dont les entrées de serrure et anneaux sont de bronze doré, longue de 4 pieds 1 pouce, sur 2 pieds 1/2 de large et 2 pieds 9 pouces de haut, posée sur cinq boules de bois noircy, couvertes d'une coquille de bronze, avec son tapis de maroquin rouge, doublé de serge et bordé de galon d'argent. » (*Ibid.*, f° 180 v°.)

N° 539. — [Deux commodes semblables, accompagnées de la mention] : « Et un gradin de pareille marqueterie de 4 pieds de long, sur 7 pouces de large et 8 de haut, ayant quatre tiroirs pour servir sur l'une des dites commodes. » (*Ibid.*, f° 181 r°.)

Le moment précis où apparaît le mot *commode* pour désigner un meuble à hauteur d'appui et garni de tiroirs, est difficile à déterminer : si l'origine du mot en elle-même indique simplement qu'on considéra ce meuble comme se prêtant facilement à une foule d'usages, il est moins aisé de savoir quand cette dénomination passa définitivement dans le langage courant. Les lexicographes jusqu'ici n'ont guère relevé le mot que comme s'appliquant à une sorte de coiffure, ou plutôt à la carcasse en fil de fer destinée à soutenir une coiffure dérivée de la *Fontange*, qui fut de mode en France à la fin du XVIIe et au commencement du XVIIIe siècle[1]. Je serai assez disposé à admettre que ce terme ne s'appliqua à ce genre de coiffure, qui avait pris des proportions ridicules, qu'après avoir désigné le meuble. En tout cas, le mot *commode* ne figure pas dans la première édition du *Dictionnaire de l'Académie* (1694), et il n'est pas employé par du Metz dans les articles de son inventaire arrêté en 1697, ni dans les articles postérieurs à cette date du même document, articles qui, vu leur nombre (nos 504-547), permettent de supposer que ce supplément représente plusieurs années. La

1. La Curne de Sainte-Palaye, *Dictionn. hist. de l'ancien langage françois* (éd. Favre), cite au sujet de cette coiffure un passage de Palaprat et un passage de Saint-Simon qui sont d'ailleurs reproduits dans tous les dictionnaires, mais nous apprennent simplement que c'était une carcasse de fil de fer recouverte de mousseline, sans nous fournir une date certaine. Il est fort probable que ce nom ne s'est jamais appliqué à la coiffure assez simple dont on fait remonter l'invention à Mlle de Fontanges († 1681), mais à son développement ridicule au commencement du XVIIIe siècle. Cfr. J. Quicheval, *Histoire du Costume en France*, p. 538.

plus ancienne mention de ce mot qu'on ait jusqu'ici relevée a été signalée par M. Havard [1] et remonte à 1708 ; mais le contexte même du document permet de supposer que l'expression était déjà employée depuis quelque temps. Ce serait donc dans les toutes premières années du xviiie siècle que l'usage de ce mot serait établi. Remarquons enfin que Berain († 1711) donne dans ses estampes des modèles de commodes. La *table en forme de bas d'armoire* et, dans un assez grand nombre de cas, le *bureau*, tous deux issus du cabinet, prirent désormais le nom de *commode*. On me pardonnera la longueur de cette discussion ; ce meuble, dernière transformation du cabinet, joue un trop grand rôle dans le mobilier du xviie siècle, du xviiie surtout, pour qu'il soit indifférent d'en connaître l'origine. Aussi bien n'aurais-je plus à y revenir en décrivant des meubles de ce genre dans les chapitres suivants [2].

L'histoire du cabinet pourrait être encore augmentée de maint chapitre, car ce meuble a véritablement subi bien des transformations. Mais ce serait vraiment lui donner trop d'importance : il me suffira de citer en terminant ce « cabinet en forme de sépulture, couvert d'une fueüille d'argent, composé de ving tiroirs » et tout couvert de pierreries que possédait Louis XIV [3], et les « cabinets à parfums à six pams (*sic*) en forme de vases, à deux anses de dauphins de bois doré, ornez de plusieurs petits tableaux en mignature, couverts de glace et enrichis de sculpture et de chacun un soleil couronné de bois doré », qui firent partie du même mobilier [4].

---

1. *Dictionnaire du Mobilier*, t. I, col. 888, 889. — « Tout d'abord il convient de remarquer que Richelet, Furetière et l'Académie (1re édition 1694) ne connaissent pas ce mot ; il n'est donc pas antérieur à la fin du xviie siècle. D'autre part, le *Dictionnaire de Trévoux* dit : « Ce mot est nouveau », et les premières mentions que nous en rencontrons remontent à 1708. Dans un rapport que le duc d'Antin adresse à Louis XIV le 3 juillet de cette année : « En venant ici, j'ai passé par Paris, pour voir chez Guillemar les deux commodes qu'il fait pour la chambre de Votre Majesté à Marly ; il n'y a plus que les tiroirs à faire ; elles couteront 310 livres la pièce, » et le roi écrit en marge : « Bon. » (*Le duc d'Antin*, par J.-J. Guiffrey, p. 18.) Dans un inventaire du château de Versailles, dressé la même année, nous voyons en outre figurer dans la chambre du duc d'Orléans : « Un bureau commode en bois de noyer, à deux grands tiroirs formans à clef. » (Havard, *Dictionnaire du Mobilier*, t. I, c. 889.)

2. Dans son *Dictionnaire du Mobilier* (t. I, col. 888), M. Havard suppose qu'à un moment donné, vers la fin du xviie siècle, le mot *commode* a aussi désigné un meuble de repos, chaise ou banc, une espèce de canapé, recouvert d'étoffe. J'avoue que les textes cités ne me semblent pas tout à fait concluants ; et dans ces étoffes dont on a fait une *commode* ne faut-il pas plutôt reconnaître des enveloppes destinées à protéger les meubles et les commodes en particulier, du genre de celles que mentionne plusieurs fois l'inventaire de 1718 que j'ai cité plus haut ? Voici, du reste, ce que dit M. Havard : « Deux notes inscrites en marge de l'inventaire du château de Versailles, en 1708, nous apprennent : 1° que des rideaux faisant partie de l'ameublement de Mme de Maintenon furent employés en 1726, « à faire un fauteuil à la Verru, une commode, « un lit de repos, trois portières, etc. pour la Reine, à Saint-Cyr ; 2° que « les étoffes qui habillaient la niche et le lit de repos de Mme de « Maintenon, ont été détruites pour faire un fauteuil à la Verru, une « commode, un lit de repos, des carreaux, etc. » Par commode on entendait donc, à cette époque, un siège, sans doute une « chaise commode » synonyme de chaise longue ou chaise de commodité, et vraisemblablement c'est aussi dans ce sens qu'il faut comprendre ce passage de Bussy-Rabutin où, faisant allusion à la façon dont Henriette d'Angleterre se plaignait des assiduités de Louis XIV auprès de Mlle de La Vallière, il écrit : « Elle en parla à Versailles aux deux reines ; « mais en femme vertueuse qui ne voulait pas servir de commode aux « amours du roi. » (*Le Palais Royal* ou *Les amours de La Vallière*, p. 41.) Il me semble bien évident que par cette expression assez pittoresque Henriette voulait dire qu'elle ne voulait point servir à *couvrir* les amours du roi ; mais cette phrase, si on donnait au mot *commode* la signification d'une sorte de lit de repos, n'aurait plus de sens ; en acceptant au contraire, dans le cas visé plus haut, le sens de *housse* ou de *couverture* d'un meuble pour le mot commode, l'expression se conçoit aisément.

3. Cfr. J.-J. Guiffrey, *Inv. général des meubles de la Couronne*, t. II, p. 132, n° 14. — Sous les n°s 277 et 278 du même inventaire sont décrits « deux cabinets en forme de sépulture » qui s'ouvrent par le haut, des coffres par conséquent. On peut voir par là combien la signification du mot cabinet a été variée.

4. *Ibid.*, p. 150, n° 285. — Dans mes notes extraites de l'*Inv. du mobilier de la Couronne*, il ne faut pas s'étonner de me voir citer plus souvent l'Inventaire de Fontanieu que l'Inventaire publié par M. Guiffrey. Bien que de date postérieure, l'Inventaire de Fontanieu est souvent plus complet, même pour l'époque de Louis XIV, et ne présente pas les lacunes qu'on rencontre dans le plus ancien. Au reste, dans la plupart des cas, les numéros, sauf pour les additions, se correspondent, bien que l'inventaire plus récent ne soit pas une simple copie et ait été visiblement rédigé à nouveau.

CHAPITRE III

LE STYLE FRANÇAIS SOUS LOUIS XIV

I. ORGANISATION ARTISTIQUE

La période qu'on appelait autrefois le « Siècle de Louis XIV », appellation contre laquelle quelques-uns protestent aujourd'hui, a eu son style particulier. Mais je ne fais aucune difficulté de reconnaître que ce style a des origines bien antérieures à la date à laquelle Voltaire l'aurait volontiers fait commencer. Un écrivain, très informé des choses d'art et qui a consacré un très intéressant volume à l'époque de Richelieu et de Mazarin, s'est particulièrement élevé contre une semblable appellation [1]. Il n'est point douteux que M. Lemonnier n'ait raison au point de vue historique, et que les mots « Siècle de Louis XIV », tout comme les expressions de « Siècle de Léon X » ou « Siècle de François Ier », constituent des termes dont la rhétorique peut faire son profit, mais dont l'historien moderne doit s'abstenir. Pourtant c'est peut-être aller un peu loin que de dire que cette expression a faussé l'histoire du XVIIe siècle. Voltaire, sans doute, ne s'entendait guère en art ; son tempérament ne le prédisposait pas à en donner une très juste appréciation ; mais, à un certain point de vue, il avait le sens historique ; et ce n'est pas sans une apparence de raison qu'il a sacrifié à Louis XIV toute la première partie du siècle ; il n'était point le seul à avoir cette conception de l'histoire, comme l'a excellemment montré M. Lemonnier [2], qui rappelle fort à propos le frontispice de l'*Éloge des hommes illustres du XVIIe siècle* par Perrault [3], où on voit tous les personnages célèbres depuis la mort de Henri IV, groupés autour de la statue de Louis XIV avec cette devise : « Le Ciel en sa faveur forma tant de grands hommes ».

Mais, même après avoir reconnu que beaucoup de ces grands hommes, tels que Poussin et Le Sueur, n'appartiennent pas au règne de Louis XIV, même après avoir montré que beaucoup des artistes employés par le roi étaient déjà vieux à l'époque où Louis XIV commença à gouverner personnellement, il n'en reste pas moins évident que c'est bien à partir de 1660 environ que s'épanouit un art qui a ses origines à une date plus ancienne. Sans doute on pourrait historiquement soutenir que la manufacture royale des Gobelins est née de cette réunion d'artistes formée par Henri IV dans la galerie du Louvre [4] ; ou même, à ce point de vue, on pourrait remonter jusqu'à ces ateliers du Petit-Nesle, où les derniers Valois ont fait créer tant de chefs-d'œuvre ; on pourrait soutenir aussi qu'un

---

1. Henry Lemonnier, *Études d'art et d'histoire. L'art français au temps de Richelieu et de Mazarin*, Paris, 1893, chapitre II.
2. Voyez surtout *ouvr. cité*, p. 24 et suiv.

3. Publié de 1696 à 1701, en 2 vol. in-folio.
4. Voyez plus haut, p. 23, ce que nous disons de la création artistique de Henri IV.

Richelieu ou un Mazarin ont plus fait en attirant en France des artistes italiens, qui ont apporté chez nous les traditions artistiques propres à leur pays, que Colbert qui les a employés ; on pourrait même dire plus justement que Fouquet a été le créateur en quelque sorte de Le Brun. Tout cela serait exactement vrai ; mais admettre la vérité sous cette forme serait donner une nouvelle entorse à l'histoire : le mérite d'un Henri IV, les talents d'un Richelieu ou d'un Mazarin, la perspicacité d'un Fouquet, ne sauraient faire oublier ni Louis XIV ni ses ministres ; l'ébauche ne saurait faire oublier l'œuvre achevée. Et ce qui est vrai au point de vue politique l'est également au point de vue artistique : c'est sous Louis XIV que la monarchie française et le système centralisateur ont atteint leur apogée ; mais il va sans dire que pour arriver à ce résultat il avait fallu une longue préparation, les efforts successifs d'une foule de souverains et surtout de ministres poursuivant pas à pas un but bien déterminé ; de même en art, il est clair que le style de l'époque de Louis XIV n'est pas né au moment précis où Louis XIII mourut, en 1643, mais est le résultat d'une série de tentatives dans la même direction, tentatives qui n'ont réellement porté tous leurs fruits que pendant le gouvernement personnel de Louis XIV. C'est pourquoi nous devons être très indulgents pour des esprits comme Voltaire, qui ont mis à la mode l'expression de « Siècle de Louis XIV ». Cette locution est beaucoup plus juste que beaucoup d'autres du même genre, en ce sens qu'elle s'applique véritablement à une très longue période qui est bien la résultante d'un travail d'incubation, d'une gestation de plusieurs siècles. Je dirai plus : cette expression est encore plus vraie aujourd'hui qu'au moment où Voltaire l'employait, parce qu'à ce moment il ne pouvait concevoir toutes les conséquences de ce que j'appellerai, en empruntant un mot à l'anatomie, l' « ossification » de la nation française. La centralisation, en politique, l'académisme, en art, sont devenus, à partir de ce moment, pour ainsi dire une seconde nature pour tout Français ; en sorte que toutes les révolutions qui se sont succédé depuis lors ont été faites inconsciemment dans un esprit aussi monarchique et aussi absolu que l'esprit qui dictait les décisions de Louis XIV. Le dogmatisme a tout envahi, et partant l'intolérance : les braves gens qui ont voté la déclaration des droits de l'homme et l'égalité de tous les citoyens devant la loi obéissaient à l'esprit monarchique et édictaient une mesure d'un dogmatisme tout aussi intransigeant qu'un Louis XIV décrétant, par la révocation de l'édit de Nantes, que tous les sujets français seraient catholiques. Les hommes de la Révolution agissaient en vertu de principes absolus que n'aurait pas désavoués la monarchie et ne faisaient qu'en continuer les traditions. Ces idées centralisatrices sont tellement enracinées chez nous par une longue accoutumance que chacun, par esprit dogmatique, croit posséder la vérité absolue, et qu'en art nous sommes condamnés à l'académisme qui est bien moins une forme d'art déterminée que la prépondérance d'une forme d'art sur les autres formes que l'art peut revêtir. Les impressionnistes eux-mêmes, en proscrivant tout ce qu'ils jugent inutile, font profession d'académisme, et n'aspirent, dogmatiquement, qu'à imposer leur sentiment à ceux qui ne sont pas de leur école. C'est pour ces raisons multiples que, si on ne peut pas dire qu'il y a eu réellement un « Siècle de Léon X » ou un « Siècle de François Ier », qui, dans la suite des temps, sont véritablement des quantités négligeables, il y a eu réellement un « Siècle de Louis XIV » : c'est bien à ce moment que les Français ont arrêté, sans se rendre compte des résultats probables, leur façon de penser en politique et en art. Ceux qui se révoltent contre l'académisme en art se battent contre des fantômes. Étant donné l'état d'esprit des Français à partir du xviie siècle, nous ne pouvions avoir qu'un art académique variable dans ses expressions, constant dans ses principes.

Certainement Louis XIV a bénéficié pendant son règne, au point de vue artistique, d'un état de choses créé avant lui, et presque tous les artistes qu'il a employés dans la première partie de sa carrière avaient déjà fait leurs preuves. Mais, par contre, Louis XIV a su donner à cet état de choses une forme que ses prédécesseurs, souverains ou ministres, n'auraient osé rêver. Par ses constructions, par son mobilier fastueux, il a donné à l'art français un développement nécessitant des dépenses devant lesquelles un Henri IV, un Richelieu ou même un Mazarin auraient reculé. A-t-il été jusqu'à la prodigalité? je ne le crois pas. Il y a eu, sous son règne, un budget des beaux-arts largement pourvu et voilà tout; et on ne saurait dire que ce budget a été mal employé. Ce luxe, qui dans la pensée du souverain était simplement une façon de rehausser la majesté royale, était pour un Colbert une manière de relever l'industrie française. On peut trouver qu'étant données les ressources de la France à cette époque, certaines dépenses ont été excessives; elles n'ont jamais été inutiles, car elles ont contribué à faire de la France, pendant tout le siècle suivant, la véritable patrie de l'art et de l'industrie de luxe : au xviiie siècle, l'art français est devenu un objet d'exportation. Donc, à mon avis, ce luxe, ces prodigalités ne peuvent paraître exagérés qu'à ceux qui, par une singulière étroitesse de jugement, n'y voient qu'un menu plaisir du souverain. C'est là une conception tout à fait fausse : il ne pouvait guère en être autrement à ce moment, et de plus, si on parcourt les comptes de Louis XIV, on est frappé des sommes énormes qui sont dépensées pour des objets qui, en réalité, ne pouvaient procurer aucun plaisir au monarque : acquisition d'objets curieux ou de monnaies antiques, missions scientifiques à l'étranger, impression de livres d'histoire ou d'érudition, achat de manuscrits ou de livres imprimés, toutes dépenses dont le souverain aurait pu se passer, assurément, sans que son prestige en fût le moins du monde entamé, succèdent à des dépenses qui seules ont sauté aux yeux parce qu'elles se traduisaient par des constructions fastueuses et en apparence inutiles, pour ceux du moins qui n'étaient pas appelés à en jouir. Louis XIV et ses ministres ont compris que la plus grande industrie de la France devait être l'industrie de luxe, et ils ont agi en conséquence. Leurs prétendues prodigalités ont rapporté par la suite de gros intérêts.

Ce que la fondation de l'Académie de peinture avait opéré pour la centralisation du grand art, la création de la manufacture des Gobelins devait le faire pour les arts mineurs. Et ce qui montre combien intelligemment cette création était faite, c'est que pour la diriger on n'hésita point à prendre un homme que ses relations avec Fouquet auraient pu rendre suspect, et qu'en créant une manufacture royale il fallait s'attendre aussi aux récriminations stupides des corporations ouvrières aussi jalouses de leurs privilèges pour le moins que la corporation des peintres; et on sait que la création de l'Académie n'avait pas été sans provoquer de nombreux débats. Imaginer une organisation artistique complète et en dehors de tout ce qui s'était fait jusqu'alors en France pouvait passer pour une mesure presque révolutionnaire et choquant toutes les idées reçues. Mais, pour accomplir des pensées plus vastes que celles qui avaient hanté le cerveau des prédécesseurs de Louis XIV, il fallait des moyens nouveaux. On n'hésita pas à les employer; rien ne fut épargné pour accomplir une évolution qui a permis à l'art français de se développer tout d'abord avec un faste auquel se mélange beaucoup d'art étranger, puis de s'habituer peu à peu à être lui-même, à reconquérir sa propre indépendance pour faire ensuite la conquête du monde. Ce fut la tâche du xviiie siècle et ce restera toujours son honneur incontesté; mais cette longue discipline que l'art français avait subie sous Louis XIV ne saurait avoir été inutile. Tout le travail de régénération commencé sous Henri IV, continué sous Louis XIII, ne fut que pour une petite part l'œuvre de ces deux souverains ou de leurs ministres; trop de soucis les assiégeaient pour mener à bien une entreprise qui pour eux n'était que secondaire : une pareille œuvre ne pouvait être accomplie que par un pouvoir royal incontesté au dedans et pouvant se faire respecter au dehors. Il ne manque point d'ombres, assurément, au long règne de Louis XIV ; mais on peut y admirer sans contestation l'épanouissement et le complet développement d'un système de gouvernement avec tous ses défauts et aussi tous ses avantages. Quoi qu'on prétende maintenant, au point de vue artistique, les avantages d'une semblable organisation sont plus visibles que ses défauts.

Il me faut maintenant faire connaître, au moins dans les grandes lignes de leur carrière, les hommes auxquels fut confié le soin d'opérer ce développement artistique ; puis il me faudra dire quelques mots des principaux travaux auxquels ils ont collaboré, et surtout de ceux qui sont parvenus jusqu'à nous.

Un nom tout d'abord se présente sous la plume de quiconque écrit sur l'art du xviie siècle, c'est celui de Charles Le Brun ; ce n'est pas, à vrai dire, que ce maître soit doué d'une grande originalité, mais, esprit fécond et puissant, grand dessinateur et travailleur infatigable, il a en quelque sorte transporté chez nous, avec quelque chose de plus réfléchi, ces procédés de conception facile qu'a affectionnés l'art italien à son déclin ; étant donné le maître qu'il servait, il a pu concevoir de grandes choses qu'on a eu tort de comparer aux belles œuvres de la Renaissance italienne en sa période la plus florissante, mais qui n'en sont pas moins des monuments grandioses. Avait-il beaucoup plus de talent que certains de ses contemporains ? Ce point pourrait facilement se discuter ; mais peu importe ; de par la volonté royale il a été appelé, après avoir du reste donné ses preuves, à exercer une influence sur tous les artistes de la seconde moitié du xviie siècle, et même, dans la plupart des cas, à les diriger. Il a montré dans cette direction non seulement des qualités d'artiste, mais des qualités d'organisateur très remarquable, et en considérant la trace qu'a laissée Le Brun dans l'histoire de l'art français, on reconnaît que Colbert ne s'était point trompé en le choisissant pour le seconder dans son œuvre. Le Brun, presque toujours, sut à son tour choisir d'excellents lieutenants, et, sauf avec un certain nombre d'artistes, sans doute doués d'un caractère trop difficile, il ne paraît pas avoir eu trop de mécomptes et avoir entretenu avec eux des relations plutôt cordiales.

Dans un ouvrage considérable publié il y a peu d'années [1], on déplore l'indifférence de notre époque pour Le Brun et son œuvre. Je ne pense pas que cette indifférence soit si grande, mais dans tous les cas, cette injustice, si injustice il y avait réellement, a été amplement réparée. J'irai même jusqu'à dire qu'il est peut-être un peu excessif de dire « que si Le Brun eût vécu au siècle de Léon X, la liste des maîtres puissants qui se sont illustrés par la pratique savante des trois arts du dessin se fût augmentée d'un nom [2] ». Le Brun a été un grand décorateur, un parfait organisateur de travail, mais sa facture un peu lourde ne fera jamais oublier les Vénitiens de la Renaissance. Tout à fait comparable aux artistes de l'école bolonaise, dont il a importé chez nous bien des pratiques de somptuosité dans le style décoratif, il devait forcément passer au second plan le jour où notre art se transformant devenait plus léger, plus pimpant. Et même à l'époque de Le Brun, même parmi les artistes ayant subi sa direction, il y a eu des artistes tels que Berain, par exemple, dont le style était bien plus français, tout en sacrifiant à la mode du jour. Mais il serait puéril de nier l'influence qu'eut un tel homme, comme il serait puéril de nier l'influence de l'Académie de peinture, à la fondation de laquelle il coopéra plus qu'aucun autre. La fondation de l'Académie ne fut pas, pour moi, « la charte d'affranchissement de l'art français [3] », et certains artistes du xviie siècle ont pu se développer en dehors de cette influence. Mais, je crois l'avoir dit plus haut, l'Académie était une création qui devait fatalement se produire chez nous ; l'art, pas plus qu'autre chose, ne pouvait échapper au courant de centralisation à outrance qui entraînait la France. Et cette institution, malgré ses défauts, fut un bien au moment où elle naquit. Malheureusement toute institution de ce genre est exposée à vieillir, à commettre des fautes qui passeraient inaperçues chez des particuliers, mais qui deviennent d'autant plus évidentes que ceux qui les commettent sont revêtus d'une plus grande autorité. Ces fautes légitiment, dans une certaine mesure, les attaques dont l'Académie de peinture fut l'objet. Mais on ne voit pas trop ce qu'eût été l'art français du xviie siècle — dans la seconde partie du siècle, du moins, — sans elle. C'est en cela que Le Brun et ses amis ont rendu un service à notre art. Mais n'oublions pas que cette fondation ne fut rien moins qu'un affranchissement.

1. H. Jouin, *Charles Le Brun et les arts sous Louis XIV*, Paris, 1870.
2. *Ibid.*, p. 5.

3. *Ibid.*, p. 6. — J'emprunte en grande partie, à l'ouvrage très complet de M. Jouin, le résumé de la vie de Le Brun.

Charles Le Brun (né à Paris, le 24 février 1619) était fils d'un sculpteur, Nicolas Le Brun, dont il reçut sans doute tout jeune encore les leçons, auxquelles vint bientôt s'ajouter l'enseignement plus sérieux du peintre bourguignon Perrier et de Simon Vouet. Peut-être Nicolas Le Brun exécuta-t-il des sculptures pour le chancelier Séguier dont Vouet peignait l'hôtel. Ainsi s'expliqueraient les relations qui s'établirent de très bonne heure entre le chancelier et le jeune Le Brun ; Séguier fut dès lors, comme il devait continuer à l'être plus tard, le grand protecteur de l'artiste. Divers travaux, parmi lesquels quelques peintures pour le cardinal de Richelieu, lui valurent d'obtenir, encore très jeune, le titre de peintre du roi (dès 1638), et il fut vraisemblablement reçu maître dans la corporation, en 1642, l'année même où il suivit Poussin à Rome. Son séjour en Italie dura trois ans qu'il employa à étudier les antiques et les peintures de Raphaël. De retour en France, en décembre 1645, toujours protégé par Séguier, en 1646, il reçut le titre de valet de chambre du roi, et, en 1647, il épousait la fille d'un peintre, Suzanne Butay.

De tout temps les artistes et les artisans qui travaillaient pour le roi avaient joui de privilèges que, naturellement, les jurés des corporations ne voyaient pas d'un fort bon œil ; les peintres « à brevet », comme on les appelait, étaient particulièrement odieux à la corporation des peintres ; et l'arrêt du Parlement, rendu en 1647, en faveur des jurés, arrêt qui révoquait en quelque sorte les privilèges royaux, mit le feu aux poudres ; l'arrêt fut, bien entendu, cassé par le Conseil, mais en réalité c'est à sa date, 1647, et non à 1648, date de sa première organisation, qu'il faudrait faire remonter la fondation de l'Académie de peinture dont les statuts ne furent définitivement arrêtés, non sans encombre, qu'en 1654. Là encore, si nous rencontrons Le Brun parmi les plus zélés partisans de la nouvelle institution, lui fils de maître et maître lui-même, on se plaît à retrouver le chancelier Séguier, dont l'action fut décisive en cette circonstance.

Pendant ce temps, si activement que Le Brun prenne part à la lutte, il n'oublie point son art et sa réputation grandit de jour en jour : ce ne sont point seulement des tableaux de chevalet qui sortent de ses mains, mais il exécute de grandes compositions décoratives qui bientôt le mettront tout à fait en relief : la plupart des beaux hôtels qui s'élèvent à ce moment sont enrichis de ses compositions ; les hôtels de Bertrand de la Bazinière, trésorier de l'Épargne, du maréchal d'Aumont, du chevalier de Jars, d'Inselin, trésorier de la Chambre aux deniers, de Jérôme de Nouveau, de Lambert de Thorigny, président de la Chambre des Comptes, sont successivement ornés de ses compositions : et dans cette dernière demeure, dans la galerie d'Hercule, à laquelle il travaille, à plusieurs reprises, pendant une douzaine d'années, il prélude aux décorations de Vaux, du Louvre et de Versailles. Ce fut même probablement sur la vue des premières peintures exécutées par Le Brun à l'hôtel Lambert que le surintendant Fouquet se décida à l'appeler (vers 1657) pour décorer la demeure qui devait lui coûter si cher. En 1658, Le Brun installe sa famille et son atelier à Vaux, et pendant qu'il s'instruit et se perfectionne dans toutes les branches de l'art, qu'il étudie la sculpture ou l'orfèvrerie, il dessine ou peint des compositions magistrales : l'*Apothéose d'Hercule*, le *Triomphe de la fidélité*, l'*Aurore*, le *Sommeil*, le *Palais du Soleil*. Mais ce n'est pas assez : le maître qu'il s'est donné est exigeant : il faut encore que Le Brun dirige les ornemanistes et les sculpteurs et leur fournisse des modèles. Son talent très souple et très fécond suffit à tout ; bien plus, il administre la manufacture de tapisserie établie par le surintendant à Maincy et apprend de la sorte le difficile métier qu'il aura à exercer, quelques années plus tard, aux Gobelins, sous un autre maître. L'administrateur doit aussi, en cette circonstance, payer de sa personne et donner l'exemple d'un labeur prodigieux : les *Chasses de Méléagre*, *Mars et Vénus*, *Jupiter allaité par la chèvre Amalthée*, les *Muses*, cinq pièces de l'*Histoire de Constantin* naissent tour à tour sous son crayon, si considérables que leur tissage ne pourra être terminé que plus tard, aux Gobelins.

C'est dans ce séjour de Vaux, au milieu d'une véritable armée d'artistes et d'ouvriers que s'établit définitivement la réputation de Le Brun. C'est là que le connut et l'apprécia Mazarin, lors d'une visite qu'il fit au surintendant dans l'été de 1659[1] ; c'est là que Louis XIV put le remarquer, cette même année 1659, puis les deux années suivantes, lorsque Fouquet offrit au roi ces fêtes inoubliables que La Fontaine a racontées en vers et qui précédèrent de si peu la disgrâce du surintendant. Le Brun demeura à Vaux jusqu'à la fin ; mais, dès avant 1661, il avait eu l'occasion de se ménager à la Cour des protecteurs en dehors de Fouquet : l'estime de Mazarin lui valut la bienveillance d'Anne d'Autriche, et, en 1660, Louis XIV le fit appeler de Vaux à Fontainebleau pour lui commander de peindre un sujet de l'histoire d'Alexandre[2] : le conquérant pénétrant dans la tente où s'est réfugiée la famille de Darius. Cette même année 1660, lors de l'entrée à Paris de Louis XIV et de Marie-Thérèse, ce fut lui qui fut chargé par la Ville d'élever sur la place Dauphine un arc de triomphe dont la description nous a été conservée. Enfin, dès 1661, les circonstances l'avaient rapproché de Colbert[3]. En sorte que sans montrer nulle ingratitude vis-à-vis de Fouquet, qui pour lui avait été un protecteur précieux et lui avait permis de montrer tout son talent, à la chute du surintendant il se trouva tout désigné pour servir les desseins et du roi et de son ministre. En 1662, Le Brun recevait le titre de premier peintre du roi.

Le Brun eut bientôt l'occasion de se montrer digne de ceux qui l'avaient choisi. Le 6 février 1661, un incendie dévorait la décoration du premier étage de la petite galerie du Louvre. Cette galerie s'était composée primitivement d'un rez-de-chaussée, construit sous Charles IX et terminé en terrasse ; augmentée sous Henri IV d'un étage voûté, elle avait été décorée par Dubreuil, Bunel et Porbus de portraits de rois et de reines de France, et aussi d'un certain nombre de sujets tirés soit de l'Ancien Testament soit des *Métamorphoses* ; une *Gigantomachie, Pan et Syrinx, Jupiter et Danaé, Persée délivrant Andromède* coudoyaient des sujets de sainteté dans cette composition qui ne paraît pas avoir brillé par l'unité. De cet ensemble, à peine quelques tableaux furent sauvés[4]. Il fallut donc penser à le reconstituer. Cette tâche échut à Le Brun qui prit texte de la devise adoptée par le roi pour faire de la galerie un monument à Apollon, dieu du Soleil. Tout le travail, qui ne fut du reste jamais achevé, fut dirigé par Le Brun qui, non seulement exécuta une partie des peintures dont les dessins nous ont été en partie conservés, mais encore imagina l'ensemble de la décoration, stucs et arabesques, que, sous son contrôle, sculptèrent ou peignirent Gaspard et Balthasar de Marsy, François Girardon, Thomas Regnauldin, Monnoyer, les frères Lemoine, Ballin et plusieurs autres encore. La *Galerie d'Apollon*, délaissée pour Versailles, ne fut jamais achevée par Le Brun. On sait qu'attribuée pendant longtemps à l'Académie de peinture, ce n'est que de notre temps qu'elle a été restaurée et terminée. Sans doute, dans cette restauration, plus d'un détail a dû être inventé à nouveau, bien que les dessins de Le Brun ou les estampes de Berain aient fourni, dans la plupart des cas, des indications exactes. Mais telle qu'elle est aujourd'hui, la petite galerie du Louvre, avec ses dorures, ses sculptures et ses peintures, son unité de composition peut passer pour le type le plus accompli de l'art que Le Brun a imposé chez nous. C'est cette unité même dans la direction et dans l'exécution qui devait plaire à Louis XIV et à Colbert au moins tout autant qu'à Le Brun. Elle nous plaît encore aujourd'hui, et c'est la meilleure des preuves qu'on puisse fournir de l'excellence du principe.

La fondation de la manufacture royale des Gobelins, en même temps qu'elle devait réaliser les conceptions personnelles de Louis XIV et de Colbert, sans doute d'ailleurs assez différentes quant au fond, l'un songeant surtout à l'ornement de la majesté royale, l'autre à développer l'art et l'industrie, devait porter à son comble la gloire que Le Brun, comme artiste, pouvait souhaiter de

---

1. H. Jouin, *Charles Le Brun et les arts sous Louis XIV*, Paris, 1879, p. 124.
2. *Ibid.*, p. 133.
3. *Ibid.*, p. 139.
4. Sur l'histoire de cette galerie, voyez l'excellente *Notice historique* et *description de la galerie d'Apollon*, par le marquis de Chennevières, Paris, 1851, et aussi les lignes que M. de Champeaux lui a consacrées dans l'*Art décoratif dans le vieux Paris, Gazette des Beaux-Arts*, 3e période, t. IX, pp. 322-323.

conquérir. Il serait facile aujourd'hui de critiquer une semblable institution, dont la conception doit être attribuée à Colbert poursuivant très intelligemment un chemin déjà tracé par ses prédécesseurs, depuis le commencement du XVIIe siècle. La création d'un centre d'activité artistique et industriel du genre de la manufacture, avec les exemptions, les privilèges qu'on pourrait de nos jours accorder à ceux qui en feraient partie serait vue maintenant d'un mauvais œil ; elle ne fut certainement pas bien accueillie au XVIIe siècle par les corporations. Cette création était cependant nécessaire à l'époque où elle se produisit et eut sur le développement de notre art les meilleurs effets. Je ne suis même pas certain qu'une institution analogue dans notre pays où, par une longue accoutumance, on s'est toujours habitué à compter sur le concours de l'État, ne produirait pas encore des résultats semblables et ne remplacerait pas avantageusement l'initiative privée dont les effets, en France, du moins, ne sont pas toujours excellents. Mais, quoi qu'il en soit, comme je le disais plus haut, cette institution d'une manufacture royale était absolument nécessaire pour le but que poursuivait Colbert, aussi nécessaire que le privilège des artistes logés au Louvre, pour contre-balancer l'influence routinière et souvent rétrograde des corporations [1]. Les lettres patentes de Louis XIV, du mois de novembre 1667, qui consacrent définitivement une création remontant à 1663, constituent un document de première importance pour l'histoire de l'art français. C'est en même temps un document de tous points admirable au point de vue de l'esprit d'organisation qu'il révèle. On me permettra d'analyser brièvement ici un acte qui est en quelque sorte un traité d'alliance fort étroit entre le grand art et les arts industriels [2].

---

1. Je dois rappeler ici en peu de mots les premières manufactures établies sur les bords de la Bièvre et l'origine du nom de *Gobelins* sous lequel on les a désignées, nom qui a acquis une telle renommée que les étrangers l'appliquent encore aujourd'hui à des tapisseries qui n'ont rien de commun avec nos tapisseries des Gobelins. En réalité, l'origine du nom remonte à Jean Gobelin, teinturier, originaire de Reims, qui, vers le milieu du XVe siècle, établit un atelier de teinture sur les bords de la Bièvre. Son industrie prit une grande extension et sa famille prospéra et s'enrichit, en sorte que le nom de Gobelin fut donné à un hôtel, à une terre ainsi qu'à l'atelier. Comans et de la Planche, les tapissiers flamands établis à Paris par Henri IV, manquant de place aux Tournelles, où ils avaient d'abord été installés, s'allèrent établir près de l'établissement Gobelins. Ce sont les ateliers des descendants de Marc de Comans et de François de la Planche qui, réunis par Colbert en 1662, agrandis par l'acquisition de l'Hôtel des Gobelins, formèrent l'ensemble de la *Manufacture royale des meubles de la Couronne*. Mais le nom de l'ancien propriétaire de l'emplacement persista. Cfr. Henry Havard et Marius Vachon, *Les Manufactures nationales*, p. 5 et suiv.

2. Bien que les lettres patentes de Louis XIV aient été fréquemment publiées, je ne crois pas devoir les omettre ici malgré leur étendue. C'est un document législatif trop important et qui a exercé une trop grande influence sur le développement de notre art pour qu'on le bannisse d'une histoire des arts appliqués à l'industrie.

« Louis, par la grâce de Dieu, roy de France et de Navarre, à tous presens et à venir, salut. La manufacture des tapisseries a toujours paru d'un si grand usage et d'une utilité si considérable que les états les plus abondants en ont perpetuellement cultivé les establissements et attiré dans leur pays les ouvriers les plus habiles par les grâces qu'ils leur ont faites. En effet le roy Henry Le Grand, notre ayeul, se voyant au milieu de la paix, estima n'en pouvoir mieux faire goûter les fruits à ses peuples qu'en restablissant le commerce et les manufactures que les guerres étrangères et civiles avaient presqu'abolies dans le royaume : et pour l'exécution de ce dessein il aurait, par son édit du mois de janvier 1607, estably la manufacture de toutes sortes de tapisseries, tant dans notre bonne ville de Paris qu'en toutes les autres villes qui s'y trouveroient propres et préposé à l'establissement et direction d'icelles les sieurs de Comans et de la Planche, auxquels, par le même édit, l'on auroit accordé plusieurs privilèges et avantages ; mais comme ces projets se dissipent promptement s'ils ne sont entretenus avec beaucoup de soin et d'application et soutenus avec dépense, aussi, les premiers establissements qui furent faits ayant été négligés et interrompus pendant la licence d'une longue guerre, l'affection, que nous avons pour rendre le commerce et les manufactures florissantes dans notre royaume, nous auroit fait donner nos premiers soins, après la conclusion de la paix générale, pour les rétablir et pour rendre les establissements plus immuables, en leur fixant un lieu commode et certain, nous aurions fait acquérir de nos deniers l'hostel des Gobelins et plusieurs maisons adjacentes, fait rechercher les peintres de la plus grande réputation, des tapissiers, des sculpteurs, orphèvres, ébenistes et autres ouvriers plus habiles en toutes sortes d'arts et metiers, que nous y aurions logés, donné des appointements à chacun d'eux, et accordé divers privilèges et avantages ; mais d'autant que ces establissemens augmentent chaque jour, que les ouvriers les plus excellents dans toutes sortes de manufactures, conviez par les graces que nous leur faisons y viennent donner des marques de leur industrie, et que les ouvrages qui s'y font surpassent notablement en art et en beauté ce qui vient de plus exquis des pays étrangers, aussi nous avons estimé qu'il étoit nécessaire pour l'affermissement de ces establissements de leur donner une forme constante et perpétuelle, et leur pourvoir d'un réglement convenable à cet effet ; à ces causes et autres considérations à ce nous mouvant, de l'advis de notre Conseil, qui a vu l'édit du mois de janvier mil six cens sept et autres déclarations et réglemens rendus, en conséquence et de notre certaine science, pleine puissance et authorité royale, nous avons dict, statué et ordonné, disons, statuons et ordonnons ainsi qu'il suit :

1. — « C'est à sçavoir que la manufacture des tapisseries et autres ouvrages demeurera establie dans l'hostel appellé les Gobelins, maisons et lieux en dépendant, à nous appartenant, sur la principale porte duquel hostel sera inscrit : *Manufacture royale des meubles de la Couronne*.

2. — « Seront les manufactures et dépendances d'icelles régies et administrées par les ordres de notre amé et conseiller ordinaire en nos conseils, le sieur Colbert, surintendant de nos bastimens, arts et manufactures de France et ses successeurs en ladite charge.

3. — « La conduite particulière des manufactures appartiendra au sieur Le Brun nostre premier peintre, sous le titre de directeur, suivant les lettres que nous lui avons accordées le huit mars 1663, et en cas de vacation arrivant, sera donnée à personne capable et intelligente dans l'art de peinture pour faire les desseins de la tapisserie, sculpture et autres ouvrages, les faire exécuter correctement, et avoir la direction et inspection générale sur tous les ouvriers qui seront employez dans les manufactures, lequel directeur sera choisi, institué et destitué toutes fois et quantes qu'il appartiendra par le surintendant de nos bastimens.

4. — « Le surintendant de nos bastimens, et le directeur sous luy, tiendront la manufacture remplie de bons peintres, maistres-tapissiers de haute-lisse, orphèvres, fondeurs, graveurs, lapidaires, menuisiers en ébeine et en bois, teinturiers et autres bons ouvriers en toutes sortes d'arts et metiers qui sont establis, et que le surintendant de nos bastimens estimera nécessaire d'y establir.

5. — « Sera dressé et arresté tous les ans par le surintendant de nos bastimens un estat des maîtres-ouvriers, pour estre leurs gages et

Après avoir brièvement rappelé les efforts de Henri IV dans le même sens, les lettres patentes décident l'établissement, au lieu dit les Gobelins, d'une *Manufacture royale des meubles de la Couronne* placée sous l'autorité du surintendant des bâtiments, arts et manufactures et d'un directeur, lequel directeur est Le Brun. Ces dispositions, ainsi que nous l'indique le document lui-même, ne sont que la consécration d'un état de choses existant depuis 1663. Ce directeur n'est pas un simple administrateur, son rôle est plus important : c'est un directeur artistique, un chef des ateliers qui fournit aux artistes des dessins pour les tapisseries, les sculptures et tous les ouvrages qu'on exécutera sous son contrôle dans la manufacture. De plus, il doit veiller au recrutement de ses subordonnés, d'accord avec le surintendant : ce sont eux qui choisiront les peintres, les tapissiers, les lapidaires, les orfèvres, les fondeurs, les graveurs, les menuisiers, les ébénistes, les teinturiers, etc., qui travailleront dans l'établissement. Ces ouvriers, nationaux ou étrangers, seront traités sur le même pied, avec cette différence toutefois que les étrangers, par une sage mesure de protectionnisme clairvoyant, acquerront en quelque sorte, en restant à la manufacture, tous les avantages attachés

appointemens réglez et payez par le trésorier général de nos bastimens, ainsi qu'à lui sera ordonné.

6. — « Voulons qu'il soit entretenu dans lesdites manufactures, à nos dépens, le nombre et quantité de soixante enfants qui seront nommés et choisis par ledit surintendant de nos bastimens, pour l'entretenement de chacun desquels sera délivré au directeur desdites manufactures la somme de deux cens cinquante livres payable par le trésorier général de nos bastimens, en cinq années, sçavoir : la première cent livres, la seconde soixante quinze livres, la troisième trente livres, la quatrième vingt-cinq livres, et la cinquième vingt livres.

7. — « Seront les enfants, lors de leur entrée dans ladite maison, mis et placés dans le séminaire du directeur auquel sera donné un maitre peintre sous luy, qui aura soin de leur éducation et instruction, pour estre ensuite distribuez par le directeur et par luy mis en apprentissage chez les maistres de chacun des arts et metiers, selon qu'il les jugera propres et capables, dont il sera tenu registre, le tout par l'ordre dudit surintendant de nos bastimens.

8. — « Pourront lesdits enfans, après six ans d'apprentissage et quatre années de service, outre les six d'apprentissage, même les apprentis orphèvres, nonobstant qu'ils ne soient fils de maistre, lever et tenir boutique des marchandises, arts et metiers auxquels ils auront esté instruits, tant en nostre bonne ville de Paris qu'en toutes les autres de nostre royaume, sans faire expérience ny qu'ils soient tenus d'autre chose que de se présenter par devant les maistres et gardes desdites marchandises, arts et metiers, pour estre admis entre les autres maistres de leur communauté, ce que lesdits maistres et gardes seront tenus du faire, sans aucun frais, sur le certificat dudit surintendant de nos bastimens.

9. — « Et à cet effet voulons que les dits enfants qui auront été engagés dans lesdites manufactures pendant un an, du consentement de leur père et mère, et qui en sortiront après ce temps, sans congé du surintendant de nos bastimens, soient déclarés incapables de parvenir à la maistrise du mestier auquel ils auront travaillé dans ladite manufacture.

10. — « Pourront néanmoins les ouvriers qui auront travaillé sans discontinuation dans les manufactures pendant six ans estre reçus maistres en la manière accoutumée comme dessus, sur le certificat dudit surintendant de nos bastimens.

11. — « Les ouvriers employés dans lesdites manufactures se retireront dans les maisons les plus proches de l'hostel des Gobelins, et afin qu'ils puissent y être eux et leurs familles en toute liberté, voulons et nous plait que douze des maisons dans lesquels ils seront demeurans soient exempts de tout logement des officiers et soldats de nos gardes françoises et suisses, et de tous autres logemens de gens de guerre, et à cet effet, voulons qu'il soit expédié par le secrétaire de nos commandemens ayant le département de la guerre des sauvegardes, sur les certificats dudit sieur surintendant de nos bastimens.

12. — « Et, pour traiter d'autant plus favorablement les ouvriers estrangers employés dans les manufactures, voulons et nous plait que ceux qui viendront à décéder, travaillant actuellement, soient consés et réputés regnicoles et leurs successions recueillies par leurs enfants et héritiers, comme s'ils étaient nos sujets naturels ; voulons en outre que ceux desdits ouvriers estrangers qui auront travaillé sans discontinuation dans lesdites manufactures pendant le temps de dix ans soient tenus et reputés pour nos vrais et naturels sujets, encore qu'après les dix années de service, ils se fussent retirés des manufactures, et leurs

successions recueillies par leurs veuves, enfans ou héritiers, comme s'ils avaient été naturalisés, sans qu'ils soient tenus d'obtenir aucunes nos lettres à cet effet, ni rapporter d'autres actes que l'extrait des présentes, avec le certificat du surintendant de nos bastimens.

13. — « Seront les ouvriers, pendant qu'ils seront actuellement employés dans les manufactures, exempts de tutelle, curatelle, guet et garde de ville, et autres charges publiques et personnelles, sans qu'ils puissent être contraints de les accepter, sinon de leur consentement.

14. — « Comme aussi lesdits ouvriers seront exempts de toutes tailles et impositions, encore qu'ils soient sortis des lieux taillables dans lesquels ils auroient esté cottisés, tant et si longuement néanmoins qu'ils travailleront aux manufactures.

15. — « Sera loisible au directeur des manufactures, de faire dresser, en des lieux propres, des brasseries de bière pour l'usage des ouvriers, sans qu'il en puisse estre empêché par les brasseurs de bière, ni tenu de payer aucun droit.

16. — « Et afin que les ouvriers ne soient distraits de leur travail par les procez et differens qu'eux, leurs familles et domestiques pourroient avoir en plusieurs et différentes juridictions, tant en demandant qu'en deffendant, nous avons évoqué et évoquons par ces présentes tous et chacuns leurs procez civils, meus et à mouvoir des sièges, et juridictions dans lesquelles ils pourroient estre pendans, et iceux, avec leurs circonstances et dépendances, avons renvoyé et renvoyons, en première instance, par devant les maistres ordinaires des requêtes de nostre hostel, et par appel en nostre cour de Parlement de Paris, auxquels, chacun à leur égard, nous en avons attribué et attribuons toute cour, juridiction et connoissance, et icelle interdite et interdisons à tous autres juges.

17. — « Et, au moyen, de ce que dessus, nous avons fait et faisons très expresses inhibitions et deffense à tous marchands et autres personnes, de quelque qualité et condition qu'elles soient, d'acheter ni faire venir des pays estrangers des tapisseries, en vendre ou débiter aucune des manufactures estrangéres, autres que celles qui sont présentement dans nostre royaume, à peine de confiscation d'icelles et d'amende de la valeur de la moitié des tapisseries confisquées, applicable le tiers à nous, l'autre tiers à l'hôpital général, et le reste au dénonciateur ; deffendons d'expédier aucuns passeports pour l'entrée d'icelles, et à tous officiers qu'il appartiendra d'y avoir aucun égard.

« Si donnons en mandement à nos amez et féaux conseillers, les gens tenans nostre cour de Parlement à Paris, les gens de nos Comptes et Cour des Aydes, et autres nos officiers audit lieu que ces présentes ils fassent lire, publier et enregistrer, et le contenu en icelles garder et observer de point en point, selon sa forme et teneur ; car tel est nostre plaisir, et, afin que ce soit chose ferme et stable à toujours, nous avons fait mettre notre seel à ces dites présentes.

« Données à Paris, au mois de novembre l'an de grâce mil six cens soixante-sept et de nostre règne le vingt-cinq. — Signé : Louis. — Plus bas : Par le Roy : de Guénégaud, et à costé, Visa : Séguier. Pour servir lettres patentes, en forme d'édit, portant réglement de l'establissement des Manufactures pour la maison royale en sa maison dite des Gobelins, et scellé du grand sceau de cire verte, sur lacs de soye rouge et verte. — Registrées, ouy et requérant, le procureur général du roy, pour estre exécutées selon leur forme et teneur, suivant l'arrest de ce jour. A Paris, en Parlement, le 21 décembre 1667. — Signé : Du Tillet. » (Archives Nationales, O¹ 1054, fol. 100 et suiv.)

à la qualité de sujet du royaume de France. L'avenir du recrutement des artistes assuré par une école, un séminaire composé de soixante enfants instruits et dirigés par le directeur et un autre maître peintre, des privilèges énormes accordés à ces élèves vis-à-vis des maîtrises, devaient tourner non seulement à l'avantage de la manufacture, mais encore de toutes les industries artistiques, en faisant peu à peu entrer dans ses cadres des hommes doués d'une instruction supérieure, dégagés des routines. Tout est prévu dans ces lettres, jusqu'à l'existence des brasseries à l'usage des ouvriers, exemptes du contrôle de la corporation des brasseurs, jusqu'à des exemptions relatives aux logements habités par les ouvriers.

Que le fond de ce document soit l'œuvre de Colbert, la chose est certaine ; mais il n'est pas téméraire d'admettre que Le Brun fut non seulement consulté pour sa rédaction, mais collabora encore d'une façon directe avec le surintendant : il avait eu l'occasion déjà, à Maincy, pour Fouquet, d'établir une manufacture ; et il est fort probable que, dans ses grandes lignes, l'organisation du travail fut la même dans l'un et dans l'autre de ces établissements.

Cette institution des Gobelins, de cette manufacture royale, a su réaliser, en plein xvii⁰ siècle, cette alliance des arts et de l'industrie que nous appelons de nos vœux aujourd'hui. Cette scission, qui s'est produite par la force des choses et à laquelle la Révolution française a contribué inconsciemment, a été accentuée ensuite par un faux esprit académique, par un académisme intransigeant qui trouve encore aujourd'hui ses défenseurs : le grand art ne saurait s'abaisser et s'avilir au contact de simples artisans, ne fût-ce que pour les guider. Il ne faudrait cependant pas se montrer plus académicien que Le Brun, l'un des plus illustres fondateurs de l'Académie, pas plus qu'il ne faudrait se montrer injuste envers le passé d'une institution qui a rendu de grands services à l'art français et que l'esprit étroit de quelques-uns de ceux qui ont cru continuer ses traditions en lui donnant la pire des entorses a vicié dans son essence. En vérité, Le Brun n'a jamais soupçonné qu'il pût exister une division quelconque entre les arts réputés nobles et les arts réputés mineurs. Il a toujours pensé que les architectes, les peintres, les sculpteurs devaient diriger les arts mineurs, leur fournir des modèles, et en cela il suivait une bien vieille tradition ; mais il n'a certainement pas soupçonné qu'un jour viendrait où ses successeurs jugeraient indigne de leur talent de fournir à un bronzier ou à un menuisier un modèle de torchère ou le croquis d'un fauteuil. Le choix même qu'il fit de ses collaborateurs montre suffisamment qu'aucune idée aussi inepte ne hanta jamais son cerveau ; aussi bien personne au xvii⁰ siècle n'eut jamais ce sentiment et il a fallu arriver jusqu'au xix⁰ siècle pour rencontrer des artistes plus que médiocres, entichés d'un prétendu grand art qu'ils croient pratiquer, qui ont employé leur temps à approfondir le fossé que des événements politiques, tout à fait étrangers à l'art, avaient creusé entre l'art et l'industrie. C'est à ces hommes que doivent s'adresser toutes les injures que dans ces derniers temps on n'a point marchandé à l'Académie ; ils les méritent bien car ils ont joué chez nous un rôle néfaste : non seulement ils ont ruiné l'art appliqué à l'industrie, mais ils ont contribué de toutes leurs forces à faire perdre à la France ce renom de supériorité artistique qui était une de ses gloires.

Quand on jette les yeux sur les collaborateurs que s'adjoignit Le Brun[1], on voit combien intimement liés dans sa pensée devaient être tous les arts, petits ou grands ; c'étaient, pour la peinture : Van der Meulen, Monnoyer, Yvart, les deux Boullongne, Noël et Antoine Coypel, d'autres encore ; pour la sculpture, Coysevox, Anguier, Tuby, Caffieri ; pour la gravure, Le Clerc, Audran, Rousselet. Tous ces hommes devaient voisiner avec des ébénistes comme Pierre Poitou, dont le nom revient fréquemment dans les comptes royaux, Domenico Cucci ; des orfèvres comme Alexis Loir, Claude de Villers ou Dutel ; des lapidaires comme Giacetti, Branchi, Horace et Ferdinand Migliorini ; des

---

1. Sur toute cette organisation, sur les artistes qui furent les collaborateurs de Le Brun, consultez l'ouvrage que j'ai déjà eu si souvent l'occasion de citer, *Charles Le Brun*, par H. Jouin ; — puis, au sujet des artistes logés au Louvre, la liste générale dressée par J.-J. Guiffrey (1608-1791), publiée dans les *Nouvelles Archives de l'Art français*, année 1873, p. 1-221.

tapissiers tels que Jans et son fils. Puis venaient les artistes logés au Louvre, dont je ne veux retenir que l'orfèvre Ballin, l'ébéniste Charles-André Boulle, le graveur Varin, qui tous subirent l'influence artistique de Le Brun.

Cette influence de Le Brun on la pourrait, à distance, croire purement platonique. Quand on consulte ses dessins, cette opinion fait place à une véritable stupeur : la fécondité de l'artiste fut surprenante. De 1663 à 1690, d'après ses cartons, furent tissées dix-neuf tentures de basse lisse, soit environ 8400 aunes de tapisserie. Si l'on songe que pendant le même temps il dut exécuter ou diriger l'exécution de nombreux ensembles décoratifs à Versailles, à Saint-Germain, à Marly, qu'il donna des modèles pour ces fameuses pièces d'orfèvrerie de Louis XIV qui prirent le chemin du creuset de la monnaie en 1689 et en 1690; qu'il dessina des projets d'architecture tels que celui d'une façade pour Saint-Eustache, d'une chaire pour la même église, des projets pour les portes de Paris et pour le parterre d'eau de Versailles; qu'il collabora avec les sculpteurs Girardon, Michel Anguier, Tuby, Gaspard Marsy, Van Clève, Coysevox; qu'il donna des patrons pour la décoration des navires et dessina les fontaines de Versailles, on reste étonné qu'un seul homme ait eu une force de travail et une fécondité suffisantes pour faire face à tant de labeurs. Peut-être en contemplant les compositions de Le Brun serait-il excessif de lui accorder un grand génie; mais ce qu'on ne peut lui refuser, c'est d'avoir eu un des cerveaux d'artiste les mieux organisés qu'on ait jamais vus [1].

---

1. Il ne peut entrer dans le cadre de cet ouvrage de décrire tous les ouvrages décoratifs de Le Brun. Au surplus, assez de compositions tracées par son pinceau, assez de décorations intérieures dessinées par lui et gravées par ses contemporains subsistent encore aujourd'hui pour que le lecteur puisse par lui-même se faire une idée de la fécondité de son talent. Il est deux ensembles cependant sur lesquels je dois attirer l'attention : d'abord le château de Saint-Germain, dont une description nous a été laissée par Le Laboureur, bailli de Montmorency, description qui date de 1669, que Jouin (*ouvr. cité*, p. 258-262) a reproduite en grande partie et à juste raison ; puis l'admirable grande galerie de Versailles dont Félibien (*Description sommaire de Versailles*, éd. de 1703, pp. 151-156) nous a laissé le tableau. Ce texte, véritable commentaire des gravures qui nous représentent la galerie des Glaces à la fin du XVII° siècle et au commencement du XVIII° (voyez notamment la planche insérée au tome II de *Versailles immortalisé*, publié en 1725), est trop important pour qu'on puisse omettre de le signaler ici, d'autant que l'auteur parle non seulement de la décoration de la galerie à l'époque des revers de Louis XIV, mais nous trace encore le tableau rapide de ce merveilleux ensemble au moment où il contenait le mobilier d'argent.

« Quatre colonnes placées au dedans de la galerie devant un pareil nombre de pilastres embellissent ses entrées, et sont accompagnées dans les mêmes faces de huit autres pilastres separez par des piédestaux ou l'on a élevé quatre statues antiques de marbre blanc. Le Bacchus du Louvre et la Vénus envoyés de la ville d'Arles sont vers le septentrion proche le salon de la guerre. Et au bout opposé proche le salon de la paix, il y a des figures de femmes couvertes de vêtemens; l'une est couronnée d'étoiles, et l'autre auprès de laquelle est un autel alumé représente une Vestale.

« A l'égard des deux grandes faces de la même galerie, quarante huit pilastres semblables aux précédans, c'est à dire tous de marbre, enrichis de bases et de chapiteaux de bronze doré, sont disposez avec beaucoup de simetrie dans les intervales de trente quatre arcades d'égale grandeur qui se répondent les unes aux autres. Les arcades du côté de l'occident sont autant d'ouvertures de fenétres : Et toutes les arcades oposées sont remplies de glaces de miroir, qui font paraitre la galerie double et comme percée de toutes parts. A chaque côté de la galerie l'arcade la plus proche de chacune des extrémitez est séparée des autres par un intervale, où sur un escabellon de marbre dressé entre deux pilastres on voit un buste antique dont la tête est de porphire et le reste d'agathe. De pareils intervales se trouvent ainsi ornez au delà de trois des arcades suivantes; et deux intervales plus larges qui divisent les neuf arcades du milieu de chaque face de la galerie, ont dans de grandes niches des statues antiques de marbre blanc des plus estimées; l'une qu'on appelle la Diane d'Ephèse est placée à l'orient avec une autre statüe antique de femme très bien conservée, portée de Tripoli il y a peu d'années, et qui représente la Pudicité. L'on voit vis à vis à l'occident la statue qu'on nomme le Germanicus, et une Vénus qu'on peut comparer à la Vénus de Médicis.

« Seize grands guéridons servent à porter des girandoles de cristal de roche aux côtez de ces statues; et des quatre autres qu'on a remarquées aux deux bouts de la galerie. Il y a douze tables d'agathe et d'albâtre portées par des pieds dorez et enrichis de sculptures au-devant des niches et des huit autres intervales des grandes faces. Et environ soixante vases de porphire et d'albâtre oriental de differentes figures et de grandeurs extraordinaires se trouvent rangez avec encore quantité de girandoles de cristal, les uns sur les tables, d'autres dessous, et le reste sur des socles proche les pilastres et au devant des arcades remplies de glaces de miroir, excepté de celles où l'on a pratiqué des portes : car plusieurs de ces arcades servent à passer dans le premier petit apartement du Roy : Entr'autres les trois du milieu qui s'ouvrent de toute leur hauteur pour entrer dans le salon principal de ce même apartement.

« Il est vray qu'à la place de la plupart des meubles que nous venons de raporter, la galerie, ses deux salons, et le grand apartement du Roy étaient remplis autrefois d'une infinité d'ouvrages d'orfèvrerie qu'on n'y trouve plus aujourd'huy; car sans parler d'un grand nombre de figures et de statues d'argent, combien y avoit-il de quaisses d'orangers, de bassins et de corbeilles d'argent, de brancards, de tables, de bans de dix à douze pieds de longueur, d'autres sièges ou tabourets; combien de balustres, d'escabellons, de torcheres, de guéridons, de cassolettes, de girandoles, de cuvettes, de seaux, de buires, de braziers, de chandeliers et de candelabres d'un tel poids que tous suspendus qu'ils étoient il y en avoit que les hommes les plus robustes ne pouvoient faire mouvoir avec toute l'activité et la pesanteur de leur corps. Dans ces ouvrages, l'excellence du travail surpassoit même la matière : cependant à considérer le seul prix de l'argent qui montoit à la valeur de plusieurs millions d'or, on pouvoit dire qu'il n'y avoit point ailleurs de richesse semblable.

« La magnificence du Roy et sa sage prévoiance avoient formé ce trésor dans l'aboudance d'une paix qui combloit ses sujets de toutes sortes de biens. Durant la dernière guerre Sa Majesté a répandu libéralement dans le sein de l'état un amas si précieux de richesses ; exemple que sa postérité proposera quelque jour aux princes qui s'efforceront d'imiter la conduite et les vertus héroïques du Roy.

« Quoique tant d'ouvrages d'orfevrerie fussent admirez : cependant aujourd'huy que quantité d'excellents ouvriers pouroient aisément en refaire de semblables, et peut-être encore de plus merveilleux, tout ce qu'on voit d'agathe, d'albâtre, de serpentin, de porphire et de cristal de roche dans la galerie, dans ses salons et dans les appartemens, semble d'un prix beaucoup plus considérable, soit qu'on ait égard à la rareté de ces pierres orientales, soit que par leur dureté extraordinaire on juge de la difficulté qu'il y a eu à former tous les vases et tous les excellens bustes de porphire qui ont été remarquez.

« Mais qu'on ne regarde si l'on veut dans la galerie que ce qui la rend recommandable par elle-même ; je veux dire son architecture magnifique, ses lambris de marbre, le bronze, l'or et la sculpture de divers ouvrages dont nous n'avons point encore parlé ; car outre les chapiteaux des colonnes et des pilastres ornés de palmes, de couronnes et de têtes d'Apollon ; outre une infinité de grandes roses de bronze doré

Malgré toutes ces occupations, Le Brun ne semble point avoir eu un caractère impatient ; aussi bien une humeur de ce genre-là n'aurait convenu ni à Louis XIV ni à Colbert, et la manufacture royale des meubles de la Couronne, avec son personnel si nombreux et si varié, semble avoir été administrée par lui comme une véritable famille. Tant de succès ne devaient point plaire à tout le monde et on le vit bien à la mort de Colbert : l'administration de Louvois fut plutôt soupçonneuse au premier peintre du roi. Mais ce n'est pas à ce moment, où plus d'un nuage déjà obscurcissait l'horizon qu'il faut juger de la carrière artistique de Le Brun : il faut plutôt se reporter à l'époque où Louis XIV venait admirer aux Gobelins les merveilles créées sous l'impulsion de Le Brun, à cette visite de 1667 que nous représente le tableau de Pierre de Sève, conservé à Versailles. En face de toutes ces merveilles étalées aux yeux du monarque, on oublie tout le laborieux enfantement de cette renaissance de l'art français, on oublie presque les premiers efforts tentés sous Henri IV pour ne voir que les résultats palpables obtenus sous Louis XIV, un épanouissement tranquille et fécond qui devait fonder la réputation de l'art français dans toute l'Europe. C'est là un spectacle assurément capable de faire passer sous silence bien des reproches légitimes adressés à la monarchie de Louis XIV.

A ce nom de Le Brun, qui domine, au point de vue de la décoration, tout le siècle de Louis XIV, à cet homme qui fut l'âme d'un art auquel on peut préférer telle ou telle autre manifestation, mais d'un art qui fut grand, il serait injuste de ne pas associer d'autres artistes qui, à des titres divers, jouèrent un rôle important dans cette admirable organisation. Si je dois être bref à leur sujet, on ne saurait oublier que leurs dessins ou les estampes reproduisant leurs dessins, les uns et les autres exécutés souvent par eux-mêmes, ont joué, dans la diffusion du style auquel le nom de Louis XIV est resté attaché, un rôle si important qu'en republiant ces images, convenablement classées, on aurait en quelque sorte une histoire complète de la décoration intérieure et du mobilier dans la seconde moitié du xviie siècle. Jean Marot, architecte et graveur (né à Paris en 1619, † 1679), et son fils Daniel (né vers 1650, † en Hollande vers 1712) ont dessiné ou gravé de nombreuses suites d'estampes comprenant à peu près tout ce qu'on peut souhaiter pour la décoration tant intérieure qu'extérieure des édifices, depuis des vases jusqu'à des dessins d'alcôves [1], depuis des modèles de serrurerie jusqu'à des modèles de grottes ou d'arcs de triomphe. Le second des Marot surtout eût eu chez nous une grande influence par la variété de ses créations si la révocation de l'édit de Nantes n'en eût privé la France. Il passa en Hollande et devint architecte du prince d'Orange. Il fut donc du nombre de ces artistes qui portèrent à l'étranger le style français dont il conserva toute sa vie les qualités.

Jean Le Pautre (né à Paris, † 1682) et son frère Antoine (né en 1621, † 1691), le premier surtout, ont exercé, grâce à leurs estampes, une influence absolument prépondérante. D'une famille d'artisans, artisan lui-même et d'abord apprenti chez un maître menuisier de Paris, Adam-Philippon-Jean Le Pautre se trouva dans d'excellentes conditions pour créer des ensembles décoratifs destinés aux gens de métiers. Connaissant lui-même les détails matériels de l'exécution, il y avait chance pour que ses estampes fussent des modèles bien conçus, pratiques, et n'offrant pas ces fantaisies inexécutables contenues dans les recueils dessinés par certains peintres. En fait, les innombrables planches qu'il a gravées — plus de deux mille — aussi bien que les œuvres de son frère Antoine, architecte du roi, ont exercé une grande influence sur tous les décorateurs du xviie siècle. Il faut remarquer toutefois que par leur style les Le Pautre appartiennent plutôt à l'art de l'époque de Louis XIII, aux formes un peu lourdes et surchargées, qu'au style de l'époque de Louis XIV proprement dit. Le Brun, tout pompeux qu'il

---

qu'on voit sous les ceintres des arcades, il y a sur les clefs de leurs bandeaux aux unes des dépouilles de lion disposées en manière de festons, et aux autres des têtes d'Apollon couronnées de laurier avec des guirlandes de fleurs et de fruits.

« Des armes et des trophées en bas-relief aussi de bronze doré sont apliquez devant les lambris au haut des intervales de pilastres qu'occupent les bustes et les statues antiques. »

1. Pour toutes ces estampes d'art décoratif du xviie siècle, leur classement et leur attribution à tel ou tel maître, voyez le catalogue dressé par Guilmard sous le titre : *Les maîtres ornemanistes*. Paris, 1881, 2 vol. in-8° ; le texte est accompagné de reproductions qui, à défaut des originaux, peuvent servir très utilement à étudier le développement de l'art français.

soit, est cependant moins touffu dans ses compositions décoratives que Le Pautre, qui procède très directement des Italiens. Maître menuisier lui-même, il a fourni de modèles la plupart des sculpteurs sur bois de son temps : c'est par centaines que l'on compte les consoles, les tables, les portes, les bancs, etc., inspirés par ses dessins. Tous les meubles qu'il imagine sont un peu lourds et puissants de forme. Ses grosses tables, destinées à porter des marbres précieux, sont solidement établies sur des pieds à section rectangulaire, gros pilastres, de style parfois plus noble que de raison, mais qui devaient paraître un peu moins lourds au milieu de l'architecture souvent trop riche qui les entourait [1].

Jean Berain, dessinateur de la Chambre et du Cabinet du roi, charge à laquelle il fut nommé en 1674 [2], est un des artistes dont les dessins représentent le mieux le style de l'époque de Louis XIV. On suppose qu'il naquit à Saint-Mihiel, vers 1630; mais Jal n'était pas éloigné de penser que Jean Berain et son frère Claude, graveur du roi, appartenaient tous deux à une famille parisienne. Le même auteur suppose que le dessin leur fut enseigné par Le Brun. Quelle que soit la valeur de cette hypothèse qui n'est appuyée sur aucun document, les frères Berain sont des artistes qui ont gravité autour de Le Brun et subi très directement son influence. Dans leur longue carrière (Jean Berain mourut le 27 janvier 1711, Claude ne mourut que vers 1726), ils ont gravé une quantité de panneaux de décoration, des vases, des meubles, des candélabres, tout cela dans un style clair, dans lequel on retrouve sans doute de nombreuses traces de l'influence italienne, mais bien davantage le souvenir des ornemanistes français du xviᵉ siècle. Les arabesques de Jean Berain sont proches parentes des arabesques dessinées par Jacques Audrouet du Cerceau. Ces estampes doivent être soigneusement examinées par ceux qui veulent se faire une idée exacte du style de la seconde moitié du xviiᵉ siècle, surtout par ceux qui voudront reconnaître sous quelles influences ont été créées maintes pièces de mobilier et de décoration : André-Charles Boulle, malgré son très grand talent, n'est qu'un imitateur de Berain au point de vue de la composition, comme Berain n'était lui-même qu'un reflet de Le Brun. On me pardonnera de ne pas entrer dans plus de détails au sujet de ces artistes dont la biographie complète est encore à écrire. Il me faudrait encore parler des décorations théâtrales imaginées par Berain, déterminer son rôle à Versailles, à Saint-Germain, à Sceaux : il me suffira d'avoir signalé son nom parmi les collaborateurs de Le Brun et de citer le jugement de Mariette [3] au sujet de son style : « Il était aussi fort employé à donner des dessins de meubles d'ornemens propres à être exécutés en tapisserie ou à peindre dans des lambris et dans des plafonds, c'est ce qu'on nomme des grotesques; il avait pris, dans ce que Raphaël avait si heureusement imaginé dans ce genre sur le modèle des anciens, ce qui lui avait paru devoir faire un meilleur effet; il l'avait réduit en une manière particulière, conforme au goût de la nation française, et cette méthode lui avait si bien réussi que les étrangers même avaient adopté son goût d'ornement [4]. » L'expression de Mariette est fort juste : c'est bien à « réduire au goût français » l'héritage artistique du passé que se sont employés les artistes de l'époque de Louis XIV; et c'est de la sorte qu'ils ont créé un style original adopté ensuite par toute l'Europe.

Il me resterait encore en cet aperçu rapide à mentionner bien des artistes dignes de prendre place auprès de Le Brun; mais aussi bien n'ai-je pas à faire ici une histoire générale de l'art français du xviiᵉ siècle. Il fallait toutefois montrer les principaux acteurs dont s'entoura Le Brun. Nous allons étudier maintenant, avec plus de détails, quelques-uns des hommes dont la carrière a été surtout employée à créer ce somptueux mobilier de l'époque de Louis XIV, dont le style, délaissé puis repris bien des fois, plus ou moins heureusement, n'est pas encore complètement mort à notre époque.

---

1. Je ne puis insister davantage ici sur le détail des compositions des Le Pautre. On trouvera dans Guilmard (*ouvr. cité*, p. 68-76) une liste sommaire de leurs estampes.

2. Jal, *Dictionnaire critique*, p. 196.

3. *Abecedario*.

4. La plupart des grandes bibliothèques conservent des recueils des estampes de Berain. Dans ces dernières années, les principales planches ont été publiées en fac-simile sous le titre de : *Cent planches extraites de l'œuvre de Jean Berain* (Paris, imprimerie Quantin). Ce recueil, à défaut des originaux, est suffisant pour se faire une idée du maître.

II. L'INFLUENCE ITALIENNE : DOMENICO CUCCI ET CAFFIERI

Le nom de Domenico Cucci n'est guère connu que des érudits ; et cependant, sans avoir joué un rôle aussi considérable qu'André-Charles Boulle, son influence a été grande sur toute la décoration intérieure des palais royaux. Ébéniste et fondeur — ce sont les titres que lui donnent les *Comptes* — les travaux sortis de ses mains, depuis les cabinets d'ébène ornés de mosaïques à la florentine jusqu'aux bronzes les plus somptueux créés sur ses modèles dans la fonderie des Gobelins, sont innombrables ou du moins étaient innombrables. Jal[1], qui a essayé de reconstituer la biographie de l'artiste, n'a pu découvrir la date exacte de sa naissance ; mais on sait qu'il vivait encore en 1704[2] ; comme l'a remarqué M. J.-J. Guiffrey[3], Cucci n'était pas un artisan ordinaire et Marolles a jugé à propos de le mentionner dans ses détestables vers :

> Pour la sculpture en bois, là sont venus de Rome
> D'entre les bons sculpteurs Philippe Caffieri
> Et du mesme pays Dominique Cussi
> Que partout, en leur art, justement on renomme.

D'après les lettres de naturalisation qui lui furent accordées en 1664, Cucci était originaire de Todi[4] ; d'après ces mêmes lettres, il travaillait pour le roi depuis plusieurs années déjà et, comme tous les artistes italiens établis chez nous, on lui demandait d'appliquer son talent aussi bien à la fabrication de meubles, d'orfèvreries ou d'ornements de bronze. En fait, à partir de 1664, son nom apparaît fréquemment dans les comptes des bâtiments royaux, et bien que les principales œuvres de Cucci qui y sont mentionnées paraissent aujourd'hui définitivement perdues, je vais donner succinctement ici la liste de ces travaux ; l'artiste a joué un rôle trop important pour qu'on le puisse passer sous silence ; il vaut mieux qu'une simple mention.

A partir de l'année 1664 jusqu'à l'année 1673, il travaille à deux grands cabinets, malheureusement perdus aujourd'hui, mais dont les inventaires nous ont conservé la description ; les cabinets d'Apollon et de Diane, ou, comme disent les *Comptes*, les temples de la Gloire et de la Vertu. Dans ces meubles, Cucci représenta Louis XIV sous les traits d'Apollon conduisant le Char du Soleil, et la reine Marie-Thérèse, sous les traits de Diane, conduisant des cerfs. M. de Champeaux[5] a pensé que l'un des groupes de ces cabinets, qui décorèrent la galerie d'Apollon au Louvre, avait servi, au XVIIIe siècle, à composer le couronnement d'une grande pendule placée aujourd'hui au château de Fontainebleau. Bien que le style de l'Apollon conduisant son char qui couronne ce meuble lui ait paru différent de

---

1. *Dictionnaire critique de biographie et d'histoire*, p. 461. Le même auteur mentionne un premier mariage de Cucci avec Jeanne Gougeon, fille de Paul Gougeon, peintre, le 4 mai 1664 ; cette dernière mourut en 1677, et Cucci convola en secondes noces avec Catherine Anguier, fille de Guillaume Anguier, peintre du roi, en 1678. En 1699, l'artiste vivait encore et assistait au mariage de l'une de ses filles.

2. Il est mort entre les années 1704 et 1705 ; en 1704, il figure encore sur l'état des gages des officiers royaux ; en 1705, il est remplacé par Julien Lochon « ébéniste et fondeur qui fait toutes les garnitures en bronze doré des portes et croisées des maisons royales », précisément le titre que portait antérieurement Cucci. (Cfr. J.-J. Guiffrey, *Comptes des Bâtiments du roi*. t. IV, c. 1039 et 1248.)

3. *Nouvelles Archives de l'Art français*, 1873, p. 243.

4. « Louis..... salut. Notre bien amé Dominique Cuccy, originaire de la ville de Todi près de Rome, nous a très humblement fait remontrer que, pour satisfaire à nos intentions, il scroit sorty dudit lieu pour s'establir suivant nos ordres dans notre maison appellée des Gobelins pour y travailler comme il fait depuis plusieurs années avec succès aux ouvrages des grands cabinets d'ébène, sculture, mignature, pierreries, orphévrerie et autres ornemens pour l'embellissement de nos chasteaux et maisons royalles, ce qui luy donne sujet présentement de s'habituer en notre bonne ville de Paris ou en telle autre de notre royaume que bon luy semblera pourveu qu'il nous plaise luy accorder nos lettres sur ce nécessaires.

« A ces causes désirant favorablement traiter ledit exposant et que la réputation qu'il s'est acquise en son art luy devienne autant utile et profitable que nécessaire à nos sujets, nous luy avons, etc...........

....

« Donné à Paris, au mois de novembre, l'an de grâce 1664. » (Archives Nationales, Z, 6007, fol. 43. — J.-J. Guiffrey, *Nouvelles Archives de l'Art français*, 1873, p. 243.)

5. *Le Meuble*, t. II, p. 46.

celui des autres pièces de bronze qui en complètent l'ornementation, il me semblerait hasardeux d'identifier, en l'absence de tout point de comparaison, ce groupe avec celui créé par Cucci. En effet, les deux cabinets aujourd'hui disparus furent donnés, en 1747, avec d'autres meubles, au Jardin royal, au Muséum d'histoire naturelle actuel — la décharge inscrite par Fontanieu en marge de l'inventaire, en fait foi, — et il est peu probable dès lors que l'administration du garde-meubles ait pu en utiliser des fragments pour une autre destination. Ce qui cependant donnerait une certaine vraisemblance à cette opinion, c'est que, d'une part, à propos de ces meubles remis en 1747 à Buffon, l'inventaire mentionne l'absence de certaines parties de la décoration, qui avaient pu être utilisées ailleurs; et que, d'autre part, le Louvre possède aujourd'hui trois des miniatures de Werner [1] qui proviennent des cabinets d'Apollon et de Diane : Apollon vainqueur du serpent Python; Apollon conduisant son char; le repos de Diane. Il semble donc que lorsque, en 1747, ces meubles furent envoyés au Muséum, ils fussent dans un tel état qu'on ne les considérait plus que comme des pièces offrant par leur mosaïque des éléments intéressants pour les collections de minéralogie. Cette perte est à tout jamais regrettable; car ces pièces, insuffisamment décrites par les inventaires, devaient être d'une somptuosité extraordinaire, capable de rivaliser avec les ors de la galerie d'Apollon [2].

Cucci avait à peine terminé « les temples de la Gloire et de la Vertu » qu'il commençait, en 1669 [3], deux autres cabinets dont les derniers payements datent de 1673 [4], cabinets qui sont peut-être différents de ceux que nous voyons payer en 1683 [5]. Il faut probablement reconnaître une œuvre de Cucci dans le « cabinet du Soleil », bien que son nom ne soit pas prononcé dans l'inventaire à propos de ce meuble [6], non plus qu'à propos de deux autres cabinets en marqueterie de cuivre et d'étain sur fond d'ébène, dans lesquels M. de Champeaux a pensé devoir reconnaître une œuvre de Cucci. Au centre de chacun de ces cabinets figuraient les bustes en bronze doré de Louis XIV et de Marie-Thérèse, élevés sur des socles accompagnés de trophées et ornés du chiffre du roi. Or, la profusion d'ornements de bronze, figures de Jupiter et de Junon, Renommées, trophées répandus sur ces cabinets semble bien devoir en effet faire penser à une attribution possible à Cucci [7]; et les

---

1. *Catalogue des dessins*, par F. Reiset, n°° 622 à 624.

2. « 210. Un grand cabinet d'ébène profilé d'étain appelé le cabinet d'Apollon, au dessus duquel est représenté Louis XIV, sous la figure d'Apollon qui conduit quatre chevaux, et plus bas dix-sept figures de relief, le tout bronze doré, orné par devant de deux grandes colonnes d'avanturine à baze et chapiteaux de bronze doré d'ordre de Corinthe et de diverses autres pierres fines; dans l'arcade du milieu est le trépied d'Apollon aussi de bronze doré; le cabinet porté sur un pied de six thermes d'hommes, de bois doré et de quatorze pilastres d'ébène cannelés, soutenus de huit lions de bois bronzé; haut de douze pieds, sur sept pieds dix pouces de large et deux pieds et demy de profondeur. — 220. Un autre grand cabinet d'ébène, profilé d'étain, appellé le cabinet de Diane, de même grandeur et dessin que le précédent, au dessus duquel la Reine Marie-Thérèse d'Autriche est représentée sous la figure de Diane, qui conduit quatre cerfs. Les deux colonnes du cabinet sont de jaspe. » (*Inv. du mobilier de la Couronne* (Fontanieu), Archives Nationales, O 1 3336, f° 139 v°.) — Voici quelques-unes des mentions les plus intéressantes que nous fournissent les *Comptes des Bâtiments du roi* au sujet de ces deux cabinets : « 1er may [1664] au s Domenico Cuacci, ébéniste italien, à compte des ouvrages par lui faicts pour les deux grands cabinets d'Apollon et de Diane.................... 6000 l. » (J.-J. Guiffrey, *Comptes des Bâtiments du roi*, t. I, c. 46.) — « 10 juillet [1665]-1er septembre : à Domenico Cucey, ébéniste, à compte de deux grands cabinets qui représentent le Temple de la Gloire et le Temple de la Vertu, pour la gallerie d'Apolon du chasteau du Louvre... 6000 l. » (*Ibid.*, c. 98.) — « [1666] : 5000 l. à Domenico Cucy, ébéniste, à compte de deux grands cabinets qui représentent le Temple de la Gloire et celuy de la Vertu, pour servir dans la gallerie d'Apollon.... 5044 l. 13 s. 4 d. » (*Ibid.*, c. 118.) — On relève encore divers payements à ce sujet dans la suite des Comptes (*Ibid.*, c. 151, 169, 170); cette dernière mention (1667) annonce que Cucci a reçu en tout, pour le « parfaict paiement » des deux cabinets, 30500 l. Mais il est assez difficile de savoir si ce compte énorme est absolument exact, vu que Cucci a fait d'autres cabinets pour le roi, cabinets qui ne sont pas toujours très clairement indiqués dans les Comptes, mais qu'on retrouve dans l'inventaire du garde-meubles.

3. « 19 mars [1669] : à Dominico Cucey, à compte de deux cabinets qu'il fait pour le Roy, 5000 l. » (*Comptes des Bâtiments*, I, c. 359.)

4. « 28 novembre [1673] : 6622 l. 13 s. 4 d. pour délivrer 6568 l. à Cucey, ébéniste, pour parfait payement de 27658 l. à quoy montent deux grands cabinets d'ébeine qu'il a faits pour S. M. enrichis de plusieurs ornemens de bronze et de lapis, et 54 l. 13 s. 4 d. pour les taxations dud. trésorier.................................... 6622 l. 13 s. 4 d. » (*Ibid.*, c. 680.)

5. « 13 Febvrier [1683] : dudit s du Metz, 10800 l. pour délivrer à Dominique Cucci, ébéniste, pour, avec 5200 l. qu'il a cy-devant reçeus, faire 16000 l. pour le parfait paiement de deux cabinets d'ébeine enrichis de quantité d'ornemens de bronze doré, qu'il a faits pour le service de S. M., et 90 l. pour les taxations........................ 10800 l. » (*Ibid.*, t. II, c. 269.)

6. « 221. Un grand cabinet d'ébène, profilé d'étain, en forme de portique appellé le cabinet du Soleil et des douze signes, ornés de grandes colonnes et neuf pilastres cannelés, aussi d'ebene, à bazes et chapiteaux de cuivre doré, d'ordre composite, au dessus un soleil et les douze signes et par le haut, cinq figures, deux trepieds et deux trophées d'armes, le tout de bronze doré; les cabinets portés sur huit pattes de lion, haut de douze pieds sur six pieds et demy de large et deux pieds quatre pouces de profondeur. » (*Inv. des meubles de la Couronne* (Fontanieu), Archives Nationales, O 1 3336, f° 140 r°.)

7. « 148. Un grand cabinet de marqueterie de cuivre et d'étain, fond d'ébene, à trois faces ornées de dix grandes colonnes de lapis profilées de cuivre, à bazes et chapiteaux de bronze doré, d'ordre de Corinthe; dans la face du milieu est un grand portique garny au fond d'une glace et autour de plusieurs sortes de pierres feintes, dans des compartimens d'écaille de tortue et d'yvoire. Dans le milieu du portique est le buste de Louis XIIII, de bronze doré sur un piédestal d'ebene et de lapis feint, garny autour de chiffres couronnés, avec deux trophées d'armes de bronze doré sur les degrés du piédestal. A coté du portique sont deux

deux bustes de Louis XIV et de Marie-Thérèse, accompagnés de trophées qui décorent actuellement la cheminée de la chambre du roi à Versailles, pourraient bien être les derniers vestiges de ces cabinets[1]. Néanmoins on ne peut s'empêcher de remarquer combien ces deux meubles, qui furent très probablement exécutés pour rappeler le mariage de Louis XIV et de Marie-Thérèse, ressemblent par leurs dispositions générales au cabinet fait par Golle pour Mazarin, et qui figure dans l'inventaire du garde-meubles; et comme nous savons, d'autre part, que Golle a fait au moins deux grands

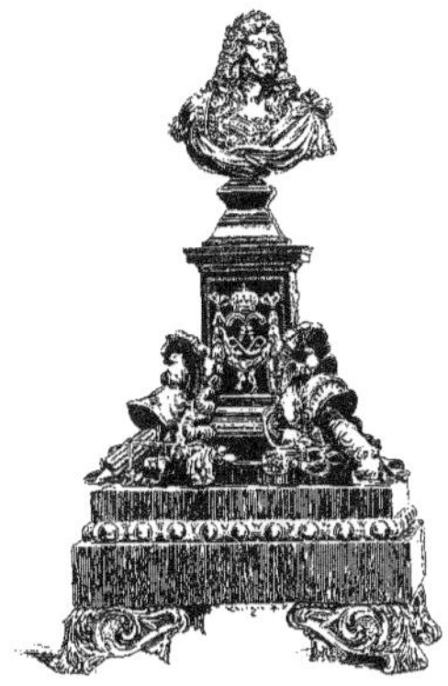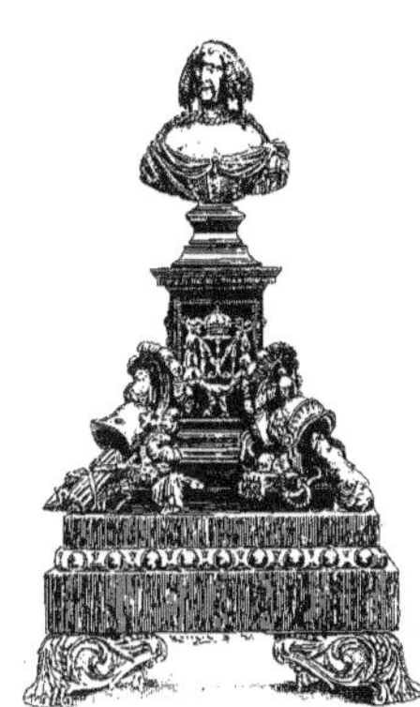

BUSTES EN BRONZE DORÉ DE LOUIS XIV ET DE MARIE-THÉRÈSE,
provenant peut-être de la décoration de deux cabinets exécutés par Domenico Cucci
(Exposés actuellement dans la chambre du roi, au palais de Versailles)

cabinets pour Louis XIV[2], on peut certainement hésiter, en l'absence de documents précis sur une attribution à Cucci. Si l'hésitation n'est pas possible pour les cabinets de la Guerre et de la Paix, offrant également les figures de Louis XIV et de Marie-Thérèse, — le nom[3] de Cucci est prononcé par l'*Inventaire* — les doutes renaissent en face de deux autres cabinets de la Guerre et de la Paix,

tableaux peints sur cuivre, représentant les conquestes du Roy; au second ordre du Cabinet, sont quatre grandes figures de bronze doré, assises, dont celles du milieu représentant Jupiter et Junon, aux côtés desquelles sont deux trophées d'armes; au frontispice sont les armes du Roy, accompagnées de deux Renommées, le tout de bronze doré; le Cabinet porté sur son pied de même ouvrage, avec dix thermes de femmes, de bois sculté, doré; haut de neuf pieds, compris le pied, sur six pieds trois pouces de large. — 149. Un autre grand cabinet pareil au précédent, a la reserve que dans le portique du milieu est le buste de la Reine Marie-Thérèse d'Autriche, avec ses chiffres autour du piedestal et que les deux tableaux de cuivre des côtés représentent l'entrevue des Roys de France et d'Espagne et le mariage de Louis XIIII avec l'Infante d'Espagne. Le cabinet des mêmes mesures que le précédent, porté sur un pied semblable. » (*Inv. du mobilier de la Couronne* (Fontanieu), Archives Nationales, O¹ 3336, f° 131 v°.)

1. Cela n'est pas certain cependant, car ces bustes ont été certainement fondus à plusieurs exemplaires. J'en ai rencontré dans le commerce des épreuves parfaitement anciennes et dépourvues de dorure.

2. Voyez plus haut, p. 25, note 1.

3. « 10. Un cabinet d'ebene avec filets d'étain, fait par Dominico Cuncy, apellé le Cabinet de la Paix, tout couvert de jaspe, lapis et agathe, enrichy sur le devant de quatre figures de héros de bronze doré, sur un fond de lapis, au milieu est un Portique soutenu de deux colonnes de lapis avec bazes et chapiteaux de bronze doré, ayant sur le frontispice les armes de France couronnées, sur fond de lapis, suportées par deux anges, le tout de bronze doré. Dans l'enfoncement du portique est la statue de Louis XIIII assise, tenant de sa main gauche un bouclier ciselé de la devise de Sa Majesté, ayant sous ses pieds un tapis et un carreau. Le tout de bronze doré; le corps d'en haut est orné d'une petite niche dans laquelle est la figure de la Paix. Le cabinet porté sur un pied de bois doré, soutenu par devant de deux pilastres fond d'azur et de quatre figures qui représentent les quatre principaux fleuves du monde, haut de huit pieds, sur cinq pieds trois pouces de large et dix neuf pouces de profondeur. — 11. Un autre cabinet pareil au précédent et de même mesure, aussi appelé le cabinet de la Paix, tout couvert de jaspe, lapis et agathe en deux parties, celle d'en bas est ornée d'un grand portique avec une niche en perspective, dans laquelle est la figure de la feue Reine Marie-Thérèse d'Autriche, habillée en Pallas; au dessus les armes de France et d'Espagne suportées par deux anges et aux côtés quatre figures de vertus en bas-relief, porté sur son pied de bois sculpté doré dont les quatre figures représentant les quatre parties du monde. » (*Inv. du mobilier de la Couronne* (Fontanieu), Archives Nationales, O¹ 3336, f° 111 v°.)

œuvres de même style et à coup sûr contemporaines des premiers [1]. Mais ce sont là des meubles à jamais perdus et dont les descriptions sont insuffisantes pour nous donner une idée. Il en est de même du *Cabinet des rois*, au sujet duquel l'inventaire ne prononce aucune attribution, mais auquel la main de Cucci n'était peut-être pas étrangère [2].

Ces questions d'attributions, au sujet d'œuvres irrémédiablement perdues aujourd'hui, ne sont au surplus que secondaires : mais ce qu'il faut retenir de toutes ces descriptions, c'est que ce mobilier, que les pièces en fussent créées par un Flamand tel que Golle, ou un Italien tel que Cucci, avaient toutes le même caractère, un style italien très prononcé qui est bien en somme la note dominante dans toute une partie de la décoration à laquelle le nom de Louis XIV est resté attaché : abondance de figures de bronze, d'appliques de métal de fort relief se détachant sur des fonds très voyants de jaspe ou de pierres multicolores. Par là encore, et c'est un point sur lequel on ne saurait trop insister, toute cette décoration n'est que le développement sur un plan grandiose des manies plus ou moins artistiques d'un Richelieu ou d'un Mazarin, qui ont suivi la mode italienne de leur temps, l'ont importée en France, mais ne l'ont point créée. Il était donné à un prince tel que Louis XIV, qui n'était retenu ni par les considérations politiques d'un Richelieu, ni par la pauvreté relative d'un Mazarin, de porter à son maximum d'épanouissement un style dont les artistes italiens avaient pu entrevoir dans leurs rêves les magnificences possibles, mais dont le maigre budget des princes de leur pays leur interdisait la réalisation. Qu'étaient, en effet, les ressources dont pouvait disposer un grand-duc de Toscane ou même un pape en comparaison du budget du royaume de France? Louis XIV, pendant de longues années, y puisa sans compter et sut faire du Louvre et de Versailles des palais dignes de rivaliser avec les habitations décrites dans les *Mille et une Nuits*. Est-ce à dire que rien ne fut à reprendre dans ce développement artistique? Non, assurément; mais sans être fanatique du style Louis XIV, on ne peut s'empêcher de considérer avec envie ce qu'était le budget des Beaux-Arts en France, vers 1680 ou environ. Abstraction faite du but un peu étroit qui guidait ces efforts — le rehaussement de la majesté royale, — quelle époque peut entrer en comparaison, au point de vue artistique, avec celle où s'élevaient de terre de fond en comble ou se complétaient des résidences telles que le Louvre, Versailles, Marly, Trianon, Fontainebleau, Saint-Germain? On peut, et je suis de ceux-là, préférer d'autres époques de l'histoire de l'art, d'un goût plus français et aussi plus raffiné, mais on ne peut sans injustice méconnaître les mérites d'un âge où, quel qu'en fût d'ailleurs le motif réel, tout était sacrifié sans compter pour l'art, c'est-à-dire pour la seule chose qui fait, à distance, qu'un peuple occupe une place dans l'histoire de l'humanité. Au demeurant, le souvenir de Louis XIV vit beaucoup plus par les constructions qu'il a laissées que par ses victoires à demi effacées par les revers de la fin du règne et par des actes beaucoup plus éclatants et plus rapprochés de nous. C'est la revanche de l'intelligence sur la force brutale, revanche qui n'a jamais manqué de se produire, sans

---

1. « 58. Un cabinet d'ebene, apellé le cabinet de la guerre, orné de huit colonnes d'amethistes à bazes et chapiteaux de cuivre doré, d'ordre de Corinthe et de trois niches. Dans celle du milieu est la figure de Pallas, et dans les deux autres celles de l'Histoire et d'un captif, avec les portraits de Louis XIII, roy de France et Philippe IV, roi d'Espagne, et plusieurs petits tableaux de miniature représentant des combats; au dessus du cabinet sont trois vases de cuivre doré; le cabinet haut de quatre pieds huit pouces, sur cinq pieds de large et vingt pouces de profondeur, porté sur un pied de bois sculté, doré, représentant sur le devant une campanne composée de deux rainceaux et une coquille, dans laquelle est une fleur de lis. Le haut des deux pieds de devant est orné d'une tête de femme, par les côtés, les chiffres du roy, sur un bout de campanne et au milieu de la traverse d'en bas, un gros vase aussi doré. — 59. Un autre cabinet d'ebene apellé le cabinet de la Paix, pareil au précédent, excepté que dans la niche du milieu, est la figure de la Paix, qu'au lieu du portrait des roys, sont ceux de leurs ministres et que les tableaux ne représentent que des jeux et divertissements, porté sur un pied pareil au précédent. » (*Inv. du mobilier de la Couronne* (Fontanieu), Archives Nationales, O¹ 3336, f° 119 v°.) — Ces quatre cabinets, n°s 10, 11, 58, 59, firent partie de la série des meubles envoyés en 1747 au Jardin Royal ou Muséum, à Buffon. D'après M. de Champeaux (*Le Meuble*, t. II, p. 43), la figure de Louis XIV assis, tenant un bouclier, ayant décoré le cabinet de la Paix, par Cucci (n° 10), ferait maintenant partie de la collection de M. Henri Schneider, qui en fit l'acquisition à la vente Nadaud de Buffon.

2. N° 57 de l'*Inv. du mobilier de la Couronne* (Fontanieu), Archives Nationales, O¹ 3336, f° 119, verso : « 57. Un cabinet d'ebene profilé de cuivre, appellé le Cabinet des roys, orné de seize colonnes de lapis a bazes et chapiteaux de cuivre doré, d'ordre de Corinthe et de trois niches, dans celle du milieu est la statue équestre de Louis XIIII, dans les deux autres, deux figures de Vertus, le tout de bronze doré, au dessus est un attique orné de seize bustes de Roys de France; au milieu du frontispice sont les armes de France soutenues par deux figures et aux côtés, les chiffres du Roy suportés par deux enfans. Le cabinet enrichy par plusieurs tableaux de miniature, représentant quelques combats et sièges de ville, faits du règne de Louis XIIII, porté sur un pied de bois sculté doré, fond d'azur au milieu duquel est la figure d'Atlas qui porte un monde d'argent. Haut de cinq pieds et demy sur quatre pieds et demy de large et deux pieds de profondeur. » J'omets plusieurs autres cabinets pour lesquels on pourrait prononcer le nom de Cucci.

d'ailleurs servir jamais de leçon à cette pauvre humanité qui n'a point de pire ennemi qu'elle-même. Mais revenons à Cucci.

Si on ne s'en tenait qu'à certaines mentions des comptes royaux, rien de plus modeste et de plus effacé que le rôle de Cucci dans l'ensemble des travaux exécutés de 1664 à 1705 : il figure sur les états des officiers royaux comme ébéniste et fondeur chargé de faire les garnitures en bronze doré des portes et croisées des maisons royales. Il ne dédaigne point en effet de fabriquer des targettes, des verroux, des fermetures de croisées ou de portes, des cadres de glace en bronze pour les Tuileries, pour le Louvre, Saint-Germain, Versailles ou Fontainebleau. Dès 1666 nous le voyons s'occuper de cette besogne que la plupart des sculpteurs trouveraient aujourd'hui fort déshonorante [1]. Malgré les ravages et les prétendues restaurations qu'a eu à subir dans ce siècle le château de Versailles, malgré toutes les modifications, légitimes celles-là, qui lui ont été imposées au siècle dernier, il subsiste encore quelques traces de ces travaux de Cucci. Si elles ne suffisent point à nous donner une idée très haute de son talent — il serait injuste de juger un artiste sur un modèle de plaque de serrure ou sur une targette de bronze, — elles peuvent servir du moins à témoigner du soin qui était apporté dans l'exécution de toutes les parties de l'édifice. Et c'en est assez pour le but que nous poursuivons. Mais, entre temps, Cucci, sans parler des cabinets déjà mentionnés, s'occupait à des travaux plus importants : en 1669, nous le trouvons occupé à fabriquer une grande armoire pour mettre les agates et les cristaux de roche possédés déjà ou acquis nouvellement par le roi, aux Tuileries [2]. La même année, il travaille au parquet du petit appartement du roi [3] à Saint-Germain; puis viennent des travaux secondaires, tels qu'une plaque de cadran en bronze fournie aux Gobelins [4]. En 1672, il collabore, avec Anguier, Tuby et Caffieri, à l'exécution du *parterre d'eau* à Versailles [5], et, en 1673, il travaille aux garnitures de bronze de la Bibliothèque du Roi, au Louvre [6]. S'il n'est pas utile de mentionner une multitude de menus travaux dont les Comptes nous ont conservé la trace, du moins doit-on ne pas oublier de ranger parmi les œuvres importantes de Cucci la balustrade du grand escalier de Versailles, à laquelle nous le voyons s'occuper à partir de 1674 jusqu'en 1679 [7]. Puis ce sont des ornements de bronze pour « les dessus de la porte de la pièce octogone de l'appartement bas et les douze mois [8] », des bronzes pour l' « appartement des bains [9] », en particulier l'encadrement en bronze et en orfèvrerie du grand miroir de cette salle [10], les bronzes, les piédestaux, les ornements des deux cuves de marbre, etc. [11]. Enfin il est chargé de la confection d'un cabinet d'orgues [12], dont on retrouve peut-être la trace dans l'inventaire du garde-meubles [13], où il tenait compagnie à deux instruments du même genre, un clavecin et une épinette, qui, à en juger par les ornements qui les accompagnaient, devaient aussi avoir été exécutés sous Louis XIV, et même avoir

---

1. Cfr. J.-J. Guiffrey, *Comptes des Bâtiments du roi*, t. I, col. 181 (1667), c. 242 (1668), c. 243 (1668), c. 293 (1668), c. 320 (1666, 1667), c. 344 (1669-1670), c. 408 (1670), c. 421 (1670), c. 462 (1670), c. 522 (1671), c. 624 (1672), c. 575, c. 722 (1673), c. 744 (1674), c. 754 (1674), c. 766 (1674), c. 789 (1674), c. 816, 839, 862, 876, 888 (1675, 1676), etc. Je ne crois pas utile de prolonger l'énumération des travaux de ce genre exécutés par Cucci. Mais je tenais à montrer simplement combien, en un petit nombre d'années, son activité avait eu d'occasions de s'exercer pour des travaux de ce genre.

2. « 8 octobre [1669] : à Dominico Cuccy, pour la ferrure qu'il a faite à une machine en forme de grande armoire pour mettre partie des agathes et cristaux, et autres curiosités, au palais des Thuilleries. . . . . 1400 l. » (J.-J. Guiffrey, *Comptes des Bâtiments du roi*, t. I, c. 319.) Peut-être faut-il identifier cette armoire, pour les vases en pierres précieuses, avec un cabinet décrit dans l'*Inv. du mobilier de la Couronne*. « 154. Un cabinet de bois, servant d'armoire à mettre des cristaux, taillés de divers ornements de sculture, aiant deux portes à jour, dans chacune desquelles il y a une grande glace, tout le corps du cabinet doré d'or bruni, porté sur un pied de gros balustres tous taillés de sculture au milieu duquel sont deux enfans qui tiennent des festons et sont assis sur des dauphins. Le tout doré d'or mat et partie d'or bruny et porté sur des pattes de griffon ; hauts de sept pieds deux pouces sur quatre pieds cinq pouces de large. » (*Inv. du mobilier de la Couronne* (Fontanieu), Archives Nationales, O 1 3336, fo 133 ro.)

3. J.-J. Guiffrey, *Comptes des Bâtiments du roi*, t. I, c. 344.

4. *Ibid.*, c. 478.

5. *Ibid.*, c. 615.

6. *Ibid.*, c. 685.

7. « 8 juin; 20 juillet [1674] : à Cucci à compte de la balustrade du grand escallier... 1500 l. » (*Ibid.*, t. I, c. 767); autre paiement de 2700 l. le 16 janvier 1678 (*Ibid.*, c. 974); autre paiement en 1679, pour « parfait payement de 31200 l. pour la balustrade de bronze doré du grand escalier de Versailles. » (*Ibid.*, col. 1170.)

8. *Ibid.*, c. 974 (1677).

9. *Ibid.*, c. 1066 (1678).

10. *Ibid.*

11. *Ibid.*, c. 1170 (1679).

12. J.-J. Guiffrey, *Comptes des Bâtiments du roi*, t. I, col. 1179, 1313; t. II, c. 111.

13. « 231. Un grand cabinet d'orgues a ressorts, doré et noirci, porté sur des sphinx de bois sculté doré, haut de neuf pieds et demy sur six de large et deux de profondeur. » (*Inv. des meubles de la Couronne* (Fontanieu), Archives Nationales, O 1 3336, fo 141 vo.)

été en partie exécutés par Cucci, si on en croit certaines mentions des comptes [1] de 1684, dont on retrouve la trace également en 1692. Il serait fort difficile, au milieu de toutes les répétitions que contiennent les documents, au milieu des mentions des travaux importants et ayant bien un caractère personnel et des ouvrages de réparation, de distinguer ce qui vraiment pouvait présenter le caractère des œuvres de Cucci ; il faut renoncer à rappeler tous les payements qui lui sont faits tantôt pour des piédestaux d'ébène pour porter des bronzes dans le Cabinet des Curiosités [2], pour « les ouvrages de lapis et d'escaille » de la petite galerie du roi [3], pour les fanaux de la flottille du Canal [4], etc. ; au surplus, il faudrait en quelque sorte republier ici les comptes des bâtiments, et je crois d'ailleurs que les très nombreux extraits que j'en donne [5] permettront de se faire une idée du talent très varié de Cucci, à la fois bronzier, ébéniste et marqueteur, travaillant très directement sous la direction de Le Brun, puisqu'il avait ses ateliers aux Gobelins, mais conservant cependant dans ses œuvres, autant qu'on en peut juger par des descriptions forcément incomplètes, un style italien assez prononcé. La similitude des travaux exécutés par lui avec ceux qui sont sortis des mains de Boulle pourrait, ce me semble, rendre le départ entre ce qui appartient à chacun des artistes assez difficile, si, d'une part, le temps en détruisant beaucoup d'œuvres de l'un et de l'autre ne s'était chargé par avance de nous tirer d'embarras ; si, d'autre part, les œuvres qu'on attribue généralement à André-Charles Boulle ou à ses successeurs et à ses imitateurs n'étaient, au point de vue du style du dessin, assez sensiblement différentes. Boulle, tout en employant des procédés de décoration d'origine italienne, a fait des meubles de style français ; Cucci, au contraire, peut passer pour un de ces artistes formant le chaînon reliant l'art italien et l'art français du xviie siècle. J'imagine que quand il mourut, au commencement du xviiie siècle, en 1704 probablement, le long séjour qu'il avait fait dans notre pays n'était point parvenu à lui faire renier un goût prononcé pour les mosaïques voyantes ou pour les consoles ou les scabellons de bois doré et verni en bleu éclatant. Tout cela est affaire de latitude, affaire aussi de la première éducation que l'œil a reçue.

On me pardonnera d'avoir insisté de la sorte sur l'œuvre de Cucci ; mais son rôle m'a paru trop important dans l'ensemble des travaux de décoration et de mobilier exécutés sous Louis XIV pour qu'une simple mention suffît pour quarante années de travaux. Il resterait à savoir si parfois Cucci n'a pas prêté à Boulle son concours, comme fondeur, pour la décoration de ses meubles ; mais les textes sont muets sur ce point.

Un autre artiste italien, appelé très probablement en France par Mazarin vers 1660, c'est-à-dire très peu de temps avant la mort du ministre, joue un rôle également important dans l'évolution du style décoratif en France, dans la seconde moitié du xviie siècle. Philippe Caffieri — Caffier, comme l'appellent fréquemment les comptes royaux — a surtout sculpté le bois, mais il a fait également des bronzes, et c'est à ce titre que je le fais figurer ici à côté de Cucci, plutôt que de le ranger parmi les sculpteurs dont je parlerai plus loin [6].

---

1. « 10 septembre [1684] : à luy [Cucci], sur deux cabinets de marqueterie de bronze doré pour mettre les orgues et le clavessin dans la grande chambre du Roy et autres ouvrages.............. 1000 l. » (J.-J. Guiffrey, *Comptes des Bâtiments*, II, c. 460.) — « 7 septembre [1687] : dudit s^r du Metz la somme de 500 l. qui auroit esté ordonnée le 31 aoust dernier à Dominico Cucci, ébéniste, à compte de deux grands cabinets d'orgues de marquetterie qu'il fait pour S. M., laquelle il n'a pas receue... 500 l. » (*Ibid.*, c. 1094.)

2. *Ibid.*, t. II, c. 303.

3. *Ibid.*, c. 629.

4. *Ibid.*, c. 888.

5. « 29 décembre [1692] :..... 21332 l. 4 s. pour délivrer à Dominico Cucci, ébéniste, pour, avec 92818 l. 4. s. 6 d. qu'il a reçeus les années précédentes, faire le parfait payement de 114150 l. 8 s. 5 d. à quoy montent généralement tous les ouvrages et réparations de son métier qu'il a fait pour le service de S. M. depuis le mois de novembre 1683 jusqu'à ce jour, outre ceux dont les payements lui ont esté cy devant faits, y compris 57553 l. 12 s. 6 d. d'une part pour les ouvrages d'écaille dorée, de lapis, de menuiserie, ornemens de bronze, modèles et autres qu'il a fait pour la gallerie du petit appartement du château de Versailles, en l'estat qu'ils sont, suivant le toisé qui en a esté fait par ordre de S. M., et 14899 l. 13 s. 4 d., d'autre part, pour ceux de menuiserie, marquetterie et bronze qu'il a fait sur deux cabinets d'orgues en l'état qu'ils sont, suivant le toisé qui en a esté aussi fait, le tout livré par ledit Cucci et mis au palais des Thuilleries, et 177 l. 15 s. 4 d. pour les taxations...................... 21509 l. 19 s. 4 d. » (J.-J. Guiffrey, *Comptes des Bâtiments du roi*, t. III, c. 665.) — « 20 janvier [1692] : à Dominico Cucci, ébéniste, pour la dépense qu'il a faite et les journées qu'il a employées à transporter et replacer des Gobelins au château des Tuilleries, dans la gallerie des Ambassadeurs, le lambris de lapis et d'écaille de tortue de la gallerie des bijoux du petit appartement du roy à Versailles...................... 197 l. 10 s. » (J.-J. Guiffrey, *Comptes des Bâtiments du roi*, t. III, c. 722.)

6. Sur les Caffieri consultez Jal, *Dictionnaire critique*, et surtout l'ouvrage très complet de J. Guiffrey, *Les Caffieri sculpteurs et fondeurs*

Philippe Caffieri vint de Rome en France, et cette origine pourrait tout d'abord le faire prendre pour Romain, si on ne savait d'ailleurs que sa famille était napolitaine. Son père, né à Sorrente, s'établit à Rome et servit, en qualité d'ingénieur, le pape Urbain VIII. Philippe (né en 1634) servit lui-même le pape Alexandre VII, et il quitta le service du Pontife pour celui de Louis XIV ; en 1665, établi aux Gobelins, il recevait des lettres de naturalisation dans lesquelles on le désigne sous le titre de « sculpteur ordinaire des meubles de la Couronne [1] ». Placé, comme tous les autres artistes travaillant aux Gobelins, sous les ordres de Le Brun, cette même année 1665, il s'alliait étroitement au premier peintre du roi en épousant sa cousine germaine [2].

M. Guiffrey a relevé minutieusement, dans les comptes des bâtiments, les travaux exécutés par Philippe Caffieri depuis 1663. A en juger par ces mentions des comptes, Caffieri fut surtout employé comme sculpteur sur bois chargé d'exécuter des guéridons, des scabellons, des piédestaux, des fauteuils sculptés ou pliants. La plupart de ces meubles, destinés à être dorés, argentés ou peints, quelquefois l'un et l'autre, faisaient partie de la décoration des châteaux royaux, et dans un certain nombre de cas nous voyons Caffieri se partager la besogne avec des sculpteurs tels que Tuby, son compatriote, Mathieu Lespagnandel, ou des doreurs comme Paul Gougeon de la Baronnière [3].

Si nous en jugeons par les sculptures sur bois, attribuables à Caffieri, qui subsistent encore aujourd'hui, celles de Versailles surtout dont une partie a été conservée, la direction de Le Brun s'est toujours fait sentir d'une façon très effective sur les travaux de Caffieri. Le style italien apparaît, il est vrai, dans la fabrication de certains meubles, dans l'abus des dorures, des argentures, des tons violents, le bleu transparent, par exemple, appliqué sur des paillons qui lui servent de dessous et luttant avec l'or et le bronze doré répandus à profusion dans toute la décoration intérieure ; mais tout ce luxe italien est assagi, quant aux formes, par la discipline française, si bien qu'en l'absence des mentions des comptes, on ne songerait pas à attribuer à une main italienne les cadres des tableaux sculptés par Caffieri pour Louis XIV, cadres dont un certain nombre subsiste encore dans les collections du Louvre. C'est là qu'on reconnaît véritablement combien une forte organisation telle que celle établie par Le Brun aux Gobelins a pu unifier l'art français sous Louis XIV. Mais sous cette unité, bien entendu, perce

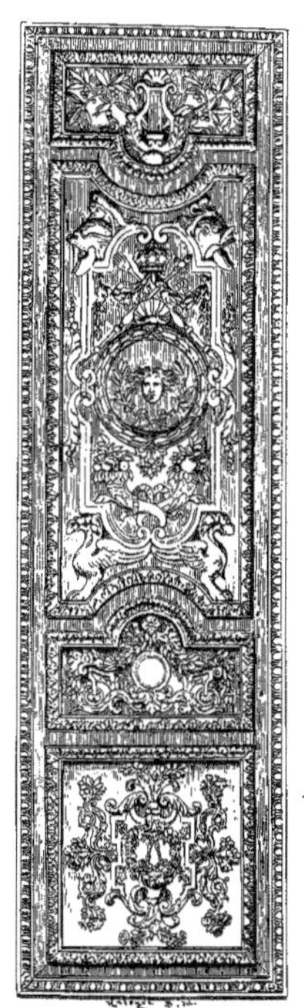

PORTE SCULPTÉE

par Philippe Caffieri pour le grand
escalier de Versailles (Palais de Versailles)

---

ciseleurs, Paris, 1877, in-8°. L'étendue de cette monographie, le soin qu'on a pris d'y relever tous les textes relatifs à Philippe Caffieri et à ses descendants me permettront d'être bref sur un sujet où il n'y a guère de faits nouveaux à présenter.

1. « Louis, par la grâce de Dieu, Roy de France....., salut. Sur le bon et louable rapport qui nous auroit esté fait de la capacité, expérience et bonne diligence de notre cher et bien amé *Philippes Caffier*, sculteur ordinaire des meubles de la couronne, natif de la ville de Rome, nous l'avons fait venir en notre bonne ville de Paris et ensuitte establir dans notre maison des Gobelins pour y travailler comme il fait depuis plusieurs années à notre entière satisfaction aux ouvrages de sculture pour nos chasteaux et maisons royalles, et comme il nous a très humblement fait représenter que son désir seroit de demeurer toute sa vie dans notre Royaume, sinon qu'estant estranger, il craindroit d'estre troublé en la jouissance des biens qu'il y a ou pourroit cy après acquérir et d'être frustré des privilèges dont jouissent nos naturels sujetz s'il n'avoit lettres sur ce nécessaires, requérant très humblement icelles ; A ces causes, etc..... Donné à Saint-Germain au mois de juin, l'an 1665.... » (Archives Nationales, Z 6007, fol. 42; *Nouvelles Archives de l'Art français*, 1873, p. 245.)

2. J. Guiffrey, *Les Caffieri*, p. 3. De ce mariage naquirent onze enfants (*ibid.*, pp. 5, 6), parmi lesquels le premier, François-Charles (né en 1667), et le dixième, Jacques (né en 1678), furent tous deux sculpteurs (*ibid.*, p. 7).

3. Voici, par ordre chronologique, l'indication de quelques-uns des travaux de Philippe Caffieri, d'après les documents publiés par

l'introduction d'habitudes et d'usages italiens, et de nombreuses modifications se font jour dans le mobilier français : la dorure s'étale partout, mais sur des formes presque toujours moins compliquées et moins ronflantes que les formes italiennes. Ce qui explique cette unité, c'est, d'une part, la collaboration active de Le Brun à toutes ces œuvres, la collaboration aussi d'une foule d'artistes italiens et français au même ensemble décoratif. De ce travail en commun, de cette direction supérieure résulte un style qui ne peut être attribué en propre à aucun des artistes, ni à Cucci, le plus italianisant de tous, ni à Caffieri, ni à Tuby, mais dont le véritable père est Le Brun qui sait admirablement mélanger les styles, les assagir et, tout en créant une ornementation d'une richesse incroyable, ne tombe jamais dans les exagérations italiennes de la même époque. Sans chercher à discerner les œuvres de Caffieri au milieu des boiseries, des consoles, des guéridons qui existent encore aujourd'hui, ce qui serait un travail hasardeux et riche surtout en hypothèses, il suffira de jeter les yeux sur un des vantaux des portes du grand escalier de Versailles, portes déplacées en 1750, mais conservées, œuvre authentique de Caffieri, pour se rendre compte que l'honneur d'une semblable décoration revient tout entier à Le Brun. Bien que les modèles, destinés à être exécutés primitivement en bronze, aient été faits par Caffieri en 1673[1], les panneaux de bois, sculptés seulement en 1678 et dont on trouvera ici un croquis, ne sont nullement de style italien : ils appartiennent en propre au style de [Le Brun dont la main, dont le crayon se retrouve partout. Mais ce qui est italien d'origine dans cette décoration c'est la profusion de l'or, c'est le besoin de mettre de la couleur partout. De même dans le mobilier proprement dit, dans les guéridons, sortes de hautes torchères soutenues par des cariatides portant des plateaux sur lesquels on posait des girandoles de cristal, organisation du luminaire tout à fait italienne, dans les consoles ou les pieds de tables, ce sont les couleurs employées, non les formes mêmes, qui rappellent le mobilier de la péninsule[2].

J'aurai du reste à revenir en quelques mots sur ce sujet en parlant des sculpteurs sur bois proprement français et sur les principales pièces du mobilier exécutées en bois doré sous Louis XIV. Mais je devais ici réunir à Cucci l'artiste italien qui, au point de vue du mobilier proprement dit,

---

M. Guiffrey : 1663, six grands guéridons en bois, ornés de sculpture, pour le Louvre ; 1664, scabellons en bois de chêne, pour Versailles, exécutés en collaboration avec Tuby ; 1665, modèles des contre-cœur des cheminées du Louvre ; trois fauteuils « de sculpture à l'antique » et douze sièges pliants « de pareille sculpture » ; 1666, scabellons et piédestal pour Versailles ; bordures sculptées pour des tableaux ; travaux de sculpture sur bois aux Tuileries, en collaboration avec Lespagnandel. (Guiffrey, pp. 10-13.) — 1667 : piédestaux de sculpture « argentez en forme d'orfèvrerie » ; pieds de tables, grand fauteuil argenté « pour donner une audiance », tabourets, sièges pliants, « impériale » ou couronnement d'un lit en bois sculpté et doré, surmonté de panaches de plumes blanches ; deux autres lits, guéridons, douze fauteuils, etc. (*Ibid.*, p. 462-463.) — 1668 : sculptures aux croisées du château des Tuileries ; 1669 : travaux à Saint-Germain et fabrication d'une « machine en forme d'armoire pour mettre en partie des agathes, cristaux et autres curiosités au pallais des Thuilleries » ; 1670 : sculpture de chapiteaux au Louvre ; bordure des plafonds de la galerie des Tuileries, bordures de miroirs pour Trianon. -- En 1671, 1672, on le voit encore travailler avec Lespagnandel et Gian Francesco Temporiti († 1674) à Versailles, aux portes et aux fenêtres des grands appartements ou de la Chambre des bains. Mais là le sculpteur sur bois fait place au bronzier, car Caffieri donne des modèles pour des chapiteaux et des bases de colonnes de bronze. — En 1673-1674, il travaille successivement au Louvre et à Versailles, et crée les modèles des portes des grands appartements qui, primitivement, devaient être exécutées en bronze, puis furent sculptées en bois ; — 1674, sculpture d'un lit de bois doré pour Versailles ; 1675, sculpture au Louvre ; 1676, modèle de la rampe de l'escalier de Versailles ; 1677-1678, portes de bois sculpté pour Versailles ; modèles de chapiteaux en plomb pour la chapelle de Versailles ; 1679 : sculptures en stuc et en pierre, en collaboration avec Legeret et Mazeline pour la grande galerie de Versailles ; 1680, ces travaux, chapiteaux en bronze, trophées en stuc, exécutés d'après des dessins de Le Brun, se continuent dans la grande galerie ; puis sont sculptées les portes de la première pièce de l'appartement du roi. En 1681, exécution de boiseries pour Versailles et Marly ; en 1684, nous retrouvons Caffieri aux Récollets et la paroisse de Versailles, et en 1685-1686, il s'occupe surtout de la décoration de la flottille du Grand Canal, à Versailles. (Guiffrey, pp. 13 à 45.) En 1688, le nom de Caffieri disparaît des Comptes des bâtiments du roi : l'artiste devient sculpteur et ingénieur des vaisseaux du roi, au Havre et à Dunkerque ; il occupe cette charge jusqu'au 1714 ; à ce moment, sur sa démission, son fils François-Charles devient sculpteur des vaisseaux du roi à Brest (*Ibid.*, p. 44-51) ; Philippe Caffieri mourut en 1716.

1. « A Caffieri, pour le modèle des portes de bronze pour les grands appartements de Versailles, 850 l. » (Guiffrey, *ouvr. cité*, p. 22, note 4.) — 1678 : « A lui [Caffieri] à compte de la sculpture des six portes de bois du grand escalier, 600 l. » (*Ibid.*, p. 27, note 2.)

2. Sans m'étendre ici plus que de raison sur ce sujet, je rappellerai quelques descriptions de l'Inventaire du mobilier de la Couronne dressé par Fontanieu, descriptions qui donnent une idée de la disposition de ces dorures et de ces peintures sur les meubles : N° 142. « Deux grands scabellons de bois sculté, doré et peint couleur de lapis, portés sur trois pates de lion de bois noircy ; au milieu du corps sont trois couleuvres de bois doré entrelassées, le haut terminé par trois rouleaux en forme de chapiteau sur lesquels sont assis deux enfans de bois doré dont les jambes se terminent en guirlandes de fleurs, supportans des mains un plateau rond de bois doré, haut de cinq pieds, cinq pouces. » -- N° 147. « Deux scabellons de bois sculté, doré, argenté et azuré, le haut suporté par une tête d'enfant et deux têtes d'aigles ; la tige ornée sur le devant d'un caducée et trois fleurs de lis, avec guirlandes de fleurs de bois doré aux côtés, hauts de deux pieds et demy. » — N° 266. « Une table peinte de fleurs, le fond argenté, portée sur quatre pilliers en guaine, de bois sculté doré et peint de fleurs sur fond argenté, longue de trois pieds sept pouces, sur deux pieds deux pouces de large, avec deux gueridons points de même. » (Archives Nationales, O¹ 3336, f°s 130 et 131.)

a le plus travaillé pour Louis XIV. Avec les mosaïstes et les lapidaires travaillant aux Gobelins, Migliorini, Giacetti, Branchi [1], d'autres encore, ils forment une colonie italienne importante qui, loin d'imposer son style, a mis son admirable habileté technique au service des conceptions de Le Brun.

III. LE MEUBLE FRANÇAIS. ANDRÉ-CHARLES BOULLE

Si le nom de Charles Le Brun a fait en quelque sorte oublier ceux qui furent ses collaborateurs et souvent ses émules dans les décorations monumentales exécutées sous Louis XIV, le nom d'André-Charles Boulle a rejeté dans l'ombre la plupart des ébénistes qui ont travaillé en même temps que lui. En sorte que tous les meubles en marqueterie lui ont été attribués, qu'on l'a considéré comme l'inventeur du procédé d'ornementation qu'on rencontre le plus fréquemment sur ses meubles, sans tenir compte de l'existence, au même moment, de beaucoup d'artistes que les documents mentionnent et dont les travaux étaient de même style. Bien plus, on a attribué autrefois à André-Charles Boulle des travaux qui datent de la seconde moitié du xviiie siècle, d'une époque où son style était redevenu de mode, sans s'inquiéter des modifications que les ébénistes de la fin du règne de Louis XV ou du règne de Louis XVI avaient forcément introduites dans un genre de travaux qui, sous leurs mains, ne pouvaient être que de simples imitations. Puis est venue une réaction, que cet engouement peu éclairé pouvait aisément faire présager ; et il ne manque pas aujourd'hui d'amateurs fort disposés à placer en plein xviiie siècle la création de meubles qui, très évidemment, ont vu le jour sous Louis XIV. Le départ entre les œuvres authentiques d'André-Charles Boulle ou de ses contemporains employant les mêmes procédés que lui et les imitations du xviiie siècle est d'autant plus délicat à opérer qu'en somme les œuvres les plus célèbres du maître ont disparu depuis longtemps. On en est donc réduit à des conjectures pour faire connaître, à l'aide de spécimens authentiques, la manière de Boulle. Peut-être cependant à l'aide d'un certain nombre de monuments dont la provenance est connue, à l'aide de quelques textes s'appliquant exactement à des meubles qui existent encore, peut-on parvenir à se faire une idée exacte de ce qu'était un mobilier exécuté par Boulle ou dans son style. Je dis dans son style, car même en ce qui concerne les meubles faits pour le roi et dont quelques-uns existent encore, on ne saurait être absolument affirmatif : les *Comptes des bâtiments* mentionnent des travaux tout à fait analogues faits par d'autres ébénistes. Enfin, et ceci doit nous rendre encore plus prudent au sujet des attributions, si Boulle et ses contemporains ont travaillé parfois d'après leurs propres dessins, ils ont beaucoup plus souvent exécuté leurs meubles d'après des dessins d'autres artistes, de Berain notamment, dont tous les artisans pouvaient faire usage. Il s'ensuit que le même modèle a pu être exécuté par différentes mains. Ces réserves faites, je me hâte d'ajouter qu'il est infiniment probable qu'un certain nombre des meubles provenant des anciennes résidences royales, appartenant soit à la France, soit à des collections particulières, sont réellement sortis des ateliers du célèbre ébéniste ; pendant de longues années, c'est Boulle qui a été le plus célèbre de tous les ébénistes, et le roi ou les personnes qui commandaient en son nom ne se fournissaient guère que chez le bon faiseur. Mais il fallait présenter dès l'abord ces quelques considérations pour expliquer la timidité que j'apporterai dans l'attribution à André-Charles Boulle de quelques meubles célèbres ; on peut être certain, d'ailleurs, qu'au siècle dernier les amateurs — et ils étaient nombreux — qui recueillaient ces meubles, n'en savaient pas beaucoup plus que nous.

---

1. Au sujet de ces mosaïstes, voyez le curieux travail publié par le docteur Hamy dans les *Annales d'histoire naturelle* (année 1897) sur l'histoire d'une des tables en pierres dures de rapport conservées au Muséum d'histoire naturelle, à Paris.

Malgré toutes les recherches auxquelles se sont livrés les érudits depuis une cinquantaine d'années, on n'a pu découvrir l'état civil exact d'André-Charles Boulle : on admet seulement, avec l'*Abecedario pittorico* du P. Orlandi [1], qu'il naquit à Paris en 1642 ; mais on a tenté vainement d'en faire le fils ou le petit-fils de Pierre Boulle, tourneur et menuisier des cabinets d'ébène du roi, logé au Louvre au commencement du xviie siècle. Sans entrer dans le détail de la généalogie de ce Pierre Boulle ou de ses descendants, le simple tableau suivant, établi d'après les documents publiés sur le maître [2], montrera combien il serait invraisemblable de considérer André-Charles Boulle comme son petit-fils.

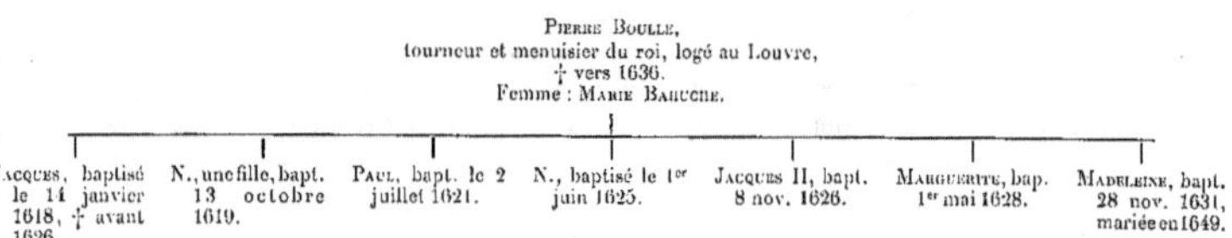

PIERRE BOULLE,
tourneur et menuisier du roi, logé au Louvre,
† vers 1636.
Femme : MARIE BAHUCHE.

JACQUES, baptisé le 14 janvier 1618, † avant 1626.	N., une fille, bapt. 13 octobre 1619.	PAUL, bapt. le 2 juillet 1621.	N., baptisé le 1er juin 1625.	JACQUES II, bapt. 8 nov. 1626.	MARGUERITE, bap. 1er mai 1628.	MADELEINE, bapt. 28 nov. 1631, mariée en 1649.

André-Charles Boulle, né en 1642, ne peut être le fils de Pierre, mort vers 1636 ; il pourrait être, à la rigueur, le fils de Paul Boulle, troisième enfant de Pierre, né en 1621, mais il faudrait admettre que ce Paul s'est marié fort jeune ; l'hypothèse serait au demeurant admissible si le père d'André-Charles, d'après un acte publié par Jal, n'avait en réalité porté le prénom de Jean, ce qui, du même coup, supprime une filiation directe avec Pierre Boulle aussi bien qu'avec un certain Nicolas Boulle, maître brodeur au commencement du xviie siècle.

Jusqu'à la découverte possible de nouveaux documents, il demeure impossible de savoir à quel degré André-Charles était parent de Pierre Boulle ; mais j'imagine qu'il est bien légitime, étant données les similitudes de nom et de métier, de les considérer comme parents l'un de l'autre, et alors les recherches de M. H. Stein éclairent singulièrement la véritable origine de la famille Boulle : dans le contrat de mariage de Pierre Boulle et de Marie Bahuche, passé par devant un notaire de Lyon, il est dit que Pierre Boulle était fils de « deffunt David Boulle, en son vivant habitant et bourgeois de Verrière, au comté de Neufchâtel en Suisse [3] ». Je n'irai pas, comme l'a fait M. Havard, jusqu'à supposer que *Boulle* n'est qu'une forme francisée du nom flamand *Boel*, parce que cette supposition n'est pas nécessaire : si beaucoup de marqueteurs ou d'ébénistes étaient en effet Flamands, il y en avait également beaucoup d'Allemands, et dans le comté de Neufchâtel, comme en Franche-Comté ou en Alsace, l'art subissait l'influence allemande. Quoi qu'il en soit, il était intéressant de noter que très probablement l'ébéniste le plus célèbre en France au xviie siècle n'était Français que de très fraîche date.

Comme l'a remarqué avec juste raison M. Havard [4], il faut se garder de considérer André-Charles Boulle comme l'inventeur du système de marqueterie de cuivre, d'étain, d'écaille et de corne qui donne aux meubles qui portent son nom un aspect assez spécial. Bien longtemps avant lui on en faisait en France, et l'inventaire du cardinal Mazarin, en 1653, contient la description de cabinets d'ébène ornés d'écaille et de cuivre. Le procédé de fabrication lui-même, du reste d'origine vraisemblablement italienne, ne présente que fort peu de difficultés d'exécution. Il consiste à préparer

---

1. « Andrea Carlo Boulle, nato a Parigi il di 11 novembre 1642, portò della natura tutte quelle disposizione che sono necessarie per le belle arti et per qualunque professione, che si fusse fatta elettiva. La propensione di questo grande soggetto l'inclinava alla pittura, se suo padre, artifice ebanista, non l'avesse impiegato a seguire l'arte sua, che per l'illumino, et l'aiuto nel disegno, nel gusto, ed in una perfezione superiore e non cognita al padre ne al alcun' altro avanti di se. » (*Abecedario pittorico*, 1719, p. 63 ; ce passage du P. Orlandi, souvent cité, a été reproduit également dans les *Archives de l'Art français*, t. IV (1855-56), p. 322.

2. *Archives de l'Art français*, t. IV (1855-56), p. 324 et suiv. ; Jal, *Dictionnaire biographique* ; — H. Stein, *L'ébéniste Boulle et sa famille*, *Mémoires des Sociétés des Beaux-Arts des départements*, année 1890 ; — H. Havard, *Les Boulle*, p. 16 et suiv.

3. Voyez plus haut, p. 24.

4. *Les Boulle*, pp. 24, 25.

des feuilles de cuivre, d'étain, d'écaille et d'ébène, de mêmes dimensions et de même épaisseur. Ces feuilles, collées ensemble deux à deux, sont découpées à la scie suivant un patron. Une fois le découpage terminé et les feuilles décollées les unes des autres, on possède deux motifs de décorations découpés, soit un en écaille et un en cuivre, si ces deux matières ont été employées, puis deux plaques de fond, également en écaille et en cuivre, dans lesquelles ont été découpés les motifs de décoration : rien de plus simple alors que de marier, en les collant sur un fond de bois, le motif de cuivre avec un champ d'écaille, et le motif d'écaille avec un champ de cuivre. On obtient ainsi deux panneaux absolument semblables quant au dessin, mais différents quant à l'aspect; car dans le premier que l'on nomme *première partie*, c'est l'écaille qui domine ; dans le second, *seconde partie* ou *contre-partie*, c'est le cuivre au contraire qui recouvre la plus grande partie du panneau. On conçoit aisément que la même opération répétée sur deux, quatre ou six matières différentes, suivant un même dessin, peut donner lieu à des combinaisons très variées, à des alternances très régulières de matières et par conséquent de tons. Ce procédé ingénieux, qui permet d'utiliser toutes les matières mises en œuvre pour le travail, et qui a été généralisé par Boulle et ses contemporains, on vient de le voir, n'a point été inventé par lui; il est plus ancien. Quelque somptueux que soit ce système de décoration qui permet de faire des œuvres admirables si on a de bons modèles, on peut regretter qu'il ait été appliqué aussi généralement au mobilier de l'époque de Louis XIV ; car, en réalité, rien n'est moins solide pour des meubles d'usage. Les métaux, l'écaille, l'étain, la corne, l'ébène composant la marqueterie, ne sont point des matières adhérant facilement à un autre bois par l'opération du collage, et de plus ce sont des matières qui sous l'influence des variations atmosphériques se dilatent inégalement et se contractent de même. Il s'ensuit qu'il n'est pas un meuble de marqueterie du xviie siècle qui soit parvenu jusqu'à nous absolument intact; tous sont ou mutilés ou restaurés. C'est un fait dont il faut prendre son parti ; mais néanmoins, malgré ces avaries, beaucoup ont conservé cet aspect somptueux qui est la note dominante de tout le mobilier de l'époque de Louis XIV.

Dès 1672, André-Charles Boulle était logé aux Galeries du Louvre, avec le titre de marqueteur et ébéniste ordinaire du roi [1]. Il n'avait que trente ans, si on s'en fie à la date de sa naissance — 1642 — donnée par le P. Orlandi ; mais cette date n'est peut-être pas exacte, car en 1677, date de son mariage avec Anne-Marie Le Roux, — mariage catholique par parenthèse, tandis que les autres Boulle dont il est parlé plus haut étaient protestants — André-Charles n'accuse que trente ans non plus [2]. Mais d'ailleurs cette question d'âge n'a qu'une assez mince importance. Toujours est-il que, sur la proposition de Colbert [3], André-Charles Boulle fut mis en possession du logement devenu vacant par la mort de l'ébéniste Jean Macé, « menuisier, faiseur de cabinets et tableaux en marqueterie de bois », ainsi qu'il est désigné dans la déclaration du roi confirmant les privilèges des artistes logés au Louvre [4]. Le ministre dut avec plaisir saisir cette occasion de s'attacher un homme dont la réputation était déjà bien établie; et ce qu'il faut retenir du texte du brevet qui fut expédié en faveur de Boulle en cette circonstance [5], ce sont moins des formules assez banales et qu'on retrouve à peu près identiques dans tous les documents de ce genre que les titres qui sont donnés à l'artiste : « ébéniste, faiseur de marqueterie, doreur et ciseleur. » Ces mêmes titres accompagnent son nom dans un second brevet de 1679 [6] qui lui accordait en outre un second logement au Louvre. Or, cette constatation est nécessaire pour se rendre exactement compte du talent de Boulle qui, fils d'ébéniste, eût voulu être peintre, mais fut en réalité aussi bien sculpteur que créateur de meubles. Faut-il

---

1. *Archives de l'Art français*, t. IV (1855-56), p. 322.
2. Jal, *ouvr. cité*.
3. « Massé l'ébéniste qui faisoit les panneaux des grenouilles est mort ; il a un fils qui n'est pas habile dans son mestier ; le nommé Boulle est le plus habile de Paris. Votre Majesté ordounera, s'il luy plaist, auquel des deux elle veut donner son logement dans les galeries. » — « Le logement des galeries au plus habile », répond Louis XIV en marge de la lettre de Colbert ; cité par H. Havard, *ouvr. cité*, p. 33.
4. *Nouvelles Archives de l'Art français*, 1873, p. 40 et suiv.
5. Le 21 mai 1672. *Archives de l'Art français*, 1, p. 222 à 224.
6. Du 16 novembre. *Nouvelles Archives de l'Art français*, 1873, p. 67, 74 et 132. — Macé avait été gratifié de son logement aux Galeries du Louvre en 1644. Son fils, non logé, continua à travailler pour le roi.

cependant lui attribuer tous les bronzes qui ornent les meubles? Ce serait aller un peu loin. Il est évident que dans le moment de sa plus grande vogue il dut demander son aide à plus d'un bronzier ; mais néanmoins il n'en faudrait pas conclure que Boulle, en tout temps, a eu besoin du secours d'ouvriers appartenant à un autre art. Comme artiste logé au Louvre, il pouvait s'affranchir de la tutelle des fondeurs de bronze, et simple ébéniste, créer tous les ornements de ses meubles, bien plus des lustres et des pièces de métal de grandes dimensions sans qu'aucun juré de corporation eût rien à y voir. Et Boulle semble avoir été de caractère à user et même à abuser de cette licence.

Ce n'est pas précisément dans les comptes royaux qu'il faut aller chercher les documents sur Charles-André Boulle. A part les textes qui concernent une partie de l'ornementation du fameux cabinet du dauphin, à Versailles, textes qui nous donnent tout au moins des chiffres importants à connaître, ces comptes sont à peu près muets sur les meubles. Et cependant il en est un grand nombre, parmi ceux qui existent encore aujourd'hui, qui lui peuvent être attribués. En dehors même des indications fournies par le style, qui peuvent à l'occasion être invoquées pour attribuer à André-Charles Boulle tel ou tel meuble, on peut s'appuyer, pour faire de semblables attributions, sur une série de six estampes dessinées par lui, aujourd'hui extrêmement rares d'ailleurs, mais qui donnent le galbe de beaucoup d'objets : bureaux, cabinets, commodes, tables, dont on connaît en nature les analogues [1]. Il existe aussi dans diverses collections, notamment dans les collections du Louvre et du Musée des Arts décoratifs, à Paris, un certain nombre de dessins originaux, dont j'aurai du reste à faire usage au cours de cette étude et qu'il faut, la chose n'est guère douteuse, considérer comme des croquis de Boulle [2]. Enfin on peut tirer de très utiles renseignements de l'inventaire du mobilier de la Couronne où se trouvent décrites, au milieu de meubles sortis des mains de beaucoup d'autres ébénistes, des pièces dont il me paraît difficile de contester l'origine. Un assez grand nombre ont vu certainement le jour dans l'atelier du Louvre. Cela dit, je ne ferai aucune difficulté de reconnaître que de nombreux ébénistes ont produit, à une époque absolument contemporaine d'André-Charles Boulle, des œuvres tout à fait analogues : qu'on en a fait aux Gobelins [3], que le roi a employé parfois d'autres marqueteurs, mais il faut se garder d'oublier que, parmi les marqueteurs et les ébénistes au temps de Louis XIV, Boulle obtint le premier rang [4]. Surtout il ne faut pas s'imaginer que tous les meubles dans le style de Boulle que nous possédons sont des œuvres de l'époque de Louis XIV, comme quelques personnes seraient disposées à le croire. Il est très certain que le style de Boulle est redevenu complètement de mode dans la seconde partie du XVIIIᵉ siècle, mais en somme, même en l'absence d'estampilles d'ébénistes, le départ entre ces œuvres imitées et les originaux est assez facile à faire, car presque toujours la copie n'est point si fidèle que, dans quelques détails de l'ornementation, ne se trahisse le style de l'époque où le meuble a été fait. Enfin, si on doit tenir compte, dans une certaine mesure, que les descendants de Boulle ont continué à répéter ses modèles, il ne faut pas non plus oublier que la renommée d'André-Charles Boulle a seule survécu : pendant tout le XVIIIᵉ siècle, même à une époque où le style du mobilier à la mode était complètement différent, à une époque où le style rocaille avait remplacé les lignes un peu sévères du dessin mis à la mode par Le Brun, les meubles de Boulle ont toujours joui d'une grande réputation auprès des amateurs de belles choses : les collectionneurs se les disputaient dans les ventes, et il n'est pour ainsi dire aucun cabinet important

---

1. Cfr. Guilmard, *Les maîtres ornemanistes*, art. Boulle. La collection Ed. Foule, à Paris, renferme cette suite d'estampes.

2. M. Havard (*ouvr. cité*) a reproduit quelques-uns des dessins du Louvre, notamment un grand dessin pour une armoire à deux vantaux (frontispice de son ouvrage); un coffre posé sur une console (p. 9), un modèle de table (p. 35). Les autres dessins reproduits par M. Havard sont de Berain, mais ont pu servir également à Boulle ; ce sont, en tout cas, des modèles des meubles en marqueterie.

3. *Inv. de Colbert* [1683], nᵒ 180 : « Une table posée sur ses pieds et deux guéridons à fonds d'escaille en tortue d'ouvrage de marqueterie de cuivre à jour et cizelé, *façon des Gobelins*, aux armes dudit defunt seigneur et de ladite dame, ensemble 200 livres. »

4. Dans le *Livre commode* de 1692 (cité par Laborde, *Palais Mazarin, Notes*, p. 35), on cite un assez grand nombre de tapissiers dont les noms sont à retenir : « Les marchands tapissiers renommez pour les meubles magnifiques, sont, entre plusieurs autres messieurs, Bon l'aîné, tapissier du roy, rue Victorine, Bon le cadet, tapissier de Monsieur, rue aux Ours, Barelle, à Luxembourg ; Montonnet, Collier et Mendron, rue Michel-le-Comte; Bernier et Malet, rue des Bourdonnois, etc. Messieurs Cussy, aux Gobelins, Boulle, aux galeries du Louvre, Le Febvre, rue Saint-Denis, au Chesne-Vert, etc., travaillent par excellence aux meubles et autres ouvrages de marqueterie. »

qui n'ait renfermé un ou deux meubles d'André-Charles ou du moins réputé comme tel [1]. A mon avis, quels que fussent la fragilité de ces meubles, les dangers que leur faisaient courir les transports ou même plus simplement les variations atmosphériques, nous possédons encore plus de meubles de Boulle qu'on ne l'a pensé jusqu'ici. Il est assez aisé de s'en assurer quand on fait, sur les meubles eux-mêmes, l'examen des bronzes qui les décorent. Les bronzes sortis des ateliers de Boulle ou de ses contemporains sont largement exécutés ; ce sont des œuvres de sculpture qui conservent toujours ce caractère grandiose qu'on trouve rarement déjà dans les œuvres du temps de Louis XV et pour ainsi dire jamais dans les meubles du temps de Louis XVI : dans la seconde moitié du xviiie siècle, le ciseleur, doué d'une habileté de main surprenante, a, par un travail minutieux, rapetissé pour ainsi dire le caractère et le style des sculptures qu'il devait travailler avant qu'elles prissent place sur les meubles ; le ciseleur en bronze du xviiie siècle a fait de la bijouterie et non de la sculpture. Cela soit dit, bien entendu, sans aucune intention de rabaisser le mérite d'admirables artistes ; encore devais-je signaler l'une des différences les plus saillantes des bronzes d'ameublement du xviie et du xviiie siècle.

Les premières mentions des travaux d'André-Charles Boulle qu'on relève dans les comptes royaux n'offrent qu'un très mince intérêt : en 1669, on lui solde 100 livres pour des ouvrages de peinture [2] ; mais le comptable est muet sur la nature et la destination de ces peintures. Puis à partir de 1672, nous le voyons travailler à Versailles, aux appartements de la reine, et, en 1675, il termine une estrade en marqueterie pour la décoration de la chambre de cette princesse [3]. En 1680, on le trouve mentionné à propos d'un cabinet d'orgues [4]. Bien entendu, pendant tout ce temps il figure dans l'état des gages des officiers travaillant aux bâtiments du roi. Mais, comme pour les autres artistes, les gages qu'il

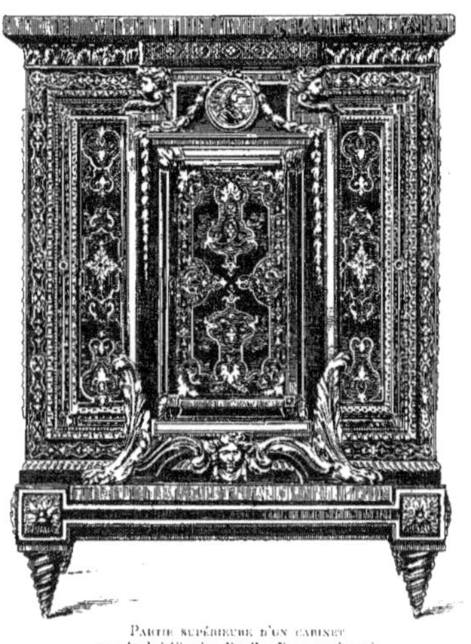

Partie supérieure d'un cabinet
par André-Charles Boulle (Base moderne)
(Ancienne collection Hamilton)

---

1. *Cabinet de Blondel de Gagny* (1766) : « Le cabinet de M. Blondel de Gagny, place Louis-le-Grand, communément dite de Vendôme, est un des premiers et des plus curieux de Paris, tant pour le nombre et le choix des peintures, sculptures et dessins que pour d'autres ouvrages extrêmement beaux comme cabinets et autres pièces d'ébénisterie du fameux Boulle, pendules, lustres à huit branches de cristal de roche..... » (*Dictionnaire pitt. et hist.* d'Hébert, 1766, t. Ier, p. 36, cité par Courajod, *Journal de Lazare Duvaux*, t. I, p. ccxxxiv.) — « Guéridons de marqueterie portant des girandoles de cuivre doré par Boulle. » (*Ibid.*, même cabinet, p. ccxxxvi.) — « Deux consoles de bois d'ébène garnies de masques et ornemens de cuivre doré par Boulle..... Une servante de bois des Indes, par Boulle. » (*Ibid.*, même cabinet, p. ccxxxvii.) — « Deux commodes de marqueterie avec ornemens de cuivre doré faites par Boulle. » (*Ibid.*, p. ccxxxix.) — « Sur une armoire basse de marqueterie de Boulle, avec dessus de marbre africain. garnie en dedans de porcelaines anciennes que l'on aperçoit au travers des glaces qui lui servent de panneaux, une pendule faite par le même Boulle, représentant le Char du Soleil attelé de quatre chevaux conduits par un triton, surmonté par la figure d'Apollon tenant sous ses pieds le serpent Pithon, le tout en cuivre doré d'or moulu. » (*Ibid.*, p. ccli.)

Le cabinet de M. de Julienne « contient quantité d'ouvrages d'ébénisterie du fameux Boulle, du siècle précédent. » (*Dictionn. pitt. et hist.* d'Hébert, t. I, p. 117 ; cité par Courajod, *Journal de Lazare Duvaux*, t. I, p. ccxxix.) Le nom de Boulle revient fréquemment dans le *Journal de Lazare Duvaux* ; on voit ce marchand vendre des lustres de Boulle à Mme de Pompadour ; et dans l'inventaire du duc de Brissac, en 1793, figurent des meubles et des lustres auxquels on attribuait la même origine. Cfr. Vatel, *Histoire de Madame du Barry*, t. III, p. 395. — Cet inventaire de Brissac est un inventaire de saisie révolutionnaire, et une partie de ces dépouilles échut par la suite à la Bibliothèque du Collège des Quatre-Nations, aujourd'hui Bibliothèque Mazarine ; je reproduis plus loin un lustre dans le style de Boulle, emprunté au mobilier de cette bibliothèque, et qui est peut-être un de ceux qu'a possédés Brissac et qui sont décrits sommairement dans ce document rempli de détails sur des œuvres que possèdent encore les musées nationaux.

2. J.-J. Guiffrey, *Comptes des Bâtiments du roi*, I, c. 357.

3. 25 avril-28 mai 1675 : « A Boulle, ébéniste, pour parfait payement de 7954 livres pour l'estrade de bois de rapport pour la petite chambre de la reyne, 2754 livres. » (*Ibid.*, c. 840.)

4. « A Boulle, ébéniste, pour un cabinet d'orgues de bois de rapport, garni d'ornemens de bronze, pour estre mis dans un des appartemens du chasteau [de Versailles], 8000 livres. » (*Ibid.*, c. 1323.)

reçoit à cette occasion (30 livres par an) ne signifient rien, les travaux étant toujours payés à part, ce qui se conçoit étant donnée l'extrême modicité d'un pareil traitement.

C'est aux environs de 1680, en tout cas après le mariage du dauphin avec Marie-Anne-Christine de Bavière [1], que l'activité de Boulle s'affirme par des mentions des comptes. Il est chargé de créer, pour le dauphin, la merveille qui établira définitivement sa réputation, merveille qui, malheureusement, presque aussitôt achevée, devra, par une fantaisie du roi, être transportée au rez-de-chaussée du château de Versailles, c'est-à-dire dans un endroit humide où bientôt se consommera la ruine d'un ouvrage que tous les contemporains sont unanimes à considérer comme une des plus belles choses inventées sous le règne de Louis XIV.

Dans son *Versailles immortalisé* ou *Les merveilles parlantes de Versailles* [2], G.-B. de Monicart nous a laissé en médiocres vers une description du cabinet du Dauphin à laquelle, assurément, on doit préférer celle que nous a donnée Félibien [3], plus exacte sans doute; mais, de ce morceau peu recommandable au point de vue du style, je veux toutefois retenir le passage où il a jugé convenable de ne point passer sous silence le nom de Boulle, ce qui montre bien combien était célèbre le chef-d'œuvre de notre ébéniste :

> Il n'est rien qui n'enchante, il n'est rien qui ne plaise
> Dans ce grand cabinet si riche en ornemens,
> Car le moindre d'entre eux au poids de l'or se pèze.
> Voy de quelle finesse est son revêtement,
> Le chef d'œuvre admirable et le plus excellent
> Dans l'art de marqueterie est ce subtil ouvrage
> Dont Boulle eut de tes jours l'industrie en partage.

La description de Félibien est en partie éclairée par les textes des comptes des bâtiments ; sans doute ces comptes sont muets sur l'arrangement général du cabinet du Dauphin ; mais les textes font passer successivement sous nos yeux les glaces [4], les girandoles, le parquet de marqueterie ; il faut remarquer aussi que si le nom de Boulle a été seul prononcé par les anciens guides de Versailles, à propos de l'appartement, il convient aux historiens modernes de rendre une partie de la gloire qui en a rejailli sur lui à ce Pierre Golle dont j'ai eu l'occasion de parler. Il est vraisemblable qu'un premier payement de 21.900 livres, fait à Boulle en 1682, a trait aux travaux exécutés dans cette partie du château de Versailles, malgré le laconisme des comptes [5]. Dans tous les cas, en 1683 intervient pour cet objet, cette fois clairement spécifié, un nouveau payement de 38.000 livres [6]. Ce chiffre dépensé en si peu de temps en dit long sur les somptuosités du cabinet. Mais en 1682, 1683, 1684, 1685, nous voyons aussi divers payements, moins importants sans doute, cependant encore assez considérables, faits à Golle ou à ses héritiers pour le parquet en marqueterie du cabinet du Dauphin [7].

---

1. 7 mars 1680.

2. Tome II (Paris, 1720), p. 378.

3. « C'est chez Monseigneur, que dans les deux grands cabinets de son apartement l'on voit un amas exquis de tout ce que l'on peut souhaiter de plus rare et de plus précieux non seulement pour les meubles nécessaires, pour les tables, les cabinets, les porcelaines, les lustres et les girandoles ; mais encore pour les tableaux des plus excellents maîtres, pour les bronzes, pour les vases d'agathe, pour les camayeux et pour d'autres ouvrages et bijoux faits des métaux les plus précieux et les plus belles pièces orientales. Le plus grand de ces riches cabinets occupe à présent la place de trois pièces qui estoient autrefois proche de la chambre du lit ; Mignart le Romain a peint le plafond du cabinet où il a représenté le portrait de Monseigneur : et le troisième cabinet qui a une issûe dans la galerie basse du milieu du château a, comme nous avons dit, de tous côtez et dans le plafond des glaces de miroirs avec des compartimens de bordures dorées sur un fond de marqueterie d'ébène. Le parquet est aussi fait de bois de rapport et embelli de divers ornemens, entr'autres des chiffres de Monseigneur et de Madame la Dauphine. » (Félibien, *Description sommaire de Versailles*, éd. de Paris, 1703, pp. 52, 53.)

4. 4 février 1683 : « Au sieur Guimont pour les glaces façon de Venize qu'il a fourni en 1682, 2000 livres ; — 14 mars-7 novembre 1683 : « à lui pour celles qu'il a fournies pour le cabinet de Monseigneur, 8500 livres. » (*Comptes des Bâtiments*, II, c. 326.)

5. J.-J. Guiffrey, *Comptes des Bâtiments du roi*, t. II, c. 191 : « A Boulle ébéniste sur ses ouvrages 21900 livres. » (9 août 1682-3 janvier 1683.)

6. 11 janvier-18 juillet [1683] : « à Boule, ébéniste, sur les ouvrages de marquetterie qu'il fait pour le cabinet de Monseigneur, 38000 l. » (*Ibid.*, II, c. 326.)

7. 13 février-20 décembre [1682] : « à Pierre Golle, ébéniste, sur le parquet marqueté qu'il fait pour l'entre-sol du cabinet de Monseigneur le Dauphin au château de Versailles, 7500 l. » (*Ibid.*, II, c. 190.) — 14 février-14 mars [1683] : « à Gole, ébéniste, sur ses ouvrages de marqueterie pour les cabinets de Monseigneur, 2300 l. » (*Ibid.*, II, c. 326). — 22 octobre-17 décembre [1684] : « à Golle ébéniste, sur ses ouvrages de marquetterie pour les cabinet de Monseigneur, 1200 l. » (*Ibid.*, II, c. 470.) — Un dessin du parquet fabriqué par Golle a été publié par M. de Champeaux, *Portefeuille des Arts décoratifs*, pl. 527. Ce dessin appartient au Musée des Arts décoratifs.

En 1683, Boulle poursuit et achève ses travaux pour le Dauphin : pied de cabinet, tables de marqueterie[1]. Il n'est pas impossible, d'ailleurs, qu'il faille reconnaître quelques traces de ces travaux dans l'inventaire des meubles de la Couronne, dans lequel figurent un certain nombre de monuments de marqueterie accompagnés d'emblèmes qui paraissent indiquer une telle provenance[2]. Puis brusquement, alors que tous ces ouvrages venaient à peine de recevoir leur achèvement en 1683, le Dauphin eut l'ordre du roi d'avoir à déménager et à transporter ses appartements au rez-de-chaussée. M. Havard a rappelé avec raison qu'il n'y avait pas plus d'un an que le cabinet était terminé quand « le 11 juin 1684 le Dauphin, qui avait pris médecine le matin, et qui, l'après midi s'était promené au frais sur la terrasse devant son appartement régla avec M. de Louvois tout ce qu'il fallait pour transporter en bas son cabinet de marqueterie et de glaces[3]. » Il fallut alors tout démonter, tout réparer dans un nouveau local, hélas! peu approprié à recevoir et surtout peu propre à conserver des travaux aussi délicats : démontés les bronzes, démonté le parquet de cuivre et d'écaille, démontés les scabellons de marqueterie. Il en résulta, comme bien on pense, une dépense considérable à laquelle nous initient les comptes. Mais naturellement aussi le payement se fit attendre, et ce ne fut qu'en 1692 que Boulle reçut le complément des 94.424 livres 5 sous que lui avait rapporté le cabinet du dauphin[4]. Ce déplacement inopiné causa la ruine du chef-d'œuvre de

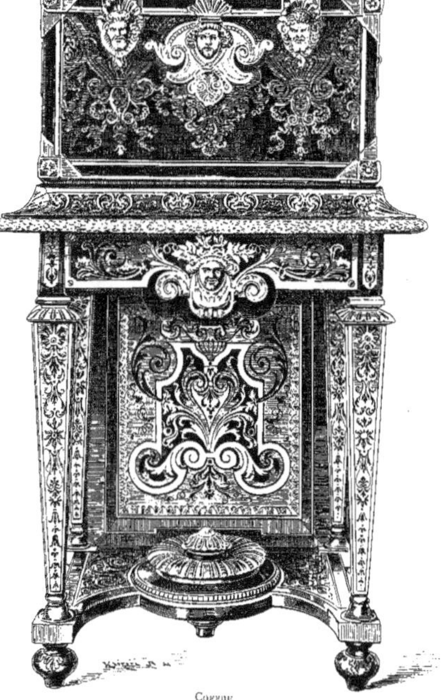

Coffre

Par André-Charles Boulle (Ancienne collection Sellière)

---

1. [1683] : « A Boulle, ébéniste, pour deux tables de marqueterie et un pied de cabinet de cristal de roche livrez pour Monseigneur le Dauphin, 1050 livres. » (*Ibid.*, II, c. 350.) — 9 juillet-17 décembre [1684] : « A luy, sur les ouvrages de cuivre doré qu'il fait au cabinet de Monseigneur, 13100 l. » (*Ibid.*, II, c. 466.) — 9 janvier [1684] : « A Boulle, ébéniste, pour un coffre de marqueterie pour Monseigneur, 700 l. » (*Ibid.*, II. c. 473.)

2. *Inv. de Fontanieu* : N° 79. « Un cabinet d'écaille de tortue peint en miniature de cornes d'abondance et d'une Renommée tenant une devise de feu Monseigneur le Dauphin, le tout profilé d'étain par compartimens ayant douze tiroirs et un guichet au milieu porté sur son pied à colonnes torses posées à jour, le cabinet haut de cinq pieds un pouce, sur trois pieds huit pouces de large. » (Archives Nationales, O¹ 3336, f° 122 v°.) — N° 85. « Un cabinet de marqueterie de cuivre, d'étain, d'yvoire et de bois de plusieurs couleurs, garny de douze tiroirs dont six à serrures, tous couverts d'ornemens, fleurs et oiseaux de lad⁹ marqueterie; dans le milieu est une porte qui s'ouvre en deux; d'où paroist un enfoncement orné de quatre glaces ceintrées, un dôme quarré au dessus, peint de bleu et d'étoiles d'or; huit petits tiroirs par les côtés et deux autres plus grands sur le devant aussi de marqueterie; au frontispice est un petit tableau rond en pastel représentant feu Monseigneur le Dauphin; le cabinet porté sur son pied de même marqueterie, avec deux tiroirs a serrures et six thermes de femmes a colonnes dorées; haut en tout de six pieds, sur trois pieds et demy de large et quatorze pouces et demy de profondeur. » (*Ibid.*, f° 123 r°.)

3. *Journal de Dangeau*, t. I, p. 27; cité par Havard, *Les Boulle*, p. 43, et *Archives de l'Art français*, t. IV, 1855-56, p. 328.

4. 2 janvier [1685] : « A André-Charles Boulle, ébéniste, à compte des ouvrages de marqueterie et de bronze doré qu'il fait pour le cabinet de Monseigneur, 600 l. » (*Comptes des Bâtiments*, II, c. 632.) — 10 août-23 décembre : à luy, à compte du parquet qu'il a à poser dans le cabinet de Monseigneur et autres ouvrages neufs qu'il fait, 10300 l. (*Ibid.*,

Boulle, qui ne tarda guère à subir les irrémédiables atteintes de l'humidité. En tout cas, si Louvois fit là une mauvaise opération au point de vue artistique, il ne put se vanter d'en faire une bien fructueuse au point de vue de la dépense : Colbert, s'il eût vécu alors, se fût peut-être montré plus prudent [1].

Pendant que Boulle travaillait encore chez le Dauphin, il était en outre employé à d'autres travaux ; en 1684, nous le trouvons en train de réparer l'estrade de marqueterie de la chambre de la reine à Fontainebleau [2] ; la même année, il fait des ouvrages de marqueterie pour le parquet de l'alcôve de la dauphine [3] ; enfin il fournit dix-sept girandoles de bronze doré pour la chambre du billard dans le petit appartement du roi [4]. A partir de ce moment on le perd un peu de vue dans les comptes : il y reparaît en 1699, à propos de la cheminée « de Monseigneur, à Meudon », pour laquelle il fournit des bases, des chapiteaux et des bras [5] ; puis ce sont des fournitures très variées : une armoire pour la garde-robe de l'appartement du roi, à Marly, en 1700 [6] ; sept tables pour la ménagerie de Versailles, en 1701 [7] ; des bras pour l'antichambre de Meudon [8], des pieds de pendules pour le roi [9] ; enfin, en 1704, il répare une estrade de marqueterie à Fontainebleau [10]. Mais ce ne sont pas là des travaux fort importants. Cependant, je le répète, il faut se contenter, pour le moment du moins, de tels renseignements ; nous allons maintenant essayer d'étudier quelques-uns des meubles attribués à Boulle.

Ce qui explique la grande quantité de ces œuvres, c'est que Boulle ne travaillait pas seulement pour le roi : il fabriquait aussi pour des particuliers ; c'est ainsi qu'il aurait exécuté des commandes pour le financier Samuel Bernard, et qu'il eut à soutenir un procès contre un autre financier amateur non moins célèbre, Pierre Crozat : ce dernier avait commandé à notre ébéniste quatre piédestaux, deux armoires et un socle ; mais pendant que ces meubles s'exécutaient, Crozat transporta son domicile de la place des Victoires à la place Vendôme ; en sorte que les meubles ne se trouvèrent plus, une fois terminés, avoir les dimensions convenables à leur nouvelle destination. Boulle ne voulut rien entendre et ne consentit à modifier son ouvrage qu'à la suite d'un jugement qui fut en effet rendu contre lui, après expertise [11]. Ce procès a encore un autre intérêt : non seulement il nous montre Boulle ne travaillant pas exclusivement pour le roi, ce qui eût d'ailleurs été facile à soupçonner ; mais il nous fait connaître aussi un artiste d'un caractère plutôt difficile et aussi très mal dans ses affaires, ce que confirment les poursuites exercées par ses créanciers contre lui en 1702 et 1704, créanciers qui ne parlaient rien moins que de saisie, ce qui motiva l'intervention du roi : une saisie judiciaire dans l'enceinte du Louvre eût été un exploit peu commun [12]. Mais de tous ces documents il appert clairement que si Boulle était un artiste dont les œuvres étaient

---

c. 632.) — 10 febvrier-17 novembre [1686] : « A André-Charles Boulle, ébéniste, à compte du parquet de marquetterie et d'escaille et cuivre qu'il a fait pour le cabinet des bijoux de Monseigneur, 9102 l. 8 s. » (*Ibid.*, c. 891.) — 15 janvier [1690] : « A Boulle, ébéniste, pour deux suports et huit culs de lampe de cuivre doré qu'il a fourni pour le cabinet de Monseigneur et pour le rétablissement de six scabellons de marqueterie, 157 l. 10 s. » (*Ibid.*, III, c. 398.) — [1692] « De M° Jean-Baptiste Brunet, garde du Trésor royal, 15174 l. 6 s. pour délivrer à André-Charles Boulle, ébéniste, pour, avec 79250 l. qu'il a cy-devant reçues faire le parfait payement de 94424 l. 5 s. à quoy montent tous les ouvrages de marquetterie par luy faits dans le cabinet des bijoux de Monseigneur le Dauphin, pendant 1682, 1683 et 1684, et les quatre fauteuils et quatre plians qu'il a livrez pour led. cabinet en 1686 et 126 l. 9 s. pour les taxations, 15300 l. 15 s. » (*Ibid.*, c. 664.) — [1692] « A Boulle, ébéniste, parfait payement de 94424 l. 5 s. tant pour les ouvrages de marquetterie par luy faits dans le cabinet des bijoux de Monseigneur pendant 1682, 1683 et 1684, que pour quatre fauteuils et quatre plians, qu'il a faits et délivrez pour led. cabinet en 1686, 15174 l. 5 s. » (*Ibid.*, c. 711.)

1. Dans les *Archives de l'Art français* (t. IV, 1855-56, p. 328) ont été reproduits quelques fragments des lettres de Louvois relatifs à ce transport du cabinet du Dauphin qui montrent la hâte du ministre de voir bientôt terminée cette translation. Dans le même volume a été imprimée (p. 403) une lettre du baron Pichon au sujet d'un tableau qu'il possédait. Ce tableau représentait le duc d'Anjou prenant congé de son père le Dauphin, au moment de partir pour l'Espagne. La scène se passait dans le cabinet du Dauphin et, bien que la peinture fût médiocre, les détails étaient suffisamment soignés pour lui donner un véritable intérêt archéologique. Surtout, chose importante, on pouvait reconnaître que le bureau et la cheminée étaient la reproduction de deux estampes ou fragments d'estampes de Berain. Cette constatation a son importance, car il faut dès lors admettre que Berain a pu donner à Boulle des dessins pour l'appartement du Dauphin, ce qui assurément n'enlève point à Boulle son mérite, mais lui retire beaucoup de son originalité.

2. *Comptes des Bâtiments*, t. II, c. 763.

3. *Ibid.*, c. 829.

4. *Ibid.*, c. 466.

5. *Ibid.*, t. IV, c. 480.

6. *Ibid.*, c. 649.

7. *Ibid.*, c. 735.

8. *Ibid.*, c. 735.

9. *Ibid.*, et c. 853.

10. *Ibid.*, c. 1115.

11. Voyez les pièces relatives à ce procès, qui eut lieu en 1697, dans les *Archives de l'Art français*, t. IV (1855-56), p. 320 et suiv.

12. *Ibid.*, p. 332 et suiv.

recherchées, s'il était accablé de commandes, il avait la fâcheuse habitude de payer le moins possible ses ouvriers. C'est qu'en effet Boulle, tout en faisant des affaires très considérables, avait une passion qui lui coûtait fort cher : il avait la manie de la collection. L'incendie de ses ateliers, en 1720, nous renseigne minutieusement sur ce point. L'ébéniste a possédé un cabinet de curiosités qui pouvait rivaliser avec les plus belles collections de l'époque : dessins anciens, estampes rares, bronzes, bibelots de toutes sortes s'étaient entassés chez lui et suffisent amplement à expliquer son perpétuel état de gêne; si on en croit les estimations faites après l'incendie de 1720, ces objets d'art représentaient, pour l'époque, une grosse fortune [1].

Tous ces menus faits n'auraient d'ailleurs qu'un intérêt très restreint, si nous ne pouvions en tirer quelques renseignements sur les travaux de l'artiste. Mais, précisément, les procès-verbaux qui

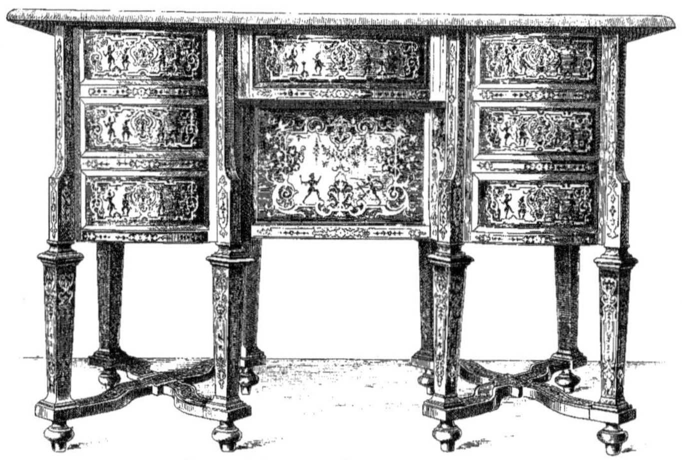

BUREAU ORNÉ D'INCRUSTATIONS D'ÉCAILLE SUR FOND DE CUIVRE.
Commencement du xviiie siècle (Atelier des Boulle)
(Musée de Dijon)

suivirent la destruction des ateliers de Boulle constituent une source très précieuse pour l'histoire de son art : l'*État des ouvrages de commande brûlés et péris, à quoy les sieurs Boulle faisoient actuellement travailler* est, en somme, le document le plus explicite sur les ouvrages de Boulle et de ses fils. On y trouve mentionnées toutes les sortes d'objets qu'ils fabriquaient, meubles ou bronzes : tables, bureaux de marqueterie d'écaille ou de bois de couleur, commodes, armoires, bibliothèques, serre-papiers, coffres, cabinets, guéridons, médailliers, lustres, bras de lumière, feux ou grilles de cheminées en bronze; puis les cires, les terres ou les plâtres d'anciens maîtres ou de maîtres modernes, qui inspiraient ou servaient de modèles pour les œuvres créées dans l'atelier : les œuvres de Michel-Ange y coudoient les cires de François Flamand, de Girardon, de Le Comte et jettent un jour très certain sur la façon de procéder de Boulle, qui commandait à des sculpteurs les

1. Les documents relatifs à cet incendie y compris « l'état des ouvrages de commande » qui furent détruits, état que je republie ici, | ont été publiés dans les *Archives de l'Art français*, t. IV (1855-56), p. 346 et suiv.

modèles des bronzes qu'il faisait ensuite fondre et ciseler. On y trouve aussi autant de meubles en marqueterie de bois de couleur que de meubles en marqueterie d'écaille, indication précieuse à retenir, car, sauf de rares exceptions, le nom de Boulle n'est guère appliqué aujourd'hui, et il semble bien qu'il en était déjà ainsi au XVIIIe siècle, qu'à des meubles comportant l'emploi de métal et d'écaille. Les indications de l'inventaire sont donc précieuses à retenir, aussi bien celles qui concernent des meubles terminés que celles qui ont trait à ces « cinq caisses remplies de différentes fleurs, oyseaux, animaux, feuillages et ornemens de bois, de toutes sortes de couleurs naturelles, la plupart du sieur Boulle père, faits dans sa jeunesse [1] » ; on retrouve en effet ce style de décoration sur un certain nombre de meubles que, en s'en tenant aux idées les plus courantes au sujet de l'art de notre ébéniste, on n'oserait guère lui attribuer. Ce n'est pas, du reste, qu'on ait bien souvent à se demander si des travaux de marqueterie de bois de couleur pourraient être d'André Boulle, car les ouvrages de ce genre ayant un caractère artistique très prononcé sont très rares parmi les meubles de l'époque de Louis XIV parvenus jusqu'à nous. Mais néanmoins, ainsi que l'a fait M. de Champeaux, ainsi que l'a fait après lui M. Havard, il convient d'insister sur ce double caractère des meubles sortis de l'atelier de Boulle : ouvrages de marqueterie de bois, ouvrages de marqueterie d'écaille et de métal, les deux procédés pouvant du reste, à l'occasion, servir à décorer les différentes parties d'un même meuble [2].

Des accidents du genre de l'incendie de 1720, la perte de ses collections, les tribulations de toutes sortes que devaient entraîner forcément une interruption de travail, et par suite la pauvreté, n'eurent point pour effet de hâter la fin d'André-Charles Boulle qui ne mourut qu'en 1732, « âgé de quatre-vingt-dix ans ou environ », dit son acte de décès [3].

André-Charles laissait des fils dont quatre tout au moins furent ébénistes : Jean-Philippe, Charles-Joseph, qui travaillaient avec lui et obtinrent la survivance de son logement au Louvre dès 1725 ; Charles-André, ébéniste près de la barrière de Sèvres, d'où le nom de « Boulle de Sève » qu'il prend

---

1. C'est évidemment par erreur que M. Havard (*Les Boulle*, p. 24) a cru reconnaître dans ces marqueteries des œuvres du père d'André-Charles Boulle et en a conclu que « son fils, arrivé au comble de la réputation, ne dédaignait pas d'utiliser, dans la fabrication de ses beaux meubles, des motifs composés et préparés par le vieux Jean Boulle » [le père d'André-Charles]. Il n'y a qu'à se reporter au titre du document pour se convaincre que l'expression « Boulle père » désigne André-Charles lui-même : ce titre nous parle en effet des ouvrages « *à quoy les sieurs Boulle faisoient actuellement travailler* », par conséquent des ouvrages d'André-Charles et de ses fils, et c'est de la sorte que le rédacteur du document a été amené à parler des travaux du « sieur Boulle père » pour les distinguer de ceux de ses fils, qui étaient en quelque sorte ses associés.

2. Voici, d'après les *Archives de l'Art français* (t. IV (1855-56), p. 346 et suivantes), ce document capital sur l'art de Boulle :

« *État des ouvrages de commande brûlés et péris, à quoy les s^{rs} Boulle faisoient actuellement travailler.* — Premièrement : quinze boistes de pendulles, presque toutes de différens models, et quasy faites ; — Une grande table, dont le dessus étoit de marbre de huit pieds de long, avec un pied de marquetterie de cuivre et d'écaille de tortüe, et tous les bronzes faits ; — Cinq bureaux de cinq à six pieds de long, de marquetterie d'écaille de tortüe et de cuivre, et deux de bois de couleur, très avancés ; — Huit commodes différentes de marquetterie, de bois violet et autres couleurs, ornées de bronze ; — Trois armoires en bibliothèque, avec des glaces devant les portes, servant à mettre des livres ; — Huit feux ou grilles différentes pour des cheminées, sur des models neufs ; — Neuf paires de bras de différentes grandeurs et différentes façons ; — Deux lustres de bronze, à huit branches ; — Deux médailliers de trois pieds et demy de haut ; — Tous lesquels ouvrages pouvoient monter, étant achevés à 90000 livres ; sur quoy il a été donné à compte par ceux qui les ont commandés la somme de 18000 livres ; reste 72000 livres. » — « *Ouvrages qui ne sont point de commande, bruslés ou péris.* — Douze bureaux, de six pieds de long, plus ou moins avancés ; — Quinze armoires, dont douze de huit à neuf pieds de haut, fermant à deux portes pleines ; — Cinq serres-papiers, de 6 pieds de haut sur quatre de large, à moitié faits ; — Vingt cabinets anciens, à plusieurs tiroirs, dont un étoit d'ébeine et de pierre de Florence, sur un pied doré ; — Dix commodes, de différentes formes et grandeurs ; — Douze coffres, avec leurs pieds, de différentes grandeurs, de différents models, plus ou moins avancés ; — Une douzaine et demye de guéridons de marquetterie, garnis de bronze ; — Douze tables, d'environ 4 pieds de long ; — Six lustres de bronze, de différentes formes ; — Tous lesquels ouvrages, en l'état qu'ils étoient, pouvoient bien monter à 30000 livres.

« Cinq caisses remplies de différentes fleurs, oyseaux, animaux, feuillages, et ornemens de bois, de toutes sortes de couleurs naturelles, la plupart du Sr Boulle père, faits dans sa jeunesse ; — Douze caisses de toutes sortes de bois de couleurs, rares, servants aux ouvrages de pièces de raport ; — Valant, les deux articles ensemble 8000 livres.

« Item ; une petite gallerie, de vingt pieds de long sur six pieds de large, dans laquelle étoient toutes sortes de models de terre, cire, plastre, de la main des meilleurs sculpteurs : Michel-Ange, François Flamand, Girardon, Le Comte et autres, tous les models de cire et terre que le Sr Boulle a fait faire, depuis qu'il exerce la profession lui et ses enfants ; — Toutes les figures antiques en petit, dont on a les bosses, très blanches et très conservées, et autres morceaux d'étude. Cet article montant à la somme de 27000 livres, y compris deux chefs d'œuvre en bois, qui étoient deux tableaux de fleurs de Monbougo.

« Item ; tous les models en bronze de lustres, bras, et de grilles, qui se trouvent cassés et ruinés ; vingt bas-reliefs isolés, moulés sur les yvoirs de Vanostat [Van Obstal], qui sont dans le cabinet du roy, 9000 livres.

« Vingt établis et affutages d'ouvriers, dont deux pour les menuisiers, et dix-huit pour les ébénistes, tous complets, les scies, les presses, villebrequins, et autres équipages brûlés ; — Les outils et ustancils de six compagnous limeurs, monteurs et ouvriers en bronze, recuits, cassés et brisés, valant les deux articles ensemble, 4200 livres.

« Tous les bois de sapin, de chesne, de panneau ou mairin, bois de Norvègue, amassés et conservés, depuis longtemps, pour la bonté et qualité des ouvrages, 12000 livres. »

3. Acte de décès d'André-Charles Boulle : « Mars 1732. Du semedy premier. André Charles Boulle, ébéniste du roy, veuf d'Anne Marie Le Roux, âgé de quatre vingt dix ans ou environ, décédé hier à neuf heures du matin en son appartement aux Galleries du Louvre, a été inhumé en présence de Jean Philippe Boulle, de Pierre Benoît Boulle, d'André Charles Boulle et de Charles Joseph Boulle, tous les quatre ébénistes du roy et fils du deffunct qui ont signé : Boulle — Boulle — Boulle de Seve — Boulle le Jeune — Ronget. » (*Registres de Saint-Germain-l'Auxerrois, Archives de l'Art français*, t. IV (185-556), p. 349.)

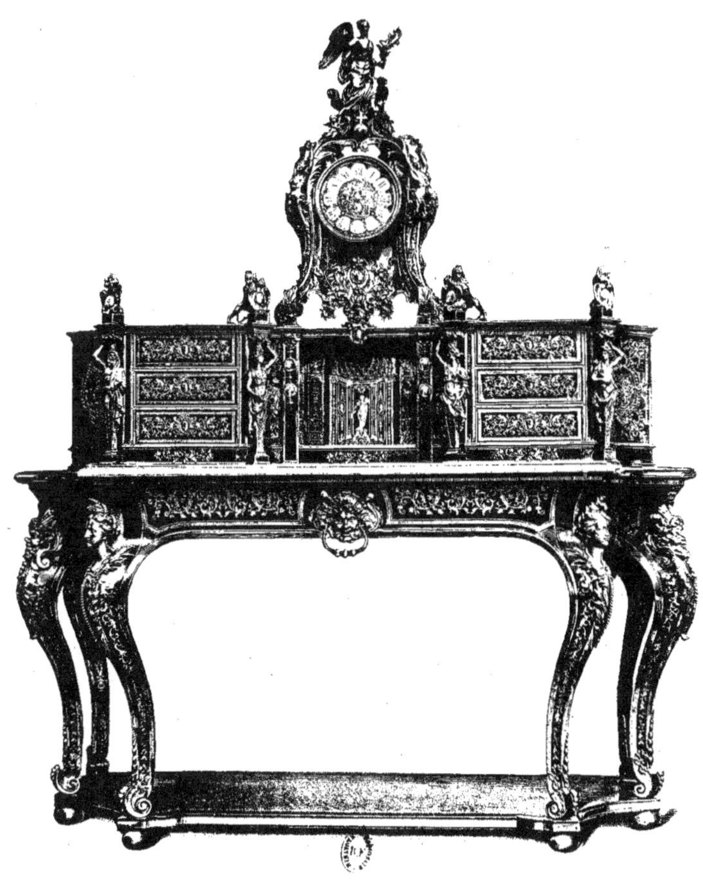

GRAND CABINET EN MARQUETERIE AUX ARMES DE BAVIÈRE PAR ANDRÉ-CHARLES BOULLE
COMMENCEMENT DU XVIIIe SIÈCLE
(Collection de M^r le Duc de Buccleuch)

dans les actes, et Pierre-Benoît, ébéniste au faubourg Saint-Antoine. M. Havard a résumé en quelques pages [1] ce qu'on sait de ces artistes que Mariette qualifie irrévérencieusement dans son *Abecedario* de « singes de leur père [2] », ce qui indique suffisamment le peu de cas qu'il faisait de leur talent ; je ne referai pas ici ces biographies ; il me suffira de rappeler quelques faits et quelques dates pour indiquer au lecteur jusqu'à quel moment du xviiie siècle les traditions d'André-Charles Boulle ont pu se conserver à peu près pures : Jean-Philippe, né avant 1690, était mort avant 1741, très mal dans ses affaires, du reste, et harcelé par ses créanciers. Charles-Joseph, né en 1688, mort en 1754 au Louvre, était logé à la même enseigne, poursuivi par les gargotiers du quartier auxquels il négligeait de payer son écot, et ce fut l'ébéniste Oeben, auquel il avait sous-loué une partie de son logement, qui fit ou à peu près les frais de ses funérailles. Pierre-Benoît, ébéniste du roi, établi au faubourg Saint-Antoine, mourut misérable en 1741 ; Charles-André enfin, né en 1685, mourut insolvable en 1745, et les scellés furent apposés sur son maigre mobilier à la requête de ses créanciers et de ses collaborateurs, ébénistes, fondeurs ou horlogers, auxquels il devait plus qu'il ne possédait assurément. Et pourtant à ce Charles-André Boulle la fortune avait un moment souri : il avait obtenu, en 1709, le second prix de Rome, et peut-être eût-il eu l'étoffe nécessaire pour continuer l'œuvre artistique de son père. Mais il ne put que perpétuer les traditions de gêne de sa famille, et lui aussi éprouva la véracité de ce dicton du xvie siècle : « Pauvreté empêche les bons esprits de parvenir. »

Ni les uns ni les autres parmi ces descendants de Boulle ne présentent, au point de vue artistique, un grand intérêt. Néanmoins, il est nécessaire de les mentionner, parce que c'est assez probablement de leurs mains que sont sortis un certain nombre de meubles qui, bien qu'offrant le même style de décoration que les meubles créés sous Louis XIV par André-Charles, présentent toutefois, au point de vue du style et de la forme, d'assez grosses différences pour qu'on doive en reporter la fabrication en plein xviiie siècle. Ce qui semblerait d'ailleurs indiquer que les fils de Boulle ne firent guère que continuer les traditions paternelles, c'est le peu de succès qu'ils obtinrent puisqu'ils moururent tous pauvres. Le style à la mode s'était complètement modifié, et on conçoit que des artistes qui, en 1735 ou en 1740, ne pouvaient plus que vivre sur des traditions vieilles de cinquante ans, n'aient pas fait fortune. Le mot de Mariette, un peu dur quand on songe qu'il s'applique aux descendants directs de celui qui fut le plus grand parmi les ébénistes français, doit au fond, sous sa forme pittoresque, être l'exacte expression de la vérité.

J'ai déjà parlé des travaux d'André-Charles Boulle pour Versailles, et en particulier de l'appartement du dauphin, qui fut définitivement détruit par l'établissement de nouveaux appartements pour le dauphin, fils de Louis XV ; je n'ai donc pas à y revenir ; aussi bien, quoi qu'on fasse pour se figurer les splendeurs d'une semblable décoration, il est aussi difficile de se les imaginer que de se représenter le grand buffet du salon de Marly, que Boulle aurait également exécuté. Des travaux qu'il fit pour l'étranger, soit sur l'ordre de Louis XIV, soit sur la commande directe de princes que son renom avait engagés à employer son talent, nous n'avons plus que le souvenir : le roi de Siam, le duc de Savoie, le duc de Lorraine furent successivement, et d'une façon plus ou moins directe, ses clients ; on a cité aussi, dès longtemps, les meubles qu'il exécuta en 1713 — un bureau et des commodes, — d'après les dessins de l'architecte Robert de Cotte, pour le château de Buen Retiro ; on a cité également les deux commodes qu'il fit sur les dessins du même architecte pour l'électeur du Cologne [3] ; puis le cabinet surmonté d'une horloge aux armes de Bavière, curieux meuble dans lequel les bronzes sont remplacés par des ornements d'argent, que possède actuellement le duc de

---

1. *Les Boulle*, p. 79 et suiv.
2. T. I, p. 167.
3. Cfr. A. de Champeaux, *Le Meuble*, t. II, p. 68. Voyez aussi les pages suivantes du même ouvrage au sujet des meubles de Boulle conservés à l'étranger.

Buccleuch [1] (planche III). De ces productions, dont quelques-unes sont sans doute à jamais perdues, il faut simplement retenir ceci : si André-Charles Boulle a souvent exécuté des meubles d'après ses propres dessins — une série de six estampes fort rares et dont un exemplaire se trouve dans la collection Edmond Foule, à Paris, puis quelques dessins possédés par le Musée du Louvre et le Musée des Arts décoratifs en témoignent suffisamment, — dans un grand nombre de cas il a travaillé ou fait travailler d'après des modèles d'autres artistes : Berain est certainement celui dont les dessins ont été le plus souvent copiés par lui ; il lui a emprunté non seulement des formes de meubles, mais une grande partie de ses motifs de décorations, de ses grotesques si caractéristiques et d'un si gracieux aspect. Quant aux bronzes fixés sur les meubles, il faut bien, en s'en tenant aux données fournies par l'inventaire de 1720, admettre la collaboration de nombreux sculpteurs fabriquant des modèles. Ces indications précises sont du reste confirmées par l'examen des bronzes eux-mêmes ; il n'est même pas impossible que Cucci ait fourni à André-Charles Boulle plus d'une figure ou quelqu'un de ces beaux rinceaux qui s'étalent avec une grâce si majestueuse sur la façade d'armoires ou de cabinets ; il n'est pas impossible non plus que plus d'un lustre ait été dessiné par Le Pautre.

Ce n'est pas pour le plaisir d'amoindrir le talent de Boulle que je signale ces collaborations, les unes certaines, les autres probables. Notre artiste, en s'aidant du concours de dessinateurs ou de sculpteurs, ne faisait que continuer des traditions, des procédés de production que tous les artistes qui, autrefois, s'occupaient d'art décoratif acceptaient et avec raison. C'est de la sorte qu'ils opéraient l'intime fusion de toutes les branches de l'art, et loin d'en tirer prétexte pour amoindrir leur mérite il les en faut féliciter. C'est grâce à ce système éminemment recommandable que n'importe quelle branche de l'art ancien, considérée isolément, représente pour ainsi dire tout le style d'une époque, ou en est au moins l'exact reflet.

Dresser le catalogue de l'œuvre de Boulle est une entreprise à peu près chimérique, car il faudrait pour l'établir parcourir toute l'Europe, faire soi-même un examen minutieux ; de bonnes reproductions, si exactes qu'elles fussent, ne suffiraient point pour séparer l'ivraie du bon grain et mettre à part les œuvres des imitateurs de la seconde moitié du xviiie siècle : des armoires dues à Montigny ou à Jacob, telles que celles que possède actuellement le garde-meubles national, copies d'ailleurs à peu près exactes d'œuvres créées sous Louis XIV, peuvent passer, en reproductions photographiques ou en dessins, pour des meubles authentiques de Boulle. Et pourtant ces marqueteries, ces bronzes n'ont vu le jour que sous Louis XVI. La différence, saisissable surtout dans les bronzes dorés à l'or moulu quand ils datent de Louis XIV, d'une ciselure plus maigre quand ils datent du siècle dernier, n'est pas visible dans une reproduction [2]. De plus, bon nombre de meubles de Boulle ont subi de telles modifications qu'ils sont aujourd'hui méconnaissables, et ce n'est qu'en les examinant de fort près qu'on peut, d'une façon à peu près certaine, les ramener par la pensée à leur forme primitive ; je mentionnerai tout à l'heure quelques-unes de ces transformations qui parfois ont été si profondes que, dans certains cas, on n'a pas craint d'employer de délicats panneaux de marqueterie à la fabrication de tables de nuit de style Louis XIV.

M. de Champeaux a pensé que Boulle avait débuté par décorer des meubles de marqueteries de bois de couleur, vases de fleurs ou bouquets recouvrant entièrement les panneaux d'ébène [3] ; j'avoue que je ne vois pas entre ces travaux, qui devraient être considérés comme les plus anciens, et ceux qui les ont suivis, des différences de style telles qu'on soit amené forcément à adopter un pareil classement : si dans ces marqueteries la parenté avec le style de Le Brun ou le style de Berain est

---

1. Cfr. A. de Champeaux, *Le Meuble*, t. II, p. 88.
2. On sait que la dorure dite à l'or moulu, employée sous Louis XIV et sous Louis XV, n'est qu'une variante de la dorure au mercure qui s'employait concurremment avec la dorure à chaud par application de feuilles d'or. Quant à l'expression « doré au mat », si fréquente au xviiie siècle, elle est usitée par opposition à la qualification d'or bruni appliquée aux objets qui ont subi, après la dorure, une opération de polissage.
3. *Ouvr. cité*, p. 72.

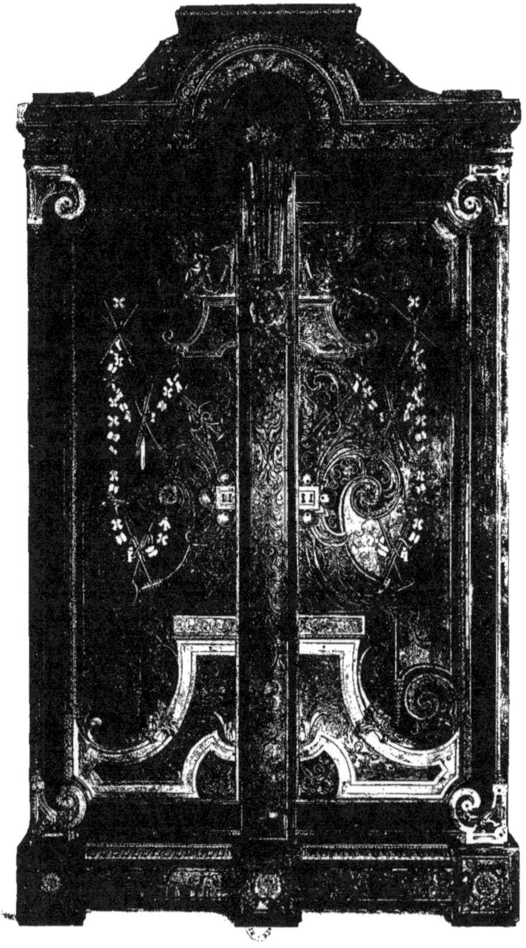

GRANDE ARMOIRE EN MARQUETERIE PAR ANDRÉ-CHARLES BOULLE

(Musée du Louvre)

moins sensible que dans les incrustations d'écaille, de cuivre et d'étain, c'est qu'en réalité la technique des matières employées commandait un autre parti pris. Si on examine avec soin l'une des grandes armoires que possède le Louvre, armoire dont les vantaux et les panneaux latéraux sont décorés de marqueterie de bois [1], on s'aperçoit promptement que si ces panneaux sont d'un style un peu différent des productions ordinaires de Le Brun et de Berain, ils sont très voisins d'autres panneaux de marqueterie de cuivre et d'écaille ou de bronze qui s'inspirent directement du premier peintre du roi ou de ses élèves. Au revers des vantaux, du reste, à l'intérieur de l'armoire sont des compartiments d'incrustations d'étain sur fond d'ébène, qui procèdent du plus pur style de Berain. Il me paraît dès lors assez difficile d'établir une classification chronologique des œuvres de Boulle : au moment où il a atteint sa plus grande réputation, le style Louis XIV était définitivement formé, et il lui aurait été absolument impossible de n'en pas subir complètement l'influence. La même observation pourrait être faite à propos du cabinet qui, actuellement, est placé à Versailles dans la *Chambre du roi* ; le vantail est décoré d'un perroquet et de fleurs en marqueterie de bois ; mais le reste du monument appartient bien au style de Berain. D'ailleurs, en dehors de cette grande armoire du Louvre, dont le Musée des Arts décoratifs possède le dessin original, d'une autre armoire du Louvre (pl. IV), en contre-partie, décorée des attributs de la pêche et de la chasse et dont les bronzes et les ornements sont dessinés

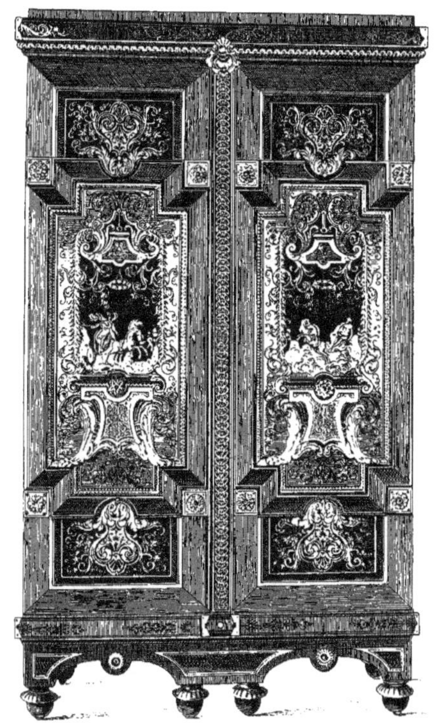

Grande armoire en marqueterie, attribuée à André-Charles Boulle (Ancienne collection Seillière)

dans le style de Le Brun ; de deux grandes armoires provenant de M. de Machault, contrôleur général des finances, garde des sceaux puis ministre de la marine ; d'armoires dont l'une [2], en contre-partie, représente les arts libéraux, tandis que les côtés, de forme convexe, sont ornés de figures en bas-relief et qu'à la base se voient des dauphins par groupes de trois, la question des armoires de Boulle est assez embarrassante ; dans l'inventaire du mobilier de la Couronne dressé par Fontanieu,

---

1. Reproduite dans Williamson, *Les Meubles du Garde-meubles national.*

2. Possédée par M. le marquis de Vogüé. Cfr. A. de Champeaux, *ouvr. cité*, p. 80.

E. Molinier, *Arts industriels.* — III.   9

les armoires de ce genre sont des plus rares[1]. De sorte que pour toutes celles qui, en provenance de Versailles ou d'autres résidences royales, ou bien encore de saisies révolutionnaires, existent dans diverses collections et ont passé en vente ces dernières années, on en est réduit à des conjectures. Les unes datent simplement du règne de Louis XVI; d'autres, assez nombreuses, pourraient bien être des œuvres des fils de Boulle : du moins certains détails d'ornementation font penser à cette époque. J'attribuerai volontiers à ce temps une grande armoire marquetée de cuivre et d'écaille (contrepartie) qui a fait partie de la collection Armaillé[2]. Les vantaux en sont décorés d'arabesques et de rinceaux dans le style de Le Brun, mais les cuivres de la partie antérieure comme les beaux mascarons des côtés ne me paraissent pas devoir être attribués à l'époque de Louis XIV : ils sont plus gracieux mais aussi plus maniérés que ceux qu'André-Charles Boulle appliquait sur ses meubles, cuivres qui, dans de petites proportions, offrent les mêmes caractères de noblesse, de somptuosité et de dignité, pourrait-on dire, que les grandes sculptures du règne de Louis XIV. Deux splendides armoires possédées par M. Charles Mannheim doivent être très proches parentes de celle que je viens de mentionner. La marqueterie de cuivre, exécutée en partie sur fond d'écaille, en partie sur fond d'ébène, est absolument de style Louis XIV, et les figures d'Hercule, placées sous des dais et accompagnées de lambrequins qui décorent la partie inférieure des vantaux, sont dignes de Berain : mais les bronzes portent cette énigmatique marque du C couronné, sur laquelle j'aurai à revenir et qui appartient

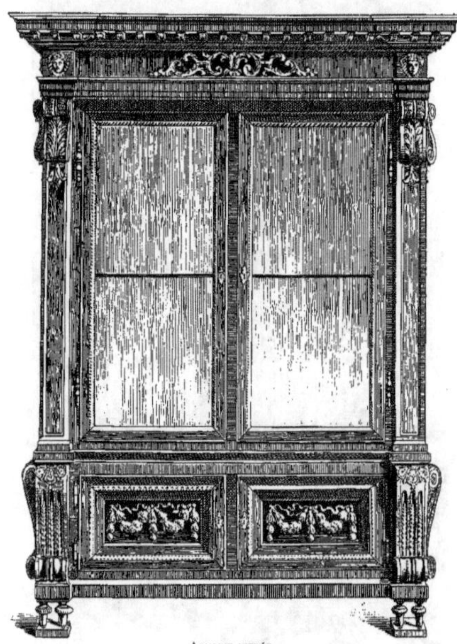

ARMOIRE VITRÉE,
attribuée à André-Charles Boulle (Ancienne collection Bourdeley)

sans conteste au règne de Louis XV. Enfin des armoires telles que celle qui a figuré à la vente des collections de San Donato[3], que celle qui a fait partie de la vente Hamilton[4] et proviendrait de la collection du duc d'Aumont, me paraissent devoir être attribuées tout au plus au règne de Louis XV, à moins qu'il n'en faille reculer l'exécution plus tard encore et les considérer comme sorties de l'atelier de ce Montigny, qui fit tant de meubles dans le style de Boulle peu d'années avant la

---

1. Je n'en vois qu'une à signaler : « 438. Une grande et belle armoire, toute d'architecture de bronze et de marqueterie de cuivre et d'ébène avec bois violet, enrichie de moulures, roses, consolles, lires, chiffres, fleurs de lis et autres ornemens, avec les armes du roy au fronton ; le tout de bronze d'or moulu, lad⁰ armoire ouvrant a deux portes de haut en bas, haute de huit pieds et demy sur sept de large et vingt deux pouces de profondeur. » (Archives Nationales, O¹ 3336, f⁰ 167 v⁰.)

2. Vendue en 1890. N⁰ 154 du *Catalogue* de vente.

3. En 1881.

4. *Catalogue of the collection of pictures, works of art and decorative objects the property of his grace the duke of Hamilton*, 1882, 1ʳᵉ partie, n⁰ 673 (photographie).

Révolution. Les bronzes qui les décorent sont assurément copiés exactement sur des modèles de
l'époque de Louis XIV qu'André-Charles Boulle a employés; les dispositions générales de
l'ornementation sont conformes aux traditions de l'artiste, mais que de différences dans le style
devenu mièvre de robuste et quelque peu brutal qu'il était. Une armoire en ébène, munie de

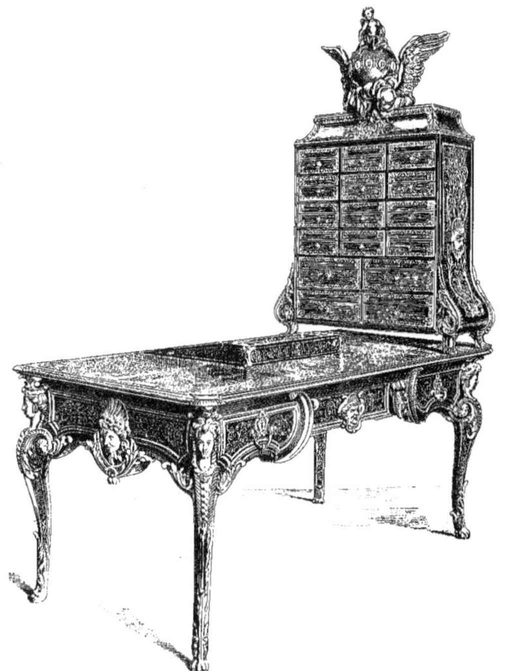

Bureau et serre-papier en marqueterie. Atelier de Boulle.
Horloge d'Enderlin (Collection Edmond Foule, à Paris)

panneaux de glace, qui a appartenu à M. Beurdeley (voyez page 66), pourrait plus justement être
datée de l'époque de Louis XIV si quelques détails de l'ornementation, les cuivres notamment qui
décorent les vantaux inférieurs, par leurs festons un peu froids d'aspect, ne rappelaient pas un
peu les compositions décoratives de la fin du règne de Louis XV ou du commencement du règne de
Louis XVI.

Beaucoup plus soutenable assurément et même très vraisemblable est l'attribution à André-Charles
Boulle de bibliothèques à hauteur d'appui, dont deux échantillons se trouvent dans les collections de

M. le comte de Castellane. Ces pièces, qui probablement ont appartenu au mobilier d'un des châteaux royaux, sans doute au mobilier de Versailles, faisaient partie d'une suite de meubles désignés chacun par une lettre de l'alphabet [1], ce qui semble bien indiquer qu'ils ont servi de bibliothèques. Ils sont à deux vantaux vitrés, fermés par une serrure unique placée dans un montant qui occupe le centre du meuble; les encadrements des vantaux, le bord de la tablette supérieure sont marquetés, et le dessin de ces marqueteries présente trop d'analogie avec les meubles les plus authentiques d'André-Charles Boulle pour qu'on puisse songer à attribuer ces bibliothèques à quelque ébéniste du xviii⁰ siècle (voyez planche V). Dans les collections du Louvre existent deux autres armoires-bibliothèques à trois panneaux, un plein et deux vitrés, qui me paraissent provenir de la saisie pratiquée, en 1793, chez le duc de Brissac [2] : malgré l'excellence de leur facture, je me porterais moins facilement garant de leur ancienneté que de l'authenticité de celles de la collection de M. le comte de Castellane.

Les commodes attribuables à Boulle figurent en assez grand nombre dans l'inventaire du mobilier de la Couronne et sont assez conformes aux échantillons que l'artiste lui-même ou Berain nous montrent dans leurs estampes : les unes sont simplement de marqueterie de bois de couleur [3] et devaient présenter un aspect assez analogue aux meubles flamands et allemands de la même époque, et cette influence n'est d'ailleurs pas niable dans la plupart de ces marqueteries de bois du xvii⁰ siècle; d'autres, plus nombreuses, se ressentent de l'influence de Le Brun et de Berain. De ce nombre sont deux belles commodes (première partie), dont l'une est reproduite sur la planche V, et auxquelles leur séjour à la Bibliothèque Mazarine (ancien collège des Quatre-Nations) a fait donner le nom de *Commodes Mazarines*. Ces deux beaux meubles peuvent être considérés comme des spécimens absolument authentiques de Boulle. Ils portent encore au dos les numéros sous lesquels ils sont décrits (antérieurement au 24 novembre 1718 [4]) dans l'inventaire du mobilier de la Couronne dressé par Fontanieu. Ces commodes sont en forme de coffre, muni de deux tiroirs, posant sur des pieds terminés par des sabots de bronze en forme de toupies, ces pieds étant doublés par des consoles marquetées, ornées de têtes de sphinges et de griffes de lion de bronze. Le modèle est somptueux sans être excessivement riche et peut passer pour un excellent exemple de ce goût un peu sévère d'allures parfois, qu'on rencontre dans tout le mobilier de Louis XIV. Je ne sais au juste si, comme l'avance M. de Champeaux, ces commodes ont fait partie du mobilier de la chambre du roi à Versailles [5], mais elles étaient bien dignes d'y figurer. Le style de Le Brun n'a produit rien de plus beau et de mieux pondéré. Ce modèle d'ailleurs a été fréquemment répété par Boulle ou par ses successeurs : une commode de ce genre figurait dans la collection Hamilton [6]; deux autres font partie de la collection de M. le comte de Castellane et ne diffèrent guère des *Commodes Mazarines* que par la palmette de bronze placée entre les amortissements des deux pieds antérieurs, à la partie inférieure

---

1. Les deux meubles de M. le comte de Castellane portent les lettres J et II. Ces meubles proviennent d'une collection anglaise, ainsi que l'indique l'inscription suivante, gravée sur une plaque de cuivre incrustée dans les meubles : « A memorial of early friendship from Edward first earl of Harewood to George earl of Essex. 1820. » L'un de ces meubles est reproduit sur la planche V. Je saisis cette occasion pour remercier M. le comte de Castellane, qui a très libéralement mis à ma disposition l'admirable collection de meubles français formée par lui.

2. « 123. Deux grands meubles enrichis de bronze doré avec glaces, ouvrans en trois parties, hauteur 4 pieds 1/2, largeur 6 pieds 6 pouces (*Museum*); — 124. Deux autres idem à glaces, figures et ornements (*Museum*). » (*Inv. des collections et objets d'art appartenant à M. de Brissac* [du 8 floréal an II] publié dans Ch. Vatel, *Histoire de Mᵐᵉ du Barry*, t. III, p. 393.)

3. « 539. Deux commodes de marqueterie, de bois de diverses couleurs, fond d'ebène, représentant sur le dessus un vaze de fleurs posé sur un bout de campanne, avec festons de fleurs, oiseaux et papillons et aux quatre coins, les chiffres du roy couronnés; le tout enfermé d'une frise de même marqueterie entre deux bandes de bois violet et filets blancs aux coins de laquelle frize est une fleur de lis et au milieu une coquille. Sur le devant des commodes dont les coins sont arrondis, il y a trois grands tiroirs dont les entrées des serrures et anneaux sont de bronze doré. Les commodes portées sur cinq boules de bois noirey, recouvertes d'une coquille de bronze doré, longue chacune de quatre pieds un pouce, sur deux pieds deux pouces de large. » (*Inv. du mobilier de la Couronne* dressé par Fontanieu; Archives Nationales, O ¹ 3336, fᵒ 181 rᵒ.)

4. Ces commodes portent les numéros 665 et 666; or, tous les numéros antérieurs au numéro 811 existaient, d'après une mention de l'inventaire, avant le 24 novembre 1718, date à laquelle l'inventaire se continue par de nouvelles acquisitions. « 665. Une belle commode de marqueterie de cuivre et d'écaille noire, à deux tiroirs ornés de moulures, feuillages, entrées de serrures et anneaux de bronze doré. Aux coins sont quatre sphinx ailés, aussi de bronze doré, terminés d'une patte de lion avec feuillages. Le dessus de la commode de marbre de griote rougeâtre veiné de blanc, longue de 4 pieds sur 24 pouces de large et 32 à 33 de haut. — 666. Une autre commode pareille à la précédente et des mêmes mesures. » (Archives Nationales, O ¹ 3336, fᵒ 196 rᵒ.)

5. *Le Meuble*, t. II, p. 76.

6. Nᵒ 994 du *Catalogue* (photographie).

1

2

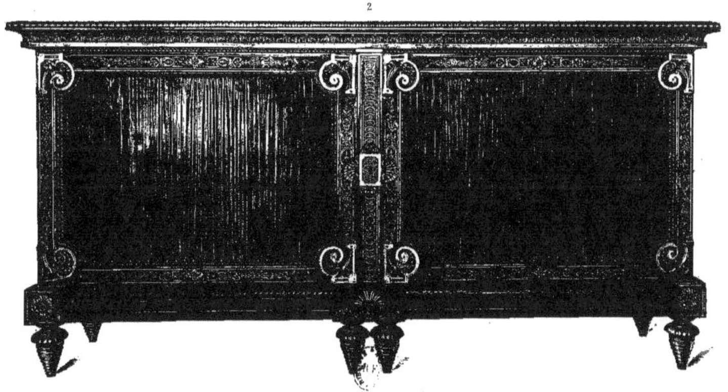

1_COMMODE EN MARQUETERIE PAR ANDRÉ-CHARLES BOULLE
(Bibliothèque Mazarine.)

2_BIBLIOTHÈQUE EN MARQUETERIE PAR ANDRÉ-CHARLES BOULLE
(Collection de M. le Comte de Castellane.)

du meuble ; enfin on retrouve une commode du même genre (sous le n° 584) dans l'inventaire du mobilier et des objets d'art de M. de Marigny, le frère de Mme de Pompadour. Je donne en note l'extrait de ce document où se trouvent décrites des œuvres de Boulle[1], document qui montre bien le cas qu'on faisait, en plein XVIIIe siècle, des meubles sortis de l'atelier de l'ébéniste préféré de Louis XIV. Inutile d'ajouter que ces meubles recueillis par M. de Marigny, qui joignait à des qualités très réelles d'administrateur dans sa charge de surintendant des bâtiments une rapacité extrême, venaient très probablement du garde-meubles royal, tout comme les statues dont il avait décoré le parc de son château de Ménars[2]. D'autres modèles de commodes, vraisemblablement exécutées par Boulle, existaient encore dans le mobilier de la Couronne et sont décrites dans les inventaires[3], et le

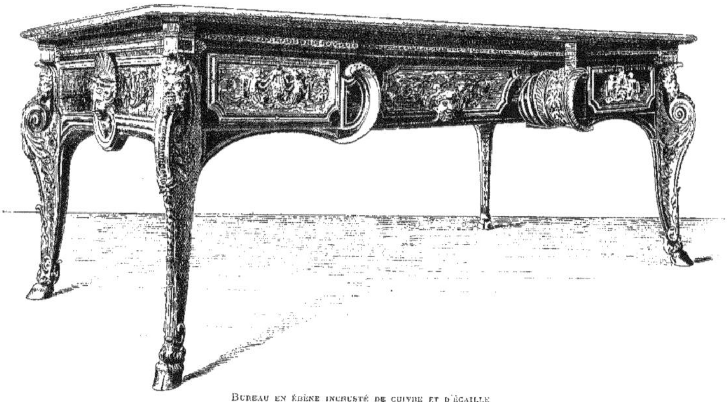

attribué à Boulle (Ministère de la Marine)

Musée du Louvre possède aujourd'hui deux meubles de ce genre, d'une très grande simplicité de lignes, mais dont la composition paraît bien devoir être attribuée à Le Brun. Sur des pieds

1. « 583. Une armoire en marqueterie, par Boulle, à deux tiroirs ; elle est ornée sur le devant d'un mascaron à tête de satyre, carderons, rinceaux à feuilles d'ornements, moulures, entrées et mains, le tout en bronze doré, avec dessus de marbre de Flandre. Hauteur, 2 pieds 9 pouces ; longueur, 4 pieds 4 pouces ; profondeur, 2 pieds. — 584. Une commode en forme de tombeau, à deux tiroirs en marqueterie, première partie, à pieds à avant-corps et jambes, ornée aux quatre coins de têtes de femmes ailées, moulures, carderons et rinceaux d'ornements, pieds à griffes de lion, etc. Elle est couverte d'un marbre carré à gorge de griotte d'Italie. Hauteur, 2 pieds 9 pouces ; longueur, 4 pieds ; profondeur, 1 pied 11 pouces. — 585. Un bas d'armoire de marqueterie en contre-partie, à trois panneaux, dont deux à glaces ; le milieu est orné d'une figure et trophée sur piédestal, demi-relief en mosaïque, orné d'aiguières, moulures, rosettes et calottes en bronze doré, avec dessus à avant-corps de marbre pareil au précédent. Hauteur, 2 pieds 11 pouces ; longueur, 4 pieds 8 pouces 6 lignes ; profondeur, 16 pouces. — 586. Un cabinet de marqueterie, première partie, ouvrant à un battant et huit tiroirs sur les côtés, avec un vase en forme de lyre dans le panneau du milieu, orné du médaillon de Louis XIV, avec guirlande de fleurs, petits mascarons, pieds à griffes, mascarons à têtes de femmes, sur socle à avant-corps en bois d'ébène, draperies en forme de guirlandes, et dessus de marbre pareil aux précédents. Hauteur, 2 pieds 11 pouces ; longueur, 2 pieds 4 pouces 6 lignes ; profondeur, 18 pouces. — 587. Deux coins en marqueterie, en contre-partie, ouvrant à un battant, orné de chapiteaux, mascarons, moulures, rosettes et carderons en bronze doré, avec dessus de marbre pareils. Hauteur, 2 pieds 9 pouces ; largeur, 1 pied 11 pouces 6 lignes ; profondeur, 15 pouces. » (Catalogue de la vente du marquis de Marigny ; dans Campardon, Mme de Pompadour.

2. Ce n'est pas sans une certaine surprise que tous ceux qui connaissent l'histoire du XVIIIe siècle et les procédés employés par Marigny pour enrichir ses collections personnelles ont vu un tribunal de province débouter l'État de ses prétentions alors qu'il réclamait la réintégration dans les collections nationales — et dans l'espèce dans les collections du Louvre — des statues demeurées dans le parc du château de Ménars. Ces statues appartenaient deux fois à l'État, en vertu du principe de l'inaliénabilité du domaine et en vertu d'une saisie de la Révolution. C'est un fait qui prouve une fois de plus que quand il s'agit de juger une question touchant le domaine de l'État il ne suffit pas d'être juriste, il faut encore être historien.

3. Inventaire dressé par Fontanieu : « 487. Une commode à trois grands tiroirs, avec un gradin à quatre tiroirs qui se pose dessus, le tout de marqueterie de cuivre, ébène et bois violet ; le dessus orné aux quatre coins des chiffres du roy couronnés et des lyres aux côtés, les tiroirs fermans à clef dont les entrées des serrures sont de bronze doré. Large de quatre pieds un pouce et deux pieds huit pouces de large, sur deux pieds huit pouces de haut, avec un tapis de maroquin rouge, garny de molet d'or et doublé de serge. » (Archives Nationales, O¹ 3336, f° 174 r°.)

légèrement recourbés en volute et garnis de larges feuillages de bronze repose un corps très bas, évidé en son centre, qu'occupe un beau masque de satyre, séparant deux tiroirs marquetés, comme le dessus de la commode, d'écaille et de cuivre ; des masques de femme décorent les extrémités. Des remaniements ont très certainement modifié les commodes du Louvre dont le dessus ne repose pas sur les moulures qui autrefois devaient le supporter ; mais ces transformations n'ont pu que très légèrement changer le caractère de ces meubles [1].

Des commodes Mazarines ornées de sphinges en bronze, je serais tenté de rapprocher d'abord un beau bureau, malheureusement en assez mauvais état aujourd'hui, en marqueterie de cuivre sur fond d'écaille noire, qui est placé dans la Salle du Conseil, au palais de Versailles ; un bureau,

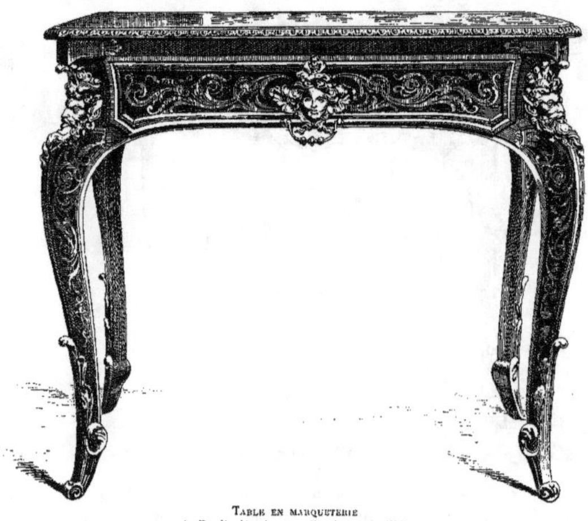

TABLE EN MARQUETERIE
de Boulle (Ancienne collection Armaillé)

accompagné de son serre-papiers, qui a fait partie de la collection de Mlle de Choiseul [2] ; enfin un beau bureau, accompagné également de son serre-papiers, qui appartient à M. Edmond Foule [3]. L'image que je donne ici de ce meuble me dispensera d'une longue description ; mais l'analogie avec les commodes mazarines est si frappante qu'il me paraît bien malaisé de ne pas les attribuer sinon à la même date exactement — une telle affirmation serait dangereuse, — du moins au même atelier. De plus, on reconnaît dans ces objets une influence si directe de Le Brun qu'on ne peut supposer que

1. Je n'en dirai pas autant d'une commode du château de Windsor, tout à fait semblable à celles du Louvre, qu'un malencontreux ébéniste a transformée en bureau muni d'un abattant. Cet arrangement me paraît remonter au siècle dernier et constituer un des plus beaux échantillons des remaniements absurdes subis par les meubles de Boulle ; en dehors des meubles de la Renaissance, que plusieurs générations d'antiquaires peu éclairés ont pris à tâche d'estropier dans le courant de notre siècle, il n'est pas de pièces de mobilier que la main de prétendus restaurateurs ait plus martyrisées que les beaux meubles de Boulle. Ce secrétaire a été publié dans un article de M. Robinson sur les meubles de la reine d'Angleterre, dans *The Magazine of art*, novembre 1897, p. 32.

2. Vendue à Paris, en 1896 ; n° 3 du *Catalogue* de vente. Le cadran de l'horloge du serre-papiers porte le nom de Gaudron.

3. L'horloge de ce meuble est signée de J.-Henri Enderlin, à Paris. En attribuant à André-Charles Boulle ou à son atelier ce beau bureau, je m'écarte un peu de l'opinion de son heureux possesseur qui le considère comme un meuble de 1735 environ. A mon avis, des figures telles que celles qui en ornent les angles auraient paru bien un peu sévères d'aspect à ce moment, un peu froides. Nous savons, par de nombreux exemples, la transformation que les bronziers avaient fait subir aux figures de femmes dont on ornait les meubles, et nul doute que pour un meuble aussi somptueux on eût adopté la dernière mode.

des modèles aussi caractéristiques aient été repris très longtemps après que son style avait cessé de se faire sentir dans la direction générale de l'art français.

C'est à la fin du xviie siècle généralement qu'on attribue un beau bureau, sorti sans doute des ateliers de Boulle, qui fait partie de l'ameublement ancien déposé au Ministère de la Marine. Ce bureau d'ébène, de cuivre et d'écaille (seconde partie) est, comme l'a remarqué M. de Champeaux[1], difficilement attribuable à l'époque de Colbert, mais il pourrait bien avoir vu le jour du temps du ministère de M. de Seignelay. Aux griffes de lion qui forment les sabots des pieds de tant de meubles du xviie siècle, nous voyons déjà se substituer les pieds de biche qui deviendront d'un usage si fréquent au xviiie siècle ; il est vrai qu'ici le choix de ce modèle pourrait paraître commandé par les têtes de satyres des angles du bureau ; mais toutefois le même enchaînement d'idées ne s'est pas produit dans le cerveau de l'ébéniste qui a créé un bureau qui jadis fit partie de la collection Armaillé[2], bureau qui, par ses marqueteries de cuivre sur fond d'écaille (première partie), ses masques de satyres barbus, son galbe général, rappelle beaucoup le meuble du Ministère de la Marine.

Un bureau de forme absolument différente, qui appartient au Musée de Dijon (legs Trimolet), bien qu'il corresponde en certaines parties, notamment par le nombre des pieds qui le portent et leur disposition, à quelques descriptions de l'inventaire du mobilier de la Couronne[3], ne laisse pas que de soulever quelques difficultés pour une attribution à André-Charles Boulle : les délicates marqueteries qui le décorent, avec leurs personnages grotesques empruntés à la comédie italienne, rappellent beaucoup plus les compositions de Claude Gillot que les grotesques de Berain ; et si Claude Gillot (1673-1722) appartient à l'époque de Louis XIV, il ne faut pas oublier qu'il fut un des artistes qui ne contribuèrent pas peu à modifier le style français, à l'alléger et à préparer l'épanouissement de la Régence et de l'époque de Louis XV, en sorte qu'on serait tenté d'attribuer ce beau meuble non pas à André-Charles Boulle, mais à quelque imitateur attardé, peut-être provincial, vivant vers 1735. Néanmoins le style de l'architecture du meuble est si sobre qu'on n'ose point se prononcer d'une façon nette en face de ce monument. J'en dirai autant d'un autre bureau fort analogue que possède le Musée de Cluny[4]. Dans ce dernier la marqueterie, par son dessin, n'est pas aussi caractéristique ; mais les pieds contournés du meuble font plutôt penser à un artiste de la Régence ou même du règne de Louis XV qu'à un artiste ayant subi directement l'influence de Le Brun.

Les tables qui figurent en grand nombre dans les inventaires me serviront de transition pour parler des cabinets dont les supports présentent, en un grand nombre de cas, les mêmes dispositions : une table notamment, qui a appartenu à M. Charles Stein[5], offre absolument la même disposition que certains meubles du Louvre, provenant du mobilier de Saint-Cloud, mais sans doute, à l'origine, du mobilier de Versailles[6].

---

1. *Le Meuble*, II, p. 80.

2. Vendue en 1890. N° 156 du *Catalogue* de vente.

3. Notamment les n°s 457 et 561 : « 561. Deux bureaux de marqueterie d'écaille de tortue et de cuivre, représentant au milieu les chiffres du roy, couronnés et surmontés d'un soleil et à chaque coin un grande fleur de lis, aiant par devant neuf tiroirs fermans à clef, portés sur huit pilliers en guaisne de même marqueterie, a bazes et chapiteaux de cuivre doré ; longs chacun de trente neuf pouces sur vingt deux de large et vingt neuf de haut, avec leurs tapis de maroquin rouge, doublés de serge et garnis de molet d'or. » (*Inv. dressé par Fontanieu*, Archives Nationales, O 1 3333, f° 184 v°.)

4. Reproduit dans Havard, *Les Boulle*, p. 47. Ce bureau est porté sur huit pieds réunis quatre par quatre.

5. Gravée dans Havard, *Les Boulle*, p. 43.

6. Voici, d'après l'inventaire du mobilier de la Couronne dressé par Fontanieu, la description d'un certain nombre de tables en marqueterie qui peuvent être considérées comme des œuvres de Boulle ou de ses contemporains travaillant dans le même style et suivant les mêmes procédés : « N° 23. Une table d'écaille tortue, pointe de fleurs, rainceaux et papillons, à compartimens semés de nacre de perle, profilés d'yvoire, garnie autour d'un bord de cuivre doré, ciselé de feuilles d'accante, sur son pied a quatre colonnes, dont les chapiteaux, bazes et astragalles sont de cuivre doré, longue de trois pieds un pouce, sur deux pieds de large et deux pieds quatre pouces de haut. » (Archives Nationales, O 1 3336, f° 114 r°.) — « N° 24. Une autre table d'écaille tortue à compartimens et rainceaux d'étain, ornée de dauphins et festons de fleurs, aiant au milieu une Renommée qui tient dans sa main une inscription, portée sur un pied à colonnes torses à jour ; longue de trois pieds un pouce, sur deux pieds de large et deux pieds quatre pouces de haut, avec son tapis de maroquin rouge, garny de molet or et argent. » (*Ibid.*, f° 114 r°.) — « N° 88. Une table fond d'écaille tortue à compartimens et filets d'étain, au milieu de laquelle est représentée une Renommée et autour, quatre cornets d'abondance et huit dauphins, longue de trente cinq pouces sur vingt quatre de large, portée sur quatre pieds ronds de même ouvrage. » (*Ibid.*, f° 124 r°.) — « N° 122. Une table à tiroir de marqueterie à fleurs, de bois de plusieurs couleurs sur fond d'ébène, à compartimens de bois violet profilée de bois blanc, aiant au milieu un vaze de fleurs, d'où sortent

Les collections de M. le baron Adolphe de Rothschild renferment un cabinet de Boulle, encore aujourd'hui porté sur son pied original; mais ces meubles, rares déjà dans l'inventaire du mobilier de la Couronne[1], sont souvent devenus méconnaissables sous les transformations qu'on leur a fait subir au siècle dernier, sous Louis XVI, et aussi dans le courant de notre siècle. Le Musée du Louvre possède plusieurs de ces cabinets, dont quatre ont pu dernièrement être rétablis dans leur état primitif par la suppression des moulures, bases et pieds dont on avait doté les corps supérieurs de ces cabinets pour en former des meubles à hauteur d'appui, de hauteur égale à leurs propres supports. On trouvera sur la planche VI deux de ces cabinets ainsi rétablis, restitution dont la légitimité ne peut être un instant contestée car, par un heureux hasard, on trouve dans la collection du Musée des Arts décoratifs le dessin original, de la main de Boulle très probablement, de l'un de ces cabinets. J'ai donné ici (page 57), à titre de renseignement, le corps supérieur d'un de ces cabinets, appartenant à la même série que les meubles conservés au Louvre, et ayant subi une transformation analogue, sous Louis XVI probablement. Ce meuble a fait partie de la collection du duc de Hamilton[2]. Toute la partie inférieure, la plinthe ornée de filets de cuivre et de rosaces, les pieds en forme de toupies sont une addition du siècle dernier. En dépouillant le meuble de ces supports postiches, on se trouve en face d'un corps de cabinet à un seul vantail, muni de tiroirs sur les côtés, destiné à prendre place sur un support en forme de table surélevée, comme les meubles du Louvre. Les meubles du Louvre, dont les uns sont décorés de figures de Louis XIV en costume héroïque du style le plus grandiose, rappelant les sculptures de la Porte Saint-Martin, les autres de marqueterie, ont été apportés, en 1870, du château de Saint-Cloud; mais rien ne prouve qu'ils aient été ainsi transformés dès le XVIIIᵉ siècle. Le mobilier qui existait à Saint-Cloud sous le second empire n'était pas l'ancien mobilier; en tout cas, il ne pourrait être question de considérer ces meubles comme ayant existé très anciennement dans ce château. Saint-Cloud fut cédé, en 1785, à Marie-Antoinette par le duc d'Orléans, mais la reine ne prit possession que des murs: le mobilier avait été enlevé[3]. L'hypothèse la plus probable est celle qui donnerait comme provenance à ces meubles le château de Versailles.

Ces cabinets peuvent, au premier abord, paraître un peu bizarres de forme, parce que nous sommes habitués à voir des meubles de Boulle ou conçus dans son style, accompagnés d'entablements ou de corniches plus ou moins compliquées, supportant des tablettes de marbre. Dans un très grand

---

deux grands rinceaux; portée sur son pied de quatre pilliers en guaine, de même marqueterie dorés haut et bas; longue de trois pieds deux pouces sur vingt six pouces de large et vingt neuf a trente de haut. (*Ibid.*, f° 128 r°.) — « N° 124. Deux tables de marqueterie a fleurs et oiseaux, de bois de plusieurs couleurs, sur fond d'ebene a compartimens de bois de noier a placages profilés de bois blanc; dans le milieu est représenté un vaze de fleurs, posé sur un bout de table, longue de trois pieds un pouce et demy, sur vingt quatre pouces et demy de large et trente pouces de haut, aiant un tiroir, portées sur quatre pilliers ronds en guaine, dont les chapiteaux et bazes sont dorés, avec un vaze doré au milieu de la traverse. » (*Ibid.*, f° 128 v°.) — « N° 338. Une grande table de marqueterie de cuivre et d'étain, sur fond d'écaille tortue et d'ebene aiant deux tiroirs, représentant au milieu un ovale et quatre ronds aux coins, portée sur un pied de six pilliers en guaine de marqueterie d'étain et d'écaille tortue, avec ornemens de cuivre et d'étain, longue de cinq pieds sur deux pieds sept pouces de large et trente trois à trente quatre pouces de haut. » (*Ibid.*, f° 155.) — « N° 725. Une petite table de marqueterie de cuivre et d'écaille tortue arrondie par le devant, représentant un enfant sur un dauphin apuié contre un amour et tenant d'une main un trident et de l'autre une pique. Le pied a trois consolles de même marqueterie ornées par le haut d'une tête de bellier de relief de cuivre doré, longue sur le derrière, de vingt deux pouces et large de treize au milieu. » (*Ibid.*, f° 202 r°). — « N° 726. Une autre petite table quarrée longue de lade marqueterie de cuivre et d'écaille, représentant dans le milieu un amour sur une escarpolette balancée par deux autres amours et un berger jouant de la musette; le reste remply de figures et animaux grotesques et ornemens de même marqueterie: longue de deux pieds, huit pouces, sur quinze pouces de large. » (*Ibid.*, f° 202 r°.) — « N° 781. Une belle table de marqueterie de cuivre, étain et bois de plusieurs couleurs, sur fond d'ebene, représentant au milieu la devise de Louis XIV couronnée, avec la légende: nec pluribus impar, dont le soleil, tout de cuivre, est environné de guirlandes de fleurs; au dessous du soleil est un monde ou globe terrestre, et à chaque coin une coquille surmontée d'une fleur de lis de cuivre, sa table encastrée d'un bord de cuivre doré à godrons, portée sur quatre figures de bois sculté doré, dont deux d'hommes et deux de femmes terminées en quenes de poisson, longues de trente sept pouces sur vingt quatre pouces et demy de large et vingt neuf pouces et demy de haut. — Deux gueridons de même marqueterie, dont le dessus représente un soleil, dans une guirlande de fleurs, la tige comme les pieds de la table, haute de vingt trois pouces. » (*Ibid.*, f° 208 v°.)

1. « N° 86. Un cabinet d'écaille tortue, orné de fleurs et ouvrages de marqueterie, ayant deux guichets, treize tiroirs et deux niches entre trois pilastres, le tout garny d'ornemens de bronze doré, porté sur six colonnes; haut de cinq pieds et demy, compris le pied, sur quatre pieds et demy de large. » (Archives Nationales, O^1 3336, f° 123 v°.) — « N° 465. Un cabinet de marqueterie de cuivre et d'étain, sur fond d'écaille de tortue à dix guichets qui s'abattent, ornés de moulures, fleurs de lis, masques, rosettes et pampres de vigne, le tout de bronze doré. Sous chaque guichet sont deux tiroirs ornés sur le devant de compartimens de lapis ronds et demy ronds, d'agathes avec moulures et boutons de bronze doré; les dits tiroirs garnis en dedans de tabis vert. Le cabinet terminé par le haut, des chiffres du Roy couronnés, de bronze doré, sur fond d'écaille tortue; haut de six pieds deux pouces, sur trois pieds quatre pouces de large. » (*Ibid.*, f° 171 v°.)

2. N° 174 du *Catalogue* de vente.

3. Cfr. A. de Champeaux, *Le Meuble*, tome II, p. 92.

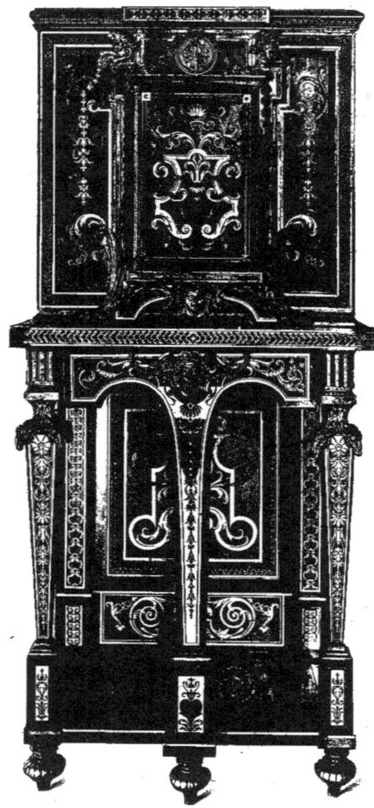
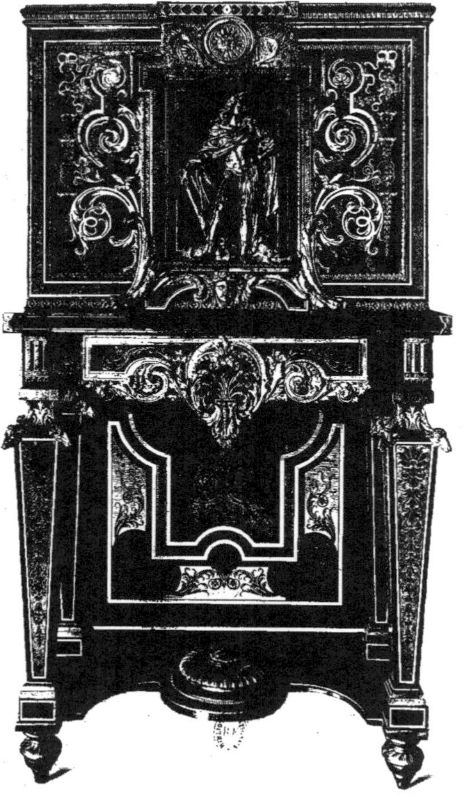

CABINETS EN MARQUETERIE PAR ANDRÉ-CHARLES BOULLE

(Musée du Louvre)

nombre de cas, ces tablettes ne sont que des additions injustifiées : les cabinets de Boulle avaient le galbe des anciens cabinets italiens ou espagnols, c'est-à-dire le galbe d'un coffre ou d'une caisse posés sur des tréteaux. La meilleure preuve qu'on en puisse donner, c'est que le dessus de quelques-uns de ces cabinets est orné de marqueterie ; il ne pouvait certainement entrer dans la pensée de l'artiste de cacher un décor aussi délicat par l'apposition d'un marbre.

De la série de ces cabinets, dont les pieds sont ornés en leurs angles de têtes de béliers de bronze doré, il faut rapprocher sans doute des guéridons ou supports de torchères, qui offrent également ce même ornement qu'on trouve aussi sur la table de l'ancienne collection Charles Stein mentionnée plus haut : deux échantillons de guéridons appartenant à cette série font partie de la collection de M. le comte de Castellane. Ils se composent d'un long balustre dressé sur des pieds en forme de volutes, décoré à sa partie inférieure de têtes de béliers d'une forte saillie ; à la partie supérieure un chapiteau supporte le plateau, assez large pour soutenir soit un flambeau à trois branches soit une girandole. Ce sont d'excellents échantillons exécutés en marqueteries de ces guéridons qui, plus souvent traités en bois sculpté et doré, servaient sous Louis XIV à éclairer les grands appartements : la galerie des glaces, à Versailles, était munie de ce genre de luminaire, bien insuffisant sans doute, malgré les pendeloques de cristal de roche, à faire valoir toutes les beautés d'une salle de telles proportions. Ces guéridons présentaient du reste parfois l'alliance du travail du marqueteur avec celui du sculpteur et du doreur [1], alliance fort heureuse et qui avait pour résultat de rendre moins sombres et moins sévères d'aspect ces supports de luminaires.

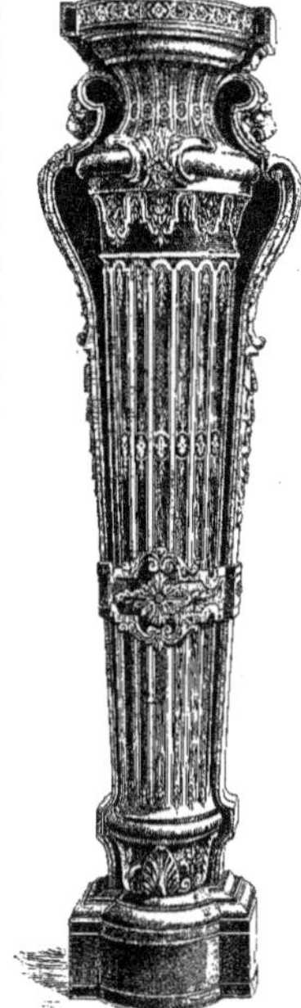

De ces guéridons, il faut rapprocher les scabellons destinés à supporter des objets très divers, bustes ou statues ou statuettes, qui sont assez nombreux dans l'œuvre de Boulle. On se souvient que dans le procès engagé entre Crozat et Boulle il est question de socles ou scabellons commandés à notre artiste : on retrouve dans la collection de M. le comte de Castellane deux superbes gaines en marqueterie de cuivre et d'écaille, ornées latéralement de mufles de lions et de guirlandes de bronze, qui me paraissent tout à fait du genre de celles que Boulle avait dessinées pour le financier. De ces gaines admirables de proportions et de ce goût grandiose qu'on rencontre dans la plupart des œuvres décoratives exécutées sous Louis XIV, il faut rapprocher un beau socle à huit pans, qui a fait partie de la collection du duc de Hamilton [2]. Décoré de marqueterie de cuivre et d'écaille, il est enrichi à son faîte et à sa base de mascarons ou de feuillages de bronze doré analogues à ceux qui ornent les plus beaux meubles de Boulle.

Guéridon
marqueté d'écaille et de cuivre
(Collection de M. le comte
de Castellane)

Mais laissons de côté ces ouvrages qui, dans l'œuvre de Boulle, peuvent passer pour de simples accessoires, pour dire un mot d'une série de meubles qu'on doit rapprocher avec juste raison des cabinets. Moins importants par leurs dimensions, les coffres de mariage ou les coffres de toilettes ont été munis de supports qui permettaient de les faire figurer en bonne

---

1. « N° 130. Deux guéridons de marqueterie d'étain et d'ébène sur fond de cuivre, dont la tige représente un therme d'enfant, de bois argenté ; le pied et le plateau octogone, hauts de trois pieds et demy. »   (*Inv. du mobilier de la Couronne* dressé par Fontanieu, Archives Nationales, O 1 3336, f° 130.)
2. N° 1280 du *Catalogue* de vente (photographie).

place parmi les autres pièces de ce mobilier monumental, où on retrouve à chaque pas l'influence de Le Brun.

Dans ses estampes, André-Charles Boulle nous a laissé la représentation d'un coffre de toilette[1], dont le dessin original à la sanguine se trouve au Louvre[2]. Ce coffre — et c'est par ce point que la plupart des coffres de Boulle, du moins dans leur état primitif, se rattachent aux cabinets, — est placé sur un pied, sorte de console munie d'un fond; les chutes et la ceinture du pied sont décorées de têtes de satyres et d'un masque ailé; le fond est de marqueterie. Quant au coffre lui-même, il est aussi orné de bronzes épousant ses formes ventrues et légèrement contournées; le couvercle est plat et muni d'une poignée; des pieds indiquent que le meuble est simplement posé sur son support, peut en être détaché et former par lui-même un tout complet. Nous avons là assurément un échantillon absolument authentique des coffres d'André-Charles Boulle, mais je n'en connais actuellement aucun,

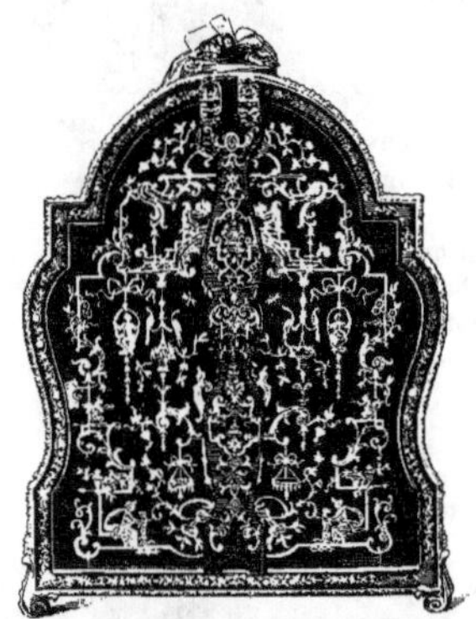

Miroir (Revers de)
en marqueterie de cuivre et d'écaille, par André-Charles
Boulle (Ancienne collection Hamilton)

parmi les meubles existants, qui, par son dessin, soit absolument conforme à cette donnée. Les deux plus célèbres et les plus beaux sans contredit, les plus connus aussi, sont ceux qui passent pour avoir été faits pour le mariage du Grand Dauphin, et qui ont fait partie des collections du palais de San Donato[3]. Les consoles qui supportent chacun d'eux sont différentes : l'une est munie à sa partie antérieure de quatre pieds réunis deux à deux, l'autre de deux pieds seulement, plus robustes, ornés de triglyphes et de têtes de béliers à leur sommet, comme les supports des cabinets du Louvre. J'avoue que cette différence dans le parti pris adopté pour les supports rend, à mon avis, un peu improbable une origine commune, et je soupçonne que si les coffres qui sont placés sur ces socles sont bien de même fabrication (la marqueterie en est de première et de seconde partie), les consoles ont pu être changées. Enfin, en l'absence de tout emblème rappelant le Grand Dauphin, auquel ils passent pour avoir appartenu, cette origine me semble des plus discutables. Mais passons : les deux monuments sont anciens et de la plus belle facture. Les coffres à profil curviligne sont munis aux angles d'admirables masques de bronze, et le couvercle, en forme de pyramide terminée par une pomme de pin, est du dessin le plus heureux. Le nom de Boulle doit être sans contredit inscrit au-dessous de ces œuvres dans le style de Le Brun, tout en faisant les réserves nécessaires sur des juxtapositions de pièces dont les unes sont incrustées d'écaille sur un fond de cuivre, tandis que les autres sont incrustées de cuivre sur fond d'écaille : il y a là des traces indéniables de changements qui n'altèrent pas sensiblement le mérite des œuvres, mais montrent avec évidence qu'elles ne sont plus dans leur état primitif. J'en dirai autant d'un très beau coffre qui a fait partie de la collection Sellière et que je reproduis ici[4]. Dans ce monument le coffre est de première partie, tandis que le support est de contre-partie. Ces mariages ont été opérés à une époque où on a utilisé, parmi les meubles de Boulle, ceux qui étaient en état présentable; mais il me paraîtrait téméraire de prétendre que quand ils virent le jour ils étaient fabriqués de la sorte[5]. La collection Wallace, à

---

1. Cette estampe a été reproduite par Guilmard, *Les maîtres ornemanistes*, pl. 37.
2. Gravé dans Havard, *Les Boulle*, p. 9.
3. Reproduits par Havard, *ouvr. cité*, p. 41 et 44.
4. N° 559 du *Catalogue* de vente.

5. En admettant avec M. de Champeaux (*ouvr. cité*, p. 78) et M. M. Havard (*ouvr. cité*, p. 40) que les coffres de la collection de San Donato ont été exécutés pour le Grand Dauphin, l'un de ces coffres serait celui dont on trouve la mention dans les *Comptes des Bâtiments*, à la date du 9 janvier 1684 : « A Boulle, ébéniste, pour un coffre de

Londres, si riche en meubles français, contient quatre coffres moins grands que ceux qu'on vient de mentionner et attribuables aussi à André-Charles Boulle ; les attributs royaux qui les décorent rendraient, pour ceux-là, une attribution analogue à celle qui a été formulée pour les autres plus vraisemblable [1].

Dresser le catalogue de l'œuvre d'André-Charles Boulle, œuvre auquel se trouveraient mélangés, du reste, des travaux de ses fils qui, à la fin de sa carrière, étaient sans doute les véritables créateurs des meubles qui bénéficiaient de la vieille renommée du chef de famille, est une chose impossible encore aujourd'hui. Mais il est des pièces, qu'après M. de Champeaux, je dois mentionner pour les indiquer tout au moins à ceux qui seraient tentés de faire une étude très détaillée, que je ne puis songer à entreprendre ici. La comparaison des motifs de marqueterie, leur exacte confrontation, l'étude minutieuse des bronzes, fort épineuse aujourd'hui que la plupart d'entre eux ont été plusieurs fois redorés, permettraient peut-être enfin de discerner, sans grande chance d'erreur, les œuvres originales des copies faites dans le courant du xviiie siècle. Ici, dans un aperçu général, je dois simplement me borner à signaler les monuments principaux, ceux qui devraient en quelque sorte servir de base à une étude spéciale.

Chez M. le marquis de Vogüé existent de nombreuses pièces provenant du mobilier de M. de Machault, contrôleur général des finances, garde des sceaux, puis ministre de la marine : un bureau avec son serre-papiers, une grande armoire à deux vantaux en contre-partie, dont les bronzes représentent les quatre arts libéraux et dont M. de Champeaux signale également la première partie, ayant appartenu au même mobilier [2]. Dans les collections de la reine d'Angleterre, au château de Windsor, on trouve également de nombreux spécimens de l'art de Boulle : des armoires sur lesquelles on voit des bronzes représentant Apollon et Daphné, Apollon et Marsyas, l'enlèvement d'Hélène ; une série d'armoires à hauteur d'appui décorées de médailles commémoratives de l'histoire de Louis XIV accompagnant les figures de la Sagesse et de la Religion [3]. Dans la collection Wallace, d'autres grandes armoires offrent les figures des Saisons, placées sur des fonds dépourvus de marqueteries et qui pourraient rendre une attribution à Boulle douteuse si des figures de même style ne se retrouvaient sur des pièces du mobilier de Windsor incrustées d'écailles et de cuivre accompagnées d'autres

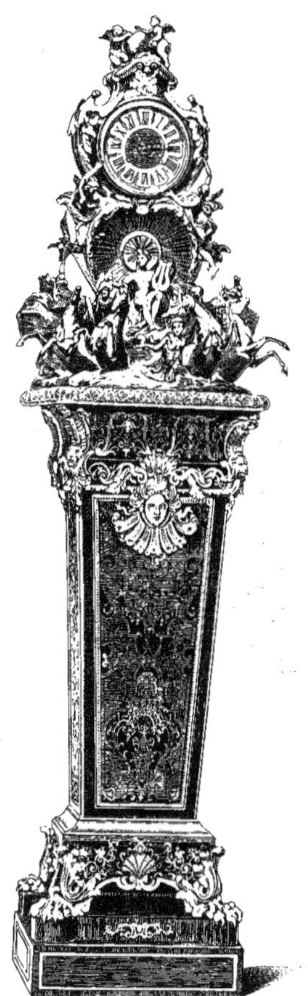

GRANDE HORLOGE EN MARQUETERIE
Atelier des Boulle (Palais de Fontainebleau)

---

marqueterie pour Monseigneur... 700 livres. » (J.-J. Guiffrey, *Comptes des Bâtiments*, t. II, c. 473.) Quant aux autres passages des *Comptes* où il est question de *Cabinets*, ce terme y désigne non des meubles mais les appartements du Dauphin.

1. A. de Champeaux, *ouvr. cité*, p. 79.

2. *Ouvr. cité*, p. 80.

3. Sur ces meubles du château de Windsor, voyez l'article déjà cité de M. Robinson, *The Queen's treasures of Art*, dans *The Magazine of Art*, novembre 1897, p. 26 et suiv. Cet article est accompagné de très nombreuses gravures.

ornements dont le style est facilement reconnaissable. Je mentionnerai enfin, sans parler des meubles que conserve le garde-meuble national, exécutés dans le style de Boulle, au xviiie siècle, par Montigny et par Jacob, toute une série d'armoires basses qui, depuis 1870 qu'elles ont été rapportées du château de Saint-Cloud, appartiennent au Musée du Louvre, dont elles avaient été détournées, puis une très grande armoire que je reproduis ici, mais dont le couronnement a disparu et qui fit partie jadis de la collection Scillière [1]. On peut voir par ce bref aperçu combien, en somme, sont encore nombreux les spécimens de l'art de Boulle.

En dehors de ces meubles, il existe encore, dans diverses collections, des spécimens fort intéressants, on peut même dire fort beaux, de certaines séries d'objets que nous savons que Boulle a fabriqués. Il suffit de se reporter à l'inventaire dressé après l'incendie de son atelier. En premier lieu il faut placer les miroirs dont la collection Hamilton [2] possédait un superbe spécimen, dont tout le revers et le valet — c'est-à-dire le support mobile destiné à lui donner plus ou moins d'inclinaison sur la table où il était posé — étaient tout recouverts d'incrustations de cuivre sur fond d'écaille dans le style de Bérain. L'inventaire du mobilier de la Couronne, sous Louis XIV, contient la description d'un très grand nombre de miroirs, mais je n'y ai relevé aucun objet qui corresponde exactement par sa description à ce miroir, petit chef-d'œuvre dans le style de Boulle. Les plus somptueux des miroirs, du reste, d'après cet inventaire, paraissent avoir été ceux qu'environnaient des bordures de bois sculpté et doré ou des bordures de glace [3].

L'étude détaillée des horloges, dont André-Charles Boulle ou ses fils ont décoré la menuiserie d'incrustation ou de bronze, pourrait former un chapitre à part tant cette série est abondante en beaux monuments. Ces horloges peuvent se diviser en deux classes : les horloges d'applique ou destinées à prendre place sur une console ou une cheminée, et les régulateurs dont la caisse renferme une partie du mouvement. Ces derniers, dont la hauteur est considérable — ils dépassent souvent six pieds de haut, — constituent parfois de véritables monuments d'ébénisterie et de bronze.

Je n'ai pas à insister ici sur ces meubles, surtout sur la première catégorie dont les échantillons sont très nombreux, d'autant plus nombreux que les modèles d'André-Charles Boulle ou d'autres ébénistes ont été fréquemment imités, très avant même dans le xviiie siècle; et ce meuble d'ailleurs, tout en restant le même dans son essence, a subi les diverses modifications de style qui signalent le mobilier français dans le cours du dernier siècle. Un certain nombre de descriptions extraites de l'inventaire du mobilier de la Couronne, qu'on trouvera ici en note, suffiront amplement au lecteur pour se faire une idée de ces pièces de mobilier, encore fort nombreuses aujourd'hui [4]. Mais on ne

---

1. N° 556 du *Catalogue* de vente.

2. N° 998 du *Catalogue* de vente.

3. « N° 23. Un miroir à bordure de bois doré, sculté de fleurs de lis et palmettes à jour. La glace de quarante quatre pouces de haut sur trente de large. » *Inv. dressé par Fontanieu*, Archives Nationales, O 1 3336, f° 3 v°. — « N° 24. Un miroir à bordure et chapiteau de bois doré sculté à jour; le chapiteau représente la devise de Louis XIIII entre deux guirlandes de fleurs et trophées d'armes. La glace de trente neuf pouces de haut sur vingt huit de large. » (*Ibid.*, f° 4 r°.) — « N° 79. Un miroir à petite bordure de noier, moulures noircies et ornemens de cuivre. La glace de dix neuf pouces de haut sur quinze de large. » (*Ibid.*, f° 10 r°.) — « N° 86. Un miroir à bordure et chapiteau de glace avec ornemens aux coins et milieux de la bordure et autour du chapiteau. La glace de vingt quatre pouces de haut sur dix huit pouces de large. » (*Ibid.*, f° 10 v°.) — « N° 88. Un miroir à bordure et chapiteau de glace avec ornemens de glace aux coins et milieux de la bordure et autour du chapiteau. La glace de vingt quatre pouces de haut sur dix huit de large. » (*Ibid.*, f° 10 v°.) — « N° 143. Six miroirs de toilette à bordure de noier et volet derrière; les glaces de douze pouces de large, sur dix pouces de haut. » (*Ibid.*, f° 15 v°.) — « N° 279. Un autre miroir à bordure de bois sculté doré; la glace de vingt quatre pouces de haut sur dix sept de large. » (*Ibid.*, f° 28 v°.) — « N° 338. Dix autres miroirs de toilette quarrés, dont six à bordures de bois de palissante et quatre à bordures de bois d'olivier, les glaces de unze pouces et demy de haut sur neuf pouces et demy de large. » (*Ibid.*, f° 34 r°.)

4. « N° 1. Une grande et belle pendule extraordinaire qui sonne divers carillons aux heures; le devant est enrichy d'ornemens de bronze, cupidons et coqs ; la pendule enfermée dans une boëte de marqueterie de cuivre et d'ébène à trois glaces, portée sur un grand piédestal de même marqueterie, orné par devant des armes de France et par les côtés des chiffres de Louis XIIII. Le tout de bronze doré, finy par huit pieds de biche aussi de bronze doré. Le tout ensemble ayant huit pieds et demy de haut. — N° 2. Une grande et belle pendule faite par Turet, dont le cadran est soutenu par le Temps qui enlève la Vérité, le tout de bronze doré. La boëte de marqueterie de cuivre sur fond d'écaille, ornée de deux sphinx et de consolles de bronze doré, terminée d'une renommée sonnant de la trompette aussi de bronze doré; la pendule portée sur un pied d'ébène, ayant sur le devant un cadran qui marque les changemens de temps; haut le tout ensemble de quarante cinq pouces. — N° 3. Une belle et grande pendule faite par Gribelin, ayant sous le cadran, divers ornemens, deux oyseaux et un masque, le tout émaillé. La boëte de marqueterie de cuivre sur fond d'écaille, ornée de moulures et godrons, de deux sphinx et deux masques de bronze doré : le haut terminé d'une renommée aussy de bronze doré, tenant une palme. Il y a sous ladite pendule, un cadran qui marque les changemens de tems : elle est haute en tout de quarante six pouces et

saurait passer sous silence les grands régulateurs : dans ceux-là, dans un très grand nombre de cas du moins, on peut reconnaître expressément le faire d'André-Charles Boulle, et son œuvre paraîtrait incomplet sans eux.

Le monument le plus remarquable de la série est peut-être l'horloge dont le mouvement est dû au célèbre horloger Thuret, celui-là même qui était chargé de l'entretien des instruments de l'Académie des Sciences, que possède aujourd'hui le Conservatoire des Arts et Métiers, à Paris. Cette horloge date de 1712. Les bronzes, un Hercule et un Atlas soutenant le globe du monde, que surmonte une figure de l'Astronomie, égalent en beauté la caisse de marqueterie qui supporte ce couronnement monumental. Cette caisse, recouverte de marqueterie de cuivre et d'écaille, est établie sur plan triangulaire. Une lyre, surmontée du pétase de Mercure, forme le motif de décoration de la face principale ; sur les autres côtés sont représentées des arabesques dans le style de Berain. L'ensemble, que quelques restaurations ont sans doute altéré, demeure majestueux et tout a fait digne du beau mobilier créé par Le Brun et Charles-André Boulle. Un peu plus ancienne — elle date de 1706 et le mouvement en est dû à Morand, de Pont-de-Vaux — est une horloge qui, encore aujourd'hui, décore le palais de Versailles qu'elle n'a jamais quitté, chose rare dans l'espèce ainsi que l'a judicieusement remarqué M. de Champeaux. Cette horloge est construite sur plan carré : le socle, en bois de violette, portant sur quatre pieds de biche de bronze doré surmontés de rinceaux, est muni à sa partie supérieure, aux angles, de masques barbus très analogues aux chutes d'un certain nombre de grands bureaux de la même époque. Sur les côtés, dans des compartiments à angles abattus formés par des moulures de bronze, sont inscrits le chiffre couronné du roi et les armes de France, le tout de bronze doré. C'est sur cette base un peu lourde que se dresse la cage de l'horloge, munie de glaces enchâssées dans quatre arcatures que surmonte un dôme. Aux angles et au faîte se profilent de grosses fleurs de lys de bronze. L'ensemble est peut-être un peu trapu, mais du plus pur style Louis XIV. C'est à peine si on peut distinguer dans les profils quelques moulures, quelques courbes un peu capricieuses qui indiquent que l'époque de l'épanouissement complet de l'art du XVIIe siècle est passée et qu'on s'achemine assez rapidement vers des transformations très profondes.

J'ai déjà eu l'occasion de mentionner une horloge qui, présentement, fait partie du mobilier du château de Fontainebleau, et dont je donne ici l'image. M. de Champeaux a émis l'hypothèse que le groupe du Char d'Apollon, qui surmonte la caisse et soutient l'horloge, pourrait bien provenir d'un des cabinets créés par Domenico Cucci pour la décoration de la Galerie d'Apollon. J'avoue qu'après un examen attentif de la pièce — autant d'ailleurs que cet examen peut être décisif, cet admirable monument ayant été redoré comme la plupart des meubles du garde-meuble national — cette hypothèse ne me paraît guère admissible *a priori*. Pour me convaincre, il faudrait qu'on me montrât un document irréfutable. Dans la marqueterie de la caisse, dans le style de Berain, dans les bronzes, mascaron de femme, mufles et griffes de lion qui la décorent, je n'ai pu découvrir aucun solécisme qui interdise d'en faire remonter la paternité sinon à André-Charles Boulle, du moins à son époque. L'ensemble forme un tout si bien composé, si bien proportionné qu'il est bien difficile d'admettre qu'on ait pu obtenir une harmonie si complète en juxtaposant deux œuvres produites séparément. Au

---

portée sur quatre grosses vis de cuivre doré finissant en pointe. — N° 4. Une grande pendule ayant trois pieds et demy de haut, faite par Gribelin à Paris, le cadran d'émail et cuivre doré, la boëte d'écaille enrichie par le bas de quatre têtes de femmes, d'un masque et d'une grande palmette de bronze doré. Le haut est orné de quatre consolles aussi de bronze, la calotte toute couverte d'ornemens de bronze et terminée d'une Victoire. La pendule portée sur une consolle de marqueterie de cuivre et d'écaille enrichie d'ornemens et feuilles de bronze doré, finie par une graine. — N° 9. Une pendule de vingt et un pouces de haut, marquant en cuivre doré et en argent les heures, les jours, les semaines, les mois et la lune, sur fond de velours noir ; la boëte de marqueterie de cuivre sur fond d'écaille, ayant par devant deux pilastres cannelés d'ordre corinthien, dont les bases, astragales et chapiteaux sont de cuivre doré. Le chapiteau de la pendule est d'ébène, orné des chiffres de Louis XIIII aussi de marqueterie. — N° 26. Une pendule faite par Martinot ayant vingt trois pouces de haut, à cadran d'émail et cuivre doré ; la boëte toute de bronze doré, ornée sur le devant d'un Apollon dans son char tiré par deux chevaux ; il y a par les côtés deux thermes de femmes et par le haut quatre petits vases terminés d'une flamme ; la calotte aussi de bronze doré, ornée de fleurons et d'une lyre, terminée d'un groupe de deux enfans, dont il y en a un qui dort et l'autre qui frappe sur un coq. » (*Inv. du mobilier de la Couronne dressé par Fontanieu*, Archives Nationales, O¹ 3336, f⁰ˢ 276 r⁰ et suiv.)

surplus, s'il était jamais prouvé que le Char d'Apollon fût une œuvre de Cucci, qui nous répond que cette admirable composition n'a pas été fondue à plusieurs exemplaires ? On se souvient que j'ai déjà signalé plus haut d'autres épreuves anciennes des bustes en bronze de Louis XIV et de Marie-Thérèse, œuvres probables de Cucci, qui proviennent sans doute de la décoration d'un de ses cabinets et se trouvent actuellement dans la chambre du roi à Versailles. On se souvient aussi, et le fait a été mis en lumière par M. le Dʳ Hamy, que quand Buffon obtint, en 1748, la cession au Jardin Royal d'une série de douze cabinets, parmi lesquels se trouvaient ceux de Domenico Cucci, ces meubles depuis fort longtemps se trouvaient relégués, dans un état lamentable, dans l'antichambre de la salle des séances de l'Académie des Sciences, au Louvre. Et dès lors qui sait si ces monuments, destinés primitivement à décorer une partie du Louvre dont l'ornementation était demeurée inachevée, n'avaient pas été, dès le règne de Louis XIV, dépouillés de leurs ornements ? Ce serait là une hypothèse qui concilierait tout. Remarquons d'ailleurs qu'une solution exacte de la question ne pourra être donnée, pour l'histoire de ce meuble et de beaucoup d'autres, que le jour où les livres-journaux de l'ancien garde-meuble de la Couronne auront été dépouillés avec soin. On ne s'attend pas sans doute à ce que dans un livre tel que celui-ci je donne le résultat d'un travail aussi considérable. Je suis, à mon grand regret, obligé de passer devant bien des questions dont je prévois la solution possible à l'aide de longues recherches qui ne seront peut-être pas faites avant longtemps. C'est le privilège des périodes les plus modernes de l'histoire d'offrir à ceux qui les étudient de grandes joies, parce qu'elles prennent à leurs yeux un aspect de vie que ne sauraient avoir les périodes plus anciennes, mais aussi de grands regrets et de grandes déceptions parce qu'une vie ne suffirait pas à en connaître tous les secrets.

A côté de cette horloge monumentale de Fontainebleau, il faut encore mentionner celles que possèdent la Bibliothèque de l'Arsenal, la Bibliothèque Mazarine (cette dernière du plein xviiiᵉ siècle) et l'Imprimerie Nationale. Cette horloge de l'Imprimerie Nationale paraît avoir été faite pour les princes de Rohan et, dans ce cas, elle n'aurait pas quitté l'hôtel pour l'ornement duquel elle avait été faite. Le mouvement est signé Le Bon à Paris. C'est certainement un des plus beaux monuments sortis des ateliers de Boulle qu'on puisse citer. La marqueterie de cuivre, en première partie, est appliquée sur un fond de corne bleue. Le corps de l'horloge affecte la forme d'une lyre sur laquelle des bronzes superbes représentent une proue de navire accompagnée de figures d'enfants et de borées. Une Renommée soufflant de la trompette, appuyée sur un écusson, surmonte le cadran au-dessous duquel on aperçoit le Temps. L'exécution de tous ces ornements, excessivement soignée, peut soutenir la comparaison avec n'importe laquelle des pièces que Boulle a exécutées pour le roi. Plus modeste assurément par ses proportions, mais également d'une grande beauté d'exécution est une horloge d'applique appartenant à M. Charles Stein dont on trouvera l'image sur la planche VII. C'est un type tout à fait complet de ces horloges en marqueterie destinées à prendre place sur les cheminées ou à être suspendues au mur, à volonté ; et alors elles étaient posées sur une console dont la décoration en marqueterie concordait avec celle de la pendule. Sous la Régence, du reste, ces pendules ont continué à être de mode et j'aurai l'occasion d'en signaler encore de beaux échantillons.

Dans l'inventaire de l'atelier d'André-Charles Boulle, dressé après l'incendie, on voit figurer des modèles d'œuvres de bronze destinées à l'ameublement, modèles qui, pour la plupart sans doute, avaient été exécutés par d'autres artistes. On y mentionne, notamment, des grilles et des feux pour des cheminées et des lustres. Je ne connais pas actuellement de feux qui puissent être attribués à l'atelier du grand ébéniste, mais peut-être n'est-il pas absolument impossible de se les figurer en jetant les yeux sur des dessins de Le Brun. Dans ces dessins, nous voyons que les feux de la seconde moitié du xviiᵉ siècle — au moins ceux qui pouvaient passer pour des œuvres de luxe, — ne différaient

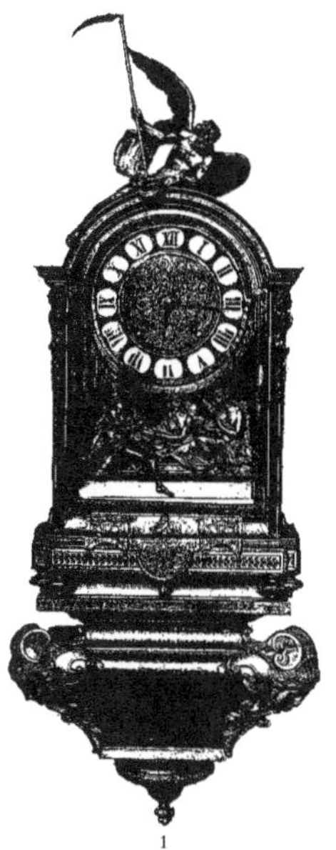

1

1.—PENDULE EN MARQUETERIE ET EN BRONZE DORÉ — ATELIER DES BOULLE

(Collection Charles Stein)

2.—CONSOLE EN BOIS DORÉ

EPOQUE DE LA RÉGENCE

(Musée de Poitiers)

pas beaucoup, par leur composition, de ceux qu'on avait imaginés sous Louis XIII ou tout au commencement du règne de Louis XIV : des figures groupées, sur un support, des consoles ou un globe, une base en un mot. La formule est italienne et proche parente des chenets italiens et surtout vénitiens du xvie siècle [1].

Je ne sais trop, en revanche, si les lustres ou les bras de lumière, qui étaient généralement accompagnés d'une glace destinée à en augmenter l'éclat, ne doivent pas se réclamer bien plutôt de l'art flamand, ennobli sans doute et devenu somptueux, que de l'art italien. J'imagine qu'au point de

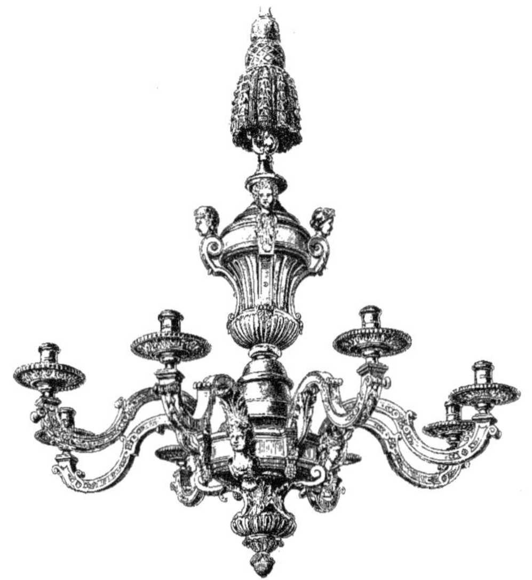

LUSTRE EN BRONZE
par André-Charles Boulle (Bibliothèque Mazarine)

vue du luminaire ce que les décorateurs ont surtout emprunté à l'Italie ce sont les girandoles et les lustres en cristal de roche, dont le garde-meuble, du reste, possédait un nombre des plus respectables. Ce genre de luminaire était du reste beaucoup plus rationnel : à l'aide des girandoles de cristal placées sur des guéridons de distance en distance, on pouvait parvenir, sinon à éclairer, comme on le ferait aujourd'hui, de grandes salles de palais, du moins à les rendre brillantes, à les illuminer. Avec des lustres de bronze doré, on ne pouvait obtenir qu'une lumière fort avare. Si les lustres dans le style d'André-Charles Boulle peuvent passer pour des œuvres admirables sous le point de vue de la composition, de la ciselure, je dirais presque de la majesté, il faut bien reconnaître que tout comme

1. Un dessin de Le Brun, représentant un modèle de chenet, tout à fait construit suivant cette formule d'origine italienne, a été reproduit par J.-J. Guiffrey dans l'*Inv. général du mobilier de la Couronne sous Louis XIV*, t. I, p. 41.

les lustres flamands, dont ils paraissent issus, ils constituent de piètres moyens d'éclairage, et ils ont tout l'air, comme les beaux lustres de bronze du xviii° siècle, d'avoir été beaucoup plus faits pour l'ornementation des appartements de réception pendant le jour que pour éclairer les mêmes appartements pendant la nuit. Les larges bobêches, au milieu desquelles se dressent les binets, suffisent à intercepter, dans les parties basses d'une pièce, une grande partie de la lumière; et si on songe que dans ces binets on fixait des cierges, on peut se figurer aisément le peu d'éclat que pouvait fournir une semblable installation. Les beaux lustres attribuables à Boulle sont aujourd'hui assez rares. J'en reproduis ici deux échantillons : l'un provient de la collection du duc de Cossé-Brissac et fut dévolu, à la Révolution, au collège des Quatre-Nations, aujourd'hui Bibliothèque Mazarine; l'autre a fait partie de la collection Armaillé, vendue en 1890 [1]. Ce dernier, provenant du château de

BRAS DE LUMIÈRE EN BRONZE
Atelier des Boulle (?). Commencement du xviii° siècle
(Ancienne collection Armaillé)

Cadcrousse, avait été donné par le duc de Luynes à l'église de Mondragon. Je le croirais volontiers assez postérieur au premier et très voisin de la Régence. Du moins certaines formes de dessin moins franches et moins accentuées, certains détails d'exécution un peu menus, permettent une telle supposition. Outre les cinq lustres de la Bibliothèque Mazarine, je mentionnerai encore, parmi les beaux lustres de Boulle, celui que possède M. Charles Stein, qui provient d'une église de Champagne, puis de la collection Salverte ; enfin celui qui fait partie de la collection de M. le comte de Castellane, collection à laquelle il faut toujours recourir si on veut étudier le mobilier des deux derniers siècles.

Je ne voudrais pas quitter les meubles de Boulle sans mentionner une œuvre conservée au Cabinet des Médailles, à la Bibliothèque nationale, et dans laquelle M. de Champeaux a pensé reconnaître un travail de l'un de ces successeurs de l'ébéniste de Louis XIV, dont le seul trait de ressemblance avec leur père paraît avoir été une existence fort accidentée : il s'agit d'une grande armoire, assez disgracieuse de forme, dont les vantaux sont décorés de bas-reliefs en pierre de lard, œuvres chinoises, encadrées de bordures incrustées de cuivre sur fond d'écaille rouge. Le meuble, bien conservé, est d'ailleurs très caractéristique et représente bien, comme le devaient faire les meubles des fils de Boulle, un compromis entre l'art du xvii° siècle et l'art moins sévère du xviii° siècle. C'est un objet d'un goût assez peu raffiné d'ailleurs, voyant, et qui n'offre ni la finesse de couleur ni les délicatesses de ciselure de tant d'œuvres du xviii° siècle. Et si, par ordre chronologique, une pareille armoire vient à la fin du court aperçu de l'œuvre de Boulle que j'ai tracé, il faudrait se garder d'en conserver le souvenir pour porter un jugement équitable sur l'atelier qu'André-Charles a dirigé. Les meubles de Boulle, avec leur somptuosité, leur architecture parfois un peu lourde mais toujours noble et savamment dessinée, sont bien l'une des expressions les plus vraies de l'art de Louis XIV. Ils étaient admirablement appropriés à l'architecture dans laquelle ils devaient prendre place : ce furent donc, dans leur genre, des œuvres absolument parfaites.

---

1. N° 510 du *Catalogue* de vente.

A côté de Boulle, nous trouvons mentionnés dans les *Comptes des Bâtiments* un certain nombre d'ébénistes qu'on ne saurait passer sous silence bien que nous ne connaissions, parmi les œuvres de l'époque de Louis XIV aujourd'hui conservées, aucun meuble qui leur puisse être authentiquement attribué. Mais on peut d'autant moins omettre ces artistes que leur existence, la nature des travaux qu'ils ont exécutés, laissent et laisseront toujours planer une certaine incertitude sur l'attribution à André-Charles Boulle de pièces qui ont pu tout aussi bien être exécutées par d'autres ébénistes, moins célèbres assurément, mais qui, en tout cas, travaillaient aussi pour le roi. Les *Comptes*, à ce sujet, ne permettent guère le doute : André-Charles Boulle n'a point eu le monopole, sous Louis XIV, des meubles de marqueterie.

En première ligne, parmi ces artistes, figure Jean Armand ou Harmand qui, en 1664, exécute une estrade en bois de rapport pour la chambre de la reine-mère, à Fontainebleau[1]. Le même, l'année suivante, en 1665, exécute des parquets de marqueterie pour les chambres et cabinets des deux reines, au Louvre[2]; en 1667, il reçoit le solde du prix d'une estrade de même facture pour la chambre de la reine dans le même palais[3], et, à en juger par les sommes qu'il avait reçues l'année précédente (1666) pour ses travaux (2515 livres), sa collaboration à la décoration du Louvre, du Palais-Royal et de Versaillles avait été assez considérable[4], et ce payement ne représentait que le complément de ce qui lui était dû depuis 1661.

Jean Armand, marqueteur[5] et ébéniste, faisait-il aussi des travaux de marqueterie de pierres dures, de mosaïque à la florentine? On serait tenté de le croire. En effet, en 1668, 1669, 1670, il reçoit différentes

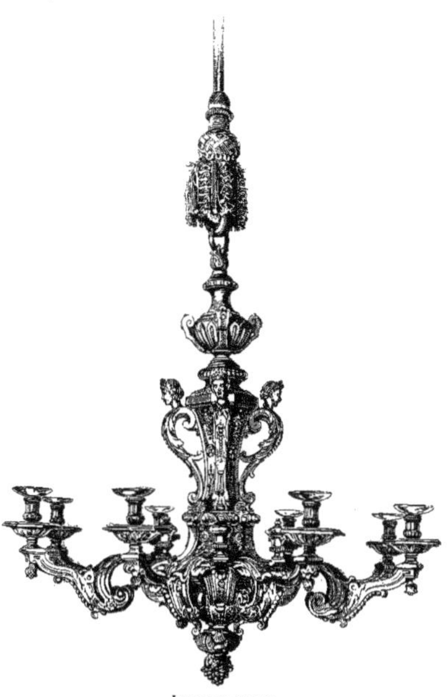

Atelier des Boulle. Commencement du xviiie siècle
(Ancienne collection Armaillé)

sommes « à compte d'une table de pierre de rapport qu'il fait pour le roy »[6]; — « à compte d'une table de pierre de rapport qu'il fait pour le service de S. M.[7]; » enfin, en 1670, sa veuve reçoit 50 livres « pour parfait paiement de l'ouvrage de pierre de rapport que led. Harmant a fait à une table de marbre[8]. » Le Compte est aussi explicite que possible, et dès lors il n'est guère douteux qu'Armand ne se soit aussi essayé dans l'art de la mosaïque que les Italiens fabriquaient à la manufacture des Gobelins.

<hr>

1. J.-J. Guiffroy, *Comptes des Bâtiments du roi*, t. I, c. 13, 14, 19, 40.
2. *Ibid.*, c. 73.
3. *Ibid.*, c. 181.
4. *Ibid.*, c. 124.
5. « A Jean Armand, ébéniste, à compte de la table de marquetterie

qu'il fait pour le roy, 300 liv. » (*Comptes des Bâtiments du roi*, c. 244, année 1668.)
6. *Ibid.*, c. 279.
7. *Ibid.*, c. 363.
8. *Ibid.*, c. 473.

E. MOLINIER, *Arts industriels*. — III.   11

C'est surtout à des estrades et à des parquets de bois de rapport ou de marqueterie de cuivre et d'étain que nous voyons occupé Jean Macé, qui continue les traditions de son père qui jadis avait joui d'une grande réputation comme ébéniste. De 1664 à 1675, nous le trouvons occupé à des ouvrages de ce genre au Palais-Royal, aux Tuileries, à Fontainebleau, à Versailles[1]. Mais parmi ces travaux je n'en vois qu'un à signaler particulièrement parce qu'il ressemble, par sa composition, au parquet dont devait être doté le cabinet du Dauphin, à Versailles : il s'agit du « parquet en bois de raport, avec cuivre et estain du petit cabinet de l'apartement de Madame[2] », travail terminé en 1669. Jacques Sommer, et sa veuve, qui paraît avoir continué à administrer son atelier, Poitou, Combord, aidés du graveur Clérin, figurent aussi dans les *Comptes* à partir de 1667 pour des travaux analogues sur lesquels il est inutile d'insister ici : tous les payements mentionnent des estrades de bois de rapport, des parquets d'ébène, de laiton et d'étain, dont aucun ne subsiste aujourd'hui mais dont l'indication nous permet de nous représenter par la pensée ces intérieurs dans lesquels les meubles de marqueterie, les parquets de marqueterie, les glaces, les panneaux de boiseries dorées rivalisaient de richesse et d'éclat[3]. Quelle était au juste la profession de Louis Denis que nous voyons figurer dans les *Comptes* en 1689? Je pense qu'il faut le considérer comme un ébéniste, car il est chargé de faire « le corps du clavessin du roy » que « peint le Sr Joubert[4] ». Mais je ne pense pas qu'on puisse le regarder comme ayant exécuté des travaux très considérables.

Avec Alexandre Jean Oppenord, dont le nom devait devenir illustre, mais dans une autre branche de l'art, avec Percheron dit Lochon, nous retrouvons des artistes qui ont rivalisé directement avec André-Charles Boulle. Oppenord, naturalisé en 1679, était Flamand[5]; menuisier en ébène, il semble avoir fait des travaux tout à fait analogues à ceux de Boulle, et on peut se demander si certains meubles, dont la décoration de vases de fleurs rappelle absolument le style flamand et hollandais du XVIIe siècle, ne devraient pas lui être attribués; à moins toutefois que Boulle lui-même, de par ses origines, ait subi une influence flamande et même allemande, ce qui au premier abord peut sembler paradoxal, car l'influence qui y domine est celle de l'art italien, mitigée par Le Brun. Mais enfin cette supposition expliquerait bien des détails de style et ne serait pas si extraordinaire au demeurant, car l'art flamand a exercé sur l'art français, pendant toute la première partie du XVIIe siècle, un empire dont la part exacte n'a pas encore été strictement limitée, mais qui se trahit partout par maint détail.

Ce qui semble prouver qu'Oppenord a occupé une certaine situation ce sont non seulement les meubles qu'il a fabriqués, mais les gages annuels qu'il recevait, gages qui étaient égaux à ceux de Boulle[6]. Ce fut lui qui, dès 1683, fut chargé d'exécuter douze cabinets de marqueterie, pour placer les médailles du roi, et un bureau pour le Cabinet des Curiosités[7]; nous le voyons aussi donner des modèles de chambranles[8]. En 1686, il fut chargé d'exécuter un parquet de bois de différentes couleurs pour la petite galerie de Versailles, parquet dans lequel devait entrer le bois de santal, si on en juge par les fournitures importantes de ce bois faites par lui au roi[9]; enfin, en 1688, on lui paye des ouvrages de « marqueterie et de cuivre doré qu'il a fait pour Monseigneur le duc de Bourgogne[10] ». Oppenord est donc un artiste tout à fait analogue à André-Charles Boulle : il fait des meubles et il les décore de bronze doré au besoin. Il serait téméraire, assurément, de pousser l'assimilation trop loin; mais enfin, par ces brèves mentions, on peut voir que lui aussi a joué un rôle important.

---

1. J.-J. Guiffrey, *Comptes des Bâtiments du roi*, t. 1, c. 13, 17, 40, 136, 184, 245, 329, 406, 416, 631, 701, 841.

2. *Ibid.*, c. 329.

3. *Ibid.*, c. 126, 156, 183, 207, 242, 278, 321, 407, 1100, 1111, 1124, 1241, 1320, et tome II, c. 62, 163, 342, 475, 632, 774, 892, 909, 1117.

4. *Ibid.*, t. III, c. 282, 295.

5. « Louis.... salut. Nous avons receu l'humble supplication d'*Alexandre Jean Oppenoorde*, compagnon menuisier en osbeyne, fils de Henri Oppenoorde et de Marie Temdart, ses père et mère, natif de la ville de Gueldres, faisant profession de la religion catholique, contenant que depuis plusieurs années il s'est habitué en nostre royaume où il désire finir ses jours; mais il craint qu'à cause de sa naissance, etc.... A ces causes..... Donné à St Germain en Laye au mois d'octobre 1679. » (Archives Nationales, Z 6012, f° 7; *Nouvelles Archives de l'Art français*, 1873, p. 258.)

6. *Ibid.*, t. III (1695), c. 1202.

7. *Ibid.*, t. II (1683), c. 329; (1684) c. 458; (1685) c. 774; (1686) c. 874, 917.

8. *Ibid.*, c. 632.

9. *Ibid.*, c. 774, 999.

10. *Ibid.*, c. 34.

Percheron dit Lochon est à la fois menuisier et fondeur. Les *Comptes* nous le montrent réparant des marqueteries[1] et chargé en même temps que Cucci des ouvrages de bronze pour les croisées et les portes des appartements du roi[2]. S'il répare le parquet « de marquetterie à fleurs du cabinet de Monseigneur » ou l'estrade « de la chambre de Madame la Dauphine ou du cabinet de Monsieur[3] », c'est lui qui fournit les moulures de cuivre doré pour le cabinet des glaces, à Trianon, et entre temps il dore d'or moulu les « ferrures des portes et croisées de l'appartement nouveau de Monseigneur[4] ». Puis il fabrique des ouvrages de cuivre doré pour les appartements de Choisy et pour des meubles du

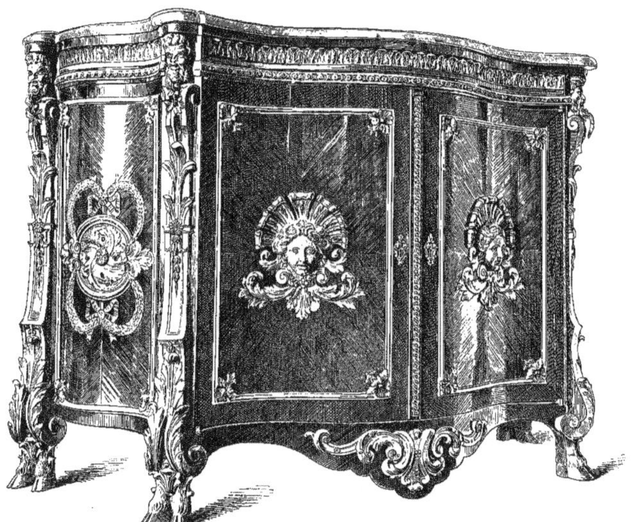

MEUBLE D'APPUI OU BUREAU EN FORME DE BAS D'ARMOIRE
Époque de Louis XIV (Palais de Versailles)

roi[5]. Mais on ne saurait oublier qu'il a collaboré, lui aussi, à la décoration de l'appartement du Dauphin[6]. Somme toute, le rôle de cet artiste paraît avoir été secondaire, et quand on résume les notions que nous fournissent les *Comptes*, on s'aperçoit promptement que seuls André-Charles Boulle et Oppenord ont joué un rôle dans la création de ce mobilier en marqueterie de l'époque de Louis XIV : leurs noms seuls méritent donc d'être connus ; en vérité, la vieille opinion, qui faisait de Boulle le seul ébéniste célèbre de la seconde moitié du xviiᵉ siècle, n'était pas absolument erronée. On serait même presque tenté d'attribuer à Boulle certaine armoire basse de bois de placage, décorée d'admirables bronzes, actuellement déposée dans la chambre du roi, à Versailles, si son dessin, les renflements et

1. J.-J. Guiffrey, *Comptes des Bâtiments du roi*, t. III (1691), c. 526.
2. *Ibid.* (1691), c. 526.
3. *Ibid.* (1692), c. 680.
4. *Ibid.* (1693), c. 826.
5. *Ibid.* (1694-1695), c. 1054, 1106.

6. « A luy [Percheron dit Lochon] pour avoir rétabli le pavé de marquetterie de cuivre du cabinet de Monseigneur et les ferrures de bronze des portes et croisées du château de Versailles... 212 liv. 10 s. » (*Ibid.* (1692), c. 680.)

les courbures de ses panneaux ne paraissaient pas assez indiquer un style de transition. Les charmants masques de femme qui le décorent n'ont plus la sévérité de style que leur eût imprimée un Cucci ; on y sent déjà presque la grâce enjouée que prendront certains bronzes du xviiie siècle appliqués au mobilier, bronzes qui évoquent les merveilles créées par les peintres de la même époque.

IV. COUP D'ŒIL SUR LA SCULPTURE SUR BOIS

Le mobilier italien d'ébène et de mosaïque de pierre, le mobilier français d'incrustations de métal ou d'écaille, ou simplement de bois de couleurs[1], en usage sous Louis XIV, était complété et rattaché à la décoration intérieure en boiseries peintes et dorées par d'autres pièces de mobilier qui, celles-là, peuvent se réclamer franchement d'une origine italienne, au point de vue du style, si, dans la plupart des cas, l'exécution est française. Dans ce mobilier, les objets les plus saillants sont les supports de tables, de marbre ou de mosaïque, les consoles, les guéridons destinés à soutenir les girandoles de cristal. On trouvera ici la représentation de quelques-unes de ces pièces datant de l'époque de Louis XIV, sur lesquelles il n'est pas outre mesure utile d'insister, sinon pour signaler ce fait que l'introduction de l'usage du bois doré et peint à l'italienne fut dès lors un fait accompli ; et pendant tout le xviiie siècle, si, comme de juste, les formes se modifièrent suivant le style à la mode, le principe resta le même[2]. Tous ces meubles sont si communs encore aujourd'hui, en exemplaires plus ou moins somptueux, qu'il n'est pas nécessaire de s'y attarder. On me permettra toutefois de signaler tout particulièrement les beaux guéridons à figures de femmes, en bois sculpté et doré, que possède aujourd'hui l'École nationale des Beaux-Arts, qui en a hérité de l'ancienne Académie de peinture ; ces modèles sont d'une rare beauté, et on peut les placer au premier rang de ces meubles de style italien fabriqués en France et par des mains françaises[3], surtout sous le règne de

---

1. Il va sans dire que dans l'inventaire du mobilier de la Couronne, pour ne parler que de cette source très féconde en renseignements, à côté de meubles créés par les ateliers des Gobelins ou par les artistes travaillant surtout pour le roi s'en trouvent d'autres, acquis un peu partout, en Italie, en Allemagne ou en France, qui constituent des monuments très utiles à signaler à côté des descriptions du mobilier *officiel*. On me permettra de citer ici un certain nombre de ces pièces qui me paraissent particulièrement intéressantes par leur provenance : « N° 293. Une table de masticq fond noir représentant des cartes à jouer ; une lettre écrite en italien et deux autres lettres cachetées, encastrée d'une bordure de cuivre, le tout façon de pierres de Florence, longue de 44 pouces sur 28 pouces et demy de large et 30 pouces de haut, portée sur quatre pilliers en guaisne, de bois peint façon de la Chine. » — « N° 212. Une petite table de bois d'Allemagne à filet d'ebène avec son tiroir fermant à clef, orné de deux entrées de serrures en fleurs de lis, portée sur son pied de quatre colonnes rondes a filets d'ebène, longue de deux pieds, cinq pouces sur dix neuf de large. » — « N° 218. Une armoire de bois d'Allemagne à moulures et corniches d'ebène, ornée par devant de trois pilastres d'ebène, à bazes et chapiteaux de cuivre doré, d'ordre composite et de roses et de modillons de cuivre doré, haute de 6 pieds et demy, sur 4 pieds 2 pouces de large et un pied 10 pouces de profondeur. » — « N° 262. Une cassette de bois peint en grisaille par le Sr Borquel de Marseille, représentant des bacchanalles, garnie d'ornemens de cuivre doré et par dedans de moire incarnadin, avec un chiffre de broderie d'or, couronné ; longue de dix sept pouces sur dix pouces et demy de large et dix de haut. » — « N° 211. Une table de bois de noier de Grenoble, à placages, à compartimens profilés d'yvoire, portée sur son pied de quatre colonnes torses de bois de noyer, longue de trente huit pouces sur vingt quatre de large et vingt huit de haut. » (*Inv. dressé par Fontanieu*, Archives Nationales, O 1 3336, f°s 148 r°, 137 v°, 139 r°, 144 v°.)

2. On pourrait assurément citer un très grand nombre de textes dans lesquels ces pièces de mobilier, les guéridons ou scabellons en particulier, sont décrits. Qu'il me suffise ici d'emprunter à l'inventaire du mobilier royal la mention de quelques-unes de ces pièces : « N° 268. Deux guéridons de deux figures d'enfans, de bois argenté, sur un pied en triangle de bois doré ; porté sur trois petites pommes argentées ; le plateau bordé de fleurs, feuilles et fruits de bois doré ; hauts de trois pieds. » — « N° 439. Seize guéridons de bois sculté doré, représentant au milieu de la tige, les armes de France, sur un globe couronné et leurs pieds de trois consolles ; hauts de cinq pieds. » — « N° 440. Quatre guéridons de bois sculté doré en piramide chargés par les trois côtés de trophées d'armes et au bas trois têtes de lion avec les chiffres du Roy entre les consolles du pied, hauts de cinq pieds. » — « N° 441. Quatre autres guéridons de bois sculté doré, représentant au milieu de la tige par trois cotés une tête d'Apollon et entre les consolles du pied un globe terrestre, hauts de cinq pieds et demy. » (*Inv. dressé par Fontanieu*, Archives Nationales, O 1 3336, f°s 145 v°, 167, 168.)

3. J'emprunte aux *Notes* du *Palais Mazarin* de Laborde, p. 321, un passage de la *Muse* de Loret (25 juin 1651) où sont décrits des guéridons. Le passage me paraît caractéristique : on y mentionne ces affreux guéridons en forme de nègres, dont la fabrication s'est perpétuée jusqu'à nos jours en Italie, au grand désespoir de ceux qui ne pensent pas que le style décoratif ait besoin de faire appel au bariolage pour être riche, à une débauche de formes de mauvais goût pour être luxueux :

A l'entour de la mesme sale
Et dans une distance égale
Des mores noirs et non pas blonds
Faits en forme de guéridons,
Chacun portant dessus sa teste
Un grand plat de viande preste
Et deux autres, en leurs deux mains
Les uns remplis de massepains
Et les autres de marmelades,
Bisques, tourtes, fruits et salades,
Ce rare et surprenant spectacle
Fit à plusieurs crier miracle,
Mais pour la rareté du fait
(Sans parler ici du bufet),
On y voyait entre deux mores
Non des cèdres, ny sicomores,
Mais de verdoyants orangers,
Comme on voit aux beaux vergers
Et qui rangés par intervales
Faisoient un fort plaisant ovale.
Puis il court un certain caquet
Que pour subvenir au banquet,
Cette dame de haut lignage,
Avoit mis ses perles en gage.

Louis XIV. D'ailleurs qui, à ce point de vue, veut connaître exactement ce que fut le mobilier doré de cette époque en apprendra plus que je n'en pourrais dire ici en de longues descriptions en feuilletant les estampes de Le Pautre, de Daniel Marot, des frères Loir, où il retrouvera, porté à

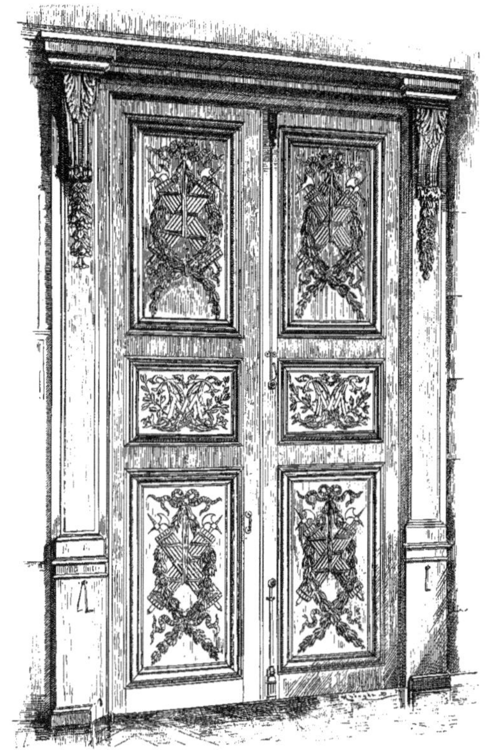

PORTE EN BOIS SCULPTÉ.
Milieu du xviie siècle. Ancien collège des Quatre-Nations
(Bibliothèque Mazarine)

ses dernières limites, comme dans quelques dessins de Le Brun conservés au Louvre, ce luxe dans la décoration. Dans un très grand nombre de cas, on peut dire que les membres de l'architecture, les supports, notamment, ont été complètement évincés par les figures de ronde bosse : ce ne sont que figures d'hommes et de femmes, chimères, figures en gaine, groupes d'enfants ou de génies ailés supportant des guirlandes ou des festons accostant des frontons de profils savants et compliqués. Mais ceux qui seraient tentés de pousser plus avant cette étude feront bien de se pénétrer au préalable de cette vérité, à savoir que presque aucun des modèles gravés qu'ils auront sous les yeux n'a été exécuté dans son ensemble. Tous ces dessinateurs, tous ces graveurs, dont les compositions nous paraissent si touffues, n'ont eu d'autre intention que de fournir aux artisans des modèles nombreux et variés, que ces derniers devaient interpréter à leur fantaisie. Continuant une méthode datant du xvi⁰ siècle — et combien féconde — ils ont pensé que sur la même estampe ils pouvaient fournir, en multipliant les détails, vingt modèles en même temps. Et un des mérites des artisans français a été de savoir toujours interpréter ces thèmes avec un bon sens parfait, une admirable science de transposition du modèle peint ou dessiné à l'exécution en relief.

Les boiseries sculptées, destinées à recouvrir entièrement les murs des appartements, ou tout au moins à encadrer des tentures de tapisseries, à former les volets intérieurs des fenêtres, n'étaient pas, au demeurant, chose nouvelle : le moyen âge, la Renaissance avaient connu ce genre de décoration et, largement pratiqué, il a donné aux anciennes habitations un aspect très particulier. Le xvii⁰ siècle n'eut donc qu'à continuer une tradition ancienne et à modifier le style : aux boiseries, où dans la plupart des cas le bois naturel était à peine déguisé sous une fine dentelle d'or, plus rarement entièrement peint, on substitua presque toujours une peinture blanche, l'or étant réservé pour accentuer les sculptures ; plus rarement le bois naturel apparaît, comme dans les meubles proprement dits, comme dans l'armoire publiée ici, parce qu'il s'harmonise moins bien avec un mobilier dans lequel l'emploi de l'or et des tons voyants est de rigueur. Au premier abord donc, on pourrait croire que les usages anciens se sont conservés complètement, ne subissant que des changements assez insignifiants motivés par les modifications du style. En réalité, les différences introduites dans l'usage des boiseries sont plus considérables : les alcôves et les balustrades qui les entourent au xvii⁰ siècle tendent à faire dans la pièce au milieu de laquelle se dresse le lit de parade une seconde pièce plus intime que la chambre elle-même. Ces créations, dont l'origine remonte à la première partie du xvii⁰ siècle, ont modifié en quelque sorte toute la distribution intérieure de l'une des pièces principales des appartements. « Les chambres à alcôves, a dit Laborde[1], la répartition de l'espace réservé jusqu'alors aux ruelles et transformé depuis cette époque en petits cabinets ou en couloirs pour conduire aux dégagemens pratiqués par derrière, devinrent un programme nouveau pour les architectes, et l'on voit par ce qui reste dans les habitations, et par les projets consignés dans de nombreux recueils, après combien d'étude et avec quel succès on suivit les indications heureuses de Madame de Rambouillet[2]. »

GUÉRIDON EN BOIS DORÉ
Époque de Louis XIV
(Musée des Arts décoratifs, à Paris)

1. *Le Palais Mazarin, Notes,* p. 312.
2. Laborde (*ibid.*) ajoute, et je cite ce passage de son très intéressant livre parce que certaines des phrases, qui accompagnent des indications bibliographiques précieuses, trahissent les sentiments qu'on avait au sujet du style de Louis XIV au moment où il écrivait, ce qui est toujours curieux à connaître : « Je ne citerai que les recueils de J. Marot et de J. Le Paultre ; ils sont le produit direct de cette influence, et ne manquent pas de mérite s'il consiste dans la variété : *Nouveaux desseins*

Les compositions de Marot ou de Le Pautre ne sont pas aussi folles qu'a bien voulu le dire Laborde qui, en cette circonstance, a un peu oublié que ces modèles, dans l'esprit de ceux qui les créaient, n'étaient pas destinés à être exécutés tels quels mais simplement à fournir des indications aux architectes et aux sculpteurs. Mais je n'ai pas à insister sur une remarque que j'ai déjà eu l'occasion de faire plus haut : ce qu'il importe seulement de signaler c'est que toutes ces compositions se présentent sous une étiquette italienne, bien que dans la plupart des cas elles n'aient rien de précisément italien, pas même ces portes sculptées pour Mazarin dont on a vu plus haut la reproduction ; mais à ce moment où le style italien était de mode il convenait de se placer sous sa pro-tection. Il ne faudrait donc pas conclure de ces titres que Marot ou Le Pautre ont copié des œuvres venues de la Péninsule : l'origine et le style pouvaient être, dans certains cas, italiens, la composition restait toujours française. Quant à sa complication elle n'est qu'apparente, et le meilleur exemple qu'on puisse citer à l'appui de cette opinion est certainement la chambre du roi, au château de Versailles. C'était là, en un tel lieu, que toutes les ressources d'un art compliqué eussent trouvé leur emploi : il n'en a cependant rien été. Modifiée au commencement du xviie siècle, la chambre de Louis XIV n'a pas subi de tels change-ments qu'on ne puisse se figurer aisément ce qu'elle était en 1679, quand elle fut établie une première fois. Les sculptures en stucs de Nicolas Coustou et de Lespingola, la balustrade en bois doré, les sculptures des panneaux qui rappellent celles du

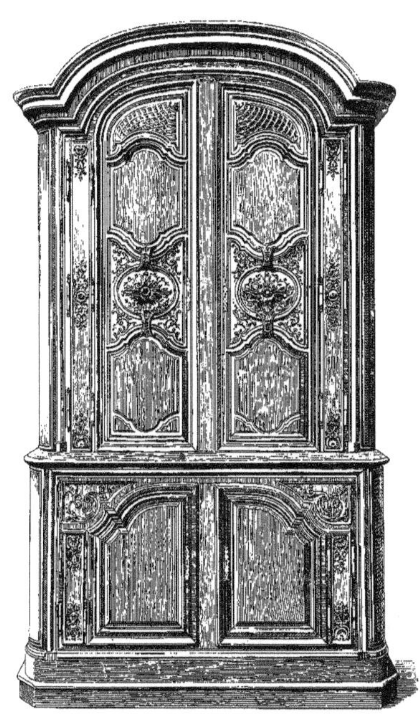

Grande armoire en chêne sculpté.
Époque de Louis XIV
(Musée des Arts décoratifs, à Paris)

grand Trianon ne forment pas un ensemble compliqué, bien que riche. Le lit lui-même, dont le bois n'était probablement pas apparent et nullement analogue à celui qui occupe la même place

d'alcôves inventés et gravés par J. Marot, à Paris, chez P. Mariette, rue Saint-Jacques, à l'Espérance.

« Ornements ou placarts, pour l'enrichissement des chambres et alcôves, nouvellement inventés et gravés par J. Marot, à Paris, chez Pierre Mariette.

« Alcôves à la Royalle inventez et gravez par J. Le Pautre. Ce vendent à Paris, chez Pierre Mariette, rue Saint-Jacques, à l'Espérance, folio long. Toute l'histoire ancienne et moderne, j'entends la plus tragique, semble s'être donnée rendez-vous dans ces alcôves.

« Grandes alcôves à la Romaine inventez et gravez par J. Le Pautre, folio long. Tous ces lits, tous ces lambris d'alcôves sont aussi extraor-dinaires que les scènes avec lesquelles l'artiste les anime.

« Alcôves à la Romaine dessignez et gravez de nouveau par J. Le Pautre, 4°. Ces lits sont absurdes et comme forme et comme ornements ; le fécond artiste, après avoir inventé tout ce qui pouvait être raison-nable, ne trouvait plus dans son imagination que des impossibilités souvent ridicules.

« Alcôves à la Romaine nouvellement inventez et gravez par J. Le Pautre, in-folio long, chez M. Langlois. Les imaginations les plus folles n'iraient pas plus loin.

« Livre de lis à la Romaine, inventé et gravé par J. Le Pautre, folio. Ces lits n'ont de particulier que l'absence du dais et des rideaux.

« Alcôves à l'italienne inventées et gravez par Le Potre, 4°. Elles sont plus raisonnables que les précédentes quant aux formes et plus possibles, sinon plus morales quant aux scènes que l'artiste y a placées.

« Alcôves à l'Italienne nouvellement inventées et gravées par J. Le Pautre, chez Jallain. Elles sont doubles sur chaque planche, c'est à dire taillées à moitié.

« Alcôves à la Françoise, nouvellement inventez et gravées par J. Le Pautre, 1678, petit in-folio long. »

aujourd'hui, était fort somptueux, mais somptueux simplement en broderies dans lesquelles le tapissier du roi, Simon Delobel, avait épuisé son ingéniosité[1]. Ce lit du roi mérite d'être signalé, car c'est en somme le lit à la mode au XVIIe siècle, le lit que nous montrent déjà les estampes d'Abraham Bosse. Ce n'est qu'au XVIIIe siècle que le bois reparaîtra définitivement, dans les dossiers et les couronnements d'abord, puis dans tout le bâti de la couche dont les étoffes ne chercheront plus à déguiser la construction, et le « lit d'ivoire où l'homme le plus mélancolique pourrait endormir ses soins[2] », le lit somptueux sous le rapport de la sculpture, est une exception au XVIIe siècle.

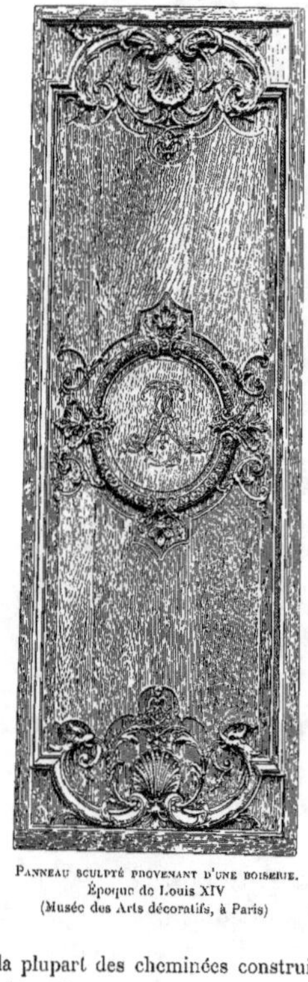

Les sièges remontant à l'époque de Louis XIV, en tant que fauteuils ou chaises, sont plutôt assez rares, j'entends ceux qu'on peut considérer comme des œuvres d'art. M. de Champeaux a publié un beau fauteuil de bois sculpté aux armes et au chiffre de Louis XIV, qui appartient à M. Guéroult[3]; c'est un modèle majestueux dans le style des compositions de Le Pautre, et, en fait, sa composition, pour la partie inférieure, rappelle beaucoup les pieds de tables et les consoles : les pieds sont ces pilastres à sections rectangulaires, si particuliers à l'œuvre de Le Pautre, et ces pieds sont réunis à leur base par une croix de saint André, très analogue aux dispositions des entrejambes des tables. Le siège, canné comme le dossier, est carré; carré aussi est le dossier que surmonte le chiffre royal accompagné d'une couronne. Sur le devant du siège, des lambrequins de bois sculpté offrent des fleurs de lys et des chiffres entrelacés alternant avec ce fond quadrillé qui est de style dans tant de boiseries de la seconde moitié du XVIIe siècle. Si dans l'ameublement royal où, pour des raisons d'étiquette, foisonnent les sièges pliants et les carreaux, ces fauteuils sont rares, par contre, dans le mobilier courant, ils abondent; à dossier plus ou moins renversé, à bras parfois chantournés à leurs extrémités, cannés ou recouverts de tapisserie au petit point, plus rarement de tapis de la Savonnerie, leur sculpture, souvent surchargée et sommaire d'exécution, participe surtout du mauvais goût italien : ce ne sont que volutes et feuillages au milieu desquels se jouent parfois des figures d'enfants.

Les écrans constituent, sous Louis XIV, un meuble nouveau[4]; tout au moins il ne semble pas qu'au XVIe siècle ou au commencement du XVIIe siècle on les ait connus : une origine italienne pour un meuble qui est la conséquence directe d'un appareil de chauffage effectif et non destiné à une pure décoration, comme la plupart des cheminées construites dans les pays méridionaux, serait invraisemblable. Il convient plutôt d'en rechercher l'origine dans notre pays même, où on se chauffait à l'aide de cheminées, et dès

PANNEAU SCULPTÉ PROVENANT D'UNE BOISERIE.
Époque de Louis XIV
(Musée des Arts décoratifs, à Paris)

---

1. Au sujet de cette chambre, voyez l'excellent travail publié par l'éminent conservateur du Musée de Versailles, P. de Nolhac, dans la *Revue de l'Art ancien et moderne*, t. II (1897), p. 226 et suiv. Voyez aussi la description des broderies de Delobel, composée par le sieur de Soucy, publiée d'après un manuscrit de la Bibliothèque de l'Arsenal, *Revue universelle des Arts*, 1858, p. 325 et suiv.

2. Laborde, *Le Palais Mazarin, Notes*, p. 167.
3. *Ouvr. cité*, p. 113.
4. Nouveau en tant que pièce de mobilier, c'est-à-dire de tenture établie dans un cadre de bois monté sur des pieds, car l'écran portatif, pendant de l'éventail, a toujours existé, manié à la main et destiné à permettre d'approcher du feu sans se brûler le visage.

lors on conçoit qu'on ait voulu mettre ce meuble, composé d'étoffe ou de tapisserie, par sa monture
en bois sculpté, en rapport avec le reste de la décoration intérieure.

Avant de quitter ces meubles je n'aurai garde d'oublier de mentionner les lits de repos — on disait :
lit à la duchesse, nous dirions maintenant : chaise longue, — dont quelques échantillons parvenus
jusqu'à nous, échantillons dont l'usage est expliqué par les estampes contemporaines, constituent des
œuvres de sculpture de premier ordre. Ces meubles, munis d'un seul dossier à la tête, ou d'un
dossier à chacune de leurs extrémités, cannés généralement, recevaient la garniture de coussins
nécessaire pour en faire un lit de repos. Cette disposition est à retenir, car il y faut reconnaître

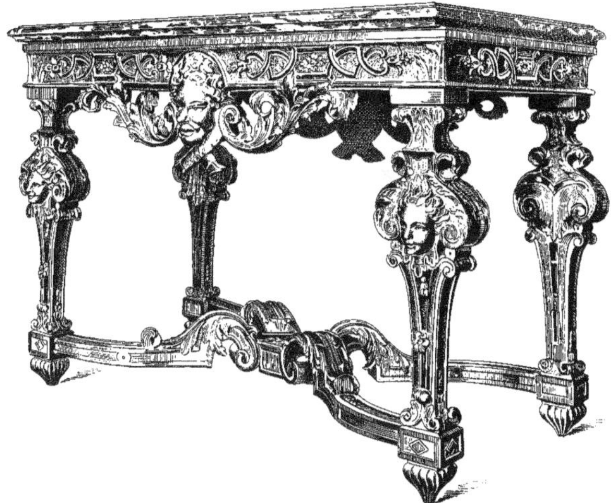

TABLE EN BOIS DORÉ A DESSUS DE MARBRE.
Style de Le Pautre. Époque de Louis XIV
(Mobilier national, Grand Trianon)

l'origine de toute une série de sièges qui tiendront une large place dans le mobilier du XVIIIe siècle.
Dans un certain nombre de cas évidemment, ces lits de repos, du genre du beau monument qui est
ici publié, ont pris le nom de *canapé*; du moins un texte de 1663 ne semble laisser subsister aucun
doute à cet égard : il y est question d'une *forme*, c'est-à-dire d'un siège possédant un dossier à
chaque bout[1]. Cette description correspond très exactement en somme au meuble dont la
reproduction est mise sous les yeux du lecteur.

Les paravents apparaissent à cette époque, en même temps que les meubles de l'Extrême-Orient,
que les meubles en laque dont on a déjà signalé l'existence dans le mobilier de Mazarin. Parmi ces

---

1. « 1663 : L'hyac dans lequel nous estions estoit au roy..... l'ameublement de la chambre basse où couche le roy estoit de damas rouge cramoisy avec des molets d'or, le lit, deux canapés. Ce sont des formes à un dossier à chaque bout. » (*Voyage de Monconys*, t. II, p. 84.)

— « 1690 : *Canapé*. Espèce de chaise à dos fort large où il peut s'asseoir deux personnes fort à l'aise. Ce mot est fort nouveau dans la langue, et quelques-uns l'appellent sopha. C'est ce que les Latins appellent bisellium. » (Furetière.) — Cités par Gay, *Glossaire archéologique*, I, 269.

E. MOLINIER, *Arts industriels*. — III.

12

meubles, les uns sont de fabrication certainement orientale, d'autres sont de simples imitations, et la manufacture des Gobelins a produit des objets de ce genre dont on trouve la trace dans l'inventaire du mobilier de la Couronne, et qui peuvent être considérés comme les premiers échantillons de cet art qui devait prendre tant d'extension au xviiie siècle [1]. Il n'est pas nécessaire de s'étendre ici beaucoup sur un sujet qui n'acquiert réellement de l'importance que plus tard; mais on ne saurait passer sous silence l'introduction dans notre mobilier d'éléments qui, j'en suis convaincu, eurent plus d'influence qu'on ne l'a peut-être soupçonné sur le développement des arts mineurs en France. Les porcelaines de Chine, avec leur décor la plupart du temps disymétrique, les meubles de laque ont dû, à la longue, modifier quelque peu les conceptions de nos artistes. Je n'irai

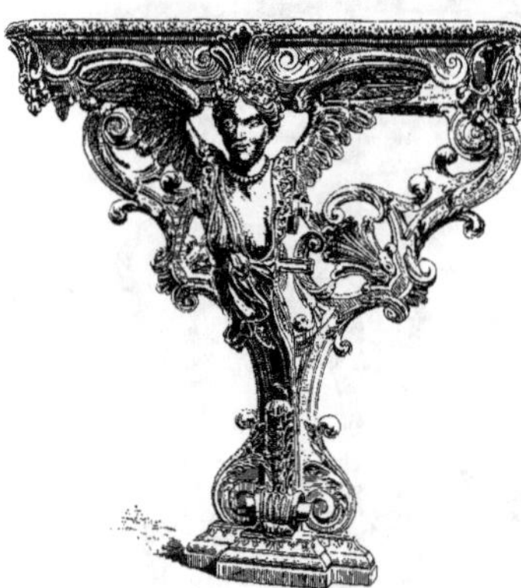

CONSOLE EN BOIS DORÉ.
Fin de l'époque de Louis XIV (Vente Edgard de P., 1894, n° 83)

pas jusqu'à dire que le style rocaille est issu directement de l'imitation des produits artistiques de l'Extrême-Orient, mais j'imagine que l'art chinois avec sa fantaisie, ses contrastes étranges qui choquaient toutes les règles de la décoration classique, basée uniquement sur les règles du *pendant* et de la *symétrie*, ne dut pas être sans action sur l'enfantement d'un style qui semble s'être fait un jeu de concilier le principe occidental et le principe oriental. Dans notre art les formes des meubles ont continué à être réglées par la destination de ces mêmes meubles, parce que ce sont là des principes supérieurs à toutes les fluctuations de l'art, à la mode, à tous les changements de style; mais sur ces formes on a appliqué des décors qui, sans les changer, en modifiaient l'expression. Le changement de gouvernement, la fin d'un règne, le commencement d'un autre ne suffisent point à expliquer des variations aussi profondes; aussi bien ces modifications ne coïncident-elles point avec la date de 1715; le changement se produit insensible d'abord, puis plus rapide pendant la durée de la Régence; ce n'est que sous Louis XV qu'il prend corps et devient à son tour un style qui aura ses représentants académiques — ainsi va le monde — jusqu'au moment où, fatigué de ses excès, on se tournera, par une réaction fatale, non plus vers le style italien d'une renaissance

---

1. Je réunis ici un certain nombre de descriptions d'objets chinois ou d'objets imités aux Gobelins, empruntés à l'*Inv. du mobilier de la Couronne* : « 1. Deux paravens de chacun huit feuilles de gaze de la Chine sur six pieds de haut, représentant des personnages, animaux et paisages, la gaze, dans des bordures de lac rouge et or, représentant des animaux et paisages. Il y a par bas, un petit soubassement de bois peint vert et or. » — « 10. Un paravent de six feuilles sur six pieds huit pouces de haut, de satin blanc, point de terrasses et sur lequel sont raportez des rochers, oiseaux, arbres, fleurs et fruits de plusieurs couleurs. Le tout en relief et apliqué sur le satin. La bordure haut et bas, de bois de lac rouge, avec panneaux à jour remplis d'oiseaux et animaux d'or, fleurs d'or et de couleurs, les chassis de bois de lac noir. » — « 79. Un grand coffre en bahut, de vernis de la Chine noir, à fleurs, terrasses, arbres, oiseaux et animaux dorés, ferré de cuivre à la chinoise, les portans de fer doré, long de trois pieds deux pouces sur vingt trois pouces de large et autant de haut. » — « 82. Une chaise d'affaires, fond de vernis noir et avanturine du Japon, à paisages et oiseaux de relief dorés et de couleurs, dans des bordures en mosaïque de nacre de perle ferrée de cuivre à la chinoise, le dedans du couvercle et la lunette de lac rouge, le bourrelet de velours vert; la dite chaise haute de dix neuf pouces sur quinze de large et 19 de profondeur. » — « 103. Un paravent de six feuilles, sur quatre pieds cinq pouces de haut, façon de la Chine, fond noir, fait aux Gobelins, représentant des figures, fleurs et oiseaux chinois de diverses couleurs, doublé d'étoffe des Indes, fond celadon à grandes fleurs ponceau et bleu lisérées d'or et garny de galon d'or cloué. » — « 104. Un paravent de six feuilles sur quatre pieds et demy de haut, façon de la Chine, fait aux Gobelins, point de cartouches, figures, oiseaux et cabanes chinoises, sur fond bleu doublé de damas cramoisy à cartouches et garny d'un petit galon d'or cloué. » — « 105. Deux fauteuils de pareil ouvrage, encastré de bois, sculté d'ornemens et figures dorés; les pieds finis en pied de biche et les dossiers terminés d'une coquille, le derrière du dossier est garny de damas cramoisy. » — « 106. Un écran aussi de même ouvrage, représentant d'un côté, des figures chinoises dans un cartouche fond noir, l'autre côté est de damas cramoisy en plein, garny de petit galon d'or, le bois à coulisse doré, sculté de têtes de dragons, terminé d'un masque, aiant 4 pieds 5 pouces de haut sur 3 pieds de large. » (*Inv. de Fontanieu*, Archives Nationales, O 1 3336, f°s 342, 343, 349, 351, 352.)

dégénérée, car l'étude de l'antiquité classique est devenue plus directe et plus sérieuse, mais vers un style néo-romain ou néo-grec qui aura d'autant plus de succès qu'il sera patronné par quelques-unes des idées philosophiques du jour. Je crois qu'on aurait tort de ne point faire entrer en ligne de compte, dans ces diverses modifications, l'art de l'Extrême-Orient qui tient une place très importante dans l'art du xviiie siècle. Aussi bien devrions-nous ne pas perdre le profit de l'expérience qui a été faite de notre temps par l'immixtion de l'art japonais dans notre art contemporain. Pourquoi admettre que ces formes ont pu avoir une influence de notre temps, où nous connaissons à peu près toutes les formes inventées jusqu'ici et penser que ces mêmes formes n'ont pu avoir aucun effet sur les arts du xviiie siècle? D'aucuns penseront sans doute que je plaide ici un paradoxe; nullement. J'enregistre

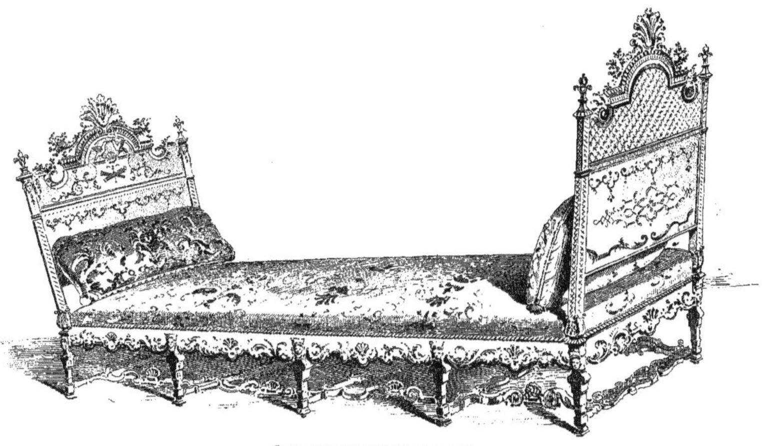

Grand canapé en bois sculpté et doré.
Époque de Louis XIV (Appartenant à M. Chappey)

simplement ce que l'étude des monuments a pu me révéler, sans aucun parti pris; mais on me fera difficilement croire que le style rocaille soit sorti directement du style académique du xviie siècle, sans le secours d'un facteur étranger qui, pour moi, est représenté par l'art de l'Extrême-Orient. Ce n'est pas le lieu ici de poursuivre une idée qui pourrait peut-être — je dirais presque certainement — appliquée à l'étude d'autres arts que les arts industriels, donner l'explication de certaines modifications qu'on tente de justifier vainement par des variations politiques qui ne pouvaient, à ce moment du moins, ne changer qu'à la surface l'esprit de la nation; je laisse à d'autres le soin de développer les conséquences du sentiment que j'émets. Mais j'ai cru ne pas devoir passer sous silence une intrusion que tout le monde connaît, mais qu'on a eu trop l'air de traiter comme un fait sans conséquence. Ce n'est pas impunément que, par goût ou par mode, on habitue son œil à des formes nouvelles, en opposition avec tous les principes admis depuis des siècles; tôt ou tard ces formes, cette impression que notre œil aura ressenties produiront une transformation dans notre manière de juger et aussi de créer.

Il resterait, pour tracer un tableau un peu complet de la sculpture sur bois sous le règne de Louis XIV, à interroger les comptes des bâtiments pour y retrouver les noms et les œuvres de tous les artistes qui, pendant de longues années, ont sculpté les boiseries et les plafonds des résidences royales. Malheureusement, si les comptes nous fournissent un très grand nombre de noms de menuisiers, ils sont d'un laconisme désespérant au sujet des œuvres. Ce n'est que par une rare exception que les payements sont justifiés par une indication explicite. Dès lors cette recherche me paraît devoir donner des résultats assez négatifs, et nous ne sommes pas très avancés quand nous savons qu'en effet Louis XIV a employé des menuisiers : les comptes ne nous sont pas nécessaires pour le savoir [1].

M. de Champeaux, dans son excellent livre sur le meuble, a pris la peine de relever les noms des sculpteurs auxquels on doit les boiseries de quelques-unes des églises de Paris : c'est ainsi qu'il nous

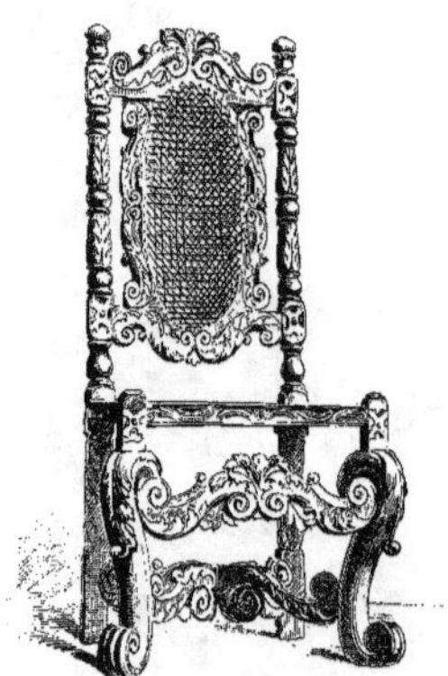

rappelle que les boiseries du chœur de Notre-Dame furent exécutées sur les dessins de Robert de Cotte qui, pendant de longues années, eut la même situation que Le Brun (à partir de 1699 il dirigea les manufactures du roi), par Louis Dugoulon ou Desgoullons, Louis Marteau, Jean Nel, charpentier, et Belleau; qu'il nous rappelle que Le Brun donna les dessins du banc d'œuvre de Saint-Germain-l'Auxerrois, dont la menuiserie est de François Mercier; que le banc d'œuvre de Saint-Eustache est dû à Pierre Le Pautre, travaillant d'après les dessins de l'architecte Cartaud; que Romié, sculpteur du roi, exécuta les boiseries du chœur de l'église Saint-Thomas-d'Aquin, etc., etc. J'avoue que, pour le sujet que je traite, je ne vois guère l'utilité de cette liste qui, même en s'en tenant aux monuments principaux, pourrait être, pour la France, presque interminable, et au surplus, en l'état de nos connaissances, fort difficile à dresser : ce qu'il importe seulement de retenir de ces quelques exemples signalés par M. de Champeaux, c'est la collaboration presque continuelle, dans l'exécution de pareils travaux, au xviie siècle et au xviiie, d'architectes ou de dessinateurs avec les sculp-

CHAISE SCULPTÉE ET CANNÉE.
Époque de Louis XIV (Musée du Louvre)

teurs et les menuisiers. Ce n'est pas un trait caractéristique de cette époque, mais c'est plutôt un trait caractéristique de l'ancien art français, un de ceux qu'il est le moins permis de négliger, une des causes aussi de son admirable développement, absolument logique, en dépit de toute influence étrangère subie momentanément; c'est en même temps un témoignage précieux et à retenir de l'alliance intime de tous les arts.

En terminant ce bref exposé de l'histoire du mobilier sous le règne de Louis XIV, je prévois une objection qu'on me fera certainement et à laquelle je tiens à répondre à l'avance, non pas tant pour

1. Signalons cependant Antoine Saint-Yves qui, en 1664, fabrique le modèle en bois des constructions élevées au Louvre par Le Vau (J. Guiffrey, *Comptes des Bâtiments*, t. I, c. 14, 185), sculpte, la même année, la balustrade pour l'appartement de la reine-mère, à Fontainebleau (*Ibid.*, c. 37), et deux cabinets pour la chambre du roi (*Ibid.*, c. 20). Le même menuisier exécuta, à partir de 1668, un retable d'autel et diverses boiseries pour l'église de Versailles (*Ibid.*, c. 258). — Nommons aussi Jean Danglebert, auteur des plafonds de la salle des gardes et de l'appartement de la reine-mère, à Fontainebleau (*Ibid.*, c. 37); Paul Jubilot, menuisier et sculpteur, qui décore les vaisseaux du canal, à Versailles, en 1668 (*Ibid.*, c. 335), et enfin Jean Langlacé, Pierre Dionis, Claude Bergerat, Estienne Carel et Jean Mavant, qui exécutent à Versailles, en 1663, divers travaux de menuiserie. Ces exemples suffiront, je crois, à montrer combien sont minces les renseignements qu'à cet égard nous peuvent fournir les Comptes. Ce n'est qu'en étudiant minutieusement, appartement par appartement, l'histoire des châteaux royaux, qu'on pourra peut-être un jour utiliser des mentions qui, pour l'instant, ne nous représentent rien. On sent bien qu'un pareil travail ne saurait entrer dans le cadre de mon ouvrage, dans lequel je dois me tenir uniquement aux lignes principales de l'histoire du mobilier et de la décoration intérieure des habitations, sans faire l'histoire particulière de tel ou tel château royal.

me justifier vis-à-vis de ceux qui ont le droit de critiquer mon travail que pour n'y point laisser une
apparente lacune. « Tout ce dont vous venez de parler, ne manquera-t-on pas de me dire, représente
le mobilier tel qu'il était à l'usage du souverain, de son entourage, des grands, de la cour en un mot, et
des financiers ; mais pensez-vous qu'un bourgeois de Paris ou de province se soit adressé à Cucci, à
Caffieri ou à André-Charles Boulle pour se meubler ? » Non, très certainement, leur budget ne leur eût
point permis pareille folie, ni non plus, je l'ajouterai, aucune tradition française. N'oublions point que

la mode, en ces époques reculées et
pourtant si proches de nous, n'était
suivie que par bien peu de gens ; en ce
temps de communications peu rapides,
ce n'était que d'un pas très lent qu'elle
s'acheminait vers les milieux peu for-
tunés de la capitale, à plus forte raison
vers la province. Le meuble tel que l'a
conçu Le Brun a été lettre morte pour
la plus grande partie de la France.
En fait, quand on parcourt nos provinces, parmi les meubles courants
attribuables au xviie siècle et au commencement du xviiie siècle, nous ne
trouvons que des œuvres de bonne
menuiserie qui ont conservé presque
intactes les traditions de la hucherie
du xvie siècle et de la première moitié
du xviie siècle : le style de Louis XIII
a eu dans certaines provinces une
durée invraisemblable. En sorte qu'on
ne serait peut-être pas très éloigné de
la vérité en avançant, ce qui paraîtra
un paradoxe à quelques-uns, que les
provinces les plus éloignées du centre
d'activité artistique, du centre où
vivait la cour, n'ont jamais connu, au
point de vue du mobilier, tous les

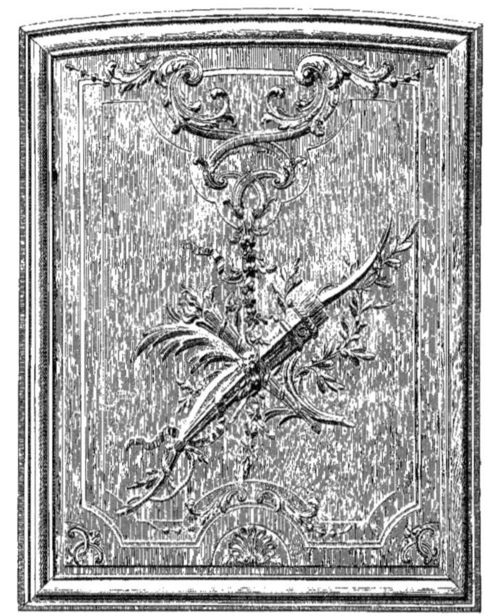

PANNEAU SCULPTÉ,
provenant d'un salon de l'Arsenal, attribué à Dugoulon.
Commencement du xviiie siècle (Musée des Arts décoratifs)

styles qui se sont succédé dans ce centre. Naturellement, cette affirmation devient de moins en
moins vraie à mesure qu'on se rapproche du xixe siècle : le xviiie siècle, en effet, à côté du mobilier
luxueux, à côté du mobilier d'apparat, a connu un mobilier plus simple, de même forme que le
mobilier à la mode, mais moins décoré et moins soigné, partant moins coûteux, et qu'a pu aimer et
employer une partie tout au moins de la bourgeoisie. Certains ébénistes des plus connus n'ont point
dédaigné d'y mettre leur estampille. Soyons sûrs, d'autre part, que dans quelques pays où avaient
subsisté des centres de fabrication très anciens, mais qui fournissaient exclusivement le voisinage,
des formes tardivement adoptées ont pu se conserver si longtemps qu'un style nouveau a pu être de
mode, décroître et disparaître tout à fait, sans y jamais pénétrer. Il est des pays en France où
on est passé sans transition du meuble en bois sculpté — fabriqué en noyer ou en chêne — au
meuble en acajou dans le style de la fin de la Restauration ou du commencement du règne
de Louis-Philippe. Ce fait, je l'ai pu vérifier maintes fois sur des meubles de fabrication

locale ; tout dernièrement encore je voyais une très belle armoire, authentiquement datée et signée de 1829, sculptée dans le style le plus pur de 1750 environ. Elle provenait d'un atelier qui n'avait connu ni le style de la fin du règne de Louis XV, ni le style de Louis XVI, ni le style du premier Empire. Et les enfants des bonnes gens qui s'étaient fait fabriquer ce beau meuble pour leur mariage ont acheté bravement des meubles en acajou ou plaqués de noyer, venant de Paris ou fabriqués dans la plus proche sous-préfecture. Quant à moi, je suis certain que tout bon bourgeois de province, vers 1701, possédait un mobilier qui ne différait pas beaucoup, au point de vue du style, du mobilier à la mode vers 1620. Du moins c'est une opinion qui me paraît résulter des monuments très nombreux encore qui subsistent aujourd'hui. Et cette constatation peut rendre un peu sceptique au sujet des dates attribuées parfois à des meubles du moyen âge. Si des traditions, si un style ont pu jouir de pareille longévité à des époques si rapprochées de nous, il est bien permis de supposer qu'il n'en a point été autrement au moyen âge ; et dès lors certaines dates deviennent bien problématiques, certaines attributions bien sujettes à des doutes peut-être irrévérencieux, mais très légitimes.

CHAPITRE IV

LE STYLE DU MOBILIER FRANÇAIS PENDANT LA RÉGENCE
ET LE RÈGNE DE LOUIS XV

Il ne faudrait pas s'imaginer que la mort de Louis XIV a apporté de grands changements dans le style de l'art français : les changements, les modifications qu'on pourrait constater à cette date de 1715 remontent plus haut, et le style de Louis XIV a en même temps survécu à ce roi. Le procédé commode et expéditif, qui consistait à découper l'histoire de France en tranches délimitées par des dates arbitraires, a été abandonné pour l'histoire politique; il a tous les droits à être mis également de côté en ce qui concerne l'histoire artistique; néanmoins il a continué à être admis dans les études d'art, et ce n'est pas sans surprise qu'on voit que des hommes tels que Paul Mantz, qui nous a donné sur le mobilier français du xviiie siècle une intéressante série d'études, ont encore suivi ce système dénué de critique. Si, en tout état de cause, un pareil sentiment n'a rien de scientifique ni de scientifiquement établi, il est encore moins admissible pour l'art du xviiie siècle et du commencement du xixe, où toutes les tendances se coudoient, s'entre-choquent et vivent en même temps : le commencement du xviiie siècle nous montre un prolongement de l'art de Louis XIV de la plus florissante époque, et en même temps des modifications profondes qu'on retrouve déjà en germe au siècle précédent; d'autre part, l'époque de Louis XV, prise dans son ensemble chronologique, est loin d'être homogène au point de vue de l'art, et dès le milieu du siècle les tendances réalistes, fantaisistes, classiques se coudoient, en sorte que je ne saurais admettre la légitimité d'expressions si fréquemment employées telles que « style Louis XV », « style Louis XVI », « style du premier Empire ». Toutes ces expressions sont, à mon avis, vicieuses, car l'état artistique qu'elles sont destinées à indiquer ne correspond nullement, pris dans son ensemble, aux trois périodes historiques spécifiées par ces dénominations étroites. Le style dit de Louis XVI est né bien avant 1774, et le style du premier Empire a fleuri à Trianon et à Saint-Cloud avant la Révolution. Le style de l'Empire — j'en demande pardon à ses admirateurs d'aujourd'hui — n'existe pas : il n'est que le prolongement du style antérieur; le fait de cette survie extraordinaire peut être invoqué à l'appui de la thèse de ceux qui — avec raison à mon avis — pensent que l'extrême fin du xviiie siècle et le commencement du xixe siècle furent, au point de vue intellectuel, une époque d'affaissement ou plus exactement d'abaissement : littérature et art sommeillèrent après l'éclipse de toute une classe de

la société et l'avènement d'autres hommes : les nouveaux souverains de la France furent trop occupés
d'autre chose, la sève de la nation fut trop détournée vers d'autres buts, pour que l'évolution de l'art
qui, sans la Révolution, se serait forcément produite, pût s'opérer. L'Empire a vécu, au point de vue
artistique, sur les réserves de l'ancien régime. Aussi bien tous les artistes qui ont jeté quelque éclat
à ce moment étaient-ils des hommes du xviiiᵉ. En assimilant l'art à un être vivant, on pourrait dire
que, pendant vingt-cinq ans environ, il y a eu arrêt non pas dans la vie, mais dans le développement
de l'être. C'est là que s'est faite la rupture qui provient moins directement peut-être de l'esprit de
la Révolution qu'on ne l'a cru — car beaucoup d'artistes lui ont survécu — que du nouveau
public que les artistes — et surtout ceux qui pratiquaient les arts appliqués à l'industrie — ont dû
servir. Sans entrer ici dans aucun développement historique qui serait déplacé dans ce livre, ni
pousser au noir le tableau, on me concédera bien sans doute que, par leur éducation, les puissants
du jour — la plupart au moins — ne pouvaient avoir la prétention d'être sur le même pied que ceux
qu'ils avaient remplacés. Ils n'apprirent à connaître que par imitation tous les raffinements
du luxe qui, chez les grands du xviiiᵉ siècle, étaient devenus par habitude la plus impérieuse des
nécessités. Donc, sur ce chapitre, personnellement ils ne purent rien inventer, et les artistes,
dépourvus d'un stimulant précieux — c'est-à-dire le goût personnel d'un amateur ou d'une favorite —
se survécurent en quelque sorte à eux-mêmes ; l'évolution si nécessaire aux développements des arts
— et surtout en ce qui touche les arts industriels — ne se fit pas ; elle se produisit en peinture et en
sculpture seulement, parce que ces branches, surtout la première, subirent des influences étrangères
à l'art officiel ; mais ce ne fut que plus tard, très tard même, que, par reflet et par imitation, les arts
industriels purent songer à rattraper le temps perdu. Mais, entre temps, toute la belle technique des
artisans du xviiiᵉ siècle s'était presque perdue et ne comptait plus guère que des représentants affaiblis
par l'âge. Quand on suit la série des œuvres industrielles de ce siècle, on voit se dessiner les phases
que je viens d'indiquer : les meubles et les bronzes de la Restauration ne sont plus que des
copies anémiées du style antérieur, faites par des artisans ignorants ; ou bien quand, cédant aux
idées nouvelles, les artistes se lancent dans des conceptions romantiques, l'outil qu'ils ne savent plus
manier les trahit. C'est que presque tous les représentants de l'art qui comptaient à la fin du xviiiᵉ siècle
avaient disparu et que les quelques élèves qu'ils avaient formés n'étaient plus des artistes mais de
simples ouvriers. Pour me résumer, si, avec certaines restrictions que j'ai plus haut formulées, on
peut dire qu'il y a eu un art de Louis XIV, si on peut dire qu'il y a eu également un art de Louis XV
et un art de Louis XVI, bien que le développement de ces deux époques d'art ne corresponde pas
exactement aux moments précis où ces souverains ont régné, je ne saurais admettre — en ce qui
touche les arts appliqués à l'industrie — un art impérial. Cet art n'est qu'une phase — et la moins
recommandable — le prolongement d'un style qui commence bien avant la fin du règne de Louis XV.

Mais revenons au premier quart du xviiiᵉ siècle. Que la mort de Louis XIV ait été un soulagement,
je l'admets ; mais que la disparition d'un souverain âgé, ombrageux, quinteux, oublieux de son passé
et maussade ait influé, précisément à cet instant, sur le développement de l'art, c'est ce qu'il me
paraît malaisé d'admettre. Watteau n'est pas né, ni son art non plus, en 1715 ; Watteau est élève de
Claude Gillot, et l'art de Claude Gillot, né sous Louis XIV, contient en germe tout l'art joyeusement
et adorablement fantaisiste de Watteau. Je dirai plus : les « singeries » de Gillot sont proches parentes
des arabesques de Bérain qui, elles aussi, se sont maintes fois départies de ce sérieux, de ce
pompeux, de cet art grandiose qu'évoque trop en notre esprit le terme de « style de Louis XIV ».
Mantz a dit quelque part [1] que les meubles du xviiiᵉ siècle parlaient en quelque sorte, qu'ils étaient
comme le reflet de la peinture et de la littérature de la même époque. Cela est vrai pour le

---

1. *Les meubles du XVIIIᵉ siècle*, dans la *Revue des Arts décoratifs*, t. IV (1883-84), p. 313.

xviiie siècle, mais est aussi vrai pour les autres siècles; partant une telle définition ne saurait nous apprendre grand'chose, et on renverserait les termes de la proposition qu'elle resterait tout aussi juste sans nous instruire davantage. En fait, je veux bien admettre comme un fait tangible et indiscutable que les meubles du xviiie siècle, pris dans leur ensemble, ont quelque chose de la légèreté de la littérature de l'époque, que leurs formes allégées et fantaisistes correspondent assez à la peinture spirituelle et claire d'un Watteau, comme les meubles de Boulle reflètent l'art de Le Brun et la peinture un peu lourde et assombrie de la seconde moitié du xviie siècle. Admettons un instant cette opinion, plus séduisante au point de vue de la littérature, parce qu'elle peut donner lieu à des développements agréables, qu'au point de vue scientifique, car, en réalité, elle n'explique point des formes et des galbes nouveaux que la littérature et la peinture n'ont point suffi à faire naître. Il n'en est pas moins vrai qu'on ne peut expliquer de la sorte certaines créations, certaines ruptures avec toutes les traditions artistiques admises jusque là. Certes, ni Robert de Cotte, ni Oppenordt n'ont dans leurs œuvres rompu complètement avec les vieux errements, bien que dans leurs dessins les lignes deviennent plus grêles et plus compliquées, que la composition soit plus élégante que dans les créations de Le Brun : mais chez Robert de Cotte on trouve néanmoins ce respect presque absolu de la symétrie qui fut une des lois de la décoration du xviie siècle. On donne ici le dessin d'une pendule imaginée par lui, dessin qui a servi également à créer des chenets de bronze dont une épreuve figure aujourd'hui dans la salle dite du Trône, au palais de Fontainebleau [1], qui montre à quel point l'artiste a pu se montrer respectueux des anciens procédés de composition. Dans quelques dessins de tables exécutés pour le palais royal, par conséquent pour le Régent, que possède le Musée des Arts décoratifs [2], se rencontrent encore les mêmes procédés : plus de gracilité, plus de complications que sous

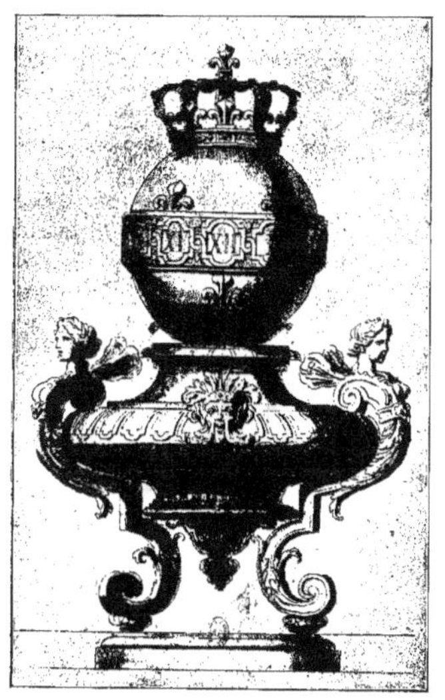

Modèle de pendule en bronze; style de Robert de Cotte
(D'après le dessin original conservé au Cabinet des Estampes,
à la Bibliothèque Nationale)

Louis XIV, un art en somme plus féminin mais encore très académique dans le sens qu'on attribuait à cette locution au xviie siècle. C'est précisément dans des œuvres de ce genre que l'influence des peintres à la mode, des décorateurs tels que Gillot ou des hommes de plus grande envergure tels que Watteau, devient sensible : l'ornement s'allège et s'amaigrit; les figures empruntent aux compositions peintes leur mine enjouée et spirituelle; même les modèles, qui ne sont en quelque sorte que la reproduction presque textuelle d'œuvres antérieures, subissent cette transformation. Les exemples que je mets ici sous les yeux du lecteur, une admirable console en bois doré, qui fut vendue à Paris il y a quelques années; une charmante console du Musée de Poitiers (planche VII); une console en bois doré appartenant à M. Fournier (planche XVIII); un bureau qui fit partie de la collection Josse; un autre au château de Fontainebleau; le bureau de l'hôtel de ville de Soissons,

1. Voyez A. de Champeaux, *Portefeuille des Arts décoratifs*, planche 671.   2. *Ibid.*, pl. 22 et 638. — Ces dessins portent des annotations qui ne permettent pas de douter de leur destination.

possédé par M. le comte de Castellane, et surtout l'adorable bureau du Ministère de la Guerre, décoré
à ses angles de délicates figures de femmes [1], permettront de se rendre compte des modifications plus
ou moins sensibles apportées dans l'art de Louis XIV par les artistes de la Régence. Ces modifications,
introduites d'abord dans les bronzes plutôt que dans le galbe des meubles, sont sensibles même dans
les œuvres de l'atelier de Boulle. Car il ne faut pas oublier qu'André-Charles Boulle a prolongé son
existence jusqu'en 1732, et que ses fils ont continué à fabriquer jusque vers le milieu du siècle. Je
veux bien que le mot de Mariette, que tout le monde a répété et que j'ai répété moi-même au
précédent chapitre, indique que ces héritiers de Boulle ne furent pas de grands créateurs, qu'ils
vécurent surtout sur la réputation et les modèles de leur père; mais, toutefois, il me semblerait tout à
fait inadmissible de supposer que pendant une aussi longue période ils aient pu vivre, mal je le veux,
mais vivre enfin, sans changer leur manière, et d'ailleurs Mantz lui-même, qui paraît assez enclin à
accepter à la lettre le mot de Mariette, n'a-t-il pas signalé lui-même, dans le cabinet Gaignat (1768),

CONSOLE EN BOIS DORÉ
Époque de la Régence (Vente du vicomte de B., 1891, n° 113)

l'existence d'armoires fabriquées par les fils de Boulle et ornées de panneaux en ancien vernis de la
Chine [2]? Cela n'indique-t-il pas que les Boulle s'étaient mis à suivre les variations de la mode, et c'est
avec toute raison, je crois, ainsi que je l'ai remarqué plus haut, que M. de Champeaux a songé à
attribuer à leur atelier une armoire de style chinois que possède le cabinet des médailles. Donc, de
ce côté, l'immobilité n'a pas été si grande qu'on serait tenté de le croire. Et les Boulle, comme
Cressent du reste, ont suivi et concouru pour leur part à l'évolution de l'art français du xviiie siècle.
Je le montrerai tout à l'heure pour Cressent; mais auparavant je dois dire un mot d'éléments
nouveaux introduits dans la décoration et rechercher l'origine de ces éléments.

Si le nom de style rocaille a pu être donné légitimement au style du milieu du xviiie siècle, car la
coquille, ses déformations, l'application de ses strics caractéristiques à tous les éléments de la
décoration peinte ou modelée y jouent un grand rôle, ce rôle ne suffit pas à expliquer certains des
caractères des œuvres de cette époque. Le goût des rocailles, leur emploi dans l'ornementation
n'étaient chose nouvelle ni en France ni en Italie; mais jusque là cet emploi, plus ou moins
judicieux, avait été toujours asservi aux mêmes règles que le reste du dessin décoratif : toutes les
parties d'un ornement exécuté en rocailles subissaient la règle fondamentale de l'ornement issu de

1. Publié par A. de Champeaux, *Portefeuille des Arts décoratifs*,   2. *Ouvr. cité*, p. 316.
pl. 741.

l'antique, puis du style italien, la symétrie. Pourquoi donc, à un certain moment, le mot rocaille est-il devenu synonyme de fantaisiste, de biscornu, de dissymétrique, en un mot? C'est qu'à ce genre de décoration étaient venus se mélanger de nouveaux éléments qui en avaient détruit l'harmonie, seule admise jusque là. Le besoin de faire du nouveau, qui se manifeste toujours en art après la longue existence d'un style homogène, cette existence, fût-elle très brillante, ne suffit pas à expliquer de pareilles modifications. J'ai dit un mot de ce sujet au chapitre précédent, mais je dois y revenir ici : pour moi, le plus important facteur dans cette révolution a été la mode des objets venus d'Orient et leur imitation. A la cour de Louis XIV — et c'est la cour qui donnait le ton — il était de bon goût de collectionner les porcelaines et les laques de Chine; cette manie de la collection, bien inoffensive au premier abord, a, je crois, été le point de départ d'une véritable transformation du goût. Cette transformation a été longue à se produire sans doute : on a commencé par imiter purement et simplement les produits chinois, comme le faisaient les Hollandais; puis, peu à peu, l'œil s'habituant à considérer

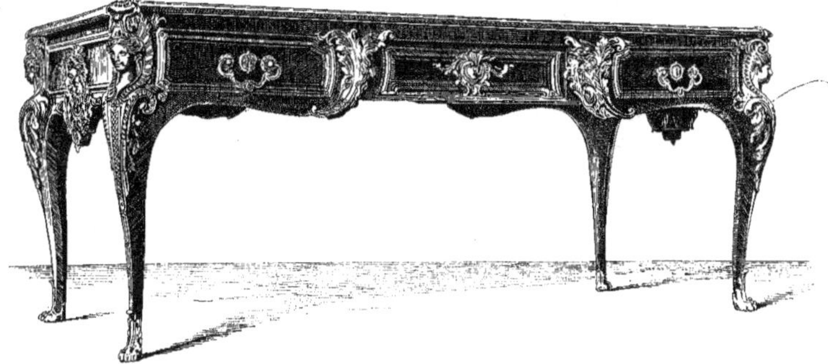

Époque de la Régence (Ancienne collection Josse, nº 132)

l'ornementation sous un autre angle, on a introduit les originaux ou ces imitations dans des ensembles dont le dessin, le galbe étaient parfaitement européens ; on a créé inconsciemment des œuvres hybrides dans lesquelles la symétrie n'était plus possible; ce qui pouvait à l'origine être considéré comme un hasard ou une fantaisie est devenu une loi : on a cherché l'ornementation dissymétrique parfaite avec la même passion et le même talent qu'on avait recherché jusque là une irréprochable symétrie. Mais comme les artistes du xviii° siècle avaient une forte éducation, étaient des gens très raisonnables et qu'ils étaient avant tout persuadés de cette vérité fondamentale qu'un objet doit avant tout répondre par sa forme à sa destination, ils n'ont modifié les formes suivant le nouveau style qu'autant que ces modifications étaient logiques. Les modifications ont donc porté beaucoup plus sur la décoration appliquée sur les objets que sur le galbe des mêmes objets, qui est resté à peu près le même qu'à la fin du règne de Louis XIV. J'incline donc, on le voit, à attribuer une grande importance à l'art de l'Extrême-Orient dans la déviation temporaire de l'art français au xviii° siècle, déviation qui, à son tour, a amené une réaction d'autant plus redoutable que le style nouveau avait été embrassé avec plus de ferveur.

L'opinion que je viens d'émettre, émise déjà par M. Havard, trouvera, j'en suis certain, des contradicteurs. Je ne puis aller au devant de toutes les objections qu'on peut y faire. Il me suffira pour l'instant de rappeler qu'on ne s'expliquerait pas dès lors l'estime dans laquelle on a tenu, au xviie et au xviiie siècles, la dynastie des Martin, leurs précurseurs et leurs successeurs, qui ont surtout fabriqué des imitations de l'art chinois, souvent d'une rare perfection ; on ne s'expliquerait pas le goût pour les pagodes, les magots et tout ce que l'art chinois importait en Europe de moins avouable au point de vue artistique ; la passion pour les porcelaines de Chine qui, fort belles souvent de forme, entre les mains de nos bronziers sont devenues des merveilles ; l'usage constant des papiers de Chine ou imités de la Chine, connus sous le nom de papiers des Indes, d'Angleterre ou de Paris, papiers dont on composait de véritables tentures [1]. Je passe sous silence les peintures,

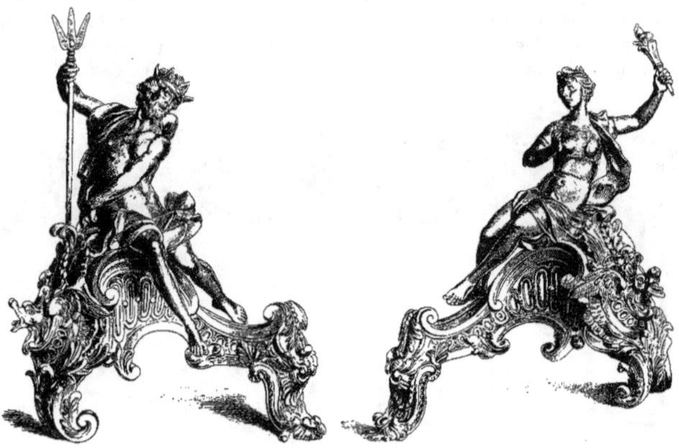

PLUTON ET PROSERPINE
Feux en bronze doré ornés de têtes de dragons. Milieu du xviiie siècle
(Collection R. Kann)

les tapisseries, les faïences, etc., etc., car il y aurait là tout un chapitre très long et très instructif à écrire, qu'en un ouvrage tel que le mien je puis seulement signaler. Mais il y a plus : certains modèles de décoration, introduits au milieu de rocailles, ne sont que la copie de motifs orientaux très connus : chinois sont les dragons qu'on voit sculptés aux pieds d'une belle console en bois doré qui fait partie du mobilier de Fontainebleau, que M. de Champeaux [2] attribue à l'époque de

1. Dans le *Livre-Journal de Lazare Duvaux, marchand bijoutier ordinaire du roy* (1748-1758), publié par Courajod (*Société des Bibliophiles*, 1873, 2 vol.), in-8°, livre qu'il m'arrivera de citer souvent dans ce chapitre, on rencontre de très nombreux détails sur ces papiers et leur usage, t. I, p. cxxi et suiv. L'usage des tentures ou *tapisseries* en papier peint, adopté d'abord par les gens qui n'étaient pas assez riches pour décorer les murs de leur habitation de tissus, semble remonter au xvie siècle, du moins la communauté des papetiers colleurs de feuilles reçut ses statuts sous le règne de Henri IV, en 1599, ce qui indique que l'existence de ces colleurs était beaucoup plus ancienne. Au xviie siècle, on fit usage de papier de Chine véritable, imprimé et peint, puis de papiers fabriqués à Francfort et à Worms, en Angleterre et à Paris ; dès le milieu du xviiie siècle on fabriquait en France des papiers veloutés imitant le velours d'Utrecht ou les damas, fort analogues à ceux dont on fait usage encore aujourd'hui. Bien entendu, les gens riches ne se servaient guère que des papiers de la Chine (appelés aussi des Indes, parce qu'ils étaient exportés par la Compagnie des Indes). Courajod (*Ibid.*, p. cxxi, note 1) a remarqué avec raison que le garde-meuble de la Couronne possédait une grande quantité de ces papiers dont on faisait des tentures, des paravents ou des écrans ; en 1750, le garde-meuble en livra une série de feuilles à Duvaux, qui les fit coller dans la garde-robe du roi et dans la garde-robe de Mme de Pompadour, au château de Choisy (*Journal de Duvaux*, n° 647). Voici du reste, à titre de renseignement, quelques extraits relatifs à ces papiers tirés du même document qui montreront bien l'usage qu'on en faisait : « 10 Du 5. — Mme la Ctesse de Maurepas : quatre chassis garnis en toile et papier des Indes, fond blanc à fleurs, figures et oiseaux, 40 l. [octobre 1748]. — 18. M. de la Reynière : La toile et papier des Indes, fond blanc à fleurs, oiseaux et figures, d'un panneau de 11 pieds sur 8 de large, façon et raccordage, 96 l. [octobre 1748]. — 27. Du 4. — Mme la Duchesse de la Vallière, jeune : Un chassis de cheminée garni en papier des Indes, fond blanc, 24 l. [novembre 1748]. — 364. Du 1er. — M. le Président de Lamoignon. Un paravent à six feuilles, de six pieds de haut, en papier de Paris des deux côtés, 45 l. [décembre 1749]. »

2. A. de Champeaux, *Le Meuble*, t. II, p. 107. Une console du même genre, mais plus chargée et d'une époque plus avancée, fait partie du mobilier du château royal d'Amalienburg.

Louis XIV, mais que je donnerais plus volontiers à la Régence ; chinois est le dragon qui forme le croissant de bronze attaché au retour extérieur du chambranle d'une cheminée dessinée par Blondel[1] ; chinois est le dragon qui décore une console d'applique en bois doré de la collection de M. Hoentschel[2] ; enfin je ne pense pas qu'on puisse nier l'origine de deux belles poignées de bronze que Cressent a attachées sur la commode de la collection Wallace, que reproduit la planche IX, n° 1. Ces exemples, on les pourrait sans doute multiplier[3], sans grand avantage du reste, suffiront, je pense, à montrer que si le nom de style rocaille, appliqué à une période de l'art français qui a eu son contre-coup dans toute l'Europe, est légitime, ce style rocaille a emprunté à l'art chinois beaucoup de son charme et de sa fantaisie.

II. CHARLES CRESSENT, ÉBÉNISTE DE PHILIPPE D'ORLÉANS, RÉGENT DE FRANCE

(1685-1768)

A côté de l'architecte Gilles-Marie Oppenordt (1672-1742), travaillant pour le Régent, dès 1715, et donnant le ton par ses décorations d'intérieur et ses dessins gravés par Huquier ou par C.-N. Cochin, Charles Cressent tient une place très importante dans cette période de l'art français à laquelle le nom de Philippe d'Orléans est resté attaché. Le style Louis XIV ne disparaît pas complètement d'abord, mais il s'affine, devient plus délicat ; des lignes courbes d'un galbe plus gracieux, d'un emploi moins raisonné, l'introduction d'éléments décoratifs que les artistes de l'époque précédente n'auraient pas trouvés assez nobles, l'abandon de la symétrie absolue, pleine d'avantages sans doute au point de vue de l'ornementation mais engendrant toujours une certaine froideur quand elle ne témoigne pas de pauvreté d'imagination, changent peu à peu l'aspect du style français ; les singeries, les personnages grotesques de Claude Gillot, les *espagnolettes*, ces délicats bustes de femmes aux minois fripons, qui semblent arrachées de quelques compositions de Watteau, donnent à tout le mobilier français un aspect de légèreté et de gaieté jusqu'alors inconnu. Ce n'est pas à dire qu'on renonce aux traditions anciennes ; le beau meuble du xviiie siècle continue, par l'importance donnée aux appliques de bronze, les traditions de Boulle ; et l'artiste qui fut le plus à la mode dans la première partie du xviiie siècle, sous la Régence, Charles Cressent, comme tous les ébénistes ses contemporains, accentua plutôt ce goût pour les beaux bronzes. Le relief qu'ils leur donnent, la complication des ornements qui entourent leurs figures sont d'ailleurs commandés par le développement apporté aux ornements des plafonds ou des boiseries ; stucs et bois sculptés se compliquent, et bientôt on ne tardera pas à y introduire des personnages de grandeur naturelle et d'un puissant relief ; et cela non plus dans des appartements ou des galeries de dimensions monumentales, comme au xviie siècle, mais dans de petits appartements, par conséquent sous l'œil de ceux qui les habitent. Cet enrichissement extraordinaire de la décoration est un écueil ; nous verrons que plus d'un artiste y a sombré et est tombé dans le mauvais goût. Ce défaut est très sensible chez les artistes étrangers, les artistes allemands surtout, qui ont travaillé d'après des dessins français ou se sont inspirés du style français. « Rien de trop » est une sage devise que parfois ils ont singulièrement méconnue.

---

1. Guilmard, *Les maîtres ornemanistes*, pl. 50.
2. A. de Champeaux, *Portefeuille des Arts décoratifs*, pl. 756.
3. Notamment si on relevait tous les dragons, les serpents, les salamandres, sans parler des treillages de style chinois qu'on rencontre dans tant de stucs ou de boiseries du milieu du xviiie siècle, surtout à Amalienburg, où tout est de style français. Même dans quelques bronzes du genre de ceux qui sont ici publiés (page 100) on trouve encore le dragon de style chinois.

Charles Cressent est d'origine picarde. D'après les documents relevés par M. Dubois sur les registres des anciennes paroisses d'Amiens et communiqués à M. de Champeaux[1] par M. Dulhuit, on peut, jusqu'à un certain point, reconstituer la biographie de l'artiste et expliquer ses origines. « Charles Cressent, maître menuisier à Amiens, et Marie Annebique, sa femme, eurent un fils, François Cressent, né le 9 novembre 1663. Ce dernier étudia la sculpture, et il a laissé en Picardie plusieurs ouvrages, notamment un groupe de pierre représentant l'Assomption de la Vierge, que l'on voit dans l'hôpital général d'Amiens, et deux anges adorateurs placés autrefois dans la cathédrale d'Abbeville. On peut joindre à ces ouvrages un Christ de bois, dont le catalogue de l'une des ventes [de C. Cressent] fait hommage à son père, et diverses sculptures exécutées pour l'abbaye de Corbie et pour quelques édifices d'Amiens. François Cressent épousa Marie-Madeleine Bocquet qui lui donna deux fils : 1° François, né le 24 mai 1684, dans la paroisse de Saint-Firmin-le-Confesseur ; 2° Charles Cressent, né le 16 décembre 1685, qui devint l'ébéniste du Régent, et plusieurs filles dont la dernière naquit en 1701. » Enfin M. J.-J. Guiffrey a publié, dans son recueil de *Scellés et inventaires d'artistes*[2], l'inventaire fait après la mort de Charles Cressent, survenue le 10 janvier 1768, dans sa maison de la rue Joquelet, au coin de cette rue et de la rue Notre-Dame-des-Victoires. Dans ce procès-verbal on donne à Charles Cressent le titre d'ébéniste de S. A. S. Monseigneur le duc d'Orléans.

Charles Cressent est donc petit-fils d'ébéniste et fils de sculpteur : il associa ces deux professions. Dans la préface du catalogue de sa première vente, rédigé par lui-même en 1748, il semble indiquer que son père était venu à Paris et y avait acquis, en pratiquant son art, une certaine fortune : il y dit en effet qu'il a été « élevé dans le dessein et dans la sculpture sous les yeux d'un père aussi connu par ses ouvrages, que par la beauté de son cabinet » ; que « son talent pour les modèles le fit bientôt connoître de ce qu'il y avoit de curieux, et même de feu S. A. R. M. le Duc d'Orléans, qui pour se l'attacher le fit son ébéniste. » Charles Cressent ajoute dans la même préface qu'il a maintes fois donné des conseils au Régent pour l'acquisition de tableaux rares que lui offraient MM. de Crozat et de la Chateigneraye, et que c'est dans ce commerce avec les chefs-d'œuvre qu'il s'est formé le goût. Ébéniste du Régent, peut-être élève de Boulle, car lui aussi a fait des meubles en marqueterie, Charles Cressent a été sculpteur, et c'est ce qui fait sa supériorité sur beaucoup de ses confrères et explique aussi l'importance qu'il a presque toujours donnée aux bronzes appliqués à la décoration des meubles. Ses catalogues de vente permettent de nommer quelques-unes de ses œuvres : un médaillon de marbre, de grandeur naturelle, représentant Louis XIV; trois crucifix en bois, et un buste en bronze de Louis, duc d'Orléans, fils du Régent, mort en 1752 à l'abbaye de Sainte-Geneviève (aujourd'hui à la Bibliothèque du même nom). En 1714, il avait réparé un *Jupiter* en bronze, modelé par Girardon ; un *Mars*, modelé par l'un des Anguier; une Andromède de Le Lorrain. Les deux premiers morceaux étaient destinés au cabinet de Girardon[3]. Enfin, à sa dernière vente (1765) figurent douze grands médaillons d'empereurs romains en bronze, et M. de Champeaux a signalé dans le catalogue de la vente de M. de Selle (1761) une « grande marine à la plume et lavée à l'ancre (*sic*) par Cressens[4] ». Notre artiste pratiquait donc couramment la sculpture; néanmoins il paraît difficile de l'identifier avec un autre sculpteur du nom de Cressent qui exposa, en 1753 et 1756, aux salons de l'Académie de Saint-Luc, avec le titre d'adjoint à professeur. L'auteur de ces nymphes, de ces jeux d'enfants ou d'une figure de Manassés dans les chaînes a paru successivement, à Mantz[5], à M. de Champeaux et à M. J.-J. Guiffrey[6], impossible à identifier avec l'ébéniste du Régent. La principale objection qu'on puisse faire à une telle identification, ce n'est pas assurément le titre

---

1. *Le Meuble*, II, p. 123.
2. *Nouvelles Archives de l'Art français*, 1884, p. 413 et suiv.
3. A. de Champeaux, *ouvr. cité*, p. 126, 128.
4. N° 233 de ce catalogue, dont je cite plus loin un long passage

relatif à Cressent.
5. *Revue des Arts décoratifs*, 1884, p. 321, note.
6. Dans les *Scellés et inventaires d'artistes : Nouvelles Archives de l'Art français*, 1884, p. 414.

d'adjoint à professeur dans l'Académie de Saint-Luc, mais ce fait que le Cressent qui a exposé en 1753 et 1756 habitait rue Meslay, tandis que le Charles Cressent, ébéniste, demeurait rue Joquelet, au coin de la rue Notre-Dame-des-Victoires [1]. Je n'oserai pour ma part être plus affirmatif sur ce point que mes prédécesseurs ; mais ne pourrait-on supposer toutefois que ce Cressent était ce frère aîné de Charles, né en 1684 ? C'est là une simple hypothèse mais qui est en somme très vraisemblable ; n'est-il pas légitime de supposer qu'alors que le cadet a suivi la profession du père, l'aîné l'a également embrassée ? Si on rappelle que par deux fois, en 1723 et 1743, Charles Cressent eut maille à partir avec la justice, grâce à son entêtement à vouloir s'affranchir des règlements corporatifs relatifs aux rapports entre fondeurs et ébénistes et que l'un de ces documents nous apprend qu'il faisait fondre ses bronzes par Jacques Confesseur, nous aurons dit ou à peu près tout ce qu'on sait sur un artiste qui semble avoir mis tout à fait en pratique, au point de vue de la décoration du mobilier, les règles qu'appliquait Oppenordt en architecture [2].

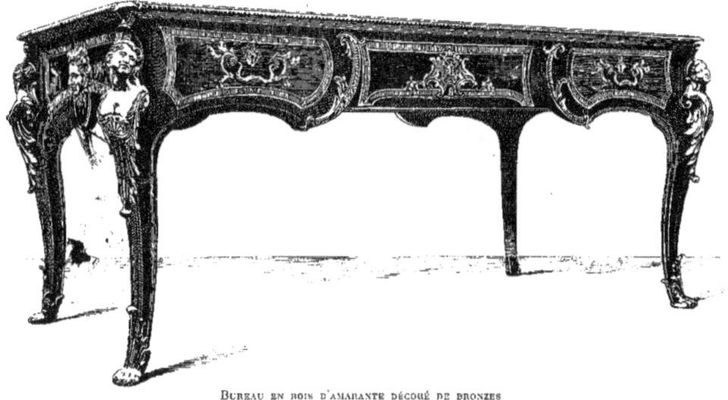

Style de Cressent. Mobilier national

Examinons maintenant quelques-unes des œuvres de Charles Cressent, qui, encore aujourd'hui, sont assez nombreuses et sur lesquelles, du reste, l'auteur nous a très suffisamment renseigné dans les catalogues des trois ventes qu'il a rédigés lui-même en un style qui, assurément, n'est ni très correct ni très modeste, mais dont il s'excuse lui-même. On aurait grand tort toutefois de lui reprocher son langage parfois un peu rocailleux, car il nous a rendu un inestimable service en désignant de son vivant à l'admiration de la postérité des œuvres admirables qui, sans ses indications, seraient demeurées anonymes.

Cressent, dans le dessin de ses meubles, a été visiblement influencé, au point de vue des formes, par Robert de Cotte et Oppenordt ; au point de vue du décor, par Claude Gillot, puis par Watteau ; si on y ajoute que lui aussi a subi cette influence des produits de l'Extrême-Orient dont je parlais tout à l'heure, on aura une analyse exacte du génie très complexe de cet artiste, qui se rattache très étroitement aux artistes du règne de Louis XIV — et c'est pourquoi on a pensé qu'il était élève de

<hr>

1. A. de Champeaux, *ouvr. cité*, p. 128.

2. « 3 novembre 1723. — Sentence de police contre Charles Cressent, ébéniste, qui fait défenses aux maîtres ébénistes d'avoir et garder chez eux aucuns ouvrages de fonte, s'ils ne sont perfectionnés de la main d'un maître fondeur. » (*Recueil des statuts, ordonnances et privilèges de* la communauté des maîtres fondeurs-mouleurs en terre et sable ; Paris, Valade, 1774, in-8°.) — « 29 mars 1743. Sentence de police contre Charles Cressent, maître ébéniste, et Jacques Confesseur, maître fondeur. » (*Ibid.*, p. 229.)

Boulle — et prolonge jusque très avant dans le xviiie siècle, grâce à une longévité extraordinaire, le style de l'époque de la Régence. Un catalogue de vente de 1761, celui de la collection de M. de Selle, en son vivant trésorier général de la marine, nous fait connaître au moins trois œuvres authentiques de Cressent qui subsistent encore aujourd'hui : la première est une commode (décrite sous le n° 149 de ce catalogue) en bois de violette, qui fait actuellement partie de la collection Wallace, à Londres. Elle est reproduite sur la planche IX, n° 1 ; et cette reproduction me dispensera d'entrer dans de longs détails à son sujet. Ce qu'il y faut remarquer surtout, c'est cette tête d' « espagnolette » entourée d'une collerette plissée qui forme le centre de la décoration en bronze, puis ces dragons de style chinois qui composent les poignées des tiroirs supérieurs ; quant au profil du meuble « en arbalète », suivant une expression employée par Cressent dans ses catalogues, qu'on retrouve à la partie inférieure de la commode, il devient de style à l'époque de la Régence, persistera pendant tout le règne et même jusque sous Louis XVI. Dans le même catalogue de Selle, sous le n° 148, sont décrites deux armoires en bois satiné et bois d'amarante, d'un admirable style, qui font actuellement partie de la collection de M. le comte de Castellane. (Voyez l'une de ces armoires, planche VIII.) La simplicité des bronzes, la beauté de l'ébénisterie font de ces meubles de véritables chefs-d'œuvre, et on trouve, en les contemplant, moins exagérés les éloges que Cressent s'est lui-même décernés. Ces moulures de bronze autour desquelles serpentent de délicats feuillages, ces groupes d'enfants si spirituellement modelés témoignent d'une finesse de goût excessivement rare chez les ébénistes de profession ; et, étant donné ce que nous savons de Cressent, il n'est guère

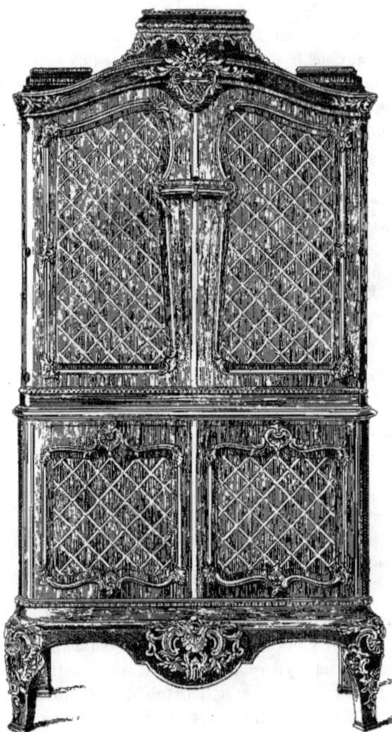

Médaillier par Charles Cressent
Cabinet des Médailles, à la Bibliothèque Nationale

douteux qu'il ait modelé lui-même ces charmants reliefs fondus sans doute par Jacques Confesseur, qui avait lui-même travaillé pour Charles-André Boulle[1]. De ces meubles il faut très certainement

1. « Ouvrages du sieur Cressent, ébéniste de feu Monseigneur le duc d'Orléans régent. — 147. Un très magnifique cabinet de bois satiné amaranthe, ouvrant à deux battans renferment soixante et quatorze tiroirs, pour mettre des médailles ; il a 3 pieds 6 pouces de haut. Ce cabinet est garni de bronzes dorés d'or moulu, d'une richesse et d'une exécution parfaite ; sur la face des deux battans, on a représenté en relief, trois enfants travaillans à frapper des médailles ; la presse qui sert à leur ouvrage, au dessous de laquelle sont deux médailles représentant les portraits du roi de France Louis XV, et celui du Dauphin, est posée sur un joli trépied orné de feuilles de lierre ; une très légère moulure garnie de feuilles, renferme ce sujet : les portraits des douze Empereurs, en médaillons, placés deux à deux avec rubans et moulures, enrichissent deux pilastres qui sont à côté des deux battans : un très beau pied à quatre consoles de 2 pieds 5 pouces de haut, aussi de bois satiné qui supporte ce cabinet, et qui y est adhérant, a un tiroir sur la face duquel est en bronze doré, un éléphant sur une terrasse, ayant sur son dos une cuirasse, un casque, une hache et autres trophées ; deux soldats habillés à la Romaine sont sur les côtés des deux pieds de devant. — 148. Deux très belles armoires de bois satiné et amaranthe, chacune a des portes à deux battans fermant à clef, elles sont garnies d'ornemens,

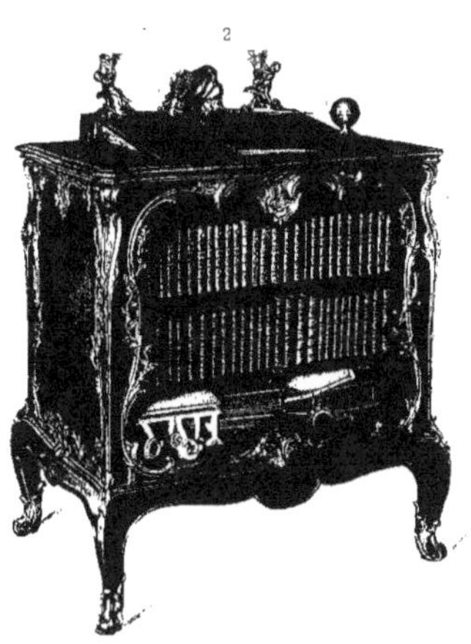

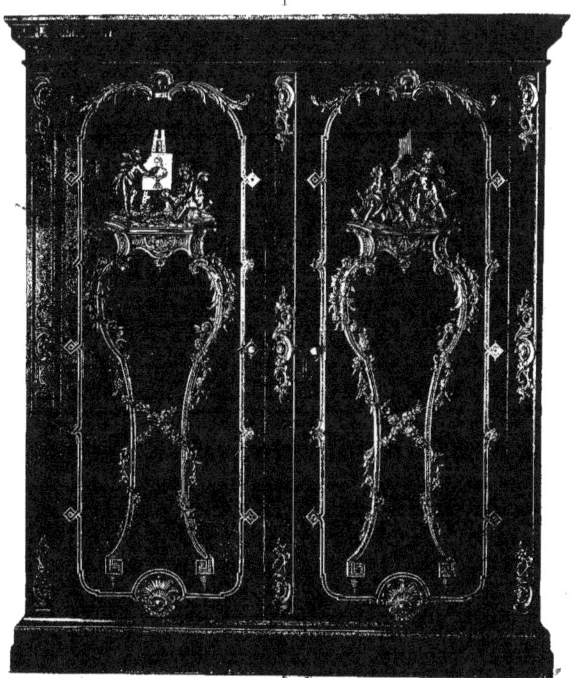

1 — GRANDE ARMOIRE EN BOIS DE ROSE ORNÉE DE BRONZES PAR CHARLES CRESSENT
(Collection de M° le Comte de Castellane à Paris)
2 — PETIT MEUBLE POUR ÉCRIRE DEBOUT, Hauteur 1ᵐ22.
MILIEU DU XVIII° SIÈCLE
(Collection de M° le Baron Nathaniel de Rothschild, à Vienne)

rapprocher un très beau médaillier que possède maintenant le Cabinet des médailles, à la Bibliothèque Nationale, mais qui, originairement, a appartenu à l'abbaye de Sainte-Geneviève. Ce médaillier en bois satiné, décoré de cadres de bronzes ciselés d'une adorable finesse, est en forme d'armoire à deux corps. Primitivement il a dû servir à supporter le buste du duc d'Orléans, fils du Régent, œuvre de Cressent dont il est plus haut question, et devait peut-être renfermer la collection de pierres gravées léguées à l'abbaye par ce personnage, collection qui fut échangée par la famille d'Orléans contre une série de médailles [1]. On ne peut rien voir à la fois de plus simple et de plus gracieux que ce meuble dont l'exécution des bronzes surpasse tout ce qu'on peut rencontrer de plus achevé dans la première moitié du XVIIIe siècle. Dans ce même catalogue de Selle, que je citais tout à l'heure, figure une horloge de Cressent, accompagnée d'un mouvement de Charost, qui est peut-être la même qu'un régulateur qui fit partie, en 1890, de la vente Armaillé, dans le catalogue de laquelle il était indiqué comme provenant de la collection du Régent [2]. Quelle que soit l'origine exacte de ce meuble, c'est un excellent exemple du style de Cressent appliqué à la décoration des pendules. De ce régulateur il faut rapprocher un cartel de bronze, qui est déposé actuellement dans la Chambre des requêtes de la Cour de cassation, et qui par son sujet correspond assez exactement au n° 25 du *Catalogue* de la vente de Cressent faite en 1749. Je donne d'ailleurs ici en note la transcription complète de la description des ouvrages du maître contenus dans ce catalogue, et en la lisant on pourra se faire une idée de son talent varié qu'il appliquait successivement à la fabrication de meubles en marqueterie dans le style de Boulle ou de cabinets ornés de pierres incrustées à la florentine [3]. Tant il est vrai que le style Louis XIV a survécu pendant tout le XVIIIe siècle. On me pardonnera certainement d'insister sur un point que les nombreux textes que j'ai rassemblés dans le présent volume rendent tout à fait indiscutable. Cette vérité était connue de tous ceux qui ont étudié de près le mobilier français; mais leur nombre est bien restreint, et les histoires générales de l'art s'en tiennent trop aux grandes lignes pour qu'on y signale un fait qui a cependant son importance.

---

d'agraffes et de baguettes formans des panneaux et pilastres en bronze doré d'or moulu ; sur le haut de chaque battant, est représenté aussi en bronze un groupe de deux enfans, avec les attributs qui indiquent chaque sujet, qui sont l'astronomie, la musique, l'architecture, la peinture et la sculpture : l'exécution de toutes ces pièces est aussi bien qu'on puisse le désirer : ces deux armoires ont chacune 6 pieds 2 pouces de haut, sur 5 pieds de large et 18 pouces de profondeur. 'Ces armoires font actuellement partie de la collection de M. le comte de Castellane]. — 149. Une commode d'un contour agréable, de bois de violette, garnie de quatre tiroirs et ornée de bronzes dorés en or moulu. Elle a 2 pieds 11 pouces de haut, 5 pieds de large, et 2 pieds et demi de profondeur dans la plus grande largeur ; son dessus est de marbre brèche d'Alep, de 2 pouces d'épaisseur. Cette commode est un ouvrage (quant aux bronzes) d'une richesse extraordinaire ; ils sont très bien réparés et la distribution bien entendue ; on voit entr'autres pièces le buste d'une femme en relief, représentant une Espagnolette qui se trouve placée sur une partie dormante entre les quatre tiroirs ; deux dragons, dont les queues relevées en bosse, servent de mains aux deux tiroirs d'en-haut ; les tiges des deux grandes feuilles de refend, d'une belle forme, sont aussi relevées en bosse et servent de mains aux deux tiroirs d'en-bas : on peut dire que cette commode est une véritable pièce curieuse. [Cette commode fait partie de la Collection Wallace, à Londres]. — 150. Un bureau de bois satiné à trois tiroirs, de 6 pieds 2 pouces de long, sur 2 pieds 10 pouces de large, et un caisson en serre-papier, garnis en bronze doré. — 151. Une pendule à secondes, très estimée des connoisseurs, faite par Ferdinand Berthond ; elle marque les équations par elle-même, seconde minute d'équation, le tout concentré ; sa boëte qui a 6 pieds et demi de haut, est garnie de bronzes dorés d'or moulu, de la composition du sieur Cressent ; au dessus de la boëte qui renferme le mouvement est représentée une figure ailée représentant le temps, tenant sa faulx ; cette figure est de ronde de bosse, d'un beau modèle et parfaitement réparée ; deux têtes en relief qui représentent des vents, sont au-dessous du cadran : cette pendule peut être placée dans les plus beaux cabinets. — 152. Une autre très belle et bonne pendule à secondes et à cercle d'équation, faite par Charost, artiste célèbre dans l'horlogerie, et qui possède parfaitement la partie d'exécution. La boëte de cette pièce est de bois

satiné garnie de bronze doré d'or moulu, dans le même goût, et composée comme celle du numéro précédent. » (*Catalogue des effets curieux du cabinet de feu M. de Selle, tresorier général de la Marine, composé de tableaux de differens maîtres des trois écoles ; de figures et de bronzes d'un grand mérite ; d'ouvrages de Boule le père et du sieur Cressent ; de porcelaines anciennes des plus rares, lacqs anciens, bijoux, pierreries, pièces de méchanique et de physique, pendules à secondes, desseins, estampes sous verres et en feuilles, plantes de corail, coquilles, etc.*, par Pierre Remy, Paris, chez Didot l'aîné, 1761.)

1. A. de Champeaux, *ouvr. cité*, t. II, p. 127.

2. N° 145 du *Catalogue de la vente Armaillé.*

3. « État des ouvrages d'ebenisterie qui ont été faits chez le sieur Cressent et sous sa conduite et qui peuvent se placer dans les plus beaux appartements des personnes les plus curieuses. Premièrement n° 1. Deux grandes bibliothèque (*sic*) à trois portes, cintrées par le haut, suivant le contour de la corniche, et suivant l'art et le bon goût, enrichie de pilastres, ornées de bustes représentant les quatre parties du Monde et les quatre Saisons, chacune leur guaine avec leurs attributs, ce qui forme quatre pilastres à chaque bibliothèque. Les portes sont enrichies d'ornements convenables à leur composition, le tout de bronze, bien réparés et appliqués sur un bois satiné du plus beau ; leur grandeur est de six pieds neuf pouces de large, sur huit pieds de haut. Ils ne sont qu'en couleur d'or, attendu la trop grande dépense ; les personnes qui les auront pourront en toute sûreté les faire dorer d'or moulu, les bronzes étant parfaitement réparés. — N° 2. Un très beau bureau de même bois satiné que ci dessus avec son serre-papiers, dont la pendule est artistement composée, au corps du serre-papiers, on y a observé le même ordre qu'aux bibliothèques, et il est enrichi des plus beaux bronzes convenables au sujet. On les vendra ensemble ou séparément. Il porte 6 pieds deux pouces de long, sur 3 pieds de large, mises en couleur d'or. — N° 3. Une bibliothèque de bois satiné à deux portes cintrées par la corniche, enrichie d'ornemens de bronze en couleur d'or du meilleur goût. — N° 4. Une autre bibliothèque pareille à la précédente, dont les portes sont pleines et de même bois satiné, ornée de bronzes en couleur d'or, de quatre pieds de large, sur sept pieds neuf pouces de haut. — N° 5. Un bureau de bois amarante et de bois satiné, enrichi de bronze en couleur d'or, de cinq pieds huit

E. MOLINIER, *Arts industriels.* — III.

Ce style de Cressent, je crois pouvoir le reconnaître indiscutablement dans la décoration d'une commode qui a fait partie de la collection Hamilton et dont on trouvera plus loin la reproduction. A dire vrai, ici on oublie parfaitement le meuble pour ne plus songer qu'aux bronzes, et ces branchages sur lesquels sont appuyées des figures d'enfants et autour desquels volent des oiseaux font penser à ces

pouces de long, sur deux pieds huit pouces de large. — N° 6. Un bureau et un serre-papiers de bois d'amarante et de bois satiné, orné de bronzes les plus distingués, toutes les figures et animaux sont aussi en bronze, tant au bureau qu'au serre-papiers qui forme la pendule. Le sieur Cressent n'a rien épargné à cette pièce pour satisfaire le goût des plus parfaits connaisseurs. Il est composé de dix tiroirs, cependant il n'a que la forme de celui qui n'en a que trois ; il se tire par le bout une table à écrire pour un secrétaire, le tout bien doré d'or moulu. Il porte six pieds deux pouces de long, sur trois pieds six lignes de large. — N° 7. Deux commodes d'un contour extraordinaire à toutes celles qui se sont faites jusqu'à présent, avec deux portes par les côtés, enrichies d'ornemens en bronzes. Il y a sur le devant deux enfants qui balancent un singe, le tout parfaitement bien sizelé ; d'or moulu, le marbre de Verret du plus beau, elles portent quatre pieds six pouces, les deux tiroirs sont de hauteur. — N° 8. Deux commodes de bois de Kayenne, couleur de cerise, garnies de ses ornemens et fleurs de bronze, doré d'or moulu. Ces pièces sont du mieux du dit Cressent, le marbre de Verret. Elles portent quatre pieds six pouces. — N° 9. Deux commodes d'un autre goût que les précédentes, garnies de leurs ornemens de bronzes, dorées d'or moulu, de bois de Kayenne, le marbre de Verret, de quatre pieds six pouces, à deux tiroirs. — N° 10. Deux encoignures de bois satiné, ornées de deux arbres de chêne, sur lesquels il y a des oiseaux qui sont à la poursuite d'un hibou, le tout de bronze, doré d'or moulu, le marbre de Verret, portant deux pieds. — N° 11. Deux autres encoignures plus simples en ornemens de palmes et de fleurs dorées d'or moulu, leur marbre de Verret, de deux pieds. — N° 12. Deux commodes de bois satiné et d'amarante, leurs ornemens de bronze, dorées d'or moulu, le marbre de Verret, de quatre pieds six pouces, deux tiroirs de hauteur. — N° 13. Une commode de bois de violette, garnie de ses bronzes, dorées d'or moulu, deux portes sur les côtés, d'un contour extraordinaire, son marbre de brèche d'Alep. — N° 14. Deux encoignures de bois amarante, avec des compartimens de bois satiné, de bronze à palme et fleuve, dorées d'or moulu, le marbre de Verret, de deux pieds. — N° 15. Deux autres encoignures plus riches que les précédentes, de bois amarante et bois satiné, les bronzes représentent deux grands chênes des mieux fouillés, sur lesquels il y a un hybou et plusieurs oiseaux autour de lui qui lui font la guerre, de même que les précédentes. — N° 16. Deux commodes de bois amarante et bois satiné, les bronzes sont d'un ornement léger et de très bon goût, doré d'or moulu, le marbre de bresche d'Alept, de quatre pieds à deux tiroirs. — N° 17. Une commode de bois satiné, d'une forme quarrée, et par le bas, le contour se trouve en arbalêtre (sic), les deux tiroirs ont des beaux cadres de bronze, les deux pieds ont leur chute qui représente deux espagnolettes, ce qui fait une pièce des plus riches en bronze ; elle n'est qu'en couleur, le marbre est de Sicile, des plus magnifiques, il seroit difficile d'en trouver du plus beau, et on ose dire que l'agatte n'en peut effacer la beauté, elle porte quatre pieds, elle est plaquée. — N° 18. Une pareille commode que la précédente, de même bois, de même goût pour les bronzes et la grandeur, à l'exception que le marbre est de Serracolin plaqué. — N° 19. Une commode de bois satiné, les ornemens de bronze en sont lestement traités, mise en couleur, le marbre de brèche d'Alept, de quatre pieds, à deux tiroirs. — N° 20. Une commode de bois satiné, les ornemens de bronze sont très riches, il y a trois têtes de femmes des plus belles, avec des cadres, le tout mis en couleur d'or ; le marbre de Serracolin plaqué, de trois pieds six pouces, à deux tiroirs. — N° 21. Une commode de bois satiné en plein, la garniture de bronze et des plus riches, à cadre et figures en couleur d'or ; le marbre de Ranse, elle porte quatre pieds six pouces ou environ. — N° 22. Un secrétaire qui représente une commode, et qui cependant a toute la propriété que l'on peut souhaiter, il est facile de s'y tromper, ne pouvant s'imaginer que c'est un secrétaire, attendu la véritable figure d'une commode. Il est de bois amarante, les bronzes en sont magnifiques, dorés d'or moulu. Il porte trois pieds deux pouces. — N° 23. Une magnifique pendulle de marqueterie d'écaille, avec des ornemens et figures de bronze du dernier goût, très bien réparés, plus parfaite que toutes celles que l'on voit dans tous les autres magasins, l'on y a exercé tout l'art de la sculpture et de la sizelure, le tout doré d'or moulu ; le mouvement est à seconde, et sonne les quarts : elle porte cinq pieds neuf pouces de haut, et peut se pendre en l'air, à la hauteur ordinaire des autres. — N° 24. Une pendule dont les faces sont de bronze, posés sur un corps de marqueterie avec le pied conforme pour le recevoir la pendulle, doré d'or moulu. — N° 25. Une magnifique

pendule de bronze, dont la composition est du meilleur goût, il y a sur le haut un amour qui est assis sur des nuages, il appuye son coude sur une table. Au dessous du cadran, est la figure du Tems, tenant sa faulx, et posée sur le cahos du monde, les pieds sont formés de deux grands arbres le tout parfaitement sizelé, doré d'or moulu, de quatre pieds trois pouces de haut. — N° 26. Un petit cabinet d'ebeine, où il y a des tableaux de pierreries les plus précieuses, comme jaspe sanguine, Gad (sic), jaspe fleuri, agatte et autres, artistement incrustées dans toute l'architecture d'ebeine, une grande quantité de tiroirs, les bronzes en sont dorés, monté sur un pied de bois doré, de deux pieds huit pouces de haut, sur deux pieds deux pouces de large. -- N° 27. Une commode de bois violet à deux tiroirs, faite à la Régence, garnie de tous ses ornemens, à cadres sur les tiroirs, des chûtes avec de beaux masques, le tout très riche en bronze, mises en couleur d'or, le marbre de Sainte-Beaume, de quatre pieds deux pouces six lignes. — N° 28. Une commode pareille à la précédente, de bois satiné, avec les mêmes ornemens de bronze, le marbre de Serracolin : elle porte quatre pieds deux pouces six lignes. — N° 29. Deux encoignures de bois amarante, avec des bandes de bois satiné, les marbres sont de Flandres : ils ont deux pieds. — N° 30. Une commode, les ornemens sont de bronze en couleur d'or, le dessus de marbre de Vercampan (sic) de trois pieds six pouces de long. — N° 31. Une commode de bois satiné, les ornemens de bronze à cadre mis en couleur d'or, le marbre de Sainte-Beaume, très beau ; elle porte quatre pieds cinq pouces. — N° 32. Une commode de bois de Kayenne a trois tiroirs de hauteur, des termes aux chutes et portans et entrées en bronze, mis en couleur, le marbre de gruyote (sic), de quatre pieds un pouce. — N° 33. Une commode de bois violet à trois tiroirs de hauteur, dont celui d'en haut est partagé en trois, avec des chutes, ornée de grosses têtes d'Hercule, des cadres sur les tiroirs, ornée de tous les assessoirs de bronze en couleur d'or, le marbre de Flandres, elle porte quatre pieds cinq pouces de long. — N° 34. Une autre commode de bois violet à trois tiroirs de hauteur, dont celui d'en haut est partagé en trois, l'un desquels est à secret, avec de belles chutes, des espagnolettes et des cadres sur les tiroirs, avec tous les ornemens nécessaires de bronze en couleur d'or, le marbre de Flandres : elle porte quatre pieds cinq pouces de long. — N° 35. Une commode ronde de bois violet à quatre tiroirs de hauteur, celui d'en haut est partagé en deux, avec ses portans de bronze en couleur d'or, le marbre de Flandres : elle porte quatre pieds. — N° 36. Une commode de bois de palissandre à quatre tiroirs de hauteur, avec huit portans et entrée de bronze, en couleur, le marbre de Ranse, de quatre pieds six pouces de long. — N° 37. Deux encoignures communes de bois amarante, avec des bandes de bois satiné, le marbre de Flandres, elles portent deux pieds. — N° 38. Une magnifique commode de bois de Kayenne et bois satiné avec ses ornemens de bronze en palmes et fleurs, dorée d'or moulu, le marbre de Verret ; elle porte quatre pieds six pouces. — N° 39. Une commode de bois satiné, avec des cadres et ornemens de bronze en couleur d'or, le marbre de Sainte-Beaume, de quatre pieds quatre pouces ou environ. — N° 40. Une commode de bois de Kayenne, avec des bronzes légèrement traités et d'un très bon goût, mis en couleur d'or, le marbre de Flandres, à deux tiroirs ; elle porte quatre pieds cinq pouces. — N° 41. Une commode de bois de Kayenne, avec des chutes et ornemens fort riches, des bronzes en couleur d'or, le marbre de Flandres. — N° 42. Une table de porter des plus parfaites, elle porte quatre pieds sept pouces de long, sur deux pieds sept pouces de large. — N° 43. Une table à quadrille pliante, de bois satiné, et le dessus de velours. — N° 44. Une pendule de marqueterie d'écaille, avec son pied enrichi de beau bronze, mis en couleur d'or, de quatre pieds six pouces de haut. — N° 45. Une pendule de marqueterie, de même que la précédente. — N° 46. Une pendule de bois amarante pour mettre sur un serre-papiers, avec son mouvement. — N° 47. Une pendule à face de bronze, le corps de bois en marqueterie, sa composition représente le Tems volant avec sa faulx, prêt à trancher le fil de la vie à un enfant qui est dans un rocher, qui en apercevant le Tems, abandonne son carquois et son arc, l'effroi qui paraît sur le visage de cet enfant, fait un effet des plus singuliers. Les ornemens qui renferment le cartel sont d'un goût tout extraordinaire à toutes les autres pendules, faites par les gens les plus expérimentés en cet art, pourquoi l'on peut se flatter de l'approbation des connoisseurs : elle porte trois pieds du haut, et est dorée d'or moulu. — N° 48. Une pendule en cartel, dont la face est de bronze, dorée d'or moulu, sur un fond de marqueterie, au haut de laquelle est une tête d'Apollon couronnée de branches

encoignures sur lesquelles étaient représentés « des oiseaux qui font la guerre à un hibou », que décrit le premier catalogue de Cressent. Dans des œuvres de ce genre, l'ébéniste est éclipsé par le sculpteur ; mais il n'y a rien là de contraire aux traditions du mobilier français qui, aux bonnes époques, a toujours été un prétexte à sculptures inspirées par les plus belles œuvres de la plastique contemporaine.

Dans le cabinet de Blondel de Gagny figurait un bureau de Cressent surmonté d'un cartonnier accompagné d'une horloge de Le Roy[1]. Des bureaux de ce genre sont en effet décrits dans le catalogue de la première vente de Cressent : c'est à Cressent qu'il faut attribuer, sans aucun doute, un beau bureau qui est aujourd'hui au palais de Fontainebleau, bureau en bois d'amarante, décoré en ses angles de bustes d' « espagnolettes » ; c'est à Cressent aussi qu'il faut attribuer un admirable bureau déposé au Ministère de la Marine et dont les chutes offrent les figures des quatre parties du monde, figures dont l'artiste s'était aussi servi pour décorer des armoires. C'est dans ces bureaux, dans celui déposé au Ministère de la Guerre, par exemple, orné de bustes de femmes aux angles et de masques sur les côtés[2], qu'on reconnaît surtout le style de Watteau, comme on reconnaît le style de Gillot dans ces commodes de la première vente de Cressent, sur lesquelles sont figurés des enfants balançant un singe, qui appartiennent aujourd'hui à M. le baron Ferdinand de Rothschild, à Londres ; ou dans deux meubles d'appui qui font partie du mobilier du château de Bagatelle et qui appartinrent à Sir Richard Wallace. Sur ces meubles, on voit un singe et une guenon dansant sur une corde, et des singes faisant de la musique. Une foule de meubles très soignés, de l'époque de la Régence, peuvent se réclamer de l'influence de Cressent dont l'œuvre devrait être complètement décrite et publiée ; une armoire, qui a fait partie

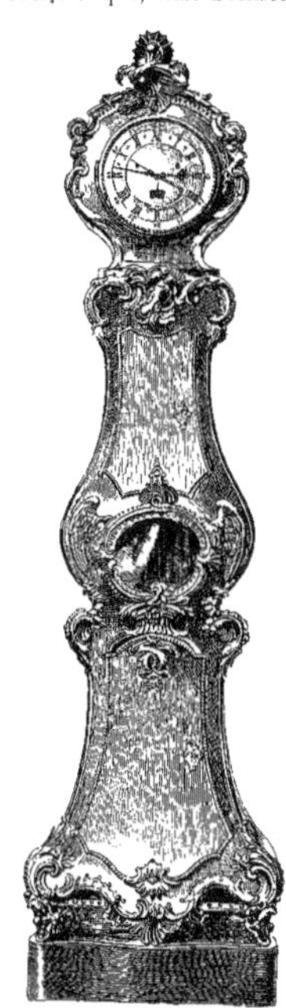

Régulateur par Cressent.
Mouvement par Charost
(Ancienne collection Armaillé)

L'Amour vainqueur du Temps.
Cartel en bronze par Cressent
(Chambre des Requêtes de la Cour
de cassation)

de laurier ; au bas du cadran, il y a un enfant qui tient un sable (sic) et montre l'heure du doigt. — N° 49. Une paire de bras à deux branches, de bronze, mis en couleur d'or. (*Catalogue des différens effets curieux du sieur Cressent ebeniste des palais de feu S. A. R. Monseigneur le duc d'Orléans. Cette vente, dans laquelle il ne sera rien retiré, se fera au plus offrant et dernier enchérisseur, le 15 janvier 1749 et jours suivans sans interruption, pour satisfaire les amateurs, les dits effets seront exposés depuis le premier janvier, jusqu'au quinze, jour de l'ouverture de ladite vente, chez ledit sieur Cressent, Rue Notre-Dame des Victoires, au coin de la rue Joquelet. Se distribue à Paris chez Claude Jean-Baptiste Bauche fils, libraire, quay des Augustins, près le pont Saint-Michel, à l'image Sainte Geneviève. MDCCXLVIII, in-8°.*) »

1. « Un bureau de bois violet avec son serre-papiers, fait par Cressent, dans lequel est une pendule à deux aiguilles de Julien Le Roy, ornée de figures et ornemens de cuivre doré, sur lequel est une écritoire de cuivre doré, portant deux bobêches et deux pierres à papier aussi de cuivre. » Cité par Courajod, *Journal de Lazare Duvaux*, t. I, p. ccliv. — Le même cabinet renfermait une horloge de Cressent : « Sur le panneau à côté de la cheminée, au dessus d'une pendule à cartel faite par Cressent. » (*Ibid.*, p. ccxxxix.)

2. A. de Champeaux, *Portefeuille des Arts décoratifs*, pl. 741 et 750. Ce bureau est accompagné d'un cartonnier.

d'une collection dispersée en 1894, et que nous publions ici, donnera un bon exemple de ces objets qui, sans pouvoir être attribués au maître, peuvent se réclamer de son style [1].

On s'étonnera peut-être de la large place que je fais à Charles Cressent dans l'histoire du mobilier français. J'imagine cependant que cette place n'est pas exagérée quand on considère la beauté de ses œuvres, leur nombre et l'enseignement qu'on peut tirer de leur examen. Descendant direct de Boulle par l'importance qu'il donne aux bronzes appliqués à la décoration du meuble, par son goût pour la marqueterie d'écaille, s'il n'est pas le premier qui ait employé couramment, comme on l'a dit, les marqueteries de bois d'amarante, de violette ou de rose — ce genre de travail était déjà très usité

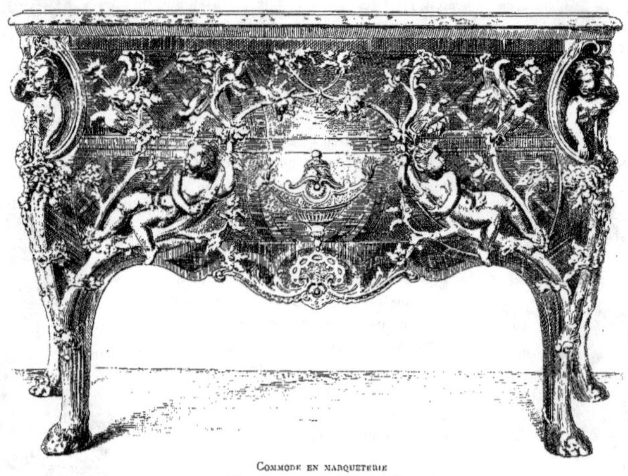

COMMODE EN MARQUETERIE
montée en bronze doré, attribuée à Cressent
(Ancienne collection Hamilton)

sous Louis XIV — il a cependant puissamment contribué à l'évolution du style du mobilier français. Appliquant dans ses meubles les principes de l'architecture transformée, puisant dans les maîtres contemporains de nouveaux modèles de décorations, cherchant des formes plus légères et plus variées appropriées à ces motifs, il a été un des véritables créateurs du mobilier français du xviiie siècle : jusqu'au retour offensif du style classique, tous les meubles du xviiie siècle peuvent, par certaines lignes, certains partis pris de construction, se réclamer de Charles Cressent.

1. Je mentionnerai encore, d'après M. de Champeaux (*ouvr. cité*, p. 132 et suiv.), un certain nombre de meubles authentiques de Cressent : chez M. le baron Ferdinand de Rothschild, à Londres, une commode dont les vantaux et les côtés sont ornés des chiffres du roi entrelacés ; un bureau soutenu par quatre figures de femme ; un cartel représentant « un nuage sur lequel est assis un enfant qui paraît effrayé en voyant deux dragons qui sont placés sur le pied et une tête de lion sortant du milieu d'une fente de rocher » ; un régulateur dont le cadran supporte une figure de femme ; au-dessous sont placées deux têtes représentant les Vents, et enfin, au centre est figurée l'Abondance ; — Dans le palais du roi de Bavière, à Munich, une horloge figurant le temps et l'amour, absolument conforme à la description contenue dans le premier catalogue de Cressent et que l'horloge de la Cour de cassation, à Paris, reproduit en partie ; — Chez M. le baron Gustave de Rothschild, à Paris, l'horloge décrite également dans le premier catalogue de Cressent, figurant le temps menaçant l'amour de sa faux. On peut voir, par cette rapide énumération, qu'un très grand nombre de meubles du maître se sont conservés. Nul doute que de nouvelles recherches ne fassent découvrir de nouveaux meubles de Cressent. Il serait dès lors intéressant de republier ses catalogues en les accompagnant de figures. Rien ne serait plus instructif pour compléter l'histoire du mobilier français du xviiie siècle.

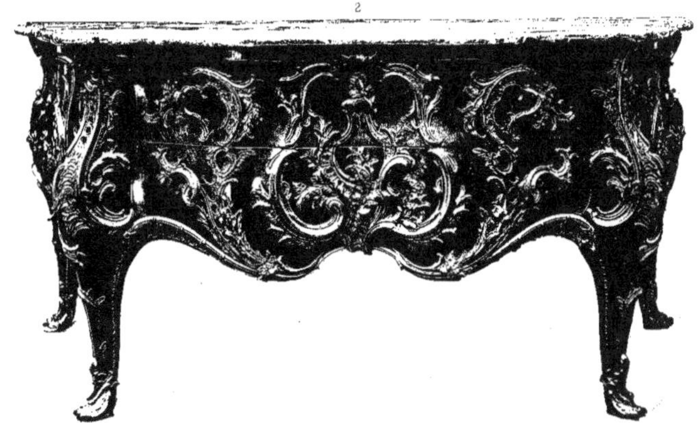

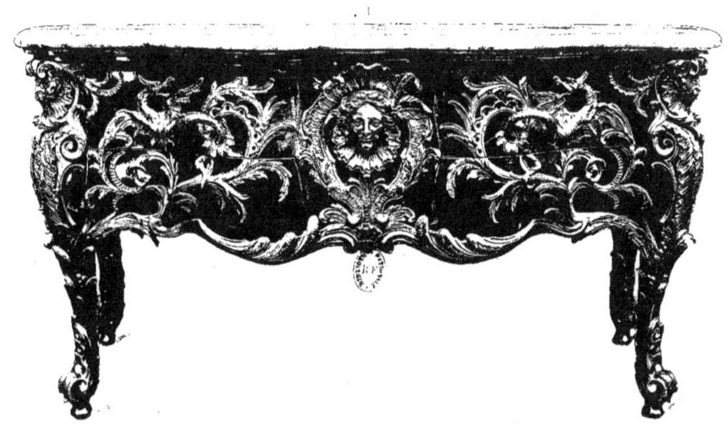

1 _ COMMODE PAR CHARLES CRESSENT
2 _ COMMODE PAR JACQUES CAFFIÉRI

A propos de Cressent, il est nécessaire de parler ici d'une marque qu'on observe souvent sur des bronzes appliqués sur des meubles. La marque du C ou du double C accompagnée d'une couronne ou d'une fleur de lis, frappée souvent comme un véritable poinçon d'orfèvre sur une partie des ornements de bronze d'un meuble ou même sur des figurines, des lustres ou des bras de lumière en bronze, a été considérée par certains auteurs comme la marque distinctive des travaux sortis de l'atelier de Cressent, par d'autres comme une véritable signature de Philippe Caffieri. La première de ces

opinions a été émise par Pichon [1]; Williamson a adopté très franchement la seconde [2]. M. de Champeaux a rappelé qu'on attribuait parfois aussi ce monogramme au fondeur Colson, qui, d'après les *Tablettes royales de Renommée* de 1772, vendait des feux d'appartement et tout ce qui concernait l'orfèvrerie [3]; mais en ce qui concerne l'attribution définitive de cette marque à un fondeur particulier, il a fait, avec toute raison, les plus entières réserves; il serait disposé à y reconnaître les traces d'une sorte de contrôle. Quant à M. Guiffrey, il s'est prononcé catégoriquement, et avec juste raison, contre l'identification de ce poinçon avec la signature de Philippe Caffieri [4]. En réalité, pour admettre l'opinion émise jadis par Pichon et plus récemment par Williamson, il faut ne pas avoir observé : 1° que ces poinçons se trouvent sur des monuments de style et d'époque très différents, sortis d'ateliers divers; 2° que si on relève ces poinçons sur des meubles et des bronzes assez soignés, on les rencontre bien plus fréquemment sur des bronzes d'une facture si lâchée qu'il ne faut jamais avoir regardé ni un meuble authentique de Cressent ni un meuble signé de Caffieri pour soutenir que de pareilles œuvres ont pu être fabriquées chez l'un ou l'autre de ces maîtres.

Il résulte d'une foule de textes relatifs à la communauté des maîtres fondeurs de Paris que

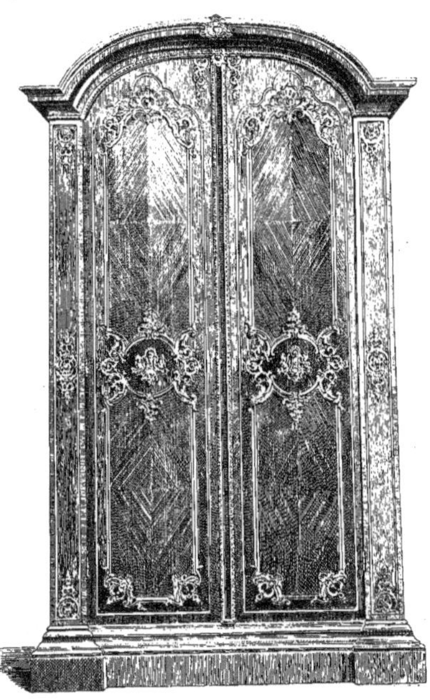

ARMOIRE EN MARQUETERIE DE BOIS DE ROSE
décorée de bronzes dorés. Style de Cressent
(Vente Edgard de P., 1894, n° 53)

le bronze pouvait, dans certains cas, recevoir un poinçon analogue, quant à la forme, aux poinçons de contrôle appliqués sur les pièces d'orfèvrerie [5]. L'article 18 des statuts de la communauté promulgués en 1573, confirmés en 1581, 1587 et 1604, dit formellement que « seront tenus les dits jurés avoir une marque pour marquer la marchandise qui sera vue et vérifiée par eux [6]. » Remarquons d'abord que, d'après cette disposition législative, la marque n'était pas obligatoire; elle n'était apposée que d'une

<hr>

1. *Journal de Lazare Duvaux*, t. I, p. ccxxvi.
2. *Les Meubles du Garde-Meubles National*, notice de la planche XIII.
3. A. de Champeaux, *Dictionnaire des Fondeurs*, p. 313.
4. *Les Caffieri*, p. 142.

5. *Recueil des statuts, ordonnances et privilèges de la communauté des maîtres fondeurs-mouleurs en terre et sable...*, Paris, Valade, 1774, in-8°. — Ce recueil m'a été obligeamment communiqué par M. de Champeaux.
6. *Ibid.*, p. 12.

façon toute facultative lors des visites des jurés chez les maîtres de la communauté. De plus, à l'époque où ce règlement fut promulgué, au XVIe siècle, un tel contrôle ne pouvait avoir en réalité l'utilité incontestable, étant donnée l'organisation des communautés, qu'il eut plus tard. Ce n'est en somme qu'au XVIIe siècle que l'usage est devenu pour ainsi dire général d'appliquer des bronzes d'une

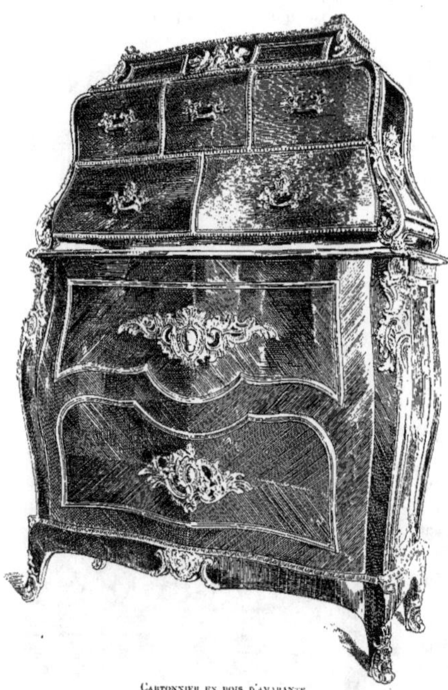

certaine importance sur des œuvres d'ébénisterie. Or, on peut dire que la plupart des meubles de luxe que nous possédons aujourd'hui, et dont la fabrication remonte au XVIIe siècle, ont vu le jour dans les ateliers du Louvre ou des Gobelins, ateliers qui, en fait, étaient soustraits à la tutelle des communautés. Au XVIIIe siècle il en fut tout autrement, et la plupart des artistes qui travaillaient pour le roi sont rentrés dans le droit commun : il est donc tout naturel à ce moment de voir la communauté des maîtres fondeurs faire revivre une disposition qui avait pour résultat d'empêcher, dans un grand nombre de cas, les menuisiers et les ébénistes de faire fondre des bronzes par des ouvriers non affiliés à la communauté. Une sentence du 26 mai 1751 enjoint à tous les maîtres fondeurs d'avoir une marque pour marquer leurs ouvrages [1]. Cette sentence de 1751 était en quelque sorte la conséquence logique d'un arrêt du Parlement de 1749, qui défendait aux menuisiers et ébénistes de faire fondre des bronzes par des fondeurs non agrégés à la communauté, et même d'avoir chez eux des ouvrages de fonte non terminés ; l'arrêt du Parlement demandait même, entre autres détails, que les ébénistes

Cartonnier en bois d'amarante
déposé au Ministère des Affaires Étrangères.
Style de Cressent.

et les fondeurs eussent chacun une marque particulière [2]. Dans la même intention de sauvegarder

---

1. 26 mai 1751. — Sentence de la Chambre Civile qui enjoint à tous les maîtres d'avoir une marque pour marquer leurs ouvrages : « ..... enjoignons à tous les maîtres dudit métier de prendre chacun une marque pour marquer tous les ouvrages qu'ils feront et achèveront ; savoir les gros ouvrages sur chacune pièce, et les menus sur les enveloppes des papiers dans lesquels ils seront mis, laquelle marque ils mettront ès mains desdits jurés dans quinzaine, pour ce fait, être mises sur deux tables de cuivre, dont l'une sera au greffe dudit procureur du roi, et l'autre dans le coffre de la communauté desdits maîtres fondeurs pour y avoir recours. » (*Ibid.*, p. 73.)

2. 20 janvier 1749. — Arrêt de la Cour de Parlement qui juge les oppositions formées par les merciers, horlogers, fondeurs et miroitiers à l'enregistrement des lettres patentes obtenues sur les nouveaux statuts de la communauté des maîtres menuisiers ébénistes : « Donne acte aux jurés de la communauté des maîtres fondeurs de Paris des déclarations des dits menuisiers portées par leurs requêtes des 8 février 1747 et 19 janvier 1748, qu'ils n'entendent point induire des articles 73, 83, 85 de leurs nouveaux statuts, avoir le droit de fondre, façonner, ouvrer, ciseler les ornements en métaux convenables aux ouvrages en menuiserie et ébénisterie ; mais seulement avoir le droit d'employer les dits ornemens sur leurs ouvrages après les avoir achetés des maîtres fondeurs tout faits et perfectionnés ; en conséquence ayant égard aux opposition et demande des dits maîtres fondeurs ordonne que ledit article 73 des nouveaux statuts des menuisiers sera réformé et

les intérêts de la communauté avait été décidée, en 1745, la création d'emplois d'inspecteurs-contrôleurs des maîtres fondeurs, emplois qui furent supprimés en 1755, parce que les maîtres refusaient d'acquitter les droits que ces inspecteurs percevaient [1]. Plus tard encore, en 1766, dans les mêmes intentions, on voit la communauté faire approuver par le Parlement une sorte de règlement sur la propriété artistique, permettant aux maîtres de faire le dépôt des dessins de leurs modèles, afin d'établir leurs droits et d'empêcher de vendre à vil prix des surmoulés [2]. Il y a là toute une série de dispositions législatives que ceux qui ont voulu reconnaître dans la marque C la signature de Cressent ou de Caffieri ont eu tort de négliger, et qui éclairent parfaitement une question demeurée obscure : d'ailleurs Cressent, maître ébéniste, n'aurait pas eu le droit de signer des bronzes : les deux sentences de 1723 et de 1743, que j'ai rappelées plus haut, montrent parfaitement que par deux fois Cressent chercha à violer les règlements de la communauté des fondeurs et fut bel et bien condamné [3]. D'autres sentences de 1746, 1756, 1766, rendues contre des fondeurs ou d'autres ébénistes, contre Philippe Thomire, Marchant, Goyer, montrent qu'on ne plaisantait pas en cette matière [4]. Des textes et des observations précédentes, il est, je crois, légitime de conclure que la marque C, qu'on rencontre sur un assez grand nombre de bronzes du xviiie siècle, ne saurait être considérée comme la signature de tel ou tel ébéniste ou fondeur en particulier; que cette marque constitue un véritable contrôle du bronze, qui n'a pas sans doute été toujours appliqué, mais que les jurés de la communauté des maîtres fondeurs pouvaient toujours employer quand ils le jugeaient nécessaire pour sauvegarder leurs intérêts. Ainsi s'explique qu'on rencontre beaucoup plus souvent ce poinçon sur des bronzes de qualité inférieure, qui pouvaient être fabriqués d'après des modèles courants, par des ouvriers qu'on aurait pu soupçonner de ne point faire partie de la corporation, que sur des bronzes soignés qui, dans la plupart des cas, sortaient des mains d'artistes connus, ayant fait leurs preuves et n'ayant nul intérêt à enfreindre une loi, draconienne, je l'avoue, mais appliquée avec rigueur.

III. LE GOUT CHINOIS. — LES MARTIN

Dans son étude sur les meubles du xviiie siècle, Mantz a qualifié les Martin d'entrepreneurs de peinture; il y a, je crois, quelque injustice à employer ce terme, au moins dans l'acception qu'on lui accorde aujourd'hui, pour désigner toute une série d'artistes qui, assurément, ne furent pas les premiers à imiter les laques de l'Extrême-Orient, qui, à leur tour, eurent de nombreux imitateurs,

---

contiendra la faculté aux dits menuisiers d'entreprendre la sculpture de leurs ouvrages, y faire en bois seulement toutes sortes d'ornements, feuillages, statues grandes ou petites, les orner et enrichir de tout ce que leur art et l'expérience pourra journellement leur faire découvrir, et à l'égard des ornemens en cuivre, laiton et airain qu'ils jugeront convenables et nécessaires pour l'embellissement, solidité ou utilité de leurs ouvrages de menuiserie et ébénisterie, ordonne qu'ils seront tenus de les prendre faits et parfaits chez les dits maîtres fondeurs en se conformant à cet égard aux dispositions de la sentence de police du 5 novembre 1723, qui sont, qu'il ne leur est permis de faire porter chez eux des ouvrages de fonte non perfectionnés, que pour en faire seulement la présentation sur l'ébénisterie par le maître fondeur qui les aura faits, ou en sa présence, et par lui en corriger les défauts et les mettre en état de perfection, pour que le premier menuisier-ébéniste en puisse faire ensuite la parfaite application sur son ouvrage; le tout à la charge et condition que les ouvrages propres à chacune des dites deux communautés seront marqués de la marque des maîtres qui les auront faits... » (*Ibid.*, pp. 233-235.)

1. 18 février 1755. — Arrêt du Conseil d'État du roi qui supprime les droits d'inspecteurs contrôleurs sur les maîtres fondeurs imposés lors de la création desdits offices d'inspecteurs contrôleurs, faite par édit de février 1745. (*Ibid.*, p. 50.)

2. 1766, 30 juillet. — Arrêt de la Cour de Parlement, portant homologation d'une délibération de la communauté des maîtres fondeurs pour la sûreté des modèles. (*Ibid.*, p. 63 et suiv.)

3. Voyez plus haut, page 103.

4. 16 janvier 1746. — Sentence de police qui déclare la saisie faite à la requête des jurés fondeurs, sur Philippe Thomire, ouvrier fondeur, sans qualité, bonne et valable, et pour sa contravention le condamne aux dépens. (*Recueil des statuts etc. des maîtres fondeurs*, p. 34.) Thomire devra se faire recevoir par la communauté s'il veut continuer le métier. — 3 septembre 1756. Sentence de police, en faveur de la communauté des maîtres fondeurs de la ville et faux bourgs de Paris, contre le sieur Marchand, maître menuisier-ébéniste, et contre le sieur Bonniere, maître fondeur, réclamant la dite saisie. (*Ibid.*, p. 238.) — 14 mars 1766. Sentence du châtelet du Paris, rendue au profit de la communauté des maîtres-fondeurs, qui déclare bonne et valable la saisie faite sur le nommé Goyer, maître ébéniste, demeurant rue du Fauxbourg Saint-Antoine; lui fait défenses de cumuler deux sortes de professions et le condamne aux dépens. (*Ibid.*, p. 240.)

et généralisèrent dans le mobilier français du XVIIIe siècle des usages qui remontaient au siècle précédent. Je ne comprends pas, étant donné le nombre des spécimens de cet art, très délicat au demeurant, qui subsiste encore aujourd'hui, le peu de place qu'on leur a accordé jusqu'ici dans l'histoire de l'art décoratif[1]. M. de Champeaux seul a recueilli, au sujet des Martin, une série de renseignements fort curieux, auxquels je ferai maint emprunt.

Le goût des laques de l'Extrême-Orient n'était pas une chose nouvelle au XVIIe siècle, bien qu'elles ne figurent guère dans les textes que sous le nom de vernis. Je n'ai pas ici à faire l'histoire de cette industrie orientale au sujet de laquelle les livres spéciaux traitant soit de l'art chinois, soit de l'art japonais donnent maint détail[2]. Mais il faut remarquer que ce sont surtout les laques de Chine qui ont été connues en Europe au XVIIe et au commencement du XVIIIe siècle : laque à fond noir ou à fond rouge, laques ciselées, et le plus souvent les laques connues sous le nom de « laques de Coromandel », qu'on retrouve surtout employées dans la confection d'armoires ou de paravents. Tout le monde connaît ces laques, très communes aujourd'hui, d'aspect voyant, à teintes plates, le plus souvent à fond noir, et dans lesquelles les ornements sont exprimés en creux sur le fond, alors que tout le dessin intérieur de ces mêmes ornements est traduit par des traits en relief[3].

Dans l'*Inventaire du mobilier de la Couronne*, sous Louis XIV, les meubles de laque sont déjà nombreux, et c'est évidemment à ce règne qu'il faut faire remonter les premières tentatives faites dans notre pays pour imiter des produits qui, forcément, devaient être, de par leur origine, fort

---

1. Dans l'*Inv. du mobilier de la Couronne sous Louis XIV*, publié par M. J.-J. Guiffrey, on relève déjà une multitude de mentions de meubles chinois ou de genre chinois. L'inventaire dressé par Fontanieu, sous Louis XV, contient un chapitre spécial intitulé : *Divers ouvrages de la Chine*, dont on me permettra d'extraire quelques articles. Ces extraits, qui pourraient être, ai-je besoin de le dire? beaucoup plus considérables, joints aux textes tirés du *Livre-Journal de Lazare Duvaux* qu'on trouvera plus loin, suffiront, je l'espère, au lecteur pour comprendre le rôle considérable que la décoration chinoise joue dans tout l'art décoratif du XVIIIe siècle. Dans ces extraits, l'article n° 91 : un grand paravent « façon de la Chine, fait aux Gobelins » avant 1720, mérite de fixer particulièrement l'attention. « N° 1. Deux paravens de chacun huit feuilles de gaze de la Chine sur six pieds de haut représentant des personnages, animaux et païsages. La gaze dans des bordures de lac rouge et or, représentant des animaux et païsages. Il y a par bas, un petit soubassement de bois peint vert et or. (*Inv. du mobilier de la Couronne*, dressé par Fontanieu, Archives Nationales, O 1 3336, f° 342 r°.) — N° 4. Un paravent de six feuilles de bois de la Chine brun veiné, sur cinq pieds huit pouces de haut, orné de païsages, fleurs, oiseaux et animaux de bois de lac doré, dans des cadres de papier doré. La bordure d'un petit brocart des Indes fond gros bleu à fleurs vertes rouge et or. Le paravent doublé de papier bleu et doré en mosaïque. (*Ibid.*, f° 342 v°.) — N° 19. Douze feuilles de paravents, sur sept pieds un pouce de haut, chaque feuille séparée en cinq panneaux dont deux grands et trois, de bois de sapin point en rouge avec soubassement par bas, de même bois à jour, peint de vert. Les panneaux, dont vingt quatre grands et trente six petits, sont de gaze de la Chine, pointe, recouverte des deux côtés de jais de différentes couleurs à compartimens. (*Ibid.*, f° 344 r°.) — N° 25. Un ratelier à porter des armes, de lac noir à mosaïques et fleurs d'or et de nacre de perle, avec quatorze portans couverts d'argent cizelé. Le ratelier haut de deux pieds huit pouces, sur vingt trois pouces de large. (*Ibid.*, f° 345 r°.) — N° 26. Un coffre de lac rouge en dehors et noir en dedans, représentant en dehors, des arbres et oyseaux dorés, ferré de cuivre à la chinoise long de deux pieds deux pouces, sur seize pouces de large. — N° 27. Un coffre de lac noir représentant des arbrisseaux, oiseaux et animaux dorés, ferré d'argent à la chinoise, avec des portans de cuivre ; long de deux pieds sept pouces, sur 16 pouces de large. — N° 82. Une chaise d'affaires, fond de vernis noir et aventurine du Japon, à païsages et oiseaux de relief dorés et de couleurs, dans des bordures en mosaïques de nacre de perle, ferrée de cuivre à la chinoise, le dedans du couvercle et la lunette de lac rouge, le bourrelet de velours vert, lad. chaise haute de dix neuf pouces sur quinze de large et neuf de profondeur. (*Ibid.*, f° 349 r°.) — N° 94. Un grand paravent de six feuilles sur huit pieds et demy de haut, façon de la Chine fond noir, fait aux Gobelins, chaque feuille à trois compartimens quarrés longs, celui du milieu représente des cabannes, arbres et figures chinoises ; les deux autres représentent des fleurs, feuilles et animaux du païs. Les compartimens sont enformés

de bordures couleur d'avanturine et le paravent doublé de damas cramoisy à cartouches. » (*Ibid.*, f° 350 v°; ce numéro est antérieur au 21 janvier 1720, date du procès-verbal d'inventaire inscrit après le n° 106.) Il est probable qu'il faut reconnaître dans ce paravent une œuvre du Liégeois Dagly, qui obtint, en 1713, des lettres patentes pour la fabrication des vernis, et qui eut pour successeur aux Gobelins, comme fabricant de vernis imités de la Chine, Neumaison (✝ 1752), que le duc de Luynes appelle dans ses *Mémoires* « directeur des ouvrages de Chine en peinture et dorure pour le roi » (t. XII, p. 9). D'après M. Havard, qui cite ce passage des *Mémoires* de Luynes (*Dictionnaire de l'ameublement*, t. IV, c. 1546), Neumaison eut pour successeurs Pierre Leroyer (1752), Antoine Igou (1753), Gosse (1759). La veuve Gosse et son gendre François Samousseau dirigèrent à leur tour une manufacture royale de vernis façon de Chine sur bois, cuir, carton, pierre et métaux. (Cfr. J. Jacquemard, *Gazette des Beaux-Arts*, 1861.) — En 1769, J. Goyer prend le titre de peintre vernisseur de l'Opéra, et le garde-meubles national possède de lui une pendule laquée à fond vert d'une facture assez médiocre.

2. Voyez notamment L. Gonse, *L'Art japonais*; — Paléologue, *L'Art chinois*.

3. On trouvera dans le *Dictionnaire de l'ameublement* de M. Havard, au mot *Chine*, un très grand nombre d'indications sur le goût des objets de la Chine, laques ou soieries, au XVIIe et au XVIIIe siècle. Il me suffira donc de renvoyer à cet ouvrage, où on fait bien la part de l'influence de la Chine sur le style rocaille, et de citer ici quelques textes attestant l'ancienneté de cette mode. 1523. « Deux escuelles, l'une moïenne, toutes deux d'un beau bois verniz, les bords dorez à manches, le fondz painct d'or et de verd, venues des Indes. » (*Inv. de Marguerite d'Autriche*). — 1529. — « A Pierre Lemoyne, marchant demourant à Portugal, la somme de 287 livres tournois pour payement d'un chaliet, marqueté à feuillages de nacle de perle, faict au pays d'Andye, ensemble d'une chaire, faicte à la mode dudit pays d'Indye, vernissée de noir et enrichie de feuillaiges et figures d'or, lesquels chaliet et chaire ledict seigneur [le roi] a prins et achaptez de lui et iceulx faict mettre en son cabinet du chateau du Louvre à Paris. » (*Comptes royaux*.) (Laborde, *Glossaire archéologique*, au mot *ouvrage d'Yndie*.) — 1582. « Laccam vero in pulvere redigere solent ejus regionis incolæ (Asiatici) deinde colliquare admiscereque quem cupiunt colorem, rubrum, viridem, nigrum, luteumve, postea vel in bacillas tenues conformant quales sunt qui in Hispanias adferuntur ad obsignandas literas, vel in majores et crassiores ad usus mechanicos. Nam qui torno lecticas, sedes vel alia quævis ex ligno conficiunt, si colore infficiori cupiunt solent ea in torno versare, crassioresque bacillos laccæ admovere, quæ celeri illo motu liquescente, ligna elegantem laccæ colorem recipiunt multis annis durabilem. Aurifabri autem et argentifabri vasa sua vacua (ut firmiora elegantioraque reddant) laccæ pulvere implere solent, eaque deinde igni admovere ut lacca liquescat, postremo refrigerari sponte sinunt vel aquæ immergunt. » (Christophorus Acosta, *Aromatum... liber*, p. 236.)

coûteux. On attribue même au savant Huygens des recherches sur les vernis et leur application. De plus, la carrosserie, complètement modifiée, les chaises à porteurs, d'un usage constant, et qui, par leur décoration plus ou moins somptueuse, servaient en quelque sorte à annoncer le rang de leur propriétaire, devaient certainement développer l'art de la peinture décorative dans un sens qui était tout naturellement indiqué par les beaux produits importés de l'Orient. M. de Champeaux[1] a rappelé avec raison que de célèbres graveurs, les Audran, avaient obtenu un privilège pour. la dorure de certains ouvrages de menuiserie. Néanmoins, une des premières mentions certaines que cet auteur très bien informé a pu citer est le document fourni par le *Livre commode* de Pradel, publié en 1692.

On y indique la manufacture de Le Roy, à l'entrée du faubourg Saint-Antoine, manufacture de meubles peints en vernis de la Chine. Le même ouvrage mentionne Langlois père, habitant Grande Rue Saint-Antoine, près de la rue de Charonne, comme faisant des cabinets et des paravents façon de la Chine ; Langlois fils, qui habitait rue de la Tixeranderie, pratiquait le même art.

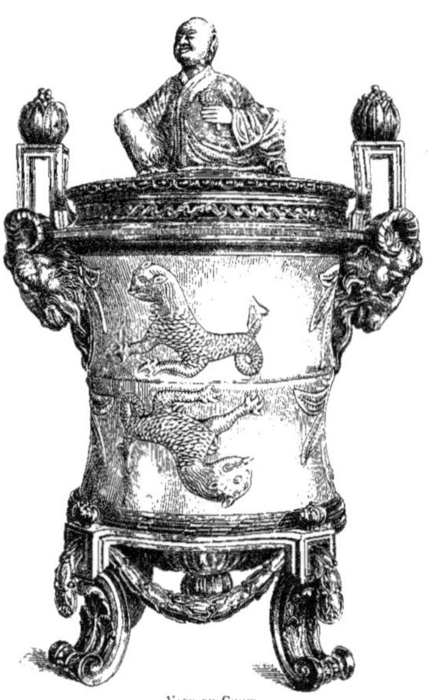

Vase de Chine
en porcelaine bleu turquoise, monté en bronze doré.
Fin du règne de Louis XV. Style de Delafosse (Musée du Louvre)

Flambeau de style chinois.
Bronze doré.
Seconde moitié du xviiie siècle
(Collection de M. le comte de Castellane)

Les *Comptes des Bâtiments du roi* mentionnent Louis le Hongre et Martin Dufaux[2] comme ayant exécuté des peintures et des cabinets (?) vernis pour Versailles. Mais, en somme, si le goût des objets chinois ou imités des objets chinois, des objets *Lachine*, comme on disait, était déjà très répandu sous Louis XIV, si dès son vivant, comme on l'a vu plus haut[3], on faisait déjà des meubles en laque aux Gobelins, c'est surtout dans le courant du xviiie siècle que ce goût prit son plus grand développement : pour s'en assurer il suffit de lire les comptes et les inventaires : on y rencontre les objets orientaux ou leurs imitations à chaque pas ; il est donc inexact de dire, comme on l'a prétendu, que ce goût

1. *Le Meuble*, tome II, p. 183.
2. J.-J. Guiffrey, *Comptes des Bâtiments du roi*, t. I, c. 22. « 17 mars 1665. A Louis Le Hongre, à compte des ouvrages de peintures de verny qu'il a faict sur deux cabinets, 100 liv. — 22 février-4 juin 1671 : à Louis Le Hongre peintre, à compte des ouvrages de peinture qu'il fait audit chasteau [de Versailles], 4300 l.; — 9 août : à luy à compte de la peinture en fayence des croisées et grilles de fer de Trianon, 700 liv. ;— 31 octobre-14 décembre : à luy à compte de la peinture du cabinet des parfums, 1200 liv. » (*Ibid.*, c. 539.) — A dire vrai, ces textes, auxquels on ou pourrait ajouter d'autres très nombreux concernant le même Louis Le Hongre dont le nom revient souvent dans les *Comptes*, ne me paraissent pas aussi significatifs qu'à M. de Champeaux : je soupçonne que ce n'était guère qu'un peintre en bâtiment ; du moins il est souvent chargé de travaux de peinture à l'extérieur des constructions, de peintures de grilles, etc., travaux peu artistiques. Quant à Martin Dufaux, il était doreur. Cfr. *Comptes des Bâtiments du roi*, t. I., c. 15, 21, 27, 71, 78, 193.
3. Voyez plus haut, p. 112, note 1.

E. Molinier, *Arts industriels*. — III.

avait survécu à Louis XIV, car c'est surtout après lui qu'il a été le plus accentué. Dans ce très précieux *Livre-Journal* du marchand Lazare Duvaux, que j'ai déjà cité, les produits chinois, laqués ou porcelaines, ou pseudo-chinois se rencontrent à toutes les pages; et le goût des porcelaines, définitivement entré dans les mœurs par le développement pris par la fabrication européenne, ne dut pas peu influer sur la propagation d'un style que sa nouveauté même recommandait aux curieux.

La constatation que les procédés qui furent employés par Robert Martin et ses successeurs, au XVIIIᵉ siècle, étaient déjà connus au siècle précédent condamne donc comme inexacte l'expression de *Vernis Martin*, qui est universellement adoptée pour désigner l'ensemble des peintures au vernis. Cette expression, une fois ces réserves faites sur son absolue légitimité, peut cependant être conservée

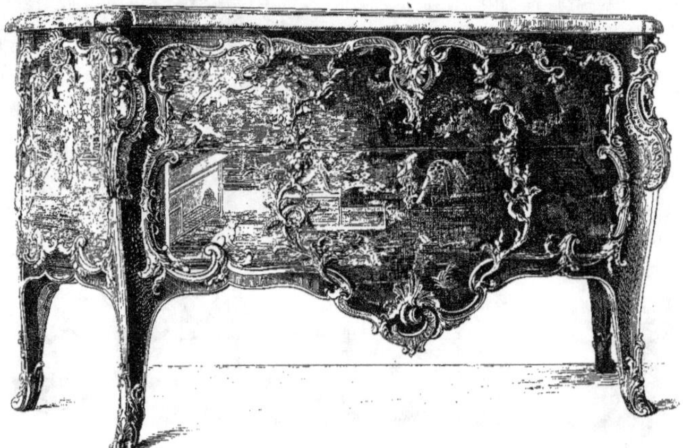

COMMODE EN LAQUE
Décor en couleur et en or sur fond noir. Signée B V R B. Milieu du XVIIIᵉ siècle
(Ancienne collection Josse, nᵒ 153)

pour indiquer d'une façon générale les meubles ou objets laqués en France, par opposition aux meubles fabriqués aux mêmes époques, dans la composition desquels sont entrés des panneaux véritables de laques d'Orient.

Grâce aux recherches de Jal[1], de Courajod[2], de M. de Champeaux[3], la biographie de Robert Martin et de ses fils est aujourd'hui à peu près reconstituée. Ce que nous ignorons encore, c'est comment Robert Martin, né en 1706, dans la paroisse Sainte-Marguerite, d'Étienne Martin, tailleur d'habits, et de Claude Glau, fut amené à étudier la fabrication des vernis et leur application à l'ornementation des carrosses et des meubles. Toujours est-il qu'à l'époque de son mariage (7 novembre 1733) Robert Martin, fort jeune encore, est qualifié de « vernisseur du roi »; et ce Robert paraît avoir été le dernier de quatre fils, Guillaume, Simon-Étienne et Julien, qui furent tous vernisseurs. Robert, qui mourut en 1765, eut lui-même trois fils : André-Germain, Jean-Alexandre

1. *Dictionnaire critique*, au nom *Martin*.
2. *Livre-Journal de Lazare Duvaux*, t. I, p. CXXVIII et suiv.
3. *Le Meuble*, II, 184 et suiv.

et Antoine-Nicolas; deux d'entre eux suivirent la profession de leur père. Ces indications biographiques sont précieuses à retenir; néanmoins quelques-uns des renseignements qui les accompagnent et les complètent sont contradictoires. C'est ainsi que deux arrêts du Conseil, en date du 27 novembre 1730 et du 18 février 1744, permettent « au sieur Simon-Étienne Martin, le cadet, exclusivement à tous autres, à l'exception de Guillaume Martin [l'aîné] de fabriquer toutes sortes d'ouvrages en relief et dans le goût du Japon et de la Chine » alors qu'en 1733 Robert prend le titre

de « vernisseur du roi », ce qui est légèrement contradictoire à ce monopole; alors qu'avant 1720 on fabriquait des paravents « façon de la Chine » aux Gobelins [1]. On ne comprend plus dès lors la nécessité d'un privilège pour un métier aussi universellement exercé : l'existence de plusieurs frères Martin rend cet écheveau inextricable, en sorte que quand Lazare Duvaux dit dans son *Livre-Journal* que tel ou tel objet a été « fait » ou « réparé par Martin », on ne peut savoir au juste de quel Martin il s'agit. Courajod a conjecturé qu'il s'agissait de Robert; je l'admets volontiers, mais ce n'est pas une certitude. Au surplus, la question n'a qu'une très mince importance, puisqu'il s'agit, toujours en l'espèce, d'une imitation de produits orientaux. Quoi qu'il en soit, en 1748, les manufactures des Martin, au nombre de trois, situées faubourg Saint-Martin, faubourg Saint-Denis et rue Saint-Magloire — ce qui, par parenthèse, semblerait indiquer une triple direction — eurent le titre de manufactures royales. C'est le nom que leur donne, en 1748, l'*Esprit du Commerce* [2].

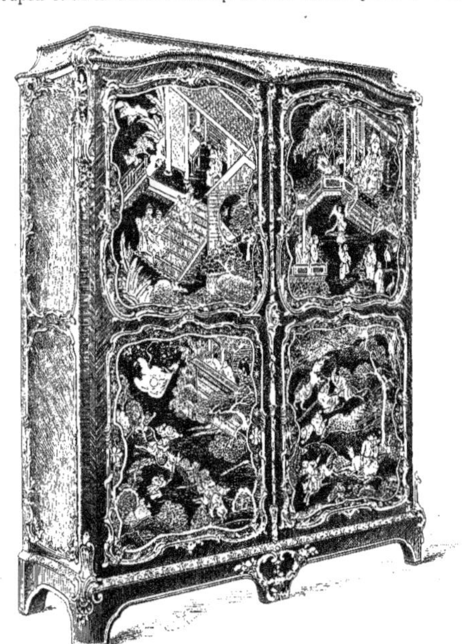

GRANDE ARMOIRE DE LAQUE A FOND ROUGE
Décor doré. Signée B V R B. Milieu du xviiie siècle
(Ancienne collection de Mlle de Choiseul, vente de 1896, n° 4)

L'un des Martin exécuta, de 1749 à 1756, de nombreux travaux au château de Versailles, dans les appartements du Dauphin et de la Dauphine, appartements qui n'étaient autres que les anciens cabinets du Dauphin, fils de Louis XIV, qui avaient été récemment habités par le Régent. C'est même dans cet appartement que Philippe d'Orléans était mort entre les bras de la duchesse de Phalaris. Martin — le prénom n'est pas indiqué dans les *Comptes* — reçut plus de 10.000 livres pour les travaux du cabinet de la Dauphine [3]. Plus tard, en 1756, Martin travaille encore à Versailles : il reçoit 9.000 livres de ce chef, et la même année, le 28 janvier, le roi lui ordonne de peindre le cabinet

<hr>

1. Voyez plus haut, p. 112, note 1.
2. Cité par Courajod, *Livre-Journal de L. Duvaux*, t. 1, p. cxxviii.

3. *Ibid.*, p. cxxix, et Archives Nationales, O¹ 2249, f⁰ˢ 25, 26 : 23 mai, 17 juillet 1749; 10 mars 1756, 1ᵉʳ mars 1758, et O¹ 2258, f⁰ 30, 4 mars 1760·

de Madame Victoire[1]. Enfin, ces décorations d'oiseaux ou de fleurs exécutées sur des fonds unis, verts, la plupart du temps, furent également du goût de Mᵐᵉ de Pompadour : le vernisseur travailla, en 1752, au château de Bellevue, et toucha pour son salaire 58.000 livres[2] : ce prix en dit long sur l'importance des œuvres qui y furent exécutées. Dans des appartements ainsi décorés, les meubles vernis s'imposaient pour ainsi dire, et dans le *Livre-Journal* de Duvaux, presque à chaque page, on rencontre le nom de la marquise en tête de longues listes de fournitures où figurent les commodes, les encoignures, les bureaux, les tables en laque, aventurine, noir ou rouge. C'est une véritable

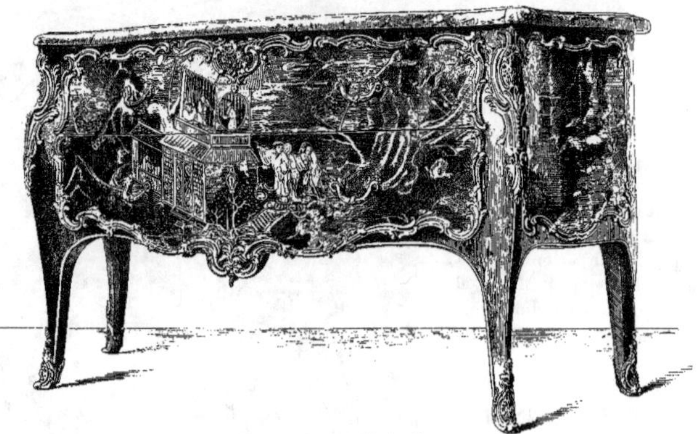

COMMODE EN LAQUE. Signée : Macret
Milieu du xviiiᵉ siècle (Ancienne collection Leple; vente de 1897, nº 46)

fureur, et jamais l'art oriental n'a envahi à ce point le mobilier français. Les quelques extraits qu'on trouvera ici même, en note, montrent, je crois, que ce goût était général[3] : non seulement on trouve

1. Archives Nationales, O[1] 1064, 28 janvier et 3 juin 1756.
2. A. de Champeaux, *Le Meuble*, II, pp. 187, 188.
3. « 82. Un cabinet verny, façon d'avanturine, peint en miniature de festons de fleurs et de fruits, ayant dix tiroirs et un guichet : les côtés du cabinet ornés d'un vaze de fleurs ; large de trois pieds et demy, sur quatre pieds dix pouces de haut, porté sur son pied à un tiroir et quatre colonnes, dont les bazes et chapiteaux tout de cuivre doré. » (*Inv. du mobilier de la Couronne* rédigé par Fontanieu, Archives Nationales, O[1], 3336, fº 123 rº). — « 1420. Un secrétaire de vernis de Martin, façon du Japon, fond rouge à fleurs et ramages d'or. Le devant ferme à clef et s'abaisse pour former une table à écrire, couverte de velours bleu encastré. En dedans sont une tablette et deux tiroirs, garnis de tabis bleu et d'une tresse d'or, dont un avec encrier, poudrier et boëte à éponge de cuivre argenté, long de 22 pouces sur 15 de profondeur et 31 de haut. » (*Ibid.*, fº 287 rº.) — « 1441. Une commode de vernis petit vert de Martin, à dessus de marbre de breche d'Alep, ayant des camayeux dans des cartouches fond jaune et par devant, deux tiroirs fermans à clef et ornée de chutes de festons, rainceaux, boutons et pieds de biche de bronze doré d'or moulu, longue de 4 pieds sur 20 pouces de profondeur et 30 pouces de haut. » (*Ibid.*, fº 289 vº.) — « 1442. Un secrétaire de vernis vert de Martin, bombé et contourné sur tous les sens, orné de cartouches fond jaune, peints de divers fruits, fleurs et oiseaux des Indes, le dedans de bois satiné à placages, le devant fermant à clef, s'abat pour former une table couverte de velours jaune encastré et renferme deux tiroirs doublés de satin jaune ; celuy à droite garny d'encrier poudrier et boîte à éponge de cuivre blanchy et 3 secrets à coulisse. Le secrétaire porté sur 4 pieds de biche de bronze doré d'or moulu. Long de 3 pieds sur 17 pouces de large et 24 de haut. — 1443. Deux encoignures aussy de vernis petit vert, peintes et ornées comme la commode, à dessus de marbre de breche d'Alep, ayant par devant un batant, fermant à clef; longue de 30 pouces sur 14 de large, avec leurs gradins à jour de même vernis à 4 tablettes, de 29 pouces de haut sur 10 1/2 de large. — 1444. Une table de même vernis de Martin, sans tiroir, chantournée et couverte de velours jaune encastré et enrichie de chutes, festons, rainceaux et pieds de biche, de bronze doré d'or moulu. Longue de 30 pouces sur 19 de profondeur et 27 de haut. » (*Ibid.*, fº 289 vº.) — *Livre-Journal de Lazare Duvaux* : « 84. M. le Président Hénault : Une tabatière carrée de Martin, garnie et doublée d'or, avec un portrait, 812 l. [décembre 1748]. — 610. Du 30. Mᵐᵉ la Marq. de Pompadour. Payé à trois hommes les ports de Versailles à Paris d'une commode de lacq rouge et d'un cabinet à pagodes, 15 l. [septembre 1750]. — 648 l. Du 20. Mᵐᵉ la Marq. de Pompadour. — Avoir fait resaucer les bronzes d'une commode de lacq à plusieurs tiroirs, à quoi l'on a bouché les ouvertures des tiroirs d'en bas, fait revernir par Martin et fourni serrures, anneaux et entrées, 80 l. — Fait nettoyer un petit cabinet et mis deux serrures et entrées au tiroir d'en bas, 40 l. [novembre 1750]. — 841. Du 17. Mᵐᵉ la Marq. de Pompadour : Un pied pour un cabinet formant un secrétaire revêtu en lacq à pagodes, garni partout en bronze doré d'or moulu, le dedans plaqué en bois de rose à fleurs, les tiroirs en cèdre, les cornets d'argent, 1320 l. — Réparation du cabinet à M. Martin, sur son mémoire, 96 l. — Port à Versailles à quatre hommes, du cabinet et de son pied, 20 l. [juin 1751]. — 1018. Du 13. M. Richard, receveur général des finances : Un petit étui vernis de Martin, avec un cercle d'or, 24 l. [janvier 1752]. — 1036. Madame : Livré à Mᵐᵉ la Duchesse de Beauvilliers une écritoire, vernis de Martin,

dans ces comptes la mention de meubles, mais aussi de nombreuses indications sur une foule de petits objets, étuis, tablettes, boîtes, etc., confectionnés par les Martin. De ces œuvres, je n'ai pas à m'occuper ici, car elles ne rentrent pas dans le mobilier proprement dit; mais il importe de les signaler en passant, comme il importe aussi de ne pas oublier qu'auprès de ces objets vernis fabriqués à Paris figuraient de véritables laques de Chine et de Japon [1].

Il ne faudrait pas s'imaginer que ces productions des Martin n'étaient de mode qu'à Paris. Le vernis, qui provoquait les colères du marquis de Mirabeau et qu'il invectivait dans l'*Ami des Hommes* [2], était adopté par tout le monde : Voltaire, dans *Les Tu et les Vous*, l'a vanté dans des vers souvent cités :

> « Et ces cabinets où Martin
> A surpassé l'art de la Chine... »

et dans le *Premier Discours de l'inégalité des conditions*, où il représente

> « ..... Damis courant de belle en belle
> Sous des lambris dorés et vernis par Martin. »

à coulisse, en forme de pupitre, garnie de cornets et poudrier en cuivre doré d'or moulu, 312 l. — Le port à Versailles, 4 l. [janvier 1752]. — 1213. Mme la Marq. de Pompadour : Le raccommodage de deux commodes de lacq ; rétabli les corps et tiroirs, regratté l'ancien vernis en aventurine et refait en noir à neuf par Martin, rétabli le lacq, et ajouté des reliefs pour cacher les défauts, resaucé les bronzes et rétabli à neuf, 175 l. [septembre 1752]. — 1808. Mme la Marq. de Pompadour : Un compartiment de bois fait dans une boête de lacq ; avoir fait vernir le compartiment par M. Martin et imiter des rosettes de l'aventurine dans les deux milieux, 96 l. [juin 1754]. — 2547. Du 28. Mme la Marq. de Pompadour : Posé à l'hostel un cabinet de lacq ancien à pagodes, dont on a démonté les garnitures : les avoir fait dorer d'or moulu et remonter à vis, y avoir fait trois serrures et la clef ciselée, le pied en chêne sculpté et doré. L'avoir fait nettoyer et réparer par M. Martin, 323 l. Avoir démonté un autre cabinet aussi à pagodes, avoir doré les ferrures, les avoir remontées à vis, fait une serrure en cuivre doré et poli et clef polie, 48 l. — Raccommodage par M. Martin, 150 l. — Port à l'hostel, 3 l. [juillet 1756]. »

1. *Ibid.* » 33. Du 6. M. de la Reynière : Une commode à pieds de biche plaquée en vernis de Coromandel, garnie partout de bronze doré d'or moulu, avec son marbre de brèche d'Alep de cinq pieds. — Un panneau en papier des Indes de 11 pieds sur 8 de large. Le tout 1930 l. [novembre 1748]. — 156. Mme la Marq. de Courcillon : Une commode de quatre pieds et demi, à pieds de biche, en vernis rouge poli, garnie de chutes, pieds, boutons et entrées de bronze d'or moulu, le marbre de Flandre, 320 l. — Deux armoires d'encoignure, à pieds de biche, en vernis rouge poli, les marbres de Flandre, 130 l. — Deux gradins au-dessus, même vernis, 42 l. — Deux tablettes plates, même vernis, 12 l. Le port : trois livres. [Mars 1749.] — 514. Mme la Marq. de Pompadour : Deux singes du Japon remuant la tête, 960 l. — Une commode composée de tiroirs, d'ancien lacq, garnie de bronze doré d'or moulu, avec le marbre d'Antin, 864 l. — Trois petites tables vernies, en aventurine, dont les dessus sont de vernis des Indes à 60 l. 180 l. — Avoir fait des cornets argentés dans chaque table, et avoir doublé les tiroirs d'étoffe, 30 l. [mai 1750]. — 525. M. de Boulogne : Une commode bâtie de chêne, de cinq pieds, plaquée en vernis de Coromandel, garnie partout de bronze doré d'or moulu, avec son marbre d'Antin, 909 l. [septembre 1750]. — 557. Du 22. Mme la Marq. de Pompadour : Une petite armoire de lacq en forme d'encoignure, garnie de bronze doré d'or moulu, les ferrures dorées et clef ciselée, les portes plaquées en bois de rose dedans, le fond ouvrant à secret, garni partout en moire verte et argent, 525 l. [juillet 1750]. — 558. Du 23. Mme la Marquise de Pompadour : Une tablette à écrire garnie de bronze doré d'or moulu, avec une tablette qui se tire, garnie en velours, deux porte-chandeliers aux cotés, plaquée en bois de rose, avec son écritoire argentée, le dedans du tiroir et le dessus de la table de moire verte et argent, 400 l. — Les toiles, collage et raccordage de dix petits panneaux en papier des Indes tissu, 66 l. Les ports à deux hommes, 6 l. [juillet 1750]. — 663. Du 30. Mme la Marq. de Pompadour. Deux encoignures de lacq à oiseaux, garnies de bronze doré d'or moulu, sans marbre, 1350 l. [novembre 1750]. — 666. Du 11. Mme la Marq. de Pompadour : Une cassette de lacq avec des coqs dessus, de 360 l. — La garniture de ladite cassette, 132 l. — Une boête de lacq, fond aventurine avec un magot dessus, dans laquelle il y a neuf petites boêtes aussi de lacq, à rosettes 192 l. — Deux singes de terre des Indes, 96 l. — Un bonnet chinois garni de fleurs, 60 l. [décembre 1750]. — 991. Mme la Marq. de Pompadour : Porté à Crécy une commode bâtie de chêne, plaquée de vernis de Coromandel, garnie de bronze doré d'or moulu, le marbre d'Antin de cinq pieds, 1200 l. — La garniture de deux boêtes de lacq, charnières, ferrures dorées d'or moulu, les clefs ciselées, 108 l. — La caisse, papier, ficelle et voiture qui a porté la commode et le marbre, 66 l. [octobre 1751]. — 982. Du 19. Mme la Marq. de Pompadour : Un petit baril de lacq, fond aventurine et or, garni en or au couvercle, 96 l. — Une boête de lacq fond d'or en forme de coquille, garnie d'une charnière et bec d'or, 90 l. — Une autre boête de même lacq en forme d'évanteil, garnie de charnières et bec d'or, 84 l. [décembre 1751]. — 989. Du 26. Mme la Marq. de Pompadour : Trois soufflets à bois contournés et vernis, en vernis poli à 22 l., 66 l. [décembre 1751]. — 1034. Du 25. Mme la Marq. de Pompadour : Trois boêtes de vernis noir, à bouquets peints en émail, à 30 l., 90 l. — Une dite, petite, 27 l. [janvier 1752]. — 1054. Du 22. Mme la Marq. de Pompadour : Une boête vernie à bouquets et filets, grandeur moyenne, 33 l. — Une petite tabatière d'or en oignon, ouvrant des deux côtés, 165 l. [février 1752]. — 1145. Du 14. Mme la Marq. de Pompadour : Un corps de commode de lacq, garni en bronze doré d'or moulu, les armoires et dedans à tablettes plaquées en bois de rose et fleurs de différens bois, 1200 l. [juin 1752]. — 1482. Mme la Marq. de Pompadour : Une encoignure d'ancien lacq, très belle, garnie en bronze doré d'or moulu, 720 l. — La garniture, en papier des Indes très beau, de trente sept chassis composant la garde robe du Roy ; dans lesquels : Trois feuilles à vases et fleurs, à 36 l., 108 l. — Quatre à figures, 24 l., 96 l. — Neuf plus petites, formant lambris, à 12 l., 108 l. — Dix-huit à pagodes, en travers, à 1 l. 10 s., 27 l. — Vingt à fleurs, à 3 l., 40 l. — Les toiles, clous, façon et raccordage desdits papiers, 160 l. — Les ports à Bellevue, 17 l. 10 s. — Une commode d'ancien lacq, garnie de bronze doré d'or moulu, 1650 l. [8 août 1753]. — 1672. Du 6. S. M. le Roy : Une cassette d'ancien lacq noir, à oiseaux, contenant quatre gobelets à anses et soucoupes de Vincennes, bleu et or, à oiseaux coloriés, 144 l. — Le pot à sucre, 72 l. — La garniture en or gravé dudit pot, 110 l. — Un flacon taillé à facettes garni et bouché d'or, 153 l. — Une caffetière d'or gravé et poli, pour quatre tasses, l'or à 22 karats, 1536 l. — Une lampe à esprit-de-vin avec la mèche, virolle du manche et éteignoir ; le tout en or, et le trépied d'acier poli, 518 l. — La cassette d'ancien lacq noir, à oiseaux, avec un tiroir et le cabaret d'ancien lacq, pour quatre tasses, 490 l. — La garniture en or gravé de ladite cassette, composée de charnières, portans, plaques de la serrure, entrée du tiroir avec un bouton à ressort, et clef ciselée, 1000 l. — Les compartimens en satin blanc bordé d'un petit galons en or ; le surtout de la cassette couvert de maroquin et dentelles d'or, le dedans en chamois, les charnières, portans et ferrures en cuivre, 210 l. [janvier 1754]. — 2729. Mme la Marq. de Pompadour : Un secrétaire en forme d'armoire, à abattant, plaqué en ancien lacq, orné partout en bronze doré d'or moulu, les dedans plaqués en bois de rose à fleurs, les cornets d'argent, garni en velours et l'armoire en étoffe, 3000 l. [février 1757].

2. Courajod, *Livre-Journal de Lazare Duvaux*, 1, cxxix.

Et Voltaire lui-même donnait l'exemple : il sacrifiait à ces imitations chinoises tout comme le roi de Prusse, qui prit pour vernisseur le fils de Robert, Jean-Alexandre Martin : Mme de Graffigny, dans une de ses lettres, parle des appartements de Mme du Châtelet, à Cirey, qu'embellissait un élève de Martin, sous l'œil bienveillant du philosophe. En réalité, c'est au xviiie siècle qu'il faut placer la plus grande vogue des laques, et non au xviie siècle : sous Louis XIV on en fit un usage discret ; sous Louis XV les objets vernis formèrent une des parties les plus importantes du mobilier. J'imagine même que leurs extravagances, leur style fantaisiste, fatigant à la longue, ne durent pas peu contribuer à une réaction en sens contraire, que j'aurai à indiquer sommairement, et qui se produisit dès la faveur de Mme de Pompadour : la marquise, si entichée des Martin, ne fut même pas étrangère à la création d'un mouvement de renaissance classique ou pseudo-classique, qui se manifeste très clairement dans plusieurs des plus belles productions du mobilier de la seconde moitié du règne de Louis XV.

Deux des fils de Robert Martin, Jean-Alexandre et Antoine-Nicolas, suivirent la profession de leur père et se marièrent tous deux en 1767. Le premier, le seul sur lequel nous ayons à insister, mais dans un autre chapitre, prit le titre de « vernisseur du roi de Prusse », comme nous l'avons vu plus haut, et fit partie de cette pléiade d'artistes français qui décorèrent Sans-Souci.

Je ne voudrais pas m'étendre outre mesure sur les Martin qui, après tout, ne représentent point tout l'art du vernisseur au xviiie siècle ; ils eurent beaucoup d'émules, et tous les beaux carrosses qui subsistent encore aujourd'hui, les chaises à porteurs, les traîneaux témoignent assez par leur richesse et leur nombre combien fut répandu ce goût et combien d'artistes durent y trouver un emploi à leur talent. Dans les collections du Musée de Cluny, au palais de Trianon, pour ne mentionner que les séries conservées en France[1], on peut voir des échantillons plus ou moins somptueux de cet art, décorés de scènes rappelant les peintures du xviiie siècle, scènes galantes, bergeries ou simples bouquets de fleurs. Je ne pense pas que beaucoup de ces peintures doivent être attribuées ni aux Martin ni à leurs contemporains, vernisseurs comme eux. Quand il ne s'agissait que de faire des imitations de laque de Chine, à fond noir, à fond rouge, ou blanc, ou mordoré, je les crois très capables d'avoir très suffisamment imité leurs modèles : et même la fidélité avec laquelle ils ont, dans la plupart des cas, copié les personnages orientaux, les *pagodes*, comme on disait alors, me sont un sûr garant qu'ils étaient incapables de voler de leurs ailes et de faire de véritables compositions originales. Qu'on compare les Chinois dessinés par un vernisseur ou les Chinois d'un Watteau, d'un Gillot, d'un Huet, d'un Boucher, d'un Leprince, il y a un abîme : les premiers sont de véritables Chinois, les seconds, assurément mieux dessinés et plus spirituels, sont bien plus fantaisistes. Ce sont des personnages français, habillés tant bien que mal à la chinoise, mais ils ne peuvent tromper personne. Il me paraît à peu près certain que dans les œuvres de luxe, carrosses, chaises à porteurs ou meubles, les vernisseurs ont dû avoir recours à des peintres de profession : c'est ce que me semble indiquer assez clairement un passage de la description du cabinet Blondel de Gagny : « Un clavecin de Rukers (le facteur d'Anvers), peint par Gravelot, Dutour, Crépin, etc., doré et vernis par Martin, avec son pied sculpté et doré[2]. » Ce clavecin devait être, si je ne me trompe, très analogue à un bel instrument, de Rukers également, doré et recouvert de peintures rappelant les compositions de Gillot, qui fait actuellement partie de la collection Eudel[3]. Mais peu importe ; ce que je tenais à signaler c'est la collaboration possible de peintres et de vernisseurs dans certains meubles de choix : cette collaboration apparaît absolument certaine quand on compare les compositions des *chinoiseries* et des *singeries* que nous font connaître tant d'estampes du xviiie siècle, que nous font connaître aussi

---

1. Il existe encore de magnifiques collections de ce genre à Madrid, à Lisbonne et à Moscou.

2. Cité par Courajod, *Livre-Journal de Lazare Duvaux*, t. I, p. ccxliv,
d'après le *Dictionnaire pittoresque et historique d'Hébert*, 1766, t. I, p. 36 et suiv.

3. Il a appartenu autrefois, si je ne me trompe, au baron Pichon.

quelques rarissimes ensembles décoratifs, tels que le cabinet des Singes du château de Chantilly, ou cet autre cabinet des Singes, fait pour les Rohan, œuvre de Christophe Huet, dans l'ancien hôtel de Rohan occupé actuellement par l'Imprimerie Nationale. Je cite ces exemples entre mille, car l'histoire de la chinoiserie au xviiie siècle est encore à faire et fournirait amplement la matière d'un volume.

Je ne connais pas de meubles apportés des Indes au xviiie siècle, garnis d'appliques d'argent ou de bronze, dans le genre de ceux qui sont décrits dans le catalogue de la vente du frère de Mme de Pompadour, le marquis de Marigny [1]. Mais le nombre des meubles de laque que je pourrais citer, appartenant aux époques de Louis XV et de Louis XVI, est considérable. Il me suffira de donner ici les images de deux commodes et d'une armoire à deux vantaux qui, par leur forme et leurs bronzes, peuvent être attribués à 1750 environ. L'une de ces commodes, décorée de laque en or et couleur sur fond noir, provenant de la collection Josse [2], et l'armoire de laque à fond rouge, provenant de la collection de Mlle de Choiseul [3], sont l'œuvre d'un ébéniste dont la signature n'a pas encore été expliquée : les lettres B V R B, qui composent son estampille, ne correspondent à aucun des noms d'ébénistes connus; tous les meubles qui la portent sont cependant des œuvres de luxe et d'une facture irréprochable. Mais si je publie ces meubles ici, c'est moins à cause de l'ébéniste lui-même que pour montrer l'alliance très étroite du bronze ainsi traité avec le décor chinois : l'influence de l'art des vernisseurs, inspiré de l'art de l'Extrême-Orient, sur l'art du bronzier, sur les formes et la distribution des appliques, trouve là une démonstration qu'il n'est pas nécessaire d'appuyer de nouveaux arguments. Ce goût pour les laques devait survivre à Louis XV; et en pleine époque Louis XVI, alors que la mode était aux formes pseudo-classiques, quelques ébénistes, et non des médiocres, ont enchâssé des panneaux de laque dans des montures de bronze néo-romaines ou néo-grecques ou même néo-égyptiennes. Cette erreur manifeste ne peut être considérée que comme la prolongation malheureuse d'une mode qui n'était plus comprise mais avait enfanté en France des choses charmantes; d'une mode qui indique aussi une grande vitalité chez les artistes français et une facilité d'assimilation que les hommes de notre temps n'ont pas déployée au même point; tout en admirant les œuvres japonaises, qui ont remplacé chez nous les œuvres chinoises, nos contemporains n'en ont point tiré un parti et un enseignement comparables à celui qu'en avaient tiré leurs devanciers : car si l'art japonais a eu une influence sur l'art de notre époque, ce qui n'est guère niable, cette influence a été encore moins visible que celle de notre art ancien. Nous sommes devenus tous trop archéologues : nous avons presque toujours considéré les beaux objets japonais comme des objets de collection, c'est-à-dire comme des objets morts. Nos ancêtres les considéraient comme des objets d'ameublement, comme des objets vivants; et c'est pour cela qu'ils ont pu, en les aimant, en les imitant, leur donner en quelque sorte une seconde vie [4].

---

1. « 580. Un secrétaire en marqueterie, bois et ivoire, avec entrées de serrures, mains et balustrade en argent. Il a été fait aux Indes et porte environ 3 pieds et demi de haut. — 581. Une armoire en marqueterie, bois et ivoire, avec nombre de tiroirs; les entrées de serrures sont en argent. Elle a été aussi faite aux Indes, et porte environ 5 pieds de haut. Ces deux meubles sont très précieux et méritent l'attention des amateurs. — 582. Une commode chantournée, à panneaux de laque, fond noir et or, sujets de châteaux et paysages, ornée d'une tête de lion au milieu et sur les coins, de têtes de satyres, frises, guirlandes et pieds à griffes de lion; le tout en bronze doré, avec un dessus de marbre de griotte d'Italie. Hauteur, 2 pieds, 11 pouces; longueur, 5 pieds, 3 pouces, 6 lignes; profondeur, 2 pieds. »

2. Nº 153 du *Catalogue* de la vente.

3. Nº 4 du *Catalogue* de la vente (1896).

4. Dans son livre sur le *Meuble* (tome II, p. 194 et s.), M. de Champeaux mentionne les noms de quelques vernisseurs dont je ne veux pas faire tort au lecteur, bien que la plupart ne me semblent avoir que des rapports très éloignés avec l'art de l'ameublement. La veuve Gosse et son gendre Samousseau (François), autorisés par lettres patentes à donner à leur manufacture de vernis appliqué aux métaux, bois, cuirs, cartons, pierres, etc., le titre de *Manufacture royale façon Chiné* (cités plus haut, p. 112, note 1); Wolf, qui vendait en 1773 des ustensiles, boîtes, tabatières, etc., en vernis; J. Goyer (déjà cité plus haut), vernisseur pour la décoration de l'Opéra (1769), qui ne me paraît pas être le même que l'ébéniste du même nom; Sévrir, ébéniste, rue Dauphine, mettant les bronzes en couleur au moyen de l'emploi du vernis d'Angleterre; Aubert, sculpteur, peintre, doreur et vernisseur du roi, chargé de l'entretien des carrosses royaux et ayant travaillé avec Martin à Versailles; Bellier (Jean-François-Marie), chargé des peintures du carrosse du sacre de Louis XVI, peintures qui furent détruites plus tard par David. Le carrosse offert à Louis XV par M. de Beringhen dont Mantz a donné la description d'après le *Mercure* de 1724, les voitures de la Dauphine et de madame Du Barry, de madame de Valentinois, etc., etc., ne rentrent nullement dans l'histoire du mobilier. Citons encore, toujours d'après M. de Champeaux : Watin, rue Sainte-Appolline (1772); Ramier, rue du Faubourg-Saint-Martin; la veuve de Claude Duret (1780), faubourg Montmartre; Girardin, faubourg Saint-Germain; Lacour, rue Saint-Séverin; Lequay, rue de Montmorency; Lemé, rue Saint-Martin; Magny, rue du Gros chenet; Vincent, faubourg Saint-Denis; Dutemps, Leblanc, peintres doreurs (1791); Gabriel Desoches, rue Saint-Martin († 1758). Presque tous ces vernisseurs doivent être rangés parmi les carrossiers.

IV. LE STYLE ROCAILLE. — JUSTE-AURÈLE MEISSONNIER. — LES SLODTZ

« Juste-Aurèle Meissonnier arrivait d'un pays où le maniérisme était depuis longtemps à la mode. Né à Turin en 1695, il avait grandi au milieu des spectacles de la décadence, et il professait pour la simplicité un mépris cordial. Il reçut à Paris un accueil sympathique. On sait quelle influence il exerça sur les orfèvres : amoureux du relief et de pittoresques découpures, il leur apprit à faire des vaisselles aux profils compliqués et des flambeaux dont les saillies blessent la main qui veut s'en

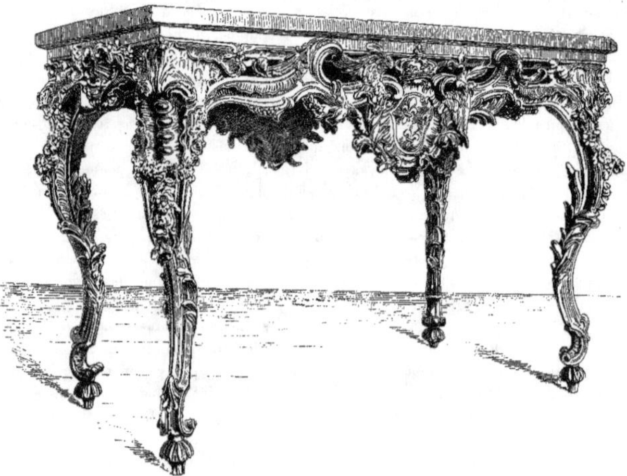

TABLE EN BOIS DORÉ
Supportant un plan de Versailles en stuc peint, par Andrieux de Benson, présenté à Louis XV en 1736
(Musée National de Versailles)

servir. Ce galant homme sacrifia toujours aux principes d'un idéal luxueux et incommode. » Ce jugement de Mantz[1] contient une partie de vérité et une grande injustice. Il est injuste de condamner de la sorte toute une période de l'art français du XVIIIᵉ siècle, et des plus charmantes, et d'en faire ressortir exclusivement les défauts. Assurément l'art de Meissonnier en a, mais on ne saurait oublier qu'il ne fut point le seul à pousser le style français dans cette voie ; il développa un style qui a des origines italiennes très anciennes et très lointaines et dont la genèse, fort compliquée, était déjà très avancée quand Meissonnier vint en France. Ces éléments, il les codifia, les fortifia, grâce à son génie souple et charmant, à ses talents d'architecte, et on ne saurait le rendre responsable de toutes les folies et de toutes les faiblesses de ses imitateurs. Néanmoins, il est bien évident que c'est autour de

1. *Les meubles du XVIIIᵉ siècle*, dans la *Revue des Arts décoratifs*, 1884, p. 336.

Meissonnier et de deux ou trois autres, c'est-à-dire autour des véritables maîtres du genre, qu'on doit grouper l'étude de tout un mobilier, de tout un système de décoration qui régna en France, presque sans conteste, jusque vers 1750 [1].

Mais ce qui prouve combien peu on doit considérer le Turinois Juste-Aurèle Meissonnier comme l'importateur en France du style rocaille, c'est que précisément lorsqu'il y vint, quand, reçu maître orfèvre par brevet du roi en 1727 [2], quand, nommé architecte et dessinateur du cabinet du roi, il put exercer une influence sur l'art français, à côté de lui existaient, au service du roi également, des artistes tels que l'orfèvre Thomas Germain. Or, Thomas Germain, dont la réputation fut universelle comme sculpteur et comme orfèvre, n'avait besoin de l'aide de personne pour imaginer, dessiner et modeler ses œuvres. Des morceaux tels que le grand soleil de la cathédrale de Reims, exécuté en

Style rocaille; vers 1740 (Vente du vicomte de B., 1891, n° 114)

style rocaille en 1722, tels que les candélabres d'or faits pour le roi (1748), tels que la lampe en argent offerte à Sainte-Geneviève par la ville de Paris et dont le dessin date de 1740, peuvent lutter avec les œuvres réputées les plus échevelées dans l'œuvre de Meissonnier ou les bras de lumière exécutés dans son style qu'on reproduit sur la planche XVIII; et j'aurai à revenir tout à l'heure sur des compositions tout aussi fantaisistes, dessinées pour le roi par René-Michel Slodtz. Le style rocaille, italien d'origine, fut donc adopté généralement en France, et, bien que Meissonnier vînt d'au delà

1. Le nom de *style rocaille*, nous avons eu déjà l'occasion de le constater dans les paragraphes précédents, est un terme commode parce qu'il est admis partout et que sa signification est connue; mais l'emploi des rocailles — le mot servait dès le xviie siècle pour désigner les coquillages usités pour la décoration des fontaines ou des grottes — est plus ancien. Les grottes de Palissy, au reste, étaient composées de rocailles, et ce style, d'origine très probablement italienne, comme le style rustique avec lequel il se mariait admirablement, n'a jamais cessé, depuis la Renaissance, d'être employé en France. Mais la présence du coquillage, comme élément décoratif dans une ornementation toute spéciale au règne de Louis XV, le terme de *style rocaille* n'expliquent pas toutes les parties de ce style : des éléments empruntés à l'art de l'Extrême-Orient, la dissymétrie surtout, l'emploi de courbes et de contre-courbes sans règles bien évidentes, caractérisent tout autant l'art de cette époque que l'usage de la rocaille, qu'on trouve partout sous Louis XIV. Si on remontait aux origines, il faudrait donc faire honneur de ce style à l'Italie, et le fait est que des hommes comme Bernin sont bien les ancêtres directs des artistes rococos du xviiie siècle. Il n'en est pas moins vrai que c'est en France que ce style a pris sa plus grande extension pour se répandre dans toute l'Europe. Ce n'est pas sans une certaine surprise qu'on voit que Littré a accepté l'opinion absurde émise par Demmin dans son *Guide de l'amateur de faïence et de porcelaine*, p. 426 : « C'est Böttger et la manufacture de Meissen qui ont créé le goût de la rocaille et le style du xviiie siècle, que l'on appelle à tort le style de Louis XV. » Si je relève cette opinion invraisemblable, c'est simplement parce qu'elle a pris place, ce qui est regrettable, dans un livre sérieux et non parce qu'elle figure dans le livre de Demmin, sur la valeur duquel on est depuis longtemps édifié et dont aucun écrivain d'art ne songe plus à invoquer le témoignage.

2. G. Bapst, *Les Germain*, p. 74. Meissonnier habitait rue Fromenteau.

E. MOLINIER, *Arts industriels*. — III.

des Alpes, on ne peut entièrement lui attribuer ni l'honneur ni la honte de l'avoir importé en France. Il jouait très honorablement sa partie dans un concert dont les accords déplaisent à certains ;

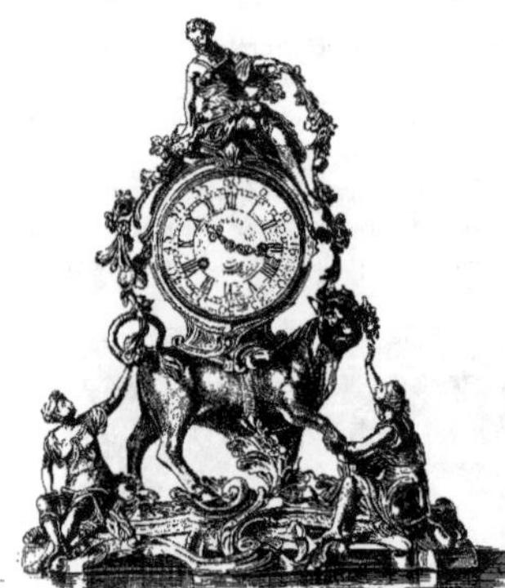

L'ENLÈVEMENT D'EUROPE
Pendule en bronze en partie doré. Mouvement de Hilgers à Paris
(Collection de Mme la comtesse de Béarn)

cela est possible, mais on ne saurait, sans une cruelle injustice, le choisir pour bouc émissaire et lui imputer la paternité du morceau. A ce point de vue il eut pour complices de nombreux Français et des plus estimables. Il était nécessaire de le rappeler [1]. Chose bizarre, l'œuvre gravé de Meissonnier n'est pas fort considérable : cent vingt compositions à peu près [2], ce qui est fort peu si on considère que des artistes de second plan, à la même époque, en ont gravé des centaines. Il est vrai qu'à ces planches, destinées à servir de modèles à tous les artisans, il faudrait ajouter tous les modèles qu'il créa comme dessinateur de la chambre et cabinet du roi, meubles ou boiseries, qui furent nombreux très probablement. Cependant, dans un certain nombre de cas, on le verra plus loin, on demanda des dessins à d'autres artistes. Dans ces compositions, en majeure partie gravées par

Huquier, on voit Meissonnier successivement architecte, orfèvre, ébéniste : il donne des plans et élève des hôtels, dessine leur ameublement, trace des profils de candélabres d'argent ou compose des groupes de légumes et de feuillages dont tous les artistes pourront faire leur profit. Les tabatières, les gardes d'épées, les pommes de cannes, les ciseaux, les surtouts de table en orfèvrerie, les écritoires se succèdent et s'entremêlent dans un œuvre qui a plutôt l'air de la reproduction des dessins gardés en carton par le maître que de recueils méthodiquement ordonnés. Puis viennent les modèles d'un traîneau fait, en 1735, pour la reine douairière d'Espagne, et d'un canapé pour le comte Bielenski. D'autres planches nous montrent des travaux d'architecture plus considérables : un projet de salon tout meublé pour la princesse Czartoryska (pour la résidence de Pulavy, près de Varsovie ?), l'arrangement d'un trumeau pour un grand cabinet, en Portugal, le cabinet du comte Bielenski [3], de nombreux plafonds, le tombeau du baron de Besenval, à Saint-Sulpice, des projets d'autel pour Saint-Leu et Saint-Sulpice,

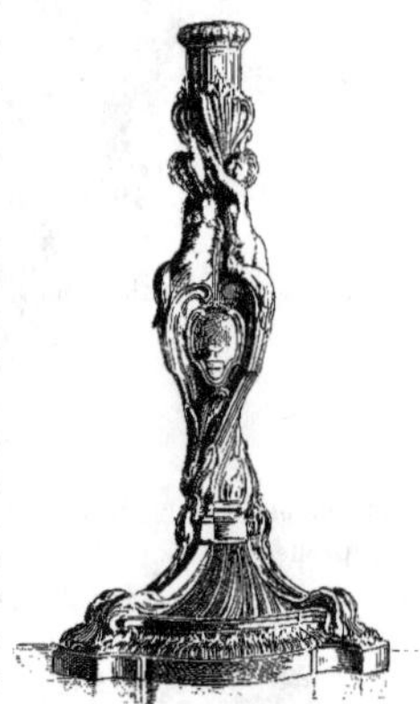

GRAND FLAMBEAU EN BRONZE DORÉ
Style rocaille. Milieu du XVIIIe siècle
(Collection de M. le comte de Castellane)

à Paris, et pour Saint-Aignan, à Orléans. Des dessins de feux d'artifice, un surtout de table en argent exécuté pour le duc de Kingston complètent cette série de modèles dont la création, d'après les dates inscrites sur certaines pièces, doit être rapportée aux années 1723 à 1735 environ [4].

---

1. Sur les Germain, voyez les très nombreux documents et dessins réunis par Germain Bapst, *Les Germain*, et surtout p. 36, 63, 65, 80, 84, et fig. 15, 16, 24.

2. En dehors, bien entendu, de ses compositions destinées à l'illustration de Molière, gravées par Laurent Cars.

3. Exposé provisoirement aux Tuileries, en 1736.

4. Pour le catalogue complet de l'œuvre de J.-A. Meissonnier, voyez Guilmard, *Les maîtres ornemanistes*, p. 155 et suiv.

Les compositions de Juste-Aurèle Meissonnier et de ses contemporains sont à peu près impossibles à décrire : il faut les voir, et les quelques images que je mets ici sous les yeux du lecteur lui en apprendront plus long que tout ce que je pourrais dire : d'autant que, par un heureux hasard, si nous manquons presque complètement de détails sur les meubles que les ébénistes du roi exécutèrent d'après les dessins de Meissonnier, on a la chance de trouver, à Versailles, une table en bois sculpté et doré dont on peut, sans invraisemblance, attribuer la création à ce maître. Ce beau monument très contourné, console à quatre faces ou table, comme on voudra l'appeler, supporte un plan, en stuc coloré, du château de Versailles et de ses dépendances, présenté à Louis XV, en 1736, par le géographe Andrieux de Benson et par Ducy. A ce moment, Meissonnier était dessinateur de la chambre et cabinet du roi ; il y a donc de grandes chances pour que ce meuble très somptueux, l'un des meilleurs échantillons de ce style, soit né sous son crayon [1]. Je donne ici (p. 121) la reproduction d'une autre console, d'un bon style également, mais exécutée vers 1740, qui montrera bien ce que pouvait devenir le style rocaille entre les mains d'un artiste moins habile. Et cependant ici nous nous trouvons en présence d'une œuvre composée avec une sagesse relative.

Après la mort de Meissonnier, survenue en 1750, Antoine-Sébastien Slodtz devint dessinateur de la chambre et cabinet du roi. Né vers 1694, d'un sculpteur anversois, Sébastien Slodtz († 1726), qui avait travaillé à la décoration de Versailles et dont quelques statues sont connues, et de la fille de Domenico Cucci, il appartient à une véritable dynastie d'artistes, presque tous sculpteurs, on pourrait presque dire à une tribu. La fille de Cucci ne donna pas moins de treize enfants à Sébastien Slodtz, parmi lesquels Sébastien-René, sculpteur, mort jeune ; Antoine-Sébastien († 1754), dessinateur de la chambre et cabinet du roi ; Jean-Baptiste, peintre ; Paul-Ambroise (1702, † 1758), sculpteur, membre de l'Académie en 1743, qui reçut, en 1754, le brevet de survivance de la charge de son frère ; René-Michel (1705, † 1764), agréé de l'Académie, nommé à son tour dessinateur de la chambre et cabinet du roi en 1758 ; Dominique-François (1711, † 1764), peintre du roi et des Menus-Plaisirs. D'après cette longue liste, dans laquelle je ne comprends que les Slodtz dont la vie présente quelque intérêt pour nous, la charge de dessinateur de la chambre et cabinet a donc été successivement et sans interruption, à partir de 1750 jusqu'en 1764, occupée par Antoine-Sébastien, Paul-Ambroise et René-Michel Slodtz [2] ; et il semble bien que les frères aient collaboré ensemble.

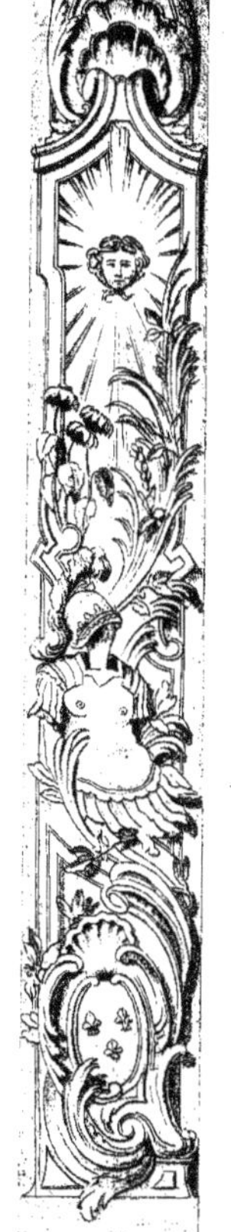

PILASTRE

En bois sculpté et doré. Dessin original de l'un des frères Slodtz (Cabinet des Estampes, à la Bibliothèque Nationale)

---

1. On pourrait identifier cette table avec le n° 1093 ou le n° 1154 de l'*Inv. de Fontanieu*. M. de Champeaux (*Le Meuble*, II, p. 180), tout en inclinant à la croire inspirée par Meissonnier, y retrouve « une harmonie générale qui rappelle les œuvres vigoureuses de Robert de Cotte. » Je ne vois rien là dedans, pour ma part, qui évoque le souvenir du maître ; j'imagine que quand Robert de Cotte dessinait des pieds de tables, il devait adopter le style simple qu'il employait pour composer les plateaux de mosaïque à la florentine qu'ils devaient supporter. Voyez, dans le recueil des dessins de de Cotte, aux Estampes, à la Bibliothèque Nationale (H a 19), les dessins exécutés par lui pour des tables en mosaïque faites aux Gobelins, notamment le dessin de la belle table aux armes du roi qui fait aujourd'hui pendant, dans la Galerie d'Apollon, à la table de Richelieu. Une table (ébénisterie et bronze) et un bureau du même recueil sont aussi relativement calmes de formes et d'un style très différent des œuvres de Meissonnier.

2. Voyez Jal, *Dictionnaire biographique*. — Il est possible cependant que Paul-Ambroise ne soit mort qu'en 1759. En effet, dans les *Comptes*, voici ce qu'on lit à cette date : « Gratifications : Slodtz, dessinateur du Cabinet du Roy, 2400 livres » ; et en marge : « Cet article sera retranché en 1759, année de la mort de Paul Slodtz ; Michel-Ange, son frère, qui luy a succédé à 1200 liv. sur l'état ordinaire des Menus, comme dessinateur, n'a point encore mérité la grattification de 2400 liv. » (Archives Nationales, O¹ 3002.) — Enfin, les mêmes comptes (O¹ 3000) nous confirment qu'avant la mort de Meissonnier, les Slodtz exécutaient déjà des ouvrages qui auraient dû lui être confiés : « Mémoire des ouvrages

On peut voir par là quelle influence ils ont pu avoir sur le style du mobilier; bien plus, il est certain, je le montrerai tout à l'heure, que, du vivant même de Meissonnier, les Slodtz donnaient déjà des dessins pour certains meubles destinés aux résidences royales. Il existe, au département des Estampes, à la Bibliothèque Nationale [1], un volume de dessins intitulé : *Recueil de dessins pour meubles et pour ornemens exécutés en partie, le surplus proposé en 1752.* Sur la reliure on lit le nom de J. de Lajoue, architecte, dessinateur et peintre (1687, † 1761), auquel il faut peut-être attribuer une série de compositions gouachées destinées à servir de modèles à des peintures imitant des laques de Chine. Mais les autres dessins ne sont point de la même main et même

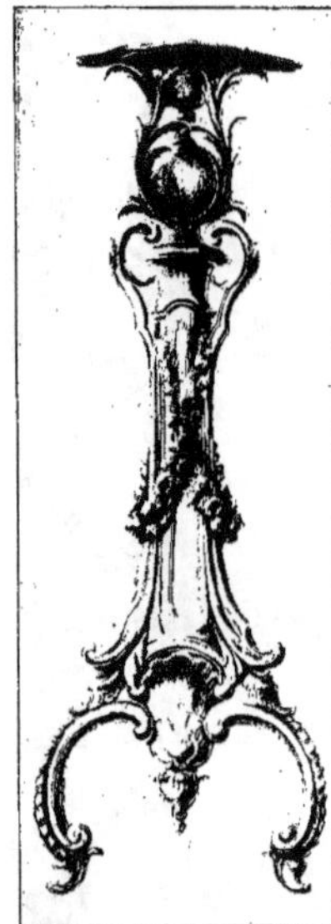

MODÈLE DE GUÉRIDON

en bois sculpté et doré. Dessin original de l'un des Slodtz, conservé au Cabinet des Estampes, à la Bibliothèque Nationale

peut-être faut-il y reconnaître plusieurs mains différentes : on y voit successivement des dessins à la plume : un grand pilastre de douze pieds de haut, dont je donne ici la reproduction, un modèle de trône pour Louis XV, de style très tourmenté; un meuble à trois vantaux, actuellement au Ministère de la Marine; une commode offrant une grande ressemblance avec la commode de Caffieri reproduite sur la planche IX, n° 2; le dessin du beau médaillier, autrefois à Versailles, aujourd'hui à la Bibliothèque Nationale; des girandoles de cristal, des guéridons en bois sculpté aux armes et chiffres royaux. Tous ces dessins sont traités de la même façon, d'une plume assez fine et correcte, mais très froide. Une autre série comporte des candélabres et des flambeaux, une fontaine de table en porcelaine céladon accompagnée de deux chiens et d'un dragon, etc. [2].

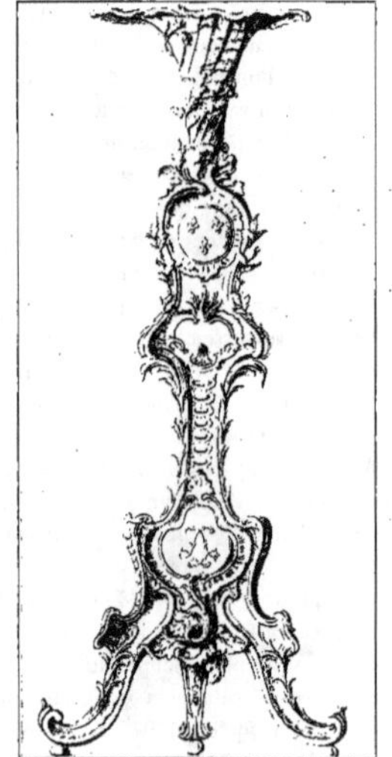

MODÈLE DE GUÉRIDON EN BOIS SCULPTÉ ET DORÉ
Dessin original de l'un des Slodtz, conservé au Cabinet des Estampes, à la Bibliothèque Nationale

Ces compositions ont été attribuées à l'un des Slodtz, et j'avoue que, malgré ce nom inscrit, mais on ne sait à quelle date, au-dessous de quelques-uns d'entre eux, j'avais quelque difficulté à admettre cette opinion, la

de sculpture et dorure fournie au Magasin des Menus Plaisirs du Roy au Vieux Louvre pour les estemples du premier mariage de Monseigneur le Dauphin en l'année 1745 et ordonné en 1749 par M. de Curys, intendant et contrôleur général des Menus Plaisirs et affaires de la Chambre de S. M., exécutés par les Slodtz, sculpteurs, année 1749. 1" La sculpture de cent soixantes (sic) bordures, riche (sic) de quatres (sic) pouces de profil, composés d'ornements saillies sur les moulures, de cartols aux quatre angles, de millieux dans les traverses et nœuds de rubans au haut, avec miroir et auves sur les moutures; lesquelles bordures ont été distribué à la cour de France et autres cour; pour la sculpture d'une de ces bordure la somme de quarantes cinq livres; fait pour les cent soixantes celle de sept mils deux cent livres. »

1. Recueil coté H d 64.

2. La plupart de ces dessins ont été publiés très fidèlement par M. A. de Champeaux, dans le *Portefeuille des Arts décoratifs*, pl. 10, 52, 96, 103, 134, 472, 603.

plupart de ces dessins ayant été exécutés à une date où Meissonnier était dessinateur du cabinet du roi. Néanmoins, il faut reconnaître que c'est bien aux Slodtz — il n'est guère possible de désigner lequel — qu'il faut attribuer les dessins de ces meubles destinés aux résidences royales : nous verrons tout à l'heure qu'au sujet du médaillier on possède un texte aussi formel que possible.

Le style que nous font connaître ces dessins est fort analogue au style de Meissonnier, avec un peu plus de retenue peut-être dans les boiseries et les meubles, avec tout autant d'imprévu et de fantaisie dans l'orfèvrerie qui rappelle beaucoup les œuvres de Thomas Germain. Je ne puis ici, bien entendu, les publier tous, mais un flambeau de table à doubles branches, accompagné de son plateau et de ses mouchettes, montrera suffisamment la souplesse d'un art qui, sous des mains aussi légères, malgré la complication de ses lignes, sait encore être simple. J'en rapproche, afin qu'on puisse faire une utile comparaison, un grand flambeau de bronze doré faisant partie d'une paire appartenant à M. le comte de Castellane. Ces flambeaux, d'une admirable composition, se rattachent plutôt au style de Meissonnier ; ils offrent le même parti pris d'une tige

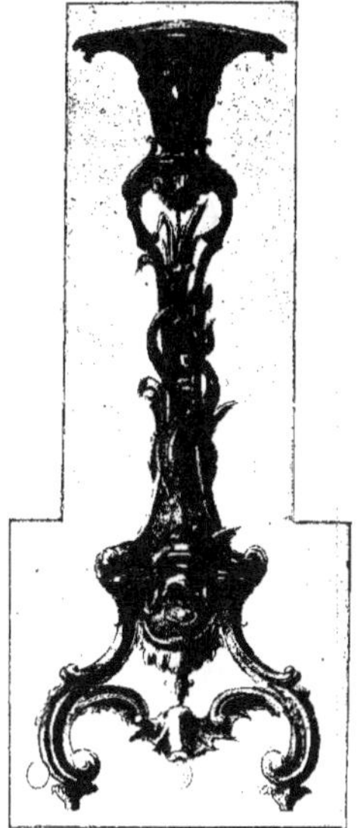

MODÈLE DE GUÉRIDON EN BOIS SCULPTÉ ET DORÉ
Dessin original de l'un des Slodtz,
conservé au Cabinet des Estampes,
à la Bibliothèque Nationale

tournée qu'on trouve si fréquemment dans ses dessins. Enfin, pour montrer l'agencement de ces moulures enchevêtrées, je donne aussi une très belle pendule de bronze, en partie dorée, qui fait partie de la collection de Mme la comtesse de Béarn (ancienne collection Josse, vente de 1894, n° 142 [1]). Ce modèle de l'*Enlèvement d'Europe*, dont une épreuve appartient au garde-meuble national, montre en effet admirablement comment les artistes sont arrivés à établir un sujet, même compliqué, sur une base de bronze en apparence aussi irrégulière.

MODÈLE DE GUÉRIDON EN BOIS SCULPTÉ ET DORÉ
Dessin de l'un des Slodtz, conservé au
Cabinet des Estampes, à la Bibliothèque Nationale

Les guéridons, destinés à porter des girandoles, girandoles dont les Slodtz nous ont laissé des modèles, sont, parmi les dessins que je viens de décrire sommairement, des œuvres très intéressantes, à comparer avec les mêmes meubles exécutés sous Louis XIV. On peut y voir combien les artistes se sont évertués à broder sur la forme du vieux balustre dont, malgré leurs efforts, ils ont été obligés

1. Le cadran est signé : *Hilgers*, à Paris.

de respecter les lignes principales comme la destination. Quelques-uns de ces meubles, exécutés pour le roi, ainsi qu'en témoignent leurs emblèmes, sont en somme fort gracieux et le devaient devenir encore davantage sous la main du sculpteur. On trouvera ici quatre échantillons de ces charmants objets dont les ornements réclamaient une grande délicatesse de ciseau[1]. Mais examinons maintenant deux dessins de grands meubles qui se trouvent dans le même recueil, dessins exécutés à la plume : en première ligne, le dessin, très sage celui-là, d'un grand buffet qui fait actuellement partie du mobilier du Ministère de la Marine[2]. Entre le moment de la conception et l'exécution, ce meuble a été sensiblement modifié. De plus, on a exécuté d'après ce même modèle, qui ne comportait que trois vantaux, un autre meuble allongé de deux autres vantaux. Enfin, les angles du vantail central et des vantaux des extrémités ont été ornés de volutes de bronze très ouvragées dont le prototype se retrouve dans les travaux de Boulle et de ses successeurs; et c'est avec une certaine vraisemblance que M. de Champeaux, en publiant ce meuble, a pu dire qu'il rappelait par son style les œuvres de Cressent, dont les attaches avec la dynastie des ébénistes en vogue sous Louis XIV sont certaines. Il n'est pas jusqu'aux formes contournées des angles des panneaux qui aient été allégées et ramenées à un style plus classique. Les extrémités de ce grand meuble de marqueterie de bois de rose sont décorées de grands bouquets de fleurs et de feuillages de bronze dont nous ne possédons pas le dessin original; mais j'imagine que c'est bien là que se dut surtout faire sentir l'influence du modèle des Slodtz[3].

Dans ces dessins on rencontre encore le modèle[4] d'un meuble célèbre, le grand médaillier que possède aujourd'hui la Bibliothèque Nationale, mais qui, primitivement, fut fait pour Versailles. Ce dessin, qu'on peut comparer avec le meuble tel qu'il existe aujourd'hui, fournit des éléments d'appréciation des plus instructifs (voyez pl. XII). En réalité, si ce meuble procède directement du dessin de René-Michel (?) Slodtz, dans l'exécution, l'ébéniste a modifié le galbe, et le bronzier s'est bien gardé de conserver les maigreurs du dessin du maître. Ce meuble sort des ateliers de Gaudreaux, ébéniste, et a été livré au garde-meuble royal en 1739[5]. Cette pièce est d'un style rocaille arrivé à son complet

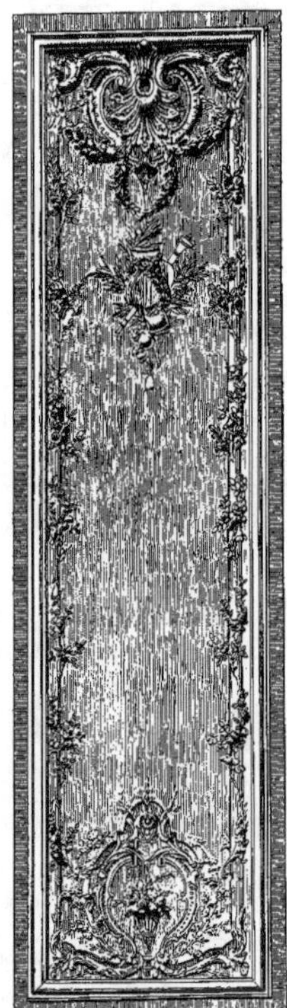

PANNEAU DE BOISERIE
de la chapelle du château de Versailles
Époque de Louis XV

1. Dans l'*Inv. de Fontanieu*, on rencontre la description de guéridons fort analogues à ces derniers : « 1302. Dix guéridons de bois sculté doré, de six pieds de haut, les plateaux travaillés en forme de rocaille, au dessous desquels sont des plantes, fleurs et fruits chinois tournans autour de la tige, ensuite sont trois cartouches des armes de France entourées de rocailles et ayant sur les angles des branches de chêne, d'olive et de laurier; au milieu qui est à jour est un cul de lampe renversé, terminé d'une graine; par bas sont trois cartouches ovales chargés des chiffres du Roy, le pied formé par trois consolles en dehors, enrichy de feuilles, cannelures et autres ornemens. » (Archives Nationales, O 1 3336, f° 269 v°.)

2. Ce meuble est ainsi décrit dans l'*Inv. de Fontanieu* : « 1331. Un grand bas d'armoire en forme de bibliothèque de bois violet à placages en mosaïque de 7 pieds 1/2 de long sur 26 pouces de profondeur et 4 pieds de haut. Le dedans séparé en 3 compartimens et une tablette de longueur couverte de tabis cramoisy. Sur le devant sont 3 portes fermant à clef, celle du milieu enrichie d'un grand médaillon fond de lapis feint, représentant une Minerve, tenant dans sa main droite un compas avec lequel elle mesure un globe, le tout de bronze doré d'or moulu, les portes des côtés chargées de trophées représentant des instrumens de mathématiques, au bout sont des cartouches de différentes plantes chinoises, aussy de bronze doré d'or moulu. La bibliothèque est ornée d'agraffes et moulures aussy de bronze doré, portée sur 6 pieds dont les 4 de devant sont quarrés et ceux de derrière ronds. » (Archives Nationales, O 1 3336, f° 273 v°.)

3. Ce meuble a été reproduit dans le *Portefeuille des Arts décoratifs*, pl. 716, 717.

4. *Ibid.*, pl. 42.

5. *Journal du Garde-Meuble de la Couronne*, 10 janvier 1739. « Livré par les Srs Gaudreaux ébéniste et Slodtz frères sculpteurs. Pour servir

épanouissement, mais il ne faut pas méconnaître le soin avec lequel dessinateur et bronzier ont cherché à maintenir entre tous les motifs d'ornements une symétrie presque parfaite. Les médaillons à fond bleu, qui décorent les deux panneaux latéraux, font déjà pressentir une réaction encore lointaine, mais une réaction positive du style qui prévaudra dans vingt-cinq ans et même moins. Quant aux encoignures, œuvres de l'ébéniste Joubert, terminées seulement en 1755, elles témoignent seulement d'un désir sincère de faire quelque chose pouvant s'harmoniser avec le meuble central, mais d'une certaine lourdeur dans l'exécution. Aussi bien quelques détails montrent une assez grande transformation dans le style; l'adjonction d'ornements à la partie inférieure du meuble, d'une sorte de cul-de-lampe, fait déjà penser à la composition des commodes de Riesener et

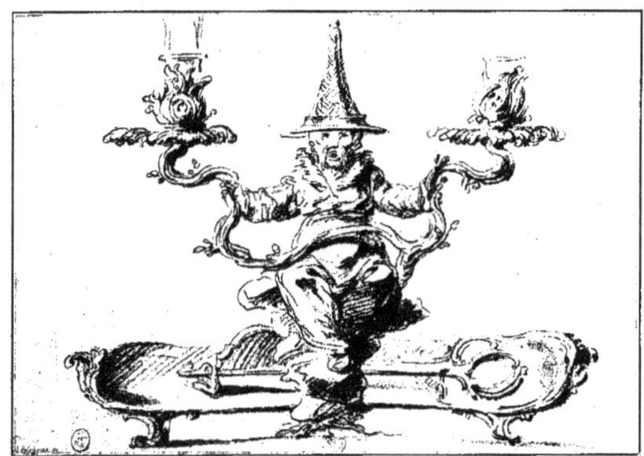

MODÈLE DE FLAMBEAU EN ARGENT

par l'un des frères Slodtz (d'après le dessin original conservé au département des Estampes,
à la Bibliothèque Nationale)

des ébénistes qui furent en vogue à l'époque de Louis XVI. Ces meubles sont des œuvres inférieures, mais utiles à connaître en ce sens qu'elles nous font comprendre, mieux que tout autre document, les changements survenus dans le style français en quinze ans.

Le même recueil de la Bibliothèque Nationale contient un dessin très intéressant [1], qui paraît n'être autre chose que le modèle original de la fameuse commode de Caffieri (planche IX), possédée par le Musée Wallace, à Londres. Étant donnés les changements faits par Gaudreaux au modèle de René-Michel Slodtz, les quelques modifications introduites par Caffieri dans l'exécution de cette commode,

---

dans le Cabinet aux Tableaux avant la petite Gallerie à Versailles. Un beau et riche médailler, en forme de commode, de bois violet à placages, chantourné et à dessus de marbre de griotte d'Italie. Le devant s'ouvre à deux battaus fermans à clef, ornés de deux grands médaillons ovales d'après l'antique. Le tout de bronze doré d'or moulu ; au milieu est un masque de femme. Les côtés sont enrichis dans le même goût et ont aussi chacun un médaillon ovale sur fond de lapis. Au dedans du médailler sont 14 tiroirs, dont les devans sont de bois violet à compartimens avec boutons et ornemens de bronze doré par les côtés. Le médailler est porté sur quatre pieds en consolles surmontés de 4 têtes de béliers aussi de bronze doré d'or moulu. Il a 5 pieds 2 pouces de long sur 2 pieds de profondeur par le milieu et 35 pouces par haut. » — 16 May 1755 : « Livré par le Sr Joubert, ébéniste, pour servir dans le Cabinet de retraite du Roy et dans la pièce où est le médailler à Versailles. Deux armoires en encoignures de bois violet à placages en mosaïque à dessus de marbre griotte d'Italie de 24 pouces d'équierre, 27 p. de front et 34 p. 1/2 de haut avec venteau par devant fermant à clef, orné de cartouches, trophées de médailles, guirlandes de fleurs et bas reliefs, représentant l'un la Poésie et la Musique et l'autre la sculpture et la peinture sur camayeux façon de lapis. Le tout de bronze cizelé et doré d'or moulu. » Germain Bapst, *Les Médailliers de la Bibliothèque Nationale* dans la *Chronique des Arts*, 1892, p. 84. Ajoutons, d'après le même article, que le médaillier central fut reproduit, en 1770, pour le duc d'Ossuna, et que cette reproduction fut vendue, il y a peu d'années, à Paris.

1. Ce dessin a été reproduit par A. de Champeaux, *Portefeuille des Arts décoratifs*, pl. 87. — A y regarder de près, l'identification avec la commode de la collection Wallace me paraît à peu près certaine.

surtout au point de vue de la distribution des ornements de bronze, ne sont pas un obstacle bien sérieux à une identification entre le modèle et le meuble que nous possédons aujourd'hui. Au surplus, la question n'aurait qu'un intérêt médiocre si ce rapprochement ne nous prouvait combien de grands artistes, et Caffieri en était un, ont pu se trouver asservis à toutes les fantaisies du dessinateur, qui créait le galbe des meubles que construisaient les ébénistes [1].

Par ce rapide aperçu, on peut voir l'influence que les Slodtz, par l'autorité dont ils étaient revêtus, par la continuité de leurs efforts, ont pu avoir sur le développement de l'art officiel dans la première moitié surtout du XVIIIe siècle, et que même leur influence s'est prolongée beaucoup au delà de cette époque. Mais aussi bien, quoique déjà âgés, ont-ils pu changer leur manière sur le tard et faire des compositions tout aussi gracieuses mais plus calmes, comme ces belles boiseries

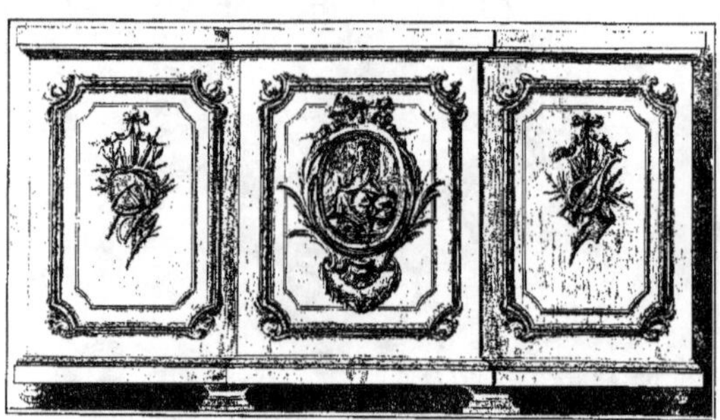

MODÈLE DE L'UN DES MEUBLES DÉPOSÉ AU MINISTÈRE DE LA MARINE
Dessin original de l'un des Slodtz, conservé au Cabinet des Estampes, à la Bibliothèque Nationale

provenant de la chapelle de Versailles que possède le Musée des Arts décoratifs. Enfin, puisque nous en sommes sur le chapitre de la décoration intérieure, sur laquelle on aura à revenir, surtout en traitant de l'influence des artistes français à l'étranger, n'oublions pas le rôle qu'ont joué les treillages sous le règne de Louis XV et de Louis XVI. Soit peints, soit exécutés en nature, ils ont permis aux architectes et aux peintres de charmantes fantaisies qui, non seulement pouvaient s'étaler sur les parois des salles, mais même se continuer au plafond et former de véritables treilles. On trouvera ici un fort joli échantillon de ces plafonds peints, emprunté à un recueil de dessins de la Bibliothèque Nationale. Il semble que c'est là un modèle dont maint architecte, en quête d'une ornementation originale, pourrait s'inspirer.

Mais, traiter plus longuement ici de ce sujet serait sortir du cadre que je me suis imposé. Si parfois je suis obligé de parler des éléments employés par les architectes pour recouvrir les murs qui devaient abriter les meubles dont j'essaye de tracer l'histoire, c'est simplement pour rappeler au lecteur une vérité qu'on ne saurait méconnaître quand on étudie les arts décoratifs : non seulement

---

1. Le grand médaillier est ainsi décrit dans l'*Inv. de Fontanieu* : « 1147. Un beau et riche médaillier en forme de commode de bois violet à placages, chantourné et à dessus de marbre de griotte d'Italie. Le devant s'ouvre à deux battans, fermans à clef, ornés de deux grands médaillons ovales d'après l'antique, sur fond lapis, accompagnés de guirlandes de fleurs, avec rubans entrelassés de rinceaux et palmes, d'où pendent différentes médailles aussi d'après l'antique, le tout de bronze doré d'or moulu. Au milieu est un masque de femme. Les côtés sont enrichis dans le même goût et ont aussi chacun un médaillon ovale sur fond de lapis. Au dedans du médaillier sont 14 tiroirs dont les devans sont de bois violet à compartimens, avec boutons et ornemens de bronze doré par les côtés. Le médaillier est porté sur quatre pieds en consolles, surmontés de quatre têtes de belier aussy de bronze doré d'or moulu. Il a cinq pieds deux pouces de long sur deux pieds de profondeur par le milieu et vingt cinq pouces de haut. » (Archives Nationales, O 1 3336, f° 251, v°.)

nos anciens artistes ont, dans la plupart des cas, cherché à faire des meubles conformes à leur destination, mais encore ils ont cherché et réussi à mettre d'accord ces mêmes meubles avec la décoration des appartements où ils devaient figurer. Les sculptures des boiseries, les frises peintes ou sculptées des plafonds n'étaient que l'amplification, sur des surfaces planes, des admirables motifs de bronze qui accentuaient et enrichissaient le galbe des meubles. Des treilles du genre de celle qui est reproduite ici ne sont que le développement en peinture du réseau sculpté et doré qui emprisonnait la marqueterie des bureaux et des commodes, un rappel des tons harmonieux des étoffes qui

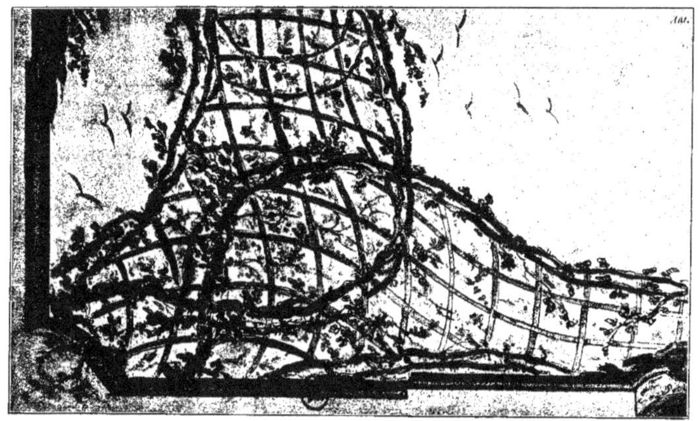

ANGLE DE PLAFOND PEINT REPRÉSENTANT UNE TREILLE
Époque de Louis XV. Aquarelle originale conservée au Cabinet des Estampes, à la Bibliothèque Nationale (Recueil II d 209)

recouvraient les meubles. Aussi bien meubles et décoration intérieure étaient subordonnés à une pensée unique, celle d'un dessinateur qui connaissait sinon la pratique du moins la théorie de tous les arts, ou mieux encore celle de l'artiste par excellence, de l'architecte. C'est de la sorte qu'au xviiie siècle, dans un style différent, mais par l'application d'un principe identique, les architectes ont créé des ensembles absolument complets, comparables, par l'unité de la pensée qui présida à leur naissance, aux merveilles sorties des mains des maîtres d'œuvre du moyen âge.

V. JACQUES CAFFIERI ET PHILIPPE III CAFFIERI. — LES ÉBÉNISTES DU MILIEU DU RÈGNE DE LOUIS XV

Ce n'est point comme ébénistes que les Caffieri tiennent une place dans l'histoire du mobilier du xviiie siècle. Sculpteurs, fondeurs et ciseleurs, ils ont fourni aux artistes qui fabriquaient des meubles quelques-unes des plus belles pièces décoratives que nous possédons encore aujourd'hui. Faute de documents assez explicites, il est difficile d'inscrire leur nom sur une foule de monuments qui rappellent leur style, mais du moins ces documents sont suffisamment nombreux et étendus pour qu'on puisse deviner le rôle important qu'ils ont joué. De cette dynastie des Caffieri, dont M. Guiffrey a reconstitué l'histoire, nous n'avons à retenir ici que Jacques (1678-1755), cinquième fils

E. MOLINIER, *Arts industriels.* — III.   17 de Philippe Ier, et Philippe III, fils de Jacques (1714-1774). Ce dernier fut collaborateur de son père jusqu'à la date de sa mort (1755), et c'est ce qui rend presque impossible de discerner quelles œuvres ont été exécutées à part par chacun d'eux, ou celles qui sont le fruit de leur collaboration. La tâche de l'historien est singulièrement facilitée, d'ailleurs, par les documents qu'a réunis M. Guiffrey, et je résumerai brièvement ici la biographie qu'il a tracée des deux artistes.

Jacques, né en 1678, à la manufacture royale des Gobelins, était établi, comme fondeur et ciseleur, rue des Canettes, en 1714; en 1715, il fut chargé par la corporation de dessiner le drap brodé ou poêle destiné aux funérailles de ses confrères, et ce dessin, d'une belle exécution, nous a été conservé[1]; il rappelle, au point de vue du style, les compositions décoratives de Robert de Cotte, et rien ne fait encore présager que Jacques sera un des fervents adeptes du style rocaille, alors en formation. Le fait doit être noté, car si nous possédons quelques monuments de sculpture de Jacques Caffieri, ils sont tous d'une date postérieure et nous prouvent qu'il avait pleinement adopté le style à la mode. M. Guiffrey[2] a patiemment relevé, à partir de 1736, dans les *Comptes des Bâtiments*, toutes les mentions relatives à Jacques; malheureusement ces mentions sont bien peu explicites et ne nous indiquent guère que les endroits, les résidences royales pour lesquelles il a travaillé, tout cela accompagné d'indications de chiffres souvent considérables attestant l'importance de la collaboration de l'artiste. De 1736 à 1748, nous le voyons faire de nombreuses fournitures de sculptures en bronze doré destinées à la décoration des appartements de Versailles, de Fontainebleau, de Marly, de Choisy, de la Muette. Souvent ces ouvrages sont sommairement indiqués; tantôt il s'agit d'un feu (1737), tantôt de bras de lumière (1747). En 1742, par exception, nous savons qu'il fut chargé d'exécuter des cadres en bronze doré de glaces, destinées à être offertes au Sultan par Louis XV; les dessins en furent faits par Gabriel et par l'un des Slodtz, et ils nous ont été conservés[3]. De style relativement assez calme, ces cadres, que rehaussaient des incrustations de glace, ont le défaut de beaucoup de patrons donnés par Gabriel, et rappellent, par leurs proportions, les portes créées par le célèbre architecte : elles sont trop hautes pour leur largeur. Quoi qu'il en soit, il y avait là, pour Jacques Caffieri, matière à montrer son talent de fondeur et de sculpteur[4]. Ces travaux, quelle que fût leur importance, ne suffisent pas à expliquer le chiffre des sommes reçues par Jacques[5]; il faut admettre que beaucoup d'autres œuvres que nous hésitons à lui attribuer sont aussi de lui. De 1748 à 1752 Jacques Caffieri disparaît des *Comptes royaux*, mais, en 1752 et 1754, on l'y voit figurer et on le voit aussi paraître, comme doreur, à Bellevue, où il travaille pour Mme de Pompadour. On voit donc par là — et je laisse de côté ici les œuvres de véritable sculpture, comme les bustes en bronze du baron de Besenval (1735 et 1737) — qu'on ne peut tirer que peu de renseignements des documents au sujet de cet artiste. Il faut recourir aux œuvres elles-mêmes dont quelques-unes, fort heureusement, sont signées, et dont l'examen peut, jusqu'à un certain point, légitimer de nouvelles attributions.

En première ligne il faut placer la fameuse horloge de Passemant, décrite dans tous ses détails par Le Roy dans les *Étrennes chronométriques*, de 1758[6]. Je me dispenserai, suivant en cela l'exemple de M. Guiffrey, de reproduire ici la longue description de cette horloge, au point de vue astronomique. Je me contenterai de citer ce passage décisif de l'écrit de Le Roy : « Enfin, la magnificence de cette pièce, qui a sept pieds de haut et dont la boîte en bronze a été composée par Messieurs Caffieri père et fils, flatte autant les yeux que sa grande justesse contente l'esprit. » L'horloge

---

1. J.-J. Guiffrey, *ouvr. cité*, p. 70.
2. *Ibid.*, p. 83 et suiv.
3. Au cabinet des Estampes, à la Bibliothèque Nationale. Publiés par A. de Champeaux, *Portefeuille des Arts décoratifs*, pl. 72 et 70.
4. Il est possible que ces pièces aient été conservées à Constantinople, où on les retrouvera peut-être un jour, au milieu des fouillis inextricables entassés par les Turcs dans leurs palais. Ces barbares sont, par pure insouciance, du reste, plus conservateurs qu'on le supposerait tout d'abord, et les cadres portant pour emblèmes des croissants, il n'y a pas de raison pour qu'on les ait détruits.
5. C'est avec raison, à mon avis, que M. Guiffrey attribue ces cadres à Jacques et non à Philippe, comme l'a prétendu Mantz, *Gazette des Beaux-Arts*, 1861, t. XI, p. 257.
6. *Étrennes chronométriques ou calendrier pour l'année MDCCLVIII, contenant ce qu'on sait de plus intéressant sur le temps, ses divisions, ses mesures, leurs usages, etc., par M. Le Roy l'aîné fils, de l'Académie royale d'Angers, à Paris, chez l'auteur*, etc., MDCCLVII, in-32. Sur cette horloge, voyez Guiffrey, *ouvr. cité*, p. 74 et s.

astronomique de Passemant fut soumise à l'Académie des Sciences le 23 août 1749 et fut présentée au roi, à Choisy, le 7 septembre 1750, d'après les renseignements insérés par Dauthiau, l'horloger même qui construisit le mouvement, sur les calculs de l'ingénieur Passemant, dans le *Mercure de France*, au mois de mars 1754 [1]. « Sa Majesté, ajoute Dauthiau, protectrice des sciences et des arts, en marqua sa satisfaction ; elle ordonna une nouvelle boîte sur le dessein qu'elle choisit, qui a été composée et exécutée par le S. Caffieri, ce qui a prolongé le temps jusqu'au 20 août 1753 qu'elle a été présentée de nouveau à Choisy où elle a resté quatre mois et a été depuis transportée à Versailles. »

Ce texte suffit amplement à déterminer la date de l'horloge qui fut placée, en janvier 1754, dans la salle qu'elle occupa jusqu'à la fin du xviiie siècle, près de la chambre à coucher de Louis XV, salle qui prit le nom de *Salon de la Pendule*. C'est là qu'elle a été replacée quand elle fut rachetée par l'État, sous le règne de Louis-Philippe. Toutes les descriptions de Versailles jusqu'à la Révolution parlent de la fameuse horloge qui, certainement, constitue le morceau de ciselure le plus extraordinaire sorti des ateliers de Jacques Caffieri. Son fils Philippe l'y aida-t-il ? je veux le croire puisque quelques auteurs du xviiie siècle le disent, mais il n'en est pas moins vrai que, comme le remarque avec raison M. Guiffrey, la signature du père, seule, y figure par deux fois : *Les bronzes exécutés par Caffieri*; — *les bronzes sont composés et exécuté (sic) par Caffieri* [2]. Cette absence de la signature de Philippe Caffieri est, du reste, assez compréhensible : celle du chef de famille, du chef d'atelier aussi, excluait toute autre mention. De style franchement rocaille, ce meuble tout en bronze, cette boîte d'horlogerie, n'est peut-être pas aussi gracieuse de profil que bien des régulateurs du xviiie siècle ; mais l'exécution de la ciselure, l'emmanchement des motifs les uns dans les autres témoignent d'une rare connaissance du métier et d'une entente parfaite du style à la mode ; je ne vois pas trop comment la vue de cette horloge a pu évoquer, chez certains auteurs, l'image d'un bonhomme dont on aurait retranché les bras. Assurément je préfère les cartels de grandes dimensions imaginés par Jacques Caffieri, tel celui possédé par M. Aquarone et représentant Apollon perçant le serpent Python de ses flèches, que signale M. Guiffrey [3], tel que celui que renferme la collection de M. Rodolphe Kann, tel que celui, absolument contemporain, que possède M. le comte de Castellane et que reproduit notre planche XVIII [4] ; sans doute les formes y sont plus gracieuses et d'un imprévu moins bizarre, mais elles sont d'une fantaisie dont on sent tout de suite le prix quand on compare les merveilles qu'a enfantées ce style, qui a eu tant de détracteurs, avec les compositions si soignées mais si froides de la fin du règne de Louis XV ou du commencement du règne de Louis XVI. On trouvera ici, à titre de comparaison, l'image

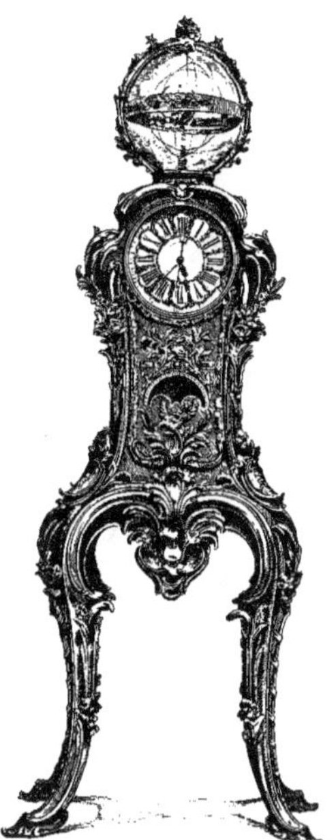

HORLOGE ASTRONOMIQUE
par Passemant et Dauthiau. Monture en bronze
par Jacques Caffieri (1749-1753)
(Musée National de Versailles)

---

1. Guiffrey, *ouvr. cité*, p. 75, 76.
2. Le cadran porte les noms de Passemant et de Dauthiau, et au revers du mouvement on lit : *Inventée par Passemant, exécutée par Dauthiau, examinée et approuvée par l'Académie royale des Sciences de Paris, le 23 aoust 1749.*
3. *Ouvr. cité*, p. 97. Le mouvement est signé *L. D. Carré à Paris* ; le bronze : *Caffieri fecit.*
4. Le mouvement de cet admirable cartel est signé : *Bunon à Paris.*

d'un charmant baromètre de Passemant monté en bronze doré, orné de plaques de porcelaine de Sèvres, en camaïeu rose, œuvre très soignée, de 1770 environ, qui fait partie de la collection Jones, au Musée de South Kensington. Mme du Barry posséda, dans son château de Louveciennes, un baromètre et un thermomètre de ce style; c'est dire que le goût en est des plus délicats; mais, en face de ces profils réguliers, de cette sécheresse de contours, on se prend presque à regretter les intempérances d'ébauchoir d'un Jacques ou d'un Philippe Caffieri.

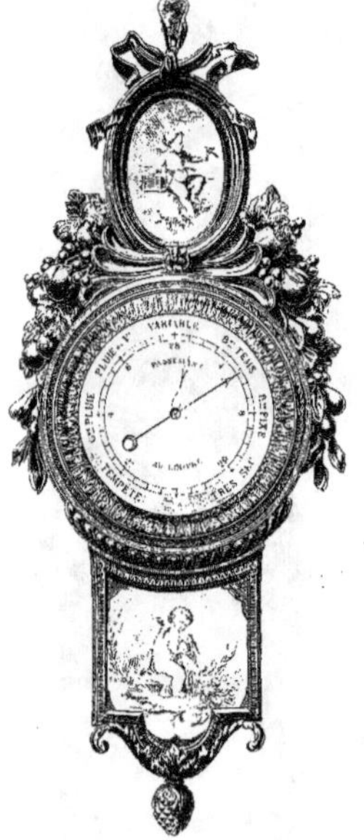

BAROMÈTRE

par Passemant. Monture en bronze doré enchâssant des plaques de porcelaine de Sèvres peintes en camaïeu rose (Legs Jones, au Musée de South Kensington)

Une commode, conservée aujourd'hui dans la collection Wallace, à Londres, constitue le plus bel échantillon qu'on puisse voir de l'application du bronze à la décoration de l'ébénisterie telle que l'a conçue Jacques Caffieri : on en trouvera la reproduction planche IX, n° 2. Elle peut soutenir la comparaison avec le chef-d'œuvre de Cressent qui fait partie de la même collection. Signée du nom de Caffieri, — mais sans prénom — il y a de fortes présomptions, pour les raisons plus haut exposées, pour qu'il s'agisse de Jacques. Quant au dessin lui-même, il est possible qu'il soit sorti de l'atelier des Slodtz; du moins un de ces dessins signalés au chapitre précédent[1] présente, avec l'œuvre exécutée, de telles analogies qu'on peut, avec une presque certitude, conclure à l'identité[2]. Les meubles portant la signature de Jacques Caffieri — sans prénom — sont de la plus insigne rareté : M. de Champeaux[3] cite une commode en laque, plus petite que celle de la collection Wallace mais de même style, qui fait partie de la collection de M. le baron Gustave de Rothschild, et c'est tout. Mais son style se retrouve sur un très grand nombre d'autres meubles, commodes ou bureaux, dont quelques-uns offrent l'estampille d'ébénistes connus : on peut en inférer soit que Caffieri n'a pas toujours signé ses bronzes, ce qui est probable, soit que le parti adopté par lui, pour la décoration de l'ébénisterie, a été fréquemment imité par d'autres bronziers. Héritier des traditions du XVIIe siècle, Caffieri a toujours donné une part prépondérante aux bronzes qui ne devaient être, en bonne logique, que des ornements : en sorte que toutes les pièces d'ébénisterie qu'il a eues à décorer ou qui ont été conçues sous son influence sont comme entourées, enlacées pourrait-on dire, d'un réseau brillant. En cela il se sépare de ses devanciers, de Boulle surtout, qui justifiaient autant que possible l'emploi du bronze par ses rapports étroits avec l'architecture du meuble. De l'architecture il n'est plus question : le bronze envahit toutes les surfaces, se substituera même complètement à certains membres essentiels, ou les enveloppera tout à fait pour produire une œuvre à la fois compliquée et amaigrie, inquiétante pour l'œil, et dont les supports paraissent bien faibles pour soutenir une grosse masse. Parmi ces meubles inspirés par Jacques Caffieri, je citerai une charmante commode, appartenant à M. Burat[4], toute couverte de rocailles et de guirlandes de fleurs; une commode en marqueterie signée *P. Bernard, ébéniste*, appartenant à M. Blagé[5]; une

---

1. Et publié par A. de Champeaux, *Portefeuille des Arts décoratifs*, pl. 87.
2. Voyez plus haut, p. 127.

3. *Le Meuble*, II, p. 143, 144.
4. *Portefeuille des Arts décoratifs*, pl. 30.
5. *Ibid.*, pl. 570.

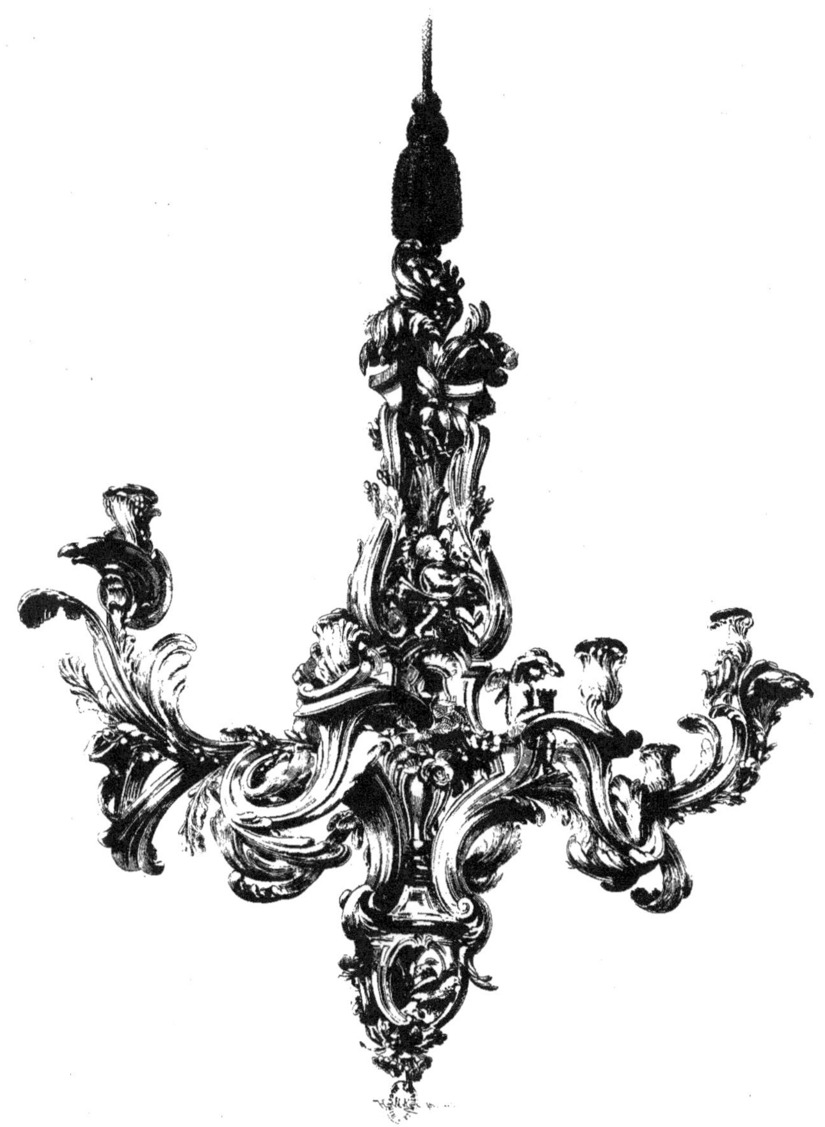

LUSTRE EN BRONZE DORÉ

ATTRIBUÉ A L'ATELIER DES CAFFIERI. RÈGNE DE LOUIS XV.

Bibliothèque Mazarine.

grande commode en bois satiné, d'un aspect un peu massif, au garde-meuble national[1]; une commode en laque, qui fait partie de la collection Jones, au Musée de South Kensington, à Londres, et porte l'estampille de l'ébéniste *Joseph*[2]. La même signature a été relevée sur une autre commode qui fit jadis partie de la collection Charles Stein[3], qui est ici reproduite. Cette commode, de marqueterie de bois satiné, à médaillons de fleurs sur fond de bois de rose, rappelle, bien que plus simple que les précédentes, le système généralement adopté pour la décoration de ces meubles par Jacques Caffieri.

On peut voir qu'il subsiste beaucoup de doutes sur un très grand nombre de décorations de bronze attribuables à Caffieri ou qui, du moins, se peuvent réclamer de son style : ces doutes ne sont

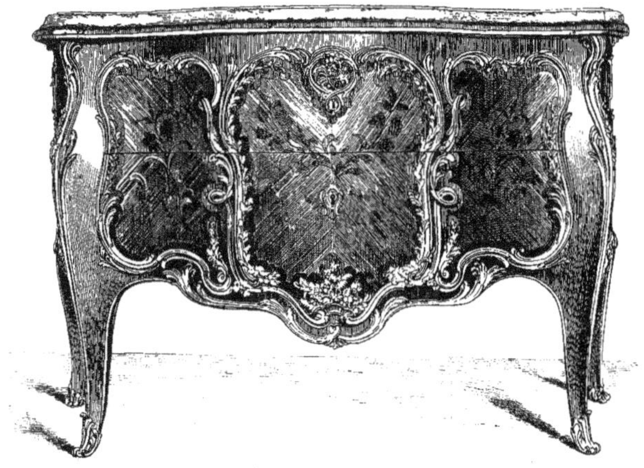

COMMODE EN MARQUETERIE
décorée de bronzes dorés. Signée : Joseph (Ancienne collection Charles Stein)

levés ni par les admirables lustres, dont l'un porte la signature : *Caffieri à Paris, 1751*, qui font partie de la collection Wallace, à Londres[4], ni par les deux lustres plus petits, mais encore d'une rare somptuosité, qui, depuis la Révolution, appartiennent à la Bibliothèque Mazarine (ancienne Bibliothèque du Collège des Quatre-Nations). Pour ces lustres d'une admirable composition, non signés mais dont l'attribution à Caffieri ne paraît être guère douteuse (voyez pl. X), la question se complique : les attributs que portent quelques-uns des amours accroupis contre les motifs de décoration qui forment la tige du lustre — des tours — semblent indiquer qu'ils ont été faits pour Mme de Pompadour. On sait que trois tours figurent dans les armoiries de la favorite. Auraient-ils été faits pour le château de Bellevue? La chose est possible; mais nous avons vu que les *Comptes* sont peu explicites au sujet des travaux exécutés par Caffieri dans cette résidence. Enfin n'oublions

<hr>

1. *Portefeuille des Arts décoratifs*, pl. 524.
2. *Ibid.*, pl. 100.
3. N° 380 du *Catalogue* de vente.
4. Ces lustres et les bras de lumière qui les accompagnaient ont été

endommagés dans l'incendie du *Pantechnicon* de Londres. Achetés par le baron Davillier en Italie, ils provenaient de Modène. Ils auraient été offerts par Louis XV lors du mariage de l'infant d'Espagne, don Philippe, avec Louise-Élisabeth de France.

point que des tours figurent dans les armoiries de mainte autre famille, la famille de Turenne, notamment. Et si les lustres de la Mazarine proviennent des dépôts révolutionnaires, on ne saurait méconnaître que dans le dépôt où puisait l'administrateur de la Bibliothèque du Collège des Quatre-Nations se trouvaient à la fois des meubles provenant des résidences royales, tels que les *commodes Mazarines*, et des meubles provenant de saisies pratiquées chez des particuliers, tels les lustres de Boulle, dont quelques-uns viennent de chez Cossé-Brissac [1].

Des bureaux également portent la marque du style particulier à Caffieri, l'imitent ou l'aggravent encore par la profusion des bronzes chantournés : un superbe bureau de laque noire, déposé au Ministère de la Justice, dont les chutes fleuries se prolongent jusqu'aux sabots et font disparaître presque complètement l'ébénisterie des supports, dont les tiroirs sont comme recouverts d'un réseau de bronze, me semble absolument appartenir à ce style [2]; j'en dirai autant d'un bureau-toilette de dame ou de table à coiffer dont les profils rappellent les bureaux dessinés par Oeben et Riesener, et sur les panneaux duquel serpentent agréablement les fleurs, les branchages et les rocailles; là encore les chutes se raccordent aux sabots de bronze. Ce meuble charmant, signé *P. Bernard ébéniste*, appartient à M. Blagé [3]. Enfin, le type le plus parfait du genre est le grand bureau muni d'un serre-papiers surmonté d'un groupe de bronze monumental, qui appartient à M. le prince de Metternich, à Vienne. Ce bureau, que reproduit la planche XI, passe pour avoir été commandé par le duc de Choiseul [4]. D'après cette conjecture, au sujet de laquelle M. de Champeaux montre un scepticisme que je partage entièrement, il aurait pu être exécuté pour l'Hôtel du dépôt des Affaires Étrangères, à Versailles, et serait passé entre les mains du prince de Talleyrand, son dernier possesseur avant le prince de Metternich. Aucun document n'est venu jusqu'ici confirmer ou infirmer cette légende; et il faut se résigner à ignorer l'origine d'un monument qui pourrait bien être un présent du roi Louis XV. En tout cas, il est impossible de trouver un meuble qui montre aussi bien, à la fois, les qualités et les défauts du style rocaille, les qualités et les défauts du style de Caffieri. Le bronze domine partout, aussi bien par la figure de femme qui soutient l'extrémité de la table que par le groupe presque trop important qui surmonte le cartonnier, que par la large frise qui contourne la ceinture et vient mourir sur des pieds de bronze, tout chantournés et trop maigres d'aspect pour servir de support à une architecture aussi chargée. D'ébénisterie il n'est plus question : nous avons affaire à un meuble en bronze, construit dans un style différent, mais suivant les principes qui guideront un Riesener ou un Jacob au seuil du XIXe siècle : le métal se substitue au bois, rapetisse et étiole toutes les formes. Bien plus que les boiseries inspirées par les compositions de Meissonnier, un tel meuble mériterait tous les sarcasmes dont les classiques ont poursuivi le style rocaille.

Mais est-ce à Jacques Caffieri ou à son fils Philippe qu'il faut imputer ces excès? Là encore, il convient de multiplier les points d'interrogation. Car il faudrait savoir quelles sont, parmi toutes ces œuvres, celles qui sont antérieures à 1755, date de la mort de Jacques, date à laquelle aussi son fils Philippe le remplace, en nom, dans son atelier et dans les travaux exécutés pour les maisons royales. Et si les textes sont peu explicites pour Jacques, ils ne sont pas, en général, plus clairs pour Philippe. Nous savons seulement par les *Comptes* que, de 1755 à 1758, Philippe, prenant en quelque sorte la succession de son père, exécuta des travaux de bronze pour le surintendant, M. de Marigny, pour les châteaux de Saint-Hubert, de Bellevue, de Choisy, de Compiègne, travaux dont il ne fut payé, avec beaucoup de difficultés, que bien des années plus tard; en réalité il travailla pour le roi

---

1. Mentionnons encore, d'après A. de Champeaux (*Le Meuble*, II, 144), un certain nombre d'œuvres de bronze attribuables à Jacques Caffieri : une paire de flambeaux signés *Cafféry*, ayant appartenu à M. Alibert; un cartel, ayant appartenu à M. Miallet, signé deux fois : *Fait par Cafféry* et *Cafféry*; deux grandes pendules dont le cadran est supporté par une figure d'éléphant; un Chinois accroupi surmonte le mouvement. L'une de ces pendules, d'une médiocre composition, signée : *Fait par Cafféry*, est au Musée de South Kensington (*Portefeuille des Arts décoratifs*, pl. 392); l'autre, également signée, chez M. le baron de Leusse; — un cartel chez Mme Helft, signé : *Fait par Cafféry*; un cartel dans le Musée Poldi-Pezzoli, à Milan, signé : *Cafféry fecit*.

2. *Portefeuille des Arts décoratifs*, pl. 13.

3. *Ibid.*, pl. 619.

4. A. de Champeaux, *Le Meuble*, II, p. 142.

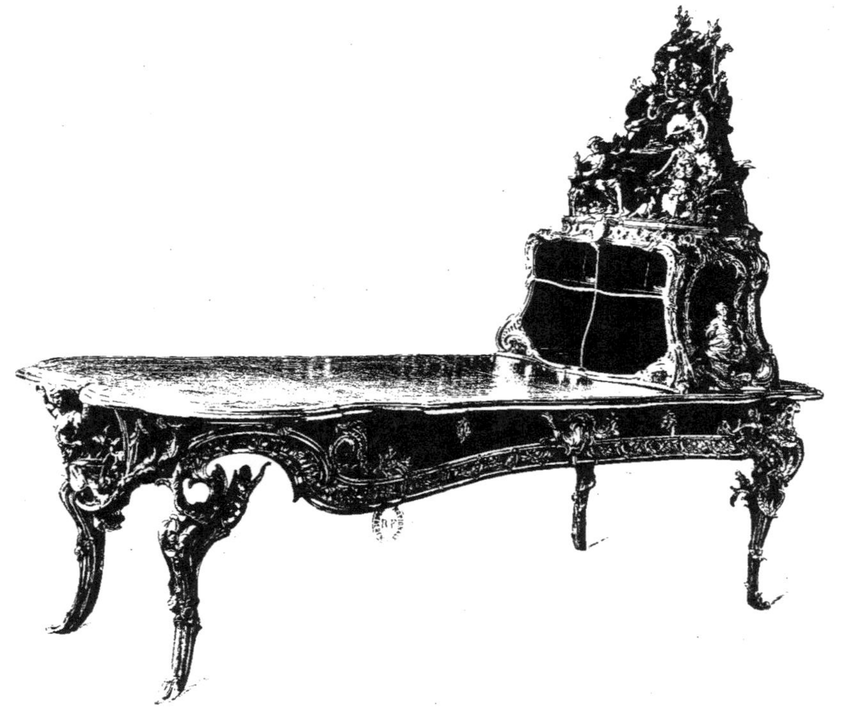

GRAND BUREAU ET SERRE PAPIERS, STYLE DES CAFFIÉRI

jusqu'en 1769 [1]. Quant aux autres travaux, tels que les chandeliers, la croix et les torchères de bronze doré, exécutés pour Notre-Dame de Paris, les flambeaux et le crucifix exécutés pour la cathédrale de Bayeux (1771), je n'ai pas à y insister ici : on trouvera l'histoire détaillée de ces monuments dans le livre de M. Guiffrey [2]; aussi bien leur étude ne rentre-t-elle pas dans le cadre de cet ouvrage. Mais cependant il est important de remarquer que la garniture d'autel de la cathédrale de Bayeux « *gravé et inventé par Philippe Caffiery l'ainé 1771, doré par Carpentier* » montre l'évolution complète du talent de Caffieri et nous permet de nous faire une idée du style des meubles qu'il fournissait à différents amateurs, à La Live de Jully, au peintre Boucher, ou qui étaient en vente dans sa boutique. Philippe Caffieri avait suivi la mode, abjuré les rocailles pour entrer dans le giron du classicisme [3]. C'est cette constatation qui, dans certains cas, doit rendre très prudent en matière d'attribution. Je citerai ici l'exemple des deux admirables aiguières en porcelaine céladon, montées en bronze doré, que possède le Louvre. Il est peu de monuments, à coup sûr, qui aient été, dans l'art du XVIIIe siècle, si souvent reproduits à notre époque, avec ou sans variantes. Ces aiguières ont été attribuées à Caffieri sans, du reste, qu'on s'inquiétât de savoir si ce Caffieri était Jacques ou Philippe. Cette opinion émise par M. Williamson [4], qui a publié les deux aiguières du Louvre ainsi qu'un vase déposé actuellement au Palais de l'Élysée et qui était destiné à compléter cette garniture, ne me paraît pas fort acceptable, du moins pour les raisons qui ont déterminé le jugement de cet auteur. Il a eu égard, pour cette attribution, non seulement au style des bronzes, beaux feuillages de style rocaille dessinés avec une admirable crânerie, entremêlés de roseaux, mais encore à la marque, un C couronné, qu'il a relevée sur la pièce du milieu, le vase à deux anses conservé actuellement à l'Élysée. Or, nous avons vu que, contrairement à la doctrine admise par

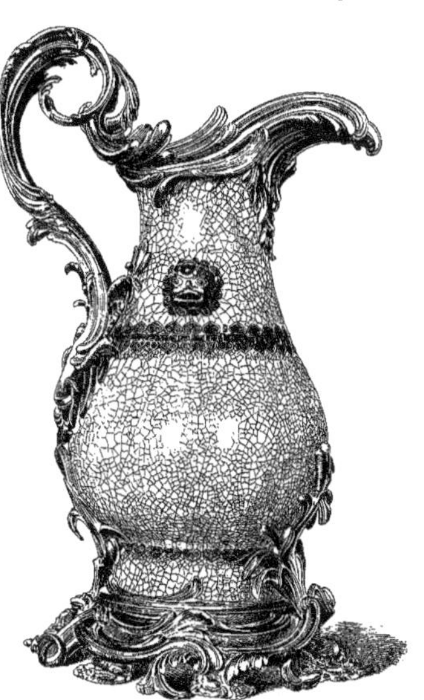

AIGUIÈRE EN PORCELAINE CÉLADON
montée en bronze doré. Monture attribuée à Duplessis
(Musée du Louvre)

quelques-uns, la marque C ne saurait en aucun cas être considérée comme une signature de l'un quelconque des Caffieri, ni de tel autre sculpteur, fondeur ou ciseleur du XVIIIe siècle [5]. De plus, un examen de la pièce de milieu en question, un vase en porcelaine céladon de galbe absolument semblable à ceux du Louvre, que le bronzier a muni de deux anses symétriques et d'une base de métal, révèle que la monture, très inférieure de dessin et d'exécution, est d'une autre main que les montures des vases du Louvre. Cette troisième pièce a été montée après coup pour compléter une garniture qui, originairement, ne comptait que deux aiguières. Et, à dire vrai, je ne reconnais point là la main de Jacques Caffieri ni son système de composition des ornements de style rocaille, ou la main de son

<hr>

1. Guiffrey, *Les Caffieri*, p. 110 et suiv.
2. *Ibid.*, p. 116 et suiv.
3. Voyez la reproduction de deux des flambeaux et de la croix de la

cathédrale de Bayeux dans Guiffrey, *ouvr. cité*, p. 132.
4. *Les Meubles d'art du Garde-Meuble national.*
5. Voyez plus haut, p. 109 et suiv.

fils. Il faut donc, je crois, être fort prudent en matière d'attribution; il y a déjà trop, de par le monde, de bronzes attribués aux Caffieri; on oublie tous les autres bronziers de talent, Auguste, Gallien, Duplessis, auquel, en 1754, Lazare Duvaux commandait la monture sur « modèles faits exprès » de deux urnes de porcelaine céladon qui, peut-être, sont celles que possède le Louvre [1].

Mais si, en fait, les attributions sont difficiles, par contre nous avons d'assez nombreux renseignements sur les travaux exécutés par Philippe Caffieri, non pas seulement sur des travaux officiels en quelque sorte, tels que la toilette de la princesse des Asturies que l'orfèvre Germain exécuta d'après ses dessins [2], mais sur des travaux plus courants tels que le coquillier ou le bureau, les vases du cabinet La Live de Jully [3] ou les bronzes possédés par le peintre Boucher [4], ou les bras qui, possédés d'abord par Randon de Boisset (vente de 1777), passèrent dans le cabinet du duc d'Aumont où ils furent attribués à Caffieri [5]. Enfin, une lettre de 1771, publiée par M. Guiffrey, contient les plus curieux renseignements sur quelques-unes des œuvres qui se trouvaient à cette date dans son atelier, sa boutique pourrait-on dire plus justement. C'est un document de première importance et qui peut sans doute permettre, à l'occasion, de reconnaître quelques créations des Philippe Caffieri aujourd'hui méconnues [6].

---

1. « 1810. Mme la Marq. de Pompadour : La garniture en bronze doré d'or moulu de deux urnes de porcelaine céladon, modèles faits exprès par Duplessis, 960 l. — La garniture en bronze doré d'or moulu d'un vase en hauteur de porcelaine céladon, à tête de bélier, nouveau modèle de Duplessis [juin 1754]. » (*Livre-Journal de Lazare Duvaux*). Duplessis donnait aussi des dessins d'orfèvrerie : « 1738. Mme la Marq. de Pompadour : Une cuiller et fourchette en or à 22 karats, à moulures et contours, gravées et ciselées, dessins de Duplessis ; une salière forme de tabatière à contours, en or gravé et ciselé, à deux charnières ; un gobelet de cristal de roche, avec une moulure d'or au pied dudit gobelet ; le tout dans un étui de cuir rouge doublé en velours vert, 1997 l. — Une tabatière d'écaille piquée, en cage, à contours, la garniture en or émaillé de rose par Aubert, au retour d'une vieille garniture d'or, Madame ayant fourni le dessus, 920 l. [avril 1754]. » (*Ibid.*) — Sur Aubert, fondeur, voyez aussi A. de Champeaux, *Dictionnaire des fondeurs*, p. 40, mais il est assez difficile, à la vérité, de savoir au juste s'il s'agit ici de l'émailleur du roi ou du fondeur. — Auguste, orfèvre, fondeur et ciseleur, rue de la Monnaie, à Paris, a travaillé pour Louis XV, pour Mme de Pompadour, pour Louis XVI. Il mourut en l'an XII. S'il est connu par une salière et une poivrière d'or exécutées, pour Mme de Pompadour, sur des modèles de Falconet, il n'est pas moins célèbre par ses bras de bronze, ses montures de vases en matières dures ; tous les amateurs célèbres de la seconde moitié du XVIIIe siècle l'ont fait travailler ; il a même fait des bronzes pour décorer des meubles. (Cfr. A. de Champeaux, *Dict. des fondeurs*, au mot *Auguste*.) — Enfin, Gallien, fondeur, est l'auteur de la fameuse pendule du Cabinet du Conseil, à Versailles (1756), représentant « la France gouvernée par la Sagesse et couronnée par la Victoire, qui accorde sa protection aux Arts », l'auteur aussi d'un poêle de cuivre du cabinet Blondel de Gagny. Sur ces travaux exécutés pour le roi, voyez Courajod, *Livre-Journal de Lazare Duvaux*, t. I, *Introduction*, p. cxv, cxvi, ccxxxvii et ccxliii.

2. Guiffrey, *Les Caffieri*, p. 143.

3. Bien que les extraits du catalogue de cette vente concernant Philippe Caffieri aient déjà été donnés par M. Guiffrey (*ouvr. cité*, p. 147) ; je ne crois pas inutile de les reproduire ici. Rappelons que le *Catalogue raisonné des tableaux*, etc. du cabinet de M. La Live de Jully, par Pierre Rémy, date de 1769 ; il fut vendu en 1770. « N° 268. Un corps d'armoire qui servoit de coquillier, composé de quatre portes de face et de deux sur chaque côté, garnies de glaces qui ont chacune 10 pouces de haut sur 13 pouces ; le dessus est en forme de pupitre, et à douze portes garnies aussi de glaces de 12 pouces de haut sur 13 pouces. Les corps d'architecture, la frise et les portes sont enrichis de chutes de lauriers et de chêne, baguettes nouées avec des rubans, postes et fleurons, rosettes et canaux. Le tout porte 22 pieds 4 pouces sur 2 pieds 10 pouces 6 lignes dans sa plus grande hauteur : la profondeur est de 18 pouces. — 269. Une table de bureau de 6 pieds de long sur 3 pieds 3 pouces 6 lignes de large ; ses pieds au nombre de huit, sont en forme de gaine, le tout est garni de bronze doré d'or moulu de la plus grande richesse et d'une parfaite exécution. Un masque de lion et les pattes de cet animal sont en bronze rouge. L'écritoire qui est sur cette table est composé d'un vase qui a sous son couvercle une sonnette, de deux autres vases, dont l'un est encrier, et dans l'autre le poudrier, sur un plateau, plus deux pierres à papiers et deux flambeaux à deux branches ; le tout aussi de bronze doré. Le secrétaire qui est placé au bout de la table a 5 pieds 1 pouce de hauteur, sur 4 pieds 11 pouces de largeur, il y a dessus une pendule en forme de vase dont le mouvement est de Julien le Roi. Quoique ce corps d'armoire, le coquillier, la table de bureau et tout ce qui en dépend soient divisés sous les deux numéros précédens, ils peuvent être vendus en un seul article, si on le désire ; c'est un tout ensemble de la plus grande conséquence, à l'imitation des ouvrages du fameux Boule. Ce beau meuble est de Philippe Caffieri, cet artiste si célèbre. Il n'a rien oublié pour la solidité, la richesse et la parfaite exécution. — Un fauteuil de bois noirci, avec des ornements de bois doré dans le goût antique dépend du dernier article. — 275. Un feu composé d'un satyre homme et femme adossé l'un à l'autre, et assis sur un cartel fort riche, ils supportent un vase : hauteur 19 pouces. Cet ouvrage doré d'or moulu est de très-bon goût, les figures bien dessinées et de bonne proportion. L'exécution en est très belle. — 276. Le buste de Louis XV, sur un morceau de colonne en partie cannelée. Ce morceau doré d'or moulu, porte en tout 5 pouces 9 lignes de hauteur. — 277 et 278. Deux paires de vases décorés d'anses en bronze doré d'or moulu. »

4. Cités par Guiffrey (*ouvr. cité*, p. 149). Le catalogue de Boucher est de 1771 : « N° 1022. Deux belles girandoles à trois branches, dans le goût antique, par M. Caffiéri ; elles sont très bien réparées et dorées d'or moulu. Hauteur, 13 pouces 6 lignes. — N° 1023. Une belle paire de flambeaux à vases et trépied, ornés de guirlandes de fleurs et ornemens de bon goût, en bronze doré. Par M. Caffiéri. Hauteur : 13 pouces 6 lignes. — N° 1862 (p. 262). Une paire de bras à trois branches de bronze doré d'or moulu, par M. Caffiéri. — N° 1863. Un coquillier plaqué en bois de violette par Oebene, et garni en bronze doré par Philippe Caffiéri. »

5. *Catalogue de la vente du duc d'Aumont* (1782) : « N° 357. Une forte paire de bras à trois branches, ornée de sept festons de guirlandes à feuilles de laurier ; le corps de chaque bras présente un pilastre à espèce de cornet d'abondance, soutenant le chapiteau sur lequel est un vase, couleur de bronze, avec ornemens dorés ; sur le pilastro sont trois plate-bandes montantes à entrelacs à oves, se terminant en rouleau à rinceau d'ornement d'où sort chaque bobèche. Ces plates-bandes sont liées par des rubans couleur de bronze qui, s'élevant par derrière, présentent un nœud qui paraît soutenir le bras. »

6. « ... Au reste, vous ne seriez pas moins charmé, mon cher ami, du degré de perfection où cet habile maître a sçu atteindre dans les autres genres. J'ai vu chez lui en grand différens modèles nouveaux pour les appartemens. — Tels qu'un feu pour un salon de guerre, représentant d'un côté le dieu Mars accompagné de trophées et donnant des ordres à Bellone. Celle-ci lui fait pendant et, tenant en main des flambeaux allumés, elle a tout le fier de la fureur qui porte l'épouvante et sème le courage (*sic*). Les bras assortissans pour ce salon sont des trophées de guerre ; les branches en sont des trompettes antiques en forme de gueules de dragon, dont les anciens Romains se servoient. — Un feu pour un salon de paix, représentant d'un côté une figure sous ce symbole, environnée de récompenses qui sortent d'une corne d'abondance placée à ses côtés. Elle paroit donner un rameau d'olivier à une femme qui représente les Arts, avec les attributs de l'architecture, peinture et sculpture. Celle-ci lui fait pendant et est posée avec cet air

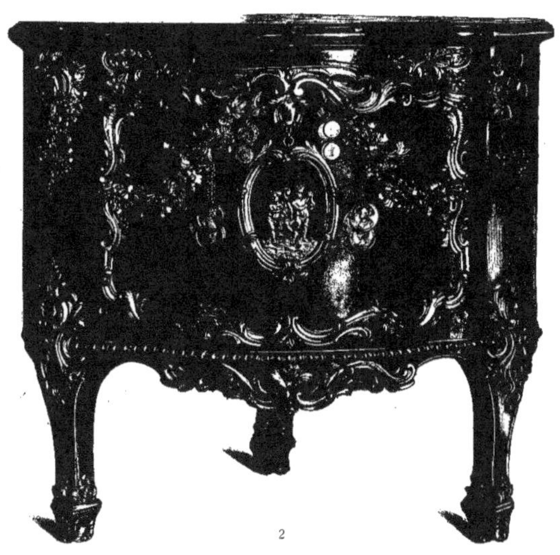

2

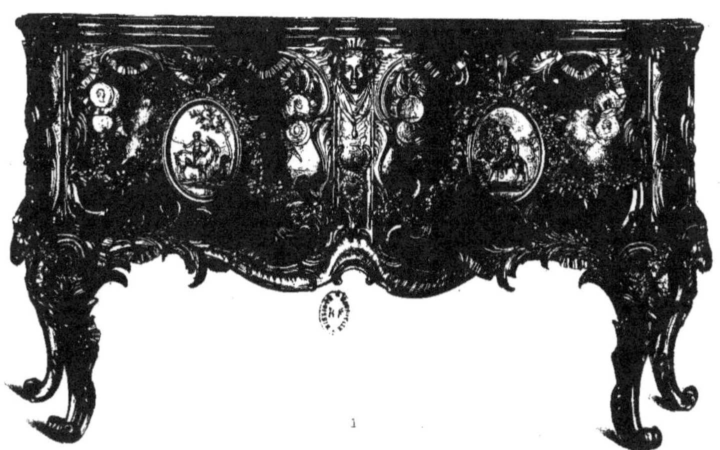

1

1.GRAND MÉDAILLER EN FORME DE COMMODE, COMPOSITION DES FRÈRES SLODTZ, ÉBÉNISTERIE DE GAUDREAUX,1739.
2.MÉDAILLER EN FORME D'ENCOIGNURE PAR JOUBERT, ÉBÉNISTE, 1785.
(Cabinet des Médailles de la Bibliothèque Nationale)

J'ai déjà indiqué au paragraphe précédent, à propos des Slodtz, quels étaient les ébénistes auxquels on doit le superbe médaillier de la Bibliothèque Nationale et les encoignures qui l'accompagnent. Pour le principal de ces meubles, le médaillier en forme de commode, autrefois le nom de Caffieri a été mis en avant. Cette hypothèse n'est plus à discuter aujourd'hui puisque un document irréfutable nous donne le nom de Gaudreaux ou Gaudereaux. Cet ébéniste figure très fréquemment dans les

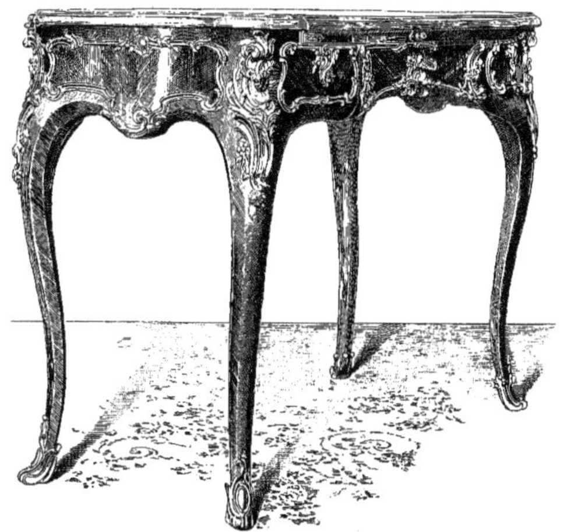

PETIT BUREAU PLAT
en bois de rose et bois satiné, ayant appartenu aux filles de Louis XV
(Collection de M. le comte I. de Camondo)

Comptes : on le voit chargé de fournir à la cour soit des meubles ordinaires, soit des meubles du plus grand luxe. Mme de Pompadour est aussi sa cliente. On trouvera ici, en note, la description

de gaieté que donnent la récompense et les distinctions, inclinée dans une attitude très agréable pour recevoir le rameau qui lui est offert par la Paix. Les bras assortissans pour ce salon sont à quatre branches, ornées de guirlandes de fleurs agréables à la vue et placées sans cette confusion contraire au bon genre avec laquelle certains ouvriers mettent partout des guirlandes de lauriers. La forme en est régulière et l'ensemble d'un très bon goût, ni sévère, ni lourd. — Un feu pour une chambre à coucher, représentant des deux côtés des groupes d'enfans qui se chauffent. — Les bras à quatre branches assortissans sont ornés de pavots et de guirlandes de roses en signe des douceurs du sommeil. — Plusieurs de différentes grandeurs sur le même sujet pour chambre à coucher. — Un feu pour un grand salon, représentant de chaque côté des vents. — Un modèle très agréable d'une petite pendule de cheminée, représentant un globe céleste, sur lequel, d'un côté, tandis que les heures tournent, est un amour de l'étude qui compasse le tour du soleil ; d'un autre côté, un autre amour qui, d'une main, indique l'heure et, de l'autre main, tient une tourterelle, pour avertir qu'il faut mêler l'étude avec le plaisir et l'amusement. — Les bras de cheminée assortissans sont à trois branches, d'une idée neuve, représentant de chaque côté un amour volant qui supporte sur sa tête une corbeille remplie de fleurs, sur lesquelles sont deux tourterelles. Le tout fait un effet très agréable. Le feu assortissant représente de chaque côté, en pendant, des enfans qui allument sur des autels des sacrifices à l'amour. — Un feu, d'une

E. MOLINIER, *Arts industriels.* — III.

autre idée neuve, pour un salon chinois, représentant d'un côté en groupe un mandarin bandant son arc pour faire la chasse aux oiseaux, avec une femme qui tire de l'arc et un petit enfant chargé de gibier ; et, pour pendant, un autre groupe d'une danseuse avec un Chinois jouant d'un instrument chinois, et un petit enfant qui joue du tambour de basque. — Les bras assortissans pour ce salon sont ornés de fleurs et de fruits chinois ; la placque se termine par une pagode. — Un feu d'une autre idée neuve, qui n'a jamais été exécutée, pour un salon de chasse, représentant en pendant deux cerfs en rut que la fureur provoque au combat et qui s'y préparent. — Les bras assortissans pour ce salon sont des têtes de daim accompagnées de cors de chasse et de branches de chêne. L'invention nouvelle en a été exécutée pour la première fois pour le Roi à Saint-Hubert. S. M. en fut si contente qu'elle eut la bonté d'en faire compliment à M. Caffieri. Plusieurs ouvriers ont travaillé depuis à l'imiter, mais ils n'ont pas réussi. — Le projet d'une pendule à mettre sur une table, représentant Danaé sur un lit, qui reçoit la pluye d'or. Pour traiter agréablement ce sujet, l'Auteur a placé Jupiter en forme d'un aigle sur le haut d'un globe céleste et lui fait soutenir dans les airs la foudre, d'où tombe la pluye d'or ; pendant que les heures passent sur le globe, l'Amour paroit d'un côté lançant un trait à Danaé qui, toute occupée du trésor qui descend d'en haut, semble ne pas même apercevoir le Dieu. Au pied du lit est la vieille en extase d'un pareil prodige. » (Publié par J.-J. Guiffrey, *Les Caffieri*, p. 491 et suiv.)

d'un très grand nombre de meubles fournis par lui, qui me dispensera de m'y arrêter[1]. Parmi ces nombreuses indications, que M. Jacques Stein a bien voulu recueillir pour moi aux Archives Nationales, et dont je le remercie vivement, je signalerai seulement « une table de campagne en bois

[1]. « 24 janvier 1746. Livré par Gaudreaux, ébéniste, pour servir à l'écuyer de M. le Comte de Noailles, à Versailles : une commode de bois de noyer à quatre tiroirs, dont deux grands et deux petits fermons à clef, avec entrées de serrures et mains fixes de cuivre en couleur d'or..... Pour servir à M. de Vaujoye, receveur des domaines de Versailles, deux commodes pareilles à la précédente..... » (Archives Nationales, O¹ 3314, f° 1 v°). — « 27 mai 1746 : Livraison par Gaudreaux du mobilier « pour servir dans l'hôtel des nourrices retenues du Prince ou de la Princesse dont Madame la Dauphine accouchera » : armoires et commodes sans intérêt artistique. » (Ibid., f° 17 v°.) — 17 nov. 1746. « Pour servir dans les garderobes des nouvelles entresolles de Mesdames de France à Versailles : deux encoignures en gradin et cul de lampe de bois violet à placages, les côtés percés à jour, aïant quatre tablettes et 32 pouces de haut sur 11 de profondeur ; deux chaises d'affaires de bois de violet... Pour Marly : deux encoignures..., une table de nuit..., etc., etc. » (Ibid., f° 37.) — 17 nov. 1746. « N° 632 : Pour servir dans la garderobe d'augmentation pour Mesdames de France, à Marly. Une chaise d'affaires de bois violet à placages, ceintrée par devant. Le dedans de bois de cèdre à filets de palissante, longue de 21 pouces 1/2 sur 16 pouces de large et 17 pouces de haut avec double seau de fayance ; la lunette couverte de velours cramoisy. Pour servir dans la garderobe de Mad° de Pompadour à Marly : N° 633. Une chaise d'affaires de bois de roze à placages en panneaux. Le dedans de merizier à filets de palissante, avec portants, crochets et charnières de cuivre poli. La lunette garnie de 4 housses de bazin à poil. Longue de 20 pouces sur 15 de large et 19 pouces 1/2 de haut avec double seau de fayance. » (Ibid., f° 38 v°.) — Même date. « N° 634. Pour servir dans la garderobe de Madame de Pompadour à Marly. Un bidet de bois d'amarante massif. Le dessus couvert de Perse fond blanc à bouquets, garni de sa cuvette de fayance. Long de 20 pouces 1/2 et 17 pouces de haut. » (Ibid., f° 39.) — 19 déc. 1746. « N° 1418. Deux tables de bois de noyer, les pieds brisés, le dessus de maroquin noir. Longue de 28 pouces sur 18 de large et 26 pouces de haut. Pour servir avec les meubles de campagne au voïage de Madame la Dauphine. » (Ibid., f° 41.) — 17 février 1747. « Pour Marly : Une commode de bois satiné, mozaïques et frises de bois d'amarante à dessus de broche violette, bombée et chantournée, ornée par devant et sur les côtés de cartouches de bronze ciselé doré d'or moulu, aïant deux grands tiroirs fermans à clef, longue de 4 pieds 2 pouces, sur 23 pouces de profondeur et 30 pouces de haut. » (Ibid., f° 47 v°.) — 3 mars 1747. « N° 1420. Pour servir dans la chambre du capitaine des gardes de quartier à Versailles. Une commode de bois de palissante à placages, à dessus de marbre de rance, bombée par devant, aïant 3 tiroirs fermans à clef, avec cannelures de cuivre, entrées de serrures, mains fixes et ornements de bronze doré. Longue de 3 pieds 8 pouces sur 24 pouces de profondeur et 31 pouces de haut. » (Ibid., f° 49 v°.) — 30 mai 1747. « N° 1423. Pour servir dans un apartement de Dame au château de Choisy. Un secrétaire de bois de citronnier, formant en même temps armoire et commode. Le secrétaire aïant en dedans 8 tiroirs, dont un garni d'encrier et boette à éponge, de cuivre blanchi et une trape à secret, pour mettre des louis. Le devant s'abat pour former une table à écrire couverte de maroquin noir encastrée et portée par deux tringles de fer mobiles, au dessus sont quatre tiroirs dont deux grands et deux petits garnis d'entrées de serrures et boutons de cuivre en couleur. L'armoire à deux battants de même bois, ornés de moulures à panneaux fermans à clef, terminée d'un chapiteau et garnie de trois tablettes de chesne. Le tout haut de 6 pieds 2 pouces sur 3 pieds 7 pouces de large et 20 pouces de profondeur par le milieu. » (Ibid., f° 33 v°.) — 23 sept. 1747. « N° 1431. Pour servir dans 8 nouveaux apartemens de l'aile neuve au château de Choisy : quatre commodes de bois de palissante à placages à pieds de biche et dessus de marbre de griotte, ceintrées et chantournées, aïant par devant deux grands tiroirs fermans à clef et ornées de bronze en couleur. Longueur de 4 pieds 1/2 sur 25 pouces de profondeur et 30 pouces de haut. » (Ibid., f° 50 v°.) — 27 sept. 1747. « Pour servir dans différents logements de suite au château de Fontainebleau : quatre commodes de bois de noyer plein à dessus de marbre...; deux commodes de bois de noyer plein à dessus pareil ; six tables de nuit de bois de noyer ; six encoignures à gradins de bois de merizier ; six chaises d'affaires de bois de noyer, unies...; une table de poirier noirci... » (Ibid., f° 31.) — 1er mars 1748. « N° 1434. Pour servir dans le cabinet de Madame la Dauphine à Versailles. Une table à écrire de bois violette à placages avec carderon et frise de même bois. Le dessus couvert de velours bleu encastré, s'ouvre en 2 parties et renferme deux compartiments, dont un garni d'encrier, poudrier et boette à éponge d'argent pesant ensemble 1 m 1 on. La table portée sur 4 pieds, garnis de bronze doré d'or moulu. Longue de 30 pouces sur 18 de large et 26 de haut. Nota : L'argenterie fournie par le sr Germain, orfèvre » (Ibid., f° 76.) — 6 août 1748 : « Pour servir à la nouvelle chapelle du roy au château de La Muette : Un porte missel de noyer. » (Ibid., f° 98 v°.) — 13 déc. 1748. « N° 662. Un écran de bois de merizier en coulisse, couverte des deux côtés de satin blanc, peint de fleurs, oiseaux et papillons de différentes couleurs avec son ruban de soye terminé d'un plomb, aïant 20 pouces de large sur 34 pouces de haut. » (Ibid., f° 120 v°.) — 5 février 1749 : « N° 1546. Pour servir dans la chambre de Mad° de Pompadour au château de La Muette : Une table à écrire de bois d'amarante de 27 pouces de long sur 17 po. de large et 26 po. de haut, couverte de velours bleu encastré, ayant des rebords par trois côtés, et par un bout un tiroir fermant à clef, garni d'encrier, poudrier et boette à éponge de cuivre blanchi. » (Ibid., f° 124 v°.) — 11 mars 1749 : « N° 3299. Pour servir dans les petits apartements du roy à Versailles : Une table de bois de merizier à 5 pans pour le jeu de brelan, couverte de velours vert, avec baguettes et côtés de bois de palissante, au milieu est un rond mobile pour un flambeau, entouré de huit petits compartimens pour recevoir des cartes. Les pans ont 28 pouces et la table 26 pouces de haut. » (Ibid., f° 128 v°.) — 12 nov. 1749 : « N° 1584. Pour servir dans l'ancien apartement de Madame Infante au Louvre : Un bureau de bois d'amarante à filets de buis à placages, couvert de maroquin noir encastré, aïant par devant deux tiroirs fermants à clef avec entrées de serrures, encoignures, ornements et pieds de cuivre en couleur d'or, de 4 pieds de long sur 26 pouces de large et 29 pouces de haut. » (Ibid., f° 151 v°.) — 17 janvier 1750 : « Une table en damier et trictrac de bois d'amarante à compartiments de bois satiné..... » (Ibid., f° 164 v°.) — 25 mars 1750. « Pour servir à Madame Infante, duchesse de Parme, à laquelle le roy en fait présent : Une table de campagne de bois de noyer plein à trois tiroirs garnis de tabis cramoisy, portée sur quatre pieds mobiles qui se vissent, terminés de chaussons d'argent. Le dessus, à deux serrures fermant à clef, s'ouvre en deux parties et est couvert en dedans de velours noir brodé d'un petit passepoil d'argent. Dans le milieu il y a trois compartiments qui se lèvent garnis de velours cramoisy dont l'un forme un pupitre et renferme ainsi que celui à droite différentes pièces d'argenterie et instruments de mathématiques. Le 3e compartiment est pour mettre des papiers. Dans le fonds de chacun des compartiments des côtés il y a deux cases aussi garnies de tabis qui s'ouvrent par un secret dont l'un renferme quatre flaccons de cristal. La table est garnie de portants, mains, charnières, serrures et entrées de serrures d'argent et a trois pieds de long, 16 pouces de large et 29 pouces de haut. » (Ibid., f° 174.) — 21 août 1750 : « N° 1016. Pour servir à serrer les bijoux de Madame Henriette de France dans son apartement de retraite, à Versailles : Une commode de bois de palissante ceintrée à dessus de marbre de tigre rouge de trois pieds 1/2 de long sur 62 pouces de profondeur, et 34 pouces de haut, ayant pardevant trois grands tiroirs fermant à clef avec entrées de serrures, mains fixes et ornements de cuivre en couleur. » (O¹ 3315, f° 18, v°.) — 15 sept. 1750 : « N° 1622 : Pour servir à la reine à Fontainebleau une table de bois de palissante et satiné à placages à deux tiroirs par devant fermant à clef dont un garny d'encrier, poudrier et boëtte à éponge de cuivre blanchy et une tablette à coulisse sur laquelle s'élève un pupitre, et deux tiroirs par derrière aussy fermans à clef, avec entrées de serrures, chaussons et boutons de cuivre doré d'or moulu ; sous lad. table est une grande tablette à jour et rebords des quatre côtés pour recevoir des livres, longue de trois pieds 1/2 sur deux pieds de large et 30 pouces de haut. » (Ibid., f° 24 v°.) — 1750 : « N° 1630. Pour servir à Mesdames Sophie et Louise de France à Versailles. Une table pour le caffé de bois violet à placages ayant sur le côté un tiroir fermant à clef, longue de 22 pouces sur 15 de large et 25 pouces de haut. » (Ibid., f° 35.) — 4 nov. 1750. « N° 605. Pour Mesdames Sophie et Louise de France à Versailles. Deux chaises d'affaires de bois satiné et bois de rose en mosaïque, ceintrées ; Le dedans de bois de cèdre à filets de palissante, avec portants, crochets et charnières de cuivre ; les lunettes garnies de velours cramoisy ; longue de 23 pouces sur 16 de profondeur et 19 pouces de haut avec leurs seaux de fayance. » (Ibid., f° 33 v°.) — 15 avril 1751. « Pour le Grand Cabinet de Mme Henriette de France et le Cabinet de Mesdames de France cadettes : Trois commodes de bois violet à placages, à la Régence. — Pour le Cabinet commun de Mesdames Henriette et Adélaïde de France : Une table en limaçon pour travailler, de bois de mérizier..... » (Ibid., f° 69, n° 1642, 1644.) [Documents communiqués par M. Jacques Stein.]

de noyer », dont toutes les garnitures étaient d'argent. Cette table, très probablement un cadeau de Louis XV à « Madame Infante, Duchesse de Parme[1] », ainsi décorée, n'est pas absolument une exception dans le mobilier du xviiie siècle[2]. Sans parler de l'achat que Mme du Barry fit plus tard, à Londres, de « trois tables de bois précieux, orne-mentées en argent[3], sans remonter jusqu'aux cabinets de Boulle, ornés de figures et d'appliques d'argent[4], dans le mobilier du plein xviiie siècle on a parfois substitué la tonalité argentée à la tonalité dorée. Il serait puéril, assurément, de faire entrer en ligne de compte les flambeaux d'argent ou de métal argenté qui ont toujours été en usage ; mais, de même que nous voyons parfois introduire les colorations chaudes de l'émail dans des grilles de foyer qui, pour l'ordinaire, sont en fer et en bronze doré[5], parfois nous voyons employer dans l'ameublement, et y dominer, les tons très froids de l'argent : d'abord dans des girandoles, où le métal se mélange au cristal de roche[6], dans des lustres[7], dans des feux de cheminée[8], puis, par extension, dans les meubles ; témoin cette commode en bois de rose, vendue, en juillet 1754, par Duvaux à M. de Fontferrière « dont les garnitures sont argentées et ciselées[9] ». Ce goût ne paraît pas avoir été très répandu en France ; mais on le retrouve

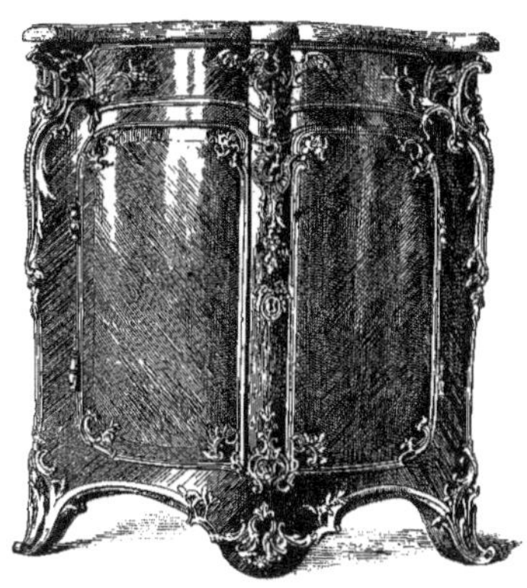

ENCOIGNURE EN BOIS SATINÉ
signée : I. P. Latz et L. Boudin. Seconde moitié du règne de Louis XV
(Ancienne collection Josse, n° 138)

fréquemment adopté dans les décorations intérieures, de style français, exécutées à l'étranger au xviiie siècle. Si on joint à ce mélange de l'or et de l'argent, parfois de l'émail, la passion pour la porcelaine de Saxe, les bronzes vernis en blanc et bleu ou en vert, chargés de fleurs peintes au naturel

1. Louise-Élisabeth, fille de Louis XV, née en 1727, mariée, en 1739, à l'infant Don Philippe, morte à Versailles en 1759.

2. Je ne parle pas, bien entendu, d'ustensiles de toilette ou de baignoires en argent. Il en a existé un très grand nombre au xviiie siècle, et des personnes de très petite qualité ou tout au moins de vertu médiocre en ont possédé, témoin la demoiselle Deschamps, à la vente de laquelle « fut vendu une baignoire d'argent massif, dont on devine bien l'usage, ornée d'une garniture de dentelle d'Angleterre qui fut achetée par une duchesse et transportée sur sa toilette ». Voyez à ce sujet *Documents inédits sur le règne de Louis XV ; Journal des Inspecteurs de M. de Sartines*, 1re série, 1761-1764 (Paris, 1863), p. 9, note 3.

3. Vatel, *Histoire de Mme Du Barry*, I, p. 324.

4. Voyez plus haut, planche III et p. 64.

5. « Du 14 janvier 1746. Livré par le Sr Minel pour servir dans la seconde pièce de l'entresolle de Madame la Dauphine, à Marly. Une grille à deux branches ornée sur le devant d'un cartouche irrégulier de bronze doré d'or moulu, entouré d'une guirlande de fleurs et feuilles émaillées et deux piramides de fer poli, alant 21 pouces de profondeur avec pincettes et tenailles à boutons dorés et émaillés en mozaïques. » (Archives Nationales, O1 3314, f° 1.) [Communiqué par M. Jacques Stein.]

6. « N° 250. Un beau et riche chandelier, monté à la moderne, en bronze argenté et cristal de roche à 12 bobèches, distribuées trois par trois en girandole ; le corps formé par quatre grosses branches de palmier en consolles ; jointes par en bas, dans un entablement qui soutient dans le milieu un gros et magnifique vaze de cristal et liées par le haut en berceau, les quatre branches de palmier sont ornées de quatre palmettes, quatre vazes et quatre belles piramides entre lesquelles pendent plusieurs poires lisses taillées en bizeau de différentes façons et quatre grosses boules lisses, au dessous des piramides ; le tout entremeslé de dattes aussy de cristal ; au milieu du berceau, dans le haut, il y a une grosse et très belle boulle lisse, suspendue à la pointe d'une piramide renversée. Le couronnement est formé par un bout de tige de cristal entourée de huit branches d'où pendent huit pièces dentelées à bizeau et quatre moyennes boules lisses. Chaque girandolle est composée de trois branches qui soutiennent les bobèches et plateaux de cristal : Derrière celle du milieu est un gros vaze. Sous huit des bassins, pendent huit grosses et belles pièces en poires à six pans et à canaux ; sous les quatre autres, quatre grandes pièces lisses façonnées. Le cul de lampe est formé de branches de palmiers d'où pendent de grandes et belles pièces de cristal façonnées et taillées en lires, goutes de suif, calichons et huit molennes boules lisses et terminé par une très belle poire à six pans, cannelée, attachée à une grosse pièce de cristal et entourée de quatre guirlandes qui sortent des guirlandes de l'entablement. Le chandelier haut de cinq pieds sur quarante deux pouces de diamètre. » (Archives Nationales, O1 3336, f° 91 r°.)

7. « 974. Mme la Marq. de Pompadour : Une fonte de lustre à six branches à consoles, limée à pans et argentée avec l'aigrette, panache et binets argentés, 220 l. — Fourni d'augmentation six pièces à côté des vases au haut des consoles, pesant deux livres, huit onces, quatre gros et demi, 186 l. — Six pièces longues aux deux côtés du bouquet formant le haut du lustre entre les consoles, pesant une livre, onze onces, quatre gros, 120 l. — Six petites, haut et bas du milieu du bouquet, 27 l. — Trois boules au milieu des consoles, en dedans, pesant soixante onces, 420 l. — Un morceau augmenté à la tige, quinze onces, un gros, à 40 l. — Le fil et façon du lustre, 72 l. [Décembre 1751]. » (*Journal de Lazare Duvaux.*)

8. « 1868. M. le duc de la Vallière : ..... Un feu de cuivre argenté avec des perroquets et ses garnitures, 246 l. » [Août 1754.] (*Ibid.*)

9. « 1833. M. de Fontferrière : ..... Une autre commode plaquée en bois de rose à rubans, à pied de biche, dont les garnitures sont argentées et ciselées, marbre d'Alep. — Quatre petits feux, différens sujets en bronze doré d'or moulu, avec leurs garnitures, 572 l. » [Juillet 1754.] (*Ibid.*)

ou de fleurs de porcelaine de Vincennes, l'alliance parfois de laques d'Orient avec des porcelaines européennes, l'alliance de plus en plus étroite de la porcelaine de Sèvres avec le mobilier où elle s'incruste et dont elle amène parfois à modifier les formes, on aura, en raccourci, une idée de l'assemblage bizarre de tons et de formes que devait présenter un riche intérieur français vers la fin du xviii° siècle [1]. Sans faire montre de tendances ultra-académiques, il est permis de trouver que ce mobilier ne devait pas toujours présenter une très grande unité. Et encore faut-il reconnaître qu'à ce moment on avait déjà, sans doute, renoncé à cette manie ridicule qui fleurit vers 1730 et qui consistait à décorer des meubles avec des personnages ou des ornements enluminés et découpés dans des estampes, collés sur l'ébénisterie et protégés par un vernis. C'était bien là le comble de la folie et de l'enfantillage [2]. Avec un mobilier aussi compliqué, on conçoit que des nettoyages fréquents fussent de rigueur, et qu'on pût avoir en quelque sorte un fonctionnaire chargé à l'année de laver toutes ces babioles et de leur restituer la fraîcheur de leur teint [3].

Mais je ne veux pas prolonger outre mesure l'exposé des reproches qu'on peut faire au mobilier de l'époque de Louis XV. Ces reproches, on les oublie en face des meubles qui, en somme, avec quelques boiseries peintes ou sculptées, quelques stucs, peuvent seuls nous éclairer aujourd'hui. Et ces meubles, ces décorations intérieures, on ne peut guère que les louer.

Puisque j'ai dit un mot de Gaudreaux, je dois dire aussi quelque chose de Joubert qui, en 1755, fut chargé de compléter son œuvre, ou tout au moins de l'accompagner de deux encoignures. Ces pièces, loin de valoir, pour le dessin et pour les bronzes, le premier médaillier, témoignent cependant de

---

1. J'emprunte au *Journal de Lazare Duvaux* un certain nombre de mentions qui en disent long sur cet amour désordonné de la couleur et de l'imitation de la nature : « 226. — M²ᵐ la Dauphine; Posé à la cheminée de son cabinet à Versailles une paire de bras à trois branches, composés de branchages vernis imitant la nature, avec les fleurs de Vincennes assorties à chaque plante; le haut de ces bras d'une branche de lys, tulipes, jonquilles, narcisses et jacinthes bleues, les branches du milieu en roses, celles en dehors d'anémones et semi-doubles, celles en dedans de giroflées rouges et violettes; la jonction des branches garnie de différentes fleurs, le bas de boutons d'or et oreilles d'ours; les bassins de la même porcelaine, avec les binets dorés d'or moulu, 1200 l. — Une autre paire de même grosseur posée en trumeau vis-à-vis, dont le haut de trois gros œillets doubles, barbeaux, branche de fleur d'oranger, tulipes, campanules; les branches du milieu d'anémones et semi-doubles, celles en dehors de jacinthes d'Hollande à quatre cœurs, celles en dedans de jonquilles doubles; la jonction des bras ornée de différentes fleurs, le bas de boutons d'or et grosses jacinthes à cœur de rose, avec des bassins de porcelaine et binets dorés, 1200 l. Le voyage et port à Versailles, 24 l. [Mai 1749.] — 233. Du 11. M. de Villaumont : Une paire de bras à double branche que l'on a peinte en blanc et bleu et changé les fleurs, 48 l. — Fourni les bassins de porcelaine, 30 l. — Deux paires de bras d'une branche composés de très jolies fleurs, de 300 l. la paire 600 l. — Deux petites consoles en encoignures, sculptées et dorées de 91 l. — Une terasse de bronze doré d'or moulu pour une Andromède, 190 l. [Juin 1749.] — 267. Du 22. M. le Cᵗᵉ d'Apcher : Une paire de bras à double branche, vernis en blanc et bleu, à fleurs, 66 l. — Une petite table à tablettes, 21 l. — Un surtout en peau bordé d'un ruban, 3 l. Reçu, 48 l. [Juillet 1749.] — 287. M. de Jullienne : Un très gros bouquet de différentes plantes en laiton vert imitant la nature, garni de fleurs de porcelaine de Vincennes assorties à chaque plante, 1440 l. Reçu à compte le même jour 600 l. Plus le 3 septembre payé pour solde, 840 l. [Août 1749.] — 1173. Du 13. — S. M. le Roy : Une paire de girandoles à double branche à feuillage doré d'or moulu, garnies de fleurs, sur des paons de porcelaine ancienne, bleu et blanc, 288 l. — Une autre paire de même sur des roches d'ancienne porcelaine blanche avec des petits magots, 288 l. — Six gobelets à anses et soucoupes de Vincennes, en blanc et or, 144 l. — Pot à sucre et théière assortis, 96 l. — Un cabaret à gorge renversée en vernis de Paris, 36 l. — Les ports et rapports des girandoles rapportées, 30 l. [Juillet 1752.] — 1290. Du 17. S. A. Mᵐᵉ la Princesse de Turenne : Deux pots pourris de terre des Indes en relief, garnis de bronze doré d'or moulu et fleurs de Vincennes, 108 l. — Un petit écran garni en papier des Indes, 15 l. [Décembre 1752.] — 1306. Du 24. S. M. le Roy : Une cassette de lacq garnie de charnières, plaques de serrure et portans en or ciselé; dans laquelle boëte un caisson à compartimens de moëre rose et argent bordée de réseau d'or, formant un nécessaire composé de : Une écuelle couverte et son plateau; quatre gobelets et soucoupes; deux tasses de toilette couvertes; un pot à sucre, un pot à pâte et pot à thé garnis d'or; deux petits pots à pommade garnis d'or; le tout de porcelaine de Vincennes blanc et or; et quatre cuillers d'or ciselé; le tout avec son étui de peau garni en cuivre, 3000 l. [Décembre 1752.] — 1841. Du 18. M. le Chevalier Lambert : Une pendule à terrasse d'or moulu, sur un groupe de Saxe, ornée de branchages en laiton vernis ornés de très-belles fleurs de Vincennes, 900 l. La caisse, emballage et frais de douane, 61 l. 4 s. 8 d. [Juillet 1754.] — 1903. Du 2. Mᵐᵉ la Marq. de Pompadour (Fontainebleau) : Une petite pendule porcelaine ancienne, garnie de terrasse et branchages dorés d'or moulu, ornés de fleurs de Vincennes, 384 l. — Une paire de girandoles à double branche et terrasses dorées d'or moulu sur des magots d'ancien blanc, garnies en fleur, 288 l. La boëte et emballage, 3 l. 10 s. [Octobre 1754.] — 1904. Mᵐᵉ Victoire : Fourni à Mᵐᵉ la Maréchale de Duras une pendule à sonnerie et huit jours, sous un portique de treillages peints et dorés d'or moulu, avec deux figures de Saxe et petits animaux sur une glace, les branchages garnis de fleurs de Vincennes, 600 l. Port et voyages à Versailles, 18 l. [Octobre 1754.] — 1022. Du 18. S. A. R. l'Infant don Philippe : Livré à Mᵐᵉ la Marquise de Leyde une pendule plate pour poser sur la menuiserie, en cuivre ciselé et argenté, ornée de treillage et branchages vernis garnis de fleurs de Vincennes; le mouvement de J. Le Roy, 845 l. — Un baromètre de même forme et ornements de Dandré-Bardon, 550 l. [Octobre 1754.] »

2. Sur cette mode absurde qui sévissait aux environs de 1727, voyez Mantz, *Les Meubles du XVIII° siècle*, dans la *Revue des Arts décoratifs*, 1884, p. 319 et suiv. Voyez surtout ce que dit, dans une de ses lettres, Mˡˡᵉ Aïssé, de cette manie qui fut remplacée plus tard par celle du parfilage. Le *Mercure* de décembre 1727 s'occupe également de cette mode bizarre.

3. « Avril 1754. Au sieur Picault, artiste, 895 liv. 15 s. pour payement de netoyement de bronzes dorés d'or moulu, brunis et mis en couleur qu'il a faits pour le service du roy, au Château de Versailles et dépendances pendant les années 1751 et 1752, suivant un mémoire certifié. » (Archives Nationales, O¹ 2252.) Les attributions du sieur Picault étaient multiples : non seulement il nettoyait les bronzes, mais il s'occupait parfois de rentoiler les tableaux : « 28 aoust 1752. Paiement au sieur Picault pour la restauration qu'il a faite et la mise sur coutil du grand tableau de St-Michel peint sur bois par Raphaël d'Urbino... » (*Ibid.*, f° 316 v°.) On trouve également la mention d'une somme de 331 l. 17 s. donnée au même le 1ᵉʳ août 1755, pour « netoyage, mise en couleur et brunissage des bronzes dorés » au château de Versailles. (Archives Nationales, O¹ 2254, f° 30.) [Communiqué par M. Jacques Stein.]

l'habileté de Joubert qui, lui aussi, fut un des plus actifs fournisseurs de la cour au milieu du xviiie siècle [1]. Joubert, nous l'avons vu, est l'auteur des encoignures du Cabinet des Médailles, à la Bibliothèque Nationale, et les textes que nous venons de citer permettent de le considérer comme un artiste de valeur ; c'est probablement le même Joubert qui, demeurant à la butte Saint-Roch, en 1773, exécutait des meubles somptueux pour la Dauphine et la comtesse de Provence [2]. Quelquefois il est assez difficile, étant données les similitudes de noms et les différences de dates, de savoir si on a

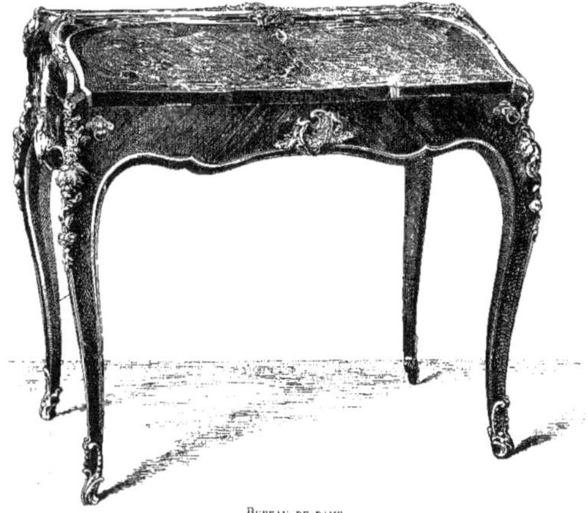

BUREAU DE DAME
Marqueterie et bronze. Bronzes marqués du C couronné
(Ancienne collection Armaillé, vente de 1890, n° 154)

affaire à deux artistes du même nom ou à un seul artiste qui a vécu fort longtemps. Pour un autre ébéniste, qui a joui, au milieu du xviiie siècle, d'une certaine réputation, Migeon, je crois qu'il n'est guère douteux qu'il a existé deux personnages du même nom, le père et le fils, vraisemblablement : le premier a travaillé au milieu du xviiie siècle et était déjà maître à cette époque ; le second, Antoine

1. 31 décembre 1748 : « N° 1341. Livré par le sieur Joubert, ébéniste, pour servir à Monseigneur le Dauphin à Versailles : 1 petit secrétaire de bois violet à placages en mozaïque fermant à clef de 17 pouces de face sur un pied de profondeur et 33 pouces de haut porté sur 4 pieds de biche de bronze doré d'or moulu. Le devant s'abat et forme une table. En dedans sont six petits tiroirs à boutons en olive de bronze doré d'or moulu, l'un desquels à droite est garni d'encrier, poudrier et boette à éponge, d'argent aux armes Dauphin pesant ensemble 1 m 3 on. Les entrées des serrures et le bouton de devant sont aussi de bronze doré. L'argenterie fournie par le Sr Ballin, orfèvre. » (Archives Nationales, O 1 3314, f° 121.) — 9 juillet 1750 : « N° 1608. Joubert, ébéniste, livre trois commodes de bois de palissante à placages à dessus de marbre rance de 4 pieds 2 pouces de long sur 23 pouces de profondeur et 31 pouces de haut ayant pardevant deux grands tiroirs fermant à clef avec entrées de serrures, boutons et ornements de bronze en couleur d'or. » (O 1 3315, f° 13 v°.) Les 4 nov., 26 nov., 23 déc., il livre d'autres meubles : six commodes, six encoignures, six tables à écrire. (Ibid.) — Le 18 mars, treize tables de jeux, cinq de quadrilles, six de piquet et de comète, une de brelan, une pour le jeu d'ombre en triangle. (Ibid., f° 61 v°.) — 15 avril 1751 : « N° 1650. Pour Madame Louise de France : Une commode de bois violet et bois satiné à placages à dessus de marbre breche d'alep bombée et chantournée, ayant par devant deux grands tiroirs fermants à clef, avec entrées de serrures, mains fixes et ornements de cuivre doré d'or moulu, longue de 23 pouces sur 23 pouces de profondeur et 31 pouces 1/2 de haut. » (Ibid., f° 70.) — 4 mai 1751 : « N° 1660. Pour servir dans le Cabinet de M. le Garde des Sceaux au chateau de Marly : Un bureau de bois violet et bois satiné à placages de 5 pieds 1/2 de long sur 33 pouces de large et 30 pouces de haut, couvert de maroquin noir, ayant par devant trois tiroirs fermants à clefs, avec ornements en couleur d'or. » (Ibid., f° 73.) — 24 janvier 1752 : « N° 1680. Pour servir à Madame Adelaïde de France à Versailles : Une commode à bois violet et satiné à placages en mozaïques, à dessus de marbre breche d'Alep, ayant par devant deux grands tiroirs fermants à clef, ornée d'un cartel, chutes de festons, moulures et pieds de bronze doré d'or moulu, longue de 3 pieds 9 pouces, sur 2 pieds de profondeur et 34 pouces de haut. » (Ibid., f° 106.) — 22 juillet 1752. « Pour servir au jeu de la reine à Marly, un jeu de cavagnole. » (Ibid., f° 121.) [Communiqué par M. Jacques Stein.]

2. Mantz, Les meubles du XVIIIe siècle, dans la Revue des Arts décoratifs, 1884, p. 378.

Migeon, ne fut reçu dans la communauté qu'en 1769; d'après l'*Almanach des ébénistes* de 1785, il habitait rue des Francs-Bourgeois, tandis que le premier semble avoir eu son domicile au faubourg Saint-Antoine. Au dire du marquis d'Argenson, le premier Migeon fut particulièrement prisé par Mᵐᵉ de Pompadour; en 1749 il écrit : « On conte de nouveaux traits du crédit de la marquise et de la prodigalité royale. Migeon, ébéniste du faubourg Saint-Antoine, vient d'avoir mille écus de pension pour avoir fait une belle chaise percée pour ladite marquise [de Pompadour]. » Et Mantz[1], qui cite

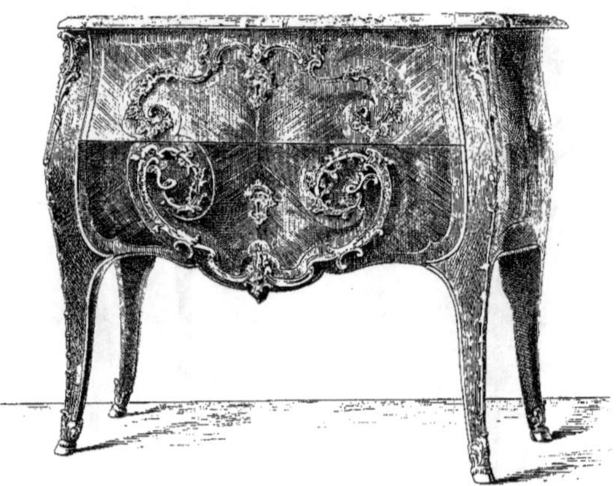

COMMODE EN BOIS SATINÉ
signée : J. Dubois. Époque de Louis XV (Vente Lepic, 1897, n° 48)

ce passage, ajoute : « Comment croire que ce meuble intime ait été si chèrement payé ? » Évidemment d'Argenson ne voulait point parler d'une seule chaise percée, mais il désignait ainsi d'une façon générale ce qui avait valu à Migeon la faveur de la marquise. En fait, quand on se reporte aux *Comptes*, on voit que notre ébéniste avait une véritable spécialité, celle des meubles intimes de très grand luxe, et à ce point de vue il était estimé de toute la famille royale[2]. Je demande pardon au

1. *Ouvr. cité*, p. 364.

2. 1ᵉʳ août 1747. « N° 1428. Livré par le Sʳ Migeon ébéniste. Pour servir dans la garderobe de Madame de Pompadour au château de Marly. Une encoignure de bois violet à placages à dessus de marbre de brèche d'Alep bombée et chantournée à deux battants fermants à clef, le dedans de bois d'acajou avec une tablette de même bois, de 3 pieds de haut sur 24 pouces de profondeur. — N° 1429. Une encoignure de bois violet à placages à dessus de marbre brèche d'Alep feint, attachée par des charnières de cuivre et fermant à clef sur le côté, bombée et chantournée. Le dedans de bois d'acajou renferme une chaise d'affaires et un réservoir avec son robinet; sur les battants sont appliqués deux compartiments de tabis bleu et bordés de petit galon d'or pour des flacons et des linges d'affaires, de 3 pieds de haut sur 24 pouces de profondeur. — N° 1430. Une table de nuit de bois violet à placages à double tablette de marbre de brèche d'Alep, bombée et chantournée, portée sur quatre pieds terminés par des chaussons de cuivre doré d'or moulu; longue de 3 pieds sur 30 pouces de haut et 11 pouces de large pour le milieu..... Un petit fauteuil rond de canne sculpté légèrement. » (Archives Nationales, O¹ 3314, f° 58.) — Août 1748. « N° 648. Pour servir dans la garderobe de Madame de Pompadour à La Muette. Bidet à seringue, de bois de merisier, garni de sa cuvette de fayance, le siège et l'apuy couvert de maroquin rouge. Dans le dossier sont 3 compartiments, dont deux garnis de flacons de cristal. » (*Ibid.*, f° 108 v°.) — 11 janvier 1749 : « Pour servir aux loges du nouveau théâtre dans l'escalier des ambassadeurs, à Versailles : Quatre chaises d'affaires à dossier, de bois de merisier et bois de canne à jour, sculptées légèrement, la lunette couverte de maroquin rouge, avec leur sceau de fayance. » (*Ibid.*, f° 123.) — 1ᵉʳ mars 1749. « N° 666. Pour servir à Mesdames Adélaïde et Victoire de France à Versailles. Deux fauteuils en chaises d'affaires de bois de noyer plein, sculptés legerement avec carreaux et manchettes, l'un de velours bleu, l'autre de velours jaune, dans le dossier est un réservoir, dans le fond une seringue et un seau de cuivre étamé, qui se meuvent par des manivelles qui sont dans les bras. » (*Ibid.*, f° 127 v°.) — 9 avril 1749 : Une chaise d'affaires pour Madame Infante à Versailles. » (*Ibid.*, f° 131.) — 14 novembre 1749 : « Un bidet à seringue pour servir dans la garderobe du roi au palais de Trianon. » (*Ibid.*, f° 131.) — 1750. « N° 698. Pour servir à Madame Louise de France. Un petit bidet de bois de noyer couvert de maroquin rouge, de 16 pouces 1/2 de large et 15 pouces de haut avec sa cuvette de fayance. N° 699. Pour servir dans la garderobe de Mᵉ de Pompadour. Un bidet de bois de noyer à dossier couvert de maroquin cloué de cloux dorés de 20 pouces de long sur 10 de large et 30 pouces de haut, avec sa

lecteur d'insister ainsi sur un sujet un peu scabreux, mais cette question a une certaine importance, non seulement pour l'histoire du meuble mais aussi pour l'histoire des mœurs. Il semble bien que ce soit de l'époque de Louis XV que date l'introduction en France de certains soins de propreté, sur lesquels on me permettra d'être bref, mais dont l'historien peut parfaitement constater la naissance. J'ajouterai même qu'on voit apparaître déjà certaines mécaniques « à l'anglaise », et que quelques meubles intimes deviennent d'un usage général, même dans la classe moyenne. Louis XV et tout son entourage, d'après les *Comptes*, se préoccupaient de raffinements qu'on ne soupçonnait point sous Louis XIV[1]. Il est vrai que le commencement du xixᵉ siècle devait être signalé par un retour, à ce point de vue, à une entière barbarie. En 1810, aux Tuileries, il n'y avait plus dans tout le palais, les inventaires en témoignent, que vingt et un des ustensiles sans lesquels Mᵐᵉ de Pompadour n'aurait

certainement pas consenti à vivre; au xviiiᵉ siècle, nulle femme de chambre ne s'en serait privée; les grandes dames de la cour impériale ne s'attardaient pas volontiers à ces menus détails.

Un des traits particuliers de Louis XV, et l'un de ceux qui ont le plus influé sur sa manière d'agir, était de s'affranchir autant que possible des lois de l'étiquette. Autant Louis XIV avait scrupuleusement veillé à conserver et à amplifier des traditions qu'il croyait nécessaires à la majesté royale, autant Louis XV chercha à s'affranchir des stupidités du protocole. On ne peut vraiment l'en blâmer et lui reprocher d'avoir traité comme ils le méritent les pauvres d'esprit qui se figurent qu'un personnage officiel

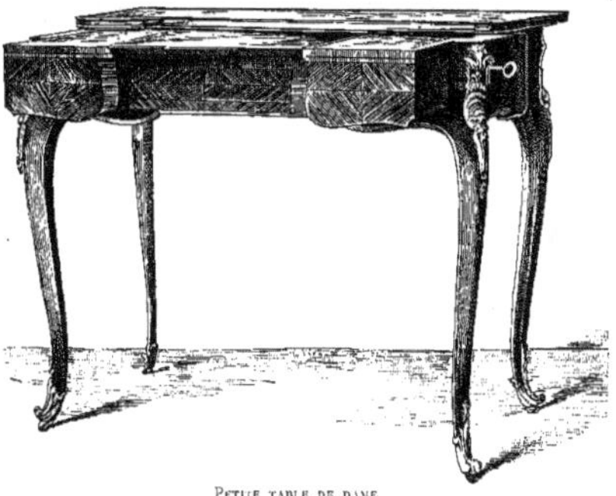

PETITE TABLE DE DAME

signée : R × V × L × C. Époque de Louis XV (Vente du vicomte de B., 1891)

ne remplit sérieusement son rôle qu'autant que toutes ses actions sont prévues d'avance, soigneusement décrites, et que rien dans la vie d'un chef d'État, même sa mort, ne doit être laissé à l'imprévu. Louis XV, très enclin à s'ennuyer, dut, plus que tout autre, ressentir la tyrannie de ces fantoches, et, faisant véritablement acte de souverain, il imposa, tout en la scandalisant, ses goûts un peu bourgeois, à toute cette valetaille amoureuse de la forme. L'intimité des petits

cuvette de fayance, et une seringue d'étain ; dans l'épaisseur du dossier sont placés deux flacons de cristal. Nᵒ 700. Pour servir dans différentes garderobes. Dix bidets de noyer avec leurs couvercles et seaux de fayance. Nᵒ 701. Douze bidets de bois de noyer sans couvercles avec leurs seaux de fayance. » (O 1 3315, fᵒ 70 vᵒ.) — 10 mars 1752. « Nᵒ 711. Pour servir à Madame Sophie de France, à Versailles. Un fauteuil en chaise d'affaires de bois de noyer, sculpté légèrement, avec dossier, carreau et manchettes de velours cramoisy, dans le dossier est un réservoir, dans le fonds une seringue d'étain et un pot de chambre de fayance, qui se meuvent par des manivelles qui sont dans les bras, à gauche est un petit compartiment dans lequel sont deux petis flacons et un gobelet de cristal. » (*Ibid.*, fᵒ 109 vᵒ.) — 24 mai 1754. Pour le service de Madame Infante Duchesse de Parme à laquelle ils ont été envoyés. Trois fauteuils de commodité ou chaises d'affaires et propres à prendre des remèdes ; dans l'épaisseur du dossier est un réservoir, la lunette couverte de velours cramoisy, le dossier et le careau de même velours ; à droite est un petit tuyau pour seringuer de l'eau et à gauche un compartiment garny de deux flacons et un gobelet de cristal, le bois de noyer sculpté et verny. » (*Ibid.*, fᵒ 76 vᵒ.) [Documents communiqués par M. Jacques Stein.]

1. *Journal de Lazare Duvaux.* « 117. Du 20. Mgr le Prince d'Enriche-mont. Posé dans la garde-robe de son apartement, rue du Bacq, une chaise percée d'un fauteuil de canne garni en maroquin, de 52 l. — Un bidet garni en maroquin, 21 l. » [janvier 1749.] — « 892. Mᵐᵉ la Marq. de Pompadour : Un bidet à dossier, plaqué en bois de rose et fleurs, garni de moulures, pieds et ornemens de bronze doré d'or moulu, avec sa seringue et la cuvette du fond en étain plané, 360 l. Le port à Bellevue, 3 l. » [Août 1751.] — « 1038. Du 29. S. M. le Roy : Un corps d'encoignure bâti de chêne plaqué en bois satiné, à deux portes, formant une chaise percée avec un réservoir et robinet à l'angloise, le fond à cuvette d'étain plané et une double cuvette en cuivre, le dedans garni en velours et tabis avec les flacons, 245 l. Le port et voyage aux Rubis, 18 l. » [Janvier 1752.] — « 1210. Du 20. S. M. le Roy : ... (Suite de Verrières.) Dans la garde-robe, deux coins à jour, à pieds de biche ; en bois d'acajou massif, garnis chacun de trois tablettes de marbre blanc, les chaussons dorés d'or moulu, 200 l. — Quatre rideaux de mousseline, 18 l. — Quatre pots de chambre de Vincennes ovales, en blanc et bleu 96 l. — Un dit rond, 36 l. — Quatre brocs de même, 96 l. — Deux pots pourris, forme d'urne, 120 l. — Deux tablettes d'encoignures à jour, avec des armoires dans les milieux, en vernis poli imitant le placage, 78 l. — Quatre flacons de cristal avec différentes eaux d'odeur, 26 l. » [Septembre 1752.]

appartements, et surtout des petits soupers, demandait la disparition des comparses ordinaires des repas royaux, ces domestiques fussent-ils porteurs d'un grand nom de France. D'ingénieux mécaniciens secondèrent la pensée du roi et firent des tables qui montaient toutes servies du plancher, des buffets admirablement organisés, dissimulant des monte-plats que mettaient en mouvement des rouages fort simples, actionnés par des câbles. Mais ces systèmes ingénieux, dont l'usage devint assez général, n'excluaient pas les préoccupations artistiques, et les tables mécaniques de Choisy, de Versailles, de Trianon purent compter parmi les plus somptueuses œuvres d'ébénisterie. L'invention de la table mouvante de Choisy paraît remonter à l'ébéniste Sulpice[1], mais ce fut le machiniste Guérin qui fit exécuter en grand le modèle; ce modèle fit ensuite partie de la collection de M. de Marigny, qui avait recueilli aussi la réduction de la fameuse cheminée si utile aux amours de Richelieu et de Mme de la Popelinière[2]. Ce modèle de table fut ouvré par le menuisier Léchaudé; Loret, orfèvre, y plaça des accessoires de cuivre et d'argent, et Lorian en fournit les câbles. Vers la même époque, un buffet mouvant fut construit à Versailles, dans les petits appartements, par Arnoult, qui, machiniste de profession, avait montré ses talents au théâtre de Choisy[3]. Si on en croit Legrand d'Aussy, Loriot fit une table analogue pour Trianon, et le roi Stanislas, à Lunéville, connut

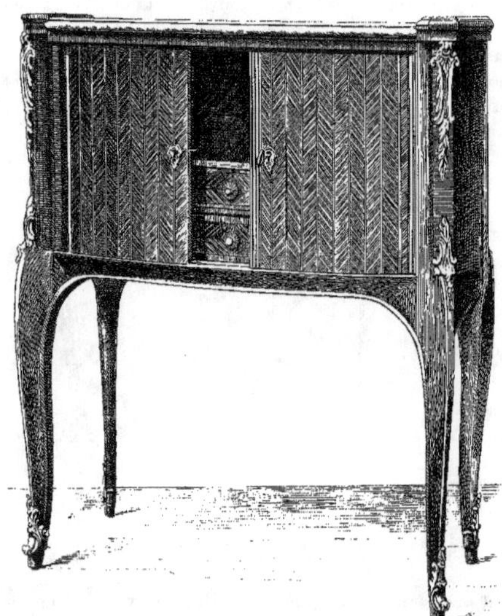

PETIT BUREAU EN BOIS DE ROSE
à vantaux formant rideaux. Époque de Louis XV
(Vente du vicomte de B., 1891, n° 149)

également le confortable de la « table volante ». Il est vrai que Mme de Pompadour avait un ascenseur, un « fauteuil volant » construit par Arnoult[4], et les prix que nous font connaître les *Comptes*, une pension accordée à la fille du machiniste Guérin, montrent combien on avait su apprécier ces heureuses trouvailles de mécaniques qui permettaient de deviser tranquillement loin des yeux indiscrets[5].

---

1. *Livre-Journal de Lazare Duvaux*, t. I, p. cxxvi.

2. *Catalogue de la vente de M. de Marigny*. « N° 750 : Le modèle en petit de la table à manger qui se voit dans le petit château de Choisy, de 27 pouces de long sur 16 pouces de large. — N° 751, Un modèle de cheminée tournante en bois d'acajou, d'environ 2 pieds, avec la plaque en cuivre. » Mme de Pompadour s'était fort amusée de l'aventure de La Popelinière et ne laissa pas échapper l'occasion de le tourner en ridicule : « Pendant toute la durée de cette discussion, madame de Pompadour avait, pour ridiculiser son ennemi, engagé la police à laisser vendre partout, même dans les théâtres, des bijoux nommés plaques de cheminée, avec une chanson dans laquelle on plaisantait à outrance l'heureux vainqueur de madame de la Popelinière; et celui-ci pour s'en venger trépignait avec fureur toute une nuit au-dessus de l'appartement de la marquise incommodée. » (Campardon, *Histoire de Mme de Pompadour*, p. 111.)

3. L. Courajod, *Livre-Journal de Lazare Duvaux*, t. I, p. cxxvi.

4. P. de Nolhac, *La décoration de Versailles au XVIIIe siècle*, dans la *Gazette des Beaux-Arts*, 3e période, t. XVII, 1897, p. 74.

5. 29 mars 1760. « Gratification de mille livres de rentes accordée à Guérin, machiniste, qui a fait exécuter en grand dans le petit château de Choisy la table mouvante que Sa Majesté ordonna. » (Archives Nationales, O[1] 1064.) — « 30 juillet 1763. Pension à la fille de Guérin qui a fait la table mécanique de Choisy. » (Archives Nationales, O[1] 1064.) — 12 mai 1756. « Au sieur Arnoult, machiniste, 254 liv. 15 s. pour son payement des ouvrages qu'il a faits pour le bufet mouvant des petits apartements du roy au château de Versailles, pendant l'année dernière, suivant un mémoire certifié. » (Archives Nationales, O[1] 2235, f° 46 r°.) — 18 septembre 1763. « Au sieur Arnoult, machiniste 3000 liv. à compte des ouvrages qu'il a faits à la salle des spectacles du château de Choisy, pendant les années 1757 et 1758. » (Archives Nationales, O[1] 2238, f° 263 v°.) — 17 décembre 1756. « Au nommé Jombert, ébéniste 1500 liv. à compte des ouvrages de marqueterie qu'il a faits à [Choisy]. » (Archives

En même temps qu'on inventait les tables mécaniques, la préoccupation d'avoir des meubles commodes et portatifs, un peu plus de ce que nous nommerions aujourd'hui du confortable, donnait naissance à de nouvelles combinaisons; c'est le milieu du xviii° siècle qui vit naître les fauteuils articulés, les tables à dessus mobiles, se levant et s'abaissant à volonté au moyen de crémaillères, les tables « en croissant[1] », les meubles pour écrire debout, dont notre planche VIII montre un si charmant spécimen, faisant partie de la collection de M. le baron Nathaniel de Rothschild, à Vienne[2]. Je donne ici, d'après le *Journal de Duvaux*, la description d'un de ces meubles, datant de 1758, qui est utile à comparer avec ce délicat échantillon de l'ébénisterie française vers 1760.

On trouvera reproduit page 137 un charmant bureau qui fait partie de la collection de M. le comte I. de Camondo, en bois de rose et bois satiné, qui passe pour avoir appartenu aux filles de Louis XV[3]. Le dessus de ce joli meuble est recouvert de velours bleu, et c'est en effet cette étoffe que nous trouvons fréquemment mentionnée dans les *Comptes* pour la garniture des bureaux de dame ou la doublure des tiroirs. Les bronzes, admirablement modelés et ciselés, malgré leur simplicité relative, sortent évidemment des mains d'un bon faiseur, et je serais assez disposé à reconnaître dans cette jolie pièce une œuvre de Joubert ou tel autre ébéniste célèbre travaillant pour la cour. Du moins certaines mentions des comptes royaux du xviii° siècle, qu'on a plus haut publiées, s'appliquent presque à la lettre à des tables analogues. Deux encoignures, qui firent partie de la collection Josse[4], rentrent également dans la série des beaux meubles attribuables au milieu du xviii° siècle. On trouvera ici la représentation de l'une de ces pièces qui portent à la fois la signature de I. P. Latz et la signature L. Boudin. Je n'ai aucun renseignement sur le premier artiste; quant au second, il fut reçu dans la

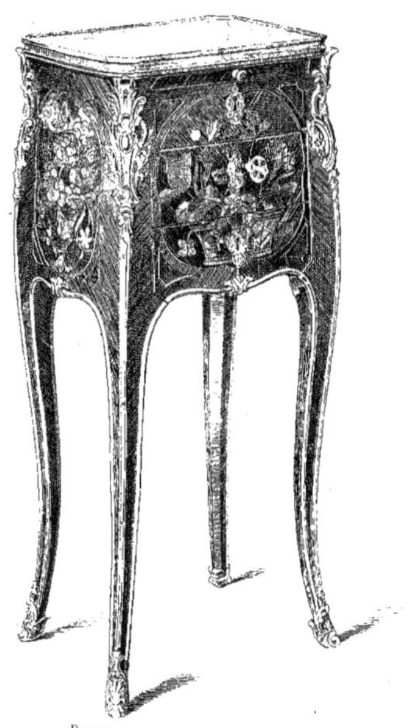

PETITE TABLE A OUVRAGE EN MARQUETERIE
Ancienne collection de Mme de Campan. Signée : Delorme
Époque de Louis XV
(Collection de M. le comte I. de Camondo)

Nationales, O¹ 2255, fᵒ 231 rᵒ.) — 8 mai 1757. « Au nommé Jombert, ébéniste. 3000 liv. à compte des ouvrages de marqueterie qu'il a faits à la table mouvante dudit château [de Choisy]... » (Archives Nationales, O¹ 2255, fᵒ 231 vᵒ.) — 24 septembre 1757. « Au nommé Jombert, ébéniste, 3000 livres, à compte des ouvrages de marqueterie qu'il a faits au dit château [de Choisy]. » (Archives Nationales, O¹ 2256, fᵒ 236.) — 22 janvier 1758. « Au nommé Jombert, ébéniste, 3000 liv. à compte des ouvrages de marqueterie qu'il a faits pour la table mouvante de Choisy, pendant l'année 1756. » (Archives Nationales, O¹ 2256, fᵒ 236 vᵒ.) Cette mention est accompagnée de l'annotation suivante : « Déjà réglé; nul ici. » — 26 avril 1763. « Au nommé Léchaudé, fils, menuisier, 176 liv. 18 s. 4 d., pour les ouvrages de menuiserie qu'il a faits pour le modèle de la table mécanique du château de Choisy, pendant 1754, suivant un mémoire certifié. » (Archives Nationales, O¹ 2258, fᵒ 251 rᵒ.) — 3 juin 1758. « Paiement de 1042 l. à la veuve Loriau, cordière, pour des câbles et sangles de fil de laiton pour servir à la table mécanique du château de Choisy. » (Archives Nationales, O¹ 2258, fᵒ 250 vᵒ.) — 18 mars 1764.

E. Molinier, *Arts industriels.* — III.

« Au sieur Loret, orphèvre, 169 liv. pour son payement de deux plaques dont une d'argent et l'autre de cuivre, qu'il a faites pour la table méchanique du château de Choisy, pendant 1756 et 1757, suivant un mémoire certifié. » (Archives Nationales, O¹ 2258, fᵒ 163 vᵒ.) [Documents communiqués par M. Jacques Stein.]

1. *Journal de Lazare Duvaux* : « 1711. Du 16. Mme la Marq. de Pompadour : Une table à écrire en forme de croissant, à pupitre, plaquée en bois de rose et bois satiné, les chaussons et entrées dorés d'or moulu, 120 l. [Mars 1754.] »

2. *Journal de Lazare Duvaux* : « 3201. Du 9. S. E. M. le Cte de Cobentzel : Livré à M. de Meulan un corps d'ébénisterie à l'usage d'écrire et lire debout, plaqué dehors et dedans en bois satiné et bois de rose, les dehors et quarts de rond en bronze doré d'or moulu, le dessus en maroquin et écritoire garnie de cornets argentés, 960 l. [Août 1758.] »

3. Ancienne collection Double, nᵒ 337 du *Catalogue* de vente (1881).

4. Vendus en 1894; ces meubles figurent sous les nᵒˢ 158, 159 dans le *Catalogue* de la vente.

communauté des ébénistes en 1761 seulement. Cette date est instructive, car on serait tenté de reporter l'exécution de ce meuble si simple jusque vers 1745 environ. Un petit bureau de dame, muni d'un abattant [1], et dont les bronzes sont marqués du C couronné; un petit bureau fermé par des volets formant rideaux, tout en marqueterie [2], qu'on publie tous les deux ici [3], peuvent donner une idée du style adopté par les ébénistes parisiens pour les meubles plus simples, vers 1760 ou 1765 environ. Une autre petite table, provenant de la même collection [4], offre les initiales énigmatiques

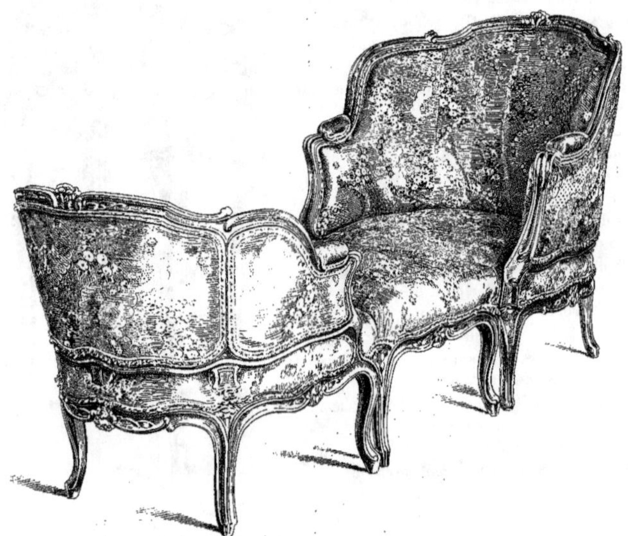

CHAISE LONGUE EN BOIS SCULPTÉ ET DORÉ
ayant fait partie du mobilier de la reine Marie-Antoinette. Époque de Louis XV
(Collection de M. le comte I. de Camondo)

R + V + L + C, qu'on trouve parfois apposées sur des meubles très soignés, notamment sur un charmant tambour à broder de la collection Eudel, et qu'on a parfois identifiées avec la signature hypothétique de l'ébéniste Robert-Victor La Croix.

Si des lignes assez calmes dominent dans ces monuments que je mets sous les yeux du lecteur, certains autres, inspirés par des dessinateurs tels que Nicolas Pineau, qui fut sculpteur et donna des modèles aux menuisiers et aux ébénistes, trahissent, comme le bureau de la collection Metternich, des préoccupations tout à fait autres. Le dessin de Pineau, d'après lequel l'ébéniste J. Dubois a exécuté la superbe encoignure surmontée d'une étagère et d'une horloge, appartenant à M. le baron Nathaniel de Rothschild, à Vienne, est bien la réalisation de l'idéal d'un impénitent du style rocaille

---

1. Ancienne collection Armaillé. N° 164 du *Catalogue* de vente (1890).
2. Ancienne collection du vicomte de B.; vente de 1891, n° 149.
3. Pages 141 et 144.
4. Ancienne collection du vicomte de B.; vente de 1891, n° 146.

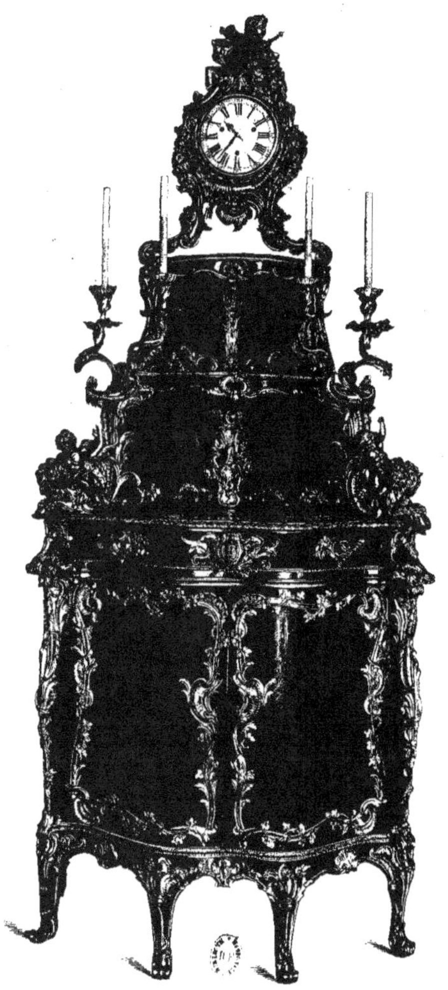

ENCOIGNURE _ DESSIN DE PINEAU _ ÉBÉNISTERIE DE DUBOIS _ PENDULE DE LENOIR

RÈGNE DE LOUIS XV

(Collection de M. le Baron Nathaniel de Rothschild, à Vienne.)

(planche XIII). Le goût, peut-être exagéré, pour les appliques de bronze, les torchères aux mouvements contournés qui s'élèvent des flancs du meuble au-dessus de groupes du plus gracieux effet, mais qui appartiennent à l'art du sculpteur et non à l'art de l'ébéniste, font de cet ensemble un des exemples les plus somptueux et les plus caractéristiques de ce qu'on appelle le style Louis XV, sans prendre garde que l'art français a plusieurs fois changé de style sous ce règne. Mais Dubois, comme ses confrères, n'avait pas toujours l'occasion de faire des meubles aussi riches, et, à titre de démonstration de cette vérité, on trouvera ici une très jolie commode qui porte son estampille, et qui, bien que plus simple de forme, trahit les mêmes tendances [1].

On n'en finirait point si, relevant tous les noms contenus dans les *Comptes* de cette époque, dans les catalogues de ventes aussi, on voulait citer tous les meubles remarquables sortis des ateliers parisiens : il me suffira de citer, après Mantz et M. de Champeaux, quelques noms d'ébénistes particulièrement célèbres : Bernard, dont on trouve la trace dans le cabinet de Blondel de Gagny [2] et dans la collection du peintre Boucher, qui possédait de lui un « vuide-poche de bois de rose [3] » ; Gillet, auteur d'une commode qui a fait partie de la collection Valpinçon [4] ; Nicolas Petit, François Bayer, Pierre Pionnier, dont le Musée de Kensington possède un secrétaire en bois d'amarante, orné d'une plaque de porcelaine de Sèvres [5] ; Étienne Levasseur, sur lequel j'aurai à revenir au sujet des meubles dans le style de Boulle exécutés sous Louis XVI et possédés par le garde-meuble. Tous ces artistes, autour desquels on pourrait grouper beaucoup d'autres ébénistes dont on trouvera les noms dans

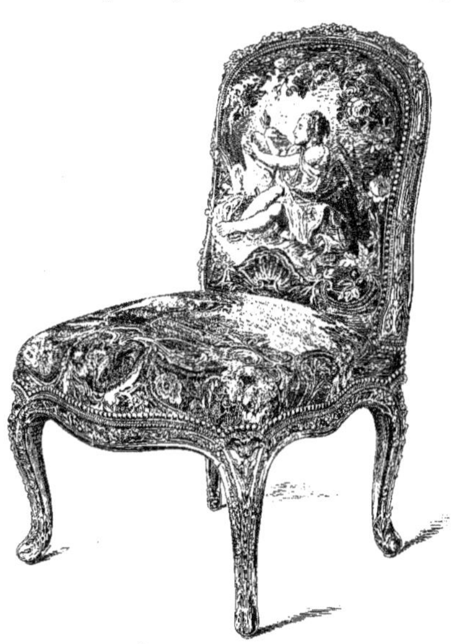

CHAISE EN BOIS SCULPTÉ ET DORÉ
couvert en tapisserie des Gobelins. Ancien mobilier de la chambre du roi,
à Versailles. Règne de Louis XV
(Collection de M. le comte I. de Camondo)

l'essai d'une liste des ébénistes du XVIIIe siècle placée à la fin du présent volume, appartiennent à la fin du règne de Louis XV et au règne de Louis XVI ; quelques-uns mêmes ont vécu jusqu'au XIXe siècle. Pour la première partie du XVIIIe siècle, on pourrait citer Claude Choquet, ébéniste du roi et du duc d'Orléans [6] ; Jean-François Guesnon, menuisier du roi, qui travailla pour Mme de Pompadour et prit part avec Boucher à l'installation du château de Crécy ; Pierre Denizot, J.-B. Hédouin, Pierre Garnier, dont le Musée de Kensington possède des œuvres ; Jean-Pierre

---

1. Vente Lepic (1897), n° 48. Signalons encore, d'après M. de Champeaux (*Le Meuble*, II, p. 164), parmi les œuvres de Dubois, un bureau et son cartonnier, vernis en vert, ornés de bronze doré (collection Wallace, à Londres) ; les pieds du bureau sont ornés de figures de sirènes en bronze, et le serre-papiers est surmonté des figures de l'Amour, de Psyché, de la Paix et de la Guerre. Ce bureau fut, dit-on, envoyé par Louis XV à l'impératrice de Russie, Catherine II. Dans la même collection se trouve une commode en vernis noir, également décorée de sirènes. Enfin, d'autres spécimens de l'art de Dubois se trouvent dans des collections parisiennes, notamment chez M. E. Taigny et chez M. le comte de Greffulhe.

2. « Une commode de bois des Indes, faite par Bernard, avec ornements de cuivre doré. » (*Dict. pitt. et hist.* d'Hébert ; cité par Courajod, *Journal de Duvaux*, p. ccxlvii.)

3. Mantz, *ouvr. cité*, p. 378.

4. *Ibid.*

5. *Ibid.*, p. 378.

6. Jal, *Dictionnaire critique* article Fontenay (Belin de).

Lathuile et Jacques Dautriche, dont le garde-meuble possède deux commodes en marqueterie, d'une bonne exécution [1]. A cette longue énumération, j'ajouterai encore les noms de Filleul [2], de Cl. de la Roue [3], de Le Blanc [4], de Voisin [5], de Jabodot [6] et d'Hébert [7] qui, bijoutier de son état, semble avoir joué un rôle analogue à Lazare Duvaux ; il fournissait la cour aussi bien d'orfèvrerie que de meubles, qui, si nous en jugeons par les descriptions des *Comptes*, devaient être somptueux. D'autres, moins connus, tels que Delorme, l'auteur d'une délicieuse table en marqueterie qui fait partie de la collection I. de Camondo, ou Pleney [8], qui figure surtout dans les *Comptes* comme menuisier du roi, vendaient également des meubles pour les châteaux royaux. La table de Delorme, qui peut être considérée comme une table à ouvrage, provient de la vente de Mᵐᵉ de Campan, qui l'avait conservée comme un souvenir du dauphin Louis XVII [9]. Mais c'est un meuble de la meilleure époque de Louis XV ; son dessus de marbre bleu turquin, sa marqueterie à corbeilles de fleurs sur un fond de bois de rose, peuvent rivaliser, pour l'entente de la décoration et la finesse du travail, avec les plus charmantes créations du milieu du xviiiᵉ siècle. A côté de ces œuvres gracieuses qui, par leurs profils contournés, évoquent les boiseries de style rocaille au milieu desquelles elles étaient destinées à vivre, à la fin du règne de Louis XV, dès 1760 on voit apparaître des formes plus raides, plus sévères et souvent bien lourdes de dessin, dont les modèles de Delafosse résument assez bien tous les caractères : on trouvera ici un modèle de bras de lumière, qui semble avoir été exécuté d'après ses dessins, aux branches duquel pendent ces guirlandes caractéristiques qu'on retrouve sur maint meuble qui signale un retour plus ou moins complet, plus ou moins heureux de l'art français vers l'art classique. Dans la collection Hamilton se trouvaient plusieurs meubles de ce style : il me suffira de signaler le bureau plat accompagné de son cartonnier, qui passait pour avoir appartenu au duc de Choiseul [10]. On ne relève plus dans ce meuble aucun profil bombé : tout y est rectiligne et froid, jusqu'aux mufles de lion et aux guirlandes de bronze qui garnissent les extrémités et les angles du bureau. Un autre bureau faisant partie de la même collection, à huit pieds cannelés terminés par des griffes de lion [11], exagérait encore les mêmes tendances ultra-classiques ; les festons disproportionnés, suspendus au sommet du cartonnier ou retombant disgracieusement tout autour de la ceinture du bureau, appartenaient déjà, bien qu'exécutés sous Louis XV, au style qu'on a qualifié bien à tort de

---

1. *Catalogue du Musée du garde-meuble*, édition de 1897, nᵒˢ 135 et 154.

2. Filleul, concierge, garde-meuble du château de Choisy, ébéniste en 1746. (Archives Nationales, O¹ 3314, fᵒ 64 vᵒ.) 1753. « Filleul fait quatre fauteuils de toilette pour le roy, d'une nouvelle forme, un second dossier pour accoster la tête du roy pour le razer, lesdits fauteuils couverts de maroquin rouge, chamarrés d'un cloux doré fin, pour servir un à Fontainebleau, un à Versailles, un à Marly, et l'autre à Compiègne. » (Archives Nationales, O¹ 2994.)

3. « Livré le 28 mars 1746 par le Sʳ Cl. de la Roue, pour servir au besoin dans les maisons royalles, une tablette de vernis fond noir à bordure rouge avec des vignettes en relief dorées, garnies de ferrures en couleur d'or complette, la glace du miroir de 20 pouces de haut sur 16 de large. » (Archives Nationales, O¹ 3314, fᵒ 10.)

4. 24 octobre 1748. « Nᵒ 1517. Livré par le Sieur Le Blanc, ébéniste. Pour servir dans les apartemens de Madame Infante, Don Philippe et de sa suite à Versailles : une commode de différents bois des Indes à placages en mozaïques, à dessus de marbre de breche d'Alep, bombée et chantournée, aïant par devant 2 grands et 2 petits tiroirs fermans à clef, avec entrées de serrures, mains fixes, cannelures et ornemens de bronze doré d'or moulu. Longue de 4 pieds 1/2 sur 25 pouces de profondeur et 32 pouces de haut. » (Archives Nationales, O¹ 3314, Cᵗ 113.) —

5. 14 avril 1753. « Au nommé Voisin, ébéniste, 36 livres pour son paiement des ouvrages de marqueterie qu'il a faits dans le département du château de Versailles pendant l'année dite, suivant un mémoire certifié. » (Archives Nationales, O¹ 2252, fᵒ 17 vᵒ.) — 10 mars 1756. « Au nommé Voisin, ébéniste, 102 liv. pour son payement des ouvrages de marqueterie qu'il a faits à une tablette de la Reine au Château de Versailles. » (Archives Nationales, O¹ 2255, fᵒ 20 vᵒ.)

6. « Mémoire de l'ouvrage fuite (*sic*) à Mgr le duc de Bourgogne par Jabodot, ébéniste, et fourny le 6 juin 1758 : Une cassette avec un tiroir desous plaqué en bois rose et violet et à fleurs, garny en dedans de moère et petit galon d'argent, la somme de 120 liv. » (Archives Nationales, O¹ 3002.)

7. « 6 avril 1746. Livré par le Sʳ Hébert, pour servir à Madame la Dauphine, à Versailles, une table de bois satiné à fleurs, encadré de bois d'amarante à placages, bombée et chantournée dans toutes les parties, ornée de carderons, moulures, fleurons et chaussons de bronze doré d'or moulu, ayant par devant une tablette à coulisse pour écrire, et deux tiroirs à boutons de bronze doré, doublés de tabis bleu, celui à droite est garni d'encrier, poudrier et boette à éponge de cuivre blanchi. Le milieu de dessus fermant à ressort se lève en pupitre ; longue de 32 pouces sur 15 pouces de large et 25 pouces de haut. » (Archives Nationales, O¹ 3334, fᵒ 12.) — « Livré par le Sʳ Hébert, bijoutier, pour servir à Madame la Dauphine, à Versailles, une petite table en forme de bureau, de vernis du Japon, chantournée dans toutes ses parties, couverte de velours bleu, encastré d'un carderon de bronze doré d'or moulu. La table ornée de baguettes formant des compartiments fleurs et feuillages aussi de bronze doré, etc. » (*Ibid.*)

8. 1753. Fournitures de quatre tables ployantes pour le renouvellement des chambre et garde-robe du Dauphin, prix 120 livres. — La même année la veuve et les héritiers du sieur Pleney, menuisier de la chambre du roi, reçoivent 330 liv. « pour sept tables de jeu neuves, en bois de violette, brisées en charnières avec visses en forme de clef, les pieds de bois de merizier avec filets de bois de violette. » (Archives Nationales, O¹ 2994.) Le même Pleney exécute, la même année 1753, des ouvrages de menuiserie « pour l'exécution de l'artifice de l'impromptu tiré pour l'heureuse naissance de Monseigneur le duc d'Aquitaine », au mois de septembre. (*Ibid.*)

9. Ancienne collection Double, nᵒ 357 de la vente de 1881.

10. Nᵒ 878 du *Catalogue de la Collection Hamilton*. (Photographies.) L'horloge du cartonnier, aussi peu gracieux de forme que le bureau, est signée *Alard*.

11. *Ibid.*, nᵒ 1456. (Photographies.)

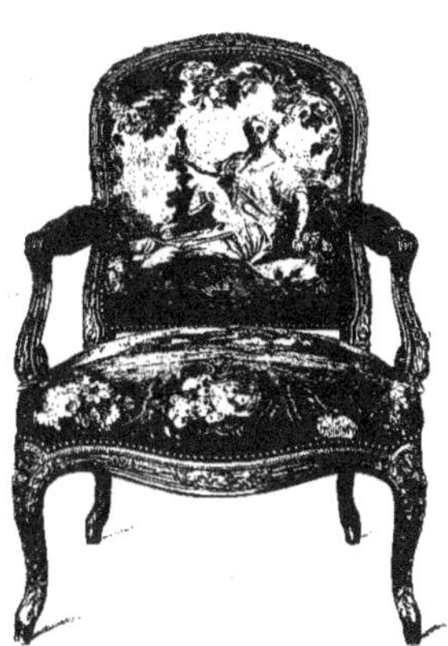

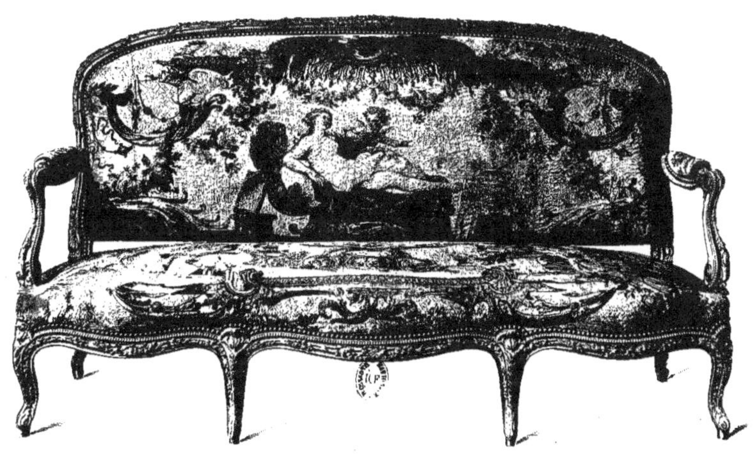

CANAPÉ ET FAUTEUIL EN BOIS SCULPTÉ ET DORÉ, RECOUVERTS DE TAPISSERIES

ANCIEN MOBILIER DE LA CHAMBRE DU ROI A VERSAILLES — FIN DU RÈGNE DE LOUIS XV

(Collection de M. le Comte de Camondo)

« Style Louis XVI ». Mais je n'insiste pas ici sur ces transformations du style français ; c'est un point sur lequel j'ai à m'expliquer longuement au paragraphe suivant, au sujet d'Oeben et de Riesener surtout, dont les différentes manières reflètent assez bien les phases successives de la mode dans la seconde moitié du xviiie siècle.

Je dois dire un mot, en terminant, des meubles en bois sculpté et doré. Sans vouloir m'appesantir ici sur l'art du sculpteur sur bois qui, sous les mains d'un Verbeckt, d'un Maurisan, d'un Francastel, d'un Rousseau, atteignit son plus haut point de perfection, appliqué surtout aux boiseries, portes, trumeaux, cadres de glace, etc., sans m'arrêter à la biographie de ces maîtres qui, tous, ont travaillé dans les châteaux royaux, je dois simplement mettre sous les yeux du lecteur quelques échantillons des meubles que sculptaient les mêmes hommes. Les formes contournées, appliquées partout dans la décoration pendant la plus grande partie du règne de Louis XV, se retrouvent dans tous les meubles, qu'il s'agisse d'une chaise longue, d'un canapé, d'un fauteuil ou d'une chaise, et sur ces formes plus ou moins ornées de fleurs, de guirlandes ou de coquilles viennent s'appliquer ou des coussins placés sur un fond de canne, ou un rembourrage recouvert de soies multicolores ou de tapisserie. Trop de meubles de cette époque, ou simples ou somptueux, ont survécu pour que leurs formes principales, leur galbe ne soient pas présents à l'esprit du lecteur. Il me suffira donc de mettre sous ses yeux deux ou trois échantillons, et des meilleurs, de ces parties du mobilier. La planche XIV reproduit un canapé et un fauteuil d'un ensemble célèbre qui fit autrefois partie de l'ameublement du roi Louis XV, à Versailles. Le canapé porte, marquée au feu, l'indication : *Chambre du roi*. On trouvera également ici un modèle de chaise provenant du même ensemble. Ce meuble, qui appartint à la collection Double [1], avant de devenir la propriété de M. de Camondo, semble avoir été considéré dans cette collection comme un meuble de l'époque de Louis XIV ; du moins le *Catalogue* le présente

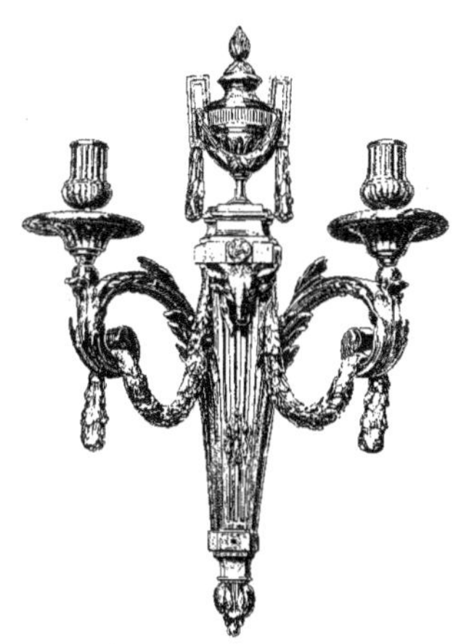

BRAS DE LUMIÈRE EN BRONZE DORÉ
Style de Delafosse. Fin du règne de Louis XV
(Collection Charles Stein)

ainsi [2]. Cette attribution ne me paraît pas un instant soutenable. Il est très vrai que quelques-unes des compositions en tapisseries des Gobelins qui le recouvrent pourraient à la rigueur passer pour des compositions du xviie siècle, — surtout l'Amphitrite qui décore le grand canapé, dont le prototype se trouve dans l'œuvre de Berain, — mais les bois, mais les encadrements des médaillons ont vu le jour aux environs de 1750. La sculpture est proche parente de la décoration d'un très grand nombre de boiseries de Versailles dont l'attribution au règne de Louis XV ne peut pas faire le moindre doute, et le *Mobilier des Dieux* [3], comme on l'a appelé, tout calme qu'il est et gracieux de forme, a vu le jour à l'époque où d'autres sculpteurs produisaient les compositions les plus échevelées de style rocaille. Dans la même collection figure une chaise longue en trois pièces, qui a appartenu à la reine Marie-Antoinette, mais dont l'exécution remonte à l'époque où elle n'était que Dauphine [4] : j'en donne

---

1. N° 404 du *Catalogue* de la vente de 1881.
2. P. xxvii et 125.
3. Composé de dix pièces : un grand canapé, un petit canapé, quatre fauteuils et quatre chaises.
4. Ancienne collection Double, n° 428 du *Catalogue* de la vente de 1881.

également la reproduction ici, car je ne connais guère de modèle mieux dessiné et plus digne d'inspirer nos ébénistes. Couverte de soie rose pâle, brochée de fleurs aux tons effacés, le bois est des plus simples si on le compare à certaines créations ultra-fantaisistes de la même époque. Tout y respire un art très raffiné et de bon aloi, qui cherche plutôt à produire son effet par les belles lignes du dessin que par la surcharge des sculptures. C'est là un éloge qu'on ne peut malheureusement pas adresser à tous les bois sculptés de l'époque de Louis XV.

VI. LE DÉCLIN DU STYLE ROCAILLE. — LE RETOUR AUX FORMES ANTIQUES. — JEAN-FRANÇOIS OEBEN ET JEAN-HENRI RIESENER

Il est impossible de ne point réunir sous une même rubrique les noms de Jean-François Oeben et de Henri Riesener : le second a continué le premier, c'est un fait indiscutable. Il y a plus : le second a terminé l'œuvre capitale de celui qui fut son maître et y a mis sa signature. Mais ce rapprochement pourrait paraître bizarre au premier abord, en comparant le point de départ d'Oeben et l'apogée du talent de Riesener, le plein épanouissement d'un maître dont la réputation est devenue surtout grande en plein règne de Louis XVI. Le premier a un talent complexe qu'expliquent assez ses origines : élève des Boulle, de cette école qui, dans la composition des meubles, donnait le pas à l'accessoire, c'est-à-dire aux bronzes, sur le principal, c'est-à-dire sur l'ébénisterie, il a été partagé entre l'imitation d'un passé trop glorieux pour qu'il pût le renier et son goût personnel pour des tendances nouvelles cherchant à faire valoir dans le meuble la forme, c'est-à-dire le bois qui la compose, tout autant sinon plus que le décor dû au bronzier et au ciseleur. De sorte que le même homme a été amené à composer des pièces d'une sobriété relative qui rappelait les meilleures œuvres de Cressent, et à appliquer sur les formes d'une ébénisterie impeccable des pièces de bronzes aussi riches et aussi somptueuses et exubérantes que les aurait pu rêver un Meissonnier ou un Slodtz. D'où venait-il ? c'est ce que les documents ne nous ont pas encore révélé. Était-il étranger, ou simplement fils d'un étranger établi en France ? Dans tous les cas, si la forme même de son nom semble indiquer une origine flamande ou allemande, quand nous faisons connaissance avec Oeben les textes sont muets sur cette circonstance : il est considéré comme Français et traité comme tel. On ne connaît pas davantage la date de sa naissance, mais, en 1754, il reçoit le titre d'ébéniste du roi et un logement à l'Arsenal [1], logement dont la jouissance lui fut confirmée en 1760 et 1761 [2]. Mais ce qui ne laisse pas

---

[1]. *Nouvelles Archives de l'Art français*, t. II, p. 107, 108.

[2]. *Brevets accordés à Oeben, ébéniste du roi.* — « Aujourd'hui, vingt-six mai mil sept cent soixante, le roy étant à Versailles, Sa Majesté, voulant traiter favorablement le nommé Jean-François Oeben, ébéniste de profession, et son épouse, actuellement vivants, leur a accordé et fait don à l'un et à l'autre du logement qu'ils occupent actuellement à l'Arsenal de Paris dans le bastiment neuf situé entre la Cour du Grand-Maitre et le Mail, ledit logement ayant vue sur lad. cour, consistant en deux grandes chambres et une entresolle au dessus, pour en jouir par ledit Oeben et son épouse leur vie durant, conformément au plan déposé audit Arsenal, à condition toutefois de ne le louer ny céder à personne sous quelque prétexte que ce soit. Accorde en outre Sa Majesté aud. Oeben la jouissance d'une portion de terrain située dans la même cour, faisant partie de celui qui est actuellement enclos de planches le long du mur des Célestins, lad. portion de terrain sur laquelle Sa Majesté trouvera bon que led. Oeben fasse construire une forge consistant dans une longueur d'environ vingt pieds, sur la même largeur que led. enclos, à son extrémité la plus proche de l'entrée de la cour du Grand-Maitre, du côté de celle des Célestins. Mande Sa Majesté au sieur Belidor, brigadier d'infanterie, qu'elle a particulièrement chargé du soin dud. Arsenal, de faire jouir led. Oeben et son épouse du contenu au présent brevet que, pour assurance de sa volonté, Sa Majesté a signé de sa main et fait contresigner par moy, son conseiller d'Etat et de ses commandements et finances : Louis. — Le Maréchal duc de Belle-Isle. » — « Aujourd'hui, vingt-trois décembre mil sept cent soixante-un, le roy étant à Versailles, Sa Majesté voulant traiter favorablement le nommé Jean-François Oeben, ébéniste de profession, et son épouse, actuellement vivants, leur a accordé et fait don à l'un et à l'autre de la jouissance d'une portion de terrain située à l'Arsenal de Paris dans la Cour du Grand-Maitre faisant partie de celui qui est actuellement enclos de planches le long du mur des Célestins. Ladite portion de terrain sur laquelle Sa Majesté trouvera bon que led. Oeben fasse construire des angars pour son usage, consistant dans une longueur d'environ vingt pieds sur la même largeur et le même alignement que celuy qui lui a été accordé par brevet du vingt-six may de l'année dernière. Mande Sa Majesté au sieur Garnier de Montigny, commissaire général des guerres et de son corps royal de l'artillerie, qu'elle a particulièrement chargé du soin dud. Arsenal, de faire jouir led. Oeben et son épouse du contenu au présent brevet que, pour assurance de sa volonté, Sa Majesté a signé de sa main et fait contresigner par moy, son conseiller secrétaire d'Etat et de ses commandements et finances : Louis. — Le Duc de Choiseul. » (*Nouvelles Archives de l'Art français*, 1878, p. 336, 337.)

de faire planer une certaine incertitude sur tous les commencements d'Oeben comme ébéniste du roi, c'est qu'en même temps qu'on lui voit accorder un logement à l'Arsenal, nous le trouvons établi au Louvre, dans une partie du local affecté à Charles-Joseph Boulle dont il se charge, en quelque sorte, de liquider la succession plus qu'embrouillée [1]. Il y a plus : il est certain aujourd'hui, d'après les curieux renseignements recueillis par M. de Champeaux, qu'il a existé deux ébénistes du nom de Oeben, et que tous deux ont été vraisemblablement ébénistes du roi [2]. Les *Tablettes royales de Renommée* de 1772 mentionnent *Hobenne*, ébéniste aux Gobelins, et la veuve Hobenne, tenant magasin d'ébénisterie à l'Arsenal. D'autre part, Jean-François Oeben ne fut admis à la maîtrise que le 28 janvier 1764, et il est dit demeurer à ce moment aux Gobelins et on retrouve, en 1787, une veuve Simon Oeben, ayant également un magasin d'ébénisterie. En réalité, de ces documents, si incomplets qu'ils soient, il résulte qu'il y a eu deux ébénistes du nom de Oeben : Jean-François et Simon, peut-être frères, tout au moins parents; et deux veuves Oeben, l'une veuve de Jean-François, mal dénommée par les *Tablettes* de 1772 puisqu'à ce moment elle s'appelait Mme Henri Riesener; l'autre veuve de Simon et demeurant aux Gobelins. Ce qui donnerait à penser que les Oeben étaient étrangers, ce n'est pas le mariage de Jean-François avec Françoise-Marguerite Van der Cruse, fille de Roger Van der Cruse, ébéniste au faubourg Saint-Antoine, et dont la vie se prolongea assez pour qu'il devînt, en 1782, syndic de la communauté; mais ce fait que Jean-François n'ayant été reçu maître qu'en 1764, et sa nomination comme ébéniste du roi étant antérieure, ledit Jean-François se trouva, pendant une partie de sa vie, dans une position tout à fait irrégulière au point de vue des règlements de la corporation. Or, à ce moment, il n'y avait guère que des ouvriers étrangers qui pussent ainsi se soustraire pendant un certain temps à des obligations aussi impérieuses. On le vit bien, quelques années plus tard, pour David Roentgen qui, malgré toute sa réputation et la faveur que lui témoignait la cour, dut en passer par les formalités de la maîtrise. Il y a donc, à mon avis, beaucoup de probabilités pour que Oeben soit originaire soit de Flandre, soit plutôt d'Allemagne, tout comme Riesener et une foule d'autres ébénistes qui formaient déjà à ce moment, principalement au faubourg Saint-Antoine, une colonie allemande importante : ils continuaient chez nous, tout en se conformant aux modèles et au goût français, les traditions d'ateliers de marqueteurs, d'une suprême habileté, qui dataient du xvie siècle. L'intervention, dans la plupart des cas, de dessinateurs et de bronziers français, suffit à expliquer comment des artistes, sortis de la même souche, ont chez nous créé des chefs-d'œuvre et, en Allemagne, livrés à leur seule inspiration ou travaillant d'après des modèles imparfaitement dessinés et imparfaitement compris, des meubles qui sont la charge des nôtres. Il y a là un beau sujet de méditation pour ceux qui, protectionnistes à outrance, déplorent les influences artistiques étrangères. Les croisements, en art comme en physiologie, donnent seuls des résultats féconds. L'art, non rajeuni par des éléments nouveaux, s'étiole comme une race vouée aux mariages consanguins.

Chose assez curieuse, si nous trouvons un Riesener, Henri, travaillant dans l'atelier d'Oeben, à l'Arsenal, nous en rencontrons également un autre, Georges, élève d'Oeben, aux Gobelins, et ce dernier, plus jeune sans doute, en 1784, demandait à devenir maître [3]. Avec le premier, continuateur de son maître Oeben, nous ferons plus ample connaissance tout à l'heure.

Le fait seulement d'avoir travaillé pour le roi, d'avoir reçu des logements, indique en quelle estime Oeben fut tenu : cependant, si on en excepte le *bureau du roi*, dont on reparlera longuement plus loin, on est assez embarrassé pour citer des œuvres qui semblent justifier cette réputation. Au Musée du garde-meuble se trouvent [4] un secrétaire et un chiffonnier de marqueterie qui portent sa

---

1. J.-J. Guiffrey, *Scellés et inventaires d'artistes, Nouvelles Archives de l'Art français*, 1884, 2e série, t. V, p. 198. — Au sujet de Charles-Joseph Boulle, voyez aussi plus haut, p. 63.

2. A. de Champeaux, *Le Meuble*, II, p. 135-136.
3. A. de Champeaux, *ouvr. cité*, p. 136.
4. N°s 210 et 211 du *Catalogue*, édition de 1897.

signature, œuvres très soignées dont l'ébénisterie, par la précision de sa technique, n'est pas sans rappeler les beaux meubles de Cressent ; mais ces deux meubles, qui ont sans doute fait partie du même ameublement, sont en somme des œuvres simples, de haut goût, mais qui ne tranchent pas sensiblement sur l'ordinaire des œuvres soignées de l'ébénisterie du xviii° siècle. Les encoignures qui font partie de la collection Jones, au Musée de South Kensington, avec leurs bouquets de lys en marqueterie ; un grand bureau, qui porte l'estampille de Simon Oeben et fait partie de la même collection ; une commode décorée de bronze dans le style du dessinateur Delafosse, que cite M. de Champeaux, tout cela ne forme pas un bagage bien lourd ni bien brillant, et ne justifie qu'incomplètement la réputation d'Oeben ou plus exactement des Oeben. Il est évident qu'il faudra rechercher la trace, surtout celle de Jean-François, dans des meubles anonymes, particulièrement somptueux, qui, par leur style, pourront être rapprochés du *bureau du roi*. Je le répète, en dehors de ce monument capital de l'ébénisterie française, rien ne justifie la faveur dont notre artiste a joui de son vivant, la faveur surtout dont il fut maintes fois l'objet de la part de Mme de Pompadour qui, plusieurs fois, acquit du marchand Lazare Duvaux des cadres marquetés portant sa signature [1].

Jean-François Oeben, le locataire du roi à l'Arsenal, mourut vers 1765. La date de sa mort n'est pas exactement connue, mais on peut la rapporter approximativement à cette année puisque sa veuve, Marguerite Van der Cruse, se remaria, en 1767, avec l'élève et le premier commis de son mari, Jean-Henri Riesener. Le contrat de mariage des deux époux n'a pas seulement l'intérêt d'un acte banal de ce genre : l'inventaire des biens que la veuve Oeben apporte à la communauté, qui l'accompagne, nous introduit dans l'intérieur d'un atelier d'un des meilleurs ébénistes ; il nous révèle, sur les œuvres entreprises à ce moment dans l'ancien atelier d'Oeben, une foule de détails instructifs : il nous fait connaître le véritable auteur du *bureau du roi*, qui est Jean-François Oeben ; les noms des modeleurs, fondeurs et ciseleurs qui ont travaillé aux merveilleux bronzes qui le décorent : Duplessis, Winant et Hervieux [2]. Quant à la part de Riesener dans ce travail, elle n'est

---

1. « 1161. Du 25 [juin 1752]. Madame la marquise de Pompadour : ... Une petite bordure à fleurs pour une estampe faisant le pendant de celle de M. Sevin, payée au sieur Oebenne, 48 l. — 1149. [Pour la même.] Du 8 [mai 1752] : Trois bordures d'estampes payées au sieur Oebenne, 180 l. — 1140. [Pour la même.] Du 8 juin 1752 : Une petite bordure de bois de rapport, payée au sieur Oebenne, 48 l. — 1204. [Pour la même.] Du 24 août 1752 : Sept bordures d'estampes en bois d'amaranthe incrusté à fleurs payées au sieur Oebenne, 372 l. » (*Livre-Journal de Lazare Duvaux.*)

2. *Contrat de mariage de Jean-Henry Riesener, ancien ébéniste du roy, et de dame veuve Oeben.* — « Furent présents Jean-Henry Riesener, ébéniste de profession, fils majeur de défunt Hermand Riesener, huissier de Justice de la chancellerie du diocèse de Cologne, demeurant à Paris, enclos de l'Arsenal, paroisse Saint-Paul, pour lui et au nom d'une part. Et Françoise-Marguerite Vendercruce, veuve de Jean-François Oeben, ébéniste du roy, demourant à Paris, aussi enclos de l'Arsenal, susdite paroisse, pour elle et en son nom d'autre part. Lesquelles parties, pour raisons du futur mariage qu'elles sont sur le point de contracter ensemble, dont la célébration se fera en sainte église, à la première réquisition l'un de l'autre, ont, en la présence du sieur François Destriche, maître maçon à Paris, leur ami commun, volontairement fait et sont convenus des accords et conditions dudit mariage qui suivent : c'est à savoir, que lesdits futurs époux seront communs en leurs meubles et conquets immeubles, suivant la Coutume de Paris, au desir de laquelle leur future communauté sera régie et gouvernée, encore qu'ils fassent leur établissement par la suite ou des acquisitions en pays de lois, coutumes et usages contraires, auxquels ils ont expressément dérogé et renoncé..... Fait et passé à Paris, ès études, l'an mil sept cent soixante sept, le sixième jour d'août, et ont signé ; Ainssi signé : Jean Henry Riesener ; F. M. Vandercruce ; Destriche, avec Raffeneau et Touvenot, notaires. — Suit la teneur dudit annexe. *État général des effets qui sont en nature chez Madame la veuve Oeben*, savoir, dans la boutique : six établis garnis de leurs affutages, estimés 10 l. pièce, fait la somme de 60 l. Plusieurs outils, tant scies que rabots et autres relatifs au talent d'ébéniste, estimés ensemble 50 l. Un tour et ses attirails, sans comprendre la roue qui a été vendue 70 l. Les ustensils de serrurerie et du monteur, tant en étaux que limes et autres outils, estimés ensemble la somme de 80 l. Une pendule ordinaire estimée 40 l. Un canapé sculpté sans aucune garniture, 24 l. Une petite fontaine, 10 l. Trois pots à cole, de cuivre, 18 l. Un sert-papier plaqué en ébène avec tiroir à chaque bout, 120 l. Un médaillé composé de 54 tiroirs ; plaqué en ébène, 96 l. Une toilette commencée à plaquer, le bâti fait, 120 l. Un vieux car de rond en cuivre ne pouvant servir, 40 l. Pour avance fait pour l'objet du bureau du roy, compris douze cent livres à valoir sur le bénéfice, et déduction faite de 3000 l. reçues à compte par ordre de M. de Fontanieux, suivant la note ci-après. Savoir : payé à M. Duplessis, modeleur, 1500 l. Payé au sieur Winant, 1000 l. Payé pour les monteurs, 1200 l. Payé pour M. Hervieux, fondeur et ciseleur, 1246 l. Payé pour les mosaïques, 125 l. Payé pour les rosettes, 16 l. Payé pour le bâtis, 100 l. Payé pour les différents bois de couleur, 72 l. Total 5259 l. Bénéfice 1200 l. Total général 6459 l. Reçu à compte, 3000 l. Reste, 3459 l. — Dans le grenier : Une quantité de bois de volige, chesne, érable et noyer, avec une quantité de bouts de bois, un vieux fauteuil en scalier, un vieux bâti de table de nuit, deux bâtis de chaises longues sculptés, estimés le tout ensemble, 450 l. Un poêle de fonte avec ses tuyaux, 50 l. — Dans un petit cabinet au bout du grenier : un établi, une table, un étau à scier de la marqueterie, différentes rosettes, deux scies de marqueterie, différentes feuilles de bois teint de plusieurs couleurs, une armoire de sapin, estimé le tout ensemble à la somme de 60 l. — Au premier étage dans une pièce servant de magasin de la susdite boutique : Un bâti de bureau avec son car de rond de cuivre, trois tiroirs, estimé 96 l. Un petit bureau à cylindre plaqué de bois de rose, sans bronzes autres que sabots et anneaux, estimé 250 l. Deux commodes, un bureau, une table de nuit de noyer, garnis de leurs tiroirs et estimés ensemble 180 l. Différentes boîtes de pendules, 200 l. Une petite table avec des glaces, 60 l. Une autre petite table non finie, 48 l. Un pied de jésuite, 24 l. Quatre tables de marbre pour des commodes, deux de brèche d'Alep, une de Saracolin et une veinée de blanc, deux autres d'encoignures, deux petites tables, et une de commode cassée, estimées ensemble 230 l. Différents tableaux à fleurs et estampes, 40 l. Un miroir dans sa bordure commune dorée, 40 l. Deux petites encoignures et un écran, 24 l. Différents modèles de cuivre et autre pièces, 200 l. Un paravent, un lit de sangle, deux matelas, une couverture et un traversin, 36 l. —

guère niable, mais doit surtout, en dépit de sa signature appliquée sur l'œuvre tout entière, se rapporter à l'exécution de la marqueterie.

Jean-François Riesener était Allemand de naissance : né à Gladbach en 1735, il était fils d'un huissier de justice de la chancellerie du diocèse de Cologne. Quand vint-il à Paris? c'est ce qu'il est difficile de savoir; mais il y vint jeune, très probablement, puisque, dès un âge peu avancé, grâce à ses relations avec Oeben, il occupait une place enviable parmi les gens de sa profession. Il est fort probable que la veuve d'Oeben, Marguerite Van der Cruse, était plus âgée que lui quand ils s'épousèrent, en 1767. La place qu'occupait Riesener dans l'atelier, son habileté probablement, l'importance des travaux à exécuter, expliquent, à défaut d'autres renseignements plus circonstanciés, cette union : il s'agissait de ne pas laisser dépérir une maison de commerce importante et, pour l'instant surtout, d'exécuter et de mener à bien la commande d'un grand bureau pour le roi, commandé dès 1760, et qui ne devait être achevé qu'en 1769. Un document publié par M. Germain Bapst [1] nous renseigne aussi complètement que possible sur ces divers points et sur l'exécution d'une

Dans la chambre à coucher de Madame, en suite de celle ci-dessus : quatre encoignures ornées de bronzes, plaquées en bois d'amaranthe, avec un cartel de bois gris orné de fleurs, 600 l. Un secrétaire en armoire, de vernis de la Chine, orné de bronzes dorés d'or moulu, 2400 l. Une table à écrire bien finie, 800 l. Deux tables à secrets, 450 l. Une table à ressorts, 280 l. Une table de bois de Grenoble, 100 l. Une chaise longue couverte de velours d'Utrecht, 60 l. Une glace sur la cheminée avec son parquet et tableau au dessus, 30 l. Deux bras de cheminée de bronze doré, 45 l. Trois dessus de porte points sur toile représentant [des] pots de fleurs, 18 l. Une pendule, 100 l. Différentes estampes encadrées dans leurs bordures et verres blancs, estimés 72 l. Une grille de feu, pelle et pincettes, deux croissants avec deux enfants de bronze doré, 80 l. Quatre chandeliers argentés, 30 l..............
....
Plus trois termes d'un petit logement au bout de la palissade, 420 l. Plus a déclaré lui être dû par différentes personnes, savoir : Madame la duchesse de Loraguais, 632 l. M. de Bourgogne, 168 l. M. Alexandre, 240 l. M. Delarenière, 37 l. Madᵉ Damblimont, 60 l. M. Lecomte, peintre, 96 l. Total général, 20379 l. — Suite des effets de l'inventaire pour ce qui est dû par elle à différents des marchands et ouvriers qui fournissent et travaillent à ses ouvrages jusqu'à ce jour : savoir : Au sieur Forestier, fondeur, 300 l. Au sieur Foulon, 73 l. Au sieur Galion, doreur, 30 l. A la veuve Briguet, doreuse, 42 l. Au sieur Charbonnier, sixeleur, 150 l. Au sieur Poulain, marbrier, 180 l. A un doreur, 160 l. Au sieur Gobert, doreur, 120 l. Au sieur Riesener, premier garçon, 610 l. A un vitrier, 80 l. A Madame Piat, marchande, 50 l. Au sieur David, tailleur pour corps, 24 l. Au sieur Collet, garnisseur, 12 l. Pour la capitation, 54 l. A sa bouchère, 12 l. Total, 2097 l., à retrancher de 20379 l., reste 18.282 l. (*Nouvelles Archives de l'Art français*, 1878, p. 319 et suiv.)

1. « *Mémoire détaillé des ouvrages fait pour la perfection du bureau fait pour Sa Majesté, sous les ordres de M. le chevalier de Fontanieu, controlleur général des garde-meubles de la couronne, par Riesener, ébéniste du roy à l'Arsenal, livré à Versailles en may 1769*. — Premièrement, avoir fait un modèle en petit, fait en cire tous les différents objets, des bronzes, fleurs, figures et autres sujets, avoir fait peindre en couleur naturel tous les projets de marqueterie comme trophées, attributs et autres, de différentes façons pour donner l'idée de touttes les parties qui doivent le composer. Fait deux desseins ou perspectives pour représenter le bureau de tous les côtés. Fait un bâty en grand de bois de Vaulge chantourné et ceintré suivant ledit model et desseins, l'avoir assemblé de façon qu'il se puisse démonter à cause des bronzes et figures, avoir modelé sur ledit bâty tous les ornemens, figures, guirlandes, fleurs, vases, cassolette, pendule, moulures, carderond et palme, tel que la chose devait être en bronze. Avoir fait changé plusieurs choses audit model et bâti, pour donner à tout un tour agréable, avoir fait les coupes des dites sires, les avoir moulée en plâtre, avoir fait les creux, et fondu en cire, pour les tirer d'épaisseurs, avoir fondu en étain, touttes les fleurs, avoir fait les figures et enfans en plâtre ainsy que plusieurs bas-reliefs, avoir fait des modèles en bois, de tout ce qui se peut appeler architecture, avoir fait fondre sur touttes lesdites cires et modeles, les cuivres pezant plus de cinq cent livres, touttes lesquels ont esté ajustés sortant de la fonte sur le bureau pour la première fois pour donner à touttes les parties un bon ensemble, pour le tout la somme de neuf mil deux cent vingt six livres, cy 9226 l. — Avoir fait seizeler touttes les fontes, ornements, fleurs, guirlandes, barelief et palmes et autres avec une très grande précision, avoir fait monter touttes les bronzes seizelée, et moulures sur ledy bâty en observant que le tout soit arrêtés avec des vis et écrous en dedans non apparentes et bien solidement. Avoir mis des pièces et des morceaux pour les raccords, avoir soudé touttes les pièces de fonte ensemble et observer que tous les cadres et moulures soit d'une seule pièce au pourtour du bureau, ainsy que touttes les guirlandes, palmes et figure, de sorte qu'il ne paroisse aucun joint à touttes les différentes parties; avoir été obligé de faire d'autres models des parties qui ont été manqués à la fonte, avoir fait refondre la grande corniche, la première n'ayant pas servie à cause de l'inégalité d'épaisseur reconnu après qu'elle a été soudée et ajustée en voulant dresser les canclures, pour recevoir les faissaux des piques, avoir été obligé de faire des models en bois, cintrés et profillé suivant le contour en dedans et dehors et d'une égale épaisseur fondu, soudé et ajusté en place, ce qui a formé un déchet de fonte et beaucoup de temps d'ouvriers, estimé le tout ensemble la somme de 16149 l. — Avoir fait tracé sur ledit bâty le contour des panneaux et fait les placages du fond en bois d'amarente au pourtour du bureau, même dessous les bronzes, l'avoir découpé, et mis des filets blanc et noir au pourtour de chaque panneau. Avoir fait peindre tous les desseins de la marqueterie au nombre de vingt-deux en deux fois, les avoir découpé et collé sur les différents bois de couleur, pour les nuancés et ombrés dont plusieurs ont été fait différentes fois pour trouver le vray du dessein, ayant exécuté ledit dessein en marqueterie composé d'une quantité de trophée, attributs de la royauté, les poèmes dragmatiques, la guerre terrestre et de la marinne, le globe terrestre et les attributs de la géométrie, le globe céleste avec les attributs de l'astronomie, plusieurs pièces représentant des fruits, cornets d'abondance, les richesses de la terre, comme raisin, pêche, poire, grenade et autre, les richesses de la mer, comme corail, perles, coquilles et autres, l'attribut d'écriture, quantité de fleurs et bouquets attachés à des rubans, les chiffres du Roy, plusieurs panneaux de mosayques très ouvragés. Des feuilles d'ornements dans le goût de Boulle, tous les trophées et attributs posés sur des pierres de marbre en pièces de rapport de différentes couleurs de bois et une quantité d'ouvrage impossible de pouvoir détailler; avoir plaqué la balustrade découpé à jour en forme de postes au pourtour du dessus dudit bureau, plaqués de deux filets blanc et noir autour des vuides, afin qu'il paroisse sur le champ et sur les deux faces fait dans la dernière précision, ainsy qu'aux socles qui portent les vazes et cassolettes ou sont observé des rosettes sur touttes les faces, plaqué tout le dedans des tiroirs de bois de rozes ainsy qu'aux côtés des tiroirs avec tout le soin possible et observé que le tout soit aussi bien rendu et coloré que la peinture, ce qui a couté un temps considérable, pour trouver les assortimens du bois convenable ce qui a occasionné à recommencer plusieurs fois à cause de la quantité des différentes teintes, estimé tout ce que dessus la somme de 11700 l. — Avoir fait différentes méchaniques pour trouver le moien de faire monter et décendre le cilindre sans toucher avec la main ny monter de ressort, ayant fait pour y parvenir plusieurs machines perpendiculaires, composées de plusieurs rouages et ressort qui pour les premiers n'ont pu servir à cause qu'il falloit monter tous les jours les ressorts comme le mouvement d'une pendule, il a fallu chercher les moiens de trouver une méchanique qui ne soit pas susceptible d'être monté, ce qui a occasionné une quantité de model qui ont couté un temps considérable. Avoir exécuté la méchanique horizontalement suivant quantité de model que j'ai fait pour trouver l'égalité de force pour ouvrir et fermer également, ce qui a obligé de faire une quantité de ressort exprès pour trouver le point certain, estimé outre ce que dessus la somme de 10150 l. — Avoir démonté tous les bronzes du bureau les avoir fait derocher et

commande qui, par ses copies ou ses répétitions, devait être, pour la maison Oeben-Riesener, une source de revenus non négligeable.

Riesener, en véritable étranger qu'il était, malgré son établissement définitif en France, son premier mariage avec Marguerite Van der Cruse, morte en 1776, son second mariage avec Anne Grezel, avec laquelle il divorça dès que la loi le lui permit, ne comprit rien à la Révolution; il ne se figura pas que pour longtemps c'en était fini avec le luxe royal, les meubles somptueux : l'ébéniste du roi ne crut jamais qu'à une insurrection, si bien que deux des plus beaux meubles qui soient sortis de ses mains, deux meubles qui, du reste, avaient été destinés au château de Saint-Cloud — ce qui montre autant d'imprévoyance chez la reine Marie-Antoinette que chez son ébéniste — portent les dates de 1790 et de 1791. Ce secrétaire et cette commode ont fait partie de la collection Hamilton. Lorsque la plupart des meubles des résidences royales furent mis en vente, Riesener, toujours persuadé que l'ancien état de choses allait revenir, racheta une partie de ses œuvres, avec l'aide de Charles Delacroix, mari de la fille de Marguerite Van der Cruse et d'Oeben. Mais, malgré la fortune qu'il avait amassée, Riesener connut, comme tout le monde à ce moment, la gêne, et en l'an XI il se décida à son tour à faire une vente qui ne dut guère réussir. Et cependant ses meubles avaient figuré à une exposition, celle de 1797 [1], qui peut prendre place, à titre de curiosité, dans la liste de ces manifestations artistiques. Mais le goût était changé, et les derniers meubles de Riesener, tout sévères qu'ils fussent de lignes, ne pouvaient rivaliser de raideur et de pauvreté avec le mobilier à la mode. Riesener, qui avait dû quitter l'Arsenal, mourut assez misérable dans l'enclos des Jacobins, le 6 janvier 1806. Il laissait un fils qui fut peintre et non sans talent. Rappelons en outre que la fille de sa première femme, par son mariage avec Charles Delacroix, fut la mère du peintre Eugène Delacroix [2].

Mais revenons au *bureau du roi*. Les textes publiés plus haut nous édifient suffisamment sur sa paternité. Commandé par M. de Fontanieu pour Louis XV dès 1760, quand Oeben mourut, tout l'ensemble de la construction était définitivement arrêté : la maquette en bois était construite, les bronzes modelés et fondus par Duplessis, Winant et Hervieux. Mais il restait en somme l'exécution définitive, le travail des marqueteries, le mécanisme du cylindre à combiner. C'est ce à quoi s'employa Riesener, et on comprend parfaitement que sur ce meuble terminé il ait apposé la signature

---

limé très proprement tout ce qui devoit être bruny, et avoir fait pointillé tout ce qui devoit être mâte, avoir fait les ragrements de touttes les bronzes avant de les faire dorer, avoir fait ajuster la boîte de la pendule pour que l'on puisse lever tout le couronnement d'une seule pièce, le tout avec beaucoup de soin, fait une caisse de fer pour empêcher que le balencier ne touche aucune partie de la méchanique avoir fait dorer tous les bronzes dudit bureau en or moulu, sans rien épargner. Le tout ce que dessus vaut la somme de 11840 l. — Avoir fait polir tout le corps dudit bureau en marqueterie tant en dehors qu'en dedans, avoir fait garnir tous les dedans de tiroir en moirs bleu avec un galon d'argent au pourtour, fait garnir le dessus du pupitre en velours vert et un galon d'or au pourtour, avoir fait monter tous les bronzes dorés avec beaucoup de sujettion pour éviter de gâter le poli de la dorure et marqueterie, avoir fait les deux écritoires en bois de sedre, les avoir fait garnir de six cornets, en argent massif, avoir ajusté les deux tiroirs dans lesquels sont posés lesd. écritoires de façon que l'on les puisse ouvrir par dehors sans avoir la clef, par le moien d'un secret, avoir fait une clef d'acier poli garni d'une fleur de l'ys dans la tige et le panneton, avoir fait scizeler l'anneau du chiffre du roy couronné de laurier et palmes, un médaillon dans le milieu représentant d'un côté le portrait du roy et les trois fleurs de l'ys de l'autre, damasquiné en or, en avoir fait plusieurs pour pouvoir parvenir à en avoir une parfaitte, avoir démonté et remonté le bureau pour pouvoir être transporté, porté par une quantité d'hommes à Versailles sur des brancards, commené quatre ouvriers avec moy pour le nétoyer monter et polir en place, estimé le tout, compris les faux frais de courses et démarches, à la somme de 3860 l. — Je soussigné, Garde général des meubles de la Couronne, certifie le présent mémoire véritable conformément aux registres d'ordres et de réception, à Paris le 20 janvier 1770. De Pommery. Le présent mémoire a été arrêté à la somme de soixante deux mille neuf cent quatre vingt cinq livres par nous intendant et controlleur général des meubles de la Couronne, à Paris le 21 janvier 1770. Fontanieu. — Garde de mon Trésor Royal, Me Pierre Joseph Micault d'Harvelay, payer comptant au Trésorier Général de mon argenterie, menus plaisirs et affaires de ma chambre Me Antoine François Hébert, la somme de trente neuf mille sept cent soixante et quinze livres pour employer au fait de sa charge, même icelle délivrer à Riesener, ébéniste, ladite somme faisant avec XXXIII^m l. rects par ordonnances des 26 novembre 1766 et 28 may 1769 celle de LXXII^m VIIe LXXV^l pour son payement d'un secrétaire de marqueterie de différens bois des Indes à placages garnis de deux écritoires d'argent, orné en dehors et dedans de bronze cizelé et surdoré d'or moulu avec différents ressorts méchaniques pour l'ouvrir et le fermer, ledit secrétaire ordonné pour mon service personnel a deffunct Oeben, ébéniste, dès l'année 1760, et terminé par ledit Riesener, y compris VIIe LXXV^l pour les trois deniers pour livre de LXXII^m l. attribués audit trésorier. Fait à.............. — *Note concernant les bronzes du bureau du Roy; faits et fourny par Hervieu, fondeur cizeleur, à la veuve Oeben ou au sieur Riesener, son mary, ébéniste à l'Arsenal,* — Livré dapprès l'ordre du 11 may 1767, signée de Monsieur de Pommery, les bronzes que j'ay fait et fourny audit bureau a la veuve Oeben ou au sieur Riesener, son mary, qui par les arbitres nommés et leurs estimations faites, c'est trouvé ded'huites à la somme de 7044 l. sans comprendre sa fonte que j'ai fourny de 307 livres 10 onces fait le total de 565 l. 12 s. 6. Total général, 8209 l. 12 s. 6 d. sur laquelle somme j'ay reçu 1665 l. A Paris. le 13 may 1769. » (G. Bapst, *Bulletin de la Société des Antiquaires de France*, 1886, pp. 123-128.)

1. A. de Champeaux, *L'Art décoratif dans le vieux Paris*, p. 130.

2. Je ne sais si on a tiré la chose au clair, mais il me semble que ce nom de Delacroix n'est que la forme francisée de Van der Cruse. Charles Delacroix aurait-il été parent de sa femme? La chose est possible et il me semble qu'elle vaudrait la peine d'être éclaircie en considération d'un artiste tel qu'Eugène Delacroix.

qui se voit à la partie postérieure du bureau : « *Riesener fa* [ciebat] *1769 à l'Arsenal de Paris.* » Tout, dans les documents publiés plus haut, nous est expliqué sur ce meuble, le plus beau du xviiie siècle français, depuis les bronzes représentant Apollon et Calliope, jusqu'aux marqueteries qui symbolisent la poésie dramatique et la poésie lyrique, le Feu et l'Air, la Marine et la Guerre. Il me paraît assez inutile de décrire ici dans de grands détails un meuble que tout le monde connaît et qui, au surplus, est reproduit sur la planche XV [1]. Il me faut toutefois signaler un certain nombre de modifications, plutôt malheureuses, que ce chef-d'œuvre a subies sous le règne de Louis XVI. Au portrait de Louis XV, que supportaient des enfants, sur le bas-relief de bronze qui décore le revers du meuble, a été substitué un buste de Minerve, d'une bonne exécution mais d'un style assez niais. Quant à la pendule et aux vases qui surmontent la galerie, ils ont subi de tels remaniements que, n'étaient les documents, il serait très difficile d'admettre que le bureau tout entier a été conçu de la sorte. Il est possible aussi que les plaques de biscuit qui sont encastrées dans les ornements de bronze, à chaque extrémité, aient remplacé les chiffres du roi. Bref, cette œuvre a eu à souffrir à la fois de la sottise d'un Louis XVI et de l'ineptie de ceux qui considéraient comme un signe regrettable de la féodalité l'entrelacement des initiales d'un souverain détesté. Mais, même après ces mutilations, le bureau de Louis XV demeure le spécimen le plus parfait du meuble français du xviiie siècle. Les bronzes, par la perfection de leur forme, ne contribuent pas peu à faire de Duplessis, leur créateur, un artiste de premier ordre. Avant que ce nom ne fût révélé par les documents, c'est à Callieri qu'on attribuait ces magistrales figures. C'est dire le cas que tous les connaisseurs faisaient de ces sculptures, conçues avec un goût et exécutées avec une largeur incroyables. Chose rare dans l'histoire du mobilier, le bureau de Louis XV, l'un des meubles les plus riches construits au xviiie siècle pour lequel rien n'y a été épargné en fait d'ornements, demeure cependant une œuvre d'une grande simplicité de lignes et ne mériterait pas assurément les reproches qu'on pourrait adresser à beaucoup de créations de l'art de cette époque: C'est que l'architecture, les proportions en ont été étudiées dans leurs moindres détails; et les comptes témoignent des tâtonnements sans nombre, des essais auxquels son exécution a donné lieu. L'enfantement a été long, pas trop long pour le résultat.

Cette perfection de la forme explique le succès qu'il eut : la forme du bureau à cylindre ou à la Kaunitz, s'il est vrai que ce fut le prince de Kaunitz, ambassadeur de Marie-Thérèse en France, qui en inventa les dispositions générales, demeura pour un instant fixée, jusqu'au moment, bien proche de la date que porte le meuble, où le retour au style antique vint changer tout cela. A Riesener, ou à son atelier tout au moins sont attribuables un certain nombre de bureaux, quelquefois aussi riches et grands, parfois plus petits et moins décorés de bronzes, mais qui tous offrent le même galbe : une pièce de ce genre, en bois d'acajou avec chutes, patins et cadres de bronze doré, fait partie du mobilier national [2]; il est peu de meubles qui aient été plus souvent reproduits dans ces trente dernières années, et la simplicité des lignes, la beauté et la précision de son ébénisterie suffisent amplement à justifier un pareil succès. Mais c'est aujourd'hui dans des collections étrangères que sont conservés des œuvres qui peuvent être considérées comme de véritables répétitions du *bureau du roi,* répétitions dont l'origine exacte et surtout le moment où elles furent commandées ne nous sont indiqués jusqu'ici par aucun document certain. Si on veut bien se rappeler que le bureau commandé en 1760 ne fut achevé qu'en 1769, que, d'autre part, quand Riesener épousa la veuve Oeben, en 1767, tout le gros œuvre était fait, on ne comprend pas facilement l'existence d'un bureau semblable portant le chiffre du roi de Pologne, Stanislas Leczinski, mort en 1766, et la date de 1769, tout comme le bureau de Louis XV. M. A. de Champeaux [3] a pensé que la commande, restée inachevée lors de la

---

1. La clé ancienne, conservée encore aujourd'hui, admirable œuvre de ciselure, n'offre plus le portrait du roi Louis XV qui était ciselé au centre de l'anneau. Ce portrait ainsi que le chiffre royal ont dû être enlevés à la Révolution.

2. Reproduit dans A. de Champeaux, *Le Meuble,* II, p. 216.

3. *Ibid.,* p. 218.

mort du roi de Pologne, fut poursuivie par ordre de Marie Leczinska. La chose est possible, mais il faut alors supposer que les Menus-Plaisirs reprirent à leur compte le bureau, la reine n'ayant survécu elle-même que deux ans à son père. D'autre part, ce bureau ne figure pas parmi les apports mentionnés, en 1767, dans le contrat de la veuve Oeben et de Riesener. En tout cas, ce meuble fit partie du mobilier de la Couronne de France : il fut vendu en Hollande [1], avec d'autres meubles de même provenance; acheté par lord Hamilton, puis transporté en Italie, sir Richard Wallace en fit l'acquisition à Naples et le fixa définitivement dans sa collection. La marqueterie du bureau de la collection Wallace est différente de celle du bureau du Louvre : sur le cylindre on voit des trophées d'instruments de musique, un coq et des colombes; sur le dessus, entourés d'une galerie, surmontée de quatre vases de bronze doré, sont marquetés des bouquets de fleurs et des volumes sur lesquels on lit une inscription un peu énigmatique, que je donne d'après M. de Champeaux qui a pris soin de la relever : « *L'an mil sept cent soixante neuf, le vingtième février furent pre perpetre* (?) *à Paris ce... Riesener fecit* [2]. » Enfin, ajoute le même auteur, « derrière le cylindre est la figure du Secret, le doigt sur la bouche, que l'on rencontre souvent reproduit par Riesener, avec des bouquets et des mappemondes. Sur les côtés, les chiffres L. R. sont entrelacés et entourés d'une couronne de lauriers et de guirlandes de fleurs. Je veux bien admettre, et il ne semble guère possible d'en douter, que ce meuble est le même qui, exécuté pour le roi Stanislas, fut vendu en Hollande pendant la Révolution. Mais ces initiales L. R. me paraissent difficilement applicables au roi de Pologne, car on ne peut y lire que *Louis, roi* ou *Ludovicus rex* et non *Leczinski roi*, ce qui serait d'une épigraphie douteuse.

Dans les collections du Palais Royal de Buckingham figure un autre bureau de même forme, différent pour une partie de ses marqueteries; mais les torchères à deux lumières, beaucoup plus simples, ne comportent point de figures. Chez M. le baron Ferdinand de Rothschild, à Londres, se trouve un quatrième bureau, un peu plus petit, mais de même forme, aux armes et au chiffre de la dauphine Marie-Antoinette; et, d'après une indication donnée par M. de Champeaux, un cinquième bureau du même genre appartiendrait au roi des Belges. Mentionnons enfin le bureau de la Banque de France, qui, bien que moins riche, rentre absolument, par son galbe, dans la série des bureaux créés par Oeben et Riesener.

On peut voir par ces nombreuses répétitions, faites dans l'atelier du maître lui-même, combien ce modèle fut goûté; on peut même dire que plus d'un confrère l'imita tant bien que mal, et il est de grands bureaux de l'époque de Louis XVI, œuvres essentiellement commerciales, qui, par leurs dimensions et leurs formes, ne sont que de pauvres contrefaçons de ce chef-d'œuvre. Le mot n'est pas trop fort pour désigner un meuble qui, du reste, fut gâté en plusieurs de ses parties sous Louis XVI : la pendule fut modifiée, et, comme je l'ai dit plus haut, au revers, au médaillon du roi Louis XV, on substitua une froide image de Minerve casquée. Indépendamment même de la forme du bureau, il semble que la disposition de ses ornements, ses chutes composées de dépouilles de lion, la manière générale de traiter le bronze aient inspiré des meubles tels que les deux superbes commodes qui font partie des collections de Chantilly, exécutées pour le duc de Penthièvre. Les figures d'Hercule et de Mars, de la Tempérance et de la Justice, les guirlandes de bronze qui entourent le masque du Soleil et les armes de France sur l'une d'elles; les figures de femmes terminées en gaine, les enfants accompagnant une dépouille de lion, qui se voient sur l'autre, pourraient bien avoir été modelées par Duplessis. Mais il faudrait se garder, en l'absence d'un document certain, d'attribuer ces meubles, pas plus que des encoignures décorées de figures de femmes casquées ou de trophées, qui appartiennent à la collection Wallace et à M. le baron Gustave

---

1. Charles Davillier, *La Vente du mobilier de Versailles; Gazette des Beaux-Arts*, t. XIV, 1876, p. 131.

2. A. de Champeaux, *ouvr. cité*, p. 218. De cette inscription incorrecte on peut toujours retenir pour certaines la date et la signature.

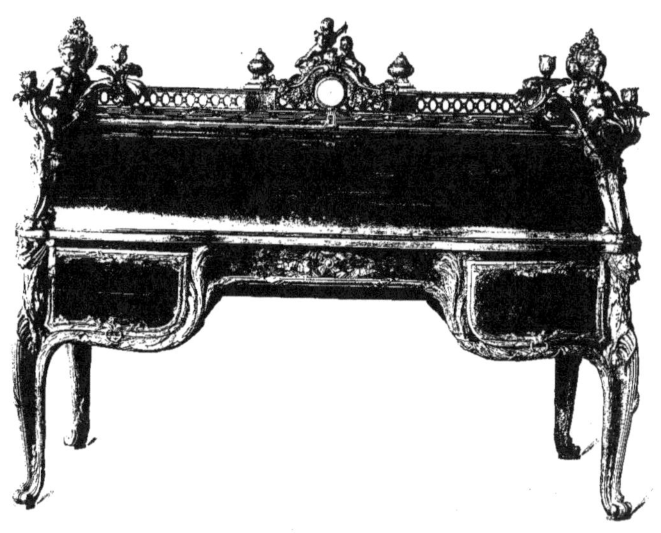

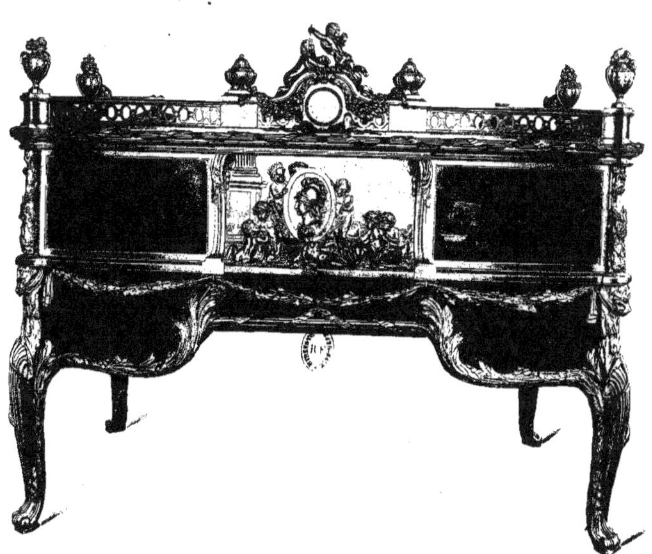

BUREAU DU ROI LOUIS XV — FACE ET REVERS

DESSINÉ PAR JEAN-FRANÇOIS OEBEN, ACHEVÉ PAR RIESENER, BRONZES PAR DUPLESSIS, WINANT ET HERVIEUX

1760-1769

(Musée du Louvre)

de Rothschild, à Oeben ou à Riesener. M. de Champeaux, en signalant ces très beaux meubles, tout à fait dignes de ces maîtres, a rappelé avec raison qu'ils pourraient tout aussi bien sortir de l'atelier de Joubert, ébéniste ordinaire du roi, celui-là même qui exécuta, en 1755, les encoignures faisant pendant au médaillier de la Bibliothèque Nationale (planche IX, n° 1), ou de l'atelier de Renaud, rue des Vieilles-Tuileries, au sujet duquel nous ne savons rien si ce n'est qu'il était menuisier du duc de Penthièvre.

Le bureau du roi marque la fin de la première manière de Riesener ou tout au moins de la manière qu'il avait empruntée à Oeben. Une table, qui fait actuellement partie du mobilier de Trianon et qui,

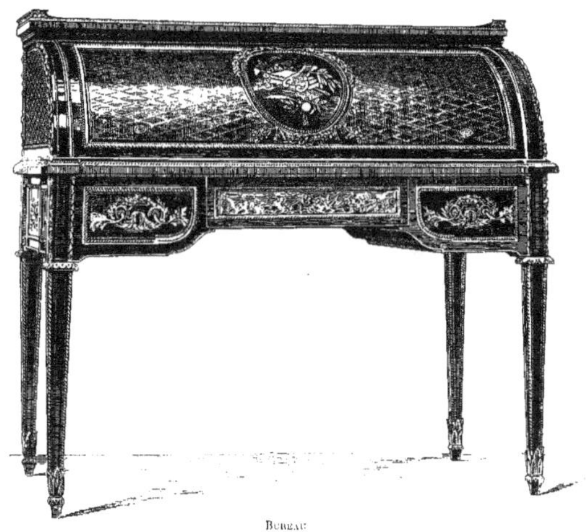

Bureau
exécuté par Riesener en 1777 (Mobilier National)

d'après les comptes du garde-meuble royal, a été exécutée en 1771 [1], représente en quelque sorte l'alliance de la manière d'Oeben et de la nouvelle manière de Riesener, tandis qu'un bureau à cylindre, que nous reproduisons ici et exécuté en 1777 [2], est un spécimen excellent du style qu'on retrouve dans la plupart des meubles de Riesener, à partir des dernières années de Louis XV environ, style qui devait être adopté par presque tous les ébénistes travaillant pour le roi et pour la reine. Toute charmante qu'elle soit, la table de Trianon pèche par bien des côtés et on y sent les tâtonnements inévitables d'un style qui se modifie. Il est d'ailleurs peu de morceaux plus célèbres parmi les meubles du xviiie siècle. Sur le plateau, admirablement marqueté en bois de couleur, sont représentées la Géographie et l'Astronomie, accompagnées de rinceaux et d'attributs ; mais ce plateau est trop étroit pour la ceinture supportée par des pieds cannelés, ceinture sur laquelle se relèvent de superbes rinceaux de bronze ciselé qui, par une licence que Riesener ne se serait plus permise quelques années plus tard, dépassent le bas de la ceinture. Il y a dans cet ensemble, comme en toute œuvre de Riesener, des parties charmantes mais bien des maladresses. Quant aux bronzes, je les

<hr>

1. Williamson, *Les meubles d'art du mobilier national.*   2. *Ibid.*

trouve, malgré leur admirable fini, beaucoup moins petits de faire que ceux que Riesener a appliqués plus tard sur son ébénisterie. Que ces bronzes un peu maigres, travaillés comme de l'orfèvrerie, soient de Gouthière ou d'un autre, je l'ignore et aucun document n'est venu jusqu'ici nous fixer sur ce point. Mais je ne puis admettre qu'on fasse honneur aux mêmes artistes des bronzes très largement exécutés qu'on voit sur les meubles d'Oeben ou de la première manière de Riesener, et les délicates guirlandes, les nœuds de rubans, les médaillons qui sont répandus à profusion sur les meubles de sa seconde manière, moins grandiose assurément, mais toute remplie de cette mièvrerie et de cette délicatesse qui font tout le charme de ces œuvres de la fin du xviii᷾ siècle, dont les lignes architecturales, au demeurant, sont raides, anguleuses et si souvent inharmoniques.

En adoptant ce nouveau style, Riesener cédait à la mode, et à une mode qui remontait déjà à plusieurs années en arrière. Par une contradiction assez bizarre en apparence, celle-là même qui eut personnellement beaucoup d'influence sur les artistes français du milieu du xviii᷾ siècle, M᷾ᵐᵉ de Pompadour, qui sacrifiait si volontiers, lorsqu'il s'agissait d'acquérir des meubles, au goût chinois, à ce que le style rocaille avait en apparence de plus déréglé, avait indirectement contribué à une renaissance du goût pour l'antiquité classique. Non point que, par son éducation première ou par goût personnel, elle fût prédisposée à prendre parti personnellement dans une lutte entre les modernes et les anciens : non, assurément ; mais, par suite des circonstances, grâce aux conseillers dont elle était entourée, elle fut amenée à protéger davantage les uns que les autres. Aussi bien, lorsque cet événement, capital dans l'histoire de l'art français, se produisit, commençait-on à être las de toutes les fantaisies des rocailleurs à outrance, des dessinateurs pour lesquels la ligne courbe,

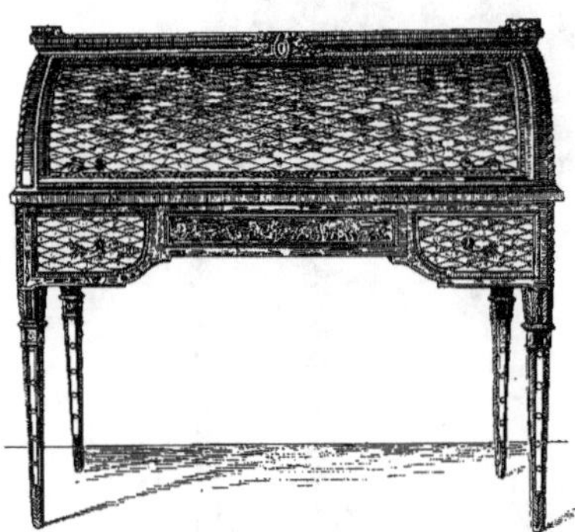

BUREAU DÉCORÉ DE MARQUETERIE DE NACRE DE PERLE
par Riesener
(Collection de M. le baron Alfred de Rothschild, à Londres)

la ligne brisée, la ligne tortueuse, la dissymétrie étaient devenues des règles absolues. Or, on peut bien former de médiocres élèves de Vitruve, car avec Vitruve, avec ses imitateurs et ses commentateurs, si faibles qu'ils soient, il subsiste encore certaines règles, certains principes immuables qui régissent tout l'ensemble de la construction et, partant, de la décoration ; mais quels successeurs, quels continuateurs pouvaient naître d'un chef d'école tel que Juste-Aurèle Meissonnier, dont le seul principe consistait en la fantaisie, tout le bagage artistique en un certain nombre de paraphes habilement emmanchés les uns dans les autres? Un pareil art est un art absolument personnel, qui ne peut avoir de continuateurs sous peine de tomber dans la maigreur, la servile imitation ou de verser dans les exagérations ridicules. On peut se faire une idée de tout ce que ce style, continué par des médiocres, peut produire de mauvais quand on examine les œuvres d'un style rocaille attardé produites, à l'étranger surtout, pendant la seconde moitié du xviii᷾ siècle. Assurément, les virtuoses du choux frisé, de la coquille et de la pagode méritent une bonne partie des invectives d'un habile homme tel que Cochin[1]. Mais si ce mouvement de retour à l'antiquité, par goût et par fatigue aussi d'un art en

1. « A propos des rocailleurs en général et de Meissonnier en particulier, il n'est pas inutile de rappeler une remarque qui, maintes fois faite, semble constamment oubliée : il n'est pas absolument juste de juger les compositions de ces artistes d'après leurs dessins ou leurs

décadence, se prononce résolument en plein xviiie siècle, si la marquise de Pompadour y fut pour quelque chose, ce ne fut qu'indirectement : et je ne pense pas devoir admettre que la favorite fût « guidée, comme l'a pensé M. Rocheblave, par un instinct artistique[1]. » Mme de Pompadour a été, en un certain sens, protectrice des arts, elle en a pratiqué quelques-uns, du moins des contemporains l'ont dit, je ne lui refuserai même pas un certain goût personnel, mais quant à en faire la directrice des arts au xviiie siècle, il n'y faut point songer : ses acquisitions et ses commandes nous la montrent trop tiraillée en sens divers, pour qu'elle ait eu, à ce point de vue, toute femme de tête et d'ambition qu'elle était, des idées bien personnelles. Certaines personnes, très intéressées dans la question, purent lui suggérer bien des choses, et, en gens avisés, purent lui laisser tout le mérite de la découverte : c'était la vraie façon de faire sa cour à une dame qui aimait fourrer son

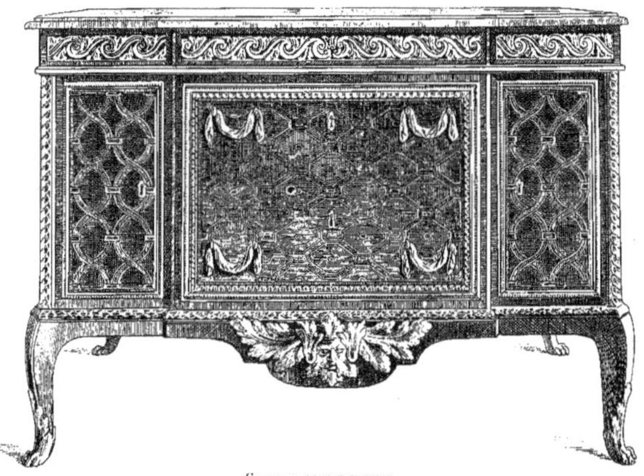

COMMODE EN MARQUETERIE
provenant de Buffon. Style de Riesener (Ancienne Collection Sellière, n° 578)

nez partout, diriger tout, et remplaçait par de l'entêtement et de la ténacité ce que son intelligence avait d'un peu court. D'ailleurs, n'oublions point qu'en pleine folie de rocailles, jamais le style classique, ou tout au moins le style classique arrangé par les grands décorateurs de Louis XIV, n'avait perdu tous ses droits. Le succès persistant des compositions de Boulle et de ses fils, plutôt sévères d'aspect, pendant tout le xviiie siècle, leur présence dans tous les cabinets célèbres constituent un témoignage précieux qu'on aurait tort de négliger[2]. Au surplus, quand il s'agit d'improviser l'éducation

estampes ; parfois ce qui nous paraît, sous leur plume ou sous leur burin, absolument déraisonnable, prend une tournure tout autre sous les mains du bronzier, de l'orfèvre ou du sculpteur sur bois ou en stuc. C'est que ces modèles, comme tous ceux qui ont été créés à des époques où les artistes fournissaient des sujets de composition aux gens de métier, ne sont que des *idées* rapidement esquissées que le praticien interprétait d'une façon personnelle. Il y a dès lors quelque injustice à juger de pareils croquis comme des œuvres définitives destinées à être traduites servilement. »

1. *Les Cochin*, p. 82.

2. J'emprunte au *Livre-Journal de Lazare Duvaux* un certain nombre de mentions de meubles dans le style de Boulle, qui prouvent surabondamment que le goût pour les œuvres de ce genre s'était maintenu. J'aurai du reste à revenir sur ce sujet à l'époque de Louis XVI. » 120. Du 25 (janvier 1749). M. Gayot de Strasbourg : Un serre-papier de bois noirci, garni en bronze doré d'or moulu, dans le gout de Boulle, 420 l. Frais à la douane et plomb, 14 l. 10 s. Caisse, emballage, et port au roulier, 10 l. 10 s. — 1514 (septembre 1753). Mme la Marq. de Pompadour : Un lustre de Boulle, en bronze ciselé doré d'or moulu, à huit branches, très beau 960 l. Une paire de girandoles à quatre branches assortis au lustre, dorées d'or moulu, 384 l. Une paire de bras à double branche en bronze ciselé et doré d'or moulu pour la chambre du petit appartement (rendu). Avoir nettoyé et remis à neuf une paire de bras à berceau et cinq morceaux de porcelaine, bleu céleste, 12 l. Les ports à l'hostel,

du jeune Poisson, devenu marquis de Vandières, pour en faire un surintendant des bâtiments présentable, il ne faut point s'étonner si on songea tout d'abord à lui faire voir l'Italie : on ne pouvait à cette époque penser à un autre voyage pour ouvrir les yeux du jeune homme, et le voyage de Rome était encore, comme aujourd'hui, plus qu'aujourd'hui, le pèlerinage obligé de tout artiste et de tout amateur d'art. Il ne faut donc pas s'étonner outre mesure que ce soit en Italie que Cochin, Le Blanc et Soufflot, les trois mentors choisis par Mme de Pompadour pour son frère, lui aient conseillé d'envoyer leur élève. Le contraire aurait tout lieu de nous surprendre. Que les impressions perçues par M. de Vandières, que les conseils que ses maîtres lui prodiguèrent aient influé sur la direction qu'il put donner aux arts dans la suite, cela est probable. Mais ce qui est non moins sûr, c'est que Cochin, très courtisan par nature, très adversaire aussi de l'art à la mode, fort entiché, non sans raison, des

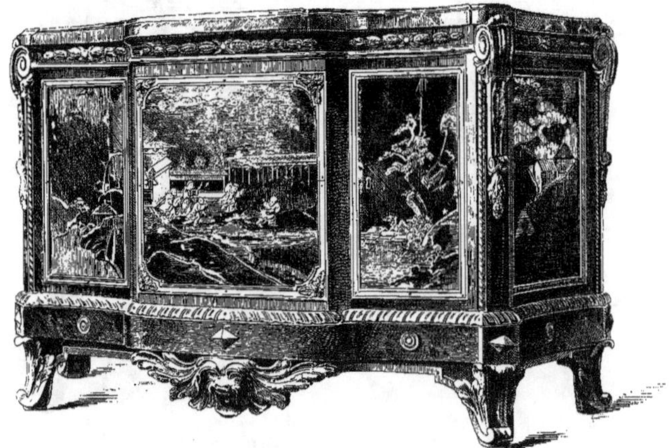

Commode en laque du Japon
Style de Riesener (Ancienne collection Lepic)

maîtres de la Renaissance et de l'antiquité classique, profita des circonstances qui se présentaient pour faire valoir ses théories. Des théories, si incohérentes que fussent les siennes, car, après avoir déclaré que les artistes doivent s'inspirer de la nature et avoir décerné les éloges les plus hyperboliques aux Vénitiens, il conclut en disant que Guido Reni est le plus grand des peintres qui ait jamais existé, avaient toutes chances d'être admises en bloc par une femme telle que Mme de Pompadour et un homme d'une demi-instruction tel que Marigny [1]. Le terrain aussi bien préparé,

---

3 l. — 1634 [décembre 1753]. M. le Marq. de Voyer : Deux armoires de Boulle de 36 pouces de haut sur 5 pieds 9 pouces de long, à trois portes ; très belles, 2400 l. — 1635 [décembre 1753]. Mme la Marq. de Pompadour : Posé chez M. de Vandières une commode de Boulle en marqueterie, ornée de bronze doré d'or moulu, 800 l. Un lustre à huit branches de Boulle, en bronze doré d'or moulu, 960 l. Le cordon, 24 l. Les ports, 3 l. — 1966. Du 12 [décembre 1754]. M. le Cte de Luc : Deux armoires de Boulle à trois portes, les milieux en marqueterie et dorure, les portes des bouts en glace, 2000 l. (j'ai repris les deux armoires). Le raccommodage d'une table de marbre, cassée, 7 l. Décembre 1754. — 3048. Du 13 [février 1758]. M. le Cte du Luc : Avoir repoli à neuf une table de Boulle, remis les bronzes en couleur et fait un socle en bois noir et une moulure en cuivre pour porter un groupe dans le pied, 40 l. Une espèce de table de nuit en commode, plaquée en bois de citron, avec son marbre de Flandre, 96 l. »

1. Sur tout ce rôle de Cochin, qui fut considérable car il occupa une assez grosse situation, cfr. Rocheblave, *Les Cochin*, chapitres V et VI. Je ne partage pas toutes les opinions de l'auteur de ce livre, mais tout ce qui concerne l'artiste en cause y est fort bien mis en lumière.

Cochin eut beau jeu pour railler Meissonnier et ses rocailles, d'autant plus que le pauvre homme n'existait plus et que ses imitateurs avaient, par leurs maladresses et leurs exagérations, rendu son art, tout fait de grâce et de légèreté, pédant à son tour et académique. On n'enseigne ni l'esprit ni la fantaisie. Du reste, personnellement, Cochin ne tomba jamais dans les petitesses du style néo-romain et néo-grec; il se contenta d'être naturel et se montra toujours meilleur artiste et plus consciencieux que critique d'art impartial et éclairé.

Mais est-il bien certain qu'une Pompadour, qu'un Marigny, qu'un Cochin, ou des architectes comme Le Geay et Soufflot, eussent suffi à former une coterie assez puissante pour provoquer une

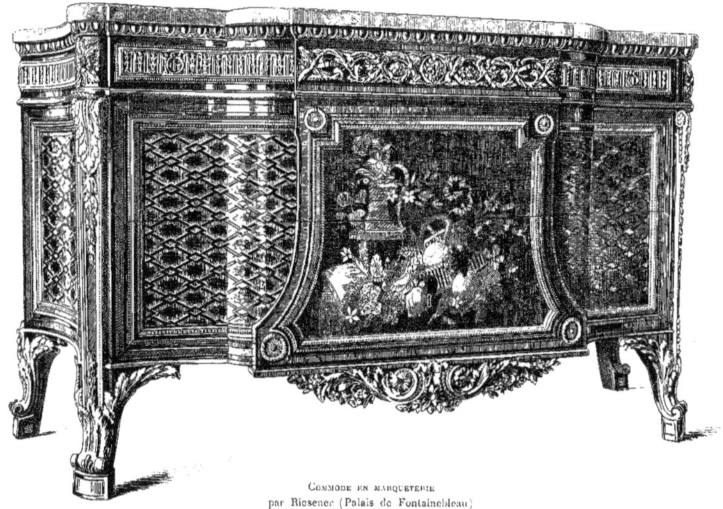

Commode en marqueterie
par Riesener (Palais de Fontainebleau)

réaction, assez puissante pour faire abandonner l'art admis à ce moment? Je ne le pense pas. Ce mouvement réussit parce que la chose était pour ainsi dire dans l'air. D'une part, on se trouvait en face d'un style dont tout le monde ressentait l'exagération et la fatigue, d'autre part, l'étude de l'antiquité classique était en faveur : le comte de Caylus (1692, † 1765) s'occupait de la description des pierres gravées du cabinet du roi que dessinait Bouchardon; Jacques Guay († 1787), élève de Boucher, graveur en pierres fines du cabinet du roi, très en faveur auprès de Mme de Pompadour à laquelle il donna des leçons, remettait en honneur une antiquité tant soit peu de contrebande. Puis ce sont les publications d'art antique qui se succèdent : Caylus publie son *Recueil d'antiquités* (1752-1767). L'abbé Barthélemy (1716-1795), garde du cabinet des médailles du roi, publie maintes dissertations sur les monuments, les monnaies, la langue des anciens, et prépare son grand ouvrage, le *Voyage du jeune Anacharsis*, qui ne verra définitivement le jour qu'à la veille de la Révolution, en 1788; Winckelmann (1717, † 1768) publie, dès 1754, ses *Réflexions sur l'imitation de l'art grec*, puis son *Histoire de l'art dans l'antiquité* (1764), ses *Monuments antiques inédits* (1766), et ses travaux ne sont pas sans écho en France. Puis c'est vers cette époque, en 1748, que sont commencées des fouilles à Pompéi et continuées quelques fouilles à Herculanum, où les premières trouvailles remontent à 1719. Mille causes, on le voit, militaient en faveur de modifications profondes dans le style à la mode. Et par ces quelques dates on peut comprendre que Riesener, en adoptant le style antique, vers 1770, n'était pas absolument en avance. Il essayait, par une louable tentative, de mettre le mobilier en harmonie avec l'architecture. Il était si peu en avance que, vers la même époque, en 1769, à Rome, paraissait un recueil composé de soixante-seize planches in-folio, constituant un commencement de codification du style nouveau : *Les diverses manières d'orner les cheminées et les autres parties des édifices tirées de l'architecture étrusque, égyptienne, grecque et romaine*[1], de l'architecte Giambattista Piranesi, sont un signe des temps et contiennent en germe tout un bagage décoratif, issu de la même source à laquelle puiseront tous les architectes, tous les artistes mêmes des dernières années du règne de Louis XV, du règne de Louis XVI, de la Révolution et de l'Empire. Dans un article tout récent, M. Gaston Schefer a fait ressortir toute l'importance de l'apparition d'un tel recueil à un pareil moment[2]. Mais il a rappelé du reste, et il se faut bien garder de l'oublier, que si les compositions de Piranesi ont pu avoir une influence quelques années plus tard, chez nous elles étaient inutiles, car la révolution architecturale s'était déjà produite ; qui sait même si, en cherchant bien, on ne trouverait pas, dans la publication de Piranesi, une trace de cette influence française qui, au XVIIIe siècle, s'est manifestée partout d'une façon indéniable. Dans tous les cas, en 1769, pour ne citer que quelques monuments, le Garde-Meuble et l'École militaire, de Gabriel, la Monnaie, d'Antoine, étaient ou terminés ou très avancés. Et ce sont là des constructions qui affirment suffisamment un retour à des formes très sages, inspirées par l'antique, quoique très personnelles, pour qu'il ne soit pas nécessaire d'insister sur ce point : la France a précédé les autres nations dans ce mouvement, chose assez naturelle puisqu'à ce moment toute mode venait d'elle, et venant d'elle avait chance d'être acceptée. Cette constatation faite, je ne fais aucune difficulté de reconnaître que le recueil de Piranesi put, à l'occasion, servir aux artistes français, et que plus d'un fondeur, Thomire, notamment, s'en inspira en retranchant ce que les compositions de l'Italien avaient de trop touffu[3]. Quant au style égyptien, ce serait une erreur de croire qu'il est né en France seulement après l'expédition d'Égypte. Après cet événement, il n'est que juste de le reconnaître, il eut un regain de faveur : mais, dès la fin du règne de Louis XV et pendant tout le règne de Louis XVI, ce style a fleuri sous les mains des artistes français. Et Gouthière a ciselé des figures de style égyptien pour le duc d'Aumont[4]. Les recueils d'antiquités, gravés et publiés en France, durent suffire à provoquer l'éclosion d'un style dont les lignes sèches et raides cadraient si bien avec l'idée bizarre qu'on se faisait alors de l'art grec et romain.

Mais revenons à Riesener. Une remarque est avant tout nécessaire. Si Riesener, reçu maître dans la corporation en 1768, a travaillé surtout pour le roi et pour les grands seigneurs, il ne faut pas oublier qu'à côté des meubles de luxe il fabriquait aussi des meubles plus ordinaires, d'une ébénisterie admirable, soignée, mais que l'absence d'ornements de bronze très fastueux lui permettait de céder à des prix abordables. C'est ainsi qu'on trouve l'estampille du maître sur des meubles sans prétention,

---

1. *Diverse maniere d'adornare i camini ed ogni altra parte degli edifizi desunte dall' architettura egizia, etrusca e greca e romana... dal cav. Giambattista Piranesi... con un ragionamento apologetico in difesa dell' architettura egizia e toscana... In Roma, 1769.*

2. *Le style Empire sous Louis XV, Gazette des Beaux-Arts*, 3e période, t. XVIII, 1897, p. 481-492. Il n'y a rien à reprendre dans cet excellent article si ce n'est le titre lui-même, car, pour moi, ainsi que je l'ai dit plus haut, il n'y a pas de style propre au premier Empire ; et je ne pense pas qu'il ait fallu attendre jusqu'à l'apparition du *Recueil de décorations intérieures*, publié, en 1801, par Percier et Fontaine, pour constituer un style dont toutes les parties essentielles existaient déjà sous Louis XVI. Mais ce que j'admets parfaitement c'est que Percier, malgré son très grand talent, amaigrit et appauvrit un style déjà indigent et le rendit insupportable.

3. M. Schefer signale plusieurs des compositions de Piranesi qui ont été exécutées : la cheminée du château de Burghley, au comte d'Exeter ; la cheminée du cabinet de Jean Hope, en Hollande ; une cheminée du palais Rezzonico, à Rome. Enfin le *Café des Anglais*, sur la place d'Espagne, à Rome, fut décoré en style égyptien d'après ses dessins.

4. *Catalogue des Vases... de feu M. le duc d'Aumont* (1782), n° 318.

dont parfois, à notre époque, on a gâté l'excellente forme par l'addition de cuivres copiés sur d'anciens modèles. Mais, fort heureusement, il subsiste encore aujourd'hui quelques-uns de ces mobiliers simples, exempts de ces abominables retouches. Ce métier de marchand ébéniste, du reste, Riesener le prolongea jusqu'à sa mort, arrivée le 6 janvier 1806, dans l'enclos des Jacobins où il s'était transporté après avoir bénéficié le plus longtemps possible de la concession royale lui permettant d'habiter l'Arsenal. Nous avons vu que Riesener, au moment de la Révolution, était assez riche puisqu'il racheta de ses deniers, dans les ventes du mobilier national, une partie des meubles qu'il avait

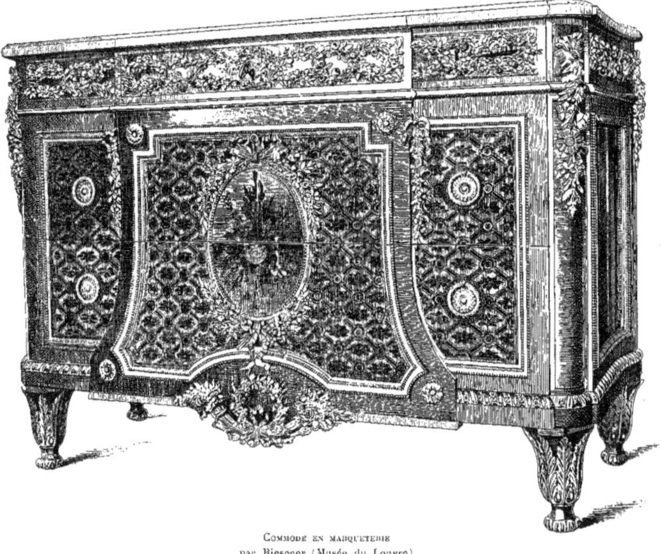

COMMODE EN MARQUETERIE
par Riesener (Musée du Louvre)

fabriqués. En l'an XI, il se décida à son tour à faire une vente dont Davillier[1] a le premier signalé le *Catalogue*, devenu d'ailleurs extrêmement rare[2].

De ce qu'on vient de dire il résulte que, parmi les meubles appartenant à la seconde manière de Riesener, il faut établir deux classes : les uns, meubles de grand luxe, les autres, meubles ordinaires, reproduisant à peu près, par leur forme, les premiers, et ayant suivi, eux aussi, les fluctuations de la mode, les changements de style subis par tout l'art français du xviiie siècle, période qu'on pourrait

---

1. *Le Cabinet du duc d'Aumont*, p. x.

2. « *Vente de beaux ouvrages d'ébénisterie de la fabrique de Riesener, ébéniste, à l'Arsenal, une grande partie proven[ant] des cabinets intérieurs de Versailles et de Trianon, savoir : secrétaires, commodes, armoires, toilettes, tables et bureaux de toutes les formes et de toutes les grandeurs..... autres de vieux laques du Japon et de la Chine, autres de pièces de rapport de marqueterie ombrée, formant des tableaux de fleurs, des trophées, mosaïques et arabesques... Les ornements et ciselures sont* des mieux finis et exécutés par les plus habiles artistes de Paris, le tout en belle dorure, la plus grande partie en or mat... La vente se fera à l'amiable, à prix fixe... Le citoyen Riesener invite les amateurs de venir voir les objets chez lui, à l'Arsenal, la 2e cour en entrant par le quai des Célestins. » C'est vraisemblablement de chez Riesener que sont sortis à cette époque bon nombre de meubles qui firent partie de la collection Hamilton, si malheureusement dispersée il y a peu d'années, sans que la France ait pu récupérer quelques-unes de ces merveilles.

caractériser en disant que Vien marque assez bien, en peinture, son point de départ, tandis que la toute puissance de David et de son école marque son arrivée.

C'est beaucoup plus sur l'examen de l'ébénisterie, sur l'examen de la forme d'un meuble que sur l'origine de tel ou tel meuble, de tel ou tel motif de bronze ciselé qu'en l'absence d'estampille on peut être amené à attribuer un objet à Riesener. Car, d'une part, on possède suffisamment de spécimens signés de Riesener pour qu'on soit absolument édifié sur son style, tandis que, d'autre part, il n'est pas rare de trouver des pièces portant l'estampille d'autres ébénistes et offrant presque exactement la même décoration de bronze. C'est ainsi qu'on retrouve successivement sur les meubles de Riesener des bronzes qui ont pu être modelés par Duplessis, inspirés par des modèles de Delafosse, ou ciselés par un Gouthière ou par un Thomire. Cette constatation est nécessaire, car on entend souvent dire que les bronzes de telle ou telle commode de Riesener ou de Carlin ont été faits par Gouthière ou par Thomire. Ce sont là des affirmations qui peuvent être justes, pour certains meubles du moins, mais qu'aucun document ne force à admettre : « Style de Gouthière, » « Style de Thomire » serait plus exact, d'abord parce qu'il a existé à la fin du xviii° siècle pas mal de fondeurs et de ciseleurs travaillant aussi bien que ces deux maîtres et à peu près dans le même style; ensuite parce que les ébénistes devaient à ce moment acheter tout faits chez les fondeurs, les bronzes qu'ils appliquaient sur les meubles, sans même s'inquiéter de savoir au juste quel artiste les avait créés. Ce n'est que pour les pièces exceptionnelles qu'on faisait des modèles sur commande. Ce caractère assez banal, sauf exception, des bronzes du xviii° siècle, M. de Champeaux l'a déjà fait remarquer; j'ai pu le constater à mon tour mainte et mainte fois, et il ne faudrait pas, malgré leur perfection et leur préciosité, se laisser aller à vouloir considérer comme des œuvres uniques des morceaux de ciselure, parfaits sans doute, mais qui sont sortis en grand nombre des ateliers des fondeurs parisiens du dernier quart du xviii° siècle. Il en est de même des feux, des bras de lumière, des flambeaux, des lustres, des lanternes qui, dans la plupart des cas, ont été répétés plusieurs fois. Mais ce qui peut parfois constituer, entre ces diverses épreuves, des différences notables, c'est le travail de ciselure et de dorure : évidemment ces opérations, accessoires mais essentielles pour donner à l'objet son caractère précieux, différaient suivant le prix; et d'ailleurs, même dans des mobiliers luxueux, toutes ces pièces n'étaient pas toujours dorées, mais mises « en couleur d'or » qu'on rafraîchissait quand l'éclat de cette fausse dorure était par trop fané [1].

Parmi les meubles de la seconde manière de Riesener, les uns conservent encore quelque chose

1. J'extrais du *Livre-Journal de Lazare Duvaux* un certain nombre de ces mentions, prises entre mille, au sujet des travaux de nouvelle dorure que les bronzes avaient à subir périodiquement au xviii° siècle. « 1175. Du 14 [juillet 1752]. M. de Boissy : La réparation des fers de quatre feux, repoli à neuf, et resaucé les bronzes en couleur d'or moulu. Repoli les fers d'un autre feu, et remis les bronzes en couleur et une paire de bras avec les boutons de pincettes, 78 l. Les ports, 3 l. — 1258. Du 18 [novembre 1752]. Mme la Marq. de Pompadour : Les réparations faites à toutes les tables et commodes du château de Bellevue, 240 l. Avoir nettoyé, remis à neuf toutes les grilles, redoré plusieurs parties qui estoient brulées, nettoyé toutes les dorures de commodes et montures des porcelaines, 200 l. — 1000. Du 24 [septembre 1754]. M. de Fontferrière : Avoir fait mettre en couleur la garniture de cinq commodes et fourni des morceaux qui manquaient, 20 l. — 1942. Du 20 novembre 1754]. Mme la Marq. de Pompadour : ..... Les réparations des fers des dix-huit feux de Bellevue, les avoir nettoyés et remis à neuf, avoir doré les poupées et parties qui estoient brulées, avoir redoré en entier un feu de cabinet à enfans et cors de chasse, et les quatre poupées qui avoient esté brulées derrière un couvre-feu; le nettoyage des lanternes et autres dorures, le nettoyage d'un lustre de cristal de roche, fleurs, porcelaine, commodes et encoignures de lacq; frais de voyage et journées de différens ouvriers, 486 l. — 2002. [mars 1755]. M. de Boulogne, trésorier : Le raccommodage d'une paire de girandoles sur des lions, resaucé les dorures à neuf, 9 l. — 2885. Du 1er [octobre 1757]. Mme la Marq. de Pompadour : Pour le château de Champs, avoir démonté des cassolettes, pots pourris et autres porcelaines montées, dont on a fait resaucer les garnitures en or moulu, nettoyé les porcelaines d'une figure couchée, avoir nettoyé toutes les autres porcelaines, garnie et non garnies, et fourni les fleurs qui y manquoient, employé quatre jours de garçons pour les avoir emballées et nettoyées, 60 l. — 2465. [mai 1755]. M. de Moras de Saint-Priest: Avoir raccommodé et regratté à neuf une commode ; resaucé les bronzes en couleur d'or moulu, 48 l. Avoir remis à neuf deux paires de bras à double branche, dorés, 36 l. Refait les fers de trois feux, les avoir repolis, et mis les bronzes à neuf, 72 l. Les ports à l'hostel, 3 l. » On ne saurait s'autoriser de ces textes, et d'un très grand nombre d'autres qu'on pourrait ajouter, pour absoudre les restaurations, les opérations de dorure absolument scandaleuses que l'administration du garde-meuble a fait subir à la plupart des bronzes qui, par malheur, dès les premières années de ce siècle, sont retombés entre ses mains. Ces pièces ont été absolument déshonorées par des procédés de dorure imparfaits que les artistes du xviii° siècle se seraient bien gardés d'employer pour des œuvres d'art, puis par l'affreuse dorure à la pile, aussi économique que brillante. Au surplus, les hommes du xviii° siècle avaient le droit d'appliquer aux œuvres d'art créées de leur temps, et par conséquent vivantes, le traitement qui leur convenait, nous autres, nous ne pouvons, sans étaler notre sottise, estropier des œuvres qui, toutes, devraient être abritées dans des musées et soustraites définitivement aux destinations vulgaires qu'on leur donne. Ce sont des monuments historiques, et non des moins considérables, et non des meubles meublants abandonnés à la merci de domestiques ou de garçons de bureau. Il ne serait que temps qu'on comprît cette vérité.

des formes anciennes, d'autres montrent franchement l'adoption d'un style dans lequel la verticale et l'horizontale se coupant à angle droit forment des monuments d'un aspect sec et monotone. A mesure aussi que Riesener avance dans sa carrière, les bronzes qu'il distribue sur les meubles, déjà plus petits de faire, deviennent plus rares aussi et moins importants : c'en est fini avec ces grands ensembles de bronzes, ces motifs continus qui paraissaient envelopper l'ébénisterie comme d'un réseau, la reléguer même au second plan ; les belles marqueteries aussi deviennent plus rares et l'acajou triomphe. Bref, dans ces œuvres on rencontre déjà le complet épanouissement de ce style pauvre, étriqué, mesquin,

qui correspond si bien à l'ataxie cérébrale qui caractérise le premier Empire. Incapables de concevoir autre chose que des formes essentiellement bêtes et qu'ils croyaient inspirées de l'antique, les ébénistes étaient non moins inhabiles à vêtir ces formes : avant la Révolution on déguisait, dans la plupart des cas, leur nudité sous de splendides ornements ; sous l'Empire, ce ne sont plus que rosettes, frises de palmettes ou de lotus, lyres, amours ou nymphes, qui, semés çà et là, forment autant de motifs sans lien et sans cohésion : l'exécution, j'entends la fonte, la ciselure et la dorure, demeure excellente ; mais le dessin est détestable, même quand les modèles, tels que ceux que donnait Prud'hon, étaient parfaits : les figures surtout accusent presque partout une décadence, une inhabileté plastique flagrante. Pour sa honte, Riesener a vécu assez longtemps pour produire quelques-unes de ces œuvres absolument déshonorantes pour l'art français.

En tête des œuvres de Riesener de la seconde manière, il faut placer un charmant bureau à cylindre qui, après avoir longtemps figuré à Trianon, est déposé au Musée du Mobilier national. Ce bureau, à marqueterie

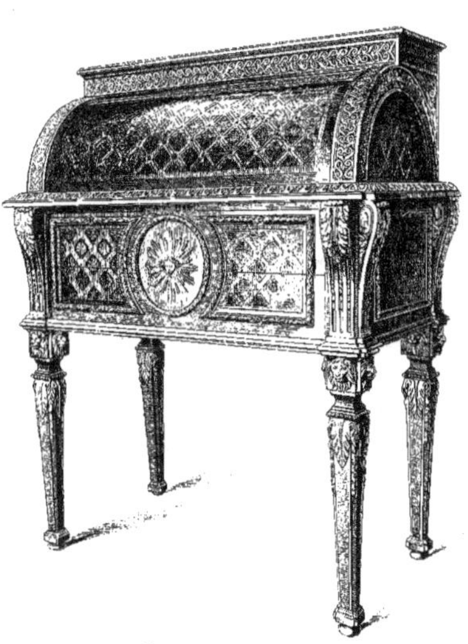

Style de Riesener. Fin du règne de Louis XV
(Collection de M. le comte de Castellane)

losangée, orné d'un trophée d'instruments de musique sur son cylindre, décoré de bas-reliefs et d'appliques de bronze d'une admirable ciselure, est à pieds droits, à section rectangulaire, bordés d'une torsade et chaussés de sabots de bronze. Cette formule définitive, on la retrouve dans un charmant petit bureau de dame, table bordée d'une galerie de bronze, que possède le Louvre[1], dans un autre petit bureau, non moins somptueux, déposé au palais de Compiègne[2]. Le bureau date de 1777 et fut payé 4.000 livres[3]. Il est plus que probable qu'il faut reporter à la même époque l'exécution d'un autre meuble de même style dont on trouvera ici l'image : un bureau à cylindre qui, vraisemblablement, appartint à la reine Marie-Antoinette, et fait actuellement partie des collections de M. le baron Alfred de Rothschild, à Londres. Le style, le système de marqueterie sont les mêmes : mais, par un raffinement qui n'est pas du meilleur goût, le bois de rose a été remplacé par

1. Gravé par A. de Champeaux, *Le Meuble*, II, p. 227.
2. *Ibid.*, p. 223.

3. Williamson, *Les Meubles d'art du Mobilier national*. Ce bureau est dessiné plus haut, p. 157.

de la nacre de perle. C'est là un précieux exemple de cette habitude plutôt malheureuse qu'ont eue les ébénistes du xviii⁰ siècle d'introduire dans les panneaux de leurs meubles des matières rares et somptueuses, mais qui ne pouvaient avoir aucune cohésion avec l'ébénisterie [1]. Une jolie jardinière, de Riesener également, qui fait partie de la même collection, nous le montre mettant en œuvre des plaques de porcelaine de Sèvres.

Peut-être faut-il rapprocher de ces bureaux de Riesener un charmant meuble qui appartient à M. le comte de Castellane et qui montre, sur sa caisse, son cylindre et ses extrémités, ce quadrillé de marqueterie, enchâssant des rosaces, si cher au maître. A la partie antérieure de ce meuble

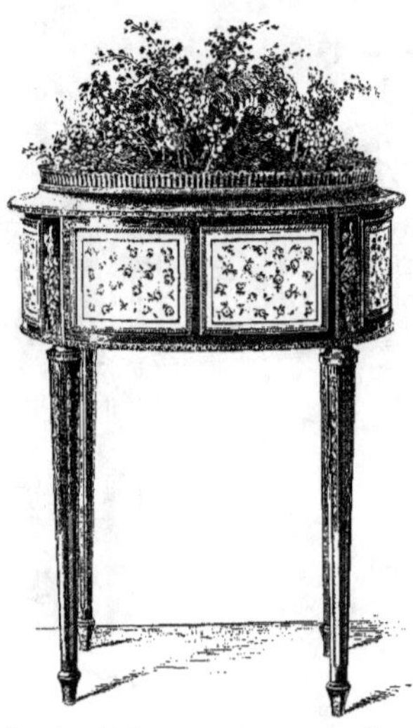

JARDINIÈRE DÉCORÉE DE PLAQUES DE PORCELAINE DE SÈVRES
par Riesener (Collection de M. le baron
Alfred de Rothschild, à Londres)

rehaussé de torsades et de feuillages, de mufles de lion de bronze doré, d'une excellente exécution, s'étale un large soleil sur fond bleu. Le tout forme un ensemble singulièrement harmonieux et bien proportionné, très digne de Riesener. Les commodes sorties de son atelier, soit à la fin du règne de Louis XV, soit peu d'années avant la Révolution, présentent deux types assez différents l'un de l'autre : dans les unes, et ce sont généralement les moins somptueuses au point de vue des bronzes et de la marqueterie, la commode offre la forme d'un coffre au profil assez massif, placé sur quatre pieds arqués et bas qui n'ont l'air qu'à demi de faire partie du meuble : on dirait un coffre chinois posé sur un pied mobile. Un second type, fort riche, offre un parti pris adopté aussi pour les secrétaires : un avant-corps de profil échancré comportant une décoration très riche, s'enlevant sur un fond à profil rectangulaire ou formant lui-même une saillie semi-circulaire. Les pieds, très bas, sont ornés de feuillages formant un simple sabot, une sorte de culot, ou bien disposés en volute. A la ceinture s'étalent des bouquets de roses, des guirlandes, des oves, des canaux, etc. Il est possible aussi qu'on doive attribuer à l'atelier de Riesener des commodes ou des encoignures en acajou, soit à tiroirs, soit à vantaux, en forme de bas d'armoire, ornées aux angles de redents semi-circulaires, en bois plein, bordées seulement de rubans frisés de bronze doré. La Bibliothèque Mazarine possède quatre de ces

meubles, qui proviennent probablement de l'ancien mobilier de la Couronne.

A la première série des commodes, celles à pieds arqués, appartiennent un meuble en acajou, qui est déposé au Palais de Fontainebleau, et une commode provenant du mobilier de la famille Buffon, qui fit jadis partie de la collection Seillière [2]. Cette commode en marqueterie, bien que ne portant pas, à ma connaissance du moins, l'estampille du maître, offre tellement de ressemblance, au point de vue de la forme et du décor, avec ses œuvres authentiques, qu'il me paraît assez légitime de la lui attribuer.

Le Palais de Fontainebleau, outre un meuble d'appui orné de bronzes dans le style de Delafosse,

1. On trouve dans l'inventaire des objets saisis chez M. de Brissac (8 floréal an II), sous le n° 130, « une petite table ronde en racine de bois des Indes, enrichie de camée de Sève (*sic*) bleu et blanc, recouvert d'une glace, montée en trépied, bronze doré au mat. » Cette table, objet charmant d'ailleurs, orné d'une plaque de biscuit recouverte d'une glace sur son plateau, est bien le comble de l'absurdité. Cette table est, si je ne me trompe, identique à une petite table déposée actuellement au palais de Compiègne ; je n'oserais cependant affirmer que ce meuble vint de chez le duc de Brissac.

2. N° 578 du *Catalogue* de la vente.

et d'un vantail sur lequel est représenté un vase en marqueterie[1], renferme encore une admirable commode appartenant au second type dont je parlais tout à l'heure. On en voit ici (p. 161) l'image qui me dispensera de la décrire longuement ; aussi riche est une autre commode, rentrée, il y a deux ans, au Louvre, en provenance du Ministère de la Guerre, et dont les merveilleux bronzes seraient dignes de Gouthière. Cette commode offre les plus grandes ressemblances, quoiqu'elle soit moins riche encore, avec un ensemble de trois pièces qui faisait partie de la collection Hamilton : un secrétaire, une commode et une petite table analogue à celle du Louvre. Au lieu de marqueterie, le panneau central de chaque meuble offrait un médaillon de cuivre ciselé. Quant à la table, beaucoup plus riche que celle du Louvre, ornée de draperies et de guirlandes de bronze se rattachant aux chapiteaux surmontant les pieds, elle montrait cette finesse d'exécution qui évoque toujours le souvenir de Gouthière. Ces meubles sont signés et portent les dates de 1790, pour le secrétaire, et de 1791, pour la commode, et de plus l'indication : *Garde-meuble de la reine*, ce qui, ainsi que l'a très judicieusement remarqué M. de Champeaux, semble indiquer qu'ils étaient destinés à prendre place au château de Saint-Cloud[2]. Dans la même collection Hamilton se trouvait également un second ensemble de Riesener, provenant de Saint-Cloud et comportant trois pièces : une commode, un secrétaire et un serre-bijoux[3]. Ces trois pièces, de même style et offrant le même parti pris que les précédentes, sont formées de panneaux de laque du Japon, à fond noir, et tous surchargés de guirlandes de fleurs et de feuillages, de festons et de couronnes au milieu desquels on voit le chiffre de la reine Marie-Antoinette[4].

A côté de ces œuvres exceptionnelles, et qui montrent le luxe du mobilier français parvenu à son apogée et à son entière perfection, sinon comme forme, du moins comme technique, il ne faut pas oublier que c'est encore des ateliers de Riesener que sont sortis plusieurs très beaux

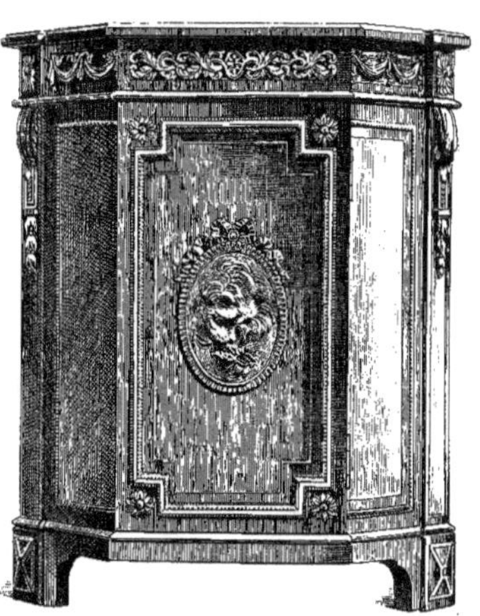

Encoignure de bois de rose et de bois de violette décorée d'un médaillon de bronze, par Riesener
(Ancienne collection Stein)

meubles qui font partie de la collection Wallace ; des buffets soutenus par des figures de femmes en gaines, qui se trouvent au château de Windsor ou des encoignures de bois de rose et de violette, à médaillons de bronze ciselé, telles que celles qui figuraient sous le n° 386 dans la collection Charles Stein. Toutes ces merveilles sont des dépouilles des châteaux royaux dispersés à la Révolution, tout comme une très belle console en acajou, de forme arquée, arrondie à ses extrémités, décorée de rubans de guirlandes de feuillages et de fleurs de lys, qui appartient à M. le comte I. de Camondo[5]. Cette pièce, sa forme l'indique assez, a été faite pour une salle à manger en partie circulaire, soit à Trianon soit à Saint-Cloud. Je laisse aux historiens futurs de ces châteaux le

---

1. Publié dans A. de Champeaux, *Le Meuble*, II, p. 211.
2. N°s 301, 302, 303, du *Catalogue* de la vente Hamilton. (Photographies.)
3. N°s 1206, 1207, 1298 du *Catalogue*. (Photographies.)
4. Ces meubles, vendus d'abord à vil prix lors de la dispersion des meubles du château de Saint-Cloud, furent rachetés à une vente anonyme par lord Hamilton en l'an XI (A. de Champeaux, *Le Meuble*, II, 252).
5. Cependant cette console présente une assez grande ressemblance avec une commode de Leleu, actuellement déposée à Trianon.

soin de déterminer pour quelle résidence Riesener a exécuté ce beau meuble, très luxueux avec son marbre bordé de fins balustres de bronze, mais cependant sévère d'aspect. Dans la collection Jones, qui a fait entrer au Musée de South Kensington une si belle suite de meubles français, on rencontre un charmant petit bureau ou bonheur-du-jour orné de porcelaine de Sèvres décorée de fleurs, que M. de Champeaux[1] a décrit et publié. Le corps supérieur, demi-circulaire, repose sur une table rectangulaire portée sur quatre pieds réunis par une tablette d'entrejambes. L'ensemble, bien qu'un peu sec de dessin et d'aspect, comme presque tous les meubles décorés de plaques de Sèvres, est d'un goût très raffiné et digne d'avoir figuré à Saint-Cloud. Plus simples assurément

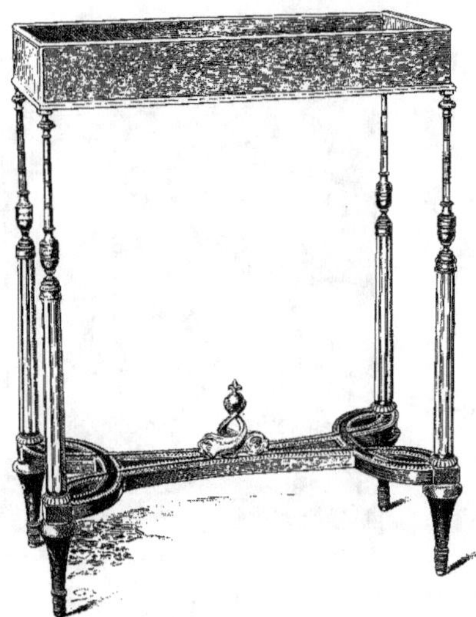

par Riesener (Collection de M. le comte I. de Camondo)

sont une bibliothèque en acajou, décorée de bronzes, et un cartonnier, déposés actuellement au Ministère des Finances, qui ne portent pas la signature du maître, mais qui accusent tellement son style qu'on ne peut pas hésiter à les lui attribuer. Enfin, Mme veuve Récamier possède une commode en acajou, à extrémités arrondies, qui peut donner, par le fini de son exécution, le soin apporté à la ciselure des bronzes qui ornent les entrées de serrure, une idée du style des meubles simples exécutés par Riesener. C'est là une œuvre qui appartient évidemment à la fin de sa vie.

Mais sans aller jusque là, on peut voir, par certains meubles faits par Riesener avant la Révolution, le chemin que l'artiste avait parcouru depuis 1769, date inscrite sur le *bureau du roi*, jusqu'en 1790 : il suffira au lecteur de jeter les yeux sur une charmante petite table-tricoteuse, qui appartient à M. le comte de Camondo et qui porte l'estampille du maître[2]. Ce bibelot a fait partie de l'ameublement de Marie-Antoinette et, à défaut d'une provenance certaine, les dauphins entrelacés, placés au milieu de l'entrejambe, suffiraient à indiquer une origine royale;

mais les pieds en cuivre ciselé, la sécheresse et l'amaigrissement systématiques de l'architecture montrent que l'ébéniste n'a qu'à bien se tenir en face de l'envahissement du style antique : ce qu'on a appelé, à tort selon moi, le *style Empire* a déjà commencé à faire ses ravages.

En face de tous ces meubles que Riesener a exécutés pour les maisons royales ou pour de riches particuliers, on peut se demander si l'artiste lui-même en traçait les dessins. Je ne le pense pas, et M. de Champeaux ne l'a pas pensé non plus. Sans doute Riesener, comme tous les ébénistes du XVIII° siècle, était capable de faire un dessin de meuble; la marqueterie surtout a été son triomphe; et, pour être marqueteur comme lui il faut connaître le dessin; et il n'est guère douteux que, dans un très grand nombre de cas, il a dû redessiner ou réformer, pour les besoins de l'exécution, beaucoup

1. *Le Meuble*, t. II, p. 229.

2. Ancienne collection Double, n° 356 de la vente de 1881.

de modèles qui lui étaient fournis par l'architecte Jacques Gondouin (1737-1818), élève de Blondel, pensionnaire de Rome sous Louis XV, et l'un de ceux qui se montrèrent le plus favorable à la renaissance du style gréco-romain. Or, Gondouin est désigné formellement dans les *Comptes* comme chargé d'exécuter les dessins des meubles des résidences royales. De cette collaboration des architectes avec les ébénistes, collaboration qui était pour ainsi dire de tradition en France, résultait la diffusion, la vulgarisation de modèles, pourrait-on dire, qui appartenaient à l'ensemble des ébénistes d'une époque et non à un ébéniste en particulier. En sorte que certains meubles, qui portent une signature d'un autre artiste que Riesener, ont néanmoins l'air de sortir de ses ateliers : les galbes sont les mêmes, certaines différences dans la menuiserie, souvent moins soignée, peuvent seulement indiquer qu'on est en présence de l'œuvre d'un autre fabricant.

J'arrêterai ici cette longue biographie de Riesener, sur lequel on pourrait écrire tout un volume. Mais son existence prolongée, le fait qu'il a connu et pratiqué successivement deux styles tout à fait différents en font un des ébénistes les plus intéressants du XVIIIe siècle. Son histoire démontre aussi, mieux que tout raisonnement, qu'en réalité ce qu'on a appelé le « style Louis XVI » a été créé complètement sous Louis XV et que ce n'est que pour les commodités du langage qu'on a adopté une expression qu'il faut se garder de prendre, comme on le fait trop souvent, à la lettre. Il y a eu un style Louis XIV à peu près homogène, un style Louis XV très variable, et, par analogie, on a créé de toutes pièces un style Louis XVI ou même un style Marie-Antoinette. On oublie trop, qu'à ce point de vue, le vocable de « style Du Barry » serait plus admissible; car c'est pour la châtelaine de Louveciennes que Gouthière, qui résume le plus complètement les caractères du style dit style Louis XVI, a enfanté ses plus purs chefs-d'œuvre.

Quand Riesener mourut, en 1806, il était loin d'avoir conservé la fortune que tous ses travaux pour la cour lui avaient un moment assurée. Néanmoins il eut encore la joie, à la fin de sa vie, de voir rendre justice à la magnificence de ses créations : plusieurs de ses meubles figurèrent à l'Exposition d'art et d'industrie installée, en fructidor 1797, au château de Saint-Cloud, par les soins du marquis d'Avèze, puis réinstallée, en 1798, à l'hôtel d'Orsay. Dans la troisième salle de cette exposition « on remarquait plusieurs pièces de Riesener, ébéniste de l'ancienne Cour, et de Jacob, dont la réputation commençait à devenir célèbre [1] ». Malgré cette exhibition, la vogue ne lui revint pas; et nous avons vu plus haut qu'en l'an XI Riesener était obligé de se défaire des meubles qu'il avait jalousement gardés, dans l'espoir sans doute d'un revirement politique qui ne se produisit pas [2].

L'avènement du style que Riesener caractérise le mieux dans l'histoire du mobilier français peut être considéré comme une date importante. En réalité, à ce moment, nous assistons à l'avènement de la dernière phase d'un développement logique de plusieurs siècles. Ce retour à un style pseudo-antique — qu'on peut aimer ou condamner, là n'est point la question — est la dernière manifestation de la vitalité du style français. Ce style continuera encore pendant nombre d'années à produire des œuvres qui ne sont pas irréprochables assurément, mais qui témoignent, dans leur fabrication, d'une conscience digne d'éloge, et tout au moins de la persistance de traditions techniques. Le

---

1. A. de Champeaux, *L'Art décoratif dans le vieux Paris*, p. 130.

2. Il ne peut être question ici de dresser une liste des meubles d'Oeben et de Riesener ; mais aux œuvres signalées dans les pages précédentes, on peut ajouter, pour J. F. Oeben, une table de toilette, ou plutôt une table à coiffer, bureau à pieds arqués, entièrement marquetée de paysages, trophées et vases, ornée de belles guirlandes et de mascarons de bronze : Legs Jones, au Musée de Kensington (*Portefeuille des Arts décoratifs*, pl. 90) ; — un secrétaire, muni d'un abattant, mais rappelant par son profil le *bureau du roi* : l'abattant décoré d'une grande composition en marqueterie représentant des trophées, le tout éclairé par les rayons d'un grand soleil; aux angles, se voient des fleurs de lys ; même collection (*Ibid.*, pl. 319) ; — une belle encoignure décorée de rosaces et de chutes de bronze doré dans le style de Delafosse ; un bouquet de lys est marqueté sur les vantaux. Même collection (*Ibid.*, pl. 634); un secrétaire dont l'abattant et les deux vantaux de la partie inférieure sont décorés de grands médaillons ovales en marqueterie, représentant des scènes de chasse, des paysages, des ruines, le tout accompagné de bouquets de fleurs; très beaux bronzes; chutes en forme de draperies retenues par des festons et des cordelières. Même collection (*Ibid.*, pl. 443); — une table-bureau en marqueterie; les pieds, à section rectangulaire, sont décorés de guirlandes verticales en bronze doré. Ce meuble porte l'estampille : *S. Oeben*. Même collection (*Ibid.*, pl. 459). — Signalons enfin une belle table de la seconde manière de Riesener, à guirlandes de bronze, déposée actuellement au Ministère de la Justice, et qui dans ces dernières années a été copiée ; le modèle s'en trouve maintenant dans le commerce.

dernier écho, hélas! bien affaibli et atténué, s'en fera encore sentir sous la Restauration. Mais dès l'Empire, la rupture avec les traditions françaises était consommée. La vie avait cessé pour les arts appliqués à l'industrie. Ce qui le prouve, c'est qu'à partir de ce moment, on en a été réduit à imiter le passé. Loin de continuer l'évolution logique des styles, en sortant des horreurs d'un style antique aussi odieux de forme que de technique, on est tombé dans l'imitation d'un gothique mal compris et mal digéré mis à la portée des imbéciles, produit lui-même par des artistes aussi maladroits que peu consciencieux. Puis, la technique se relevant, le jour où nous avons été en possession de tous nos moyens matériels d'exécution, égaux sinon supérieurs à ceux que nos artistes possédaient au xviii° siècle, nous nous sommes trouvés tout désorientés : on possédait des mains d'une suprême habileté, mais pas un artiste capable de créer un style : on s'est jeté successivement sur le néo-grec, sur le Louis XVI, le Louis XIV ou le Louis XV, les imitant, les pastichant à plaisir et avec une virtuosité déplorable. Un tel abus de l'art du copiste devait à la longue amener une révolte; nous y assistons en ce moment. En sortira-t-il quelque chose? Je ne le sais au juste. Mais j'imagine qu'il est de bon augure pour l'art français de le voir rompre en visière avec l'imitation servile des modèles anciens. Un archéologue ne doit pas craindre de voir les artistes français s'inspirer successivement aux modèles anglais, belges ou allemands. Nous pouvons nous les assimiler, les transformer et les faire nôtres. L'histoire de l'art français est fait de ces mariages et de ces contrastes. Nous avons absorbé à deux reprises différentes l'art italien, et l'art français ne s'en est pas plus mal porté, au contraire. Je souhaite qu'il en soit de même maintenant, et qu'à l'aube du xx° siècle, après avoir tâtonné dans un art essentiellement international, les artistes français trouvent une formule qui soit à eux et bien à eux. Je le souhaite et je l'espère, je le crois parce qu'une telle formule est dans les traditions de l'art industriel français qui, depuis le xvi° siècle, représente surtout un art international assagi, épuré et débarrassé de ses exagérations.

CHAPITRE V

LE TRIOMPHE DÉFINITIF DU STYLE ANTIQUE

Par un sentimentalisme qui se comprend du reste, on a attribué à la reine Marie-Antoinette une influence artistique que peut-être elle n'a pas eue, un rôle qu'elle n'a pas pu jouer, si on étudie consciencieusement et sans parti pris l'histoire de la fin du xviiie siècle. A en croire la plupart des historiens de l'art, ce serait sous Louis XVI, et la reine n'y aurait pas été étrangère, grâce au luxe qu'elle déploya, que serait né un style nouveau, que toutes les formes de la décoration auraient été empruntées à une antiquité classique, grecque, égyptienne ou romaine, plus ou moins fidèlement interprétée ; ce serait sous Louis XVI que notre mobilier se serait amaigri et aurait adopté la mièvre livrée de Trianon pour former le « Style de la reine ». Je ne crois pas plus que M. de Nolhac, l'éminent historien de Marie-Antoinette et du château de Versailles, devoir accepter cette opinion. La reine a beaucoup dépensé sans doute, a aimé le luxe et le plus délicat, et je ne saurais lui en faire un grief, car j'imagine qu'il faut beaucoup pardonner à un souverain ou à une souveraine qui emploient si bien leur argent, cet argent fût-il tiré d'une bourse tout à fait commune à celle de la nation : ce luxe reste, et s'il ne sert pas à tout le monde, du moins fait-il vivre beaucoup de monde, ce qui est bien, et développe-t-il l'art, ce qui est mieux. Mais je suis persuadé aussi que, de par ses origines, si Marie-Antoinette était tombée dans une cour moins fastueuse que la cour de France, elle se fût contentée de très peu. A Vienne, on n'était rien moins que dépensier, en tout cas peu enclin aux folies. La reine, à mon avis, rencontra un style tout fait qui la conquit, ce qui n'était guère difficile dans sa situation, un style qu'elle n'eut qu'à continuer ; et, souveraine, elle hérita sans s'en douter des goûts de luxe très raffinés dont on trouve la plus complète expression dans le mobilier dont s'était entourée la dernière maîtresse de Louis XV, Mme Du Barry.

On trouvera peut-être le rapprochement irrévérencieux. Rien n'est plus éloigné de moi que d'établir une comparaison quelconque entre la souveraine et Jeanne Vaubernier, élevée par le hasard à la dignité de favorite. Cette réserve faite, on me permettra de ne point épouser la querelle de quelques historiens touchant les faits et gestes de Mme Du Barry. A mon avis, elle vaut beaucoup mieux que sa réputation, et je ne puis partager à son égard l'avis de sévères moralistes. Il fallait une maîtresse à Louis XV, eh bien ! autant celle-là qu'une autre. Autant on peut se montrer sévère pour la marquise de Pompadour, qui fit de la politique et de la très mauvaise politique, qui eut un caractère détestable et un physique qui ne saurait excuser la longueur de son règne, autant on doit être indulgent pour une femme qui ne sortit guère de son rôle, celui d'amuser un roi qui s'ennuyait à périr. Elle dépensa beaucoup, sans doute, mais quelle est la femme qui n'aurait pas autant dépensé à sa place? Et jamais d'ailleurs elle ne manqua l'occasion de faire une bonne action. Il me semble qu'il lui doit être beaucoup pardonné, surtout depuis que son consciencieux historien, Vatel [1], a fait justice des stupides légendes qui l'ont fait considérer comme la dernière des créatures. Or, c'est sur ces légendes que s'est établie l'opinion courante, et rien n'est, à coup sûr, plus injuste. Pour un peu on dirait qu'elle n'était pas jolie : le buste de Pajou, heureusement, suffit à prouver le contraire.

On pourrait croire, après ce que je viens de dire, que je serais disposé à considérer Mᵐᵉ Du Barry comme une femme admirablement douée pour les arts et capable de les inspirer et d'en diriger le développement. Non certes, mais étant donnés ses goûts

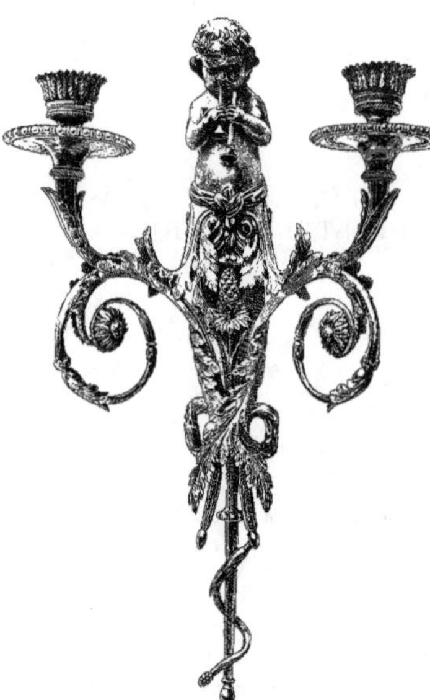

Bras de lumière en bronze ciselé et doré par Gouthière (Legs Jones, au Musée de South Kensington, à Londres)

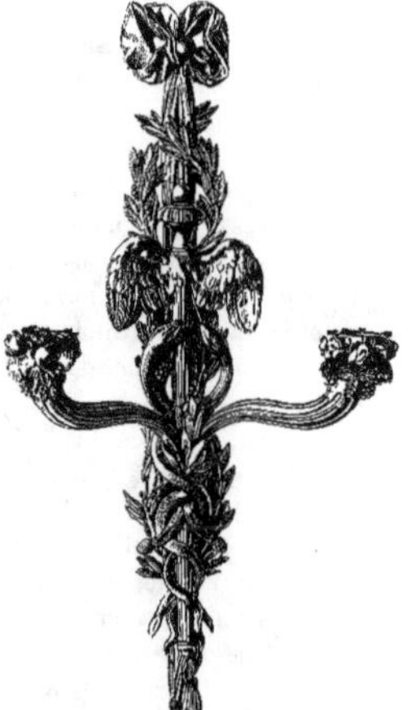

Bras de lumière en bronze ciselé et doré Style de Gouthière. Fin du règne de Louis XV (Ancienne collection Josse Vente de 1894, n° 147)

de luxe, étant donné le moment où elle a pu largement dépenser, moment où l'art français subissait une transformation, elle a certainement, par les commandes qu'elle a données aux artistes, exercé une large influence. Il est inutile d'en supposer davantage. Cela suffit amplement à expliquer comment le style qu'on a improprement appelé « Style Louis XVI » est en réalité né sous Louis XV, et comment c'est en réalité pour Mᵐᵉ Du Barry, dans la décoration et l'ameublement du pavillon de Louveciennes, qu'on en trouve la plus complète expression. Après les aménagements de Gabriel et les constructions de Le Doux, les merveilles de Trianon, de Saint-Cloud ou de Bagatelle ne pouvaient plus passer pour des nouveautés. Le style pseudo-antique, appliqué à la décoration intérieure et au mobilier, était créé de toutes pièces : Thomire, malgré tout son talent, ne peut être considéré que comme un élève, et pas toujours bon, de Gouthière.

1. *Histoire de Mᵐᵉ Du Barry, d'après ses papiers personnels et les documents des archives publiques*, Versailles, 1883, 3 vol. in-8°. Ce livre, profondément consciencieux, a relégué parmi les histoires inutiles à consulter des ouvrages tels que celui des frères Goncourt, *Les Maîtresses de Louis XV* (Paris, 1860, 2 vol. in-8°), dont il n'y a à retenir que les quelques documents artistiques publiés à la fin du second volume.

Je n'ai nullement à refaire ici l'histoire de Mme Du Barry, ni même l'histoire de son luxe; je n'ai à m'occuper que de son mobilier et à donner quelques détails sur la décoration intérieure de Louveciennes, décoration à laquelle ont travaillé des sculpteurs, des ciseleurs et des doreurs qui parfois ont participé à l'ornementation des meubles. Je n'ai pas non plus, après ce qu'en a dit M. de Nolhac, à refaire la description des appartements que Mme Du Barry occupa au château de Versailles [1]. Ce qu'on peut assurer, c'est que dans son appartement à Versailles figuraient beaucoup des meubles précieux et des objets d'art qu'on retrouve plus tard dans l'inventaire du pavillon de Louveciennes.

Un auteur, qui n'est ni doux ni juste pour la favorite [2], a publié une description de cet appartement qu'on me permettra de reproduire ici; dressée d'après des documents d'archives, et en particulier des *Mémoires* de fournisseurs, sauf quelques inexactitudes, elle présente une physionomie assez exacte de l'intérieur historique de l'appartement Du Barry :

« Dans le salon, on voyait sur la cheminée une magnifique pendule à colonnes, ornée de figures de porcelaine; au milieu, une superbe table ornée de porcelaine de France; le dessus, qui était le morceau principal, représentait un tableau en miniature d'après Leprince, les garnitures de bronze, parfaitement ciselées et dorées d'or mat. Il y avait aussi un très beau forte-piano anglais, qu'on avait fait organiser à Paris par le fameux Clicot, avec flûtes et galoubet, un mouvement pour le luth et deux autres pour les cymbales; la caisse, que l'on fut obligé d'y ajouter pour contenir les tuyaux et les soufflets,

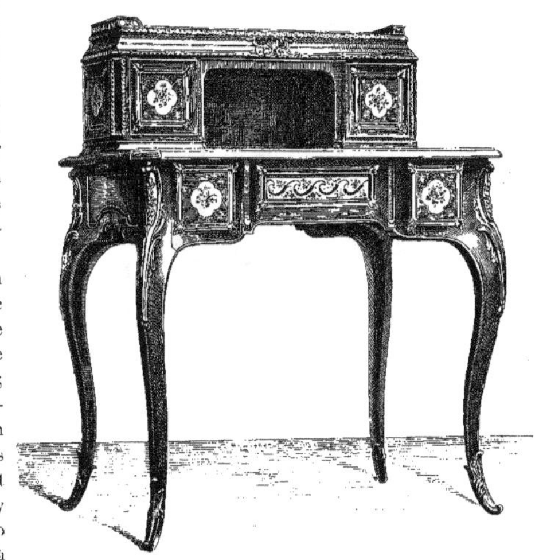

Petit bureau ou bonheur-du-jour en bois de sycomore orné de plaques de porcelaine de Sèvres. Règne de Louis XV (Legs Jones, au Musée de South Kensington, à Londres)

était plaquée en bois de rose et à mosaïques blanches et bleues, et très richement garnie de bronzes dorés d'or mat. Sur un des côtés était une superbe commode, d'ancien laque, de la première qualité, le panneau du milieu à magots très richement habillés; les frises plaquées en ébène, les garnitures de bronze, ciselées et dorées d'or mat, le marbre blanc de statuaire. — Et de l'autre côté, une autre belle commode, ornée de cinq morceaux de porcelaine de France, à fleurs et filets d'or, très richement garnie de bronzes bien finis et dorés d'or mat; le dedans doublé en tabis vert et galonné d'or; le marbre blanc de statuaire. — Sur chacune de ces commodes se trouvaient : d'un côté un très fort groupe de bronze et de couleur antique, composé de quatre figures représentant l'Enlèvement d'Hélène par Pâris, le tout sur un pied de bronze doré d'or moulu; — et de l'autre

---

1. P. de Nolhac, *Les Petits Appartements des Maîtresses, Gazette des Beaux-Arts*, 1898, n° du 1er février.

2. Le Roi, *Mme Du Barry (1768-1793)*, dans les *Mémoires de la Société des Sciences morales de Seine-et-Oise*, 1859, pp. 14 et suiv. du tirage à part. — Ce travail de Le Roi a été souvent utilisé et rectifié par Vatel dans son *Histoire de Madame Du Barry.*

côté un autre groupe de bronze, plus petit, et d'après Sarrasin, composé de cinq enfants qui jouent avec un bouc ; le tout sur un pied de marqueterie de Boulle et orné de bronze doré d'or moulu ; — enfin un fort lustre de cristal de roche, à six luminaires, et ayant coûté 16.000 livres, était appendu au milieu de la pièce. Comme l'on jouait souvent dans ce petit salon, Mᵐᵉ Du Barry avait fait faire une boîte de jeux, dont ces *Mémoires* nous ont conservé la description ; cette boîte était en acajou, doublée en tabis bleu, galonnée en or ; elle renfermait quatre boîtes à quadrilles en ivoire, le trèfle, le pique, le cœur et le carreau en or incrusté sur chacune desdites boîtes et entourés d'un cartouche avec nœuds de rubans, le tout en or et aussi incrusté ; — les quatre-vingts fiches et les vingt contrats distingués par le trèfle, le pique, le cœur et le carreau, aussi en or et incrustés.

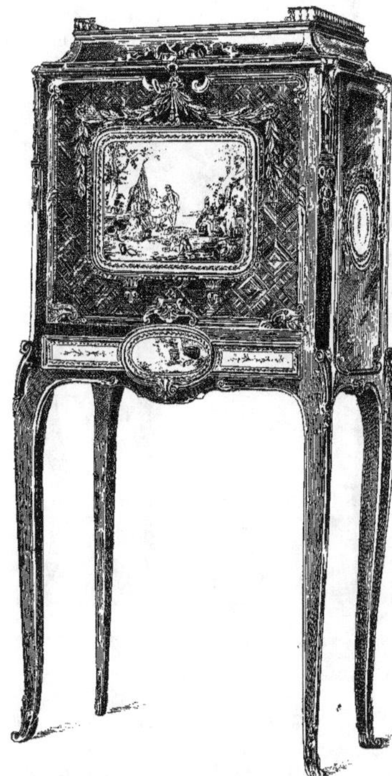

Petit secrétaire en marqueterie de bois des Îles
décoré de plaques de porcelaine de Sèvres. Règne de Louis XV
(Legs Jones, au Musée de South Kensington, à Londres)

« Dans la chambre à coucher, il y avait une commode ornée de tableaux de porcelaine d'après Wateau et Wanloo (*sic*), très richement garnie de bronzes très bien finis et dorés d'or mat ; — un secrétaire en armoire, de porcelaine de France, fond vert et à fleurs, en porcelaine de France, fond petit vert, à marines en miniatures. — Une cuvette gros-bleu caillouté d'or, avec des sujets de Téniers, en miniatures, et deux autres, moins grandes et décorées de même. — Sur la cheminée, une pendule dorée d'or de Germain : elle représentait les Trois Grâces supportant un vase dans lequel était un cadre tournant, et au dessus un amour indiquait l'heure avec sa flèche ; le tout était élevé sur un piédestal très bien ciselé et doré.

« Le cabinet ne le cédait point au reste : sur la cheminée était une pendule à vase et serpent, en bronze doré d'or moulu, le cadran tournant ; le piédestal garni de trois morceaux de porcelaine de France, fond bleu, avec des enfants en miniature ; le dard du serpent fait en marcassite. On y voyait aussi une très jolie table à gradins, en porcelaine de France, fond vert et cartouches à fleurs, très richement ornée de bronzes dorés d'or moulu, le dessus du tiroir couvert d'un velours vert et les pièces d'écritoire dorées. Sur des étagères on remarquait, parmi une quantité d'objets de toutes sortes : une cassette d'ancien laque, fond noir, ouvrage en or de reliefs et aventurine, avec paysages et magots ; — cinq tasses et soucoupes d'ancien Saxe, à tableaux et à miniatures, avec la théière et la boîte à thé pareilles ; — une cave, composée de quatre gros flacons, un gobelet et sa soucoupe, le tout de cristal de roche ; six petits flacons de cristal de Bohême ; deux cuillers et un entonnoir d'or; les dix flacons d'or et le tout dans une boîte de bois des Indes, garnie de velours rouge. Cette jolie cave avait été achetée à la vente de Madame de Lauraguais. — Enfin

on remarquait encore dans ce cabinet un baromètre et un thermomètre de Passemant, montés très richement en bronzes dorés d'or moulu, et ornés de trois plaques de porcelaine de France, à enfants en miniature.

« Tout, jusqu'aux lieux les plus secrets de ce petit appartement, portait le goût du luxe de la comtesse. Ainsi dans le petit couloir qui menait à la garde-robe, on voyait, au dessous de la croisée, une commode à portes de 52 pouces de long, en bois rose et garnie de bronzes dorés d'or moulu, le marbre en

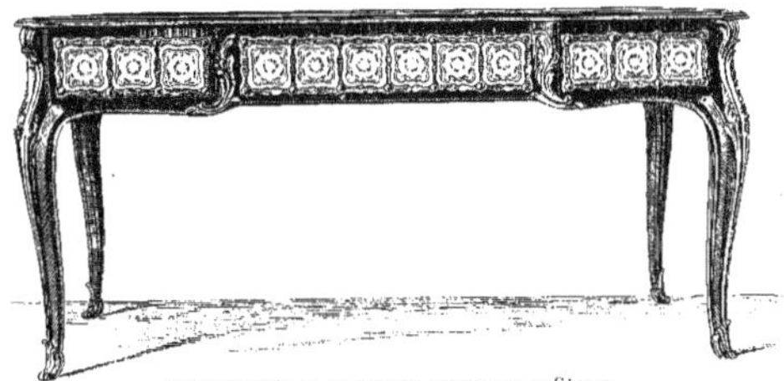

Table décorée de plaques de porcelaine de Sèvres
Ébénisterie de C.-C. Saunier. Fin du règne de Louis XV
(Collection de M. le baron Alfred de Rothschild, à Londres)

brèche d'Alep; et dans la garde-robe, un meuble de toilette secrète à dossier, en marqueterie fond blanc, à mosaïques bleues et filets noirs avec rosettes rouges garni de velours bleu brodé d'or, et sabots dorés d'or moulu; la boîte à éponges et la cuvette en argent; deux tablettes d'encoignure, aussi en marqueterie, garnies de bronzes dorés d'or moulu; et une chaise de garde-robe en marqueterie pareille aux autres meubles, la lunette recouverte de maroquin, et les poignées et sabots dorés d'or moulu. »

On trouvera dans l'ouvrage de Vatel[1] l'histoire complète de la donation de l'ancien pavillon de Louveciennes (24 juillet 1769) pour « ladite comtesse du Barry jouir pendant sa vie dudit pavillon[2] ». On y trouvera aussi l'histoire de la construction du nouveau pavillon créé tout entier par l'architecte Le Doux, de 1770 à 1772, tandis que l'ancien avait été réparé et aménagé de 1769 à 1771, sous la direction de Gabriel, architecte du roi[3].

La construction de Le Doux, qui avait déjà été employée par Mme Du Barry, à Versailles[4], était une construction à la nouvelle mode, comprenant un simple rez-de-chaussée surmonté d'une terrasse à

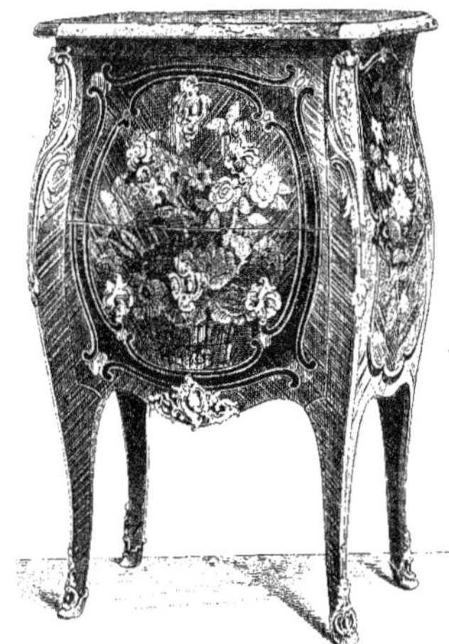

Petite commode en bois de rose ornée de marqueterie
Signée : J.-B. Saunier. Règne de Louis XV (Vente Lepic, 1897)

---

1. Tome I, chap. XIX, p. 264 et suiv., et t. II, p. 116.
2. *Ibid.*, p. 266.
3. C'est à ces modifications de l'ancien pavillon que se rapportent les documents contenus dans le manuscrit français 8159 de la Bibliothèque Nationale. On trouve dans ce volume des mémoires de fournisseurs, de 1769 à 1771, vérifiés par Gabriel. J'y relève notamment, parmi les artistes qu'il peut être intéressant de connaître pour le sujet traité ici, les noms de Gobert, doreur sur métaux; de Guyart, ciseleur; d'Autelet, serrurier; au

folio 285 de ce manuscrit se trouve notamment un mémoire de Gobert concernant la dorure des chambranles des cheminées, des espagnolettes, des serrures, etc., ainsi que la mise en « couleur d'eau », c'est-à-dire en teinte d'acier bleu de divers accessoires de décoration exécutés en métal.
4. Voyez l'« État des ouvrages de sculpture faits par Madame Du Barry par Lecomte, sculpteur du roi, d'après les ordres de Le Doux, architecte du roi » dans le manuscrit français 8158 de la Bibliothèque Nationale, f° 134. Ces travaux sont faits à Versailles.

l'italienne bordée d'une balustrade. Il y avait cinq croisées sur la façade et trois sur chacune des faces : « On accédait au pavillon par un perron de sept à huit marches donnant sous un portique formé par quatre colonnes ioniques cannelées, dont deux sont engagées dans la muraille. Le fond du péristyle est circulaire et surmonté d'une petite coupole très finement brodée d'ornements. Le haut du fronton est décoré par un bas-relief en tale représentant des enfants jouant avec un bouc. Cette bacchanale est due au ciseau de Lecomte, sculpteur du roi et membre de l'Académie de peinture et sculpture [1]. A l'intérieur, il y avait à l'entrée un vestibule fort vaste, servant de salle à manger, avec des tribunes, à chaque extrémité, pour les musiciens qui exécutaient des morceaux pendant les collations du roi. Ce vestibule était revêtu de marbre gris et orné de pilastres avec des chapiteaux corinthiens rehaussés de baguettes et de frises en bronze doré. Entre les pilastres étaient placés quatre groupes de femmes tenant des cornes d'abondance, exécutés par Pajou et Lecomte. Au dessus et autour de la salle régnait une frise d'amours qui se poursuivaient autour d'un portrait placé au dessus de la porte donnant entrée dans le salon et représentant un personnage décoré d'un grand ruban, probablement le roi. Au fond du vestibule, on aperçoit les armes des Du Barry et celles de Jeanne Vaubernier accostées. En face et en pendant, un tableau qui représente des emblèmes de diverse nature, non héraldiques. Derrière le vestibule s'ouvrait le grand salon carré, donnant à droite sur un salon dit en cul-de-four, et à gauche dans une troisième salle appelée le salon ovale. Il n'y avait pas de chambre à coucher, il existait seulement un réchauffoir d'un côté et de l'autre des garde-robes de marbre.

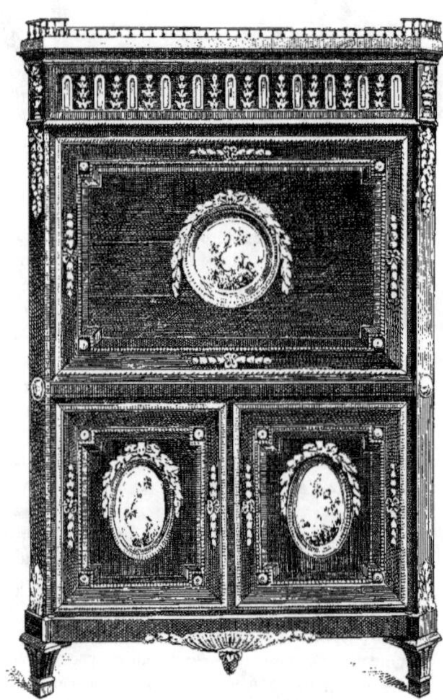

SECRÉTAIRE EN BOIS DE ROSE DÉCORÉ DE PORCELAINE DE SÈVRES
Fin du règne de Louis XV (Ancienne collection Seillière, nº 593)

« Dans le grand salon carré, les dessus de portes étaient peints par Fragonard..... le plafond du salon de droite était de Restout ; il représentait simplement un ciel décoré de nuages ; c'est ce que les anecdotes appellent *un ciel vague* [2]. Les dessus de porte étaient de Drouais. On y admirait quatre grands et beaux tableaux de Vien représentant les progrès de l'amour dans le cœur des jeunes filles. On y voyait aussi deux petites figures de marbre, sculptées par Vassé ; l'une représentant l'Amour, l'autre la Fourberie, un masque à la main. Le plafond du troisième salon, peint par Briard, repré-

---

1. Payé 960 livres en 1772. Vatel, *ouvr. cité*, t. II, p. 117, note 1.
2. Ce plafond était peu de chose ; il fut payé, en 1772, 120 livres, à

Restout. Cfr. Vatel, *ouvr. cité*, t. II, p. 119, et Bibliothèque Nationale, manuscrit français 8160, fº 207.

sentait les plaisirs de la campagne, avec cette devise latine : *Ruris amor*[1]. » Enfin, en sortant du pavillon, on trouvait deux figures de marbre d'Allegrain : *Diane surprise par Actéon*, et *Une baigneuse*. Tel était, dans ses grandes lignes, ce charmant pavillon de Louveciennes pour lequel Le Doux toucha, en 1775, des honoraires de 55.000 livres[2]. Il existe encore aujourd'hui, mais combien dépouillé de toutes ses richesses, de ses fines ciselures, de ses bronzes, de ses objets d'art. Mais l'aquarelle de Moreau le Jeune, que possède le Musée du Louvre, aquarelle qui représente la fête donnée au roi à Louveciennes, le 27 décembre 1771, permet, jusqu'à un certain point, de se figurer l'intérieur du grand vestibule qui servait de salle à manger ; elle permet en tout cas de juger que ce vestibule était entièrement construit à l'antique, jusqu'au pavage qui était de pierre et de marbre. Ce dessin permet aussi de se demander si le plafond n'était point orné d'une peinture de Boucher, maintenant au Louvre, une sorte d'allégorie de l'Aurore, qui présente avec le croquis de Moreau le Jeune une assez grande analogie. François Boucher, mort en 1770, ne figure point, et pour cause, dans les *Comptes* de Louveciennes. Mais n'aurait-on pas utilisé un plafond peint antérieurement ? C'est une question que je ne veux pas trancher ici, mais je devais signaler les analogies entre le plafond du Louvre, actuellement exposé dans une salle contenant des meubles du xviiie siècle et même quelques épaves du mobilier de Louveciennes, et le plafond croqué par Moreau le Jeune[3].

L'inventaire de la saisie révolutionnaire des biens de Mme Du Barry à Louveciennes a été publié jadis par E. de Beaumont[4]. Néanmoins, comme ce document présente un intérêt de premier ordre pour l'histoire du mobilier et de la décoration intérieure au xviiie siècle, je crois devoir le reproduire ici, d'après la copie des Archives du Louvre[5]. Cet inventaire est du 11 février 1794. Je publie ensuite deux autres documents, du 5 août 1794 et du 23 janvier 1795, sur le même sujet et qui me paraissent intéressants au point de vue de l'histoire de la dispersion de ce merveilleux mobilier.

22 Pluviôse. [11 février 1794.]

COPIE DU PROCÈS-VERBAL D'INVENTAIRE

FAIT PAR LES COMMISSAIRES ARTISTES CHEZ LA NOMMÉE DUBARRY, A LOUVECIENNES

1 et 2. Deux tableaux de Vien représentant une femme cueillant des roses, l'autre une femme pinçant du luth...	1 600 l.
3. Une guéne de granitte avec son chapiteau et sa base en gruyote d'Italie.............................	120
4. Une Vénus aux belles fesses en bronze d'après l'antique, petite proportion......................	600
5. L'Appollon de Belvédère, Idem. La main droite mutilée..........................	500
6. Thésée enlevant Hermione, Id............................	1 000
7. Une Vestale entretenant le feu sacré servie par deux enfans................	200
8. Un groupe représentant Louis quinze en bronze porté par quatre guerriers...................	600
9. Un petit buste de Louis quinze en bronze............................	50
10. Un feu en bronze doré d'or moulu d'une très belle exécution, représentant un cerf à la lie (*sic*) et un sanglier avec des attributs de chasse............................	
11. Un tableau de 8 pieds de large, sur cinq de hauteur, représentant une marine de Vernet ; cadre de bois doré...	6 000
12. Un autre même grandeur représentant des ruines antiques par Robert. Id..................	2 000
13, 14, 15 et 16. Quatre desseins (*sic*) [dessus] de portes par Fragonard représentant la nuit et les trois parties du jour.	800
17. Une Nimphe fuyant les traits de l'amour, en marbre, d'environ 2 p. de haut par Boiseau................	1 000
L'Amour de même proportion, par le même, se disposant à lui décocher une flèche..................	1 000

1. Vatel, *ouvr. cité*, t. II, pp. 117-120.
2. Vatel, *Ibid.*, p. 123.
3. La Bibliothèque Nationale possède quatre volumes de *Comptes*, provenant de Mme Du Barry (manuscrits français 8157-8160), dont je viens de citer quelques passages. Ces *Comptes* vont de 1769 à 1793. En outre le baron Pichon possédait également des *Comptes* de même provenance dont il a publié des extraits : *Mémoires de Pajou et de Drouais pour Mme Du Barry*, dans les *Mélanges des Bibliophiles françois* en 1857. De très nombreux extraits de documents qu'il possédait, fort intéressant, au point de vue artistique, ont été publiés par Vatel ; j'en reproduis plusieurs fragments plus loin. Les Goncourt (*Les Maîtresses de Louis XV*, t. II, p. 280 et suiv.) ont mis au jour des extraits des quatre volumes de la Bibliothèque Nationale, où il resterait encore pas mal à glaner. Enfin signalons un opuscule du baron Charles Davillier, *Les porcelaines de Sèvres de Mme Du Barry, d'après les Mémoires de la manufacture royale*, Paris, 1870, in-8°.
4. *Gazette des Beaux-Arts*, 2e période, t. V (1872), p. 129.
5. Archives du Louvre, Z 3 E. Inventaires.

18. Une autre figure en marbre, rep. la baigneuse, originale de Falconnet, de trente pouces de h., estimée .... 1 800 l.
19. Le buste de Louis quinze en marbre, par Pajou, sur sa colonne tronquée en bois peint..................... 60
20. Une pendule représentant l'amour portée par les trois graces, le tout doré d'or moulu............................
21. Deux vases de porcelaine de Sèvres fond azur, ornés de cartels à figures et trophées...........................
22 (resté pour la vente). Un cabaret de porcelaine de Sèvres du meilleur goût; composé d'une toyère, pot au lait,
    sucrier et 16 tasses de différentes formes sur le plateau de bois peint en façon de lacque...................
23. Une bordure ovale de trois pieds de haut richement sculptée et dorée....................... 60
24. Une bordure de deux pieds, ordinaire.................. 30
25. Deux vases de porcelaine de Sèvres, forme etrusque, couleur agathe et dorés : mutilés......................
26. Un baromètre et thermomètre avec cartouches à figures de porcelaine de Sèvres........................

Dans le Pavillon. Salle à manger :

27. Quatre figures de femmes en marbre portant des thorchères pour recevoir des candélabres, sur leurs pieds
    d'estaux en marbre blanc, un seul porte sur le corps un chiffre et des guirlandes de bronze dorées d'or
    moulu ; en general les quatre pieds d'estaux ont de petites fractures........................... 12 000

Grand salon du milieu :

28. Deux vases en marbre blanc et porphire, ornés de deux bas reliefs en bronze dorés, représentant le sacrifice
    d'Iphigénie et les Bachanales........................ 2 400
29. Deux feux dorés d'or moulu, des plus riches, avec bas relief, en forme de cassolette.....................
30. Un lustre de cristal de roche................................

Dans une pièce à droite :

31. Deux figures de marbre blanc, proportion de deux pieds, sur leurs socles de bois sculpté et dorés, l'une repré-
    sentant l'Amour jouant avec des tourterelles, l'autre Thalie pavosé (?)..................... 2 400
32. Deux candelabres à trois branches représentant deux femmes groupées soutenant un panier de fleurs................
33. Deux autres également à trois branches en forme de bouteille antique d'où sortent des tiges de lis dorées d'or
    moulu et bronzées.........................
34. Quatre tableaux de Vien de 10 p. de haut sur 7 de large.................... 4 000
35. Un feu doré d'or moulu en forme de vases.....................
36. Un forté-piano organisé, sa table en marqueterie.................. 600

Dans une pièce à gauche :

37. Une table ronde en porcelaine de Sèvres partagée en six cartels pastorales et ayant un tableau en émail au milieu
    rep. un concert dans le sérail, le tout porté sur un pied en forme de gueridon de bois de Chine, orné de bronze
    doré.............. 8 000
38. Un vase de porphire sur son pied de granite orné de bronze doré d'or moulu....................... 2 400
39. Un feu en forme de cassolette et pomme de pin.......................
40. Deux candelabres à trois branches en cassolette soutenues par un trépied..........................
41. Huit bras dorés d'or moulu, composés de huit branches de roses nouées par un ruban.......................

Dans un cabinet :

42. Un buste de marbre représentant la feue femme Dubarry sur son pied d'estal en forme de guêne de granite, la
    base et le chapiteau en gruyotte d'Italie........................ 150
43. Quatre tableaux d'histoire, deux de Vien, un de Hallé et le 4e de Vanloo, de dix pieds quarrés.............. 3 600
44. Un lustre de cristal de roche dans le salon, près la machine..........................
45. Une bordure en bois doré de dix pieds de haut sur cinq de large avec son chassis à clef, les ornements en ont
    été soustraits..................... 200
46. Une harpe avec sa robbe en taffetas vert doublée de toile (la dite harpe pretée au C. Couturiez sur son recépissé).. 500
47. Une bordure en bois doré dans les proportions du n° 45 avec son chassis à clef........................ 100
48. Deux vases de porphire [de 3 pieds de haut] de forme antique qui ornaient les deux corniches du peristile du
    pavillon, sur leurs socles, dont un mutilé ; la base de l'un deux est écornée....................... 18 000

Dans un jardin :

49. Une Diane descendant au bain, grandeur naturelle, par Allegrin ..... 22 000 l.
50. Une Vénus se baignant, faisant pendant par le même 18 000
51. Une Minerve assise appuyée sur son bouclier 6 000
52. Un groupe rep. Vénus et l'amour 10 000
53. Une Diane par Coisevox, un peu mutilée 15 000
54. Un vase de forme de candelabre antique orné de bas relief sur son contour et sur son pied triangulaire 1 000
55. Un buste d'Achile [? d'Alexandre] en marbre 300
56. Quatre colonnes en marbre, dont une fracturée 1 200

Dans une chambre à coucher, au premier étage; tableaux :

57. L'amour s'envole, par Vien 1 200
58. La marchande d'amour, id 1 000
59. La cruche cassée de De Greuze; la bordure fracturée 2 400
60. Fêtes de baccantes par Pierre 600
60 *bis*. Une commode enrichie de tableaux d'émail, et de bronzes dorés d'or moulu et cizelés précieusement avec sa table en marbre blanc .....
61. Une commode en vieux lacque avec son marbre .....
61 *bis*. Une pastorale de Boucher 600
62. Le someil de l'enfant Jesus, extrait dans la Chapelle 100
62 *bis*. Un paysage de Wirnanse(?) 50
63. Le reveil de l'enfant Jesus, extrait dans la Chapelle 100
64. Une ébauche de la Dubarry, extrait pour la toile et le chassis 24
65. Un portrait de femme dans son cadre doré d'or et sculpté 24
66. Un mauvais portrait de Louis quinze dans sa bordure dorée 3
67. Un portrait sans bordure d'un ancien chevalier français 18
68. Un enfant jouant du tambourin, au pastel, sous verre dans sa cage de bois doré 30
69. Une jeune fille jouant du triangle, id 30
70. Un tableau sur bois dans sa bordure sculptée et dorée, rep. Louis 15 dans son enfance 15
71. Une gouache dans son cadre de bois noirci et doré 12
72. Le portrait de la C. Le Brun, gravé, dans son cadre de bois doré sous verre 6
73. Un portrait sans bordure rep. une jeune fille 6
74. Un portrait d'enfant tenant une pomme dans son cadre de bois doré 15
75. Un clavecin 100
76. Une machine électrique dans sa boëte 250
77. Une grande table en bois d'accajou et deux allonges qui forment une table ronde 600
78. Six morceaux d'agathe. — Une cornaline à pans, loupes de 18 lignes sur 12, écornée. — Une Id. de 14 sur 10. — Une Id. ovale de 26 sur 13. — Une Idem de 20 sur 14. — Une Idem de 18 sur 14. — Une agathe taillée en tête de nègre, coiffée et sculptée 250
    Un télescope dans sa boëte avec son pied 2 000
79. Un tableau de feodalité représen[t] l'intérieur de la Chapelle, où l'on voit la famille du cidevant. Suite (?), esquise à l'huile 6
80. Un tableau oval représentant un enfant 3
81. Trois desseins (*sic*) de porte rep. des environs de Versailles, sur chassis 40
82. Un Idem sans chassis .....
83. Un dessein au lavis, par Moreau le Jeune, représentant une fête à Louveciennes 3
84. Une estampe représentant La Roucourt dans son cadre sculpté et doré 20
85. Un dessein au lavis représen[t] un vaisseau 25
86. Un petit tableau peint sur toile par Casanove représentant un pâtre avec des animaux ; 20 po. de l. sur 1 pi. de large 30
87. Un tableau peint sur bois 3 pi. de long sur 2 pi. de haut 40
88. Deux troncs de colonnes canelées 60
89. Quelques tablettes de marbre blanc, estimées 200

[5 août 1794.]

COMMISSION TEMPORAIRE
DES ARTS [1]   LIBERTÉ, ÉGALITÉ, FRATERNITÉ

Extrait du Registre des Délibérations de la Commission temporaire des Arts, adjointe au Comité d'Instruction publique.

Ce 15 Messidor, An deuxième de la Republique françoise une et indivisible.

Le citoyen Laumont fait part a la Commission temporaire des Arts que pour ne pas retarder la vente des objets de la Du Barry et pour éviter les frais dispendieux que le deballage et le remballage de ces objets a Louveciennes occasionneraient nécessairement, La Commission des revenus nationaux vient d'engager la Commission de Commerce et des approvisionnements a donner les ordres nécessaires, pour faire transporter sur le champ à Paris les ballots d'objets réservés par le Citoyen Morice, son agent, que ce moyen rendra facile la vérification que la Commission temporaire des Arts désire. La Commission arrête que les Commissaires déjà nommés pour cet objet, Varon, Picault, Richard et Besson se rendront au lieu où les ballots arriveront, et sont autorisés a faire ouvrir ceux qui d'après l'inspection des inventaires et factures, leur paraitront renfermer des objets dignes d'être réservés par eux. Ils s'adjoindront pour cette opération quelques Membres de la Commission des Arts de Versailles.

Pour Copie conforme, à Paris ce 15 Messidor, An 2 de la Republique une et indivisible.

Le Président de la Commission temporaire des Arts,
Signé : MATHIEU, Député.

Pour copie conforme,
DAMARIN.

A Paris, le 9 Thermidor.

LIBERTÉ, ÉGALITÉ

L'an second de la République une et indivisible, le neuf thermidor, en conséquence des explications et de l'avis donné au citoyen Morice, agent de la Commission de Commerce et approvisionnement de la Republique et chargé des extractions chez la Du Barri, à Louveciennes, nous soussignés Membres de la Commission temporaire unis aux Artistes de Versailles, nous sommes transportés au Dépôt du cidevant hotel Toulouze, Rüe du Cherche-Mdi, ou le citoyen Morice s'étant trouvé, après exhibition des pouvoirs, il a été procédé a l'ouverture d'une caisse contenant un feu doré d'or moulu représentant cerf et sanglier très précieusement cizelé porté aux Procès Verbaux de la Commission des Arts de Versailles Art. 10 ; examiné de nouveau, il a été décidé qu'il serait réservé, en conséquence mis à part. Cet objet précieux de travail, est estimé dans l'état dressé par le citoyen Morice à la somme de quatre mille Livres.

Une seconde caisse ouverte après avoir été annoncée pour contenir une comode enrichie de bronzes et tableaux médaillons en porcelaine peints d'après Boucher et portée aux Proces Verbaux suscités et dans celui du District sous le n° 60 est estimée en l'état du citoyen Morice à six mille Livres examinée de nouveau, on décide la réserve, et cette pièce reemballée est également mise à part avec le feu.

Ayant pris lecture de l'etat de factures dressé par le citoyen Morice de la partie de mobilier qu'il a extrait de ché la Du Barri, nous nous sommes conformés à l'invitation a nous faite par le citoyen Lindet, Membre du Comité du Salut public, d'être très réservé dans le choix des objets a conserver pour l'Instruction publique vû les échanges favorables que la Republique en fait avec l'etranger. En conséquence nous nous sommes bornés a reserver seulement les deux objets mentionnés aux Procès Verbaux de la Commission des Monuments, dans celui des Commissaires du District de Versailles, et par suite réunis aux membres de la Commission temporaire des Arts adjointe au Comité d'Instruction publique. Le présent Procès Verbal sera remis à la Commission temporaire des Arts, et nous avons signé le présent avec le citoyen Hivonet, gardien responsable, le citoyen Morice, les Commissaires temporaires et les Commissaires du District de Versailles.

Signés : BESSON, PICAULT, LANGLIER, LAUZAN, HIVONET, MORICE ET DAMARIN.

Pour copie conforme,
DAMARIN.

COMMISSION TEMPORAIRE
DES ARTS   LIBERTÉ, ÉGALITÉ, FRATERNITÉ

Extrait du Registre des Délibérations de la Commission temporaire des Arts, adjointe au Comité d'Instruction publique.

Ce 15 Thermidor, An Deuxième de la Republique françoise une et indivisible.

Les Commissaires Artistes de Versailles annoncent qu'en vertu de l'arrêté de la Commission temporaire des Arts en datte du 15 Messidor ils se sont rendus le huit de ce mois au lieu ou les objets précieux extraits de chés La Du Barry par le citoyen

_____
1. Archives du Louvre, Z 3 E. Inventaires.

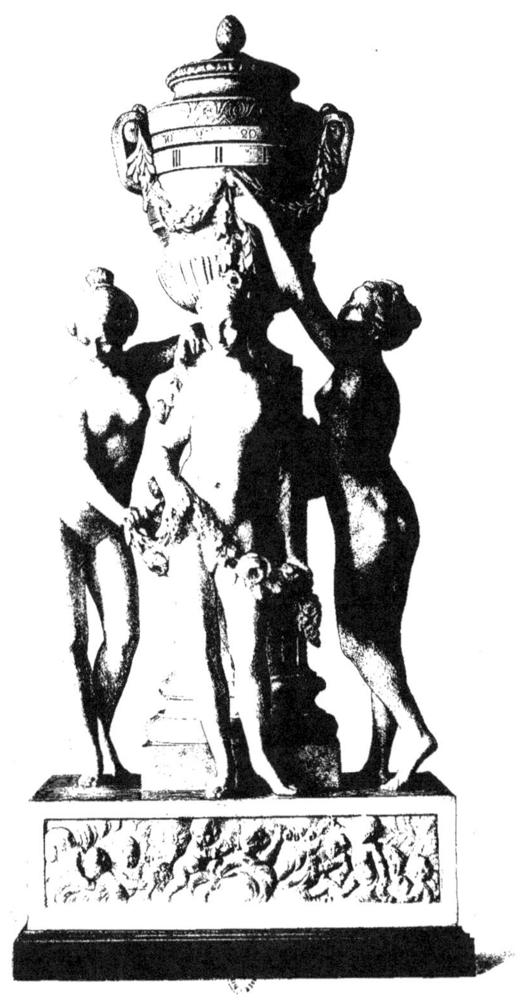

PENDULE EN MARBRE BLANC

LES TROIS GRACES PAR FALCONET

(Collection de M. le Comte I. de Camondo)

Morice avaient été déposés. Ils remettent sur le Bureau le Procès Verbal des Articles qui ont été mis en réserve, et qui consistent en un feu doré d'or moulu d'un fini très précieux et en une comode enrichie de bronze et de cinq tableaux médaillons en porcelaine de Sèvres. Ils demandent s'il ne serait pas convenable que ces objets soient réintégrés dans le Dépôt national ou sont reünis tous les effets provenant de la maison Du Barri. Cette demande est accordée.

Extrait conforme.

A Paris, le 17 Thermidor, l'an 2 de la République une et indivisible.

Le Représentant du Peuple, Président de la Commission temporaire des Arts,

Signé MATHIEU.

Pour copie conforme,

DAMARIN.

[23 janvier 1795.]

DÉPÔT
DE VERSAILLES [1] LIBERTÉ, ÉGALITÉ

L'An troisième de la République une et indivisible, le vingt neuf nivose, Nous Commissaires du District nommés pour assister aux opérations confiées aux citoyens Honoré Florentin, demeurant à Paris, rüe du Puits nᵒ 10, assisté du cit. Le Vigneur, demeurant également à Paris, rue Bailleul, tous deux revetus de pouvoirs, le premier de la Commission des revenus nationnaux ; le second, de celle du commerce et approvisionnement, à l'effet de se transporter à Versailles pour extraire des dépôts du district les objets qui, sans être nécessaires à l'Instruction Publique seront jugés propres aux échanges d'après l'avis des membres de la Commission temporaire des Arts unis pour cette opération au citoyen Langlier, Commissaire Artiste du District de Versailles, chargé de déterminer avec les citoyens Riesner, Julliot et Lignereux, Commissaires estimateurs de Paris, la valeur des objets précieux extraits pour les échanges; le citoyen Damarin a été nommé par les Administrations, pour la réduction des Procès verbaux. Tous les pouvoirs des différents Commissaires visés par les Corps administratifs. L'Inventaire d'objets précieux propres aux échanges, provenant du mobilier de la condamné Dubarry à Louveciennes a été fait et rédigé dans les termes suivants :

Nᵒ 1 (Voyez la première observation à la cloture du présent Procès Verbal). — Un feu rep. un sujet de chasse avec cerfs et sangliers de ronds de bosses sur des rochers, sur le recouvrement sont divers gibiers, et attributs de chasses enlassés de branchages de chênes et bas-reliefs d'oiseaux morts, à têtes et pattes de chiens servant de consolles, à frises de lievres, couronnes de chênes, guirlandes et graines de lauriers, le tout en bronze, supérieurement cizelé et doré au mat de 17 po. 1/2 de h. sur 21 po. de face, neuf mille livres. . . . .   9 000 l.

Nᵒ 2. — Une commode en bois satiné blanc sur quatre pieds à consolles ouvrant à 3 portes sur le devant et deux tiroirs à cinq tableaux de porcelaine de Sèvres dont les trois paneaux de face sont d'après Patere et représentent des sujets champêtres, ceux des côtés représentent l'un d'un côté la comédie et l'autre la trajédie d'après Vanloo le tout encadré de frises, cariatides, agruphes (*sic*) en sphinx, le cul de lampe orné de têtes de lions, le tout en bronze doré au mat, le dessus en marbre blanc de deux pieds huit po. de h., 3 pi. et 1/2 de face sur 18 po. de profondeur, dix huit mille livres. 18 000

Nᵒ 3 (Voyez la seconde observation à la cloture du présent Procès Verbal). — Une table à thé sur bois d'accajou orné de bronze ciselé et doré au mat ainsi que la galerie, le dessus composé de 7 tableaux en porcelaine de Seves dont six rep. des sujets champêtres à entourage de guirlandes de fleurs et le milieu un concert turq d'après Carl Vanloo encadrée en argent doré, vingt quatre mille livres.   24 000

Nᵒ 4 (Voyez la troisième observation à la fin du présent Procès Verbal). — Un tableau peint sur toile rep. une pastorale par F. Boucher de 36 po. de h. sur 24 de larg. deux cent quarante livres, ci.   240

Nᵒ 5. — Deux tableaux ovals peints par Drouet rep. un petit garçon et une petite fille jouants avec un chat et avec un chien, haut. 20 po. larg. 16 po., cent cinquante livres   150

Nᵒ 6. — Un tableau peint sur toile par Robert rep. une esquisse de la messe de 14 po. de h. sur 16 de la., quarante huit livres, ci.   48

Nᵒ 7. — Un tableau sur toile par Winache et fig. de Lingelbac, 24 po. de h. sur 18 de large, cent cinquante liv., ci.   150

Nᵒ 8. — Deux pastels d'après Drouet l'un rep. un jeune garçon jouant du tambour de basque, l'autre une jeune fille jouant du triangle, 25 po. de h. sur 21 de large, cinquante livres.   50

Nᵒ 9. — Un tableau représentant un enfant tenant une pomme, peint par Drouet, 20 po. de h. 18 po. de large, soixante livres   60

                                                                                                          51 698

1. Archives du Louvre.

Première observation. — La sollicitude des Commissaires artistes leur fait désirer la Conservation dans les Dépôts de la République d'un feu extrait de ce mobilier. Il est peut-être l'objet le plus fini, le plus délicatement exécuté en bronze que la cizelure ait encor produite. L'orfevrerie a pu présenter des morceaux aussi légèrement évidés, mais le bronze ici joint au même succès une difficulté d'exécution incroyable. Cet objet doit autant être conservé par motif d'emulation que d'attrait afin d'employer l'art et faire multiplier les morceaux de ce genre.

Seconde observation. — La table ronde plaquée de porcelaine existante au Dépôt National de Versailles est un morceau précieux pour l'histoire de cet art en France. En vain le gout severe de la peinture voudrait en dépriser le décor, le genre et l'habileté de peindre. Cette table n'en est pas moins le morceau le plus hardi et le plus parfait qu'on ait produit en porcelaine fritée. On s'est servi de comparaison pour diminuer le mérite de cette table ; les différents morceaux qui la composent n'ont pas semblé présenter un volume, une masse aussi apparente que des vases exécutés à Sèvres par les ordres du Sieur Parent, et l'on a conclu que ces Vases en imposoient davantage, qu'ils étaient une bien autre production de l'Art. Cette comparaison n'a pu arrêter les personnes au fait de la fabrication de porcelaine. Les vases dont il est question ont été composés avec les matières naturelles que fourni le territoire du Limouzin, ou l'on a découvert la vraie porcelaine sur les descriptions que le Père d'Entrecolles avait envoyées de la Chine aux chimistes françois. Ces vases pour être d'une matière plus solide servent bien plus a estimer la table qu'a la déprécier selon l'inadvertance de certain estimateur. En effet la difficulté de faire cuir en blanc des plateaux aussi grands et aussi beaux de porcelaine singulièrement fondante, puisqu'elle n'est qu'une demie vitrification rendue opaque avec des craies et des marnes, est un mérite du a l'habileté de plusieurs artistes qui n'existent plus. Il y a plus de présomption pour la réussite des objets creux et tournés dans cette porcelaine que pour des plaques à même de voiler et de devenir gauchies par un millier d'incident que la précaution ne peut pas éviter : sur douze à vingt plaques mises a la cuisson on peut en retirer trois ou quatre passables. Qu'elle dépense n'a t'on pas du faire pour la collection seulement brute de la table dont il s'agit ?

L'entreprise de la peindre ou de la décorer en couleurs embarasse l'idée qu'on peut se faire d'un heureux succès. Cette porcelaine reçoit un autre feu que le feu de mouffle, dont le dégré convenable tient au hazard d'une minutte. — C'est en ceci qu'on ne peut imaginer les répétitions a faire de morceaux qui manquent sans cesse, pour arriver enfin a une collection aussi belle qu'uniforme. Il est de fait et prouvé par les manipulations de porcelaine que le résultat discuté ici est le dernier effort de l'Art et de la difficulté vaincue au prix d'une patience et d'une dépense infinie.

On osera avancer que Sèvres existe encore et que cette table quoiqu'unique pourrait s'y répéter. Cette assertion est insidieuse. On ne fait plus à Sèvres de morceaux d'aussi grand luxe et les talents manqueraient pour peu qu'on voulut le tenter. Genest ne vit plus. C'est lui qui a peint le grand tableau de la table et quoique foible d'effet, c'est cependant le plus grand et le mieux réussi en émail qu'on ait fait jusqu'a présent. On invoque donc la sagesse de la Commission temporaire des Arts de laisser subsister en France une sorte de chef-d'œuvre qui convient absolument a l'histoire de la fabrication de la porcelaine. C'est sous cet aspect qu'il faut juger la table contestée, telle réclamation que pourrait faire un gout étranger, telle rigide que semblerait être la pratique des tableaux a l'huile poussés a l'effet par le sentiment ou le tems.

Troisième observation. — On doit également conserver un tableau pastoral de Boucher par la raison qu'il est d'une valeur supérieure au taux fixé pour les échanges.

Ce fait et ne s'étant plus rien trouvé à comprendre au présent procès-verbal des effets propres aux échanges et a l'exportation provenant du mobilier de la femme Dubarry à Louveciennes, le citoyen Le Vigneur en sa qualité d'agent de la Commission de Commerce et approvisionnements de la République, s'en est chargé après que les dits effets ont été prisés et étiquetés et les a fait transporter successivement en la Maison nationale du garde-meuble sous l'inspection du citoyen Vienne, établi gardien à cet effet ; au moyen de quoi l'administration du District, responsable des dits effets envers la Nation aux termes des lois, en est quitte et déchargée au nom du Gouvernement et par l'effet des pleins pouvoirs délégués audit citoyen Le Vigneur par suitte au citoyen Lemariez artiste et gardien du dépôt national et tous les artistes ses collegues et demeurent quittes de toutes responsabilités secondaires conformément aux obligations qui leurs sont attribués. En foi de quoi ont signé avec les citoyens commissaires de la commission des Domaines de commerce et approvisionnements de la République le Commissaire du District, les Commissaires estimateurs nommés par le Bureau du Domaine National du Departement de Paris, ledit citoyen Vienne, les citoyens commissaires artistes et gardien du Dépôt National et le citoyen Damarin.

Levigneur ; Florentin ; Lenglier.   Julliot ; Vienne ; Riesener.   Lignereux ; Damarin.

[Versailles, 29 nivôse.]

Extrait du Procès Verbal dressé par les Commissaires de la Commission des revenus Nationaux préposés aux Echanges.

N° 1er. — Un feu rep. un sujet de chasse avec cerfs et sangliers de ronds de bosses sur des rochers, sur le recouvrement sont divers gibiers et attributs de chasse enlassés de branchages de chene et bas reliefs d'oiseaux morts, a têtes et pattes de chien servant de consolles, a frises de lierre, couronnes de chênes, guirlandes et graines de lauriers, le tout en bronze supérieurement cizelé et doré au mat, de 15 po. 1/2 de haut sur 21 de face.

Nᵒ 2. — Une commode en bois satiné blanc sur quatre pieds a consolles ouvrans a 3 portes sur le devant et deux tiroirs a cinq tableaux de porcelaine de Sèvres, dont les trois panneaux de face sont d'après Patere et représentent des sujets champêtres, ceux des cotés représentent, l'un, d'un coté la Comédie, et l'autre la Trajédie d'après Vanloo. Le tout encadré de frises, cariatides, agraphes en sphinx, le cul-de-lampe orné de têtes de lions. Le tout en bronze doré au mat, le dessus en marbre blanc, de deux pieds 8 po. de haut, 3 pieds et demi de face sur 18 de profondeur.

Nᵒ 3. — Une table a thé sur bois d'accajou orné de bronze cizelé et doré au mat ainsi que la galerie ; le dessus composé de sept tableaux en porcelaine de Sèvres dont six représentent des sujets champêtres a entourage de guirlandes de fleurs, et le milieu un concert turc d'après Carles Vanloo, encadré en argent doré.

Pour extrait conforme.....

Des monuments mentionnés dans ces divers documents de la période révolutionnaire, la plupart existent encore aujourd'hui ; quelques tableaux tels que la *Cruche cassée*, de Greuze, quelques sculptures telles que le buste de Mᵐᵉ Du Barry, par Pajou, que la *Vestale sacrifiant*, peut-être de Vassé, l'*Enlèvement d'Hélène*, l'*Apollon du Belvédère*, la *Vénus Callipyge*, le *Louis XV porté sur un pavois*, appartiennent encore au Louvre ; beaucoup d'autres ont été aliénés : la belle commode en laque est, si je ne me trompe, en Angleterre ; quant à la commode en porcelaine de Sèvres et au guéridon en même matière, ils font tous les deux partie de collections parisiennes. La chose est d'autant plus regrettable que dans la série des meubles ainsi décorés — on peut discuter assurément sur l'utilité de l'emploi de la porcelaine de Sèvres dans le mobilier — ce sont des chefs-d'œuvres dont la place aurait été au Louvre : la Commission des échanges ne crut pas devoir les sauvegarder. Le beau feu de bronze doré, œuvre de Gouthière, a été relativement plus heureux ; mais si la France le possède encore, s'il est déposé au Musée du Garde-Meuble, dans quel état y est-il parvenu ? Distrait des collections que la Convention avait créées pour l'instruction nationale, il lui fallut, peu d'années après la Révolution, reprendre le chemin du Palais des Consuls, c'est-à-dire des Tuileries, où il fut très fortement endommagé par le feu, en 1871. Reste à savoir combien de fois, entre le commencement de ce siècle et la date où ces chenets ont été exhumés des ruines des Tuileries, ils ont été nettoyés et redorés. J'imagine qu'ils l'ont été au moins autant de fois que la France a changé de régime ; en sorte que ces merveilles, destinées par la Convention à un but d'enseignement, ont été détournées de leur destination pour flatter l'amour-propre des différents souverains que les hasards de la politique ont amené au pouvoir pour les en faire descendre bientôt après. Sans compter qu'entre temps ces merveilles ont été très probablement surmoulées, car il en existe un second exemplaire, de moindres proportions dans le même Musée du Garde-Meuble. On pourra s'assurer, par la reproduction qui en est donnée sur notre planche XVII, si les éloges qu'on décernait à ces beaux bronzes étaient exagérés. A coup sûr, l'œuvre de Gouthière méritait d'entrer au Muséum, comme elle mérite encore d'entrer au Louvre, d'où elle a été indûment distraite. Si je m'arrête un instant sur ces bronzes, c'est qu'on ne peut citer exemple plus topique du mauvais usage que les gouvernements qui se sont succédé, depuis le Consulat, en France, ont fait des richesses que la Convention avait reconquises pour la Nation. Il est inconcevable que dans un pays qui se pique d'avoir du goût pour les arts, on ait détruit et laissé détruire tant de choses, la Révolution une fois passée. Les destructions, les ventes faites pendant la Révolution avaient une excuse. Si les gouvernements qui ont suivi cet événement voulaient être fastueux, ils n'avaient qu'à agir comme l'ancien régime et à se faire créer un mobilier. Au lieu de cela, ils ont mieux aimé se parer des défroques du passé et anéantir petit à petit un patrimoine artistique qu'ils ont été impuissants à augmenter. L'histoire les traitera de sauvages et de vandales, et l'histoire aura raison. Mais, comme toujours, les regrets qu'elle exprimera seront platoniques parce que le jour où elle forcera à écouter sa voix et où tout le monde trouvera qu'elle a raison, les éditeurs responsables de ce désastre seront depuis longtemps tombés dans l'oubli.

Gouthière semble avoir été le ciseleur attitré de Mme du Barry. Malgré toutes les recherches auxquelles on s'est livré à son endroit, sa biographie est encore peu connue ; cependant les travaux du baron Davillier [1], les textes publiés par Vatel [2], par M. Guiffrey [3] et par M. Bapst [4] nous renseignent sur quelques-uns de ses principaux travaux. Il naquit probablement vers 1740 ; en 1766, il était déjà connu comme ciseleur, ainsi que l'atteste un dessin de vase de la collection de M. Natalis Rondot qui porte la mention : *Le Barbier del. 1766 ; exécuté par Gouthière.* Il fallait que sa réputation fût tout à fait établie pour qu'il fût employé par la favorite. De 1771 à 1773, il a exécuté une quantité de travaux pour elle : les bronzes des cheminées de Louveciennes, les bras, les espagnolettes étaient ciselés par lui d'après les dessins de Le Doux, mais, dans un grand nombre de cas, il a dû travailler d'après ses propres dessins et ceux de Jean-Denis Dugourc, décorateur et architecte de Monsieur, frère du roi. Gouthière, célèbre surtout par les travaux faits pour Mme Du Barry, continua à créer des merveilles sous Louis XVI, et, en 1788, il faisait des pendules pour le roi d'Espagne. Entre temps d'ailleurs, notre artiste, qui dès 1771 prend le titre de « doreur et ciseleur du roi », travaillait d'après les modèles d'autres sculpteurs, de Boizot notamment, témoin cette pendule de la collection Wallace, à Londres, qui porte l'inscription suivante : « *Boizot fils sculpsit et exécuté par Gouthière cizeleur et doreur du roy. A Paris, Quay Pelletier, à la Boucle d'or 1771.* » Vatel a donné [5] une partie des mémoires des fournitures de Gouthière pour le pavillon de Louveciennes ; on les trouvera ici, car je juge utile de les reproduire pour montrer avec quelle conscience étaient faits ses travaux et le soin apporté dans toutes les parties de la construction de ce château [6]. C'est surtout dans le *Catalogue* de la vente

1. *Le Cabinet du duc d'Aumont*, pp. xiii et suiv.
2. *Histoire de Mme Du Barry*, t. II, p. 429 et suiv.
3. *Les Caffieri*, pp. 136 et suivantes, *Note sur Pierre Gouthière, ciseleur et doreur du roi.* De cette note fort complète, il résulte que Gouthière a fort peu travaillé pour le roi. En 1772 et en 1773, il exécute des bronzes dorés pour Fontainebleau, et on ne voit reparaître son nom dans les *Comptes* qu'en 1786, date à laquelle il demande des travaux, sans succès du reste. C'est donc surtout pour des amateurs, pour Mme Du Barry et pour le duc d'Aumont, que Gouthière exécuta ses chefs-d'œuvre. En 1773, le duc d'Aumont demanda que Gouthière pût exposer au Salon deux tables de porphyre ornées de bronze doré, tables qui figurent sous le n° 318 dans le *Catalogue* d'Aumont. Cette demande fut d'ailleurs refusée. Les documents les plus intéressants, publiés par M. Guiffrey, ont trait à la succession du duc d'Aumont et contiennent des renseignements du plus haut intérêt sur Gouthière et ses travaux.
4. *Les Germain*, p. 212 et suiv.
5. *Histoire de Mme Du Barry*, t. II, p. 429.
6. « *Salon oval. Esquisses et modèles des bras à roses.* Pour tous les divers modèles des roses et boutons de roses de différentes grosseurs et variétés, avec leurs feuilles et branchages, tant de roses que de mirthe, et nœuds de rubans, tous lesquels modèles ont été faits en cire, et finis, chacun séparément, avec la plus grande sujétion, estimés ensemble à : la somme de..... — *Modèles de la cheminée.* Pour les modèles de la moulure du dessus de la tablette, avoir poussé cette moulure en bois de deux pieds de longueur sur laquelle on a modelé en cire des feuilles d'ornements et feuilles d'eau, le tout estimé à la somme de..... — *Modèles en dedans de la cheminée.* Pour le modèle du trépied décoré de deux têtes de bouc, d'une guirlande de vigne et deux chûtes, d'un bandeau avec des cœurs entrelassés, d'un vase isolé dans le trépied, le vase décoré d'une flamme et d'une moulure sur laquelle la flamme est posée, ladite moulure taillée en rez-de-cœur de graines. Plus une seconde moulure sur la gorge, taillée en oves et dards, une branche de vignes tournant dans la gorge du vase, un culot en feuilles d'eau et coque d'ornement, d'où sort une tige portant une fleur, un bouton à graine d'où sort le tyrse, une pomme de pin et au milieu un serpent. Plus un montant du trépied fait en bois. Tous lesquels modèles en moulure estimés en totalité à la somme de..... — *Modèle du bouton de la croisée.* Pour avoir fait un bouton en bois, avoir modelé en cire une couronne de roses, ornée du chiffre de Madame, d'un chapelet et d'une fleur de soleil, qui sert de rosette pour le bouton, une plaque et des graines sur quoi le soleil est posé, le tout estimé à la somme de..... — *Modèles de l'espagnolette.* Pour une poignée en bois évidé à jour en forme de lyre, sur laquelle on a fait des graines de chapelet des deux côtés ; pour un autre modèle en bois pour la poignée ; avoir modelé sur les boutons une branche de roses faisant tout le tour du dessin, lequel bouton est décoré au chiffre de Madame au milieu. Plus pour avoir modelé une branche de fleur de lys pour le milieu de la poignée. Pour deux rosettes dont l'une à arrêter le bouton sur la poignée et l'autre à l'arrêter sur l'espagnolette, tous lesquels modèles, tant en bois qu'en cire, sont estimés ensemble à la somme de..... — *Grand salon quarré. Modèles des ornements posés sur la serrure d'une porte.* Pour avoir fait pousser un bout de moulure en bois d'un pied de longueur, l'avoir moulé en sable, fondu en cuivre et limé un rond entre deux quarrés, une doucine de chaque côté, sur les doucines avoir pris une pièce de rez-de-cœur et sur le rond des cœurs entrelassés avec des petites feuilles sur les plattes bandes unies ; le tout fait avec grande sujétion et estimé à la somme de..... Pour un autre modèle pour le verroul posé au bout de la même moulure, avoir fait un bout d'ornement qui pose sur la serrure, lequel porte environ deux pouces de longueur et est décoré d'une petite graine de canneaux, et le bas est orné des mêmes rez-de-cœur que ceux qui sont sur la moulure, tous ces ornements pris sur pièce sur un morceau de cuivre, évalué à la somme de..... Pour avoir fait modeler en cire pour la serrure une arabesque décorée du chiffre de Madame au milieu ; cet ornement portant cinq pouces six lignes de longueur sur deux pouces six lignes de hauteur, estimé à celle de..... Pour avoir moulé en plate ledit ornement, l'avoir fondu en étain et l'avoir bien cizelé, celle de..... Pour avoir fait mouler un pareil arabesque, décoré de semblables ornements pour la serrure posée à la porte de la salle à manger, ledit arabesque portant trois pouces six lignes de longueur sur deux pouces six lignes de hauteur, estimé en totalité à la somme de..... Pour avoir moulé en plate ces arabesques, l'avoir fondu en étain et l'avoir cizelé, celle de..... Pour avoir fait pour la serrure un cadre en bois, cintré des deux bouts, les quatre angles quarrés ; pour l'avoir fait fondre en cuivre, l'avoir bien limé et avoir pris sur la moulure des rez-de-cœur, et sur les angles des chapelets avec une petite branche de mirthe pour l'angle, tous les dits ornements pris sur pièce et estimés ensemble à celle de..... Pour avoir tourné en bois un bouton sur lequel on a modelé en cire une tête de soleil avec des rayons et à l'entour des narcelles, le tout évalué à celle de..... Pour avoir monté les boutons et avoir tiré les cires d'épaisseur, la somme de..... Pour un second modèle de petit bouton pour ouvrir la serrure. Ce modèle est à (fleurs) [rayé au crayon] feuilles de soleil et est estimé à celle de..... — *Salon à cul-de-four. Exécution de six boutons avec leurs plaques et soleils.* Pour avoir fondu en cuivre six boutons avec leurs plaques et soleils ; pour cizelure de chaque bouton orné du chiffre de Madame, couronne de myrthe et baguettes à rubans ; tous les dits ornements évidés à jour avec sujétion, les fonds des boutons évidés avec chaque plaque à chapelets et leurs soleils, le tout bien cizelé, chaque bouton avec les plaques évalué à..... fait pour les six boutons la somme de..... — *Salle à manger.* Pour avoir fait un modèle de demi-lustre à quatre bobèches, en avoir exécuté quatre en bronze sur le même modèle avec tous les suports de cristaux soudés en soudure forte et

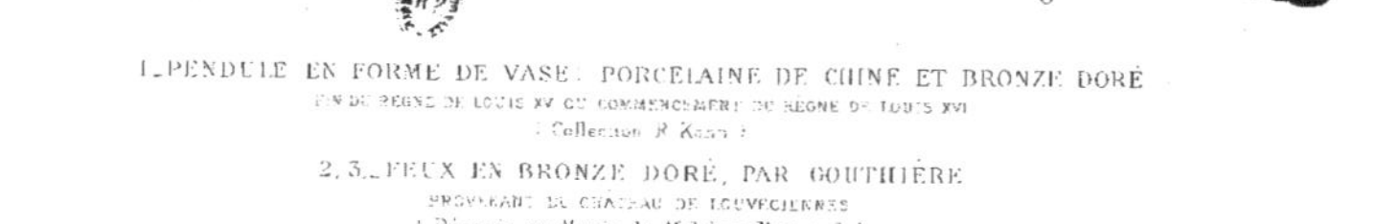

1.—PENDULE EN FORME DE VASE, PORCELAINE DE CHINE ET BRONZE DORÉ
FIN DU RÈGNE DE LOUIS XV OU COMMENCEMENT DU RÈGNE DE LOUIS XVI
(Collection R. Kann)

2, 3.—FEUX EN BRONZE DORÉ, PAR GOUTHIÈRE
PROVENANT DU CHÂTEAU DE LOUVECIENNES
(Déposés au Musée du Mobilier National)

du duc d'Aumont[1] qu'il faut étudier Gouthière, car les bronzes de Louveciennes ont pour la plupart disparu, tandis que beaucoup des beaux objets exécutés pour le riche amateur sont encore conservés aujourd'hui soit dans des collections publiques, soit dans des collections privées. Sur nos planches, on pourra du reste se rendre compte des mérites de Gouthière, soit en examinant les feux de Louveciennes (planche XVII, nos 2 et 3), soit les beaux bras qui font partie de la collection de M. le comte I. de Camondo (planche XVIII, no 4), soit les bronzes de la commode en acajou, de la même collection, figurée sur la planche XX (no 2), ou enfin l'admirable console en marbre bleu turquin décorée de bronzes, qui est en la possession de M. le comte de Castellane (planche XXI, no 2). Cette dernière pièce présente une très grande analogie avec la table en porphyre décrite et figurée sous le no 318 dans le *Catalogue* du duc d'Aumont, table qui date de 1773, puisque, d'après un document publié par M. Guiffrey, que j'ai cité plus haut[2], le duc aurait désiré que ces œuvres somptueuses fussent exposées au Salon de cette année[3]. Cette table, qui présente, au point de vue du parti pris de la décoration, la plus grande analogie avec la console de M. le comte de Castellane, a, d'ailleurs, sous le rapport de l'histoire de l'art, une très grande importance, car elle nous fournit un exemple daté des imitations du style égyptien déjà très nombreuses dans la décoration intérieure et le mobilier à la fin du règne de Louis XV. Les pieds se terminent par une sorte de chapiteau composé de têtes de sphinx adossés, le tout exécuté avec cette sécheresse et cette précision qu'on considère, souvent à tort, comme caractéristique des bronzes ciselés sous Louis XVI. Cette sécheresse, assurément, on la retrouve à un certain degré dans les bronzes de Gouthière, mais c'est précisément au trop grand luxe, au trop grand raffinement déployé dans la facture des bronzes de Louveciennes qu'il faut peut-être attribuer

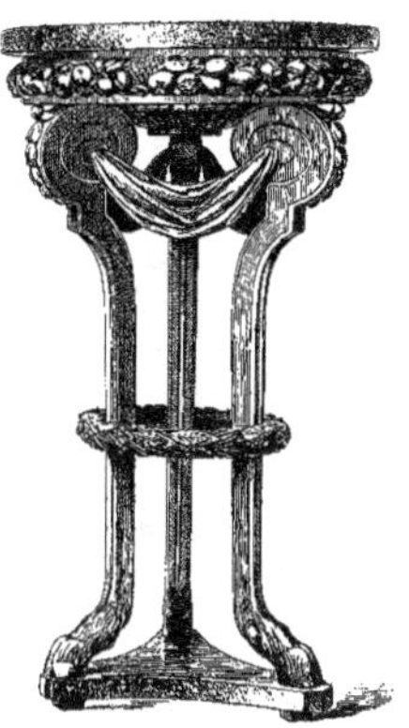

GUÉRIDON EN MARBRE ET EN BOIS DORÉ
Fin du règne de Louis XV
Vente Randon de Boisset, février 1777, no 823
(Ancienne collection Armaillé)

tarodés à visses avec écroux, toutes les carcasses bien montées, chacun de ces demi lustres estimé, y compris modèles, bronze, monture, limure, argenture, fourniture de cristaux et tous les frais des coupures desdits cristaux pour les demi vases, pendeloques, autres pièces bien repolies et posage des cristaux, à la somme de..... Ce qui revient pour les quatre demi-lustres à celle de..... — *Supplément. Pour les anciens appartemens du château.* Avoir fourni une paire de bras composé de trois branches de lys, autres fleurs et nœuds de rubans, deux des branches lys servant de bobêches, estimé en totalité, y compris bronze, cizelure, monture et dorure en or matte, à la somme de..... Pour la salle à manger avoir fourni un feu à enfants estimé, y compris les fers, à celle de..... Pour deux garnitures de fortes pelles, pincettes et tenailles garnies de leurs boutons en bronze cizelé et doré d'or moulu, chaque garniture évaluée à la somme de..... Les deux reviennent à celle de..... — *Frais extraordinaires.* Pour dépenses faites en journées et nourriture d'ouvriers, employés avant et après le premier souper qui a été donné au pavillon de Louveciennes, le 4 septembre 1771. Savoir : Au sieur Verheym 23 journées à 5 l., 115 l. Au sieur Francfort 8 journées à 5 l., 40 l. A deux autres ouvriers 37 journées à 3 l., 111 l. Total, 266 l. Pour 37 voyages de brancart de transport d'ouvrages à 12 l. par chacun, 444 l. Plus pour 95 voyages, à commencer des premiers ouvrages que Gouthière a eu l'honneur de faire pour le service de Madame, dont l'époque est du 29 juillet 1770, jusqu'au 30 septembre 1772, à raison de 12 l. par chaque voyage, ce qui revient pour les 95 voyages à la somme de 1.140 l. — *Décomposition du mémoire de Gouthière. Salon ovale.* Parties considérées comme mobilier, 27.300 l. Parties considérées comme non mobilier, 13.708. — *Salon quarré.* Partie considérée comme mobilier, 32.000 l. Partie considérée comme non mobilier, 12.706 l. — *Salon cul-de-four.* Partie considérée comme mobilier, 9.900 l. Partie considérée comme non mobilier, 2.424 l. — *Salle à manger.* Partie considérée comme mobilier, 1.340 l. Partie considérée comme non mobilier, 754 l. *Vestibule qui rend à la salle à manger*, 698 l. *Cabinet de garde*, 726 l. Passage de l'antichambre, 9 l. Antichambre de garde-robe, 392 l. Supplément à l'ancien château, 3.102 l. Pour ouvrages des modèles d'orfèvrerie suivant le mémoire, 8.200 l. Frais extraordinaires, 2.159 l. Total, 115.808 l. — Le sieur Gouthière, ciseleur-doreur des menus-plaisirs du roi. — Son premier mémoire qui comprend tous les ouvrages de bronze, cizelure et dorure par lui faits dans le nouveau pavillon de Luciennes, monte à 134.218 l. 8 sols 4 deniers et a été réglé par M. Roettiers père 99.298 l. L'autre qui comprend différens modèles et orfèvreries faites pour l'usage particulier de Madame la Comtesse, et aussi pour argenture, réparations et reposage dans les pièces dudit pavillon, montant à 14.000 l. 10 sols, réglé de même à 13.200 l. Plus il demande une indemnité à cause des intérêts des grosses avances qu'il a faites, Mémoire. Total, 112.498 l. Sur quoi il a reçu jusques et compris le 16 août 1773, 98.000 l. Reste dû, 14.498 l. Indépendamment de l'indemnité ci-dessus demandée,... Mémoire. — Le 29 décembre 1773, il a été expédié un mandement sur M. Beaujon de 14.498 l. pour solde, et remis le 31 dudit à M. Gouthière. »

1. Réimprimé avec des notes par le baron Charles Davillier, 1870, in-8°.
2. Voyez plus haut, p. 184, note 3.
3. Guiffrey, *Les Caffieri*, p. 156 : « Pierre, premier peintre du roy, adresse à M. le Directeur un mémoire présenté par M. le duc d'Aumont qui désireroit que le nommé Goutières, doreur et cizeleur du roi et des Menus Plaisirs, pût exposer au Salon deux tables de porphyre qu'il a faites et qui peuvent faire honneur à son talent. — M. Pierre, en qualité de premier peintre, répond que les seuls membres de l'Académie ont droit d'exposer leurs ouvrages au Salon ; d'où néant à la demande du sieur Goutières, 4 septembre 1773. » (Archives Nationales, O¹ 1024, f° 225.) — La demande du duc d'Aumont prouvait, du reste, qu'il ignorait les règlements des salons.

la préciosité de ces œuvres, qui ressemblent plus à de la bijouterie qu'à du bronze doré. Mais à côté de cette sécheresse et cette précision trop grande, on ne saurait trop louer chez Gouthière la grâce des compositions, que l'artiste en ait lui-même dessiné les modèles ou qu'il ait exécuté ses œuvres d'après les dessins d'architectes tels que Le Doux ou Dugourc.

Que Gouthière ait créé les bronzes de certains meubles de la fin du règne de Louis XV ou du commencement du règne de Louis XVI, la chose est vraisemblable, mais, je le répète, nous n'avons à ce sujet aucun renseignement certain. Ce qu'on peut affirmer par le *Catalogue* de la collection du duc d'Aumont, document auquel il faut toujours recourir en la matière, c'est que nous possédons encore aujourd'hui beaucoup de vases montés en bronze par Gouthière; et, par comparaison,

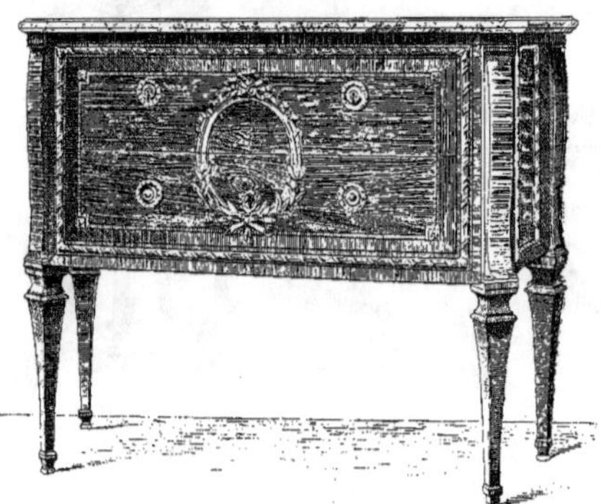

l'attribution au maître de bras de lumière tels que ceux que reproduit notre planche XVIII, appartenant à M. le comte I. de Camondo, tels que ceux que possède le Musée de South Kensington et dont la gravure se trouve p. 172, est absolument certaine. On retrouve dans ces pièces tout le faire délicat et précieux, tout le maniérisme apporté à la traduction d'un modèle imité vaguement de l'antique qui caractérise les œuvres de Gouthière, au sujet de l'authenticité desquelles aucune discussion n'est possible. Ces bras de lumière sont exécutés avec tant de soin, tant de délicatesse qu'on les croirait d'or et non de bronze, et c'est en effet l'éloge qu'on en faisait au XVIIIe siècle : le sculpteur, le ciseleur y devient

parfait orfèvre. Dans les mobiliers somptueux et délicatement conçus de cette époque à jamais abolie, c'est bien ce style antique, mitigé par un maniérisme et un naturalisme adorables, deux mots qui semblent s'exclure, qui s'épanouit à chaque pas. L'admirable pendule des trois Grâces, par Falconet, que possède M. de Camondo (pl. XVI), est bien le type le plus parfait qu'on puisse citer de ce mariage bizarre. La convention qui a donné naissance à cette adorable composition est bien issue du goût pour l'antiquité; mais ce goût est tout à la surface, à fleur de peau, et partout sous ce masque perce encore ce naturalisme maniéré qui est un des charmes de cet art du XVIIIe siècle, que les gens de la première moitié du XIXe siècle ne devaient plus sentir. Ces gracieuses petites bonnes femmes groupées à l'antique sont tellement et si naïvement naturalistes qu'elles ne savent point comment poser leurs pieds ni, par une polissonnerie charmante, où reposer leurs yeux; ce sont de petits modèles qui viennent de quitter précipitamment leurs déshabillés. Tout ce monde se croit classique parce qu'il se promène tout nu; mais il est encore fort empêché de prendre des attitudes académiques. Les artistes de la fin du règne de Louis XVI et surtout du premier Empire devaient se charger, par une étude plus serrée des modèles romains, de redresser ce que ce style antique avait d'original. La froideur leur parut la perfection en fait de décoration et d'ameublement : ils l'atteignirent, non sans efforts; on peut même dire que leur succès, en ce genre, dépassa toutes les espérances qu'ils avaient pu concevoir.

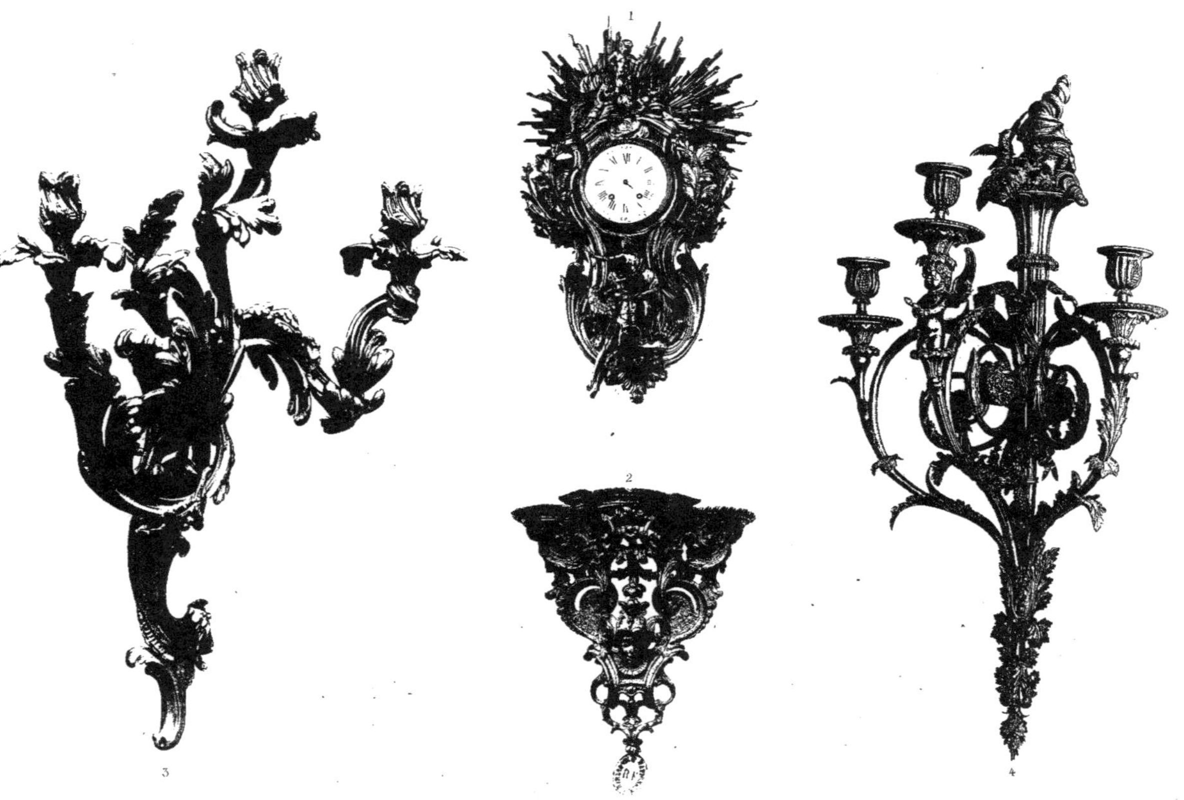

1_GRAND CARTEL EN BRONZE DORÉ _ MOUVEMENT DE SAXON, PREMIÈRE MOITIÉ DU XVIIIe SIÈCLE (Collection de Mr le Comte de Castellane)
2_CONSOLE EN BOIS DORÉ _ ÉPOQUE DE LA RÉGENCE (Collection de Mr Fournier)
3_BRAS DE LUMIÈRE EN BRONZE DORÉ _ STYLE DE MEISSONNIER RÈGNE DE LOUIS XV (Mobilier National)
4_BRAS DE LUMIÈRE EN BRONZE DORÉ, PAR GOUTHIÈRE _ (Collection de M le Comte de Camondo)

De cet admirable mobilier, entièrement de nouveau style, réuni par Mme du Barry, à Louveciennes, un assez grand nombre de pièces ont survécu. Nous avons réuni, parmi les gravures qui accompagnent ces lignes, un certain nombre de meubles ornés de plaques de porcelaine de Sèvres qui peuvent donner une idée de l'allure générale de cet ensemble. Une belle table de Claude-Charles Saunier (reçu maître-ébéniste en 1752), appartenant à M. le baron Alfred de Rothschild, à Londres (page 175);

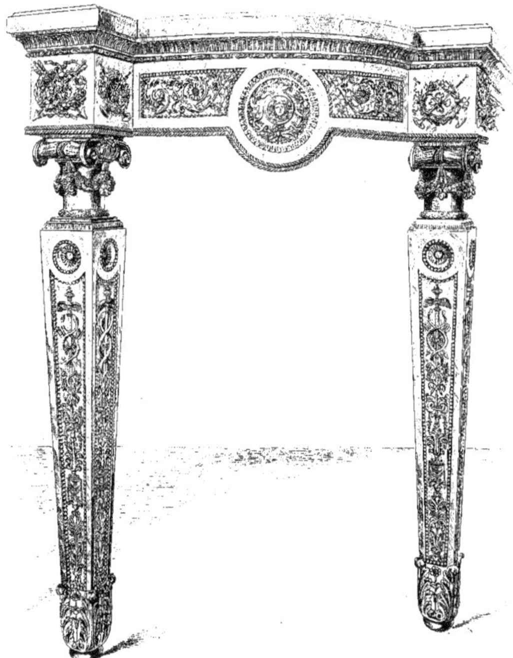

CONSOLE EN MARBRE BLEU TURQUIN
Bronzes de Gouthière. Détail de l'une des extrémités (Voir l'ensemble planche XXI, n° 2)
(Collection de M. le Comte de Castellane)

d'autres meubles, secrétaires, bonheurs-du-jour, etc., qui font partie du legs Jones, au Musée de South Kensington, pourront fournir d'utiles indications sur le mobilier de Louveciennes. On trouvera ici reproduit une commode en bois de rose, de C.-C. Saunier également, des cadres en bois sculpté de petites dimensions, qui appartiennent aux collections du Musée du Louvre; un guéridon en bois sculpté et doré surmonté d'une tablette de marbre [1], qui permettront au lecteur de se faire, je crois,

1. Vente Randon de Boisset, février 1777, n° 823; vente Armaillé, n° 168.

une idée assez exacte de ce style dans lequel on trouve encore parfois les traces des lignes contournées et onduleuses du milieu du xviiiᵉ siècle, mais dans lequel cependant la verticale domine. Il me reste un mot à dire des meubles qui ont survécu à la Révolution. Je ne sais ce que sont devenus les chaises, les fauteuils, les canapés, le lit à colonne en bois sculpté, dorés par Cagny, maître-peintre demeurant à Paris, rue des Ménétriers, dont le mémoire pour 1769, 1770, 1771 se monta à plus de 67.000 livres [1]. Je ne sais pas non plus où est passée la table à gradins, en porcelaine de France fond vert, et cartouches de fleurs, achetée chez Poirier, en 1768, pour 1.440 francs; mais la pendule « à vase et serpent en bronze doré », avec un piédestal garni de porcelaine, ressemble beaucoup à une horloge appartenant à M. le baron Alfred de Rothschild. La pendule dorée de Germain, représentant les trois Grâces, est aujourd'hui au palais de Fontainebleau, et ce modèle charmant a été souvent répété. Quant aux tables à ornements d'argent que nous font connaître les *Mémoires*, je crains bien qu'elles ne soient irrémédiablement perdues [2].

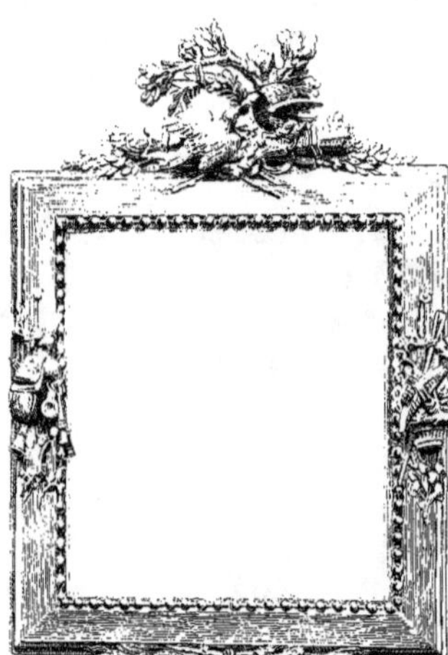

Petit cadre en bois sculpté
Fin du règne de Louis XV (Musée du Louvre)

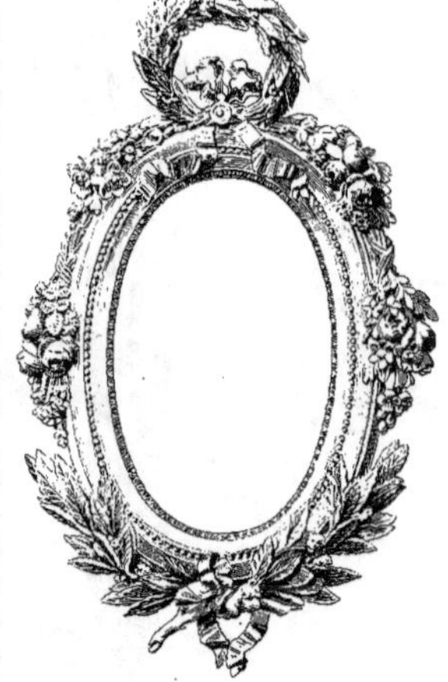

Petit cadre en bois sculpté
Fin du règne de Louis XV (Musée du Louvre)

La table en porcelaine de Sèvres, si intelligemment défendue par la Commission des Arts pour qu'elle fût transportée au Museum, la commode en porcelaine sont aujourd'hui toutes deux dans des collections parisiennes, et j'ajouterai qu'à mon avis leur place n'a point cessé d'être véritablement au Louvre : ceci soit dit sans vouloir aucunement provoquer des donations qui, à coup sûr, honoreraient grandement leurs auteurs dont je n'ai garde de dévoiler les noms. La commode en laque, qui faisait pendant à la commode de porcelaine, doit être aujourd'hui en Angleterre. Peu de pièces de mobilier, si j'en excepte les chenets de Gouthière, sont donc restés en possession de la France; mais, en revanche, le Louvre peut montrer quelques bronzes, quelques marbres et des tableaux. Il ne serait pas très difficile, en somme, de refaire presque dans son

1. Bibliothèque Nationale, manuscrit français 8158, fᵒ 140.

2. Extrait d'un mémoire de fournitures faites à Mᵐᵉ la comtesse du Barry, par Poirier, marchand bijoutier, rue Saint-Honoré : « 1768. 18 nov. Une table à gradins en porcelaine de France, fond vert et cartouches à fleurs, très richement ornée de bronzes dorés d'or moulu, le dessus du tiroir couvert d'un velours vert et les pièces d'écritoire dorées, 1440 fr. — 1768. 18 nov. Une pendule à vase et serpent en bronze doré, moulu, le cadran tournant, le pied d'estalle (*sic*), garni de trois morceaux de porcelaine de France, fond bleu, avec les surfaces en miniature, le dard du serpent fait en marcassite, 912 fr. — 1769. 4 oct. Une pendule dorée, d'or de Germain ; elle représente les trois Grâces qui supportent un vase dans lequel est un cadran tournant, et dessous est un Amour qui, avec sa flèche, indique l'heure ; le tout élevé sur un pied d'estale très bien ciselé et doré comme le reste, 2.400 fr. — 1769. 20 déc. Un baromètre et thermomètre de Passemant. » (Vatel, *Histoire de Mᵐᵉ du Barry*, t. I, p. 152.) — « Pour achat fait à Londres de trois tables de bois précieux, ornementées en argent, façon, etc., monte à 188 livres sterlings, 4.438 liv. 2 sols. » (*Ibid.*, p. 324.)

1

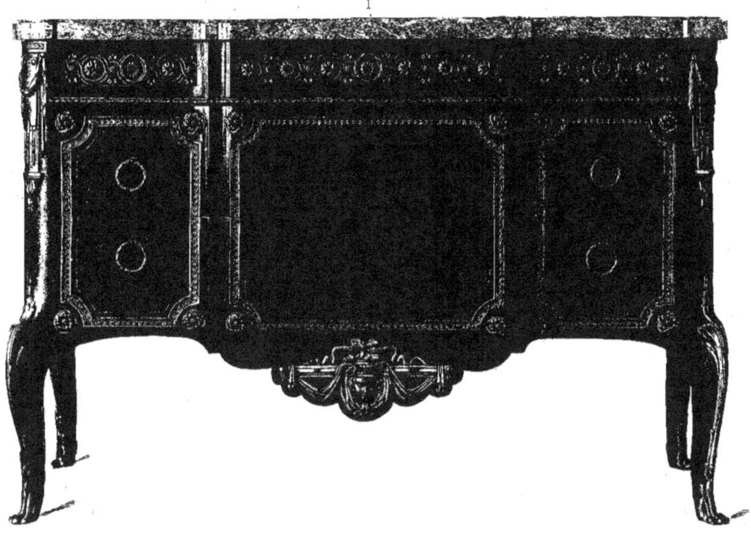

2

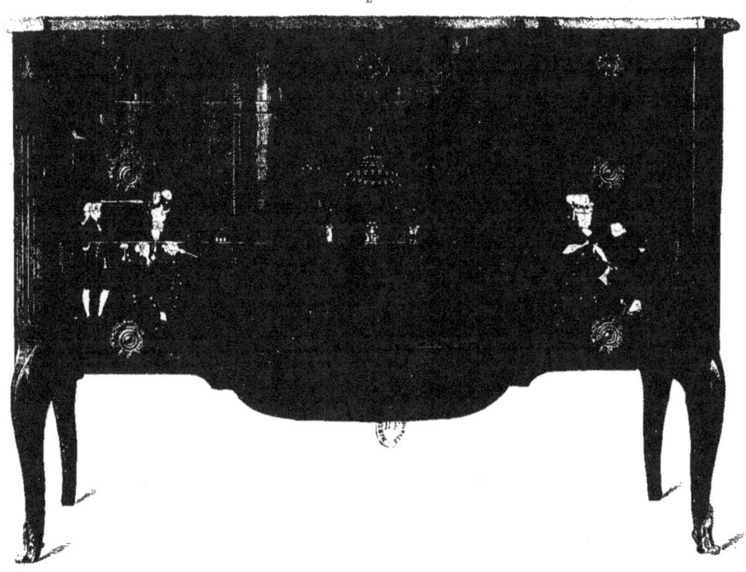

1._COMMODE EN MARQUETERIE PAR JEAN FRANÇOIS LELEU
FIN DU RÈGNE DE LOUIS XV OU COMMENCEMENT DU RÈGNE DE LOUIS XVI

2._COMMODE EN MARQUETERIE DE BOIS ET D'IVOIRE
A CHIFFRE DE LA REINE MARIE-ANTOINETTE PAR GEORGES JACOB   RÈGNE DE LOUIS XVI
(Collection de M. le Comte I. de Camondo)

ensemble le mobilier du château de Louveciennes, dont quelques admirables boiseries, sculptées par Guibert, appartiennent maintenant à M. le baron Alphonse de Rothschild [1].

On trouvera en outre ici la reproduction de deux meubles provenant du mobilier de Mme du Barry. Pour le premier, qui m'a été très obligeamment communiqué par M. Marquet de Vasselot, attaché au Musée de Versailles, la chose est du moins certaine. Pour le second, la provenance en est simplement attestée par le *Catalogue* de la vente Hamilton, ce qui est, à coup sûr, plus problématique.

Le premier meuble, une commode de Jean-François Leleu, est aujourd'hui en la possession de M. Luce-Ladurée, à Versailles. Cette œuvre extrêmement soignée, mais de petite dimension, est tout à fait semblable à une autre commode de Leleu placée aujourd'hui à Trianon [2]. Sa marqueterie, à losanges incrustés de fleurs de lys, est extrêmement soignée, aussi soignée, pourrait-on dire, que si elle était sortie de la boutique de Riesener. Les bronzes, frises et guirlandes à la ceinture du meuble, chutes et encadrements des panneaux, manchettes et sabots des supports décorés de canneaux creux et très élevés, tout cela sort des mains d'un très habile homme, mais appartient entièrement au nouveau goût [3]. Que cette commode ne date que de la fin du règne de Louis XV, peu importe : il n'y a pas de différences de style entre lui et les meubles qui garniront Trianon pour la reine Marie-Antoinette. D'ailleurs, J.-F. Leleu avait été reçu maître en 1764; on peut donc par cette date juger à quelle époque il faut placer l'exécution d'un grand nombre de meubles qui portent son estampille et qui tous indistinctement sont versés dans la catégorie des objets dits de style Louis XVI. Notre planche XIX, n° 1, reproduit une admirable commode en marque-terie signée également J.-F. Leleu, faisant partie de la

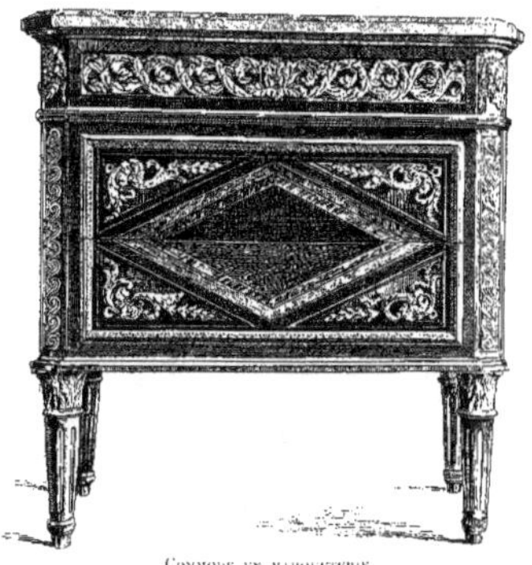

COMMODE EN MARQUETERIE
par J.-F. Leleu.
Ancien mobilier de Mme du Barry
(Collection de M. Luce-Ladurée, à Versailles)

collection de M. le comte I. de Camondo. Cette commode, tout à fait parfaite d'exécution bien que simple au demeurant, est peut-être antérieure à la commode de Trianon et à la commode possédée par M. Luce-Ladurée. On y retrouve le système de fractionnement des panneaux avec lequel nous ont familiarisé les meubles de Riesener, fractionnement illogique au demeurant au point de vue décoratif puisque ces commodes comportent deux grands tiroirs : le décor ainsi compris s'appliquait plus justement à des vantaux qu'indiquent encore les bordures de bronze et les rosaces qui les contournent, ainsi que la marqueterie formant un dessin continu. Le contour « en arc », donné au bas du meuble, les pieds

1. A. de Champeaux, *Portefeuille des Arts décoratifs*, pl. 162.

2. Cette commode est identique à l'une de celles qui ornent aujourd'hui le petit Trianon. (Cfr. Williamson, *Meubles d'art du garde-meuble.*) Elle présente les marques et inscriptions suivantes : *Marques.* Au montant droit du dos, J. F. L., en capitales, et un timbre ovale renfermant trois fleurs de lis surmontées de la couronne de France. Au montant gauche du dos, J. F. LELEU, en capitales. Sur le dessus du meuble, au coin droit, J. F. Leleu, en minuscules, et le timbre fleurdelisé. *Inscriptions* (toutes au dos du meuble). 1e inscription gravée sur une plaque de cuivre fixée sur la ceinture : « Commode ayant appartenue (*sic*) à Mme la C{esse} du Barry, achetée à Mlle de la Neuville en 1845 ; » les inscriptions suivantes, peintes en noir au moyen de matrices découpées : 30 juillet 1774 — 42 — 57 — 57 — Saint-Vrain 1775. Ces dernières inscriptions prouvent que le meuble a réellement appartenu à Mme du Barry. En effet, la date du 30 juillet 1774 est celle où le Sr Colet, valet de chambre de Mme du Barry, certifie avoir reçu à Luciennes les « effets » qui lui ont été envoyés de Versailles (?) par M. Demontvallier, intendant de la comtesse. (Vatel, II, p. 484-90.) Notons toutefois que dans l'*État* de ces *effets* on ne trouve aucun meuble dont la description puisse s'appliquer à celui-ci. Les numéros 42 et 57 correspondent sans doute à ceux d'un inventaire. Enfin, c'est en avril 1775 que Mme du Barry acheta le château de Saint-Vrain et s'y installa. Cette commode aurait été donnée (?) par Mme du Barry à sa cousine, Mlle de la Neuville, qui habita plus tard à Versailles, 7, boulevard du Roi. Celle-ci la vendit à M. de Vareignes, qui la céda, vers 1848, à M. Luce-Ladurée, dont le fils la possède aujourd'hui. (Note communiquée par M. Marquet de Vasselot.)

3. Les emblèmes mis au revers de la commode appartenant à M. Luce-Ladurée prouvent qu'elle avait d'abord fait partie du garde-meuble royal avant d'appartenir à Mme du Barry.

arqués qui rappellent encore les lignes contournées du style rocaille, ont fait place dans la commode de Trianon à des lignes absolument horizontales et verticales. Mais n'oublions point que ces supports arqués se retrouvent encore dans des meubles exécutés au beau milieu du règne de Louis XVI. La commode signée de Georges Schlichtig, qui se trouve sur la même planche XIX, nᵒ 2, en est un exemple typique, et ce meuble est de 1780 environ. Un meuble de tout premier ordre du reste (planche XX, nᵒ 2), une commode en acajou qui est peut-être le fruit de la collaboration de Riesener et de Gouthière, montre la réunion, sur un même monument, des lignes verticales et des lignes contournées. Ce n'est pas du jour au lendemain que les premières ont eu complètement raison des secondes.

Le second meuble qui est ici publié est un petit secrétaire signé P.-N. Pasquier [1], qui a fait partie de la collection Hamilton [2]. Ce qui fait l'originalité de cet objet, ce ne sont pas, à coup sûr, ses panneaux bordés d'ébène, ses bronzes dont

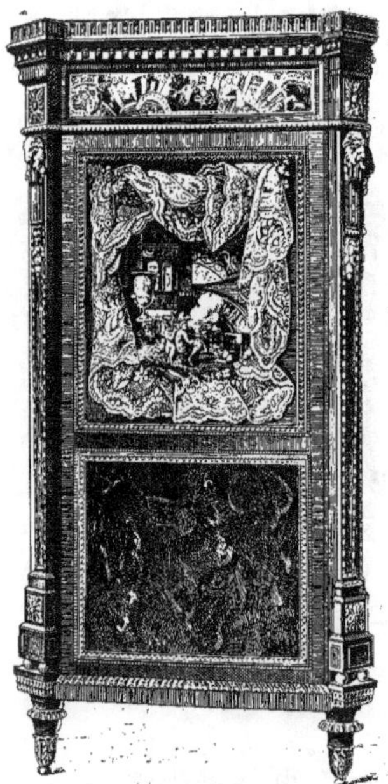

SECRÉTAIRE, MARQUETERIE ET PEINTURE,
par P.-N. Pasquier. Ancien mobilier de Mᵐᵉ du Barry
(Collection Hamilton, nᵒ 300)

les échantillons se retrouvent absolument identiques sur beaucoup d'autres meubles, mais ce sont ses décorations peintes, ses scènes pastorales entourées de dentelles exécutées en trompe-l'œil. Il y a là un retour au meuble très coloré qu'avait connu le XVIIᵉ siècle, compris d'une autre façon sans doute, mais produisant le même résultat : au même moment, le duc d'Aumont ne faisait-il pas exécuter des meubles dont les panneaux étaient composés de mosaïques de Florence [3]? Ne collectionnait-il pas les meubles de Boulle, qui allaient avoir un nouveau succès, succès tel qu'on en fit des copies et des imitations? Ce sont là des preuves indéniables de ce retour au style antique, de cette évolution du goût français qui, dans le dernier quart du XVIIIᵉ siècle, a fait admirer à la fois le style très ronflant et très somptueux du siècle précédent et les maigreurs et les mièvreries d'un style encore charmant sans doute,

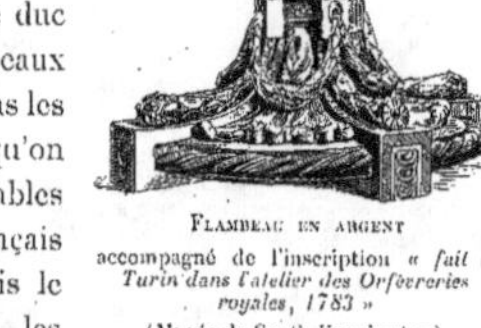

FLAMBEAU EN ARGENT
accompagné de l'inscription « *fait à Turin dans l'atelier des Orfèvreries royales, 1783* »
(Musée de South Kensington)

mais qui révèle une intelligence de l'antiquité classique absolument différente : l'une et l'autre de ces interprétations de l'art classique eurent leur originalité, mais à coup sûr l'interprétation du

1. Reçu maître en 1760.
2. Nᵒ 300 de la vente de 1882.
3. Nᵒ 313 du *Catalogue* de la vente du duc d'Aumont. Voyez plus loin la reproduction de quelques meubles dans le style de Boulle exécutés sous Louis XVI.

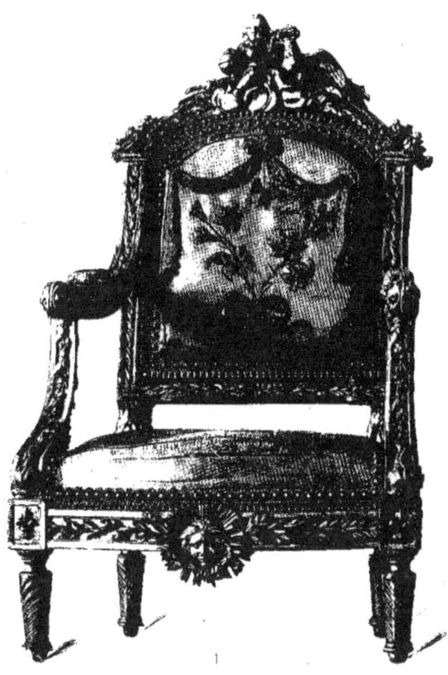

1

1 _ PETIT FAUTEUIL EN BOIS SCULPTÉ ET DORÉ, EXÉCUTÉ POUR LE DAUPHIN
(Style de Louis XVI) (Collection de M. le Comte de Castellane)

2 _ COMMODE EN ACAJOU ORNÉE DE BRONZES DORÉS
ATTRIBUÉE A L'ÉBÉNISTE RIESENER ET AU CISELEUR GOUTHIÈRE
(Collection de M. le Comte I. de Camondo)

xvii⁰ siècle révèle plus de tempérament. Au reste cette évolution s'étendit hors de France. Et sans avoir à rappeler les créations de Piranesi, le flambeau exécuté à Turin en 1783, dont on trouvera ici l'image, n'est-il pas tout à fait analogue de décor et de style aux œuvres françaises de la fin du règne de Louis XV ?

II. L'AMEUBLEMENT DU PAVILLON DE BAGATELLE. — LOUIS XVI ET MARIE-ANTOINETTE

Quand, en 1775, le comte d'Artois acquit de la famille de Chimay la jouissance à vie du domaine de Bagatelle dont la nue propriété demeurait au roi, il ne songea point tout d'abord à transformer une résidence alors en assez piteux état. Ce ne fut que deux ans plus tard, en 1777, à la suite d'une visite

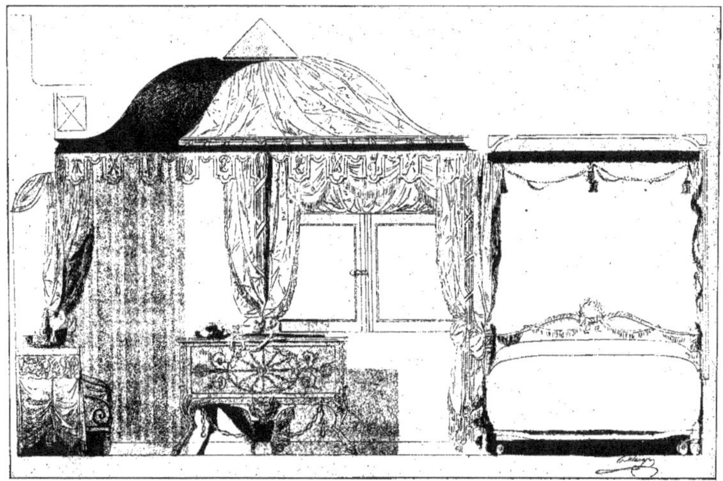

CHAMBRE A COUCHER DU COMTE D'ARTOIS
au pavillon de Bagatelle. Dessin original de l'architecte Belanger
(Bibliothèque Nationale, département des Estampes)

de Louis XVI et de la reine Marie-Antoinette, à la suite d'un pari avec la jeune reine, que le comte s'engagea à lui offrir, dans le délai de trois semaines, une fête dans un château complètement neuf et décoré à la nouvelle mode.

Ce fut l'architecte Belanger qui fut chargé de dresser les plans de la nouvelle construction dont les travaux furent menés avec une hâte qu'on n'a plus retrouvée depuis que dans l'organisation de certaines expositions, œuvres essentiellement éphémères, tandis qu'à Bagatelle il s'agissait de créer en un clin d'œil quelque chose de définitif. Le comte d'Artois, grâce à Belanger, gagna son pari, et la

reine eût pu, dans les délais fixés, inaugurer par une fête le nouveau pavillon si rapidement sorti de
terre et consacrer sa défaite, si une indisposition subite ne l'en avait empêchée. Je n'ai pas à
m'étendre ici sur une construction qui résume assez bien par ses lignes les plus grandes pauvretés du
style dit Louis XVI. Le pavillon de Bagatelle n'est pas très supérieur, par son abominable simplicité,
à ces piteuses constructions des octrois de Paris, d'un classique grotesque, dont un certain nombre
d'échantillons ont été conservés. Il me suffira de rappeler ici que ce pavillon — en vérité, depuis
Louveciennes, la mode était aux pavillons — se composait d'un grand salon circulaire, sans étage-
ment et surmonté d'une coupole, autour duquel se greffaient, sur un plan rectangulaire, des bâtiments

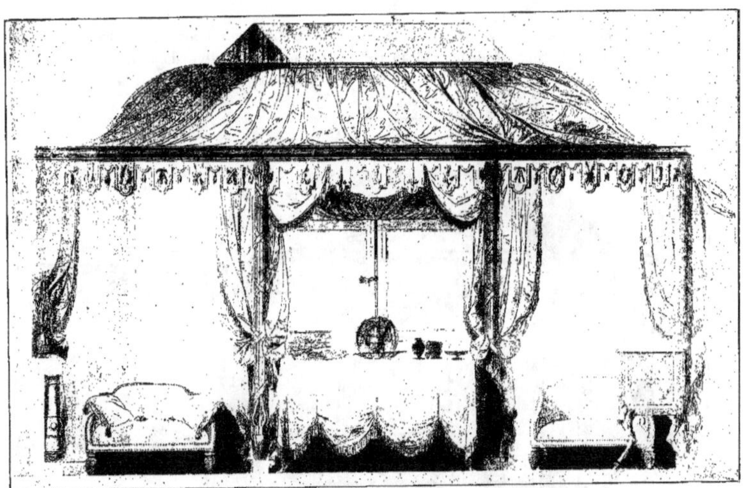

CHAMBRE A COUCHER DU COMTE D'ARTOIS
au pavillon de Bagatelle. Côté de la croisée. Dessin original de l'architecte Belanger
(Bibliothèque Nationale, département des Estampes)

comportant : au rez-de-chaussée un vestibule, une salle à manger, une salle de billard et deux
boudoirs; au premier étage cinq chambres à coucher munies de garde-robes et de cabinets de toilette.
Tout cela était charmant, sans nul doute, mais tant soit peu dépourvu de commodité; au XVIIIe siècle,
le domestique était plutôt nombreux, et on avait oublié les locaux destinés à l'abriter, aussi bien que
les cuisines. En dépit de tout, la construction de Bagatelle, décidée au pied levé et exécutée en un
tour de main par un architecte grand faiseur, demeurera un des monuments les plus condamnables du
style français de la fin du XVIIIe siècle. Le domaine qui l'entoure était beau, et je crois bien que le
domaine a fait oublier ce que la conception primordiale de cette cabane princière avait de faux et
d'étriqué. Un certain nombre de dessins de Belanger nous ont conservé l'aspect original de cette
résidence du comte d'Artois. Belanger, qui avait dessiné les grandes lignes de l'architecture, dut, au
point de vue du mobilier et de la décoration intérieure, être aidé par Dugourc et Gondouin. Ce dernier
figure dans nombre de saisies de l'époque révolutionnaire comme créancier de la Couronne et des

princes qui avaient négligé, avant de prendre part à l'émigration, de solder leurs menues dépenses. J'imagine que c'est à Gondouin que nous devons ce trait de génie de la chambre du comte d'Artois transformée en tente à l'aide de draperies ; que c'est au même artiste que nous devons les meubles, d'une pauvreté d'invention incroyable, que nous font connaître les dessins de Belanger, la cheminée dont les montants sont composés de deux canons dressés sur leur culasse, délicate attention qui avait pour but de rappeler que le comte d'Artois était grand maître de l'artillerie. On se demande, après semblables créations, ce qui pouvait rester à l'époque républicaine et à l'époque impériale à imaginer en fait de pauvreté dans le style pseudo-antique. Véritablement Belanger et Gondouin avaient atteint une indigence presque lacédémonienne[1].

Quatre dessins de Belanger ici reproduits, deux relatifs à la décoration de la chambre du comte d'Artois à Bagatelle, deux autres reproduisant deux modèles de cheminées accompagnées de leurs feux, constituent des modèles utiles à consulter pour se faire une idée exacte du style le plus à la mode dans les premières années du règne de Louis XVI. On y remarquera la façon d'arranger les draperies, la disposition des bronzes sur les meubles où déjà, sur une commode, apparaissent les grandes rosaces, motifs empruntés aux plafonds peints à la pompéienne ; on y remarquera aussi les termes adossés aux montants des cheminées ou ces mêmes montants formés par des sortes de trépieds à l'antique dont les supports se terminent par des têtes d'aigle. Ce dernier motif, qu'on retrouve si fréquemment sous la main d'un

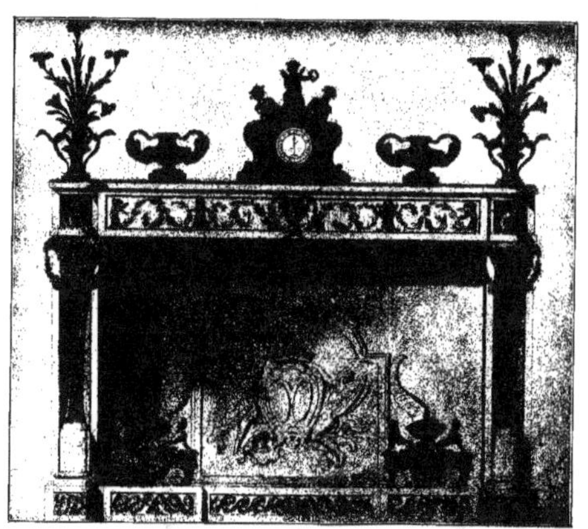

CHEMINÉE DÉCORÉE DE BRONZES
dans le style de Thomire. Dessin original de l'architecte Belanger
(Bibliothèque Nationale, département des Estampes. Recueil Ha 58)

ciseleur tel que Thomire, fut particulièrement à la mode et employé dans un grand nombre de motifs d'ornementation exécutés pour la reine Marie-Antoinette, parce qu'on y évoquait le souvenir de l'aigle de la maison d'Autriche. On trouvera également ici trois autres dessins d'intérieur, dus également à un architecte dont malheureusement j'ignore le nom, dessins qui nous font connaître parfaitement l'agencement des draperies et la disposition des meubles, tabourets, tête-à-tête et ottomanes dans un appartement d'architecture antique, décoré de panneaux rehaussés de légères peintures. Ce sont là des types absolument accomplis, et d'ailleurs spirituellement dessinés, de l'ameublement français vers 1775 ou 1780. De telles représentations en disent plus long, pour un observateur attentif, que de longs développements. Partout apparaissent la même maigreur, la même sécheresse de lignes que ne rachètent qu'imparfaitement les ressources d'une technique poussée jusqu'aux dernières limites de la minutie.

---

1. Sur toute cette construction de Bagatelle, voyez l'article de M. Charles Yriarte, dans *La France pittoresque et monumentale*, t. I, p. 185 et suiv. C'est à ce travail que j'emprunte les quelques dates que j'ai eu à citer ici pour décrire ce pavillon et fixer la chronologie du mobilier de la résidence du comte d'Artois. Bagatelle existe encore aujourd'hui, mais très modifié.

Ce n'est point que dans la pratique ce mobilier, qui, si on s'en tenait aux dessins des architectes, apparaît si uniforme, n'admette une assez grande variété. On y voit marier les laques, qui s'insèrent dans les meubles pour y former des panneaux, avec les mosaïques de pierres dures à la florentine, les porcelaines de Sèvres avec l'acajou ; les pendules en marbre ou en bronze y coudoient les pendules en porcelaine de Sèvres. Ces mélanges ne sont point des nouveautés : on avait vu tout cela déjà sous Louis XV, et le mobilier d'une actrice, de Mˡˡᵉ Laguerre, dont Davillier a publié le Catalogue de vente, donne une idée assez exacte de ce style éclectique[1]. Au surplus, si ce mobilier somptueux est un argument qu'on peut invoquer, on le pourrait accompagner de bien d'autres : il suffirait de publier ici quelques-uns des inventaires des saisies révolutionnaires faites chez les émigrés ou les condamnés pendant la Révolution. Partout on retrouverait, avec des degrés dans la richesse ou la recherche, le même amalgame d'objets très gracieux ou très sévères de forme, de meubles qui évoquent les bergeries du xviiiᵉ siècle ou la pompe un peu lourde du xviiᵉ siècle.

L'histoire sommaire de quelques-uns des ébénistes qui ont travaillé sous Louis XVI vient parfaitement confirmer ce que j'ai avancé plus haut : chez tous on retrouve cette double tendance au joli — le joli étant surtout représenté par les bronzes qui souvent sont de la ciselure la plus délicate — et au style sobre, sec et ennuyeux, représenté par les galbes les plus disgracieux affectés par l'ébénisterie proprement dite : en d'autres termes, le mobilier créé à la fin du règne de Louis XV et pendant le règne de Louis XVI participe à la fois de l'art gracieux du milieu du xviiiᵉ siècle et de l'art de forme presque géométrique qui trouvera sa formule définitive dans les dernières années du siècle : l'unité devient alors complète : les bronzes sont aussi froids que le bois qui leur sert de support.

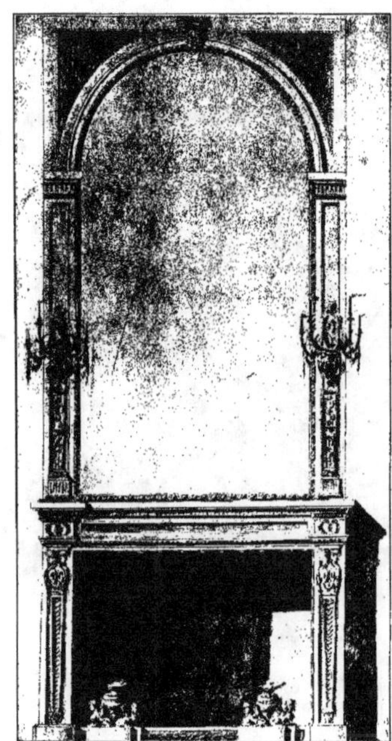

Une cheminée

Dessin original de l'architecte Belanger

(Bibliothèque Nationale, département des Estampes, Recueil IIa 58)

Cette unité, les derniers meubles sortis des ateliers de Riesener la caractérisent à tout prendre d'une

---

1. Baron Davillier, *Une vente d'actrice sous Louis XVI ; Le mobilier de Mademoiselle Laguerre*. J'emprunte à cet opuscule (p. 46 et suiv.) un certain nombre de descriptions dont la lecture me paraît utile pour faire connaître la composition d'un riche mobilier à la fin du xviiiᵉ siècle. « 17. Une superbe commode, quarré long, plaquée en bois d'ébène, dessus de marbre blanc veiné, à gorge, ouvrant en trois parties, à deux tiroirs à panneaux de guirlandes, pommes de pin avec cadres, le panneau du milieu fond écaille, couleur lapis enrichie d'un vase en pierres de Florence de relief, d'où sortent des tiges, branchages, fruits et oiseaux béquetant du raisin ; ornée de cadres, feuilles d'ornemens, chutes et fleurons dans le genre arabesque ; les deux autres à trois panneaux de branchages, fruits et oiseaux en pierres de Florence, les côtés plaqués en pierre de rapport, avec cadres, moulures et guirlandes ; les pilastres à rinceaux d'ornements et chutes ; supportée par quatre gaines faisant corps, ornées de moulures, rosasses et autres accessoires en bronze doré ; trois pieds de haut sur quatre pieds et demi de long ; profondeur un pied neuf pouces. — 18. Un cabinet formant secrétaire, plaqué en bois d'ébène, dessus de marbre brocatelle d'Espagne, avec balustre, ouvrant à un battant ; l'entablement orné de moulures, draperies en forme de guirlandes, à trois panneaux sur la face ; celui du milieu de forme ovale, d'ancien laque du Japon, fond noir et or, représentant un coq et une poule ; les deux autres quarrés longs, à petits cygnes et

façon assez significative. Mais la biographie de ce maître a été assez longuement tracée pour qu'il n'y ait point lieu d'y revenir encore. D'autres ébénistes d'ailleurs, pour n'avoir jamais fait preuve d'un talent aussi souple, méritent cependant une mention spéciale.

Jean-François Leleu, que nous avons déjà vu travailler pour le roi et pour Mme Du Barry, syndic

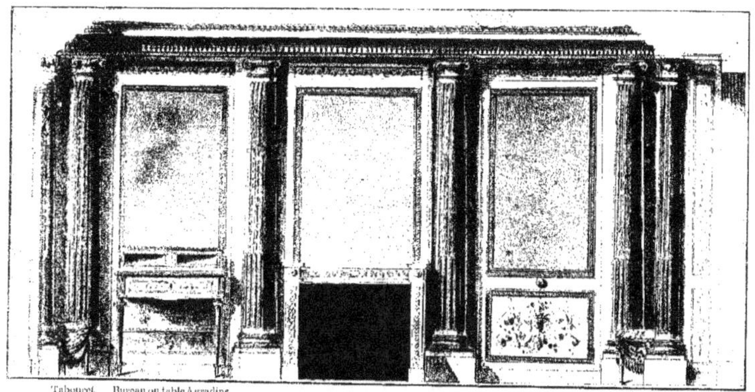

PROJET DE DÉCORATION INTÉRIEURE

Dessin original de Bélanger (Département des Estampes à la Bibliothèque Nationale, Recueil IIa 208)

de la communauté en 1776, continua à être employé pour enrichir le mobilier royal. C'est par erreur qu'on a dit que Leleu n'avait pas fait usage de la marqueterie ; la petite commode de Mme Du Barry plus haut publiée, celle aujourd'hui conservée à Trianon, prouvent surabondamment le contraire, et cette

châteaux avec leurs cadres, équerres et rosettes ; les côtés aussi d'ancien laque, à sujets d'animaux et châteaux ; à trois petits panneaux sur le devant, dont un à tiroir, supporté par quatre gaines, cannelées en cuivre, lys et fleurons, les champs à rosasses, chutes, mascarons de femme et autres accessoires en bronze doré ; hauteur trois pieds et demi, largeur deux pieds sept pouces. » [Ce meuble rappelle certaines œuvres de l'ébéniste Martin Carlin.] — « 19. Deux bibliothèques en armoire, plaquées en bois d'ébène, ouvrant à deux battants, avec tablettes en dedans ; panneaux de glace sur la face et les côtés, garnis de leur taffetas cramoisi ; le bas et les côtés en ancien laque du Japon, fond noir, sujets d'animaux, feuillages et châteaux, entablement à oves, cadres et moulures en bronze doré ; hauteur cinq pieds, largeur deux pieds huit pouces. — 20. Un secrétaire de forme ceintrée, plaqué en bois de rose, s'ouvrant dans le milieu par un battant, orné de trois panneaux de porcelaine de Sèvres, dont un représente une corbeille de fleurs soutenue par un nœud de ruban, les autres de guirlandes de roses dans leurs cadres ; le dessus de marbre blanc veiné ; l'entablement avec balustre, enrichi sur le pourtour de guirlandes de draperies ; les côtés à deux tablettes de marbre blanc, aussi à balustre et ornemens ; l'intérieur plaqué en bois de rose et fleurs de rapport, supporté par quatre gaines cannelées à fleurons, surmontées de trois panneaux de porcelaine à fleurs, dont un à tiroirs garnis d'autres ornemens et accessoires en bronze doré ; la tablette de dessous en marbre blanc, aussi à balustre ; hauteur trois pieds quatre pouces, largeur trois pieds deux pouces. — 21. Une table de forme quarrée, à pans, plaquée en bois de rose, ouvrant à tiroirs, garnie de son encrier ; le dessus orné d'un médaillon de porcelaine de Sève, représentant une corbeille de fleurs soutenue par un ruban ; les quatre autres en équerre aussi à fleurs, entourés de leurs cadres, l'entablement à balustre, moulures et panneaux de même porcelaine, avec entrée, cadres, moulures et trophées sur les champs, supportée par quatre gaines cannelées à fleurons, et tablettes au dessous en marbre blanc veiné ; hauteur deux pieds deux pouces, longueur deux pieds. — 22. Une table ronde plaquée en bois satiné ; le dessus de porcelaine de Sève, à fleurs, avec balustre ; entablement à frises, entouré de cadres, à fils de perles, les champs à rosette ; le dessous à tablette plaquée à mosaïque, en bois de couleur, aussi à balustre, à trois pilastres cannelés, formant console du bas avec sabots à roulettes ; hauteur deux pieds quatre pouces, diamètre un pied deux pouces. — 23. Un petit meuble en bas d'armoire, plaqué en bois de rose, ouvrant à deux battants, à panneaux de glace ; surmonté d'un corps de tablettes à tiroirs à dessus de marbre blanc et balustres, orné de cadres et treillagés de fil de laiton sur les côtés ; supporté par quatre gaines faisant corps, garnies de chutes, cadres, moulures et sabots en bronze doré. — 24. Une petite table servant de pupitre, plaquée en bois de rose, à mosaïque de rapport, tablette au dessous ; le pied forme de guéridon. — 25. Une table en bois d'acajou, à quatre gaines, servant de jeu à trou-madame, avec dessus de drap vert, anneaux, rosasses, chapiteaux et sabots, en bronze doré. — 26. Un corps d'armoire en bois d'acajou, à dix petits tiroirs et quatre grands, garni d'entrées et boutons en bronze doré : hauteur cinq pieds deux pouces, largeur deux pieds un pouce. — 28. Une pendule, mouvement d'Ageron, sonnant les heures et demies, dans un fût de colonne de porcelaine de Sève cannelé, sur lequel est appuyée une figure de femme debout, tenant d'une main un médaillon peint en miniature dans son cadre, de l'autre deux cœurs enflammés ; accompagnés de l'Amour et du symbole de la Fidélité ; le fût de colonne enrichi de cercles, nœud de ruban, guirlandes de roses et feuilles de laurier ; placée sur un piédestal de marbre blanc, à avant-corps, à guirlandes de myrte entrelacées ; supportée par six boules, avec sa cage de verre bombé. » [De cette dernière pendule il existe un exemplaire, qui me paraît incomplet, au palais de Versailles et un autre exemplaire, à peu près identique à celui possédé par Mlle Laguerre, dans la collection de M. le baron Alfred de Rothschild, à Londres.]

opinion est amplement confirmée par l'examen de la grande commode de la collection de M. le comte
I. de Camondo (planche XIX, nº 1), dans laquelle Leleu se montre très brillant émule de Riesener. Il
est vrai que, dans un certain nombre de cas, ses meubles sont plus simples, fabriqués entièrement
en acajou et décorés de bronzes qui, pour être finement ciselés, n'en sont pas moins des modèles
absolument courants et que tout ébéniste pouvait employer.

Je ne pense pas qu'il soit très utile de citer ici beaucoup de meubles de Leleu. La grande table de
la collection de M. le baron Alfred de Rothschild, à Londres, publiée plus haut (p. 175), et qui porte
la signature de Claude-Charles Saunier (reçu maître en 1752), nous permettra de dire quelques mots
d'un artiste assez célèbre, contemporain de Riesener, et qui vécut jusqu'en pleine Révolution. Ainsi

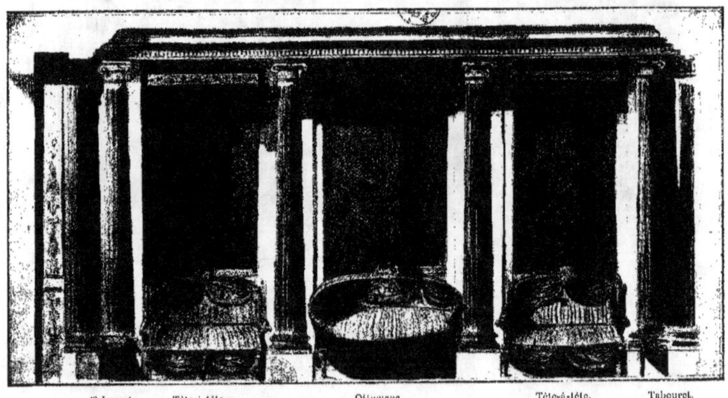

PROJET DE DÉCORATION INTÉRIEURE

(Département des Estampes à la Bibliothèque Nationale, Recueil Ha 208)

que l'a remarqué avec raison M. de Champeaux[1], C.-C. Saunier[2] a d'abord fabriqué des meubles tout
à fait dans le goût de Riesener et, comme ce maître, a cédé à son tour à la mode antique. Les
meubles exécutés dans la première période de sa carrière sont donc assez difficiles à distinguer en
l'absence d'estampille. Quant à ceux de la fin, ils ressemblent soit à ceux de Riesener soit à ceux de
Leleu : ce sont toujours les mêmes formes, les mêmes marqueteries et parfois, ce qui complique la
question, les mêmes bronzes ; le plus ou moins grand soin apporté à l'exécution générale, le plus ou
moins de goût et de fini sont, dans ce cas, les seuls indices qui peuvent faire préférer une attribution à
Saunier à une attribution à Leleu, une attribution à Riesener plutôt qu'une attribution à Saunier.
Fort heureusement, dans la plupart des cas, ces meubles sont signés, ce qui lève toutes les
difficultés.

M. de Champeaux signale de C.-C. Saunier un secrétaire de bois d'amarante, qui fait partie de la
collection Wallace, à Londres, meuble marqueté et décoré d'appliques et de gaines en bronze

<hr>

1. *Le Meuble*, t. II, p. 238.
2. Qu'il ne faut pas confondre avec trois autres artistes du même nom
et vraisemblablement de la même famille, qui ont exercé aussi le métier

d'ébénistes. On les trouvera mentionnés à la liste des ébénistes, à la fin
de ce volume : deux appartiennent au règne de Louis XV ; le troisième
fut reçu maître en 1782 seulement.

terminées par des têtes de femme. Une table à coiffer, au Musée de South Kensington, meuble, dit-on, commandé pour la reine Marie-Antoinette, est également une œuvre de marqueterie très soignée, dont il faut rapprocher une très belle commode, appartenant à Mme la comtesse de Béarn, et deux buffets à gradins appartenant à M. le comte de Guiche. Ces derniers meubles sont en partie fabriqués avec des panneaux de laque.

Il faut avouer que les peintures très fantaisistes de ces panneaux font souvent un bizarre effet auprès des bronzes froids et corrects de la fin du xviiie siècle. Néanmoins ce mélange de deux styles, si différents qu'on n'a pas cherché autrement à les concilier, est constant, et l'œuvre d'un des ébénistes les plus à la mode sous Louis XVI, l'œuvre de Martin Carlin, est fait pour ainsi dire de ces contrastes.

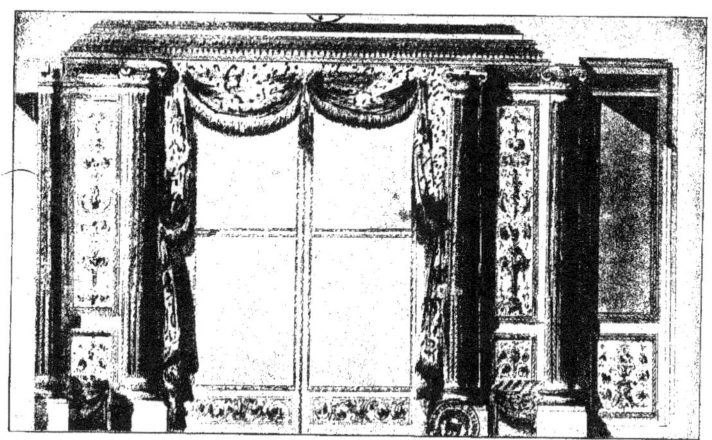

PROJET DE DÉCORATION INTÉRIEURE

Dessin original de Belanger (Département des Estampes, à la Bibliothèque Nationale, Recueil IIa 208)

Martin Carlin (reçu maître en 1766) est, parmi les ébénistes du règne de Louis XVI, un de ceux qui méritent le mieux leur célébrité. Ses œuvres, encore nombreuses au garde-meuble et au Musée du Louvre, témoignent d'une rare entente des proportions et d'un choix très délicat dans les bronzes destinés à orner le travail de l'ébéniste. Comme tous ses contemporains, il s'est essayé dans l'art de la marqueterie, ainsi qu'en témoigne un régulateur daté de 1779, conservé au Musée des Arts et Métiers, et il a fait des meubles d'acajou rehaussés de bronzes admirables, ainsi que le prouve un grand baromètre qui appartient aux collections du Louvre. Mais sa spécialité, à vrai dire, a consisté dans la fabrication des meubles composés de panneaux de laque. Les meubles de Carlin, grâce à cette préférence pour les laques d'Orient, sont assez reconnaissables; malheureusement nous ne savons pas jusqu'ici quel était le ciseleur qui lui fournissait ses admirables bronzes, dignes d'un Gouthière ou d'un Thomire, je dirais plus volontiers du premier que du second; car bien des meubles de Carlin, quoiqu'on les range généralement, comme l'a remarqué M. de Champeaux, parmi les spéci-mens du mobilier du règne de Louis XVI, ont dû voir le jour sous Louis XV dont ils ont perpétué le style charmant à l'époque suivante. Il est permis de supposer que quand Martin Carlin reçut plus tard, en même temps que Riesener, des commandes pour l'ameublement du château de Saint-Cloud nouvellement acquis par la reine Marie-Antoinette (1785), il s'adressa au même bronzier que son confrère; il y a, en effet, une très étroite parenté entre les guirlandes de bronze qui s'étalent à la ceinture de ses meubles et celles qu'on trouve sur les œuvres de Riesener authentiquement fabriquées pour Saint-Cloud que j'ai signalées plus haut en traçant la biographie de Riesener. Or, ces bronzes ont été tantôt attribués à Goulhière, tantôt à Thomire. Étant donnée la date de leur exécution, l'attribution au second artiste est plus probable ; ce sont les mêmes branchages de myrthe, les mêmes

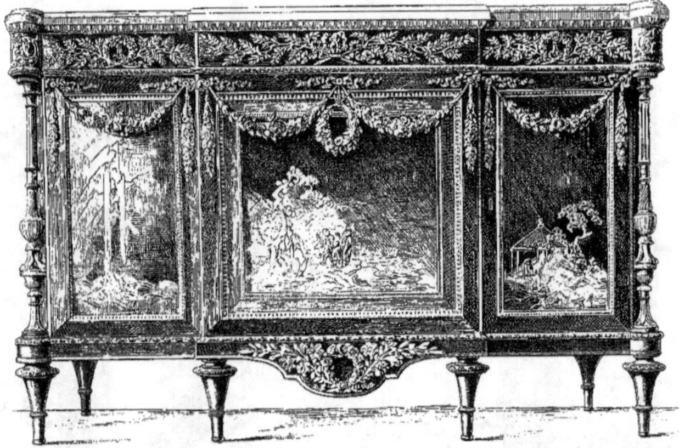

Commode en laque

en forme de bas d'armoire, par Martin Carlin. Ancien mobilier du château de Bellevue (Musée du Louvre)

guirlandes de roses qu'on retrouve sur les meubles des deux maîtres, qu'on retrouve aussi sur les vases en porcelaine de Sèvres montés par Thomire, qu'on rencontre aussi sur deux cabinets en laque trop décriés, que possède le Louvre, cabinets dus à un ébéniste moins connu, Molitor (reçu maître en 1787 seulement). Il est vrai que sur ces deux derniers meubles, à côté de figures de femmes en bronze d'une facture excellente, se voient les malencontreuses frises de palmettes qu'on s'est habitué, je ne sais pourquoi, à considérer comme caractéristiques des meubles de l'Empire, et que bien avant 1789 Thomire prodiguait dans les montures de ses vases.

Martin Carlin est, de tous les ébénistes du xviii° siècle, avec Benemann, le mieux représenté au Louvre. Deux ensembles composés chacun d'une commode et de deux encoignures en laque, l'un provenant du mobilier de Bellevue, sur lesquels s'étalent à profusion les guirlandes et les couronnes de roses, les branches de myrthe, au montant desquels se voient de délicats balustres de bronze ciselé et doré, donnent une haute idée d'un artiste qui, venu plus tard, eut toutes les délicatesses d'un Riesener. L'emploi de certains motifs de bronze, qu'il ne fabriquait sans doute pas mais qu'il faisait fabriquer pour lui, des frises de guirlandes de feuillages ou des draperies interrompues par des rosettes ou des glands, rendent certains de ses meubles tout à fait reconnaissables. En dépit du bon accueil qu'ont fait aux meubles de Carlin des collections telles que celles de Sir Richard Wallace, à Londres, de M. le baron Alfred de Rothschild, Londres, ou de M. le comte de Castellane, chez lequel se trouve une belle commode du maître, Carlin n'a pas encore, parmi les ébénistes du xviiie siècle, la place à laquelle il a droit. S'il a existé réellement un style qu'on a dénommé « Style de la Reine », c'est Carlin véritablement qui, par ses délicatesses, ses adorables mièvreries, la finesse de ses profils, l'a incarné. Bien plus que Riesener il semblait destiné à fournir l'ameublement d'un nid tel que Trianon ou Saint-Cloud. Il accomplit pour la reine, comme ébéniste, des chefs-d'œuvre comparables à ceux que Gouthière avait créés pour Mme Du Barry.

M. de Champeaux [1] a rapproché de Carlin Jean Pafrat (reçu maître en 1785), qui a signé une table-pupitre recouverte d'une plaque de porcelaine de Sèvres, que possède le Musée de South Kensington, et un petit guéridon circulaire à deux étages, du même Musée, sur laquelle les signatures de Pafrat et de Carlin sont réunies. Ce mariage momentané de deux maîtres qui n'étaient ni de même âge ni de même renommée ne m'a point convaincu sur la légitimité de l'origine de ces deux pièces qui auraient été données par Marie-Antoinette à la femme de l'ambassadeur d'Angleterre, lady Auckland. Or, comme l'a remarqué M. de Champeaux, la table-pupitre figure dans l'inventaire du château de Trianon, à la Révolution, ce qui est quelque peu contradictoire. Au reste, je n'ai heureusement pas à me prononcer ici sur ces similitudes bizarres et ces dédoublements de certains meubles connus; mais je crains bien que Pafrat n'ait acquis de célébrité qu'à notre époque, par la juxtaposition de la signature de Carlin à la sienne.

Les noms de Philippe-Claude Montigny (reçu maître en 1766) et d'Étienne Levasseur (reçu maître en 1766 également), de Séverin (reçu en 1751), doivent être particulièrement signalés à l'attention de ceux qui étudient les meubles dans le style des Boulle. C'est à ces deux ébénistes qu'il faut attribuer bon nombre d'œuvres

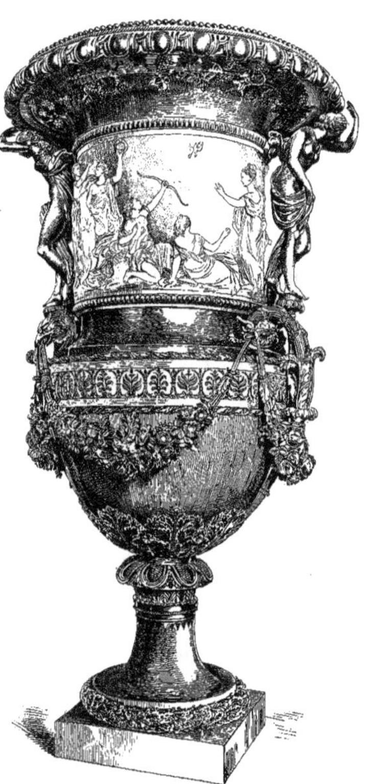

Vase en porcelaine de Sèvres
monté en bronze par Thomire. Règne de Louis XVI
(Musée du Louvre)

qui, au premier abord, paraissent être de style Louis XIV et sorties des ateliers des Boulle et qui, en réalité, n'ont été créées que sous Louis XVI. On trouvera ici reproduits deux

1. *Le Meuble*, t. II, p. 244.

échantillons de cette ébénisterie de la fin du xviiie siècle : une commode faite pour le comte d'Artois, et un régulateur agrémenté d'un carillon, en marqueterie de cuivre et d'écaille, excellents spécimens de ces pastiches de Boulle exécutés sous Louis XVI. Dans les collections du garde-meuble existe toute une série de meubles, bibliothèques ou médailliers, ainsi que des consoles d'une admirable exécution et dont les bronzes reproduisent presque à la lettre les œuvres du xviie siècle, mais dont les incrustations de cuivre, d'écaille, d'étain ou de corne bleuie, sont des travaux de Montigny ou de Levasseur qui, tous deux du reste, ont produit, en dehors de ces copies, des œuvres dans le style de la fin du xviiie siècle, d'une exécution absolument irréprochable. Levasseur en particulier a créé des meubles en acajou surmontés d'une galerie à jour en bronze doré ornée de balustres dont le Musée du

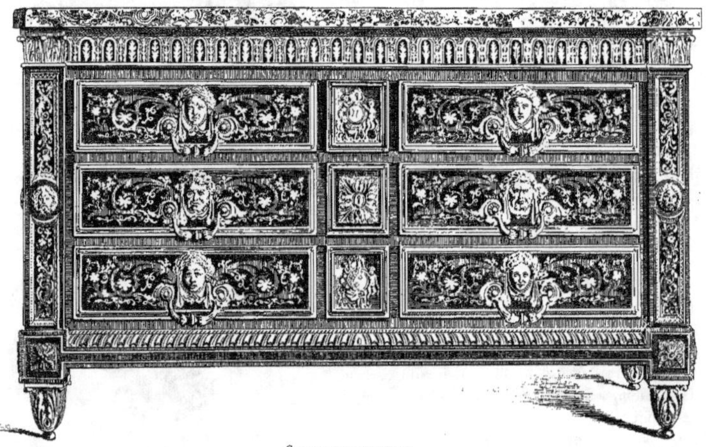

COMMODE EN MARQUETERIE

dans le style des Boulle, attribuée à Montigny ou à Levasseur. Ancien mobilier du comte d'Artois
(Collection Hamilton, n° 184)

Louvre possède deux échantillons précieux, un bureau et une commode en forme de bas d'armoire dont on retrouve également des spécimens dans les mobiliers de Trianon et de Fontainebleau. Levasseur est un ébéniste dont ces dernières productions sont à étudier ; car en vérité elles appartiennent, et par leur dessin et par les bronzes qui les décorent, au style qu'on a qualifié de Style Empire. Toute la sécheresse des meubles de Jacob, les plus somptueux exécutés dans notre siècle, se trouve dans les meubles de Levasseur, dont les analogues, au point de vue de la maigreur et de la pauvreté, se rencontrent dans les œuvres exécutées en Angleterre, à la fin du xviiie siècle.

Guillaume Benneman mérite, par l'importance des meubles sortis de ses mains, une mention spéciale. C'est — si on a égard à la date de sa réception dans la communauté des ébénistes, 1785 — un de ceux qui, sous Louis XVI, purent représenter le plus parfaitement les tendances nouvelles. En 1786, d'après les *Comptes* du garde-meuble, Benneman était l'artiste favori de la cour. A dire vrai, avec la collaboration de Thomire pour les bronzes, il a créé les plus beaux meubles ou tout au moins les

meubles les plus importants commandés sous le règne de
Louis XVI. Dans les mémoires qui nous sont conservés
dans le manuscrit français 7817 de la Bibliothèque Nationale, registre des travaux exécutés dans le second trimestre
de 1786, sous la direction de Hauré, sculpteur ornemaniste
qui jouait en quelque sorte le rôle d'entrepreneur du garde-
meuble royal, le nom de Benneman [1] revient très fréquemment, accolé à ceux de Martin, sculpteur, qui fait le
modèle en cire des meubles; de Girard, de Kemp et de
Bertrand, qui s'occupent des marqueteries; de Bardin et
de Thomire, ciseleurs; de Galle, doreur. Ces renseignements
sur les meubles de Benneman sont particulièrement précieux
puisqu'ils nous font connaître les noms de tous les artistes
collaborant à ses œuvres; mais il ne faudrait pas cependant en exagérer l'importance : en leur absence, quelques

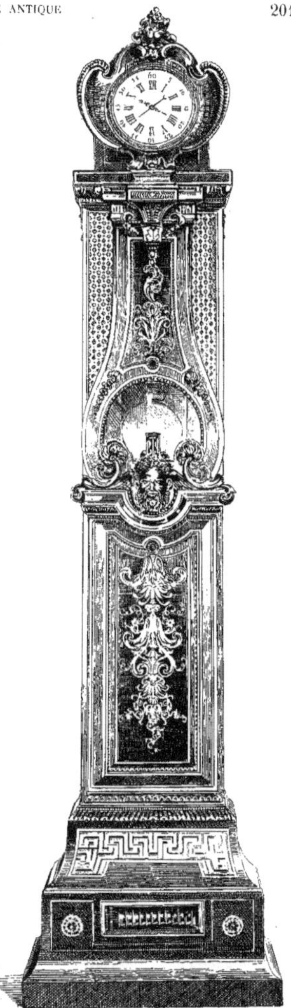

GRAND RÉGULATEUR
dans le style de Boulle. Écaille incrustée de cuivre
Époque Louis XVI. Provenant de Mme de Choiseul
(Collection de M. le comte de Castellane)

<hr>

1. Benneman, ébéniste (1786). « Pour le service de M. le Contrôleur général : une
commode en bois d'acajou de 3 pieds, à dessus de marbre blanc, ayant un grand tiroir
pour serrer l'oreiller et deux petits à la frise, tous trois fermant à clef, 480 liv. 0 s. »
(Bibliothèque nationale, manuscrit français 7817, f° 21 r°.) « Versailles. Service du roy ;
cabinet intérieur, ordre verbal de Monsieur le Commissaire général. État de la dépence
faite pour un bureau en table de la longueur de 5 pieds 8 pouces, largeur 2 pieds 9 pouces,
hauteur 2 pieds 5 p. 3/4, très richement décoré en bronze représentant des palmes, des
baguettes, des encadrements de panneaux, de fleurs et fruits en ébénisterie, quatre
dépouilles de lyons, et de riches sabots et un superbe quart de rond, le tout bien doré
d'or moulu. Petit model en cire fait d'après le bureau existant à Versailles, 96 liv.
[Martin]. Model en grand en cire et en bois pour être fondu, 300 liv., fonte 498 l. Pour
laiton, tole, fil de fer pour lier la soudure, 16 l. 9 s. Pour étude faite en peinture représentant des fleurs, des fruits et des madrépores, pour lesdittes etudes peintes être
imités par les ébénistes en marqueterie [Girard], 168 liv. Pour les 8 panneaux de
fleurs, fruits et madrepores, et deux chiffres du roy. Le tout fait en marqueterie de
couleur imitant le naturel [Kemp], 442 liv. Dessin fait d'après les etudes faites en
peinture pour être les dits desseins coupés par petites parties pour sur chaque petite
partie couper en mêmes petites parties les bois de couleur [Bertrand], 36 liv. Pour la
cizelure [Bardin], 1200 liv. Pour la monture des parties de mirthes régnantes sur les
cadres des tiroirs [Thomire], 100 liv. Pour le dessus de ce bureau acheté 3 peaux
de maroquin verd à 9 liv. 10 s. par peau, 28 liv. 10 s. Dorure d'or moulu [Galle],
1200 liv. Dorure faite sur le pourtour du maroquin [Gosselin], 13 liv. 10 s. Bois de
chene, bois d'amarante évalué à [Benneman] 150 liv. 15 feuilles de bois gris à 20 s. la
feuille, 15 liv. Serrurerie, 150 liv. Journées d'ouvriers ébénistes montantent à 785 liv.
12 s. 6 d. Journées de Benneman et faux frais, 508 liv. 7 s. Pour emballer ce bureau
dépencé en coton, papier gris, papier blanc et ficelle, 9 liv. Total 5716 liv. 12 s. 6 d. »
(Ibid., f° 24 r°.) — « 1786. Fauteuil mécanique du roi. Modelage du palmier pour le
fauteuil mécanique de Fontainebleau : Martin ; ciselure de ce palmier : Bardin ; dorure :
Feuchère ; fonte du bronze : Forestier ; ciselure de 2 cadres avec frises en branche
de laurier : Thomire. » (Bibliothèque Nationale, manuscrit français 7817, f° 22 v°.)
« Sculpture de ce fauteuil : Vallois ; menuiserie : Benneman. » (Ibid., f° 29 r°.) — 11 août
1786. Fontainebleau : Service du roy : cabinet à la poudre. Fourni deux consolles de
4 pieds richement décorés en bronze comme frises en postes, encadrements, sur
les pieds quarré des guirlandes de fleurs et chutes, sabots, chapitaux dorés d'or moulu,
les dittes consolles plaquées en bois d'amarante et satiné ; le dessous des frises plaqué
en bois d'ébenne, à chacune un tiroir fermant à clef. Fonte des bronzes par Forestier,
ciselure par Bardin, dorure par Feuchère. » (Ibid., f° 29 v°.) — « Fourni une commode
en consolle de 3 pieds 4 pouces de longueur à quatre tiroirs fermant à clef, de marqueterie en bois d'amarante et satiné semblable à celle de 5 pieds (il s'agit d'une commode
du cabinet de la Reine, à Versailles avec cariatides de bronze aux angles, précédem-
ment réparrée par Feuchère), richement décoré de bronze doré d'or moulu, avec frise
en poste, moulures, figure cariathides aux angles de face (sic) et barrelief de figure de
femme et enfans au bas et à dessus de marbre griotte d'Italie. Ebeniste : Benneman ;
fonte des bronzes : Forestier ; ciselure : Tournay et Lallemand ; dorure : Feuchère. »
(Ibid., f° 51 recto.) — « Fourni un bureau de table de 5 pieds 1/2 de longueur à trois
tiroirs, trois tirantes tablettes, une devant et une à chaque bout, richement décoré de
bronze, analogue à la commode pour la marqueterie, model fait exprès pour les bronzes,
quard de rond, le dessus du bureau et les tablettes tirantes couvertes de maroquin
vert. « Ebenisterie : Benneman ; modèle en cire et en bois exécuté par Martin ; fondeur :
Forestier ; ciseleurs : Thomire et Bardin ; doreur : Feuchère. Modèle en terre de la
figure de « femme drapé de stil antique de 16 pouces de hauteur » exécuté par Boizot. »
(Ibid., f° 52 r°.)

E. MOLINIER, Arts industriels. — III.   26

signatures et l'examen du style très particulier de ces meubles suffiraient à démontrer que ce
ne sont point des œuvres de Riesener, ainsi qu'on l'a parfois supposé. Benneman est bon ébéniste,
mais ses meubles n'ont point la grâce de ceux qui sont sortis des mains du continuateur d'Oeben.
S'il emploie la marqueterie, il aime surtout l'acajou qui lui sert à construire de véritables monuments
qui seraient assurément considérés comme fort laids et fort disgracieux si on les dépouillait des
admirables bronzes qui les recouvrent en grande partie et dans lesquels Benneman n'est pour rien.
Benneman a vécu jusqu'au xix° siècle, et il était tout à fait digne de faire pendant à Jacob, cet autre
artiste amoureux de l'acajou.

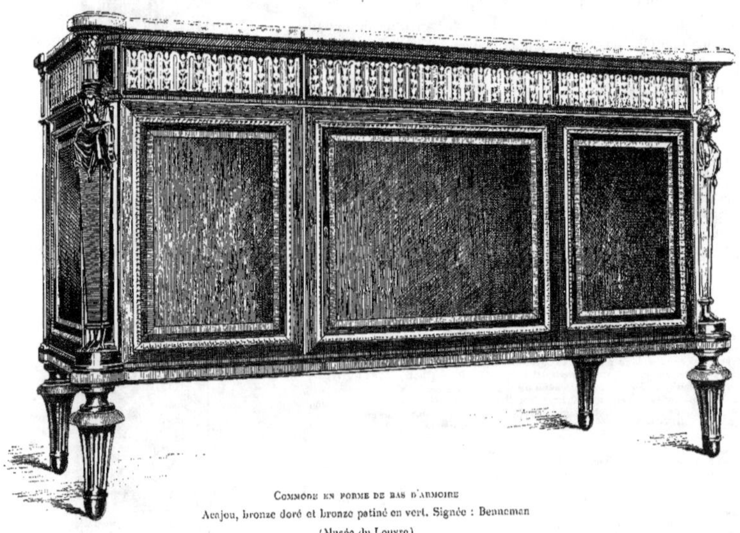

COMMODE EN FORME DE BAS D'ARMOIRE
Acajou, bronze doré et bronze patiné en vert. Signée : Benneman
(Musée du Louvre)

Les collections du Louvre et du garde-meuble contiennent de nombreux et très somptueux échantillons du style de Benneman, qui peuvent faire oublier la perte du bureau ou du fauteuil mécanique
faits pour Louis XVI, que mentionnent les *Comptes* de 1786. On trouvera ici reproduits quelques-uns
de ces meubles qui suffisent complètement à donner une idée de son style. Une grande commode
en acajou, en forme de bas d'armoire, est flanquée de termes de femme à l'égyptienne qui prouvent
surabondamment que Benneman sacrifiait à la mode pour l'antiquité. Mais ce n'est pas dans ces
compositions, qui rappellent un peu par leur galbe les meubles de Dugourc, que Benneman montre
surtout son style : c'est dans les deux buffets du Louvre au chiffre de Marie-Antoinette, dans la
grande commode du même Musée portée par des griffes de lion et au devant duquel on voit deux
colombes se becquetant au milieu d'une guirlande de fleurs, au-dessus de l'arc de l'Amour, dans les
commodes du garde-meuble décorées de trophées ou ornées de délicats rinceaux entourant une plaque

de biscuit de Sèvres qu'on trouve Benneman tout entier. Ces meubles sont d'aspect massif et grandiose. Ils représentent en quelque sorte une réaction contre le joli et le délicat des meubles de Dugoure, dont les lignes très féminines n'étaient plus en harmonie parfaite avec l'architecture d'un Belanger, d'un Soufflot ou d'un Lequeu. A l'horrible simplicité d'une architecture massive de prison ou de château-d'eau, mélange bizarre de gréco-romain et d'égyptien, il fallait des meubles riches sans doute, puisque la mode le demandait, mais qui fussent eux-mêmes d'un volume et d'une forme qui, par sa lourdeur, inspirât le respect. N'était la beauté des bronzes qui font tout le mérite des meubles de Benneman, on pourrait tenir cet ébéniste pour un des êtres qui ont exercé sur le développement du mobilier français la plus déplorable influence.

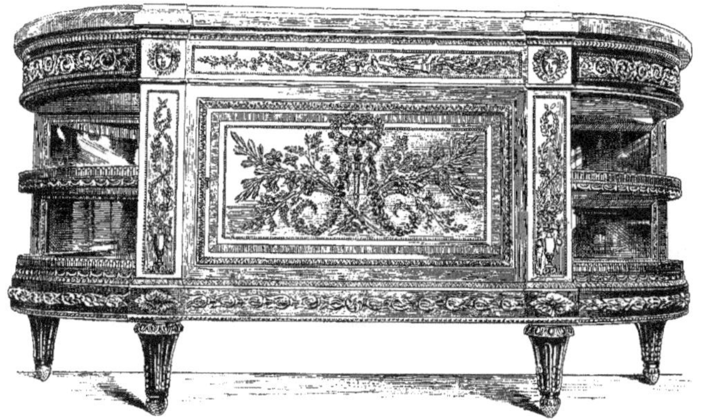

GRAND MEUBLE DE SALLE A MANGER
en acajou et bronze doré, orné de glaces, au chiffre de la reine Marie-Antoinette, par Benneman
(Musée du Louvre)

On a supposé que Dugoure avait prêté son concours à Benneman pour la création de ces meubles. Jusqu'à preuve certaine du contraire, je me refuse à le croire. Ces formes lourdes rappellent beaucoup plus certaines tendances des décorateurs de la fin du règne de Louis XV, et Benneman est issu de Delafosse dont certaines compositions sont d'une lourdeur inimaginable. De plus, il ne faut pas oublier que Benneman, ainsi qu'un autre ébéniste qui l'aida pour la commode du garde-meuble ornée d'un trophée de bronze, Joseph Stockel, étaient Allemands, et que parfois, dans l'interprétation du style dit français, ils ont pu avoir la main un peu lourde. La multiplication, à Paris, des ébénistes allemands, à la fin du xviiie siècle, constitue un facteur dont il faut, dans une certaine mesure, tenir compte. Depuis longtemps sans doute, l'ébénisterie parisienne comptait des représentants nés en Allemagne — Riesener en est le plus illustre exemple, — mais à la longue, le nombre de ces ouvriers étrangers toujours croissant a neutralisé l'influence que pouvaient exercer les dessinateurs et les architectes français, et il est évident, quand on examine les meubles du règne de Louis XVI — époque à laquelle les artistes allemands, de valeur diverse du reste, ont pullulé — que l'influence de ces artisans n'a pas été sans s'exercer sur les décorateurs eux-mêmes, dont la mission était de créer des modèles : à tout prendre, chez un De Lalonde on trouve beaucoup de points de contact avec Benneman et avec tous les architectes qui, à leur tour, se sont inspirés du style à la mode pour créer de nouvelles compositions. L'art français, à plusieurs moments de son développement, a tiré un assez bon parti des éléments que lui fournissait le contact avec l'art étranger. Mais encore fallait-il que cette influence étrangère s'exerçât dans certaines conditions, qu'elle ne s'introduisît dans notre art national que dans une certaine proportion. Autrement, au lieu de concourir à son développement normal en lui fournissant de nouveaux éléments de vie, elle l'eût étouffé. C'est un peu ce qui s'est passé pour l'art du meuble à la fin du XVIIIe siècle : sous l'influence des ébénistes allemands trop nombreux, le mobilier français, l'agencement de ce mobilier à l'intérieur des appartements s'est modifié trop vite, sans que les artistes de notre pays aient eu le temps de

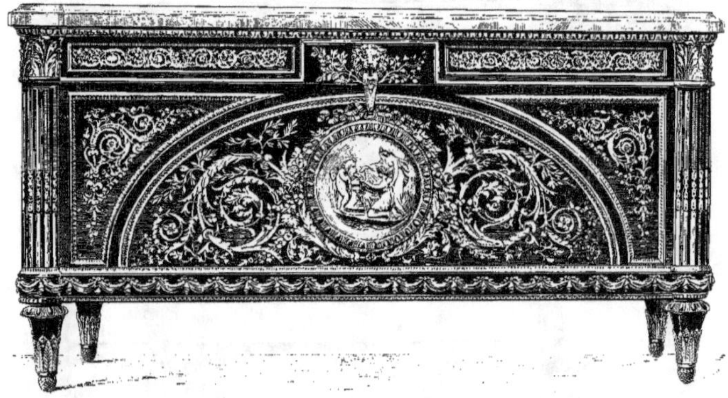

décorée de bronzes dorés et d'un médaillon en biscuit de Sèvres, par Benneman
(Mobilier national)

s'assimiler tous ces apports de l'étranger. Il en est résulté un style étrange, lourd d'allures, et dans lequel on a peine à reconnaître le vrai style français.

Une série de dessins de meubles dus à l'architecte Lequeu[1] nous fournit les détails les plus circonstanciés sur l'ameublement de la fin du règne de Louis XIV, au sujet de la disposition et de la sculpture des lits surtout, mais aussi au sujet de la forme des meubles et de leur disposition dans les appartements. Tous ces meubles dessinés par Lequeu étaient destinés à prendre place dans l'hôtel Montholon[2], construit par Soufflot. On trouvera ici la reproduction de quelques-uns de ces dessins qui sont particulièrement précieux parce qu'ils représentent non des projets mais des meubles soigneusement cotés dans toutes leurs parties, et qui ont été exécutés. Non seulement Lequeu nous indique d'une plume un peu lourde la disposition des draperies, mais il nous dessine les bois qui supportent ces draperies. Nulle part on ne peut trouver, exprimés d'une façon plus complète, les procédés de fabrication du style dit de Louis XVI. Ils sont étalés sans voiles et, à dire vrai,

1. Bibliothèque Nationale, département des Estampes, Recueil V^e, 92. | 2. Boulevard Poissonnière, n° 23. La façade existe encore.

cette franchise ne me paraît pas devoir tourner à l'avantage du style. Il est difficile d'imaginer quelque chose de plus pauvre et de plus lourd que ces faisceaux de javelots formant les colonnes des lits, que les carquois remplis de flèches qui se dressent à droite et à gauche du chevet. Je sais bien que l'exécution pouvait, dans une certaine mesure, racheter les défauts inhérents à semblable composition. Mais adopter une pareille manière de voir serait de l'optimisme, malgré tout ce que nous savons de l'exécution impeccable des artistes du règne de Louis XVI : quand on examine l'ornementation de la bibliothèque au-dessus de laquelle se dressent de maigres vases se détachant sur un fond peint de festons encadrant les médaillons d'Homère, de Cicéron et de Socrate, on se demande ce qu'il restait à faire à Percier pour engendrer la maigreur qui caractérise son style. Non que je méprise Percier, qui fut un architecte de très grand talent, mais, en fait de mobilier, Percier ne put que suivre le goût de son époque et même l'aggraver.

Sous le règne de Louis XVI, ces ébénistes étrangers, dont je signalais tout à l'heure l'influence sur le style du mobilier, deviennent légion. Si parmi ceux qui travaillent pour la cour figurent encore nombre de Français tels que Vernier, Magnien[1], Lucien[2], Héricourt, Séné, Guiart, Roussel, Daguerre[3], d'autres encore, ces artistes sont loin d'occuper la situation, d'avoir la vogue des artistes allemands, de très grand talent du reste, qui sont chargés de commandes importantes. Birklé, Allemand de naissance, ainsi que l'indique suffisamment son nom, revient souvent dans les *Comptes* de la cour[4], mais les travaux qu'il exécute ne comptent que médiocrement auprès des œuvres qui sont exécutées par Adam Weisweiller, peut-être né à Neuwied et par conséquent compatriote de David Roentgen, dont on parlera tout à l'heure. Weisweiller (reçu maître en 1778) a produit deux ou trois petits chefs-d'œuvre dans le style généralement adopté pour l'ameublement du château de Saint-Cloud que la reine acquit en 1785. On trouvera ici la reproduction d'une petite table-bureau qui a été rachetée sous le second Empire pour le Musée du Louvre, à la vente du prince de Beauveau, et dont le pendant se trouve dans la collection

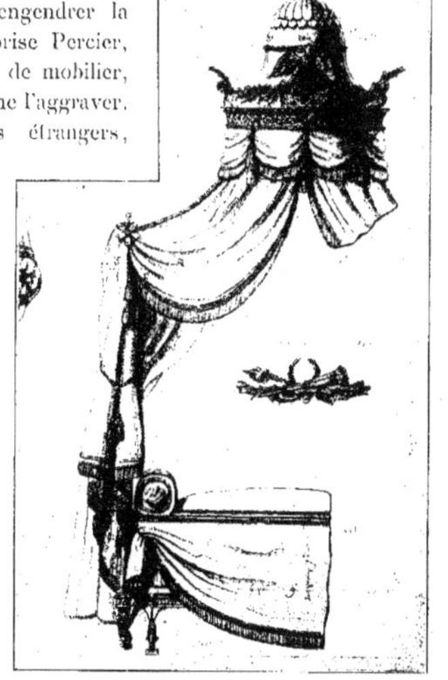

MODÈLE DE LIT

dessiné par Lequeu pour le mobilier de l'hôtel Montholon

(Bibliothèque Nationale, département des Estampes)

1. Magnien, ébéniste : 30 octobre 1786 : « Pour le service du roy : Fourni une commode de 5 pieds pour Madame la princesse de Lamballe en bois de noyer à 4 tiroirs fermant à clef, garniture à l'anglaise, et en couleur, à dessus de marbre de Flandre, 65 liv. » (Bibliothèque Nationale, manuscrit français 7817, f° 36 r°.)

2. Lucien, ébéniste : 16 mai 1786 ; « Pour le service de M. le Contrôleur général, fourni une table à écrire en bois de noyer, 24 livres. » (Bibliothèque nationale, manuscrit français 7817, f° 18 r°.) — [Versailles.] « 2ᵉ antichambre : Une table à écrire en bois de noyer..... Beuneman l'a fait mettre en couleur d'acajou, 19 liv. » (*Ibid.*, f° 18 r°.)

3. Daguerre, ébéniste [1786] : « Versailles ; service de M. le Contrôleur général. Garderobbe : Une chaise d'affaire en bois d'acajou avec compas et seeau de fayence blanc de Rouen, 60 liv. Une table de nuit en bois d'acajou, à deux marbres blanc avec portant et sabots en couleur [d'or] et roullettes, 48 liv. Un bidet en bois idem, garni en maroquin, clouds dorés, fayence blanche de Rouen, seringue, 96 liv. » (Bibliothèque Nationale, manuscrit français, n° 7817, f° 19.) — Septembre 1786. Fontainebleau : « Chambre des bains. Fourni une consolle de 4 pieds de longueur sur 34 pouces de largeur garni de frises en canneaux et culots, sabots et chapitaux dorés d'or moulu adapté sur bois jaune et dessus de marbre blanc, 600 liv. » (*Ibid.*, f° 34 r°.) « Pour le caffé du roy : une commode à deux vanteaux fermant à clef de 3 pieds de longueur, d'ancienne marqueterie représentant des cubes l'un sur l'autre avec dessus de marbre brèche d'Alep, 120 liv. » (*Ibid.*, f° 35 v°.)

4. Bircklé, ébéniste : 19 juin 1786 : « Pour le service de Madame, fille du roy. Fourni une table à écrire de 36 pouces de longueur en bois d'acajou massif ayant à chaque bout un tiroir fermant à clef dont un est garni d'encrier et poudrier de cuivre argenté, entrées et sabots doré d'or moulu, le dessus de maroquin verd, la ditte table du prix de 88 liv. » (Bibliothèque Nationale, manuscrit français n° 7817, f° 17 v°.) —

de M. le baron Edmond de Rothschild. Mais tandis que, dans la table possédée par le Louvre, le plateau est composé de pièces de vieux laque, dans l'exemplaire de la collection Rothschild ce plateau est formé de trois plaques de porcelaine de Sèvres. A la ceinture, les bronzes admirablement ciselés se détachent sur un fond d'acier poli, et les pieds sont tout en bronze. Tout cela, à dire vrai, est très sec de profil; le style français s'achemine à grands pas vers des combinaisons de lignes qui se trouvent aussi dans certains ouvrages de Riesener, et qui présagent les pauvretés du style Empire. Dans la collection de M. le baron Edmond de Rothschild se trouve aussi, d'après M. de Champeaux[1], un secrétaire d'ébène et de laque qui, à l'origine, accompagnait à Saint-Cloud la table du Louvre. Ce sont là des œuvres exceptionnelles, des chefs-d'œuvre de délicatesse d'exécution qui sont plutôt rares, même parmi les meubles créés à l'époque où la reine Marie-Antoinette faisait des folies pour l'ameublement de sa nouvelle résidence de Saint-Cloud.

Un artiste allemand, assez inconnu du reste, mais excessivement habile comme marqueteur, Schlichtig, a signé une commode que possède M. le comte I. de Camondo et que reproduit la planche XIX, n° 2. La forme adoptée par Schlichtig n'est pas différente de celles que Leleu, Saunier ou Riesener donnaient le plus généralement à leurs commodes, mais la marqueterie se ressent des vieilles traditions allemandes : les bois diversement teintés ne suffisent plus à notre artiste pour rendre des tableaux qu'il rêve aussi compliqués que sur les cabinets allemands du XVIe siècle : pour reproduire des perspectives de théâtre, ou la conversation de belles dames attifées à la dernière mode avec de beaux seigneurs, il a recours aux incrustations d'os ou d'ivoire, de nacre même; il a employé

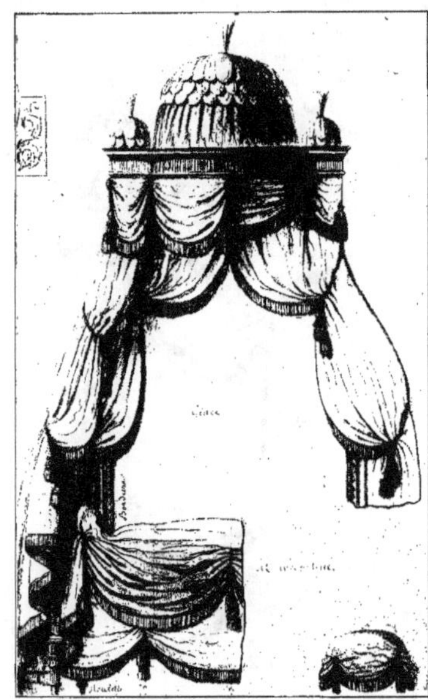

LIT DESSINÉ PAR LEQUEU
pour le mobilier de l'hôtel Montholon
(Bibliothèque Nationale, département des Estampes)

cette dernière matière pour tracer le chiffre de la reine aux angles de son meuble qui offre une assez grande ressemblance avec une commode faisant, avant la Révolution, partie du mobilier du comte d'Artois[2]. Charles Richter, auteur d'un grand meuble en bois d'amarante, au chiffre du roi, que

« Versailles. Cabinet du Ministre. Fourni un corps de tablettes à dessus de marbre en bois d'acajou massif de 3 pieds de longueur sur 15 pouces de largeur, 33 pouces de hauteur, 2 tablettes, en bois d'acajou massif avec son sabot doré, 100 liv. » (*Ibid.*, f° 18 r°.) — « 2 encoignures en bois d'acajou massif à dessus de marbre, 115 liv. » (*Ibid*, f° 19 r°.)

1. *Le Meuble*, II, p. 280.

2. Inventaire des meubles de « la femme de Charles Philippe Capet » [Marie-Thérèse de Savoie, femme de Charles-Philippe comte d'Artois] dressé à Versailles le 9 janvier 1795 « par les citoyens Riesener, Lignereux et Julliot, en présence des citoyens Gondoüin et Le Clerc, représentants de l'union des créanciers de cet émigré. » (*Archives du Musée du Louvre*, Z² E C.) — « N° 5. Une commode en bois plaqué à vantaux à personnages représentant des scènes de comédie ainsi que sur les côtés, à trois tiroirs dans la parclause, recouvert de braté, guirlandes formant anses et feuilles de lauriers, le tout en bronze doré au mat et encadrement de perles enfilées, à dessus de marbre bleu turquin, de deux pieds huit pouces de haut, 4 pieds de large et 2 pieds de profondeur, 4000 liv. » Le même inventaire renferme du reste la description d'un assez grand nombre de meubles tout à fait luxueux; j'en extrais seulement — il faudrait tout citer — les articles suivants : « N° 3. Un petit bureau en bois de rose orné de dix sept tableaux et frises de porcelaine de Sèvres fond blanc à bouquets de fleurs coloriées avec ornements de bronze et galerie dorée d'or moulu de 24 pouces de large, 14 pouces de profondeur et 2 pieds 7 pouces de haut, 3600 liv. »

possède le Musée de South Kensington[1]; Jean-Philippe Feuerstein, Pierre Schmitz, Gaspard Schneider, auteur d'un guéridon orné de peintures sous verre conservé à Trianon; Jean-Gottlieb Frost, Jean-Frédéric Bergeman et Georges-Pierre-Auguste Blucheidner[2] représentent la menue monnaie de cette énorme colonie allemande qui n'eut jamais tant de succès qu'à l'époque de Marie-Antoinette. Nous manquons de renseignements non pas sur les attaches que ces ébénistes avaient avec la cour, puisque des meubles fabriqués pour le roi et portant leurs signatures existent, mais sur

la façon dont ils parvinrent peu à peu à déposséder en quelque sorte les artistes français. Je le répète, j'imagine que cet appui inattendu donné à des artistes étrangers, plutôt portés par l'absence de style personnel à exagérer les tendances de la mode, dut avoir de très nombreuses conséquences sur le développement de l'art français. Si on songe que ces artistes allemands possédaient une admirable technique, une exécution scrupuleuse dans le détail que n'avaient guère connu les artistes de notre pays qui, un peu à l'italienne, voyaient surtout l'ensemble, on arrive à cette conclusion que ce qu'on a appelé le style Empire est issu directement de cette influence allemande : tout a été sacrifié à l'exécution aux dépens de tout sentiment véritable de la forme et de l'art. Les meubles de Jacob sont l'expression suprême de ce genre qui, à son tour, a fait école dans toute l'Europe sous le nom de style français, alors que par ses origines ce genre était plutôt étranger. Ce que je viens de dire passera assurément pour un paradoxe près de ceux qui ne se rappelleront pas qu'à partir de la Renaissance tout au moins

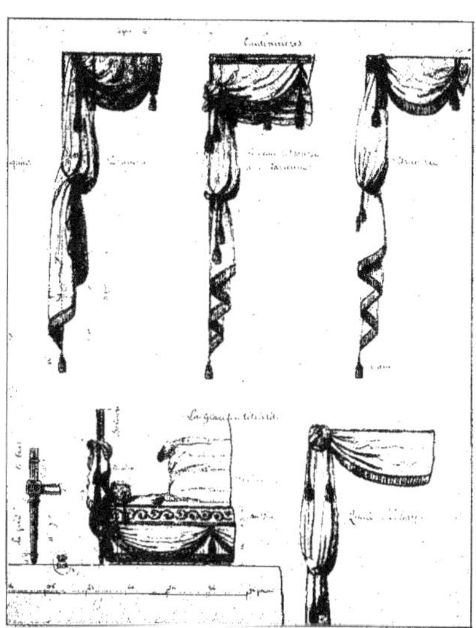

MEUBLES ET DRAPERIES
dessinés par Lequeu pour le mobilier de l'hôtel Montholon
(Bibliothèque Nationale, département des Estampes)

l'art français a toujours eu besoin d'une sorte de ferment venu de l'étranger pour prendre à son tour un essor tout à fait inattendu : le style Louis XIV est, à tout prendre, un fils assez direct du style italien modifié et redressé par des gens de génie; le style de la fin du xviiie siècle a été — pour moi la chose est évidente, — modifié par une invasion d'art étranger, cette fois très brutale. Seulement cette invasion s'est produite à un moment critique. Très probablement, sans la Révolution, elle eût été absorbée, assagie, dépouillée de ses éléments exagérés : les artistes français en auraient pris les éléments raisonnables pour les faire nôtres et les développer dans un autre sens, sorti plus directement du génie national. Les événements politiques n'ont point permis cette tranformation, ce

---

— N° 6. Un secrétaire à bascule en bois de rose garni de neuf panneaux de porcelaine dont quatre médaillons représentant des paniers et bouquets de fleurs, ornés de frises, carderon, galerie découpée à jour, rosaces, chute, encadrements en bases et sabots, le tout de bronze doré d'or moulu, de 3 pieds 8 pouces de haut, 2 pieds 4 pouces de large et 14 pouces de profondeur, 6000 liv. »

1. A. de Champeaux, *Le Meuble*, II, p. 278.
2. *Ibid.*

travail d'élaboration nécessaire, et, le jour où il eût pu se produire, les mains ont manqué pour mettre au jour des œuvres d'une exécution telle que leur style nouveau pût faire la mode : le style néo-gothique de la Restauration — il se manifeste déjà sous l'Empire — fut un échec, car ceux qui en traduisaient l'esprit n'étaient que des maladroits : mais supposez un instant un style néo-gothique, un style moyen-âge traité par un Riesener ou un Gouthière, développé avec autant de talent que le style pseudo-grec sur lequel ils ont porté leurs efforts, et nous avions des créations qui n'auraient rien eu de commun avec le style des pendules de Louis XVIII ou de Charles X. Sous le premier Empire, les hommes ont manqué pour digérer et assimiler à l'art

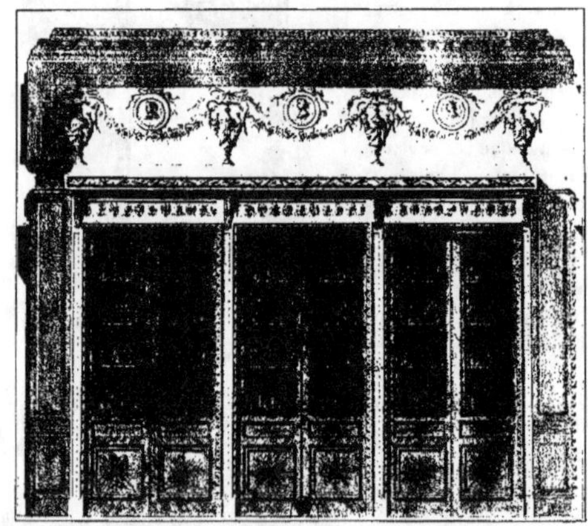

Dessin de Lequeu

pour la décoration de l'hôtel Montholon : « Élévation de la salle d'audience, côté de la Bibliothèque »

(Bibliothèque Nationale, département des Estampes)

français les plus récentes importations étrangères. Il y a eu un oubli momentané des traditions séculaires de l'art français, et de cet oubli l'art industriel a vu son développement logique arrêté pour longtemps.

L'une des œuvres d'ébénisterie les plus considérables exécutées pour la reine Marie-Antoinette, une grande armoire à bijoux qui, après avoir figuré au Louvre, est aujourd'hui déposée à Trianon, est encore l'œuvre d'un artiste allemand, Jean-Ferdinand Schwerdfeger (reçu maître en 1786). A dire vrai, l'ébénisterie est dans ce meuble peu de chose, car, bien que nous n'ayons pas de renseignements exacts à cet égard, le dessin a été évidemment fourni par un architecte, et dès lors l'ébéniste n'avait plus qu'à suivre littéralement un plan dans lequel le bronzier et le ciseleur jouaient un rôle bien autrement important. Il est probable que c'est à Thomire qu'il faut attribuer les admirables bronzes ciselés, les cariatides, les guirlandes soutenues par des têtes d'aigle, les trois figures représentant la Richesse, l'Art et le Commerce, qui forment le couronnement du meuble et soutenaient autrefois la couronne royale. Ces grandes cariatides symbolisant les Saisons sont proches parentes des figures, qui servent d'anses au célèbre vase de porcelaine de Sèvres, monté par Thomire, que possède le

1

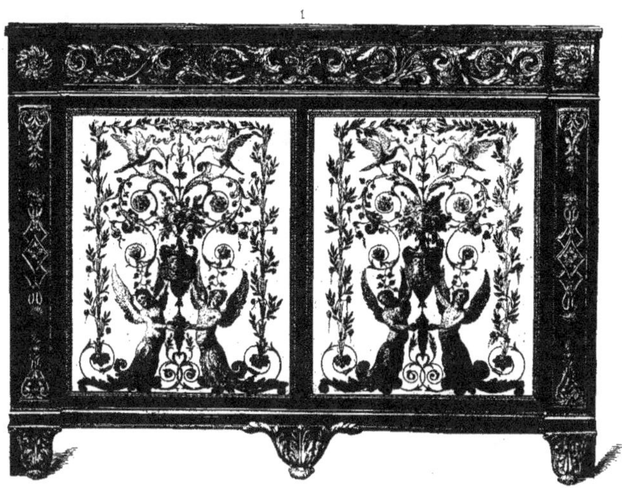

2

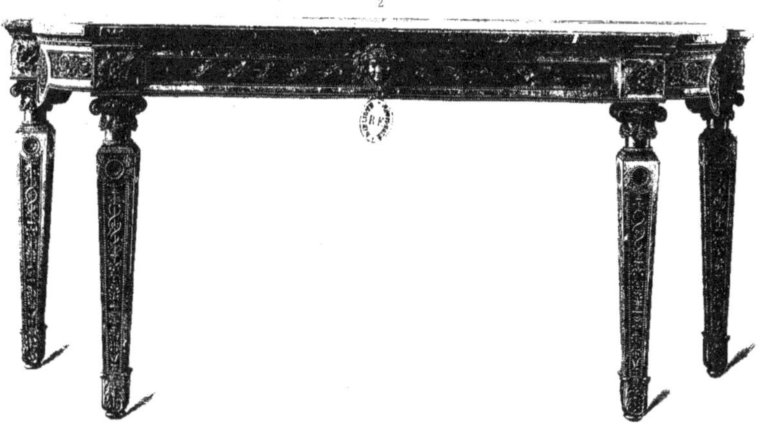

1.MEUBLE A HAUTEUR D'APPUI DÉCORÉ DE PEINTURES SUR VERRE
ÉPOQUE DE LOUIS XVI
(Collection de M le Comte de Camondo)
2.CONSOLE EN MARBRE BLEU TURQUIN
BRONZES ATTRIBUÉS A GOUTHIÈRE. ÉPOQUE DE LOUIS XVI
(Collection de M. le Comte de Castellane)

Louvre [1]. Sur le panneau central de l'armoire à bijoux est enchâssé dans un grand médaillon de bronze ciselé et doré représentant les Arts libéraux. Tout le reste de la décoration se compose de délicates peintures exécutées sous verre, soit en camaïeu soit en couleur et sur fond d'or, par Degault, le miniaturiste bien connu. Certaines de ces peintures portent la date de 1787 qui est peut-être l'indication de l'achèvement d'un meuble dont on peut à coup sûr condamner les tendances artistiques, mais dont l'exécution est une pure merveille. L'idée d'introduire des peintures sous verre dans un cadre de bronze et d'ébénisterie n'est pas heureuse; mais est-elle plus condamnable que l'usage de la porcelaine de Sèvres, dont le rôle dans le mobilier est plutôt blâmable? Dans la

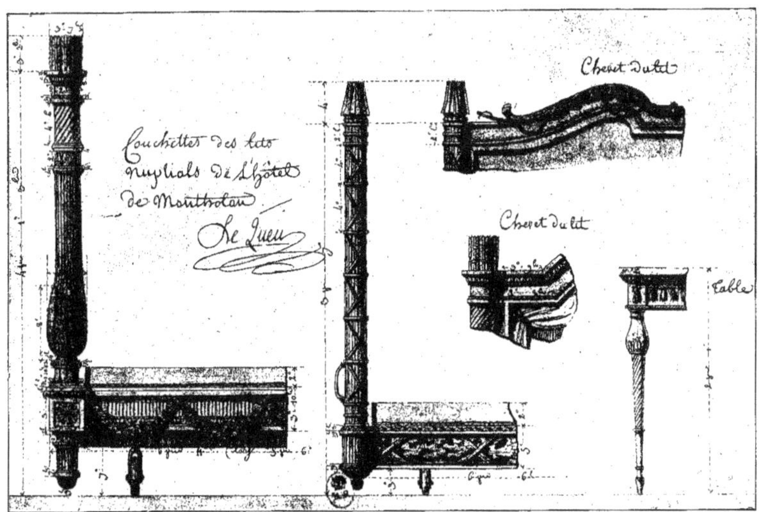

MODÈLES DESSINÉS PAR LEQUEU
pour le mobilier de l'hôtel Montholon (Bibliothèque Nationale, département des Estampes)

collection de M. le comte I. de Camondo on trouve une commode en forme de bas d'armoire, décorée de bronzes, dont les vantaux sont formés de deux panneaux de verre appliqués sur un fond blanc et peints extérieurement en couleur d'un charmant décor de style antique. Il y a là une transformation du procédé employé par Degault pour la décoration de l'armoire de la reine, tout à fait importante à signaler. Le faire plus large, bien que l'exécution soit probablement due au même artiste, rappelle beaucoup les belles boiseries peintes qui sont conservées au château de Fontainebleau. Aussi bien, l'exécution faite à l'extérieur du verre permettait-elle de se rapprocher davantage de la peinture

---

1. Le grand vase n'a été exécuté définitivement par Thomire qu'à la fin du xviii° siècle. Mais les deux autres vases de même forme et de même monture, de proportions infiniment moins considérables, également au Louvre, datent du règne de Louis XVI. Ils figurent dans les inventaires révolutionnaires parmi les objets réservés pour les collections du Museum. Portés ensuite au Ministère de l'Intérieur, ils ont fait partie du mobilier de ce ministère jusqu'à ces dernières années qu'ils ont été restitués au Louvre.

décorative (voyez ce meuble, pl. XXI). Les bronzes de la ceinture de cette commode se retrouvent assez fréquemment, presque identiques, sur certains travaux de Riesener et de Leleu, de sorte qu'il est impossible de deviner à quel ébéniste on devrait faire honneur de ce beau meuble.

A l'œuvre de Schwerdfeger, M. de Champeaux[1] préfère une autre armoire à bijoux aux armes de France et de Savoie, qui fait partie des collections du château de Windsor. Les dispositions de l'une et de l'autre sont les mêmes, mais ce meuble a évidemment l'avantage de ne point présenter une décoration d'une polychromie aussi peu raisonnée que l'armoire de Trianon. Les créateurs des modèles

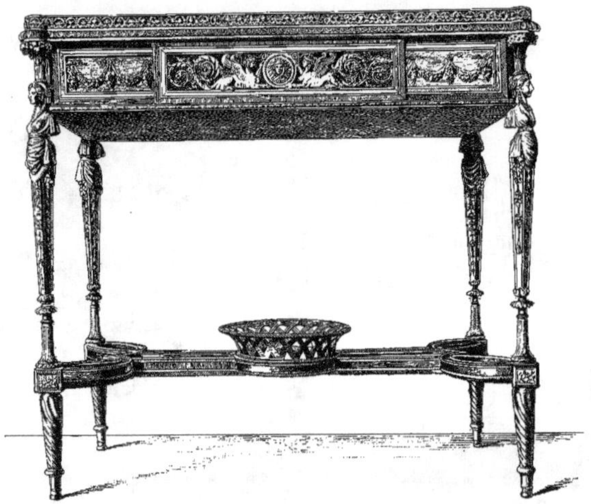

Petit bureau : laque, acier et bronze doré
provenant du mobilier de la reine Marie-Antoinette, par Adam Weisweiller
(Musée du Louvre)

ont, du reste, très probablement été les mêmes ou le même, Gondouin ou Cauvet; pour ma part, je trouve difficile de décider entre les deux meubles que je trouve, par goût personnel, aussi mauvais l'un que l'autre. Mais cette réserve faite, je reconnais que ce sont des types excellents du mobilier français de la fin du XVIIIᵉ siècle.

Après les peintures sous verre ou sur verre, on ne s'arrêta pas en si beau point, et l'enfantillage des artistes en quête de moyens inédits de décorer les meubles trouva de nouvelles ressources : l'ancien médaillier du château de Versailles, que possède maintenant M. le baron Alphonse de Rothschild, est orné de papillons et d'oiseaux exécutés sous verre au moyen de plumes d'oiseaux et d'ailes de coléoptères[2]. Quel que soit l'effet produit par ces travaux de patience, qui, à distance, simulent des peintures véritables, on peut déplorer que des artistes de valeur se soient abaissés à l'exécution d'œuvres assurément très soignées mais tout à fait indignes de leur talent. En face de semblables

1. *Le Meuble*, t. II, p. 282. | 2. *Ibid.*, p. 288.

aberrations, on comprend que d'autres artistes aient considéré comme un idéal souhaitable la nudité et la simplicité excessive et tout à fait antique de certains autres meubles de la fin du xviiie siècle ou du commencement du xixe siècle.

A côté des ébénistes allemands, devenus presque français par un long séjour à Paris et une longue accoutumance du style français — Riesener en est le plus illustre exemple, — on ne saurait passer sous silence un homme qui, au point de vue de la fabrication des meubles, a joui, à la fin du

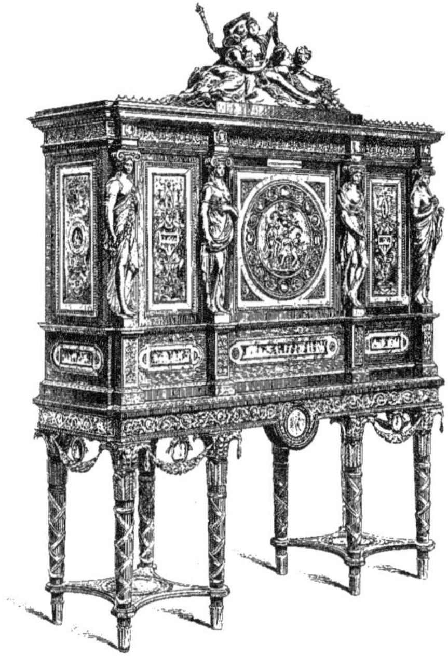

ARMOIRE A BIJOUX
de la reine Marie-Antoinette, par Jean-Ferdinand Schwerdfeger, Degault et Thomire (Mobilier national)

xviiie siècle, d'une incontestable célébrité. David Roentgen, de Neuwied, quand il devint ébéniste-mécanicien de la reine Marie-Antoinette, quand il fut reçu maître, en 1780, dans la communauté des ébénistes, était, depuis plusieurs années déjà, connu en France. Dès 1774, Roentgen (né à Herrenhag, en 1743, d'Abraham Roentgen, ébéniste, et de Suzanne-Marie Bausch), était venu en France [1], non seulement pour s'y mettre en rapport, par l'intermédiaire du graveur George Wille, avec des artistes, mais aussi pour y trouver, autant que possible, un débouché à ses produits d'ébénisterie. Dès 1779, il avait exposé des meubles à Paris [2], et les œuvres du disciple des Frères Moraves avaient été

1. *Revue des Arts décoratifs*, 1884, p. 386. | 2. A. de Champeaux, *Le Meuble*, II, p. 272.

remarquées : leur marqueterie rompait avec les procédés généralement employés et qui consistaient à ombrer en brûlant ou teignant le bois : la marqueterie de Roentgen et des ouvriers employés par lui consistait en une véritable mosaïque, très minutieusement exécutée, à l'aide d'autant de fragments de bois de différentes couleurs que le modèle comportait de teintes : dans ce travail nul artifice n'était possible, et on revenait à l'exécution en une matière végétale des procédés employés par les mosaïstes florentins, qui faisaient un usage si exact et si judicieux des minéraux. M. de Champeaux [1]

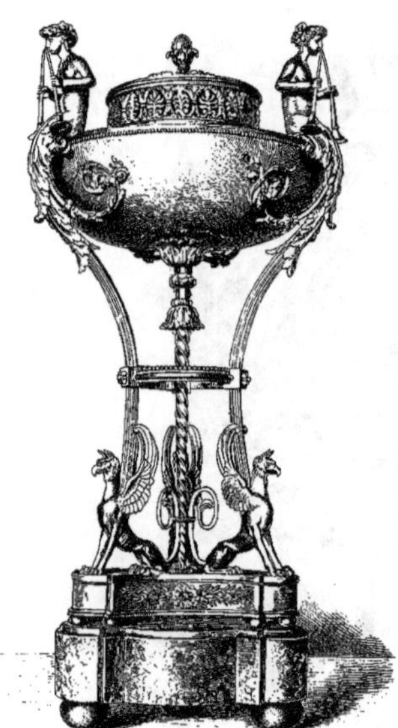

BRULE-PARFUMS EN BRONZE
par Thomire (Musée du Louvre)

a donné, d'après les *Nouvelles de la République des Lettres et des Arts*, la description d'un bureau que le roi aurait acheté 80.000 livres, en 1779, de Roentgen, et dont, pour ma part, je n'ai pu retrouver la trace. « Ce meuble, de onze pieds de haut sur cinq de large, représentait une grande commode surmontée d'un arrière-corps. Sur le devant étaient sept panneaux de marqueterie symbolisant les arts libéraux. Sur la porte du milieu était la personnification de la sculpture occupée à graver le nom de la reine sur une colonne à laquelle Minerve attachait le portrait de Sa Majesté. Les ornements de la partie inférieure étaient d'ordre dorique, ceux du milieu d'ordre ionique, et au-dessus d'ordre corinthien avec des moulures et des chapiteaux de bronze doré. L'intérieur de ce bureau, très compliqué, était un chef-d'œuvre de précision; au-dessus était une pendule surmontée d'une coupole représentant le Parnasse exécutant douze airs différents. La pendule et la partie musicale étaient de Kintzing, qui travaillait pour la fabrique de Roentgen. Une partie du travail avait été également exécutée par le marqueteur Chrétien Krause. »

Roentgen a joui d'une renommée européenne, mais on peut regretter que, dans les travaux qu'il a exécutés en France, il n'ait pas cru devoir se conformer aux règlements de la communauté des ébénistes, en sorte que ses œuvres ou ne portent aucune signature ou portent des monogrammes dont l'interprétation demeure toujours hypothétique. Cependant la manière tout à fait particulière dont notre artiste comprenait la marqueterie rend relativement aisée l'attribution de certains meubles à Roentgen. Au Musée de South Kensington existent trois tables ovales en marqueterie, qui paraissent bien devoir être attribuées au maître : l'une d'elles offre des marqueteries en camaïeu bleu sur fond de bois satiné qui sont très caractéristiques de l'ébéniste de Neuwied. M. de Champeaux, qui a fait, tant au Musée de South Kensington que chez M. le baron Alfred de Rothschild ou chez M. Bocher, une étude particulière de Roentgen, signale, entre autres, deux panneaux « utilisés pour garnir un bureau plat, de style Louis XVI, dont l'entourage est formé de plaques de Sèvres. Les sujets, représentant la Géographie et le Commerce maritime, sont traités avec une largeur extraordinaire et offrent cette particularité peu ordinaire d'être signés du monogramme R suivi d'un chiffre

1. *Ouvr. cité*, p. 270.

non encore expliqué $\frac{4}{R}$ n° IZ ». Ce chiffre 4, accompagné d'une croix surmontant l'initiale R, n'est en réalité qu'un signe de commerce analogue à ceux que nous voyons tracés sur mainte œuvre beaucoup plus ancienne, tant en France qu'en Allemagne, parfois même sur des ballots de marchandises figurés dans des estampes. Les initiales D. R. (Daniel Roentgen) gravées sur la marqueterie de certains meubles, sont l'exception. En réalité, Roentgen, du moins jusqu'ici on doit le croire, n'a point fait usage de l'estampille à laquelle ses compatriotes acclimatés en France s'étaient astreints. Les collections de l'État, en France, sont peu riches en meubles attribuables à Roentgen. Toutefois,

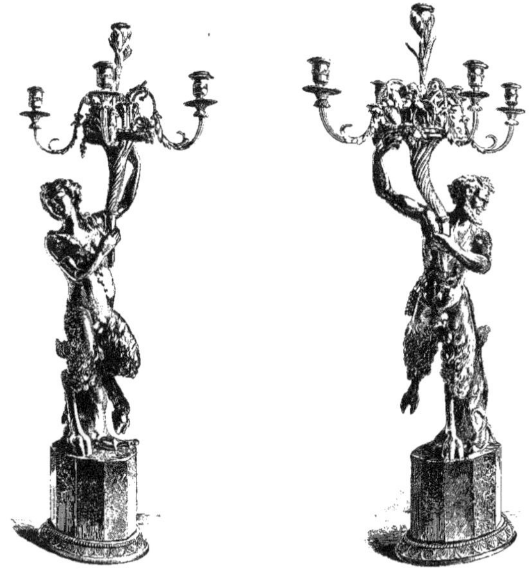

Candélabres en bronze
Modèle de Clodion (Ancienne collection Seillière)

peut-être doit-on considérer comme de lui une table conservée à Versailles et un grand bureau à cylindre, en acajou, offert au roi Louis XVI par les États de Bourgogne. Ce bureau, très lourd de formes, orné du médaillon du roi en bronze ciselé placé sur la face de son couronnement, est au mobilier national. C'est une œuvre parfaitement exécutée au point de vue de l'ébénisterie, mais des travaux de ce genre ne légitimeraient en rien le succès de Roentgen auprès de ses contemporains ni une comparaison de son talent avec celui de Riesener. Il est même assez curieux de constater combien différemment le style français a pu modifier le talent de l'un et de l'autre : car tous deux étaient Allemands, il ne faut pas l'oublier, et il ne saurait être question de placer Riesener au nombre des artistes de notre pays; mais, vivant en France, son talent s'est formé pour ainsi dire sous l'influence française, et il a mis son admirable habileté technique au service de notre art. Tout au contraire, Roentgen, ayant passé la plus grande partie de son existence en Allemagne et y faisant travailler des Allemands, ne pouvait subir cette influence que par reflet pour ainsi dire. Dès lors, cette influence ne pouvait être assez forte pour modifier très sensiblement son style, et on s'en aperçoit de reste dans le régulateur signé de Roentgen et de Kintzing, « à Neuwied, » que possède le Conservatoire national des Arts et Métiers. Roentgen, qui ne travailla jamais d'une façon fixe à Paris, quitta la France à l'époque de la Révolution et, comme maître faisant partie de la communauté des ébénistes, il fut considéré comme émigré et ses biens furent saisis. En réalité, ce fut surtout pour l'Allemagne et la Russie que travailla la manufacture de Neuwied, fondée par Abraham Roentgen puis laissée par lui à son fils en 1772. Dans un article excellent publié par M. Ernest Zaïs [1], on trouve de très nombreux renseignements sur ces travaux, et on me permettra d'en reproduire ici quelques extraits particulièrement intéressants pour ceux qui étudient les meubles de la fin du xviii° siècle [2]. Le même auteur a eu l'heureuse idée de réunir des indications sur quelques collaborateurs ou élèves de Roentgen, tels que Henri Streuli, originaire de Zürich, auteur de panneaux de marqueterie imitant des tableaux, et qui a vécu surtout à Ebersdorf, dans la princi-

---

1. *Gazette des Beaux-Arts*, 1890, 3ᵉ période, t. III, p. 180 et suiv.

2. « David donna un nouvel essor à cette fabrique (de Neuwied). Elle renfermait cent établis. Outre les menuisiers elle comptait dix ouvriers en bronze et autant de serruriers et de mécaniciens. L'établissement était situé dans la Pfarrgasse (rue du Curé). Pendant quelque temps, Roentgen avait pour associé l'horloger Pierre Kinzing (né le 21 décembre 1745, mort le 1ᵉʳ janvier 1816), un Mennonite, véritable génie pour ce qui concerne la mécanique. Kinzing fabriquait des pendules à carillon et des horloges astronomiques. David s'entendait merveilleusement à adapter ces objets à ses ouvrages. On raconte un trait qui prouve la collaboration de Kinzing aux ouvrages de Roentgen, et qui montre en même temps que David était un homme d'affaires ingénieux. En 1776, Roentgen transporta une grande quantité de meubles précieux à Saint-Pétersbourg. Il obtint une audience auprès de l'impératrice Catherine II. Quoique celle-ci se déclarât la protectrice de David, elle refusa pour le moment d'acheter aucun de ces meubles à cause des grandes dépenses qu'avait occasionnées la guerre contre les Turcs. Cependant l'impératrice fit à Roentgen l'honneur de venir regarder les meubles le lendemain. L'audience finie, arriva à Saint-Pétersbourg la nouvelle de la victoire navale remportée par les Russes sur les Turcs près de Tchesmé. Lorsque Catherine vint voir l'exposition que David avait faite de ses meubles, ses regards s'arrêtèrent sur un superbe secrétaire. Ce meuble portait une pendule faite avec beaucoup d'art et surmontée d'un génie qui arrêtait son burin sur le 6 juillet, date de la bataille de Tchesmé. C'était Roentgen qui, le matin même, avait gravé ces chiffres sur le cadran. Joyeusement surprise, l'impératrice acheta tout l'assortiment que notre artiste avait apporté à Saint-Pétersbourg.

« Dans les années 1780-1790, la fabrique de David était dans l'état le plus florissant. Frédéric-Guillaume II, roi de Prusse, nomma Roentgen, en 1791, conseiller intime de commerce et, quelque temps après, agent pour le cercle du Bas-Rhin de l'Empire, poste qui avait une certaine importance diplomatique.

« Les années de la Révolution occasionnèrent à Neuwied une grande agitation..... Tandis que dans le commencement, la ville, peuplée d'émigrés, ne faisait que tirer avantage des troubles de la Révolution, elle eut, au contraire, à partir de 1795, à souffrir de toutes les horreurs de la guerre. Neuwied essuya, au mois d'août, le bombardement des Français. Le premier passage du Rhin près de Neuwied, entrepris par les troupes françaises, eut lieu au mois de septembre de l'année 1795. Le général Hoche traversa le fleuve le 18 avril 1797.

« De grandes pertes, occasionnées par la guerre, firent, en 1796, prendre à Roentgen la résolution de se retirer des affaires (entre autres on lui avait saisi, à Naples, tout un magasin de meubles). David, après avoir séjourné quelque temps à Berlin et à Neudietendorf, colonie des Frères Moraves située près de Gotha, retourna à Neuwied en 1802. Il décéda, le 12 février 1807, à l'âge de 64 ans, à Wiesbaden, et fut enterré au cimetière de cette ville. Roentgen s'était rendu à Wiesbaden pour obtenir du duc de Nassau, le nouveau souverain, la confirmation des privilèges qui avaient été accordé, en 1756, aux Hernhutes de Neuwied. En 1806, Napoléon avait dépossédé le prince de Wied qui refusait d'entrer dans la Confédération du Rhin et avait déféré sa principauté au duc de Nassau.....

« Il n'est peut-être pas de château princier en Europe qui ne possède des ouvrages de Roentgen. Parmi les produits de sa manufacture rassemblés dans les collections publiques, les plus remarquables sont les deux immenses tables en marqueterie qui se trouvent au Musée des Arts industriels de Vienne ; elles représentent des sujets historiques et couvrent un mur entier de la salle où elles sont exposées.

« Le livre de J. Castéra (*Histoire de Catherine II, Impératrice de Russie*, Paris, chez Buisson, an VIII, tome III, page 330) contient un passage qui nous fait connaître un procédé technique particulier, l'incrustation des pierres précieuses, procédé qui ne se trouve que rarement employé dans les ouvrages de David. Voici le passage : « Les « palais de l'impératrice et ceux de plusieurs grands sont ornés de dif- « férents chefs-d'œuvre sortis de ses mains (Roentgen). On voit surtout « à l'Hermitage beaucoup de meubles et de pendules de son invention. « Ces ouvrages sont faits de divers bois que l'artiste, par une prépara- « tion particulière, a extrêmement durcis et rendus propres à durer « longtemps. Il les a en même temps polis si extraordinairement, qu'on « n'a pas besoin de frotter pour les conserver.

« La manière dont ces ouvrages sont exécutés est non moins admi- « rable que leur invention. On n'y distingue pas le moindre assem- « blage, et on croirait qu'ils ont été fondus d'un seul jet. Quelques-uns « sont garnis en bronzes d'un travail élégant et supérieurement dorés ; « d'autres ont des bas-reliefs et sont ornés de pierres précieuses et « d'antiques. Le plus parfait, peut-être, de ces chefs-d'œuvre est un « pupitre dont Catherine II a fait présent au Museum de l'Académie des « Sciences de Pétersbourg. Le génie de l'artiste a déployé dans cet « ouvrage toute son invention et sa fécondité. En l'ouvrant, on voit sur « le devant un groupe en bronze superbement doré, qui, dès qu'on « presse légèrement un ressort, disparaît et est remplacé par une « superbe écritoire, dans laquelle sont incrustées des pierres précieuses. « L'espace qui se trouve au-dessus de l'écritoire est destiné à renfermer « des papiers importants ou de l'argent. La main téméraire qui voudrait « se porter en cet endroit se trahirait bientôt elle-même ; car il suffit « d'y toucher pour faire entendre la musique douce et plaintive d'un « orgue caché au-dessous du pupitre. Il y a plusieurs petits tiroirs à « secret pour serrer les diverses choses dont on a besoin pour écrire. « Si l'on veut changer la table à écrire en pupitre pour lire, il y a en « haut une planche qui sort, et à l'instant ce pupitre s'arrange de la « manière la plus commode. Mais il faut voir ce bureau pour avoir une « juste idée de son mécanisme et de ses ornements extérieurs, car il est « trop difficile de les décrire. L'artiste ne demandait de ce bureau que « 20.000 roubles, mais Catherine II crut que ce prix suffisait à peine « pour en payer le travail, et elle y ajouta généreusement un présent de « 5.000 roubles. »

« On peut juger de l'importance que les contemporains de Roentgen attachaient à ses travaux par la mention qu'en fait Gœthe dans deux de ses ouvrages, dans *Les Années de voyage de Wilhelm Meister* et dans les *Entretiens d'émigrés allemands*. Voici le passage qu'on lit dans le conte de la petite femme au coffre, livre III, chapitre VI du *Wilhelm Meister* : « Quiconque a vu un des secrétaires de Roentgen, si ingénieu- « sement construits, où d'un seul coup, on fait mouvoir un grand « nombre de ressorts et où l'on voit à la fois pupitre et encrier, tiroirs à « lettres et tiroir à argent, pourra se faire une idée de la manière dont « s'ouvrait le palais où je fus entraîné alors par ma douce compagne. » (Ernest Zaïs, *Gazette des Beaux-Arts, Ibid.*, p. 181-183.)

pauté de Reuss; Jean-Antoine Roetig, ébéniste à Hachenbourg en Nassau; Michel Rummer, qui travailla à Londres chez le fabricant Gem, puis chez l'ébéniste Nieman, à Varsovie. Ce Rummer collabora avec Roentgen à un grand cabinet destiné à la reine Marie-Antoinette, et à deux tables pour Charles de Lorraine, gouverneur des Pays-Bas autrichiens, tables représentant en marqueterie l'une la conclusion de la paix entre les Romains et les Sabins, l'autre une scène de la vie de Scipion l'Africain, qu'il faut sans doute identifier avec celles que possède le Musée d'art industriel de Vienne[1]. D'après les renseignements réunis par M. Zaïs, Janvier Zick, peintre habitant à Coblenz, aurait fourni à Roentgen les dessins d'une partie de ses œuvres.

Malgré toute la célébrité dont il a joui de son vivant, Roentgen n'a point conservé la réputation d'un Riesener, d'un Carlin, d'un Benneman; mais, comme l'ont remarqué M. de Champeaux et Mantz[2], c'est bien le représentant le plus autorisé, parmi les ébénistes, du goût néo-grec qu'il a appliqué brutalement dans ses productions, sans le corriger par ce que les fantaisies de la tradition française pouvaient donner

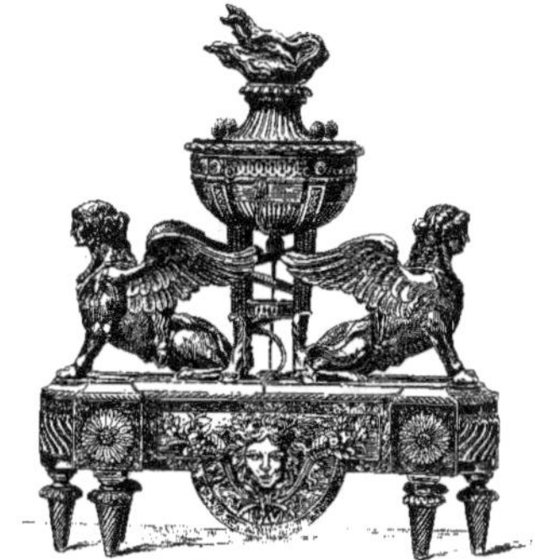

Feu en bronze doré
ciselé et exécuté, en 1786, pour la reine Marie-Antoinette
Boizot sculpteur, Thomire ciseleur
(Mobilier national)

d'apparence artistique à un style de forme brutale et sèche.

A propos de l'ameublement de l'époque de Louis XVI, il est bon de dire un mot des bronzes, candélabres, pendules ou feux qui jouent un grand rôle dans ces ensembles décoratifs. Sauf de rares exceptions, il faut avoir le courage de confesser qu'à ce sujet nous ne savons que fort peu de chose. Car, en dehors de pièces dont la sculpture est très caractérisée et dont dès lors nous pouvons attribuer le modèle à tel ou tel artiste, sans que nous puissions nommer ni le fondeur, ni le ciseleur, ni le doreur, témoin ces beaux candélabres de Clodion, un faune et une faunesse, qui sont ici publiés, il faudrait avoir recours aux documents originaux pour connaître les différents maîtres qui ont concouru à la fabrication de telle ou telle pièce. Or, presque toujours, ces documents ou n'existent plus ou ne sont pas encore mis au jour. Dans un assez grand nombre de cas, on peut assurément, sans grande

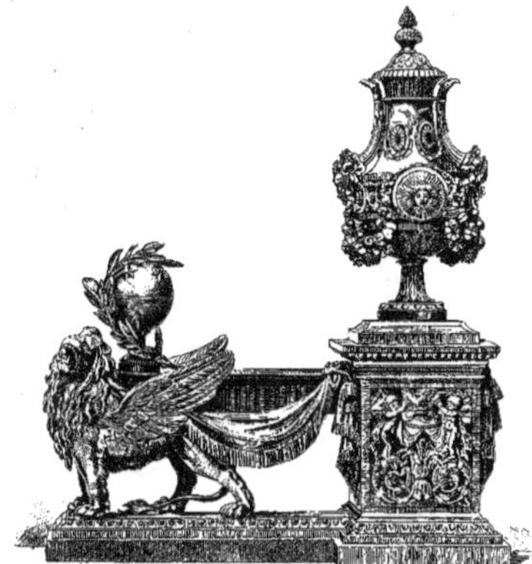

Feu en bronze doré
exécuté pour la reine Marie-Antoinette en 1786
Boizot sculpteur, Thomire ciseleur (Mobilier national)

chance de se tromper, dire qu'un bronze a vu le jour sous Louis XVI; mais cependant il ne faudrait pas oublier qu'on risque de se trouver en face d'une pièce née sous Louis XV ou

1. *Ibid.*, p. 183.   2. *Revue des Arts décoratifs*, 1884, p. 386.

bien sous le Directoire. Un texte que j'ai déjà eu l'occasion de citer plus haut, le journal du garde-meuble de 1786, alors que le garde-meuble royal se trouvait sous la direction du sculpteur Hauré, doit nous rendre sceptique à l'égard des attributions. Deux feux, qui appartiennent encore aujourd'hui au garde-meuble, l'un décoré de sphinx, l'autre de lions, ont précisément été créés cette année-là ; et les artistes qui y ont travaillé sont nombreux : Boizot fait le modèle des sphinx et des lions, Martin les maquettes des ornements, Forestier les fond, Thomire les ciselle, Galle les dore et Samuseau met toutes les ferrures en couleur d'eau [1]. On comprend que la besogne étant aussi divisée, il soit difficile de donner une attribution pour certaine quand elle ne s'appuie pas sur un document absolument péremptoire. Les pièces que nous venons d'indiquer auraient pu tout aussi bien être

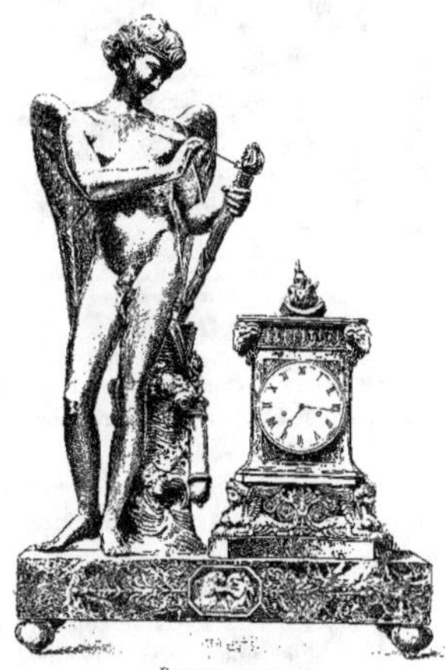

PENDULE EN BRONZE
Style de Thomire. Mouvement de Manière, à Paris
Époque Louis XVI
(Vente du vicomte de B., 1892, n° 72)

créées par le sculpteur Hauré, auteur d'un feu orné de griffons, fondu la même année 1786 [2], et dont le modèle se retrouve en partie dans des cassolettes attribuées à Thomire, que possède le Louvre. En présence de ces textes, on devient excessivement prudent, et, pour ma part, je ne voudrais attribuer à personne la belle pendule ornée d'une figure de l'Amour qui est ici publiée. Le doute, en ces matières, est toujours de saison. On ne peut que sourire en face des affirmations qu'on prodigue au sujet d'objets qui, pour n'être guère âgés que d'une centaine d'années ou un peu plus, présentent les mêmes énigmes que des monuments de la Renaissance ou du moyen âge. Il est vrai qu'on peut espérer un jour ou l'autre, alors que les archives auront été plus complètement explorées, leur arracher leur secret et nommer les auteurs de beaucoup d'œuvres délicates qu'on doit considérer jusqu'à plus ample informé comme absolument anonymes. Ce que je viens de dire au sujet des bronzes isolés doit s'appliquer aussi aux bronzes qui décorent les meubles. Tout ce qu'on peut affirmer c'est que, sous Louis XVI, quand il s'agissait de meubles faits pour la cour, c'était surtout Thomire qui prêtait son concours. Comme ciseleur, il était le plus célèbre, partant le plus demandé. Mais de qui étaient les bronzes qu'il terminait ? là, les doutes renaissent et on doit sagement confesser son ignorance.

Au sujet des boiseries, des parties du mobilier réclamant l'intervention des sculpteurs sur bois, les incertitudes sont les mêmes. Dugoure, Gondouin, Rousseau, Martin ont dû, dans certains cas, donner les modèles que sculptaient Vallois, Charny ou Fourreau. Et je nomme ici, pour ainsi dire au

---

1. Mai 1786, Versailles. « Pour le service de la reine. Sallon des jeux. Fournai un grand feu à lyon de 23 pouces de face pour une cheminée de six pouces d'ouverture avec socle décoré de frises, moulures et ornements, couronnés de laurier et fleurs de lys, exécuté conformément aux dessein et projet en cire rédigé, accepté et ordonné par M. le Commissaire général. Modèle du lion fait par Boizot ; Martin fait « les ornemens faits sur ce socle composé d'une frise avec couronne et branches sur face, à chaque bout représentant un foudre, sur les pilastres une fleur de lys et couronne de laurier. » Fonte exécutée par Forestier, ciselure des lions par Thomire, dorure par Galle ; dorure et mise en couleur d'eau des fers, Samuseau. » (Bibliothèque Nationale, manuscrit français 7817, f° 10 v°.) — « Service de la reine. Salon des nobles. Fourni un feu à sphinx de 21 pouces de face pour une cheminée de 5 pieds d'ouverture. Pour dessin et projet fait en cire pour être rédigé sur place, par Monsieur le commissaire général qui en a ordonné l'exécution, 72 livres ; pour le modèle fait en terre par Boizot, 120 livres, pour l'avoir fait mouler en plâtre par Giraud, 18 liv. ; menuiserie du socle, modèle du socle pour être exécuté en fonte, sculpture en bois et modèle des frises en cire, 72 liv..... Ciselure des deux sphinx, modèle de tête placé dans la frise (Thomire); modèle du socle, modèle de la frise en poste placée au bout des socles (Coutelle) ; modèle de la frise de face à cornets d'abondance (Boivin). Dorure d'or moulu (Galle) ; dorure des fers en couleur d'eau (Samuseau). » (*Ibid.*, f° 12 v°.)

2. Cabinet intérieur à Fontainebleau, 11 août 1786 : « Fournai un feu à vase de 15 pouces de hauteur avec recouvrement de 18 pouces de face ayant un griffon ailé avec frise arabesque, le tout doré d'or moulu. » Modèle par Hauré, dorure par Galle. (Bibliothèque Nationale, manuscrit français 7817, f° 28 r°.)

hasard, quelques-uns des sculpteurs ornemanistes que nous font connaître les *Comptes* de l'époque de Louis XVI. En sorte qu'en face de ces œuvres si fines et si délicates d'exécution il est, en l'absence de signature, impossible de nommer un auteur [1].

Examinons un instant la forme de ces meubles en bois sculpté. Sauf de très rares exceptions, exceptions qu'on ne rencontre guère qu'au commencement du règne de Louis XVI, tous ces meubles sculptés suivent la loi générale, ce qui n'a pas lieu de surprendre. La ligne verticale, sauf peut-être en quelques meubles tels que ce charmant fauteuil en bois sculpté et doré qui fit partie du mobilier de la reine Marie-Antoinette et qui appartient maintenant à M. le comte I. de Camondo, la ligne verticale et l'horizontale sont de rigueur avec toute la sécheresse des combinaisons qui peuvent résulter de ces deux éléments. Mais sur ces lignes générales, rien n'empêche les sculpteurs d'ajouter des rubans, des canaux droits ou en hélice, des feuillages, etc., qui varient les surfaces et les protègent encore contre la raideur qui deviendra la seule règle esthétique de leurs successeurs de l'extrême fin du xviiie siècle ou du commencement du xixe. Partout le sculpteur — les exemples qui sont ici reproduits suffisent amplement à le prouver — sait — malgré une architecture dont il est obligé de par la mode de respecter les éléments constitutifs — montrer quelques vestiges de cette virtuosité et de cette souplesse qui faisait le mérite de l'art français quelque quarante ans plus tôt. Ici, comme dans cet énorme canapé dit confident, qui fit partie de la collection Hamilton après avoir orné les salons de Versailles, il sculptera des médaillons et des guirlandes de fleurs, ailleurs un trophée, un groupe d'amours, comme dans cet exquis petit fauteuil du Dauphin recouvert d'étoffe lamée d'argent,

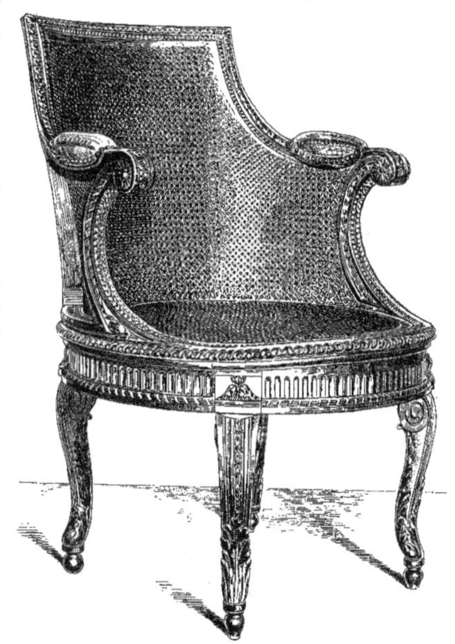

FAUTEUIL EN BOIS SCULPTÉ ET DORÉ
ayant fait partie du mobilier de la reine Marie-Antoinette
(Collection de M. le comte I. de Camondo)

---

[1] 1780. Vallois, sculpteur. « Pour la sculpture de quatre fauteuils faits dans le genre chinois pour aller avec l'étoffe, à raison de 60 livres pour un..... la sculpture de 8 chaises pareilles à 42 livres pièce..... Sculpture pareille faite sur l'écran à chapeau avec patins, 90 livres. » (Bibliothèque Nationale, manuscrit français, f° 9 v°.) — Service de la Reine. Salon du Jeu, article n° 40 du 1er semestre de la présente année [1786]. Pour restauration faite aux 6 feuilles de parravent avec couronnes neuves à chaque feuille ; fait [Petit] par changement l'on a supprimé les 6 traverses des feuilles de parravent qui étoient mauvaises et l'on a refait de menuiserie et de sculpture les 6 traverses supérieures de 6 feuilles pour la sculpture représentant des couronnes de fleurs et branches taillé les moulures en rubands et goderons à raison de 28 liv. par traverse, fait les six [Vallois], 168 liv. » (*Ibid.*, f° 23 r°.) — « Choisy. Service du Roy. Fourni pour le cabinet de la Reine la sculpture pour faire deux riches bergerres composés aux cintres de deux corps de baguettes liés avec des rubands et des guirlandes de fleur en faisant couronne au milieu. Le tout encadré de deux doucinnes taillées en rais de cœur. Même procédé aux cintures et à toutes les parties de ces deux bergerres ; aux pieds des culots d'ornements sortant l'un de l'autre, à 174 liv. pour une, les deux 348 liv. Un tabouret de semblable sculpture avec cintre des acotoirs dits à épron de 18 pouces de large et 17 de hauteur [Vallois] 120 liv. » (*Ibid.*, f° 61 r°.) — « Versailles. Suitte du meuble d'hiver de la reine. Pour avoir fait restaurer la sculpture du canappé avant de n'y rien changer pour ce [Vallois], 27 l. Quand il a été avancé de dorer, l'on a senti qu'il seroit utile de changer la grande traverce cintré du dossier, ce que l'on a fait avec succès; pour le modèle en terre [Martin], 30 liv. Pour avoir fait la traverce du canappé en bois de noyer, orné d'une tête coeffé de plumes, dans le milieu, 2 branches

E. MOLINIER, *Arts industriels.* — III.

qui appartient à M. le comte de Castellane (pl. XX, n° 1). Partout donc il y a lutte pour ainsi dire entre le sculpteur et une mode imposée par les architectes, qui fait de la nudité un mérite, de la ligne droite une qualité. Des hommes tels que Jacob, dont les successeurs porteront à son entière perfection le goût de l'indigence, donnent l'exemple de cette résistance à des principes absurdes que les architectes et les peintres feront prévaloir. Certaines de ses consoles en bois doré, possédées par le mobilier national, notamment une console dont les pieds sont surmontés de figures de sirènes ailées, montrent que ce n'est pas sans effort que les artistes français se sont asservis à ce respect pour un style pseudo-antique dont les premières règles se retrouvent assurément dans l'œuvre admirable d'un Gabriel, mais dont les défauts, au point de vue de l'art de l'ameublement, se rencontrent surtout

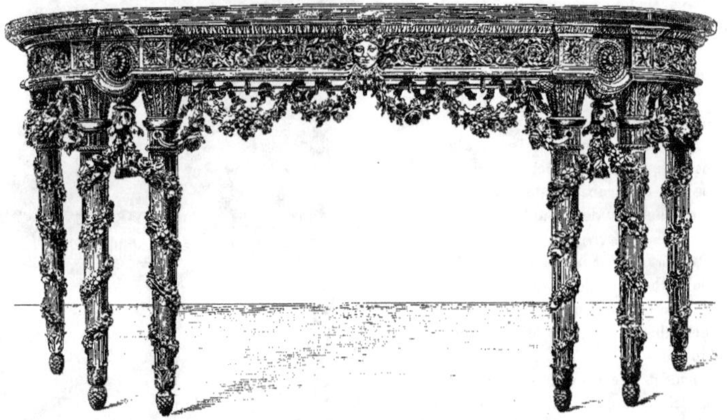

CONSOLE EN BOIS SCULPTÉ ET DORÉ
déposée actuellement au Ministère de l'Intérieur (Règne de Louis XVI)

dans l'œuvre de Roentgen, imitateur assez lourd d'un style qu'il contribua à développer, mais qu'il n'eut point le mérite de créer. Si je prononce encore une fois le nom de l'ébéniste de Neuwied, c'est que je trouve qu'on ne lui a pas fait la place qu'il mérite d'occuper dans l'évolution de l'art français. Des Allemands comme Riesener, comme Oeben — le nom de ce dernier ne permet guère de douter sur sa nationalité — sont des artistes étrangers sans doute; mais un long contact avec l'art français

de grenades de fleurs et fruits,..... Moulures taillés en rubands tournant, filet à jour, frise en rinceaux, rubands de chaque côté de la tête, moulures poussées à la main [Laurent], 152 liv. Travaux analogues pour un écran de bois sculpté [Martin]. » (*Ibid.*, f° 16 r°.) — 1786. Charny, sculpteur : « Versailles. Pour le service du roy. Cabinet intérieur. Pour le grand cabinet fait la sculpture d'une grande bergère décoré de laurier sur les montants avec cintre en rais de cœur et fleurons, les accotoires en raccords de laurier, cinture en laurier et corde comme au dossier, 70 liv. Pour la semblable sculpture faite sur deux fauteuils de bureaux à 70 liv....... Pour la semblable sculpture faite à deux écrands de 42 pouces de hauteur sur 27 pouces de largeur, 220 liv. » (*Ibid.*, f° 9 r°.) — Charny, menuisier [1786] : « Fait la sculpture de 4 chaises à 2 ornements, perles et entrelacs dans les dossiers et dans l'assemblage perles aussi et entrelas, pieds callenés, rosasses dans les cases, à 20 liv. par chaise. » (*Ibid.*, f° 22 v°.) — 1786. Versailles. Charny, sculpteur sur bois : « Fourni la sculpture d'un lit à la polonnoise; autour de l'impérial il a été taillé des oves et feuilles d'eau..... dans la calotte 4 courbes apparentes ornées de deux ficelles, à 5 livres par courbes ; dans l'intérieur de l'impérial il a été taillé un tor en laurier..... » (*Ibid.*, f° 25 v°.) — Fontainebleau : « Pour le cabinet à la poudre, pour la sculpture de douze chaise et une haute pour le roy, les dittes ornés de feuilles d'eau et perles, à raison de 10 livres par une..... » (*Ibid.*, f° 26 r°.) — « Versailles. Pour le service de la reine. Lit d'hiver. Pour avoir modelé au lit de la reine des guirlandes en fleurs, une tête pour faire milieu à la traverse de face de l'impérial et deux branches de lis en cire, fixé aux bras des enfants des angles de face [Martin], 96 liv. Pour la sculpture de la tête faite en bois de tilleul pour servir de milieu à la traverse de face de l'impérial et fait la restauration des enfans dont il a été refait un bras en entier à l'un de ces enfans, pour ce [Fourreau], 100 liv. ...... Les branches de lys qui sortes (*sic*) des mains des enfans de la traverce de devant sont en cuivre et pesoit en fonte brutte 37 livres [Forestier], 68 liv. 9 s. pour façon et monture de ces deux branches [Thomire], 100 liv. » (*Ibid.*, f° 14 v°.)

les a pour ainsi dire naturalisés, a pu changer à tel point leur manière de concevoir que ce serait folie
de comprendre leurs travaux parmi les œuvres allemandes. Roentgen est, au contraire de ses autres
compatriotes, venu chez nous avec un style personnel et complet, issu sans doute, à l'origine, du
style français, mais définitivement arrêté dans ses lignes générales et dans ses détails, avec toutes les
exagérations et les fautes de goût que peut apporter un étranger dans l'interprétation d'un art qu'il
ne saurait comprendre complètement. Étant données les protections qui étaient assurées à un tel
homme, sa situation, le moment où il venait en France, il devait avoir une réelle influence ; et cette
influence devait grandir encore, je crois, par la Révolution qui paralysa certaines parties de l'art qui

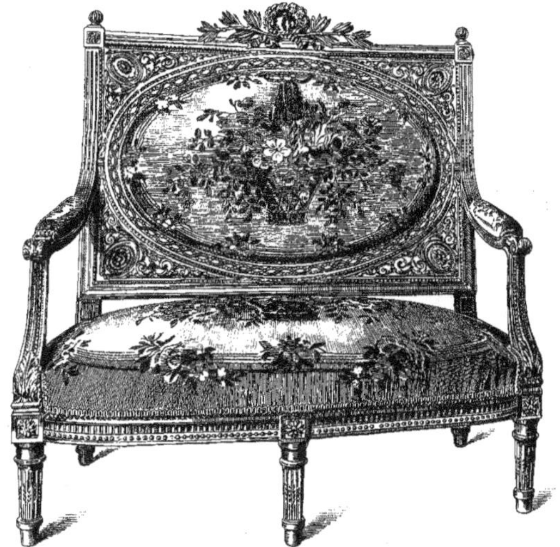

Petit canapé en bois sculpté et doré
recouvert en tapisserie. Époque de Louis XVI (Collection de M. le duc de la Trémoille)
(*Portefeuille des Arts décoratifs*, planche 333)

ne put plus se développer aussi logiquement, évoluer comme par le passé. Roentgen peut être
considéré comme le père de l'art pratiqué sous le premier Empire par les Jacob. C'est à lui que nous
devons, peut-être tout autant qu'au mouvement général de l'art dirigé par David, le mobilier véritablement étonnant auquel le nom de Jacob est resté attaché. Incommodité, incompatibilité des meubles
avec leur destination, pauvreté dans le dessin, indigence dans le style de la décoration, ces défauts
se retrouvent entièrement dans l'œuvre de Roentgen et dans l'œuvre de Jacob, comme on y retrouve
à peu près la même habileté, la même virtuosité dans l'exécution.

Le style du meuble de la fin de Louis XVI, le style qui le continue sous le premier Empire n'est
pas un style français. Qu'y a-t-il de commun entre une console telle que celle qui est déposée au
Ministère de l'Intérieur et qu'un Dugourc a peut-être dessinée, entre les boiseries exécutées pour
Louis XVI, à Versailles, et les travaux de mode exécutés par un habile homme tel que Percier ?

Dans ces œuvres que je viens de nommer, sans doute l'influence du style antique est indéniable. Il se trahit par la symétrie, la maigreur et la gracilité voulues, le choix de certains motifs d'ornement ;

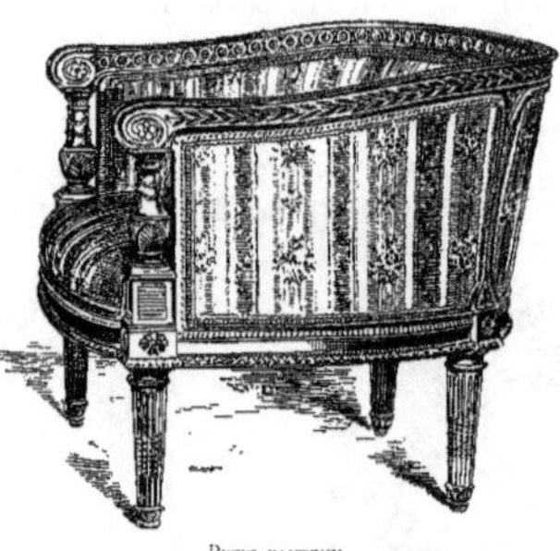

ayant appartenu au Dauphin. Époque de Louis XVI
(Collection de M. le comte I. de Camondo)

mais en aucun cas il ne prend l'aspect de froideur qu'atteint le mobilier imaginé par Percier. Que le style de David soit coupable de cette froideur, en grande partie du moins, le fait n'est pas niable. Mais il y a autre chose, surtout quand on est en face d'un artiste aussi souple que notre architecte. Quand on consulte le recueil de meubles et de décoration intérieure dessiné par Percier, recueil qui résume au plus haut point ce style anémié dont, assez malavisées, quelques personnes ont voulu faire honneur à l'Empire, il faut se garder d'oublier que le même homme, qui dessinait ces meubles qui auraient pu être exécutés plutôt en fonte qu'en ébénisterie, était capable de pasticher la Renaissance française au point que, dans des constructions telles que le Louvre, il n'est pas très facile aujourd'hui de faire le départ entre ce qui revient à un Pierre Lescot ou à un Percier. Il me semble que cette simple constatation en dit long sur la souplesse et l'habileté d'un homme qui, bien que professant sans doute un grand respect pour l'antiquité frelatée qu'admiraient ses contemporains, eût eu sans doute le tempérament nécessaire pour continuer, dans un sens moins absolu et moins étroit, l'évolution de l'art français.

On m'accusera sans doute de ne point tenir, dans l'histoire du mobilier français, un compte suffisant du règne de Louis XVI ; on me reprochera d'avoir amoindri en quelque sorte cette époque, au point de vue artistique, en ne la considérant pas comme présentant une homogénéité suffisante pour légitimer l'emploi de la locution « Style de Louis XVI », d'un usage si établi que je sens bien qu'il sera difficile de l'effacer. J'imagine cependant avoir mis sous les yeux du lecteur assez de documents pour prouver que cette classification de l'art français par périodes arbitraires correspondant exactement à la durée du règne de tel ou tel souverain n'a rien ni de légitime ni de respectable. Pour ce dernier règne notamment, une semblable classification me paraît particulièrement inacceptable, puisqu'on a montré que tous les caractères essentiels du « Style Louis XVI » existaient déjà sous Louis XV. Mais il est évident que les événements politiques ont eu

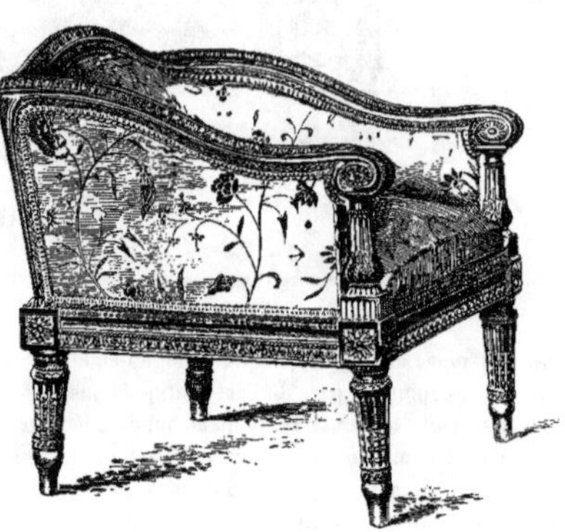

Époque de Louis XVI
(Collection de M. le comte I. de Camondo)

une part dans l'adoption d'un vocable qui, sans la Révolution, n'aurait peut-être pas vu le jour. De ce que la monarchie s'est trouvée brusquement interrompue, il est devenu nécessaire en quelque

sorte de donner un nom spécial à l'art qui avait existé dans ses derniers temps. Le sentimentalisme
aidant, le souvenir de la reine Marie-Antoinette s'en mêlant, une telle expression devait faire
fortune. La chose devrait, au demeurant, être assez indifférente à l'historien si, logiquement, un
tel sentiment n'influait pas sur les dates qui sont attribuées couramment à tel ou tel objet : un
bon tiers des œuvres considérées comme créées sous Louis XVI ont vu le jour avant 1774, et l'histoire
a été à ce point faussée qu'il sera difficile de réagir et de rendre à chacun ce qui lui appartient :
un peu de réflexion cependant — à défaut de tout autre système de critique — aurait pu faire
penser que ce n'était pas pendant une période d'une quinzaine d'années qu'on avait pu créer un si
grand nombre de monuments.

A la fin de cette histoire sommaire du mobilier français, il conviendrait peut-être, jetant les yeux
en arrière, d'essayer de se rendre compte des différentes phases de son développement. On a, au
cours de ce volume, donné parfois des aperçus qui pourraient se trouver condensés ici de manière

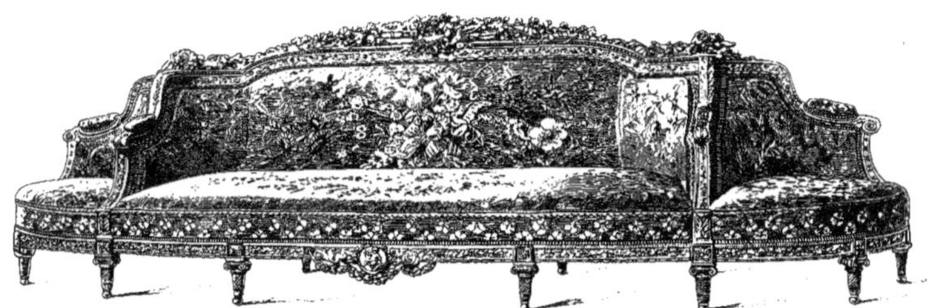

GRAND CANAPÉ DIT CONFIDENT ; BOIS SCULPTÉ ET DORÉ
recouvert de tapisserie. Époque de Louis XVI (Ancienne collection Hamilton, n° 1902)

à présenter une sorte de synthèse de cette longue analyse. Bien que je ne sente pas beaucoup la
nécessité de ces résumés, on me permettra de rappeler brièvement ici les développements successifs
du mobilier que nous avons étudié. Sur certains points du reste, cette histoire du mobilier ne
correspond pas exactement au développement chronologique de ce qu'on a appelé le grand art.

Comme dans le courant du xvie siècle, l'art français, pendant le xviie siècle, a subi plus d'une
fois l'influence étrangère, influence qui, loin d'être néfaste, lui a donné un nouvel essor. Le meuble,
tel que l'avaient conçu les architectes et les huchiers français de la fin de la Renaissance, ne pouvait
plus servir de prétexte à de nouvelles créations : l'architecte et le sculpteur y avaient épuisé toutes
les formes et tous les décors auxquels il se pouvait prêter ; et c'est peut-être le dégoût des formes
plus qu'exubérantes qui a amené le meuble du commencement du xviie siècle à un certain nombre de
lignes simples qui pouvaient convenir à quelques-uns des intérieurs bourgeois dans lesquels nous fait
pénétrer un Abraham Bosse, mais qui n'auraient point trouvé leur place dans le mobilier d'une cour
fastueuse telle que celle de Louis XIV. Le style italien avec ses formes ronflantes, mâtiné sur certains
points de style flamand, ou simplement parfois traité par des mains flamandes, vint rendre à cet art
devenu trop sévère ce qui lui manquait pour prendre place dans une architecture dans laquelle le
fastueux et le grandiose étaient de rigueur. Une organisation savante, une direction unique et
éclairée, la création de la manufacture des meubles de la Couronne donna à ce style de mobilier un
essor et une durée jusqu'alors inconnus pour des manifestations du même genre. Mais, tout en ne
reniant nullement ses origines, cet art du mobilier sous Louis XIV, grâce à l'unité de direction qui lui

était imposée, grâce à une organisation habile, sut prendre un tour personnel et absolument français; et on assista encore une fois à ce spectacle de l'absorption très rapide d'éléments étrangers, pourtant nombreux et caractéristiques, par l'art français. Dès ce moment le mobilier moderne était constitué et adopté par toute l'Europe; il a pu changer de style, mais depuis Louis XIV nous n'avons point changé de meubles. Les éléments qui composent notre mobilier actuel datent tous du XVIIe siècle : l'armoire, la commode, le bureau, les sièges garnis d'étoffes superposées à un système de coussins fixes remplaçant le bois sur lequel, à la Renaissance, se plaçaient des coussins mobiles, tout

cela date du XVIIe siècle, comme au XVIIe siècle remonte l'emploi fréquent des bois exotiques substitués aux bois nationaux; l'ébéniste a pris la place du menuisier, si on a égard au sens qu'on attribuait à ce mot encore au XVIe siècle. Mais l'usage de bois précieux n'est pas la seule conquête du mobilier français sous Louis XIV. A ces éléments nouveaux sont venus s'ajouter encore les pierres dures et les mosaïques empruntées à l'Italie, les bronzes dorés dont l'origine se retrouve dans les cabinets italiens et allemands. Tous ces emprunts faits à l'étranger ont eu chez nous une fortune extraordinaire, ont joué un rôle décoratif que n'avaient point soupçonné ceux qui les avaient primitivement inventés.

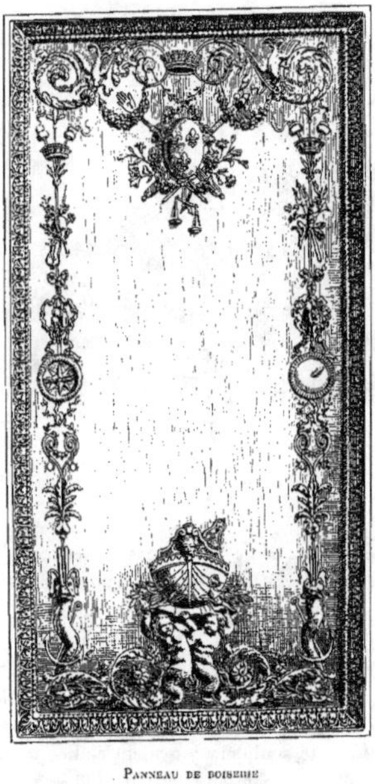

Une fois entièrement constitué, en possession de tous ces éléments fondus, corrigés, unifiés, le style français, tel que l'avaient créé un Le Brun ou un Robert de Cotte, s'est tout à coup transformé; de pompeux et de compassé il est devenu spirituel et léger, peu amoureux de la ligne droite et, en partie sous l'influence de l'art de l'Extrême-Orient, a créé des formes jusque là insoupçonnées. Trop vivace pour ne point évoluer, trop raisonnable pour ne point conserver ce qu'en bonne logique on ne ne pouvait abolir, sur des galbes anciens très légèrement modifiés il a créé une fantaisie superbe, rompant en apparence les traditions académiques, les conservant en réalité pour leur donner une nouvelle vie, accentuant encore cette conscience et cette solidité dans la technique, cette habileté d'exécution qui avaient fait la réputation du mobilier français.

PANNEAU DE BOISERIE
Époque de Louis XVI. Cabinet du roi, à Versailles

Ce qui montre combien cette révolution dans le style était sage au fond, c'est la facilité avec laquelle, après avoir en apparence perdu toute règle et toute mesure, l'art français sut retrouver son assiette et revenir à des conceptions très bien pondérées. Cette nouvelle transformation fut introduite sans violence, si bien que les vestiges de l'art d'un Meissonnier ou des Slodtz purent se combiner vers la fin du règne de Louis XV pour former un style de transition réunissant à la fois toute la grâce qu'on est habitué à soupçonner dans toute œuvre créée sous Louis XV et la solidité de construction du mobilier de Louis XIV. Sans doute, ce mouvement de retour en arrière continua, ce qui prouva une fois de plus la vitalité du style français; et, d'abord raisonnable quand il fut dirigé par un Gabriel, ce retour au style antique devait connaître les pires excès sous les mains d'un Le

Doux ou d'un Belanger. La maigreur et la sécheresse dans le dessin, la pauvreté d'invention qui caractérisent leur architecture devaient pour longtemps composer l'unique patrimoine de cette branche de l'art français. On ne saurait trop le constater, car il convient de remarquer une fois de plus que le style dit de l'Empire n'a point été créé par Percier et par Fontaine, et qu'il avait déjà eu son plein épanouissement avant la Révolution. Au point de vue du mobilier, aux influences exercées par les architectes se joignirent d'autres influences ; en d'autres temps, elles auraient peut-être eu sur le développement de notre art le plus salutaire effet, mais, à la veille de la Révolution, en un petit nombre d'années, elles ne purent produire ce que, d'après un développement historique logiquement suivi, on en eût pu espérer. Il n'est pas douteux pour moi que les ébénistes allemands qui, à la fin du xviiie siècle, ont joui, non sans raison, d'un si grand crédit chez nous, ont modifié dans une très large mesure le style du mobilier français. Non qu'ils aient importé chez nous un style original, car c'est surtout à la France que des gens comme Roentgen ont emprunté leurs formes ; mais ces formes, ils les ont modifiées à leur façon, et on ne saurait leur en vouloir ; et par un choc en retour, grâce à la mode, grâce aussi à l'influence de la reine Marie-Antoinette — et c'est là seulement que son rôle s'aperçoit clairement — Roentgen et ses contemporains allemands ont rapporté chez nous un style français alourdi et dépouillé de cette mesure qui avait fait le charme, depuis deux siècles, du mobilier français. Nul doute que dans la Révolution nos artistes ne se fussent assimilé à leur tour quelques-unes des qualités que comportait l'art ainsi entendu ; mais l'invasion était trop considérable pour que si rapidement on vît se reproduire

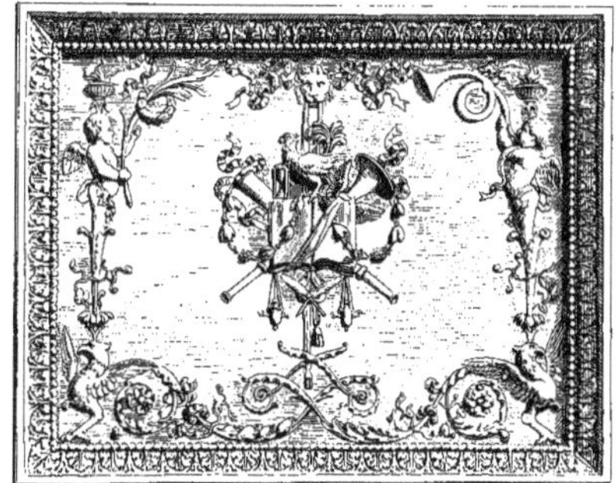

PANNEAU DE BOISERIE
Époque de Louis XVI. Cabinet du roi, à Versailles

la même opération de naturalisation faite autrefois sur le mobilier italien. Nous n'eûmes point le temps de digérer et de faire nôtre ce mobilier étranger. En sorte que quand la Révolution arriva, le mobilier français était en grande partie conçu suivant des principes et un style qui n'avaient rien de français. On peut donc dire que le mobilier français du xviie siècle, après s'être inspiré de l'art italien, l'avoir transformé, affiné, perfectionné, après avoir conquis au xviiie siècle toute l'Europe, a à son tour été soumis, grâce aux armes qu'il avait fournies, grâce aux enseignements qu'il avait portés chez nos voisins. Ce sont des défaites dont on peut facilement se consoler ; ce retour offensif d'un art créé sous notre influence n'était-il pas un hommage nouveau rendu à une création purement française, la reconnaissance tacite des excellents principes qui avaient guidé nos artistes pendant cent cinquante ans ?

III. QUELQUES MOTS SUR LE MOBILIER DE LA FIN DU XVIIIe SIÈCLE ET DU PREMIER EMPIRE

Parler longuement de l'ameublement de la fin du xviiie siècle et du commencement du xixe siècle serait sortir des limites de cet ouvrage ; dès lors, il n'y aurait plus de raisons pour ne point descendre jusqu'à l'étude de l'époque contemporaine qui offre, sinon une réussite complète dans cette branche de l'art décoratif, du moins une tentative très intéressante pour renouveler un style appauvri. Il ne peut donc être question ici que de considérer l'art de la fin du xviii⁰ siècle et surtout l'art de l'époque impériale que comme la suite assez logique des tendances déjà très évidentes de la fin de l'ancien régime. Un observateur impartial doit, à mon avis, arriver à cette conclusion que l'art impérial n'eut rien à innover. Ce n'est que par une manie de classifier les styles dans des périodes correspondantes aux différents régimes politiques de la France qu'on a pu arriver à cette conception bizarre d'un art créé par la renaissance d'un empire d'Occident. Admettre une semblable opinion, c'est faire table rase de l'histoire qui, consciencieusement interrogée, nous montre le style néo-grec arrivé déjà à sa maturité à la veille de la Révolution. Il faudrait pourtant, si en ces matières on veut faire œuvre scientifique, renoncer à ces classements par règne ou par régime : et en ce qui concerne la période en question, le défaut de semblable classification doit sauter aux yeux de quiconque est

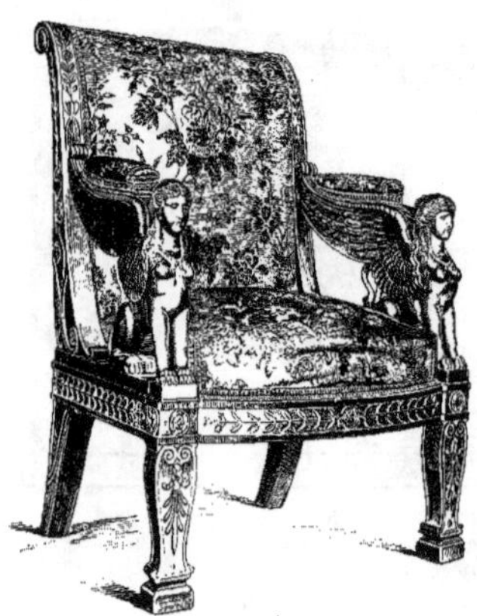

Style de Percier. Époque de l'Empire (Mobilier national)

tant soit peu au courant de l'histoire générale de l'art. Bonaparte était à peine né que des artistes concevaient déjà un mobilier qui a d'étranges affinités avec le style dit Empire : qu'on se rappelle le recueil de modèles de Piranesi. D'ailleurs, quel est l'artiste de très grand talent qui domine toute l'évolution de l'art à l'époque impériale? David, c'est-à-dire un homme de l'ancien régime, un homme fait au moment de la Révolution : Percier et Fontaine, les deux architectes qui créeront tout le mobilier impérial, sont des artistes qui suivent les traditions françaises, et s'ils ne devaient pas, par ordre pour ainsi dire, adopter les errements de David, ils ne seraient pas embarrassés pour trouver une nouvelle voie : le style de la Renaissance les charme, et ils entrevoient le style gothique, son relèvement possible, au moment où le Musée des Petits-Augustins, fondé par Alexandre Lenoir, signale une nouvelle évolution d'où sortira le romantisme. Voilà pour les créateurs; les artistes aux mains desquels on confiera l'exécution de ces conceptions sont les Jacob, c'est-à-dire des gens tout imbus des traditions de l'ancien régime, ou Thomire, le ciseleur attitré de la reine Marie-Antoinette.

Et Pierre-Philippe Thomire, né en 1751, prolongera son existence jusqu'en 1843. Prud'hon aussi, sans doute, prêtera son concours aux ébénistes et aux bronziers, mais les uns et les autres, par la raideur de leurs lignes, la sèche précision de leur technique, trahiront la souplesse de son crayon : en face d'un de ses dessins si profondément français et dans lesquels on sent un talent si souple et si analogue à l'esprit des maîtres du xviii⁰ siècle, ils ne sentiront pas plus d'émotion qu'en face d'une épure de Percier. Mettez un modèle de Watteau entre les mains d'ouvriers et vous arriverez au même résultat. C'est que, en réalité, c'est là le grand point : au fond, la Révolution a laissé vivre les artistes : peintres, sculpteurs, architectes ont survécu; les artisans ont été tués moralement parce que toutes les réformes qui ont modifié leur situation ont été appliquées d'un seul coup et non progressivement. On pouvait assurément modifier le système corporatif, élargir des cadres devenus trop étroits, supprimer certaines règles plutôt nuisibles pour le développement normal de l'art. Mais décréter du jour au lendemain la liberté absolue de tous les métiers, de toutes les industries, c'était supposer que la société était composée d'êtres de raison qui sauraient utiliser les avantages du nouveau système sans abuser de ses défauts. C'était détruire l'émulation, mettre l'artiste et l'ouvrier sur le même plan et dès lors supprimer la nécessité d'être artiste. De ce nivellement malencontreux est né l'ouvrier, dont nous déplorons à la fois l'existence précaire et la fatale incapacité à sortir de l'ornière où un système contre lequel il ne peut rien l'a plongé : à quoi bon chercher à faire mieux, à se distinguer ? Il y perdra son temps, sans

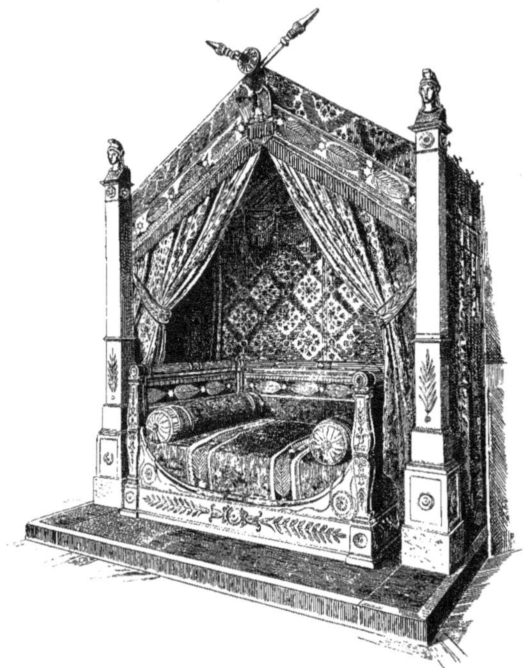

Lit de Napoléon Ier
déposé au château de Compiègne. Style de Percier (Mobilier national)

profit neuf fois sur dix, car il mettra plus de temps à produire un objet qui ne se vendra pas plus cher que celui qui aura été créé par un praticien sans talent. Sans doute, comme on le disait au xviiie siècle, la concurrence est profitable pour le public ; mais le jour où cette concurrence n'est plus limitée par certains avantages offerts à celui qui est le plus habile, non seulement le public en souffre très directement et dès l'abord, mais le métier se perd irrémédiablement. Le but à atteindre n'est plus que celui-ci : produire vite et à bon marché. Immédiatement le nombre des produits augmente car, par son avilissement, il est mis à la portée d'un plus grand nombre de consommateurs, mais la qualité diminue. Au bout d'un certain nombre d'années de ce système, les mains se perdent et alors il faut reprendre tout en sous-œuvre, refaire des générations d'artistes, et combien difficilement, et des générations d'acheteurs aussi, ce qui est plus malaisé encore, pour remonter le courant où l'art doit fatalement périr. Le premier Empire marque, en réalité, non l'épanouissement d'un style nouveau, mais le commencement de cet abaissement de l'art industriel contre lequel nous luttons aujourd'hui. La rupture violente avec des traditions anciennes a suffi à provoquer une décadence des artisans que le très grand talent des artistes a été insuffisant à combattre.

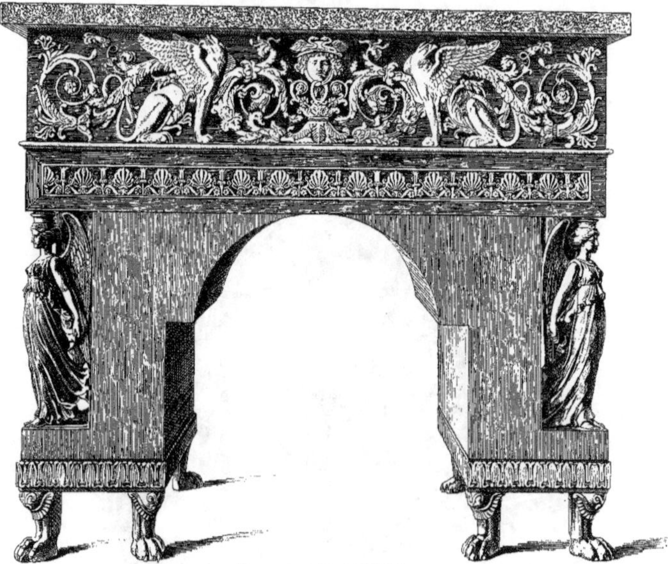

BUREAU EN ACAJOU ET EN BRONZE
Style de Percier ; ébénisterie de Jacob (Mobilier national)

En réalité, tout le mobilier de luxe du premier Empire — je ne parle pas de quelques productions provinciales attardées qui, dans l'espèce, sont négligeables — procède des créations de Percier et de son inséparable collègue Fontaine. Percier, par son talent incontestable de dessinateur, s'est trouvé exercer une influence plus palpable que son collègue et il a eu plus d'occasions aussi de traduire, sous forme de lits, de fauteuils, de candélabres, de panneaux décoratifs, etc., les idées artistiques mises à la mode par David. Ce que David avait fait de sa propre main pour certains costumes officiels de la fin de la Révolution, Percier s'est chargé de le faire pour le mobilier. Et lui, amoureux de la Renaissance et du style gothique, il a si bien fait abstraction de son propre style et de ses préférences qu'il est parvenu à commettre les objets les plus honteusement en contradiction avec nos mœurs, nos habitudes, notre climat. Il a suivi un mouvement, il ne l'a point dirigé. C'est là une différence essentielle, et on peut être presque certain qu'un Percier, libre de suivre son inspiration et ses préférences personnelles, nous eût donné autre chose. Le jugement qu'un de ses récents historiens, M. Benoit, a porté sur cet artiste d'un talent incontestable, ainsi que sur son ami Fontaine, me paraît absolument juste : « Adversaire de l'imitation peu réfléchie, » source ordinaire de « défauts d'incohérence », il salue dans l'architecture grecque un « type de perfection », mais en repousse l'introduction en France parce que la différence des mœurs et des matériaux lui paraît n'en permettre l'emploi qu'aux dépens de « la bonne distribution et de la solidité ». C'est au style moderne qu'il renvoie ses contemporains, aux « formes élégantes des constructions gothiques », et surtout aux formules de l'architecture de la Renaissance, « la véritable architecture des habitations. » Libéral, il

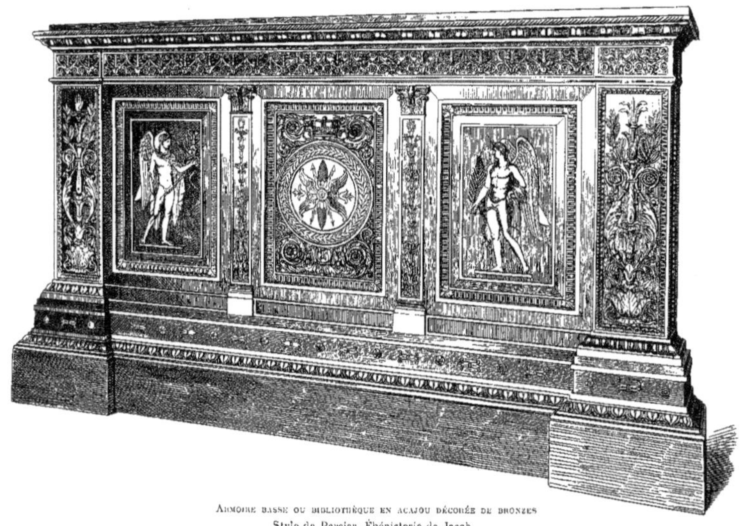

Style de Percier. Ébénisterie de Jacob
(Mobilier national)

partageait son admiration entre les incarnations française et italienne de la Renaissance, réservant toutefois à la seconde l'avantage d'une habileté supérieure de distribution ; intelligent, il condamnait « l'inconséquence » de l'introduction en nos pays de dispositions architectoniques imposées par le climat italien, telles que les portiques, les loggia, les fenêtres rares et étroites, les combles plats ou en terrasse, etc. « Au service d'une doctrine également saine, Percier mettait un œil supérieurement doué et un sentiment artistique dont la finesse égalait la vivacité. Ouvert à toute impression pittoresque, il croquait aussi amoureusement et rendait aussi délicatement les aspects de la nature, les œuvres d'art de l'antiquité, du moyen âge ou de la Renaissance. En Italie, il n'a rien vu d'intéressant dont il n'ait consigné l'image dans ses albums. En France, il s'est passionné pour les monuments du moyen âge et du xviᵉ siècle : ainsi, il a dessiné et gravé le *Musée des Monuments français* de Lenoir..... Dans de telles conditions, on est en droit d'estimer qu'avec plus de pratique, des auxiliaires plus expérimentés, un souverain plus pacifique et moins économe, Percier et Fontaine eussent ajouté une belle page à l'histoire de l'architecture [1]. »

Le jugement porté sur l'influence que put personnellement exercer Napoléon sur le développement de l'art me paraît aussi juste que le jugement sur les architectes : « Si nous essayons de préciser le sens de l'intervention esthétique de Napoléon, nous nous apercevons que, de toutes façons, par des voies directes ou détournées, elle fut contraire « au système idéal ». Sans doute, Delécluze lui fait honneur de la conversion de David à la théorie idéaliste du portrait, et certaines commandes de miniatures semblent attester le dédain de la ressemblance. Mais il ne faut voir dans cette attitude qu'un effet de cet amour de la parade, de cette poursuite de la réclame qui lui faisaient d'autre part désirer d'être représenté « avec une figure plutôt gracieuse ». En vérité, sur tous les points, Napoléon semble adhérer à la thèse « anti-idéaliste ». Sans parler de la désastreuse concurrence qu'il fit subir à l'art classique en détournant sur des sujets modernes l'effort des artistes, nous savons qu'il admirait la vérité d'imitation et voulait la vérité historique, qu'il avait horreur de toute espèce d'allégorie « et ne comprenait rien à l'idéalisme de l'expression et du mouvement. » Quelle que fût la pensée de Napoléon en matière d'art, sur le point du mobilier il fut, comme sur beaucoup d'autres, obligé de s'incliner devant la mode et de supporter, et même de protéger, un mobilier tout à fait idéaliste, issu en entier de l'art de David et de l'art des ébénistes de la fin du xviiie siècle.

Bien que Percier et Fontaine aient, plus que tous les autres artistes, si on en excepte David, concouru à propager, à codifier en quelque sorte, le style antique, il résulte du jugement qu'a porté M. Benoit sur leur talent, que ces deux architectes n'étaient pas du tout convaincus de l'excellence de ce style appliqué à l'ameublement français. C'est la même conclusion, ou à peu près, à laquelle est parvenu M. Gaston Schéfer dans un article déjà cité. En rappelant les termes du *Discours préliminaire* de la seconde édition de leur *Recueil de décorations intérieures comprenant tout ce qui a rapport à l'ameublement*, parue en 1812 (la première édition date de 1801), M. Schéfer remarque très justement que Percier et Fontaine « ne revendiquaient aucune part dans la création des formes nouvelles. Leur ambition n'allait pas plus loin qu'à améliorer une mode qu'ils avaient trouvée toute établie, mais l'appoint de leur autorité et de leur tact n'en fut pas moins indispensable à la consécration officielle d'une idée vieille de trente ans [2] ».

Je n'aurais osé être plus dur pour le style dit « Empire ». Je n'en chargerai pas non plus la mémoire de Percier et de Fontaine, que je respecte infiniment comme architectes, et qui tentèrent de canaliser et de rendre plus raisonné un goût bien antérieur à la Révolution.

Disons maintenant rapidement quelques mots des artistes et des ébénistes qui se trouvèrent être, par la force des choses, les collaborateurs de Percier et de Fontaine.

En première ligne figure Prud'hon, architecte délicat, qu'on ne s'attendait guère à trouver dans cette affaire. A dire vrai, autant ses peintures et ses dessins sont exquis et empruntent à leur facture même un charme que le temps n'a pu abolir, autant ses compositions destinées à être traduites par les ébénistes et les bronziers sont malheureuses. L'architecture de ses meubles est conçue au petit bonheur : en peintre, il se préoccupe beaucoup plus de l'effet général que de la ligne qui cependant subsistera seule dans l'exécution ; ses adorables petites bonnes femmes, ses amours si pleins de saveur perdront absolument toute leur grâce sous la main d'artisans impeccables, tels que Thomire, pour lesquels la rectitude, la sûreté et la finesse du travail sont absolument tout, qui semblent tellement se défier d'eux-mêmes qu'ils craignent de communiquer à leur sculpture une émotion quelconque. Ce sont des hommes qui comprennent l'antique à leur façon, ou plutôt d'une façon

---

1. P. Benoit, *L'art français sous la Révolution et l'Empire*, p. 264.
2. G. Schéfer, *Le Style Empire sous Louis XV*, *Gazette des Beaux-Arts*, 1898, t. XVIII p. 402. Voyez plus haut, à propos du meuble sous Louis XV, quelques indications sur le mobilier imaginé par Piranesi.

bornée : le style romain des statues les plus officielles et les plus nulles les inspire seul; ils ne
cherchent même pas à imiter l'art des bustes romains, souvent si expressifs et si personnels :
l'ornement sous leurs mains acquiert une sécheresse et une précision presque mécanique; leurs têtes
de femmes, soigneusement coiffées de cheveux qui paraissent être des fils de fer, prennent
l'impassibilité et la froideur de poupées de style maladroit. La régularité, la correction suffit à ces
artistes glacés qui renient toutes les traditions d'un siècle glorieux et vivant. Jamais, on peut le dire,
on n'a poussé plus loin l'incompréhension des modèles qu'on se proposait; il fallait véritablement

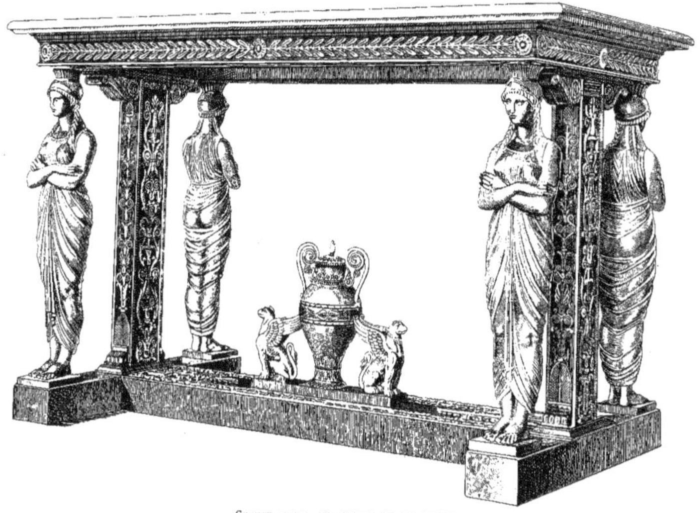

Grande table en marbre et en bronze
Style de Percier (Mobilier national)

que ces sculpteurs, que ces ciseleurs en fussent venus à un état complet de prostration morale pour
interpréter de la sorte même un art anémié tel que l'art romain. Il eût mieux valu peut-être qu'à ce
moment la technique même se perdît pour n'avoir point à protéger, par sa perfection indéniable, des
conceptions artistiques honteuses. D'un chaos complet, on eût pu du moins espérer qu'il naîtrait
quelque chose de nouveau, d'original, quelque chose qui continuerait l'évolution de l'art français : cette
prolongation ignominieuse d'un art qui avait été baptisé quelque quarante ans plus tôt par Gabriel,
cette survie d'un art qui, de par son imitation trop servile de l'antiquité classique, portait en lui dès
sa naissance les germes d'une mort prochaine, survie due seulement à des événements politiques, à
des bouleversements sociaux, a tout autant, sinon plus que la Révolution elle-même, dont elle fut la
conséquence, contribué à ruiner les arts décoratifs en France. On peut donc, jusqu'à un certain point,
considérer comme un véritable malheur qu'à ce moment il se soit trouvé des mains assez habiles pour
contribuer à prolonger avec une perfection relative un style depuis longtemps caduc. C'est de ce

moment que date ce divorce entre l'art et l'industrie que nous cherchons encore aujourd'hui, au prix des plus grands efforts, à faire cesser et qui ne prendra fin que quand on sera délibérément revenu aux anciennes traditions qui ne sont point, comme le croient quelques-uns, les traditions d'un ancien régime à jamais fini, mais les traditions de toutes les époques florissantes de l'art. L'union de tous les arts ne peut se produire que dans certaines conditions, et ce sont bien plus les artistes eux-mêmes, par une abnégation et une entente cordiales, qu'un gouvernement qui les peuvent produire, du moins dans la société moderne.

Georges Jacob, qui sous Louis XVI avait été surtout connu par ses meubles sculptés, laissa son atelier à ses deux fils qui, en 1793, fournirent les meubles destinés à la Convention nationale et que Percier dessina. C'est vers 1804, d'après les renseignements recueillis par M. de Champeaux[1], que l'aîné des frères Jacob, devenu, sans doute par un mariage, Jacob-Desmalter, resta seul à la tête de l'atelier paternel, transporté de la rue Meslée à la rue des Vinaigriers. C'est de cet atelier d'ébéniste extrêmement fécond, auquel Thomire prêtait le concours de son talent de ciseleur, que sont sortis la plupart des meubles créés pendant l'Empire, sur les dessins de Percier et de Fontaine ou de Prud'hon, pour les résidences impériales ou pour les résidences des nouveaux souverains de la famille Bonaparte. On trouvera ici reproduits quelques-uns de ces meubles, et ces reproductions suffisent, je crois, à faire connaître sinon la finesse de la technique de ces œuvres, du moins le style adopté pour leur construction et leur ornementation. L'acajou ou l'ébène, les appliques de bronze doré ou patiné, d'argent, d'une extrême raideur de dessin, de style gréco-romain ou de style égyptien, sont les seuls éléments dont ont fait usage les ébénistes. L'incommodité et l'aspect disgracieux des ensembles semblent avoir été la loi qu'ils ont, sans doute inconsciemment, suivie. Le sphinx, le griffon, la palmette, le lotus, la feuille de palmier, les étoiles, les têtes casquées, les foudres de Jupiter et autres symboles plus ou moins antiques, d'une banalité désespérante, dont les artistes de l'époque de Louis XVI avaient déjà abusé, stylisés jusqu'aux dernières limites, composèrent les principales ressources de cet art vieilli, tellement âgé qu'il était devenu entièrement idéaliste, et cela sous un règne où les pouvoirs étaient représentés par un homme absolument ennemi de l'idéal : médiocre revanche de l'art sur la politique. Jacob-Desmalter fit successivement deux armoires à bijoux pour les impératrices Joséphine et Marie-Louise. Le mobilier national conserve encore la seconde dont on trouvera ici l'image et qui, par ses dispositions générales sinon par son style, rappelle un peu l'armoire à bijoux de Marie-Antoinette. Sur les vantaux on aperçoit la naissance de Vénus et des nymphes ainsi qu'une série de petits amours, tandis qu'à la partie inférieure jouent d'autres amours et s'étale une frise de papillons; le tout agrémenté d'attributs aussi neufs que le caducée, le *pedum*, la flûte de Pan ou le casque et l'épée antiques. Au sommet, des amours préparent la couche de Vénus, tandis que des colombes, les ailes éployées, essayent de mettre un peu de variété sur un couronnement qui aurait plutôt appelé des figures de bronze composant un groupe d'aspect monumental. Les ébénistes de l'époque de Louis XVI ayant à résoudre le même problème, en avaient trouvé la juste solution. Je regrette d'avoir à dire que Jacob s'en est fort mal tiré et a fait un meuble qui a pu avoir du succès sous le premier Empire, ce qui, artistiquement parlant, est un mince éloge.

Le lit de Napoléon Ier, conservé à Compiègne, avec son affreux bateau et son alcôve simulant une tente d'aspect guerrier et bourgeois à la fois, des bibliothèques à hauteur d'appui décorées des génies de la Victoire ou de la Paix, de boucliers et de couronnes, au long desquels courent de pauvres palmettes, un bureau tel que celui qu'on trouvera ici reproduit, une table supportée par des figures gréco-égyptiennes de la plus minutieuse exécution, ne sauraient faire oublier les pauvretés de ce style, au sujet duquel il faut avoir, après les velléités de renaissance qu'il a manifestées dans ces dernières

---

1. *Le Meuble*, II, p. 304.

années, le courage d'émettre une opinion. Le snobisme aidant, le public, non rassasié de nouveauté, hélas! après s'être entiché du Louis XIV, du Louis XV ou du Louis XVI, a cherché chronologiquement un aliment à sa passion pour l'oublié et le méconnu : nous avons assisté à une phase, à une maladie, pourrait-on dire, du goût français, et je ne doute pas que, pour les mêmes

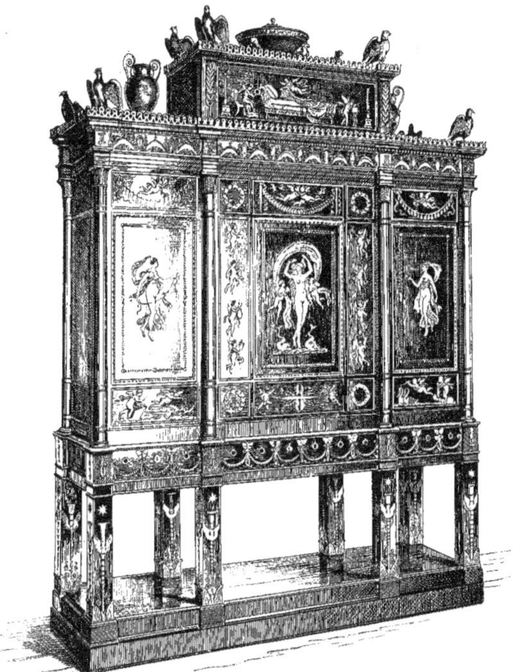

ARMOIRE A BIJOUX
de l'impératrice Marie-Louise, en acajou et bronze doré, par Jacob-Desmalter (Mobilier national)

motifs, on n'essaye de remettre en honneur le style de la Restauration, dont les modes ont trouvé leurs adeptes, ou le style odieux du règne de Louis-Philippe. Ces fantaisies de la mode, qui d'ailleurs n'ont jamais qu'un petit nombre de dévots, sont des accidents négligeables dans l'histoire de l'art, et qui en réalité ont bien peu d'influence sur son développement. Si peu que, quand sous le second Empire le style néo-grec fut en honneur, on inventa quelque chose de sensiblement différent du style antique du commencement du siècle. Une seule chose pourrait faire pardonner aux meubles du premier Empire leur incohérence de forme et de décor, c'est l'extrême conscience qui présida à leur exécution : l'ébénisterie comme les bronzes, au point de vue technique, sont irréprochables. Mais à ce point seul doivent se borner les éloges qu'on a déjà trop longtemps prodigués à des œuvres qui ne sont que la caricature du style français de la seconde moitié du XVIIIe siècle.

Bien que des œuvres capitales de cette époque, pourtant si rapprochée de nous, aient cessé d'exister, que nous ne possédions plus ni la toilette ni la psyché en argent doré, exécutées par Odiot et Thomire d'après les dessins de Prud'hon, offertes par la ville de Paris à l'impératrice Marie-Louise, nous avons suffisamment de meubles tout à fait somptueux de ce temps pour que nous puissions porter un jugement équitable sur un ensemble aussi riche que de mauvais goût. Ni le berceau du roi de Rome, conservé à Vienne, ni celui, plus simple, que possède le mobilier national, issus tous deux d'un projet de Prud'hon, l'un œuvre d'orfèvrerie surtout, l'autre surtout œuvre d'ébénisterie due à Jacob, ne peuvent vraiment nous réconcilier avec ce genre de mobilier bâtard. Jacob n'était pas seul à procréer de ces horreurs : M. de Champeaux [1] a signalé parmi les ébénistes qui travaillèrent pour la cour impériale : François-Ignace Papst (reçu maître en 1785), Simon Mansion (reçu maître en 1780), Michel-Charles-Jacques-Urbain Lemarchand (reçu maître en 1777), Jean-Antoine Bruns (reçu maître en 1782), Jean-Pierre Louis (reçu maître en 1787), Marcion. Tous ces maîtres firent à peu près la même chose que Jacob; travaillant tous sous la direction de Percier et Fontaine, empruntant leurs bronzes à Thomire, il leur eût été difficile de se montrer originaux. Et si je mentionne ici leurs noms, c'est plus pour faire œuvre impartiale d'historien que pour attirer l'attention sur une période de l'histoire de l'art décoratif français qui ne mérite que l'oubli. Elle marque un temps d'arrêt, une prolongation d'un style mort et non point une évolution logique et salutaire au renouvellement de l'art. C'est de cet arrêt que nous souffrons encore aujourd'hui.

1. *Le Meuble*, II, p. 310.

CHAPITRE VI

QUELQUES MOTS SUR LE STYLE FRANÇAIS A L'ÉTRANGER

Je ne puis songer à faire ici l'histoire du mobilier étranger pendant tout le xviie et le xviiie siècle. Les quelques indications qui ont été plus haut données sur le mobilier allemand, italien ou espagnol, dans ses rapports avec le mobilier français, peuvent suffire au surplus pour des époques qui, dans ces différents pays, attendent encore des histoires détaillées. Et à partir de la fin du xviie siècle on peut d'ailleurs dire que, dans ses grandes lignes, l'art décoratif de toute l'Europe se confond avec l'art français, auquel il emprunte non seulement son style mais, dans un assez grand nombre de cas, ses créateurs. Il faudrait donc de longs chapitres pour écrire, même en négligeant beaucoup de circonstances, sur un pareil sujet. Ce que je voudrais simplement faire ici, en quelques pages, c'est rappeler quelques noms, quelques dates et quelques monuments typiques destinés à montrer l'extension de notre art que l'Europe a adopté, à un certain moment, comme le seul qui fût digne d'une nation policée. L'estime de l'art français a, pour un temps, marché avec le respect universel professé pour l'art classique : ce n'est pas un mince éloge. L'Allemagne, l'Angleterre et l'Espagne, parfois l'Italie, la Pologne et la Russie n'ont eu d'autre ambition que de copier le luxe de Versailles, et la France a triomphé par son art d'une façon bien plus durable que par des victoires si souvent suivies de lendemains désastreux.

Dans un livre bien connu, qui ne manque point de défauts mais renferme toutefois une foule de renseignements précieux, Dussieux a essayé de dresser un inventaire de ce que l'Europe doit à l'art français [1]. Je me contenterai de lui emprunter quelques-uns des noms d'artistes qu'on peut considérer comme des créateurs au point de vue décoratif ; quelques courtes notes biographiques suffiront pour montrer respectivement leur rôle.

L'Allemagne est le pays qui, dans toutes ses parties, a éprouvé le plus l'influence de l'art français : les pays du Rhin et la Bavière, le grand-duché de Hesse, puis la Prusse ont subi ses atteintes tandis qu'en Autriche il rencontrait un rival puissant dans le style italien. Ce sont les architectes surtout, puis des peintres et des sculpteurs, ces derniers dans une moindre proportion, qui ont exercé une influence. Robert de Cotte, élève et beau-frère de Mansart (1656 † 1735), travaille successivement pour le comte de Zinzendorf, en Autriche, pour l'électeur de Cologne, au palais de Bonn, dont les

---

1. *Les artistes français à l'étranger*, 1 vol. in-8°.

travaux furent conduits par d'autres architectes français, Benoît de Fortier et Aubrat [1]. Une série de dessins conservés maintenant au département des Estampes, à la Bibliothèque Nationale, montre l'importance des travaux que Robert de Cotte dirigea de Paris pour l'électeur; outre le palais de Bonn, le palais de Brühl, les châteaux de Popelsdorf et de Gudesberg, l'église du séminaire de Bonn furent ou élevés ou améliorés d'après ses plans et sous sa direction. En même temps il travaillait pour l'électeur de Bavière, probablement pour le château de Schleissheim, et pour le prince-évêque de Wurtzbourg dont le projet de palais, primitivement dessiné par Neumann, fut revu par lui et exécuté sous la direction de Boffrand (1667 † 1754). Boffrand d'ailleurs travailla également pour l'électeur de Bavière, Maximilien-Emmanuel, pour le duc de Lorraine, Léopold Iᵉʳ, pour l'électeur de Mayence.

Ces artistes, qui ont tous en France joué un rôle important, ne faisaient, en prêtant l'aide de leur talent aux princes allemands, que suivre une tradition déjà ancienne : Salomon de Caus, au commencement du xviiᵉ siècle († 1626), n'avait-il pas été ingénieur et architecte de l'électeur palatin ? N'avait-il pas tracé les jardins du château de Heidelberg ? Mais ils reprenaient sur des bases autrement larges un mouvement d'émigration du style et aussi d'artistes français qui va en s'accentuant plus on avance dans le xviiiᵉ siècle. Michel d'Ixnard, architecte de l'électeur de Trèves (1723 † 1795), reconstruira, sur l'initiative du célèbre abbé Martin Gerbert, l'abbaye de Saint-Blaise, dans la Forêt Noire (1768-1780); Nicolas de Pigage († 1796) élèvera pour l'électeur palatin une partie de la résidence de Mannheim et les écuries du palais de Düsseldorf. Mais c'est surtout en Bavière, où nous rencontrons le sculpteur Charles-Claude Dubut († à Munich en 1742), qui avait d'abord travaillé à Dresde, et l'architecte François Cuvillier (né à Soissons en 1688, † à Munich en 1768), puis en Prusse, à partir de l'établissement du peintre Antoine Pesne (né à Paris en 1683, † à Berlin 1757), que l'influence se fit sentir. Frédéric-Guillaume de Prusse, puis Frédéric II furent des admirateurs convaincus du goût et du style décoratif français : Jean de Bott (né à Paris en 1670, réfugié en Hollande en 1685, † mort à Dresde en 1745) et Jean Le Geay ont laissé dans les constructions élevées par les souverains de Prusse de nombreuses traces de leur passage.

Sans entrer le moins du monde dans des détails qui ne sauraient prendre place dans un livre tel que celui-ci, il me suffira de prendre pour exemple de cette diffusion du style français en Allemagne deux constructions dont nos planches XXII et XXIII donnent des fragments importants : Amalienburg et Sans-Souci; ces deux planches, empruntées à des édifices de Bavière et de Prusse, montrent au même point la pénétration du style français pratiqué en Allemagne soit par des Allemands soit par des Français.

Deux artistes surtout ont contribué, au xviiiᵉ siècle, à répandre en Bavière le style français : Charles-Claude Dubut et François Cuvillier.

Charles-Claude Dubut (né à Paris, mort à Munich en 1742), fut appelé par l'électeur de Bavière, vers 1716; il travailla successivement pour les résidences de Munich, de Nymphenburg, de Badenburg, de Furstenried et de Schleissheim. Aidés de Français, d'Allemands et d'Italiens, Dubut exécuta des stucs, des bronzes et des plombs. Sa longue carrière en Bavière, où il se fixa définitivement, en fait un des propagateurs les plus actifs du style français dans un pays que d'ailleurs la politique rattachait momentanément à la France. Ce fut surtout à Schleissheim, où Dubut fournit le projet de l'escalier principal, que notre artiste put donner la mesure de son talent. Bien que l'établissement primitif des électeurs de Bavière à Schleissheim, démembrement des possessions de l'abbaye de Freising,

---

1. Voici le texte de la permission accordée à Aubrat pour se rendre à l'étranger : *Congé accordé au s. Guillaume Aubrat, architecte et dessinateur du roy, pour aller près l'électeur de Cologne* (20 juin 1716)*. Louis-Antoine de Pardaillan de Gondrin, duc d'Antin, etc..... Avons donné congé au sʳ Guillaume Aubrat, architecte, dessinateur du roy, pour s'en aller rendre les services de son art à l'électeur de Cologne, à condition de revenir en France au premier ordre de Sa Majesté que nous lui en donnerons. En foy de quoy, etc..... A Paris, le 20ᵉ juin 1716. Signé : le duc d'Antin, et plus bas : par mondit seigneur, signé : Marchand. (Archives Nationales, O¹ 1087, p. 164) (*Nouvelles Archives de l'Art français*, 1878, p. 17.) Dans le même recueil ont été publiées un grand nombre de permissions analogues.

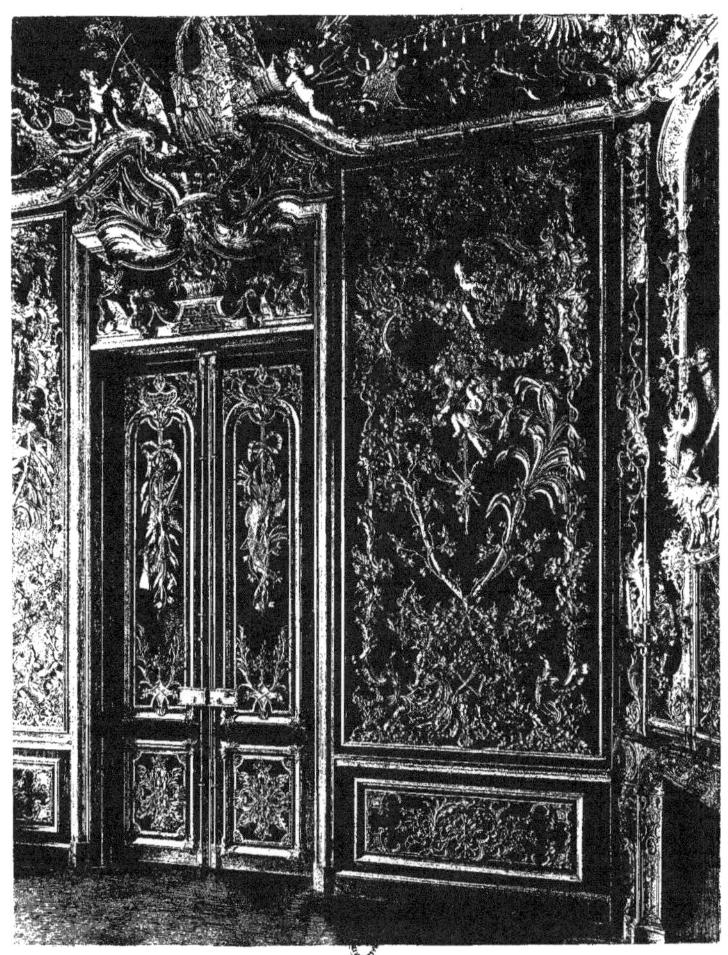

PAVILLON D'AMALIENBURG DANS LE PARC DE NYMPHENBURG

DÉTAIL DE LA DÉCORATION DE LA CHAMBRE À COUCHER

remontât à la fin du XVIe siècle, le véritable fondateur du château fut en réalité Max-Emmanuel, qui en confia la construction au surintendant des bâtiments de la cour, Enrico Zuccali. Commencés en 1683, les travaux de grosse construction étaient terminés en 1703. Mais, à la suite de l'occupation de la Bavière par les troupes impériales pendant une dizaine d'années, Schleissheim fut abandonné ; ce ne fut qu'après la paix de Rastadt (1713) que, sous la direction de Joseph Effner, la résidence fut continuée et c'est à ce moment que Dubut fut chargé de l'exécution de stucs et de décorations intérieures pour un palais qui ne fut achevé que dans notre siècle [1].

François Cuvilliés ou Cuvillier, élève de Robert de Cotte (né à Soissons en 1688, mort à Munich en 1768), architecte de la cour de Bavière, a donné la mesure de son talent à Munich, à Nymphenburg et surtout à Amalienburg ; cette dernière construction peut être considérée comme un véritable chef-d'œuvre. Les faibles dimensions de ce pavillon, élevé dans le parc de Nymphenburg, lui ont permis de concevoir et d'exécuter d'un seul jet une construction qui est en quelque sorte un joyau auquel il ne manque absolument rien ; peu d'architectes, même en France, ont eu cette bonne fortune de pouvoir donner, dans une construction absolument homogène, la mesure de leur talent.

Ainsi que l'a très justement remarqué M. Trautmann, auquel j'emprunterai tous les détails que je vais donner sur les constructions d'Amalienburg [2], dans le parc de Nymphenburg, les petites constructions imaginées par l'électeur Max-Emmanuel, satellites en quelque sorte de la résidence de Nymphenburg, rappellent la création des pavillons de Marly, destinés à permettre au souverain de fuir la pompe et l'étiquette de Versailles et de se retirer à l'écart avec quelques familiers. Max-Emmanuel, au temps de son séjour en France, avait pu apprécier les avantages de ces retraites royales : à son retour en Bavière, on voit successivement s'élever dans le parc de Nymphenburg la « maison des Indes » ou « Pagodenburg » (1719), Badenburg (1721) et l'Ermitage ou Magdalenenkirche (1728). Amalienburg est né de ce même goût du souverain pour l'isolement au milieu d'une cour nombreuse et trop fastueuse qui encombrait les vastes constructions de Nymphenburg.

C'est en 1734 que la construction d'Amalienburg fut décidée par Charles-Albert et que la surveillance des travaux fut confiée à François Cuvillier. La nouvelle construction, destinée à servir de lieu de rendez-vous pour la chasse des faisans, fut entourée d'un jardin à la française dont le créateur fut peut-être Cuvillier lui-même, mais dont la paternité pourrait ainsi être attribuée à Dominique Girard, un autre Français, celui-là même qui créa les jardins du Belvédère, à Vienne.

Quand Cuvillier, entré au service de la cour de Bavière dès 1708 vraisemblablement, dessina le plan d'Amalienburg, il conduisait déjà de très nombreux travaux : la restauration des appartements de la résidence de Munich, la restauration de la demeure du comte Joseph Töring, la maison de la baronne Sophie d'Ingenheim (aujourd'hui palais archiépiscopal de Munich), tout cela, sans parler des constructions qu'il surveillait en province ou des planches de son *Civil-Baukunst-Werk* dont il surveillait l'impression et dont le privilège date de 1738.

Commencés au printemps de 1734, les travaux du pavillon d'Amalienburg furent menés avec une singulière rapidité ; car, dès le mois de juin on plaçait les combles et à l'automne on pouvait commencer les travaux intérieurs. Ceux-ci, bien entendu, remis aux mains des stuccateurs et des doreurs, ne marchèrent pas avec la même rapidité ; en réalité, ce ne fut qu'en 1740 qu'Amalienburg fut complètement terminé. La construction se compose d'une pièce circulaire surmontée d'une coupole terminée par une terrasse. A droite et à gauche de ce vestibule se développent deux ailes comportant une double série de pièces. L'architecture est à la fois très simple et très élégante : un perron de cinq

---

1. R. Dohme, *Barock und Rococo-Architektur*, Berlin, 1892, in-folio, p. 30.

2. *Die Amalienburg in Königl. Schlossgarten zu Nymphenburg*, Munich, Werner, 1895, in-f°. C'est à cet ouvrage, publié sous la direction de M. l'architecte Otto Aufleger, que nous avons emprunté la photographie qui a servi à composer notre planche XXII. Qu'il me soit permis d'adresser ici aux auteurs et à l'éditeur tous mes remerciements pour leur gracieux concours.

marches précède l'entrée principale surmontée d'un fronton abritant une charmante figure de Diane
entourée d'amours et d'attributs de la chasse. Des trophées accompagnent les pilastres, à droite
et à gauche de la porte, et sur les ailes, entre les fenêtres, sont disposés des bustes dans des niches
circulaires. L'intérieur de ce petit bijou d'architecture a été décoré par les stuccateurs avec un soin
particulier. Le principal collaborateur de Cuvillier, qui avait toujours la haute main sur les ouvrages
de sculpture et qui, au besoin, les corrigeait, fut Johann Zimmermann (1680-1758) qui, successivement, dans les chambres du palais de Munich, dans l'escalier de Schleissheim, dans la grande salle
de la résidence de Nymphenburg, a montré son extraordinaire habileté à composer des groupes de
figures gracieuses et élégantes, d'une variété de dispositions tout à fait incroyable. A Amalienburg,
Zimmermann s'est surpassé surtout dans les attributs de chasse ou dans des figures d'amours se livrant
à toutes sortes de jeux ou d'occupations. Toute cette décoration, d'une fantaisie adorable, est d'une
exécution et d'un goût parfaits. Plus compliqués à coup sûr sont les panneaux de la chambre à
coucher dont notre planche XXII donne un échantillon. Johann Dietrich († 1753) est l'auteur de ces
sculptures sur bois, plutôt trop riches, que dora Lauro Bigarello. Enfin Joseph Pascalin, qui avait
étudié à Paris, émule de Jean Gottfried Stuber, de Waxschlunger, de Johann Anton Gump qui
pratiquèrent en Allemagne l'art délicat des Claude Gillot et des Watteau, fut chargé d'exécuter en
peinture quelques décorations de style chinois.

Je ne puis m'appesantir davantage sur cette admirable création d'Amalienburg, qui fait le plus
grand honneur et à Cuvillier et aux collaborateurs allemands qu'il a guidés. Il faut y regarder de très
près pour trouver dans ces stucs, dans ces sculptures sur bois, dans ces peintures des différences avec
les ensembles décoratifs créés en France même, à l'époque de Louis XV. La physionomie de certains
personnages sculptés, quelques complications dans certains ornements indiquent bien, pour un observateur très attentif, que tout n'est pas français dans l'exécution ; mais ce sont des différences presque
inappréciables : et en se plaçant à un point de vue plus large, il est juste de dire qu'à ce moment
l'art français est absolument devenu international. Ce jugement n'est pas démenti par l'examen des
œuvres d'art créées en Prusse dans le courant du XVIIIe siècle.

Le goût de Frédéric II pour les peintres et les sculpteurs français, pour Watteau et les petits
maîtres, pour Restout, Challe, Boucher, de Troy, Carle Vanloo, pour les Adam en dit assez long. Si
le premier projet du château de Sans-Souci, dont la construction fut décidée en 1745 [1], fut tracé par
le roi lui-même, ce fut Knobelsdorf qui en donna les plans définitifs, qui le dessina et en surveilla
l'exécution. Or Knobelsdorf († 1753), surintendant des bâtiments royaux, avait séjourné en France
et en Italie et était tout imprégné du style français. La surveillance des constructions fut d'abord
donnée au directeur des bâtiments, Dietrich, remplacé bientôt par J. Boumann. Menés très rapidement, les travaux, en 1748, touchaient à leur fin : il ne restait à exécuter que quelques décorations
intérieures. Johann Michael fut chargé de la décoration de la salle de concert, Johann Christian, de la
décoration de la chambre à coucher, chambre à coucher qui devait être reconstruite après la mort de
Frédéric II. Le sculpteur Merk travailla aux deux salles du centre de la construction, à la bibliothèque
et la galerie ; Giese donna les modèles des trophées de la bibliothèque, tandis que l'orfèvre Kelly se
chargeait de les exécuter en bronze doré. D'autres sculpteurs, Johan-August Nahl, de Strasbourg,
Johann Peter Benkert, Matthias Müller prêtèrent encore leur concours à cet ensemble charmant, très
original au point de vue de la décoration, ainsi qu'on pourra s'en convaincre en regardant la
planche XXIII. Si nous examinions la salle à manger du château de Potsdam avec ses murs revêtus
de panneaux laqués de blanc, sur lesquels se relèvent des ornements et des cadres de glace en bronze
doré, avec ses consoles également en bronze doré, œuvre collective du Strasbourgeois Schwitzer, de

---

1. Robert Dohme, *Barock und Rococo-Architektur*, Berlin, 1892, in-f°, p. 17 et suiv.

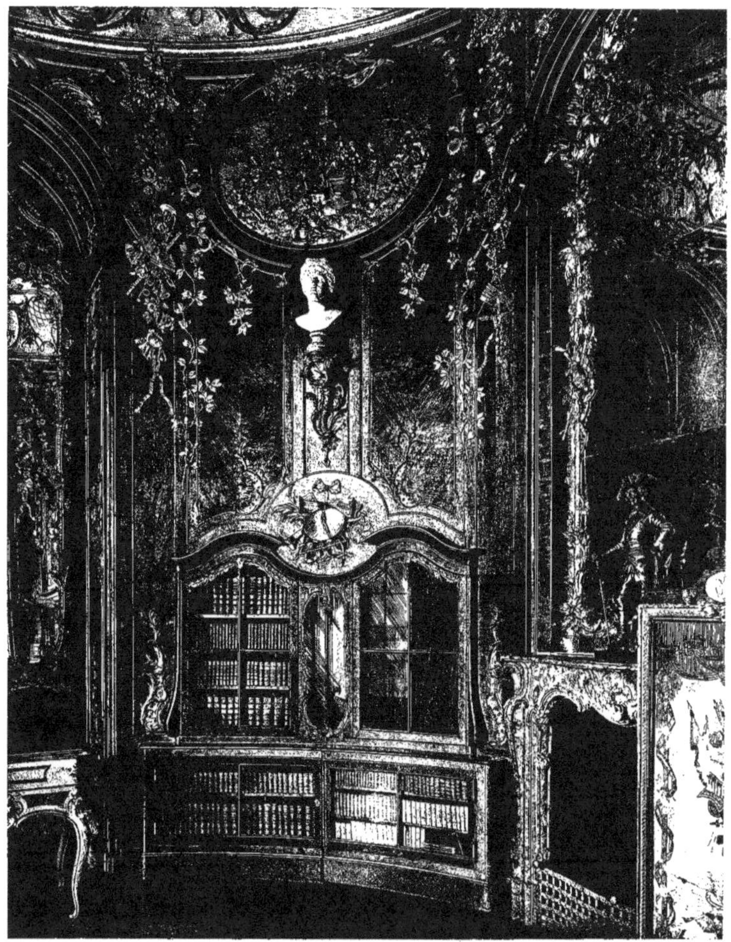

CHÂTEAU DE SANS-SOUCI

BIBLIOTHÈQUE DU ROI FRÉDÉRIC

l'orfèvre Kambly, et de deux Français, Geoffrey et Morel, ce dernier simple doreur, nous constaterions une fois de plus combien il y a peu de différences entre un intérieur allemand du xviii⁰ siècle et un intérieur français [1], un intérieur luxueux s'entend. Le style est absolument le même, plus ou moins chargé, plus ou moins compliqué, suivant la main qui interprète le modèle, mais c'est là toute la différence. Quant au modèle lui-même, il a un caractère international absolu. On voit se reproduire ainsi, au xviiie siècle, quelques-uns des phénomènes caractéristiques de l'art industriel de la fin de la Renaissance devenu, lui aussi, international par la diffusion des modèles dessinés ou gravés.

Ce Melchior Kambly était un Zurichois. Orfèvre et marqueteur à la fois, il a en même temps imité les mosaïques florentines, les meubles d'écaille dans le style de Boulle et les meubles en bois sculpté de style français : tables, commodes, armoires, consoles ont été exécutées par lui et par le Bavarois Spindler, originaire de Bayreuth, pour meubler les châteaux royaux de Prusse ; sans doute, dans ce mobilier extrêmement somptueux où on ne compte plus les marbres précieux et les sculptures enrichies d'argent au lieu de bronze doré, on ne retrouve peut-être pas l'unité de style qui pouvait caractériser le mobilier d'une résidence royale en France au milieu du xviiie siècle ; sans doute on rencontre des nouveautés à côté d'autres choses qui eussent paru un peu démodées, et ce défaut provient de la collaboration d'artistes de nationalités et d'éducations très différentes ; mais cependant on ne peut s'empêcher d'admirer des créations qui, en peu d'années, transformèrent absolument la Prusse et y acclimatèrent les plus admirables créations artistiques du xviiie siècle. Le roi de France continuait une longue tradition de luxe, et cela avec des ressources financières autrement importantes que celles dont disposait le roi de Prusse. Frédéric II avait au contraire à créer, en très grande partie, et les constructions et les décorations intérieures, à créer un milieu artistique, et son œuvre, étant données les difficultés de tout genre qui l'arrêtaient sans cesse, est demeurée aussi grandiose que l'œuvre artistique d'un Louis XIV.

D'autres pays plus septentrionaux que la Prusse tentèrent aussi cette œuvre de colonisation artistique : le congé accordé au « sieur Le Blond et à sa compagnie pour aller près de sa Majesté czarienne », le 15 avril 1716 [2], congé collectif qui s'appliquait à toute une colonie de sculpteurs, de menuisiers, de tapissiers, de serruriers, de tailleurs de pierre, est un des plus importants épisodes de l'histoire de cette colonie française qui, pendant tout le xviiie siècle, fut au service des souverains russes. Le Blond († 1719) construisit le palais de Peterhof, puis fut remplacé par Nicolas Pineau ; Vallin de la Mothe fut architecte de Catherine et de Paul Ier et importa en Russie le style de Gabriel, comme Le Doux et Thomas de Thomon y importèrent un style antique moins recommandable. Mais je n'ai pas à insister ici sur ce mouvement si ce n'est pour montrer l'introduction du style français en Russie.

M. de Champeaux [3] a cité le nom de « G. Naupt, ébéniste à Stockholm », auteur d'un grand cabinet décoré de marqueterie, offert, en 1774, par le roi de Suède au prince de Condé, cabinet qui existe encore aujourd'hui dans les collections du château de Chantilly. Le même auteur cite un cabinet en bois de rose incrusté de nacre et d'ivoire, qui fait partie des collections du château de Rosenborg, œuvre de Christian Frédéric Lehmann, ébéniste de la cour de Danemark, au milieu du xviiie siècle. Mais, en réalité, ces meubles n'ont pas une grande importance : ils représentent des imitations affaiblies du style français contemporain ou bien la persistance d'un style plus ancien passé de mode et tout à fait épuisé. C'est surtout ce dernier courant qui a prévalu en Italie où, en plein xviiie siècle, on faisait encore des meubles excessivement ronflants, de style rocaille à dire vrai, et dont les formes contournées rappelaient le mobilier français, mais dont les décorations de cuivre et d'écaille font

---

1. La salle à manger de Potsdam date de 1754.
2. *Nouvelles Archives de l'Art français*, 1878, p. 13. Je renvoie à cette

publication pour la liste complète des artistes accompagnant Le Blond.
3. *Le Meuble*, p. 201.

songer aux meubles de Boulle. Pietro Piffetti (1700-1777), ébéniste de la cour de Turin, est l'artiste qui a le plus somptueusement accompli ce singulier mélange de plusieurs styles et de plusieurs époques, et le palais royal de Turin renferme encore quelques échantillons des œuvres de Piffetti qui témoignent de plus de savoir-faire et d'habileté que de goût et d'intelligence vrais des nécessités de la décoration intérieure. Un autre artiste du nord de l'Italie, un Vénitien, Andrea Brustolon (1670-1732), originaire des environs de Bellune, n'est pas plus recommandable au point de vue de la création de pièces de mobilier. Sculpteur sur bois supérieurement habile, s'il a pu dans des stalles d'église faire des œuvres passables, il ne faut pas oublier qu'il est le créateur de ce mobilier italien agrémenté de personnages grotesques ou monstrueux qu'on imite encore aujourd'hui à Venise. C'est dire que son style n'était pas d'une pureté sans mélange. De tels excès légitiment complètement le retour au style classique.

L'Angleterre, si elle subit, elle aussi, l'influence française, si elle connut le mobilier de l'époque de Louis XIV, le style rocaille et le style antique, sut du moins, de bonne heure, donner une physionomie bien personnelle à ces divers emprunts et créer à son tour, à la fin du xviiie siècle, un mobilier qu'on peut ne pas admirer dans toutes ses parties, mais qui lui appartient en propre. Sir William Chambers (✝ 1796), qui publia, en 1759, *The Decorative Part of civil architecture* (2e édition, 1769 ; 3e édition, 1791), est avant tout un admirateur du mobilier chinois, mais il trouva moyen de prôner en même temps les cheminées de marbre créées dans le style gréco-romain. Les mêmes tendances très éclectiques se retrouvent encore plus accentuées chez Thomas Chipendale, qui a donné son nom à tout le mobilier anglais de la seconde moitié du xviiie siècle. Les premières planches de modèles publiées par Chipendale remontent à 1753 ; le *Gentleman and Cabinet-Maker's Director* parut en 1754 (2e édition, 1759 ; 3e édition, 1762). Ces planches nous montrent leur auteur tiraillé entre le style classique qui, au point de vue de la théorie, a ses préférences, et son imagination très vive qui le pousse à faire un singulier mélange de tous les styles européens, y compris le style gothique avec le style chinois. Les meubles chinois ou gothiques sont des compositions sèches, déchiquetées et presque aussi mauvaises que ses imitations de Meissonnier dont le style reparaît, aggravé encore dans ses cadres de glace et dans ses girandoles. De nombreux tapissiers-ébénistes contemporains de Chipendale ont publié des recueils de modèles de meubles qui rappellent le style fort mélangé adopté par lui. Manwaring, Ince et Mayhew, Copeland, Lock, Johnson, Crunden. Les frères Adam, Robert et James, architectes, furent les véritables introducteurs en Angleterre du style antique, à une époque qui correspond aux tentatives analogues faites chez nous, vers 1765. Les marbres, les plaques de porcelaine, les décors de style pompéien vont prendre dès lors définitivement place dans le mobilier anglais, en sorte qu'il ne serait peut-être pas très juste de considérer comme une importation française le style antique que nous révèlent les recueils de dessins publiés à la fin du siècle. Le *Cabinet-Maker's Book of prices*, publié en 1788 ; le *Cabinet-Maker and Upholsterer's Guide*, publié par Hepplewhite en 1788 et 1789 ; le *Cabinet-Maker and Upholsterer's Drawing-book*, de Thomas Sheraton (1791), nous montrent un style antique indéniable, envahissant tout le mobilier anglais, mais aussi la conservation de certaines traditions qui font que ces meubles offrent un aspect bien particulier. Le mobilier d'acajou et de palissandre des premières années de notre siècle accentue encore ces différences avec le mobilier français, les événements politiques aidant. On peut dire que l'Angleterre est le seul pays qui ait vraiment résisté à l'invasion du style français et ait su lui opposer autre chose. Ce n'est pas un mince éloge.

APPENDICE

En 1743 fut créée une nouvelle communauté des maîtres menuisiers et ébénistes, démembrement de l'ancienne communauté des huchiers-menuisiers dont les *Statuts* sont publiés dans le tome II du présent ouvrage, pages 176 et suivantes. Les règlements de cette communauté restèrent en vigueur jusqu'à la suppression des corporations, en 1776, sous le ministère de Turgot, époque où les diverses industries et leurs représentants furent divisés en quarante-quatre communautés, adjointes aux six anciens corps de métiers. Les menuisiers-ébénistes, les tourneurs et les layettiers composèrent la trente-deuxième communauté. On trouvera ci-dessous les articles les plus intéressants des statuts de 1751. Je ne donne, bien entendu, que ceux qui m'ont paru présenter quelque intérêt au point de vue de la fabrication, renvoyant pour le reste au texte complet : *Statuts, privilèges, ordonnances et réglemens de la communauté des maîtres menuisiers et ébénistes de la ville, fauxbourgs et banlieue de Paris. A Paris, chez J. Chardon, rue Galande, vis-à-vis la rue du Fouare, à la Croix d'or. MDCCLI, in-8°, 274 pp.* — J'appellerai particulièrement l'attention du lecteur sur ce fait que l'article 36 des règlements de 1743 ordonnait à chaque maître ébéniste de marquer ses œuvres d'un poinçon. Cette prescription fut renouvelée en 1776, et je n'ai pas besoin d'insister sur l'intérêt que cette très sage prescription présente au point de vue de l'histoire de l'art.

A la suite des extraits des *Statuts* de 1743 (enregistrés au Parlement en 1751), on trouvera un essai d'une liste des ébénistes parisiens de la fin du xviiie siècle. On me permettra, à ce propos, de remercier ici bien cordialement M. de Champeaux, auteur de tant d'excellentes publications sur l'histoire du mobilier et de la décoration, de l'aide qu'il m'a fournie pour la composition de cette liste, évidemment provisoire, en me communiquant l'*Almanach de 1785*. On remarquera dans cette liste le très grand nombre des ébénistes d'origine allemande fixés au faubourg Saint-Antoine. C'est en effet au xviiie siècle, mais surtout dans la seconde moitié de ce siècle, que s'est prononcé ce mouvement d'immigration en France d'ouvriers étrangers qui ont fini par composer une nombreuse colonie qui subsiste encore aujourd'hui : utile mais faible compensation de l'immense perte qu'au siècle précédent avait entraînée pour l'industrie française l'acte qui déshonore à jamais le règne de Louis XIV, la Révocation de l'Édit de Nantes.

EXTRAITS DES STATUTS, PRIVILÉGES, ORDONNANCES ET RÉGLEMENS DE LA COMMUNAUTÉ DES MAÎTRES MENUISIERS ET ÉBÉNISTES DE LA VILLE, FAUXBOURGS ET BANLIEUE DE PARIS

I. — Les Maîtres Ménuisiers ayant de tous tems faits les ouvrages connus et distingués aujourd'hui sous le nom d'Ebénisterie, Marqueterie et placages, et partie de ces Maîtres s'étant depuis plusieurs années uniquement attachés à cette sorte de Ménuiserie, en ont pris le titre de Ménuisiers-Ebénistes, ou simplement Ebénistes, sans cependant faire un Corps de Communauté séparé, les outils, établis, façon de travailler, joints et assemblages des uns et des autres étans les mêmes, en sorte qu'en qualité de Maîtres en ladite Communauté, chacun d'eux est libre d'embrasser toutes les parties de ladite Profession, ou de s'attacher uniquement à une d'elles : pourquoi voulons que tout ce que nous disons, statuons, ordonnons par ces présentes, ne soit pas moins dit, ordonné, statué pour les uns que pour les autres, comprenans sous le nom de Ménuisiers, tous ceux qui composent ce corps de Communauté en général, et pour veiller à la conservation des Privilèges de ladite Communauté, à l'exécution des présents Statuts, Ordonnances et Reglemens, et pour l'administration des affaires d'icelle, il sera tous les ans quelques jours après la fête de Sainte-Anne leur patronne, procédé pardevant notre Procureur au Châtelet de Paris à l'élection d'un Principal ou Sindic et de trois Jurés en la Chambre et Bureau de ladite Communauté; et à cet effet, dès le lendemain de ladite fête, à l'issue du service pour les défunts Maîtres, les Jurés en Charge ou à leur défaut, les anciens prendront le jour de notredit Procureur, et son Ordonnance, pour convoquer l'Assemblée aux fins de ladite élection qui ne pourra être retardée plus de huit jours après ladite fête.

II. — L'Assemblée pour ladite élection, sera composée du Principal, des six Jurés en Charge, de tous les anciens Sindics et Jurés, et de vingt-quatre Maîtres modernes et jeunes, lesquels ne pourront y être appelés, s'ils n'ont pas au moins cinq années de Maîtrise, s'ils n'ont leurs lettres, s'ils ne sont établis ayant Boutiques ou Atteliers, et s'ils ne payent les droits de Confrerie et de visite, et autres impositions et ce au choix et à la nomination des Jurés en Charge, aux conditions qu'ils ne pourront être mandés pour une semblable élection, que six années après au plutôt, et que la liste qui en sera faite par les Jurés, sera communiquée aux anciens dès le lendemain de Sainte Anne, afin d'examiner s'il n'y a aucun des Maîtres nommés, dans le cas d'être exclus par le défaut de quelques-unes des conditions prescrites au présent article.

III. — Le Principal, les Jurés en Charge, les anciens, les vingt-quatre Maîtres mandés seront tenus de se trouver au lieu, au jour et à l'heure indiqués par la sommation à eux faite la veille, à peine de six livres d'amende, au profit de la Confrerie de Sainte Anne de ladite communauté, si ce n'est en cas de maladie ou autre légitime empêchement.

IV. — Le Principal ne pourra être choisi que dans le nombre des anciens Jurés, pour les représenter en quelque sorte dans l'inspection de la conduite des Jurés en Charge en l'administration des affaires de ladite Communauté, et l'ordre d'ancienneté sera observé autant que faire se pourra, à moins qu'il n'y ait des raisons d'exclusion, comme caducité ou autres, et celui qui aura été élû, ne pourra exercer ladite charge qu'une année, sans pouvoir être continué sous quelque prétexte que ce soit.

V. — Les Jurés seront tenus d'avertir le Principal de toutes les affaires qui concernent la

Communauté, pour en délibérer avec lui, il sera à cet effet mandé à toutes les assemblées pour chefs-d'œuvre, ou autres, même se trouvera en la Chambre tous les jours de Bureau, autant qu'il lui sera possible, et s'il a connaissance de quelque négligence ou malversation dans la conduite des Jurés, après leur en avoir dit son sentiment, il convoquera une Assemblée générale des anciens, pour prendre avec eux les mesures nécessaires pour y remédier.

VI. — En cas du décès du Principal dans les six premiers mois de son exercice, il en sera élu un autre par les Jurés et anciens seulement, lequel achèvera le tems qui reste à expirer, après quoi il sera ancien Syndic, et en aura le rang, de même que s'il eût exercé une année entière; mais s'il décede dans les six derniers mois, un des anciens sera nommé pour en faire les fonctions le reste du tems, sans tirer à conséquence; et si un ancien étant à son tour d'être élû Principal, refuse de remplir cette place, soit pour une année entière, ou pour achever le tems de celui qui seroit décédé dans les six premiers mois de son exercice, ou soit que son tour fut passé pour raisons connues à la Communauté, il ne pourra plus y parvenir son rang d'ancienneté une fois passé.

VII. — Aucun maître ne pourra être élû Juré, s'il n'est d'une probité, conduite et capacité reconnue, et s'il n'a au moins dix années de réception à la Maîtrise, et autant que faire se pourra, sera tous les deux ans élû un Ebéniste suivant l'usage, au désir de la sentence du Châtelet du 17 septembre 1699, et de l'Arrêt confirmatif du 31 août 1706, et à l'instant de l'élection des Jurés ils prêteront serment devant notre Procureur au Châtelet, pour entrer sur le champ en exercice, pendant deux années seulement, sans que le pere et le fils, ou deux freres, puissent remplir les Charges de Principal ou de Jurés en même-tems.

. . . .

XII. — Feront les Jurés une très exacte recherche des perturbateurs de lad. Communauté, ainsi que des ouvriers, qui sans la qualité de Maîtres en icelle, et contre les défenses travaillent en maisons particulières ou retirées, même dans les Couvents, Collèges et Communautés, et trompent journellement le Public, par la défectuosité de la matiere et la mauvaise façon de leurs ouvrages qu'ils vendent néanmoins au préjudice de la Communauté, et de ceux qui les achetent, comme aussi donneront lesdits Jurés tous leurs soins, pour saisir les ouvrages neufs qui se trouveront dans les rues de notre dite Ville, Fauxbourg et Banlieue d'icelle, venant des lieux privilégiés ou prétendus tels, par lesquels le Public est également trompé. Permettons ausdits Jurés de déposer chez tels gardiens qu'ils jugeront bon être les ouvrages qu'ils auront arrêtés et saisis, pour raison de défectuosité de bois ou malfaçons, ainsi que sur les ouvriers sans qualité, lesquels seront confisqués sans ressource pour le faux ouvrier, et en cas où il n'y aurait point de défectuosité, n'en pourra être fait main-levée provisoire, qu'au préalable ils n'ayent été vus et visités par experts, ou gens à ce connoissans, pour constater les défectuosités ou malfaçons, lesquels reconnus seront également confisqués, ainsi qu'il sera dit ci-après en l'Art. XIV des présens Statuts, et dans cet exercice de leurs Charges, pourront lesdits Jurés se faire assister outre leurs Huissiers, d'un commissaire, et même des corps-de-garde du guet, qui seront tenus à leur réquisition de leur prêter mainforte, tant de jour que de nuit, suiv. l'Art. IV des anciens Statuts, et au désir des Reglements de Police faits à ce sujet, et notamment à la Sentence du 28 avril 1703, et à l'Arrêt confirmatif de notre Cour de Parlement, du 25 Mai audit an.

XIII. — Seront tenus lesdits Jurés de procéder en leur ame et conscience, non seulement à la recherche des perturbateurs du repos de ladite Communauté, et de ceux qui voudront empiéter sur ses droits; mais aussi de faire tous les ans quatre visites générales chez tous les Maîtres, Veuves dudit Métier, demeurans et tenans Boutique ou atelier en notre dite Ville, Fauxbourg et Banlieue d'icelle, tant chez ceux qui travaillent aux ouvrages des bâtimens, meubles, carosses, ébénisterie et placage, soit en bois de chêne, noyer, hêtre, orme, sapin, ébène, et autres que chez ceux qui ont magasin, et revendent les ouvrages dudit métier, sans qu'ils soient pour ce obligés de demander aucune permission ni paréatis, au désir de l'Article III des anciens Statuts, pour les droits de chacune desquelles visites, les Maîtres et Veuves exceptés les anciens qui ont passé les Charges de Jurés, seront tenus de payer dix sols, dont moitié pour la communauté et l'autre moitié pour les Jurés d'icelle, et en cas de refus, ils y seront contraints par toutes voyes dûes et raisonnables.

XIV. — Et pour donner plus d'émulation auxdits Jurés, et les engager à veiller exactement à ce qu'il ne se fasse aucune contravention ni mauvais ouvrages, il leur appartiendra la moitié de toutes les choses par eux saisies et confisquées, et l'autre moitié à la Communauté, laquelle fera et supportera tous les frais, tant de saisie que de poursuite, même les dépenses extraordinaires et légitimes, que les Jurés seront obligés de faire pour lesdites saisies; ne pourront néanmoins lesdits Principal et Jurés, faire ou suivre aucun appel, sans en avoir auparavant délibéré dans une Assemblée générale des anciens, et la vente des ouvrages ou marchandises saisies et confisquées, sera faite au Bureau de ladite Communauté tous les ans, dix ou douze jours après la fête de Sainte Anne, par l'Huissier d'icelle, au plus offrant et dernier enchérisseur, sans aucune autre formalité, à l'effet de quoi les Jurés comptables seront tenus de se charger en recette dans leurs comptes de la moitié du produit de la dite vente.

. . . .

XXII — Nul ne pourra tenir boutique de ladite profession de Menuisier, ni travailler pour son compte en chambre ou autrement, qu'il ne soit reçu Maître en icelle; et aucun ne sera reçu sans avoir fait en la maison de l'un des Jurés en charge le Chef-d'œuvre qui lui sera prescrit tant en dessein, assemblages, liaisons, contours, moulures et profils, qualité et force des bois au désir de l'Article IX des anciens Statuts; et ne pourront les Jurés souffrir que le Chef-d'œuvre soit fait ailleurs que chez eux, ni permettre que le Chef-d'œuvrier ou Aspirant à la Maîtrise, soit aidé par qui que ce soit, sous peine de la destitution de la Jurande, encore moins le recevoir sur un Chef-d'œuvre fait par un autre; deffenses auxdits Aspirans de faire aucune fonction de Maître avant d'être reçu, pas même dans le cours de son Chef-d'œuvre, à peine de cinquante livres d'amende, applicable à la Confrérie de Sainte-Anne, et de saisie et confiscation des bois, ouvrages et outils, au profit, comme dit est en l'article XIV des présens Statuts.

XXIII. — Et nul ne pourra parvenir à la maîtrise dudit Art, qu'il ne fasse profession de la Religion Catholique, Apostolique et Romaine; et s'il n'est pas originaire François, né notre sujet, ou qu'il n'ait de nous obtenu lettre de naturalité, duement vérifiées et registrées où besoin aura été suivant le huitième article des anciens Statuts, à peine de déchéance de ladite Maîtrise dans le cas où il l'auroit acquise sur un faux exposé. Enjoignons au Principal, Jurés et Anciens, de tenir la main à l'exécution du présent Art. ainsi qu'à tous les autres, sous les peines portées au 106ᵉ article des présents Statuts.

XXIV. — Tous ceux, qui sous prétexte de nos Lettres de don, ou des Rois nos prédécesseurs ou successeurs, Privilège de la Reine, Princes ou Princesses de notre sang, Hôpitaux et tous autres pour quelque cause et occasion que ce soit, prétendront à la Maîtrise dudit Art, seront tenus de faire Chef-d'œuvre de leurs mains, selon l'ordre des Jurés et chez l'un d'eux en la forme prescrite au 22ᵉ article des présens Statuts, en payant par eux notre droit de 30 liv. ceux de la Confrérie de 6 liv. et ceux des Principal, Jurés et anciens mandés, ainsi qu'il est dit en l'article ci-après, conformément au 98ᵉ article des Ordonnances des Etats tenus à Orléans par le Roi Charles IX, à l'article XIII des anciens Statuts, et aux Arrêts contradictoirement rendus en connaissance de cause le 3 juillet 1621 et 20 avril 1624.

XXV. — Le fils ou gendre d'un Maître qui sera ou aura été Juré, ainsi que celui qui aura épousé sa veuve, voulant parvenir à la Maîtrise, payera lors de sa prise de chef-d'œuvre 100 liv. entre les mains du Receveur des deniers de la Communauté, suivant la Déclaration du Roi du 22 mai 1691,

3 livres pour l'Hôpital, 12 liv. pour le droit d'Etalonage, 6 liv. en celle des nouveaux Jurés pour la Confrérie de Sainte-Anne, et pour droits au Principal et à chacun des Jurés ainsi qu'au meneur 4 jettons d'argent, aux Anciens trois, et aux Maîtres mandés deux.

XXVI. — Le fils ou gendre, ainsi que celui qui aura épousé la veuve d'un Maître qui n'aura pas été Juré, lorsqu'il voudra parvenir à ladite Maîtrise, payera à sa prise de Chef-d'œuvre entre les mains du Receveur, suivant la susdite Déclaration du Roi de 1691 la somme de 150 livres, 9 livres pour le bureau, et tout le reste tant pour l'Hôpital, Etalonage et Confrérie de droits, comme au précédent article des présens Statuts.

XXVII. — Le fils de Maître né avant la Maîtrise de son père, et le gendre dont la femme sera aussi née avant la dite Maîtrise ne pourront jouir en entier du Privilège accordé aux fils et filles nés depuis, mais suivant la Déclaration du Roi de 1704 payeront entre les mains que dit est, 262 liv. 10 s. et le reste comme les autres fils de Maîtres, ainsi qu'il est dit aux Articles précédents.

XXVIII. — L'apprentif de notre bonne Ville de Paris, le tems de son apprentissage étant fini, sera encore tenu de servir les Maîtres en qualité de compagnon pendant 3 années au moins après quoi voulant parvenir à la Maîtrise, il sera tenu de représenter son brevet d'apprentissage en bonne forme, comme il sera dit ci-après en l'article LXXXVIII des présens Statuts, et au bas certificat valable du Maître chez lequel il aura fait son apprentissage de six années, dont il est content, ainsi que de celui des Maîtres qu'il aura servi depuis son enregistrement au Bureau ; alors il pourra être admis à faire chef-d'œuvre en payant, suivant la Déclaration de 1691 citée ci-devant entre les mains du Receveur 350 liv. 30 liv. pour notre droit, 15 liv. pour le Bureau, 3 liv. pour l'Hôpital, 12 liv. pour l'Etalonage, 6 liv. pour la Confrérie, et les autres droits portés en l'article XXV des présens Statuts.

XXIX. — Enfin ceux qui n'ont aucunes des qualités de fils, de gendre, de mari, de veuve ou d'apprentif de Maître, et qui dès-là sont étrangers à ladite Communauté, ne pourront parvenir à la Maîtrise dudit Art, qu'après avoir servi les Maîtres en qualité de compagnon pendant six années au moins, à compter du jour de leur enregistrement du Bureau qu'ils seront tenus de rapporter avec les certificats en bonne forme des Maîtres qu'ils auront servi qu'en faisant un chef-d'œuvre du double plus fort, tant pour la quantité que pour la qualité de l'ouvrage que celui qui sera ordinairement donné aux Apprentifs de Maîtres par Brevet, et qu'en payant suivant la susdite Déclaration de 1691 1500 liv. entre les mains du Receveur, et le reste comme les apprentifs, ainsi qu'il est porté en l'article précédent ; et si aucun desdits Etrangers demandoit à être reçu avant d'avoir servi les Maîtres pendant 6 années depuis le tems de son enregistrement, comme dit est ; en la présente Ordonnance il sera tenu de payer en outre de ce qui est porté au présent article 100 liv. par forme d'amende au profit de la Confrérie de ladite Communauté.

XXX. — Ne sera fait pour recevoir un Maître que deux Assemblées, l'une lors de la présentation de l'Aspirant à la Maîtrise pour délibérer et résoudre le chef-d'œuvre qui lui sera ordonné, et l'autre lorsque ledit chef-d'œuvre étant fini, sera porté au Bureau pour l'examiner et recevoir Maître s'il en est jugé capable, lesquelles Assemblées seront composées du Principal et des Jurés en Charge, et en outre pour le fils ou gendre de Maître, ainsi que celui qui en aura épousé une veuve, de trois anciens Sindics, cinq anciens jurés compris le Meneur qui sera toujours pris dans le nombre des anciens Jurés à tour de rolle, à moins qu'il n'y eût quelque défaut ou refus de sa part, et de quatre Maîtres, et pour les Apprentifs et Etrangers, outre le Principal et Jurés en Charge de quatre anciens Sindics, sept anciens Jurés compris le Meneur, et huit Maîtres Modernes et Jeunes.

XXXI. — Nul ne pourra entreprendre aucuns Ouvrages de Menuiserie de quelque nature qu'ils puissent être, s'il n'est reçu Maître de ladite Communauté ; *deffenses à toutes personnes de quelque état et condition qu'elles soient, de s'immiscer d'en entreprendre, faire, ni faire faire aucuns que pour leur usage personnel ; faisons pareilles défenses aux Maîtres des autres Arts et Métiers*, de faire sous quelque prétexte que ce soit aucuns des ouvrages de Menuiserie, ni *les faire faire même* par les compagnons dudit Métier de Menuisier ou Ebéniste, *les vendre ni distribuer soit en public, soit en particulier*, à peine de confiscation et saisie, au profit comme dit est ci-devant en l'article XIV des présens Statuts, et en outre de 100 liv. d'amende, applicable à la Confrérie de ladite Communauté, sans que lesdites peines puissent être remises ni modérées, quand lesdits ouvrages se trouveroient bons, et ne seroient en contravention que pour avoir été faits par gens sans la qualité de Maîtres dudit art de Menuiserie.

XXXII. — Les deffenses générales portées en l'article précédent, sont tellement justes et conformes à nos intentions, en ce que nous entendons que les Maîtres d'une profession, ayent le droit à l'exclusion de tous autres, de faire et entreprendre tout ce qui est du métier où ils ont acquis la Maîtrise, que nuls ne peuvent sans injustice s'en trouver blessés, étant informés cependant que les Miroitiers, Tapissiers, Selliers, Charons et Horlogers ont introduit l'usage d'entreprendre, faire faire et vendre une partie des ouvrages de Menuiserie, ce qu'ils n'ont pu faire sans excéder les droits de leurs Professions, désirant empêcher la multiplicité des Procès que la communauté des Maîtres Menuisiers serait obligé d'avoir avec ces différentes communautés et celles des Maîtres Menuisiers voulant bien sous notre bon plaisir et pour le bien de la paix, consentir que lesdits Miroitiers, Tapissiers, Selliers, Charons et Horlogers, fassent faire et vendent les ouvrages de Menuiserie et Ebénisterie qui se trouveront joints aux ouvrages de ces différentes Professions chacune à leur égard, *mais rien au delà*, à condition 1° que chacun d'eux ne pourra faire faire aucuns desdits ouvrages de Menuiserie que par les Maîtres Menuisiers, et qu'ils n'en recevront et admettront aucun chez eux que marqué de la marque du Maître qui l'aura fait. 2° Que les Maîtres Menuisiers auront le droit d'aller en visite chez les susdits Maîtres Miroitiers, Tapissiers, Selliers, Charons, Horlogers et autres, qui revendent des ouvrages dudit Métier, au désir du troisième article des anciens Statuts et des Sentences et Arrêts rendus à cet effet pour empêcher toutes les contraventions qui pourroient se faire au mépris du présent article. Disons que nous voulons qu'il soit suivi de point en point selon sa forme et teneur, sous peine aux contrevenans de saisie et confiscation, et de 20 liv. d'amende par pièce d'ouvrage de Menuiserie ou Ebénisterie qui se trouvera en contravention, applicable comme dit est en l'article précédent, et enfin à condition que le droit sera réciproque, c'est-à-dire que sous les mêmes conditions, les Maîtres Menuisiers auront aussi le droit de faire faire, et vendre avec leurs ouvrages, ceux des susdites professions qui auront le droit de vendre les leurs.

XXXIII. — Si les Bourgeois de notre bonne Ville de Paris, Couvents, Collèges, Communautés ou autres, font faire quelques ouvrages dudit Métier pour leur usage par les Serviteurs ou Compagnons d'icelui, ce ne pourra être que sous la condition expresse de nourrir chez eux lesdits Compagnons, et de leur fournir tous les bois, outils et ustenciles nécessaires, sans que les ouvrages ainsi faits, puissent être transportés en une autre maison que celle où ils ont été faits ; le tout sous les peines de confiscation et d'amende, comme dit est ci-dessus en l'article XXXI et au désir du 60ᵉ article des anciens Statuts.

XXXIV. — Lorsque les Bourgeois de ladite Ville acheteront des ouvrages dudit Métier aux lieux privilégiés, ils seront tenus de les accompagner, et conduire, les faisant transporter chez eux, soit par eux-mêmes, ou du moins par leurs enfants ou domestiques en donnant à icelui un certificat signé de leurs mains, comme ils ont achetté tel ouvrage chez un tel ouvrier ou Marchand, demeurant à....... pour leur usage, et non pour d'autres qu'ils font conduire à cet effet chez eux, dans le jour que la personne qui accompagne ledit ouvrage, se nomme tel et est véritablement son enfant ou domestique, étant actuellement à ses gages ; ce qu'ils seront tenus d'affirmer véritable en étant requis ;

s'il n'y a preuve au contraire, autrement lesdits ouvrages seront saisis et confisqués, le soi-disant domestique emprisonné, et le faux Ouvrier qui a fait l'ouvrage saisi, condamné en cent liv. d'amende, applicable comme dit est ci-devant.

XXXV. — Chaque Maître de ladite Profession ne pourra avoir qu'une seule boutique ou Atellier, soit dans la Ville, soit dans les Fauxbourgs ou lieux privilégiés, et sera tenu de faire sa résidence dans le lieu et maison où sera sa Boutique, à peine de fermeture de l'une des deux Boutiques, et de 50 liv. d'amende, applicable comme ci-devant; pourront néantmoins les Maîtres de ladite Communauté, établis en la Ville, avoir outre la Boutique où ils font résidence, un Chantier ou Magasin pour y serrer leur bois, où il leur sera permis de faire travailler, pourvu que ce Chantier ne soit pas dans un endroit privilégié ou prétendu tel, à condition que la porte en soit toujours fermée, en sorte qu'on ne puisse voir, et qu'il ne paroisse par aucune indication qu'il y ait un Menuisier dans ce lieu, autrement cela seroit réputé deux Boutiques, et comme tel les peines portées au présent art. seroient encourues par les contrevenans.

XXXVI. — Chaque Maître sera obligé d'avoir sa marque particulière, et la Communauté la sienne, les empreintes desquelles marque seront déposées au Bureau sur une nape de plomb qui y sera à cet effet, et ne pourront lesdits Maîtres délivrer aucun ouvrage, excepté ceux des bâtimens qui n'en sont pas susceptibles, qu'ils ne les ayent préalablement marqués de leur marque, à peine de confiscation et de 20 liv. d'amende par pièce d'ouvrage non marquée, applicable comme ci-devant; et ceux qui se trouveroient avoir contrefaits la marque d'un Maître, outre l'amende de 300 livres, seront poursuivis extraordinairement, ainsi que ceux qui sciemment y auront prêté leur ministère.

XXXVII. — Deffendons aussi très expressément à tous Maîtres de prêter leur marque à qui que ce soit, et de prendre ou acheter aucuns ouvrages chez un faux ouvrier et les marquer de leur marque, sous peine de confiscation desdits ouvrages et de 100 liv. d'amende, moitié pour la communauté ou pour le dénonciateur, avec preuve s'il y en a, même pour le faux ouvrier qui auroit vendu ledit ouvrage, ou à qui un Maître auroit loué ou prêté sa marque, et l'autre moitié pour la Confrérie de Sainte-Anne, comme dit est ci-dessus pour la première fois, et d'amende du triple et déchéance de Maîtrise pour la seconde, sans que les peines puissent être remises ni modérées pour quelque cause que ce soit.

XXXIX. — Sans déroger aux deffenses générales portées au 31e article des présens Statuts, pourront néanmoins les Fripiers acheter des ouvrages neufs de Menuiserie, mais seulement dans le cas où les Maîtres Menuisiers seront obligés d'en vendre pour subvenir à leurs nécessités, après les avoir marqué de leur marque. Deffenses très expresses auxdits Fripiers d'en recevoir ni admettre aucuns chez eux sans ladite marque, sous les peines de saisie, confiscation et amendes portées au 31e article des présens Statuts; et pour constater cette nécessité, seront tenus les Fripiers, en payant le prix comptant, de tirer du Maître Menuisier qui leur aura vendu quittance au bas de son mémoire détaillé des ouvrages par lui vendus dans le cas de nécessité, conformément aux Ordonnances; et à l'égard desdits ouvrages qui seront vendus par autorité de justice, et qui ne se trouveront pas marqués de la marque d'un Maître Menuisier, seront tenus les Fripiers, en les achetant, d'en tirer certificat de l'Huissier qui aura fait la vente; leur enjoignons en outre de tenir bon et fidel registre journal de tous leurs achats et vente, selon la forme prescrite par les Loix pour y avoir recours en cas de besoin sous les peines ci-devant dites.

. . . .

LXIX. — Toutes couchettes de domestiques, lits de sangle, lits de suite, lits à la Duchesse, bois de lits à colonnes, en tombeau ou à bas pilliers avec leurs dossiers, pans, barres, enfonçures, tringles d'antibois, dossiers tournés, chassis et impériales, lits de berceaux à balustres ou sans balustres, berceau, remuettes, dossiers à Malades, tables de lits et autres, seront bien et dûment faits tant en assemblage que tournure, pans, chanfrins, sculptures ou autres ornemens dons les pans, pilliers ou colonnes, seront de bon bois, de grosseur et force compétente, soit en bois de chêne, noyer, hêtres, mérisier ou autres, et soit qu'ils se montent avec vis, ou qu'ils soient chevillés ; les dossiers en seront bien joints en languettes, et assemblés dans les pieds ou portés par des coulisseaux, les pans entaillés pour recevoir et porter les barres et traverses d'enfonçures, ou du moins avec tasseaux bien rapportés et arrêtés sur lesdits pans ; et les Impériales de quelque forme et façon que ce soit, seront assemblés avec tout l'art requis aux dits ouvrages, sous les peines ci-devant prononcées.

LXX. — Tous fauteuils de Chambre à bras de bois, fauteuils de commodité à bras, garnis ou en manchettes, chaises de tables, de chambres ou autres, tabourets ou banquettes, sièges dits ployans, chevalets pour fumer, pieds de bassin, de fontaine ou cuvette, bidets à laver, lits de repos, Duchesses, chaises longues, dites commodes, bois d'écran, canapés ou sophas ceintrés sur le plan ou non ceintrés, de quelque forme ou façon qu'ils soient, pour être garnis d'étoffe ou de canne, et autres sièges et lits tels qu'ils soient, seront bien et dûment faits, tant en assemblages, que chanfrins, tournure ou sculpture ou tels ajustemens que nous et nos sujets puissent y désirer ; pour quoi, nous confirmons aux Maîtres Menuisiers le droit qu'ils ont eu de tout tems, d'orner, enrichir et perfectionner leurs ouvrages, à condition que le tout sera bien fait et conditionné sous les peines ci-devant.

LXXI. — Les pieds de table en consoles ou autres, seront bien et dûment faits, et la force et solidité y seront conservées malgré les différentes formes, contours et chantournemens qui pourroient y être employés, tant en plan qu'en élévation, l'art suppléant à l'affoiblissement que pourroient recevoir les bois, tant des consoles et noix qui les reçoivent par bas, que frises du haut, auxquelles il sera toujours ajouté une ou plusieurs barres à queue, pour les lier avec la traverse de derrière, sous les mêmes peines.

LXXII. — Et comme la bonté et solidité desdits ouvrages consiste principalement dans la justesse des assemblages, ils seront faits avec tant d'art, et les bossages pour la sculpture si bien observés, qu'ils ne puissent être découverts, altérés, ni affoiblis par ladite sculpture ; et si lesdits ouvrages ainsi conditionnés et bien préparés, se trouvoient par la suite gâtés par le fait du Sculpteur, qui sans égard auxdits assemblages, auroit ôté trop de bois au droit d'iceux ou dans quelqu'autre partie, il en sera garant, soit envers les Menuisiers, soit envers les Bourgeois.

LXXIII. — Pourront lesdits Maîtres Menuisiers entreprendre la sculpture de leurs ouvrages, y faire toutes sortes d'ornemens, feuillages, statues et portraits grands et petits, et les orner et enrichir de tout ce que l'art et l'expérience pourra journellement leur faire découvrir, avec deffenses à tous Sculpteurs, Peintres, Architectes et autres, de les y troubler à peine de cent livres d'amende, applicable comme dit est, à la Confrerie de Ste Anne, et de tous dépens, dommages et intérêts, suivant l'article VI des anciens Statuts, et l'Arrêt du 18 juin 1622.

. . . .

LXXXII. — Tous bureaux, commodes en pied de biche, en tombeau ou autres de quelque forme ou façon que ce soit, armoires, bibliothèques, secrétaires, tables de bureau, à écritoires, à écran, de nuit ou à jouer ou sans tiroirs, pulpitres de toute façon, boëtes d'horloges dites à minutes, à secondes ou autres boëtes de pendules ou porte-montre avec leurs consoles ou scabellons, encoignures, écritoires, crachoirs, tablettes à mettre des livres, cadres ou bordures de miroirs, tableaux ou estampes, chaises percées, guérisons et tous autres ouvrages en bois de mérisier, noyer, chêne, sapin, hêtre, mérisier, poirier, olivier, cedre, amarante, ébeine, palissante, violet et autres non plaqués, seront bien et dûment faits tant en assemblage, que contour, chantournemens, profils, tournure, sculpture ou autres ornemens de quelque forme, matière ou façon que ce soit, observant les tenons, mortoises, queues, épaulement, enfourchemens et autres liaisons que l'art requiert pour la bonne solidité et propreté desdits ouvrages, et les tiroirs tant pour iceux, que pour tous autres, seront bien assemblés à queue d'hironde; les fonds desdits tiroirs, ainsi que les dessus de bureaux, de tables, de commodes, panneaux et autres où il faut rassembler plusieurs largeurs de planches ensemble, seront bien et dûment joints en languettes et rainures, sous les mêmes peines.

LXXXIII — Tous les susdits ouvrages et autres qui seront faits pour être plaqués de bois de mérisier, olivier, ébeine, violet, amarante, palissante, satiné la Chine ou autres bois de marqueterie, cuivre, étain, argent ou or, écaille de tortue, nacre de perles, pierre, pierreries ou autres matières, seront aussi ornés de leurs bronzes, dessus de marbre, ou autres, garnies de drap, maroquins, velours ou autres étoffes, ainsi qu'il est requis, et enfin tout ce que la curiosité de nous ou de nos sujets pourra y désirer, pour l'ornement, enrichissement et perfection desdits ouvrages de Menuiserie, Ébénisterie, avec deffense de les y troubler, à peine de cent liv. d'amende, applicable à la Confrerie de Sainte-Anne, comme dit est ci-devant, à condition que les bâtis en seront bien et duement faits, suivant l'art, en y observant les assemblages, tenons et mortoises, queues d'hironde, joints en languettes et rainures et autres liaisons nécessaires, et que les bois en seront bons, vifs, secs et sains, et en outre en traversant et replanissant les parties extérieures pour recevoir les bois et autres matières que l'on voudra plaquer avec rabots à dents, s'ils en sont susceptibles, afin de donner plus de corps à la colle, ainsi que l'art le requiert, sous les peines ci-devant dites.

XCVI. — Les Veuves des Maîtres dudit Métier pourront continuer de faire le commerce et métier de Menuiserie, ainsi que faisoit ou pouvoit faire leur mari, et pour cet effet, tenir boutique, attelier ou magasin en notre dite Ville, Fauxbourgs et Banlieue d'icelle, et ce, tant et si longtemps qu'elles demeureront en viduité, sans être autre chose que les droits de visite, de Confrerie et autres tels que les payent les autres Maîtres, à condition toutefois, si elles n'ont pas de fils en état de conduire leurs ouvrages, qu'elles seront obligées, pour ce faire, de prendre un Compagnon ou serviteur expert et entendu en l'art de Menuiserie, de le présenter et faire agréer par les Jurés qui enrégistreront la veuve et le compagnon en un registre qu'ils tiendront à cet effet, et [au cas] ou le compagnon quitteroit la veuve, après néanmoins l'avoir averlie comme dit est, ou serait renvoyé par elle, elle sera tenue d'en venir faire sa déclaration au bureau, et de présenter aux Jurés, leur faire agréer et enregistrer le nouveau compagnon qu'elle voudra prendre, au lieu de l'ancien, à peine de saisie et de confiscation des ouvrages, et de cinquante livres d'amende tant contre la veuve, que contre le Compagnon qui ne satisferoit pas à la présente Ordonnance, applicable comme dit est, à la Confrerie de Ste Anne ; pour quoi enjoignons aux dites veuves de demeurer en personne au lieu et maison où elles feront faire leurs ouvrages, afin de se trouver lors des visites des Jurés, que le bail de la maison, boutique ou attelier, soit en son nom, ainsi que les marchés de bois et d'ouvrages, et que les outils, établis et autres ustenciles nécessaires à sa Profession, lui appartiennent, et soient marqués de sa marque, le tout sous les mêmes peines, et en outre de fermeture de boutique.

XCVII. — Arrivant le décès d'un Maître ou d'une Veuve, le fils qui ne sera pas Maître, sera tenu de fermer la boutique ou attelier trois mois après au plus tard, lequel délai lui sera accordé par grâce, pour parvenir à la Maîtrise, s'il le souhaite, et pour finir les ouvrages qui auroient été commencés lors du décès de sesdits pere et mere ; et ledit tems passé, s'il ne s'est pas fait recevoir Maître, et est trouvé tenant Boutique, travaillant pour son compte, ou ayant encore les bois, outils, établi ou autres ustenciles dudit Métier, ces choses seront saisies et confisquées avec amende, comme dit est en l'article III des présens Statuts.

Vu par Nous, Claude Henry Feydeau, Chevalier, seigneur de Marville, Conseiller du Roi en ses Conseils, Maître des Requêtes ordinaires de son Hôtel, Lieutenant Général de Police de la Ville, Prévôté et Vicomté de Paris, et François Moreau, Conseiller du Roi en ses Conseils d'Etat privé,

Honoraire en sa cour de Parlement et Grand-Chambre d'icelle, Procureur de Sa Majesté au Châtelet de Paris, premier Juge Conservateur des Priviléges des Corps des Marchands, Arts, Métiers, Maîtrises et Jurandes de la Ville, Fauxbourgs et Banlieue de Paris ; les Statuts de la Communauté des Maîtres Menuisiers de la Ville et Fauxbourgs de Paris, contenant cent six articles ; notre avis est sous le bon plaisir du Roi et de Monseigneur le Chancellier, que lesdits Statuts ne contenans rien qui soit contraire aux Règlemens de Police et au bien public, peuvent être accordés sans aucun inconvénient. Fait le vingt-huit décembre 1743. Signé, Feydeau de Marville, et Moreau.

ESSAI

D'UNE

LISTE DES ÉBÉNISTES PARISIENS

DE LA SECONDE MOITIÉ DU XVIIIe SIÈCLE

Les dates qui accompagnent les noms sont celles de la réception des ébénistes dans la corporation.

ABEL (Philippe). rue Guizarde. 22 juillet 1778.

AIMONET (Isidore), rue des Cordiers. 21 mai 1777.

ALEXANDE (Jean-Alexis), rue des Fossés M. le Prince. 11 juillet 1753.

ALLARD (Pierre), rue de Cléri. 27 mai 1761.

ALLUINE (Louis-Nicolas), rue du Cigne. 17 avril 1782.

AMIOT (Hubert), rue Saint-Victor. 19 septembre 1781.

ANCELIN. Voyez Anselin.

ANCELLET (Denis-Louis), rue Saint-Nicolas, fauxbourg Saint-Antoine. 3 décembre 1766.

ANDRÉ (Pierre), rue Mâcon. 17 décembre 1777.

ANDRU (Alexandre), rue du Ponceau. 14 janvier 1774.

ANGOMARD (Joseph), rue Charlot. 23 juillet 1763.

ANGOT (Jacques), passage de l'hôtel de Lesdiguières. 23 février 1743.

ANSELIN (Jean), rue Betizi. 10 janvier 1779.

ANTOINE (Claude), rue Saint-Hilaire. 29 septembre 1779.

ANTOINE (Jean-Baptiste), place de l'Estrapade. 23 juillet 1768.

ARMANT (Henri), rue de la Roquette. 17 septembre 1766.

ARMANT (Noël), rue de Lappe. 15 juillet 1767.

ARNOULT, constructeur de la table mécanique des petits appartements de Versailles. Époque de Louis XV.

ARNOULT (Jacques-Benoît-Baptiste). 15 octobre 1782.

ARSELIÈRE (Gérard-Jean), rue du Temple. 14 octobre 1784.

ASTEL (Antoine), petite rue de Taranne. 12 août 1778.

AUBIX (Jean-Julien), rue du fauxbourg Saint-Denis. 17 décembre 1777.

AUBRY (Louis), rue de Grammont. 31 août 1774.

AUDRY (La veuve Jacques), rue de Lappe. (*Almanach de 1785.*)

AUFRÈRE. [Époque Louis XV.]

AUMONT (Louis), rue et cul-de-sac du Paon. 29 novembre 1784.

AUTRICHE. Voyez Dautriche.

AUVIGNE (François), rue Verderet. 30 juin 1755.

AUVIGNE (Jean-Baptiste), rue de Verneuil. 23 juillet 1783.

AVISSE (Jean), rue de Cléri. 10 novembre 1745.

AVRIL (Étienne), rue de Charenton. 23 novembre 1774.

AZAMBRE (Antoine-Joseph), rue du fauxbourg du Temple. 4 décembre 1776.

BACHARD (Edme), rue de la Vieille Monnoie. 30 septembre 1778.

BACON (Jacques), rue neuve des Mathurins. 29 juillet 1767.

BADIX (Jean), rue Mauconseil. 26 novembre 1755.

BAILLIOT (Jean-Baptiste), rue et barrière de Sève [Sèvres]. 27 septembre 1780.

BAILLY (Louis), chaussée d'Antin. 13 août 1767.

BAJOT (François-Louis), rue de Bourgogne. 22 juillet 1760.

BALAND (François), rue de la Grande Truanderie. 19 juillet 1782.

BALMAT (Nicolas-Michel). 28 juin 1760.

BALTON (Antoine), rue Montmartre. Règne de Louis XVI.

BALU (Benoît), rue Geoffroy-l'Asnier. 11 mars 1772.

BARBAULT (Jean-Antoine-Joseph), rue Mouffetard. 2 août 1774.

BARBIER (François), rue Grange-Batelière. 6 octobre 1781.

BARON (Pierre-François), rue Boucherat. 19 décembre 1764.

BARRAULT (Joseph), rue Traversière, fauxbourg Saint-Antoine. 31 août 1768.

BARTHÉLEMY (Charles), rue des Petits-Champs Saint-Martin. 10 septembre 1777.

BARY (Louis-François), rue Beaubourg. 1er juillet 1772.

BASSET (Jean), rue Saint-Jean-de-Latran. 9 mars 1774.

BASSIN (Pierre-Joseph), rue du fauxbourg Saint-Antoine. 7 janvier 1762.

BASTIX (Simon), rue de Bourgogne. 20 juillet 1774.

BATIER (Jean-Baptiste), cul-de-sac Basfour. 1er juillet 1746.

BEAUCAIXES (Romain), rue des Petits-Champs-Saint-Martin. 7 juillet 1773.

BEAUCE (Louis-Laurent), rue du fauxbourg Saint-Antoine; agrégé à la communauté en 1785.

BAUDET (Louis-Antoine-Martin), rue Saint-Antoine. 2 mai 1770.

BAUFRE (Noël-François), rue des Vieilles-Tuileries. 9 mars 1753.

BAUGRAND (Pierre-André), rue des Cannettes. 27 juillet 1761.

BAUVE (Mathieu de), rue de Cléri. 1er août 1754.

BAYER (François), rue du Vieux-Colombier. 5 décembre 1764. Travaillait encore en l'an XI. Le même ébéniste avait un magasin rue Montmartre.

BEDU (Ignace-Chrétien), rue du Harlay. 25 septembre 1751.

BELANGER (Ant.), rue de Cléri. 15 décembre 1773.

BELCHAMPS (Étienne), rue du fauxbourg Saint-Honoré. 16 août 1769.

BELIN (François-Bernard), rue neuve des Mathurins. 5 février 1766.

BELLANGÉ PAUL (?), rue Saint-Martin. Époque Louis XVI.

BELLES (Jean-Baptiste), rue de Lappe. 10 avril 1782.

BELLICARD (Guillaume), rue du fauxbourg Saint-Martin. 9 mars 1748.

BELLU (Antoine), rue de Paradis, près Saint-Lazare. 21 novembre 1784.

BENARD (Jean-Bapt.-Mich.) rue du fauxbourg Saint-Jacques. 5 juillet 1769.

BENARD (Louis-Simon), rue du Four Saint-Honoré. 7 mars 1778.

BENARD (Pierre-Nicolas), rue du Temple. 7 mai 1777.

BENEMANN (Guillaume), rue Forest. 3 septembre 1785. Venu peut-être d'Allemagne, reçoit des commandes de la cour dès 1786 ; travaillait encore en 1802.

BENOÎT (Jean-François), rue de Seine. 27 novembre 1776.

BERGEMAN (Johann-Friederich). Époque de Louis XVI.

BERGEZ (Adrien-Innocent), rue de Grammont. 24 juillet 1764.

BERNARD, rue des Fossés Saint-Germain en 1773. Fin de l'époque Louis XVI.

BERNARD (Jacques), rue Jocquellet. 30 octobre 1760.

BERNARD (Pierre), rue de Lappe. 24 janvier 1766.

BERNARD, ébéniste et « facteur de forte-piano, fait toutes sortes de meubles en bois d'ébène et étrangers, rue de la Roë. [Musée d'Angers.] Époque Louis XVI.

BERRIAT (Guillaume), rue neuve Saint-Sauveur. 24 février 1773.

BERTHAULT (Jean-Louis), cul-de-sac du Paon. 1er juin 1759.

BERTIER (Pierre), rue neuve Saint-Martin. 18 janvier 1778.

BERTRAND (Jean-Nicolas), rue aux Fèves. 24 juillet 1764.

BERTRAND (Jean-Pierre), rue du Fauxbourg Saint-Antoine. 1er mars 1775.

BERTRAND (Noël), dans Saint-Denis de la Chartre. 27 juin 1770.

BESSOLLE (Guillaume), rue du fauxbourg Saint-Denis, 2 août 1782.

BESSON (Charles), rue Neuve Saint-Martin. 5 juillet 1758.

BEUBY (François), rue du fauxbourg Saint-Honoré. 7 novembre 1772.

BILLION (Mathieu), rue du fauxbourg Montmartre. 18 septembre 1765.

BIRCKLÉ (Jacques), rue Saint-Nicolas, fauxbourg Saint-Antoine. 30 juillet 1764.

BIRKEL (Frédéric), rue du fauxbourg Saint-Antoine ; agrégé à la communauté en 1785.

BIZET (Jean-Philippe), rue Bergère. 6 décembre 1768.

BLAISE (Louis-François), rue du Four Saint-Germain. 16 juin 1773.

BLANCART (François-Louis), rue Saint-Sauveur. 25 septembre 1777.

BLANCHARD (Jean-Nicolas), rue de Cléri. 12 juin 1771.

BLONDEAU (Louis), Montagne Sainte-Geneviève. 11 octobre 1777.

BLOT (René), rue des Filles du Calvaire. 7 juillet 1756.

BLU (Pierre), rue des Arcis, cour Saint-Pierre. 10 février 1782.

BLUCHEIDNER (Georges-Pierre-Auguste). Époque de Louis XVI.

BOCAGE (L.-Jean-Jacques), rue Traversière Saint-Honoré. 19 septembre 1781.

BOCHÉ (Pierre-Vincent), rue Payenne. 11 janvier 1778.

BOCQUET (Jean-Louis), rue Mazarine. 18 février 1778.

BOICHOD (Pierre), rue du Fauxbourg Saint-Antoine, 15 février 1769.

BOISSIER (Pierre-Martin-Dominique), dans l'Hôtel royal des Invalides. 30 septembre 1772.

BOLTEN (Henri), rue neuve Saint-Augustin. 30 juillet 1774.

BONA (Jean), rue de la Cossonnerie. 14 septembre 1770.

BONDIN, rue Traversière-Saint-Antoine. Époque Louis XV.

BONNAMY (Joseph), rue Neuve-Saint-Nicolas. 3 août 1763.

BONNAMY (Pierre), rue Saint-Denis. 19 septembre 1781.

BONNARD (Jean), rue Saint-Honoré. 26 mars 1777.

BONNEAU (Claude), rue Verte, à la Vacherie. 10 octobre 1770.

BONNEMAIN (Antoine), rue Saint-Nicolas, fauxbourg Saint-Antoine. 18 juillet 1753.

BONNEMAIN (Pierre), rue Traversière fauxbourg Saint-Antoine. 23 juillet 1751.

BONTEMPS (Pierre-François), rue Saint-Bernard. 31 juillet 1775.

BONVALLET (Claude), rue d'Argenteuil. 8 juillet 1756.

BOREL (François-Moyse), rue Charlot. 27 juillet 1752. Syndic en 1777.

BOSSUGE (Pierre-Marie-Michel), rue de la Lanterne. 5 mars 1777.

BOUCAULT (Guillaume), rue de Charonne. 17 décembre 1766.

BOUCHER (Mathias-Nicolas), rue Poitiers. 24 octobre 1770.

BOUCHET (Denis), rue des petites Écuries du Roi. 4 juillet 1783.

BOUDIN (Léonard), rue Fromenteau. 4 mars 1761.

BOÊ (Jean), rue du Petit-Bacq. 11 novembre 1778.

BOUILLIER (Louis), rue du fauxbourg Montmartre. 6 octobre 1756.

BOULARD (Jean-Baptiste), rue de Cléri. 17 avril 1754.

BOULLET (Jean-Martin), rue Poissonnière, entre les deux barrières. 11 avril 1781.

BOULLY (La veuve Benoît), enclos Saint-Sulpice.

BOULONGNE (Jacques-Charles), rue des Quatre-Filles. 16 mars 1768.

BOUQUERELLE (Michel), rue du Dauphin. 28 décembre 1758.

BOURDIN (François), rue Mazarine. 3 février 1773.

BOURGAIN (Pierre), rue Guillaume, Isle Saint-Louis. 16 juillet 1763.

BOURGEAUX (Pierre-Nicolas), rue Neuve Saint-Roch. 2 novembre 1773.

BOURGEOIS (Charles), rue Guizarde. 2 décembre 1772.

BOUSSARD (Louis), rue Cassette. 9 juillet 1763. Syndic en 1783.

BOUTIN (Jacques-René), cul-de-sac Basfour. 12 juin 1782.

BOUTIN (René), rue de Charonne. 16 juin 1754.

BOUVIER (Emanuel), rue des Beaujollois. 7 novembre 1772.

BOYER (Antoine), rue de Vendôme. 10 mai 1757.

BRACONNIER (Sébastien), rue Galande. 26 juillet 1755.

BRÉARD (Guillaume), rue Pot-de-fer Saint-Germain. 30 mars 1768.

BREMANT (Étienne-Crespin), rue Beauregard. 24 avril 1765.

BREMARE (Jean-Baptiste). rue Saint-Bernard. 5 mars 1777.

BREUVERS (Pierre), rue de Verneuil. 19 septembre 1781.

BRIOIS (La veuve Jean-Claude), rue de Charonne. [1785.]

BRISSET (Joseph), rue des Maçons, n° 18. 30 juillet 1760.

BRIZARD (Pierre), rue de Cléri. 22 juillet 1772.

BRIZARD (Sulpice), rue de Cléri. 13 février 1762.

BROCHET (Jean-Baptiste), rue Contrescarpe. 14 juin 1744.

BROCHET (Pierre), chaussée d'Antin. 8 avril 1878.

BROCSOLLE (Louis), rue..... 10 septembre 1755.

BRON (François), rue du fauxbourg Saint-Antoine ; agrégé à la communauté en 1785.

BRUNEL (Henri), rue et barrière de Sève. 9 juillet 1763.

BRUX (Henri-Julien), rue du Bacq. 27 juin 1781.

BRUXS (Jean-Antoine), fauxbourg Saint-Antoine. 17 mai 1782. A travaillé encore sous l'Empire.

BUCHETTE (François-Henri), rue des Orties, Butte Saint-Roch. 2 mai 1770.

BUFFETEAU (Jean-Louis), rue du Paon. 13 octobre 1776.

BUGNIET (Pierre-Roze-Joseph), rue de Sève. 10 octobre 1784.

BUISSON (Jean), cour du Commerce. 15 octobre 1782.

BULTÉ (Nicolas-Jean-Baptiste), rue d'Enfer, en la Cité. 25 novembre 1744.

BUNISSET (Jean), rue Montmartre. 4 mai 1774.

BURETTE, rue Chapon au Marais. Premier Empire.

BURY (Ferdinand), *au fond de Tarabie*. 27 juillet 1774.

BUTIN (Guillaume), rue de la Ville-l'Évêque. 12 février 1777.

BUTTE (Benoît), rue Coquillière. 3 juin 1767.

B. V. R. B. Signature d'un ébéniste du règne de Louis XV.

CAFIER (Louis-Joseph), rue Saint-Jacques. 1er septembre 1779.

CAHAIS (Nicolas-François), rue de Vaugirard. 1er février 1775.

CAILLON (Edme), rue des Rats. 16 juillet 1763.

CAILLON (Jean), rue des Vieilles-Tuileries. 9 janvier 1739 (?).

CAILLON (Jean), rue de Ménard, 13 mars 1763.

CAMUS (Barthélemi), rue Traversière, fauxbourg Saint-Antoine. 6 juillet 1774.

CANABAS (Joseph), rue du fauxbourg Saint-Antoine. 1er août 1766.

CANAGUIER (Pierre), rue du Chaume. 1er août 1759.

CANNY (Jean-Baptiste), rue Traversière, fauxbourg Saint-Antoine. 8 juillet 1767.

CAPELLE (Antoine-François), rue de Bourbon Saint-Germain. 22 juillet 1767.

CAPITAIN (Guillaume-Nicolas), rue Saint-Laurent. 27 novembre 1776.

CAPRON (Jean-Henri), rue Saint-Lazare, près le château du Coq. 11 avril 1781.

CARBILLET (Nicolas), rue des petites écuries du Roi. 8 novembre 1769.

CARDIN (Jean-Baptiste), rue du fauxbourg Saint-Jacques. 3 septembre 1757.

CARDONNEL (Remy), rue des Roziers Saint-Germain. 5 octobre 1779.

CAREL. Fin du règne de Louis XV.

CARLIN (Étienne), rue du Verd-bois. 16 septembre 1753.

CARLIN (Martin), fauxbourg Saint-Antoine. 30 juillet 1766.

CARPENTIER (Louis-Charles). rue de Cléry. 26 juillet 1752.

CARRÉ (Nicolas), rue Saint-Nicolas, fauxbourg Saint-Antoine. 7 mai 1777.

CARRÉ (Pierre-Nicolas), au gros Caillou. 31 janvier 1775.

CASAN (Antoine), rue Boucherat. 13 août 1764.

CASAQUE (Pierre-Louis), rue Saint-Lazare. 3 juillet 1765.

CATELIN (Jean-Philippe), rue et fauxbourg Saint-Denis. 27 avril 1768.

CATELIN (Philippe), rue Saint-Honoré. 23 octobre 1758.

CATHERINET (Jean-Baptiste), rue du fauxbourg Saint-Antoine. 11 décembre 1776.

CAUMONT (Jean), rue Traversière Saint-Antoine. 14 décembre 1774.

CAUVIN (Joseph), rue Amelot, au Pont-aux-Choux. 26 juillet 1760.

CERF (Joseph-Nicolas), rue Thiroux. 9 août 1780.

CERCUEIL (Jo.), rue du fauxbourg Saint-Antoine ; agrégé à la communauté en 1785.

CHABAULT (Jacques), rue des Vieilles-Tuileries. 27 août 1777.

CHALIER (Michel), rue des Prêtres Saint-Paul. 14 mai 1767.

CHALLE (Michel), rue du fauxbourg Saint-Denis. 11 juin 1746.

CHANOX (Antoine-François-Joseph), rue Basse, derrière les Capucines. 23 mars 1768.

CHANTEREAU (Jean-Charles), rue Bourbon-Château. 29 octobre 1772.

CHAMOUILLET (François), rue Tetebault. 5 février 1777.

CHAMPION (Denis), rue de Grenelle. F. S.-G. 10 janvier 1779.

CHANVIN (Esprit-Michel), rue Saint-Landri. 26 mars 1778.

CHARDIX (Juste), rue Princesse. 31 décembre 1724.

CHARLES (Jean-Henri), rue de la Corderie. 5 mars 1766.

CHARLIER (Antoine), rue Jean-de-l'Épine. 7 octobre 1778.

CHARTIER (Étienne-Louis), rue Neuve-des-Petits-Champs. 11 avril 1781.

CHAUMONT (Bertrand-Alexis), rue de Charonne. 15 juillet 1767.

CHAUVIN (Edme), rue de la Juiverie. 6 octobre 1773.

CHAVIGNEAU (Victor-Jean-Gabriel), cour Saint-Joseph ; agrégé à la communauté en 1785.

CHAZAL (Ant.), rue de Poitou. 18 juillet 1764.

CHÊNÉ (Benoît). Époque Louis XV.

CHERIN (Jean-Marie), sur les fossés de la Bastille. 1er septembre 1779.

CHEVALIER (La veuve Adrien), rue Bergère, n° 10.

CHEVALIER (Jean-François), rue Transnonain. 20 juin 1783.

CHEVASSUT (Laurent), rue de la Savonnerie. 22 juillet 1772.

CHEVIGNY (Claude), rue de Cléri. 27 avril 1768.

CHOPARD (Jean-François), rue des petites Écuries du Roi. 30 juin 1759.

CHOQUET (Claude), ébéniste du roi et du duc d'Orléans. Règne de Louis XV.

CHOSSET (Jean-Antoine), rue Guénégaut. 18 décembre 1776.

CHOUDEY (François), rue de la petite Truanderie. 17 avril 1771.

CHOURE (Jean-Baptiste), rue du fauxbourg Montmartre. 19 avril 1775.

CLAIRE (Blaise-Alexis), au parc de Vaugirard. 14 août 1765.

CLAIRIN (René-Noël), cour du Commerce. 13 août 1767.

CLAROT (Jean-Charles-Joseph), rue Marivaux. 8 juin 1782.

CLAUDE (Jean-Baptiste), rue Saint-Nicolas, fauxbourg Saint-Antoine. 9 août 1780.

CLEF (Dominique), rue de Sève. 15 octobre 1782.

CLIER (Jean-Pierre), rue Grange-Batelière. 4 septembre 1771.

COCHOIS (Jean-Baptiste), rue Croix des Petits-Champs. 22 décembre 1770.

CODOT (Louis-Médéric), rue Buffault. 15 septembre 1773.

COÊLEN (Sébastien), rue Neuve Saint-Eustache. 3 mai 1758.

COIGNIARD (Paschal), rue de Charenton. 27 août 1777.

COLANGE (JEAN-Claude), rue de Sève [Sèvres]. 19 septembre 1781.

COLBAULT (Pierre-BARTHÉLEMI), rue de la Tixéranderie. 4 mai 1770.

COLLIN (Jean-Baptiste), rue de Grenelle Saint-Honoré. 27 juillet 1747.

COLSON (Guillaume), rue du fauxbourg Saint-Honoré. 6 août 1777.

CONTAT (Pierre-Antoine), rue de Montmorency. 24 avril 1765.

COQUEREAU (Jacques), rue de Verneuil. 3 mai 1758.

CORDIÉ (Guillaume), rue de Charonne. 18 juin 1766.

CORDIER (Michel), rue de la Corne. 12 juin 1782.

CORNETTY (Jean-Baptiste), rue de Bourbon-Villeneuve. 6 août 1784.

CORNEUE (Denis-Joseph), rue du Vert-bois. 30 janvier 1766.

COSSON (Jacques-Laurent), rue de Charenton, puis rue de Charonne. 4 septembre 1765.

COSTE (Charles-Louis), rue..... 16 janvier 1784.

COUET (Louis-Jacques), rue de Bussy. 12 octobre 1774.

COULON (Jean-François), rue des Marais. 10 janvier 1732.

COULON, rue Plâtrière, *Au fort bureau de l'Isle*. 1751. « Au fort bureau de l'Isle, Rue Platriere. Coulon, maître et marchand Ebéniste, fait, vend et tient magasin de toutes sortes d'ouvrages d'Ebénisterie et Menuiserie, comme secretaires de toutes façons et à dessus de marbre, Commodes, Bureaux de travail garnis de leur bronze doré ou en couleur, Gardes-robes, Bibliotheques, Encoignures, Boëtes de Pendule, Buffets à dessus de marbre, Tables de quadrille et piquet, ployantes, Tables en vuide-poche, Tables en écrans et à stors, Tables à l'Angloise, Tables à la Bourgogne, Tables ambulantes, Tables en pupitres, Tables de nuit et à dessus de marbre, Bidets à seringue garnis de maroquin et de canne, Bidets en tabourets, Trictracs en tables et ployant, Chaises percées, Fauteuils de canne de commodités et carreaux de maroquin, Tables à écrire couvertes de maroquin, toutes sortes de Tablettes, Toilettes vernies, Tables en toilettes de bois des Indes et toutes garnies, toutes sortes de Coffres, Cabarets vernis de toutes façons, Servantes, Pupitres, Ecritoires, Caves, Tabbagies, Crachoirs, Portes-Missels, Portes-Montres, Pries-Dieu, Ecrans de toutes façons, Paravents, Serres à papier, Tables de lits, et généralement toutes sortes d'Ebénisteries de bois des Indes, Vernis de la Chine et de marqueteries en fleurs et des plus à la mode, le tout à juste prix. A PARIS, 1751. De l'Imprimerie de Gissey, rue de la vieille Boucherie, à l'Arbre de Jessé. » [Annonce imprimée ; Archives Nationales, O¹ 2994.]

COURTOIS (Nicolas-Simon), rue de Charonne. 19 novembre 1766.

COUSIN (Jean), rue de Biene. 11 avril 1781.

COUTELIER (François), rue Tétebout. 19 septembre 1781.

COUTIER (Pierre), rue des deux Portes Saint-Sauveur. 24 mars 1756.

COUTELOT (Antoine), rue des Vieux-Augustins. 30 janvier 1767.

CHAISSON (Louis), rue Traversière, fauxbourg Saint-Antoine. 14 novembre 1772.

CRAMER (Mat.-Guil.), rue du Bacq. 4 septembre 1771.

CRAMET (Jean-Joseph), rue Fontaine-au-roi. 1er décembre 1774.

CRAPÉE (Jean-Baptiste), cour de Lamoignon. 27 juillet 1752.

CREDILLON (La veuve François), rue Baillif.

CREMER (Ernest-Louis-Jean), rue de la Roquette, 23 juillet 17...

CREPI (François-Barthélemi), rue de la Pelleterie. 22 juillet 1778.

CRESSENT. Ebéniste du Régent (1685-1768). Voyez plus haut, p. 101 et suiv.

CRESSON (L.). Règne de Louis XV.

CRETON (La veuve Jean-Baptiste), rue de l'Égoût, chaussée d'Antin.

CREVEL (Christophe), au Marché-Neuf. 7 novembre 1770.

CRIARD (Antoine-Mat.), rue de Grenelle S.-G. 11 avril 1747.

CROCHAT (Louis), au Gros-Caillou. 24 juillet 1764.

CROUEN (Jac.), rue Tétebault. 16 janvier 1765.

CROZADE (Jean-Baptiste), rue Perdue. 18 janvier 1782.

CRUSSE (François), Vieille rue du Temple. 27 juillet 1753.

DALLOT (Louis-Honoré), rue Forêt. 26 juillet 1769.

DAMAS (Étienne), rue Hautefeuille. 26 juin 1747. Syndic en 1779.

DAMAS (François), rue des SS. Pères. 9 août 1780.

DAMOUR (François), rue des Vieux-Augustins. 19 juillet 1782.

DARDENNE (Jacques-Louis), rue du Temple. 9 novembre 1772.

DARDENNE (Louis-Antoine), rue Sainte-Croix de la Bretonnerie. 18 janvier 1743.

DAULY (Pierre), rue des Lavandières Sainte-Opportune. 18 février 1778.

DAUSSE (Jean-Baptiste), chaussée d'Antin. 28 avril 1762.

DAUTRICHE (Jacques). Règne de Louis XV.

DAUTRICHE (La veuve de Jacques), au fauxbourg Saint-Antoine, en 1782.

DAVAZE (Antoine-Louis), montagne Sainte-Geneviève. 3 juin 1767.

DAVID (Guillaume-Louis), rue Quincampoix. 19 juillet 1775.

DAVID (Pierre), petite rue Verte. 7 décembre 1768.

DAVID (Pierre-Louis), rue du vieux-Marché d'Aguesseau. 24 mai 1780.

DEBEDÉ (Jean-Baptiste), rue Jean-Robert. 26 avril 1780.

DEBETTE (Lucien), rue de la Croix ; agrégé à la communauté en 1785.

DECAURES (L.-Jean-François), rue de la Jouaillerie. 24 janvier 1781.

DECHANEST (Jean-François), rue des Gravilliers. Adjoint aux syndics de la communauté en 1785.

DEFFEU (André), rue Bétizi. 1er septembre 1779.

DEFRICHE (Pierre), rue Sainte-Marguerite, fauxbourg Saint-Antoine. 9 juillet 1766.

DEJARDIN (Claude-Antoine), rue des Menestriers. 27 avril 1782.

DELACROIX (Pierre-Jean), au Gros-Caillou. 23 février 1780.

DELAHAYE (Simon), rue des Filles-Dieu. 10 avril 1765.

DELAISEMENT (Nicolas-Denis), rue de Cléry. 18 octobre 1776.

DELALANDE (Jean), rue et porte Saint-Jacques. 11 novembre 1778.

DELANOY (Louis), rue des Petits-Carreaux. 27 juillet 1761.

DELAPORTE (Antoine-Nicolas), rue de Cléri. 7 juillet 1762.

DELAPORTE (Martin-Nicolas), rue des Filles-Dieu. 24 avril 1765.

DELAUNE (André), rue Saintonge. 1er mars 1769.

DELENONCOURT (Joseph), rue Neuve Saint-Laurent. 7 juillet 1764.

DELETTRE (Jean-Jacques), rue Basse-Villeneuve. 22 octobre 1782.

DELION (Louis-Hyacinthe), rue Saint-Sauveur. 4 septembre 1766.

DELLANDÉS (Bernard), rue Quincampoix. 21 mai 1777.

DELOOSE (Daniel), rue Saint-Nicolas, fauxbourg Saint-Antoine,

DELORME (Adrien-Faizelot), rue du Temple. 12 juin 1748.

DELORMEL (Antoine), rue de la Licorne. 20 septembre 1769.

DELORMEL (J.-Louis), rue du fauxbourg Saint-Martin. 17 avril 1771.

DELORMEL (Louis), rue Baillif. 28 mars 1759.

DELVALLÉE (Ferdinand-François-Alexandre), rue Baillif. 23 novembre 1784.

DEMANGE (Jacques), rue des Vieux-Augustins. 14 octobre 1784.

DEMAY (Jean-Baptiste-Bernard), rue de Cléry. 4 février 1784.

DEMAZAUX (Vincent), rue de Provence. 27 octobre 1773.

DEMBREVILLE (Jean-Baptiste), rue de la Sourdière. 29 janvier 1777.

DEMEUSE (Remacle), rue Saintonge, près le boulevard. 5 octobre 1784.

DEMOULIN, ébéniste du prince de Condé, à Dijon. Époque Louis XVI.

DENIAN (Pierre-Louis), rue de Sève. 31 mai 1775.

DENIS (Jean-Balthazar), rue du fauxbourg Saint-Jacques. 30 juillet 1749.

DENIZE (Nicolas), cul-de-sac de la Corderie. 7 mars 1770.

DENIZOT (Pierre), rue Neuve-Saint-Roch. 1er août 1740.

DEPOID (Antoine), dans l'Arsenal. 8 juillet 1767.

DEREELLE (Nicolas), rue Mouffetard. 10 avril 1782.

DESCHAMPS (Pierre-Charles), rue Mazarine. 7 janvier 1744.

DESCHAMPS (Pierre-Toussaint), rue de la Corne. 24 juillet 1773.

DESEINE (Claude), rue neuve Saint-Denis. 6 novembre 1784.

DESHAIES (Jacques), rue de Bondy. 24 décembre 1784.

DESHAYES (Louis), rue des Vieux-Augustins. 14 août 1756.

DESJARDIN (Jean-Baptiste), rue des Marmouzets. 10 juin 1783.

DESMALTER. Voyez Jacob.

DESTER (Godefroy), rue du fauxbourg Saint-Antoine. 27 juillet 1774.

D. F. Monogramme d'un ébéniste du règne de Louis XV.

DIEUDONNÉ (La veuve Claude), rue de Cléry. [Almanach de 1785.]

DOMAILLE (Henri-Gilles), rue Verte. 7 octobre 1778.

DOUBLÉ (Nicolas), rue des Beaujolois. 29 janvier 1777.

DRAIN (Claude), rue Thévenot. 13 novembre 1776.

DRANSY (Pierre), à la Courtille. 5 octobre 1774.

DRIEFFIN (Godefroy), rue Boucherat. 13 novembre 1776.

DROIN (Claude), rue des petites Écuries du Roi : agrégé à la corporation en 1785.

DROUILLARD (Alexandre), rue Plumet. 14 novembre 1772.

DROUIN (Armand-Jean), rue Notre-Dame Nazareth. 2 août 1760.

DROUIN (Nicolas), rue des Vieilles Tuileries. 22 juillet 1772.

DUBAR (Philippe-Charles-Joseph), rue Mélé, 19 septembre 1781.

DUBOIS (L.), rue de Charenton. Époque Louis XV.

DUBOIS (René), rue Montmartre. 25 juin 1754.

DUBOIS (René), rue de la Verrerie. 15 juillet 1757.

DUBREUIL (Pierre), rue Saint-Martin. 8 novembre 1758.

DUBUT (Gilles-Ambroise), rue des Cordeliers. 1er août 1783.

DUCHESNE (Jean), rue du Cherche-Midi. 4 décembre 1776.

DUCOURNEAUX (Jean), rue de Bondy, à la Pompe. 8 juin 1782.

DUFAULT (Ph.-N.), rue Saint-Joseph. 19 octobre 1774.

DUFFAUT (Pierre), rue Troussevache. 5 juillet 1780.

DUPLOCQ (Louis-Jean), cul-de-sac Saint-Martial. 12 septembre 1747.

DUFOUR (Louis), rue Saint-Hyacinthe. 17 octobre 1764.

DUHAMEL (Martin), rue de la Calandre. 17 décembre 1743.

DUHAMELLE (François), rue du fauxbourg Saint-Antoine. 3 février 1750.

DULIN (Antoine), rue du Bacq. 23 juillet 1763.

DULIN (Louis), rue de Grenelle Saint-Germain. 3 août 1761.

DUMOTIEZ (Pierre-François-Théodore), rue et fauxbourg Saint-Jacques. 11 mars 1778.

DUPAIN (Adrien-Pierre), rue de Charonne. 16 décembre 1772.

DUPLAY (Justin), rue de la Pupinière. 27 juin 1781.

DUPLAY (Maurice), rue Saint-Honoré. 28 août 1763.

DUPON (Claude), rue d'Arras-Saint-Victor ; agrégé à la communauté en 1785.

DUPONT (Jacques), rue de la Chanverrerie. 13 octobre 1776.

DUPREZ (Pierre), rue du fauxbourg Saint-Antoine. 17 décembre 1766.

DUPRIER (Nicolas-Michel), rue Beaubourg. 4 février 1767.

DUPUIS (Jean-Théodore), rue du Vert-bois. 2 décembre 1772.

DURAND (Alexandre-François), rue Sainte-Marie. 14 octobre 1784.

DURAND (Bon), rue de Charenton. 28 février 1761.

DURAND (Philippe-Michel), rue de Ménil-Montant. 26 août 1782.

DURAND (Pierre), chaussée d'Antin. 27 novembre 1776.

DUROCHER (Jean), cloître des Bernardins. 27 novembre 1776.

DUSAULT (Ph.-N.), rue Saint-Joseph. 19 octobre 1774.

DUSAUTOI (Jean-Pierre), cour Saint-Joseph. 1er septembre 1779.

DUTERTRE (Guillaume), petits piliers des Halles. 7 octobre 1767.

DUTILLET (Charles), rue Aumaire. 28 mai 1753.

DUVAL (Jean-Jacques), Pont Notre-Dame. 8 avril 1778.

DUVAL (Nicolas), rue du fauxbourg Saint-Antoine. 11 août 1743.

DUVIVIER (Nicolas), rue de l'Université. 22 novembre 1769.

ELLAUME (Jean-Charles), rue Traversière-Saint-Antoine. 6 novembre 1754.

ENISE (Denis), rue Mauconseil. 29 mai 1782.

EPALLARD (Étienne), rue du fauxbourg Saint-Antoine. 21 octobre 1772.

ERSTERS (Jean), rue des Jardins. 4 mai 1774.

ETROULLEAU (La veuve Jean-Baptiste d'), rue du Parc-Royal. [Almanach de 1785.]

E. V. L. C. Monogramme d'un ébéniste de l'époque de Louis XVI.

FAGE (Mathieu), rue Beaubourg, cul-de-sac Berthault. 30 septembre 1778.

FAUDÉE (Jean-Claude), rue du fauxbourg Montmartre. 9 juillet 1760.

FAYARD (Joseph), rue du Four Saint-Germain. 15 octobre 1782.

FAYOLLE (Éloi), rue Serpente ; agrégé à la communauté en 1785.

F. D. Estampille d'un ébéniste du règne de Louis XV.

Félix (Laurent), rue..... 31 juillet 1755.

FENOUX (Jean-Baptiste), rue de la Michodière, près Saint-Lazare. 2 avril 1784.

FERANT (Claude-Étienne), rue de la Jouaillerie. 3 septembre 1783.

FERCHEMENN (Augustin), dans la Trinité. 7 janvier 1773.

FERLIER (Pierre-Joseph), rue de la Vieille-Monnoie. 30 juillet 1774.

FEUERSTEIN (Jean-Philippe), rue Saint-Nicolas. 1785.

FEURSTIN (Joseph), rue du fauxbourg Saint-Antoine. 29 avril 1767.

FEUTREL (Denis-Guillaume), rue Pagevin. 12 août 1764.

FILLEUL, concierge garde-meuble au château de Choisy et ébéniste en 1746.

FILON (Gabriel-Cécile), rue Mauconseil. 8 juillet 1750.

FLAHAUT (Jean-Nicolas), cloître des Jacobins Saint-Honoré. 11 novembre 1778.

FLAMAND (Louis-Mic.), rue de Bagneux. 1er août 1766.

FLEURY (René-Charles), rue Sainte-Foy. 25 octobre 1755.

FLORENCE (Marc), rue Saint-Jacques. 5 juillet 1758.

FOISY (Louis), rue de la Calandre. 4 décembre 1776.

FOLIOT (Toussaint-François), rue de Cléri. 26 juillet 1773.

FONBONNE (François), rue Sainte-Anne, au Palais. 14 juillet 1762.

FORCE (Joseph), rue du fauxbourg Saint-Martin. 19 janvier 1764.

FORESON (Étienne), rue de Vaugirard. 18 mai 1768.

FORESTIER (Nicolas), rue Saint-Pierre. 2 mars 1774.

FORGET (Pierre), rue de Charonne. 25 septembre 1755.

FOUCHÉ (Jean), rue Neuve Saint-Denis. 16 juillet 1766.

FOULET (J.-B.). Époque de Louis XVI.

FOUQUET (Nicolas-Jean), rue du Vert-bois ; agrégé à la communauté en 1785.

FOURREAU (Louis), fauxbourg Saint-Denis. 27 novembre 1755.

FOUSON (Louis-Joseph), rue neuve Saint-Eustache. 13 août 1767.

FRADIEL (François), rue du Sentier. 15 novembre 1755.

FRANC (François), rue de Charenton: 24 mars 1756.

FRETEL (Ba.), rue Saint-Nicolas, fauxbourg Saint-Antoine ; agrégé à la communauté en 1785.

FREZET (Jean-Pierre), rue Gervais-Laurent. 26 juin 1750.

FROMAGEAU (Jacques-André), rue Grange-Batelière. 24 juillet 1765.

FROMAGEAU (Jacques-André), rue Bergère. 24 juillet 1765.

FROST (Jean-Gotlieb), rue Croix des Petits-Champs. 1785.

GAILLIARD (Antoine), rue Saint-Nicolas, fauxbourg Saint-Antoine. 19 septembre 1781.

GALAND (Jacques), rue des Juifs, 11 décembre 1771.

GALLOIS (Jean-Baptiste), rue du Plâtre. 13 août 1767.

GARNAUD (Jean), passage de l'hôtel de Lesdiguières. 7 septembre 1740.

GARNIER (Dominique), rue du Bacq. 29 septembre 1779.

GARNIER (Jacques-Emmanuel), rue Saint-Honoré. 28 avril 1779.

GARNIER (Jean), rue de la Chanverrerie. 15 janvier 1777.

GARNIER (Pierre), rue Neuve des Petits-Champs. 31 décembre 1742. Vivait encore en 1787.

GARNIER (Prudent), rue Bailleul. 5 novembre 1763.

GARY (La veuve Martin), rue des Francs-Bourgeois, place Saint-Michel. [Almanach de 1785.]

GAUCHÉ (Ét.), rue Plumet. 13 décembre 1776.

GAUCHÉ (Jean-Baptiste), rue Perduc. 18 janvier 1782.

GAUDERREAUX, ébéniste du roi. Règne de Louis XV. Voyez plus haut, pp. 137 et suiv.

GAUTHIER (André), rue Neuve Saint-Sauveur ; agrégé à la communauté en 1785.

GAUTIÉ (Jean), rue du Cœur-Volant. 11 septembre 1754.

GAUTIER (Jacques-François), rue Bar-du-Bec. 3 juillet 1731.

GAUTIER (Jean), rue d'Argenteuil. 30 juin 1759.

GAUTRUCHE (Jean-Pierre), rue du Parc Royal. 14 novembre 1772.

GAUTRUCHE (La veuve Pierre), rue Neuve Saint-Étienne-Villeneuve. [1785.]

GAUTRUCHE (Pierre-Claude), rue Saint-Étienne-Ville-Neuve. 21 août 1771.

GAVERELLE (André), rue de la Cossonnerie. 12 avril 1769.

GAVERELLE (François), rue de Charonne. 13 août 1767.

GAVERELLE (Noël-Jacques), rue Geoffroy-Lasnier. 15 octobre 1782.

GAY (Jacques), rue de Cléri. 23 juin 1779.

GEANTET (Alexandre), rue des Poitevins ; agrégé à la communauté en 1785.

GENCEL (Joseph), rue Tiquetonne. 9 août 1780.

GENDÉ (Claude), rue de la Roquette. 3 décembre 1766.

GENGENBACH (François-Antoine), rue de Charonne. 24 mars 1779.

GENNISSON (Charles), rue du Temple ; syndic de la communauté en 1785.

GENTY (D.). Fin du règne de Louis XV.

GÉRARD (Ponce), cour de la Juiverie. 13 mai 1778.

GERMAIN (La veuve Denis), rue des Lavandières, place Maubert. [1785.]

GILBERT (André-Louis), rue Traversière-Saint-Honoré. 20 juillet 1774.

GILBERT (Louis), rue..... 17 décembre 1782.

GILARDIN (Pierre-Joseph), rue du fauxbourg Saint-Martin. 5 juillet 1780.

GILLAN (Jean-Louis-François), rue Neuve Saint-Augustin. 16 juin 1784.

GILLET (Louis), rue Guérin-Boisseau. 4 juin 1766.

GIRARD (François), rue Notre-Dame Nazareth. 31 décembre 1765.

GIBARDOT (Jean-Baptiste), rue Feydeau. 18 décembre 1776.

GIBAUD (Pierre), rue Beauregard. 23 juillet 1760.

GIROLET (Pierre-Denis), rue de Bourbon-Ville-Neuve. 4 juillet 1758.

GIROUX (Jacques), rue du fauxbourg Saint-Antoine. 19 novembre 1766.

GIVOT (Charles-François-Vincent), rue de l'Université. 16 juin 1784.

GONIN (Gilbert), rue Guisard. 3 septembre 1783.

Gonon (Jean-François), rue des Vieilles Tuileries. 22 décembre 1768.

Gontier (Pi.), rue du Regard. 9 juillet 1763.

Gorju (Claude), rue du Gindre. 18 juillet 1770.

Gosselin (Adrien-Antoine), à Versailles. 9 novembre 1772.

Gosselin (Antoine), rue et fauxbourg Saint-Antoine. 9 février 1752 ; syndic en 1778.

Gosselin (Josse), rue de la Verrerie. 22 décembre 1768.

Gosselin (Nicolas), 9 novembre 1772.

Gossinet (Jean-François), rue de Touraine. 2 juillet 1766.

Gottiniaux (Louis-Alexis-Joseph), rue Geoffroy-l'Asnier. 27 juin 1781.

Gotz (Martin), rue du fauxbourg Saint-Antoine, à la boule blanche. 4 février 1784.

Goulet (Étienne), rue et fauxbourg Saint-Jacques. 16 mars 1778.

Gourliau (François), rue basse du Rempart, derrière les Capucines, 29 septembre 1779.

Grandfils (Jacques-Laurent), rue Saint-Germain-l'Auxerrois. 21 août 1765.

Grenert (La veuve Louis-Claude), rue des Moulins. [Almanach de 1785.]

Grémione (Nicolas), rue Bourg l'abbé. 14 avril 1751.

Gremon (Jean), rue Jean Saint-Denis. 16 avril 1777.

Grepat (Claude), rue du fauxbourg Montmartre. 1er avril 1772.

Grevenich (Nicolas), rue du Bacq. 6 juillet 1768.

Griffet (Jean-François), rue Perdue. 28 juillet 1779.

Grignon (Jean-Baptiste-Michel), rue Hyacinthe. 3 juin 1767.

Grivet (Ben.), rue de Cléri. 27 juillet 1774.

Groussard (Pierre-Auguste), rue du Vieux-Colombier. 6 août 1784.

Guedé (François), rue des Filles du Calvaire. 1er février 1769.

Gueden (Henri), rue du fauxbourg Saint-Honoré. 14 juin 1782.

Guenot Prince (Antoine-Alexandre), rue du fauxbourg du Temple. 26 juillet 1763.

Guerard (Joseph), à Bordeaux. 24 mai 1784.

Guerce (Thomas), rue du fauxbourg Montmartre. 30 septembre 1778.

Guerin (Jean-Louis), rue de la Poterie. 7 octobre 1778.

Guesnon (Jean-François), menuisier ordinaire du roi dès 1718.

Guiart (Adrien-Antoine), rue des Lavandières Sainte-Opportune. 6 août 1777.

Guichard (Pierre-Guillaume), rue du fauxbourg Saint-Jacques ; agrégé à la communauté en 1783.

Grignard (Pierre-François), rue de la Roquette. 21 janvier 1767.

Guilbert (Eloy), rue Mercière. 9 mars 1774.

Guillard (Pierre), rue de Charenton. 10 septembre 1777.

Guillard (Pierre-Nicolas), rue Notre-Dame de Nazareth. 4 avril 1764.

Guillemard (Jean-Baptiste-Georges), 16 mai 1783.

Guillemard (Louis), rue Basse du Rempart, derrière les Cap. 14 août 1765.

Guillet (Pierre), rue d'Angoulême. 11 décembre 1776.

Guyot (Jacques), rue de Verneuil. 15 octobre 1782.

Guyot (Nic.), rue du fauxbourg Saint-Antoine. 26 juillet 1775.

Hach (Sébastien), rue du Gros-Chenet. 30 septembre 1778.

Hach (La veuve François), rue des Moineaux. [1785.]

Hache, ébéniste du duc d'Orléans, demeurant à Grenoble, place Clavayson, en 1771.

Hache, fils, à Grenoble. Époque Louis XVI.

Haimard (Jean-Louis), place de la porte Saint-Antoine. 31 décembre 1784.

Haizeaux (Pierre), rue des Gravilliers. 15 janvier 1777.

Hallet (Jean-Baptiste), rue Perpignan. 27 juin 1781.

Halloy (Jean-Mathias), rue des Orties, au Louvre. 23 juillet 1768.

Hamel (Jean), rue Serpente. 13 juillet 1774.

Hanneron (Antoine-Fran.-Joseph), rue de Savoie. 24 mai 1780.

Hanot (Nicolas), rue du Cimet. Saint-Nicolas. 30 juin 1762.

Harms (Jean-Detle), rue Poissonnière. 24 janvier 1781.

Haraut (J.), rue de la Poterie. 14 juin 1758.

Hardelle (Jean-Louis-Antoine), rue de Sève [Sèvres]. 26 juillet 1764.

Hatoy (Jean-Baptiste), rue Chapon. 26 juin 1782.

Haunier (Lo.), rue Saint-Honoré. 3 août 1763.

Hay (La veuve Joseph), rue des SS. Pères [Almanach de 1785.]

Hédocin (Jean-Baptiste), rue Traversière Saint-Antoine. 22 mai 1738.

Hel (François), rue de la Croix. 24 juin 1782.

Henn (Jean-Baptiste), rue Saint-Nicolas, fauxbourg Saint-Antoine. 15 janvier 1777.

Henriet (Cl.-Chrétien), rue Greuetat. 20 novembre 1771.

Henny (Jean), enclos du Temple. 5 octobre 1779.

Henry (Jean-Baptiste), rue des Vieux-Augustins. 28 avril 1784.

Henry (Louis-Alexandre), rue Bergère. 14 octobre 1784.

Henon (Louis), rue Saint-Martin, à la croix de fer. 27 novembre 1776.

Hériché (Jean-Baptiste), ancienne cour des Coches, fauxbourg Saint-Honoré. 4 août 1772.

Héricourt (Antoine), fauxbourg Saint-Honoré. 20 octobre 1773 ; syndic de la communauté en 1786.

Hertel (Georges), rue et fauxbourg Saint-Antoine. 5 mars 1777.

Hertzes (Schvebertus), rue du Ponceau. 4 décembre 1776.

Hipp (Michel), rue du fauxbourg Saint-Antoine. 15 octobre 1782.

Hoffman (Abraham), rue Saint-Thomas, quartier Saint-Jacques. 27 novembre 1776.

Horns (Jean-Henri), rue Saint-Méry. 27 septembre 1780.

Hoste (Mathieu 1'), rue Mêlée. 22 février 1757.

Houard (La veuve Germain-Pierre), rue des trois chandeliers.

Housseau (Jean-Baptiste), marché d'Aguesseau. 10 septembre 1743.

Huet (Gilbert-Alexis), rue des Nonaindières. 5 décembre 1784.

Hugueville (Marc), rue des deux portes Saint-Sauveur. 6 novembre 1755.

Huilin (Gabriel-Louis), rue Mazarine. 22 octobre 1766.

Hurtrel (Louis), sur le boulevard, porte Saint-Antoine. 15 avril 1756.

Infroit (Claude), rue de la Roquette. 26 mars 1777.

Infroit (Étienne-Louis), rue de Charonne. 12 octobre 1768.

Jabodot. Milieu du XVIIIe siècle. Travaille pour le roi en 1758.

Jacob (Georges), rue Meslée. 4 septembre 1765.

Jacob-Desmalter. Révolution et premier Empire.

Jacob (Henri), rue de Bourbon-Villeneuve. 29 septembre 1779.

Jacob (La veuve Jacques-Louis), rue Verderet. [*Almanach de 1785.*]

Jacot (Antoine-Pierre), rue de la Madeleine. 23 juillet 1766.

Jacquemart (T.-Pierre), rue de Charenton. 28 avril 1761.

Jacquier (Hubert-Benoît), rue de Charenton. 6 octobre 1781.

Jadot (Jean-François), rue de Vaugirard. 8 juillet 1747.

Jansen (Georges), 8 avril 1747.

Janson (Nicolas), marché d'Aguesseau. 22 juillet 1778.

Jean (Honoré), rue Saint-Séverin. 14 octobre 1772.

Jean (Paul-François), rue du fauxbourg Saint-Antoine, au Saint-Esprit. 5 octobre 1784.

Jobert (Michel-Simon), rue Saint-Dominique. 24 juillet 1762.

Jolibois (Mathieu), rue du Bout-du-Monde. 3 août 1763.

Joliffier (Joseph), rue..... 11 avril 1781.

Jollain (Adrien-Jérôme), dans Saint-Jean-de-Latran. 1er août 1763.

Joly (Claude), rue Jean Beausire ; agrégé à la communauté en 1785.

Joly (H.-Renault), rue de la Grande-Fripperie. 19 juillet 1771.

Jombert, ébéniste du roi, auteur de la marqueterie de la table mécanique de Choisy. 1756.

Jonnard (Jean-Baptiste-Hubert), rue Saint-Denis. 6 octobre 1756.

Joseph. Fin du règne de Louis XV et règne de Louis XVI.

Jouaune (Pierre-Michel), rue Couture Saint-Gervais. 19 septembre 1781.

Joubert, à la Butte Saint-Roch, ébéniste ordinaire du roi. Voyez plus haut, pp. 141 et suiv.

Jourdain (Pierre), cour Saint-Joseph. 23 juin 1779.

Julienne (Denis), rue de Charenton. 31 juillet 1775.

Jullien (Martin), rue des Petits-Carreaux. 23 juillet 1777.

Jumel (Barthélemy), rue de Seine. 15 juin 1750.

Juty (Jean-Claude), rue du Rat. 23 juillet 1777.

Kardt (Bernard), rue de Bourgogne. 1er août 1759.

Kassel (Georges), rue des Vieilles-Tuileries. 5 octobre 1779.

Kaus (Jean), cour Saint-Joseph, n° 1. 3 septembre 1783.

Kemp (Guillaume), rue de la Roquette. 3 octobre 1764.

Kinderman (Michel), rue de Sève. 16 juin 1764.

Kintz (Georges), rue du fauxbourg Saint-Antoine. 18 décembre 1776.

Kirschenbach (J.-Adam), rue du fauxbourg Saint-Antoine. 1er décembre 1774.

Kirschenbach (Jean-Jacques), rue du fauxbourg Saint-Antoine. 8 avril 1778.

Kochly (Joseph), cour Saint-Joseph, n° 14. 3 septembre 1783.

Kohl (Pierre-Nicolas-Joseph), rue..... 23 juin 1779.

Kopp (Maurice), rue de la Sourdière. 23 février 1780.

Kraxen (Louis-Jacques), rue des Prouvaires. 26 avril 1780.

Krier (Charles), rue du Bacq. 12 janvier 1774.

Kutten (Jean), rue Saint-Méry. 5 juillet 1780.

Lababye (Toussaint-Charles), rue de Sève. 27 juillet 1761.

Labatut (Jacques-Nicolas), rue Saint-Étienne-des-Grès. 21 mai 1777.

Labourez (Claude), Montagne Sainte-Geneviève. 11 avril 1781.

Lacroix (R.). Fin du règne de Louis XV.

Lafond (Philippe), rue Saint-Jacques. 27 novembre 1775.

Lafont (Joseph), cul-de-sac Saint-Martial. 14 mai 1784.

Lafosse (Bertrand), place Maubert. 21 octobre 1784.

Lagoutte (Mat.), rue de Sève. 23 novembre 1774.

Lainée (Nicolas), rue Geoffroy l'Asnier. 22 juin 1768.

Lalande (François), rue et fauxbourg Saint-Antoine. 18 juillet 1770.

Lamain (Pierre-François-Fiacre), rue Saint-Paul. 27 septembre 1780

Lamant (André), rue de la Bucherie. 19 août 1783.

Lambert (André), rue de Lappe. 21 novembre 1784.

Lamé (La veuve Louis-Augustin), rue du fauxbourg Saint-Denis. [1785.]

Lamy (Marin), rue Bar-du-Bec. 28 août 1784.

Lampérière (Pierre-Jean), rue Aubry-le-Boucher. 27 octobre 1773.

Langelin (Louis), rue Poissonnière. 27 juillet 1754.

Lancelin (Louis-Joseph), rue du Vieux-Colombier. 9 juillet 1763 ; syndic en 1778.

Lancelin (Nicolas), rue Saint-Denis. 29 avril 1766.

Langlade (Jean-Antoine), rue de Verneuil. 1er septembre 1779.

Langlois (Pierre-Éloi), rue de Lappe. 7 septembre 1774.

Langlois (Simon), rue l'Évêque. 6 juillet 1774.

Langox (Jean-François-Marcout), place des Carosses, fauxbourg Saint-Antoine. 24 mai 1769.

Languille (Pierre), dans la Trinité. 4 février 1765.

Lannuier (Nicolas-Louis-Cyrille), rue Saint-Thomas du Louvre. 23 juillet 1783.

Lanoa (François-Antoine), rue des Fossés-Saint-Germain-l'Auxerrois. 18 août 1773.

Lapie (Jean), rue de Charenton. 31 juillet 1762.

Lapie (Jean-François), rue de Charenton. 15 décembre 1763.

Lardin (André-Antoine), rue Saint-Nicolas, fauxbourg Saint-Antoine. 1er juillet 1750.

La Roque (P.), rue Saint-Nicolas, fauxbourg Saint-Antoine. 11 juin 1766.

Larose (Dominique-Prudent), rue Saint-Louis-au-Marais. 28 janvier 1778.

Larue (Jean-Baptiste), rue Poissonnière. 25 septembre 1777.

Larue (Nicolas), rue Baffroy. 9 septembre 1773.

Lasserre (Antoine), rue Cadet. 19 décembre 1768.

Lathuile (Jean-Pierre), rue Levêque. 1737.

Latz (I. P.). Époque de Louis XV.

Laurent (Nic.), rue Neuve-Saint-Denis. 14 décembre 1768.

Laurent (Pierre), rue Saint-Sauveur. 16 décembre 1772.

Laveaux (Barthélemi), cloître Sainte-Opportune. 10 octobre 1784.

Lavelle (Antoine), rue Saint-Joseph. 10 janvier 1779.

Lavenu (Antoine), rue de Normandie. 27 novembre 1776.

Lavy (Louis), rue de la Verrerie. 8 mai 1765.

Lebas (Jean-Baptiste), rue de Cléri. 29 juillet 1756.

Lebas (Jean-Jacques), 9 novembre 1772.

Lebegue (Jean), vieille rue du Temple. 19 mars.

Lebesgue (Claude-Pierre), rue Saint-Nicolas, au fauxbourg Saint-Antoine. 6 mai 1750.

Lebesgue (Rob.-Cl.), rue du Four Saint-Germain. 13 août 1771.

Leblanc, ébéniste du roi. 1748.

Leblanc (Charles), rue des Fontaines. 25 septembre 1777.

Leblond (Jean-François), cloître Saint-Germain-l'Auxerrois. 28 juin 1751.

Lebossés (Jacques), rue de Surenne. 28 avril 1779.

Lebrun (Claude), rue Amelot. 1er septembre 1779.

Lebrun (François-Julien), rue de Beauvais, au Louvre. 7 octobre 1780.

Léchaptois (Samson), rue Mouffetard. 13 avril 1768.

Lechartier (Jacques), rue de Charenton. 9 septembre 1773.

Le Chien (Alexandre-François), rue de Bondy. 14 décembre 1768.

Leclerc (Jacques-Antoine), rue du fauxbourg Saint-Antoine. 29 septembre 1779.

Leclerc (Jean), rue de l'Égoût-Saint-Germain. 6 avril 1763.

Lecœur (Joseph), rue de Sève. 27 septembre 1780.

Lecomte (Nicolas-Toussaint), rue d'Argenteuil. 1781.

Lecoq (Jean-Jacques), rue et près la prison Saint-Martin. 17 décembre 1777.

Lecreux (Adrien-Joseph), rue des Jeûneurs. 4 décembre 1776.

Leduc (Pierre), rue Neuve Saint-Laurent. 17 juin 1778.

Lefève (Charles-Joseph), rue de Charenton; agrégé à la communauté en 1785.

Lefèvre (Charles-Antoine), rue des Mauvais-Garçons-Saint-Germain. 15 janvier 1777.

Lefèvre (François), rue des Marais-Saint-Germain. 18 juillet 1779.

Lefèvre (Louis), rue Beauregard. 27 septembre 1780.

Lefévre (Pierre-Jean), rue de Bourbon-Villeneuve. 22 décembre 1773.

Lefrançois (L. Jacques) (Tr.), rue Montmartre. 15 février 1781.

Legallois (Gilles), rue de Limoges. 26 février 1766.

Legaspern (André), dans Saint-Denis de la Chartre. 21 août 1771.

Legrand (Charles-Christophe), rue Rousselet. 4 avril 1783.

Legry (Jean-Louis-François), rue de Charenton. 29 septembre 1779.

Lehus (Jean), rue Lancrie. 26 avril 1780.

Lelarge (Jean-Baptiste), rue de Cléri. 1er février 1775.

Leleu (Jean-François), rue Royale. 19 septembre 1764; syndic de la communauté en 1776.

Lelorrain (Charles), rue du Gindre. 8 juillet 1761.

Lemaire (Pierre-Remy), rue Couture-Sainte-Catherine. 7 août 1765.

Lemarchand (Geoffroi), rue de l'Égoût, Chaussée d'Antin. 8 mars 1775.

Lemarchand (Michel-Charles-Jacques-Urbain), rue Saint-Louis au Marais, 16 avril 1777. Louis XVI et premier Empire.

Lemelle (Jean-François), rue des Trois-Maures. 24 mars 1779.

Lemelle (Jean-Jérôme-Christophe), rue de la Heaumerie. 4 octobre 1776.

Lemelle (Romain-Victor), rue de la Heaumerie. 19 juin 1782.

Lemire (Edme), rue des Roziers, au Marais; agrégé à la communauté en 1785.

Lemoine (La veuve François-Michel), rue Thibautodé.

Lemoine (Jacques), rue..... 31 décembre 1757.

Lemoine (Jos.), rue Saint-Denis. 21 octobre 1784.

Lemonnier (Pierre-Jean), rue du Petit-Lion Saint-Germain. 30 septembre 1767.

Leneuf (François), rue Notre-Dame de Recouvrance. 1er août 1772.

Lengelé (Jacques-Antoine), enclos Saint-Martin. 18 octobre 1766.

Léonard (Louis-Alexandre), rue de la Mortellerie. 24 janvier 1781.

Lepage (Guillaume-Joseph), rue des Bourdonnais. 12 février 1777.

Lepandu (Jean-Baptiste), rue du Ponceau. 12 juin 1782.

Leroi (Louis-Gabriel), rue du fauxbourg Saint-Denis. 22 juin 1754.

Leroy (Jean-Baptiste), rue Guérin-Boisseau. 24 janvier 1781.

Leroy (Noël), rue des Vieilles-Étuves Saint-Honoré. 3 juin 1771.

Leroy (Pierre-Joseph), rue Taitbout. 19 octobre 1784.

Leroy (Renaud), rue Saint-Sauveur. 13 août 1767.

Leroxdeau (Jean-Baptiste-Claude), rue Saint-Sauveur. 4 mars 1752.

Leroux (Nicolas), rue Coquenart. 1er septembre 1779.

Lesage (La veuve Antoine), rue des Deux-Arges. [1785.]

Lescelant (Nicolas), dans Saint-Jean de Latran. 28 juillet 1764.

Lestrade (Louis), rue de la Parcheminerie. 24 juillet 1750.

Letellier (François), rue Christine. 30 septembre 1772.

Letellier (Jacques), rue de Seine. 26 juillet 1775.

Le Tellier (Jacques-Pierre), rue et fauxbourg Saint-Antoine. 26 décembre 1767.

Letonnée (Henri), rue de l'Isle Saint-Louis. 9 juin 1773.

Letouzé (Jean-Charles), rue de Limoges. 28 avril 1779.

Levallois (Pierre), rue de Surène. 29 septembre 1779.

Le Vasseur (Étienne), rue du fauxbourg Saint-Antoine. 17 décembre 1766.

Levavasseur (Nicolas-Louis), rue du Ponceau puis rue des Capucines. 16 avril 1785.

Levert (Antoine), dans Saint-Jean de Latran. 14 décembre 1774.

Levesque (Pierre), rue de la Mortellerie. 16 juin 1773.

Levol (Pierre-Nicolas), rue de la Croix. 31 juillet 1775.

Lhermite (Jean-Baptiste-Louis), rue du Bacq. 28 avril 1779.

Lhermite (Jean-Baptiste-Simon), rue Saint-Martin. 11 juillet 1743.

L'Heureux (Jean-Henri), rue du Coq Saint-Honoré. 25 juin 1779.

Lhecreux (Jean-Nicolas), rue des Fossés de M. le Prince. 4 janvier 1775.

Liberde (La veuve Jacques), rue de l'Échaudé.

Lidons (Louis), rue des Petits-Champs Saint-Martin. 16 mars 1777.

Lieutaud (Balthazard), rue d'Enfer, horloger fabricant de boîtes de pendules. Fin du règne de Louis XV et règne de Louis XVI.

Lieutaud (La veuve Balthazard), rue d'Enfer, en la Cité.

Lombard (Philippe), rue des SS. Pères. 8 juin 1782.

Lonsain (Jean-Simon), rue du fauxbourg Saint-Denis. 17 avril 1771.

LORIOT, constructeur de la table mécanique du Petit Trianon. Époque de Louis XV. Voyez plus haut, pp. 143, 144.

LORMIER (Denis), rue des Mauvaises-Paroles. 14 juin 1775.

LOUASSE (Nic.), rue du fauxbourg Saint-Antoine. 27 juin 1781.

LOUET (Pierre-François), rue des Francs-Bourgeois, place Saint-Michel. 26 juillet 1755.

LOUIS (André-Nicolas), rue Neuve-Saint-Laurent. 2 mai 1775.

LOUIS (Ch.), rue du Jour. 2 juillet 1757.

LOUIS (Jean-Pierre), rue du Jour. 5 septembre 1787. Louis XVI et premier Empire.

LOUVET (Pierre), rue du fauxbourg Saint-Antoine. 25 octobre 1766.

LOVIST (Jean-François), rue du Vert-Bois. 24 mars 1779.

LUCE (Jean-André), rue Neuve-Saint-Martin. 27 juin 1753.

LUCE (Jean-Baptiste-Gervais), rue Notre-Dame-de-Nazareth. 7 juillet 1773.

LUCIEN (Jacques), rue Traversière, fauxbourg Saint-Antoine. 16 novembre 1774.

LURIAU (Julien), rue Saint-Victor. 16 juillet 1760.

LUTZ (Girard-Henri), rue des Gravilliers. 10 septembre 1766.

LUZURIER (Gabriel), rue des Gravilliers. 13 mars 1749.

MACHALF (Michel), rue Quincampoix ; agrégé à la communauté en 1785.

MACLARD (La veuve Jean-Baptiste), enclos du Temple.

MACRET. Règne de Louis XV.

MACRON (Pierre), rue Saint-Étienne-des-Grès. 25 décembre 1776.

MAGINOT (François), rue de Cluny. 28 août 1766.

MAGISSON (Nicolas), rue des Prouvaires. 5 septembre 1770.

MAGNIEN (Claude-Mathieu), fauxbourg Saint-Antoine. 17 avril 1771.

MAIGNOT (Guillaume-Pierre), Montagne Sainte-Geneviève. 6 octobre 1781.

MAILLARD (Alexandre), rue de la Vieille-Draperie. 14 septembre 1784.

MAILLE (Michel-Pierre), rue de la Pelleterie. 9 juillet 1763.

MAILLE (Nicolas), rue du fauxbourg Saint-Antoine. 28 avril 1779.

MAILLET (Étienne), rue et porte Saint-Jacques. 14 octobre 1784.

MALLE (La veuve Louis-Noël), rue et fauxbourg Saint-Antoine. [1785.]

MALTEN (Antoine), rue du Four Saint-Eustache. 19 juillet 1752.

MANGIN (Jean), rue du Pot-de-Fer. 27 mars 1765.

MALTESTE (Silvain), rue des Jardins. 12 août 1778.

MANSARD (Jean-Guillaume), rue du Jardin-du-Roi 1784.

MANSEL (Jean-Baptiste), rue de Vendôme. 28 décembre 1745.

MANSION (Sim.), rue S.-Nicolas, fauxb. S.-Antoine. 7 oct. 1780.

MANSION (Simon), fauxbourg Saint-Antoine. 7 octobre 1780. Louis XVI et premier Empire.

MANTEL (Pierre), rue de Charenton. 1er octobre 1766.

MARRAR, rue Saint-Honoré, ébéniste des Menus-Plaisirs. Fin du règne de Louis XV.

MARCEL (Joseph), rue de Tournon. 16 juin 1745.

MARÉCHAL (Antoine), rue Chantereine, au coin de celle de Saint-Georges. 31 juillet 1762.

MARCHAND, ébéniste en 1756.

MARCHAND (Richard), rue de la Vannerie. 5 octobre 1779.

MARCION. (?) Premier Empire.

MARCON (Pierre), rue Chapon. 23 février 1780.

MARIETTE (Nicolas-Louis), 1er août 1770.

MARQUE (Charles), rue du Dragon. 13 août 1767.

MARTIN (Claude), rue du fauxbourg du Temple. 4 septembre 1766.

MARTIN (Jean-Pierre), rue et fauxbourg Montmartre. 13 août 1767.

MARTIN (Julien), rue de Grenelle, au Gros-Caillou. 18 mars 1734.

MARTINCOURT (Pierre), rue de Sève. 22 juillet 1767.

MARVILLE (Pierre-Marie), rue du fauxbourg Saint-Denis. 6 décembre 1769.

MASSE (Paul), cul-de-sac Baffour. 23 novembre 1776.

MASSÉS (Jacques), rue de Limoges. 31 juillet 1765.

MASSET (Nicolas), rue du Crucifix Saint-Jacques. 5 avril 1775.

MASSON (Jacques-Urbain), rue Saint-Sébastien. 26 septembre 1770.

MATHIEU (Gaspard), rue de Cléri. 18 février 1778.

MATHIS (Dieudonné), rue Saint-Nicaise. 27 septembre 1780.

MATIFAT (François-Gabriel), rue de la Mortellerie. 5 novembre. 1777.

MATRANT (Louis-Antoine), rue du Four Saint-Honoré. 14 octobre 1784.

MAUDUIT (Jacques), rue de la Mortellerie. 26 juillet 1775.

MAUDUIT (Jean-Baptiste), rue des Barres. 1er août 1757.

MAUR (Jean-Georges), rue du Sépulchre. 6 octobre 1781.

MAUTER (Conrad), rue du Fauxbourg-Saint-Antoine. 10 septembre 1777.

MAYOT (Louis-Étienne), rue et fauxbourg Saint-Antoine ; agrégé à la communauté en 1785.

MAZURAY (Étienne-Jean), rue des Fossés de Monsieur le Prince. 16 juin 1759.

MEIGNEUX (Pierre-François), rue Montmartre. 24 octobre 1780.

MELZ (Mathias), rue Bergère ; agrégé à la communauté en 1785.

MENAGEOT (Jean-Baptiste), rue et porte Saint-Martin. 18 février 1751.

MENUDEL (Guillaume), rue des Filles-Dieu. 5 novembre 1763.

MERCIER (Jean-Louis), rue de Cléri. 28 juillet 1779.

MERCIER (Louis-Joseph), rue Neuve-Saint-Paul. 19 janvier 1782.

MERET (Nicolas), rue du Fauxbourg-Saint-Antoine. 8 novembre 1769.

MESANGLE (Pierre), rue de la Sourdière. 13 novembre 1776.

METZINGER (Pierre), rue Neuve-Sainte-Catherine. 17 février 1766.

MEUNIER (Antoine-Luc), rue de Cléry. 8 juin 1782.

MEUNIER (Pierre), rue du Fauxbourg-Saint-Antoine, puis rue de la Roquette. 8 juillet 1767.

MEWESENT (Pierre-Hary), rue du Fauxbourg-Saint-Antoine. 29 mars 1766.

MEYNIAL (Jean-Étienne), rue Oignard. 4 décembre 1776.

MICHARD (Claude-Étienne), rue du Fauxbourg-Saint-Denis. 20 juillet 1757.

MICHEL (François-Agille), rue des Sept-Voyes. 18 octobre 1766.

MICHEL (Frédéric), rue de Charenton. 15 janvier 1777.

Migeon, ébéniste du roi. Milieu du xviiie siècle. Au fauxbourg Saint-Antoine. Voyez plus haut, p. 141, 142.

Migeon (Antoine), rue des Francs-Bourgeois, au Marais. 15 novembre 1769.

Miles (Jean-Jacques), rue et porte Saint-Honoré. 21 février 1757.

Milet (Jean-Baptiste), rue et porte Saint-Honoré. 16 décembre 1772.

Milet (La veuve Pierre-François), rue Sainte-Marguerite, fauxbourg Saint-Antoine.

Mintier (René), rue des Deux-Portes-Saint-Sauveur. 14 novembre 1772.

Molitor (Bernard), rue de Bourbon-Saint-Germain. 1787.

Mondon (François-Adrien), rue de Charenton. 31 décembre 1757.

Mongenot (François), rue Traversière, fauxbourg Saint-Antoine. 27 juillet 1761.

Montagut (Pierre), rue Geoffroy-l'Asnier. 12 avril 1769.

Montigny (Philippe-Claude), cour de la Juiverie. 29 janvier 1766.

Morzac (Charles-Louis), rue Saint-Pierre-aux-Bœufs. 2 novembre 1774.

Morzau (Louis), rue de l'Échelle. 27 septembre 1764.

Morel (La veuve Gilbert), rue Saint-Victor.

Morizet (Louis-Antoine), rue de Charonne. 16 novembre 1774.

Moulin (Guillaume-Michel), rue du Cimetière-Saint-André. 21 octobre 1784.

Moullinet (Gilles), rue Traverse. 29 septembre 1779.

Mout (François-Hubert), cour neuve du Palais-Royal. 29 septembre 1779.

Mouzard (Antoine), cour Saint-Louis. 30 juillet 1755.

Mullot (Jean-Baptiste), rue Sainte-Croix de la Bretonnerie. 23 mars 1774.

Mutel (La veuve Charles), rue Guérin-Boisseau.

Muzard (Jacques-André), rue et barrière de Sève. 11 décembre 1776.

M. W. Monogramme d'un marqueteur en ivoire ayant travaillé pour l'ébéniste Tricotel. Fin du règne de Louis XV.

Nadal (Henri), rue de Cléry. 22 septembre 1756.

Nadal (Michel), rue de Cléri. 6 février 1765.

Nadreau (Jean-Baptiste), rue Saint-Thomas-du-Louvre. 14 juin 1782.

Nagy (Thomas), rue des Vieilles-Tuileries. 29 janvier 1777.

Napoly (Antoine), rue de Vaugirard. 6 octobre 1781.

Nauroy (La veuve Étienne), rue de la Tixéranderie. [*Almanach de 1785.*]

Neveu (Firmin), rue Jean-Robert. 19 août 1783.

Nicolas (J.-B.), au Pont-Rouge. 4 juillet 1758.

Noël (Charles), rue des Enfans-Rouges. 3 août 1764.

Noirmain (Philippe-Jacques), sur le boulevard des Invalides. 21 mars 1770.

Normand (G.-F.). Commencement du règne de Louis XVI.

Oeben (J.-F.), aux Gobelins. 28 janvier 1764.

Ohneberg (Martin), rue Traversière, fauxbourg Saint-Antoine. 7 juillet 1773.

Olivier. Époque Louis XV.

Ortalle (Charles), rue Sainte-Avoye. 26 janvier 1756.

Osmont (Jacques-Antoine), au Roule. 23 juillet 1763.

Othon (Pierre), rue des Vieux-Augustins. 8 janvier 1760.

Pafrat (Jean), rue de Charonne. 1785. .

Pagniez (T.-Claude-Joseph), rue du Mons-Saint-Hilaire. 10 septembre 1765.

Paillet (Jean-Claude), rue des Juifs. 14 août 1743.

Paillet (J.-P.), rue..... 21 mars 1770.

Painchon (Antoine-Nicolas), rue du Fauxbourg-Saint-Martin. 10 juin 1761.

Pape (Jean-Baptiste), rue d'Angiviller; agrégé à la communauté en 1785.

Pape (Pierre-Claude), rue de Sève. 11 novembre 1778.

Papst (François-Ignace), rue de Charenton. 3 septembre 1785. Louis XV et premier Empire.

Parison (Antoine-Claude), rue Croix-des-Petits-Champs. 24 mars 1779.

Parmentier (Nicolas-Louis), rue du Fauxbourg-Saint-Denis. 7 juillet 1756.

Parquin (Jean-Baptiste), dans l'Arsenal. 30 juillet 1770.

Pascal (François), rue du Regard. 8 juin 1782.

Passmar (Jean), rue Saint-André-des-Arts. 5 janvier 1774.

Pasquier (P.-N.), rue des Fossoyeurs. 23 juillet 1760.

Pasquier (Dame P.-N.), veuve du précédent, tenait encore boutique en 1789.

Patubaux (Gilbert), rue des Capucins, chaussée d'Antin. 27 août 1777.

Peche (Guillaume), rue du Verd-Bois. 4 février 1784.

Pelicier (Louis), rue des Fossés-Saint-Victor. 8 mars 1769.

Pelisié (Jean), rue Feydeau. 29 juillet 1767.

Pelleport (Pierre), rue des Fossés-du-Temple. 17 avril 1771.

Pelletier (Denis-Louis), rue des Vieux-Augustins. 2 juillet 1760.

Périac (Jean-François), rue des Marais, fauxbourg du Temple. 7 juin 1769.

Peridiez (Gérard), enclos du Temple. 27 juillet 1761.

Périnet (Jacques-André), rue de la Harpe. 18 février 1751.

Perinet (Jean-Henri), rue de la Harpe. 5 octobre 1784.

Perneve (Étienne), rue d'Orléans Saint-Marcel. 29 novembre 1764.

Perrin (Louis), rue Fromenteau. 13 août 1767.

Perrin (Louis-Georges), rue Jean-Tison. 19 mars 1777.

Petit (Gilles), rue Princesse. 26 juillet 1752.

Petit (Jean-Marie), rue et fauxbourg Saint-Antoine. 5 mars 1777.

Petit (Nicolas), fauxbourg Saint-Antoine. 21 janvier 1761; syndic de la communauté en 1784.

Petit (Nicolas), rue du Fauxbourg-Saint-Antoine, près le Trône. 24 juillet 1765.

Petit (Nicolas-Gilles), rue..... 27 février 1784.

Petit (Richard-Alexandre), rue du Fauxbourg-Montmartre. 23 juillet 1777.

Petitbled (Charles), rue Cassette. 10 avril 1743.

Petit-Pas (Pierre), rue Saint-Florentin. 27 septembre 1780.

Picard (Jacques), rue Saint-Honoré. 5 mars 1777.

PICARD (Jean-Baptiste-Michel), rue Saint-Thomas-du-Louvre. 19 septembre 1781.

PICARD (Louis), rue de Madeleine, Fauxbourg-Saint-Honoré. 19 octobre 1784.

PICHOT (Dominique), rue Chartière ; agrégé à la communauté en 1785.

PICQUERET (La veuve René-Nicolas, rue Saint-Julien-le-Pauvre. [*Almanach de 1785.*]

PIEL (Jean-Baptiste), rue de la Roquette. 15 janvier 1777.

PIERRE (Louis-Claude), rue de Reuilli. 13 août 1767.

PIERRON (François), rue Beaubourg. 23 mars 1774.

PIGAL (Nicolas), rue du Fauxbourg-Saint-Martin. 8 novembre 1769.

PIGNIT (Jean-Baptiste), rue Saint-Nicolas, fauxbourg Saint-Antoine. 12 février 1777.

PINSON (La veuve Barthélemi-Jean), rue Sainte-Marguerite, fauxbourg Saint-Antoine. [*Almanach de 1785.*]

PINSON (François), rue Contrescarpe. 1er août 1758.

PIONNIEZ (Pierre), rue Michel-le-Comte. 14 août 1765.

PISSART (La veuve Pierre), cour de la Juiverie. [1785.]

PITOIS (Joseph), rue Geoffroy-l'Asnier. 19 mars 1777.

PITSCH (Laurent), rue du Fauxbourg du Temple. 29 juin 1764.

PIVOT (Jean-Nicolas), rue du Fauxbourg Saint-Denis. 6 août 1777.

PLANCHON (Claude), rue de la Pelleterie. 4 août 1761.

PLANCHON (Louis), rue de la Poterie. 28 juillet 1779.

PLANQUE (Pierre), rue de la Monnoie. 27 novembre 1776.

PLANTAR (Jean-Jacques-Nicolas-Hub.), rue du Fauxbourg-Saint-Antoine. 1er février 1769.

PLÉE (Pierre), passage de l'hôtel de Lesdiguière. 13 août 1767.

PLESNY, menuisier de la Chambre du roi. Époque Louis XV.

PLUVINET (Philippe-Joseph), rue de Cléri. 14 juillet 1754.

POCHARD (Pierre), rue de Seine. 5 juillet 1780.

POINOT (La veuve Claude), vis-à-vis les grands degrés, au coin de la rue de Bièvre. [1785.]

POIRIÉ (Philippe), rue de Charenton. 23 octobre 1765.

POPSEL (Jean), rue Saint-Nicolas, fauxbourg Saint-Antoine. 5 juillet 1755.

PORAIN (René), rue de Valois. 29 septembre 1779.

PORROT (Noël-Toussaint), rue du Pont-aux-Choux. 22 juillet 1761.

POSTWEILER (Jean), rue du Bacq. 10 octobre 1784.

POTELLE (Jean-Baptiste), rue du Four-Saint-Germain. 7 mai 1777.

POTIER (Antoine), rue de Grenelle-Saint-Germain. 8 juillet 1767.

POUPAR (Abel-François), rue de la Tacherie. 26 mai 1764.

POUPAR (Louis-Antoine), rue Neuve-Saint-Médéric. 31 décembre 1757.

POUSSAIN (Marc-Antoine-Jean), rue du Bout-du-Monde. 14 octobre 1772.

PREUVOST (Albert-François-Joseph), rue Pavée-Saint-André. 19 janvier 1782.

PRÉVOST (Jean-Baptiste-Guillaume), rue du Fauxbourg-Saint-Antoine. 23 août 1764.

PROCHE (Antoine), rue du Coq-Saint-Jean. 11 mars 1778.

PRUDON (Jos.), rue Perpignan. 5 octobre 1784.

PRZIRIMBEL (Godefroi), rue des Cannettes. 16 juillet 1766.

PUPIN (Pierre), rue d'Aguesseau. 28 avril 1784.

QUENTIN (Jacques-Michel), rue du Ponceau. 25 octobre 1775.

QUITTON (Jacques-Joseph), vieille rue du Temple. 22 août 1778.

R couronné au-dessus de deux palmes. Fin du règne de Louis XV et commencement du règne de Louis XVI.

RAFFET (Jérôme), rue Saint-Honoré. 15 mars 1775.

RAIMOND (Jean), rue des Jardins. 1er août 1757.

RANC (Laurent), rue Mouffetard. 28 février 1774.

RATIÉ (Frédéric), rue Le Noir, fauxbourg Saint-Antoine. 15 juillet 1783.

RAYMOND (Louis), rue Sainte-Avoye. 14 octobre 1784.

REBILLARD (François), rue Sainte-Anne. 11 avril 1784.

REBOUL (Jean-Pierre), rue Neuve-Saint-Martin. 30 juillet 1766.

REBOUR (Isaac-Simon), rue de Charonne. 15 juillet 1767.

REBOUT (Jacques-Augustin), rue du Bout-du-Monde. 4 décembre 1754.

RECH (Jacques), rue des Roziers-au-Marais. 5 mars 1777.

RECH (Jean-Louis), Montagne-Sainte-Geneviève. 22 juillet 1771.

REGNAULT (La veuve Robert), rue et fauxbourg Saint-Antoine. [*Almanach de 1785.*]

REINAUD (Jean-Baptiste), rue des Vieilles-Tuileries. 6 décembre 1768.

REIZELL (François), rue du Petit-Lion-Saint-Germain. 29 février 1764.

REMI (Jean-Nicolas-Pascal), rue Poissonnière. 23 avril 1783.

RÉMY (Pierre), rue Poissonnière. 8 mai 1750.

RENARD (Jean-Baptiste), rue Portière, isle Saint-Louis. 13 décembre 1775.

RENAUD, rue des Vieilles-Tuileries, ébéniste de la rue de Penthièvre. Époque Louis XVI.

RENAUD (Jean-Marie), rue et porte Saint-Jacques. 4 décembre 1776.

RENAULT (La veuve Charles-Louis), rue de Berry. [*Almanach de 1785.*]

RENAULT (Nicolas-Mathias), rue Hyacinthe. 22 décembre 1768.

RENAULT (Pierre-Denis), rue du Bacq. 6 août 1777.

RENIÉ (André), rue Basse-du-Rempart, derrière les Capucines. 18 février 1751 ; syndic en 1782.

RENIÉ (Pierre-François), rue des Fossés-du-Temple. 10 avril 1782.

REUSE (François), rue de Cléri, 20 juillet 1743.

REVILLON (Pierre-Pascal), rue des Petites-Écuries-du-Roi. 27 septembre 1780.

REYNIER (Antoine), rue des Fossés-Saint-Victor. 4 mai 1774.

REYNIER (Simon), rue Saint-Bon. 16 juin 1773.

RIBERT (Léger), rue de Charonne. 19 septembre 1781.

RICHARD (Pierre), rue des Deux-Écus. 9 juillet 1777.

RICHTER (Charles), rue Moreau, fauxbourg Saint-Antoine. 4 février 1784.

RICK (Michel), cul-de-sac de la rue Saint-Claude. 19 septembre 1784.

RIESENER (Jean-Henri), dans l'Arsenal. 20 avril 1768.

RIOLANT (Jean-Claude), rue de Richelieu. 19 septembre 1783.

ROBELIN (Claude-Jacques), rue des Nonaindières. 30 septembre 1743.

Robert (Henri-Jean), rue Greneta. 10 février 1771.

Robert (Michel). rue du Fauxbourg-Saint-Denis. 27 juin 1781.

Robineau (Jean-Claude), rue de la Lune ; agrégé à la communauté en 1785.

Robineau (Jean-Louis), rue Montmartre ; agrégé à la communauté en 1785.

Rochat (Charles), rue et porte Saint-Martin. 19 septembre 1781.

Rochery (Louis), rue de la Coutellerie. 14 août 1765.

Roëntgen (David), de Neuwied, près de Coblentz, ébéniste-mécanicien de la reine Marie-Antoinette, rue de Grenelle-Saint-Honoré. 24 mai 1780.

Roger (Antoine-Simphorien), vieille rue du Temple. 1er septembre 1779.

Rognet (Michel), rue du Plâtre ; agrégé à la communauté en 1785.

Rouault (Barthélemi), à la Villette. 26 février 1772.

Rout (Michel-François), rue Zacharie. 18 août 1773.

Romignac (Léonard), rue du Colombier. 5 octobre 1779.

Roemo (André-Jacob), rue du Fauxbourg-Saint-Jacques. 10 septembre 1774.

Roucy (Claude-Pascal), rue Bautreillis. 5 novembre 1777.

Rousin (La veuve Claude), rue et fauxbourg Saint-Denis.

Rousseau (Pierre-Charles), rue du Fauxbourg-Saint-Martin. 17 décembre 1781.

Roussel (Hubert), rue Sainte-Barbe. 9 mai 1754.

Roussel (Pi.), rue Saint-Honoré. 28 août 1766.

Roussel (Pierre), rue de Charenton. 13 août 1771.

Roussel (La veuve Pierre), rue de Charenton.

Rouyer (Charles-Joseph), rue de la Huchette. 7 octobre 1778.

Roux (Hubert), rue Saint-Nicolas, fauxbourg Saint-Antoine. 26 avril 1777.

Roze (Jean-Jacques), cour du Commerce, 19 octobre 1784.

Rozier (Jacques-Joseph), rue et fauxbourg Saint-Jacques. 24 juillet 1748. Syndic en 1780.

Rubestuck (François), rue de Charenton. 7 mai 1766.

Ruelle (Claude-François), rue de l'Isle-Saint-Louis. 23 juin 1779.

R. V. L. C. Marque d'un ébéniste du règne de Louis XV.

R + V + L + C + M. (? Robert-Victor La Croix.) Fin du règne de Louis XV.

Sabatier (Pierre-Basile), rue Poissonnière. 23 août 1774.

Sainte-Marie (Antoine-Jean-Baptiste de), rue de Sève. 19 mai 1782.

Saint-Georges (Jean-Étienne), rue de Cléri. 10 avril 1747.

Saint-Jean (Firmin de), rue Neuve-Saint-Gilles. 15 septembre 1777.

Saint-Maurice (Philippe-François), rue de Charonne. 11 septembre 1755.

Saint-Pierre (Jacques), rue de la Michaudière. 16 mars 1778.

Salle (Gaspard), rue des Fossés-Saint-Germain-l'Auxerrois, 29 décembre 1773.

Sandenov (Jean-Baptiste), rue des Gravilliers. 4 mai 1774.

Sandrin (Jean-Louis), rue Hyacinthe. 13 mai 1778.

Sapin (Jean), rue du Champ-Fleury. 4 décembre 1776.

Sar (Jean-Gérard-Théodore), rue de Lappe. 1er octobre 1766.

Sacllier (Jacques), rue Saint-Sauveur. 27 septembre 1780.

Saulnier (Jacques), rue Charlot. 1er mars 1755.

Saunier (Claude-Charles), rue du Four-Saint-Antoine. 31 juillet 1752. Vivait encore en 1792.

Saunier (J.B.), ébéniste. Règne de Louis XV.

Saunier (Louis-Jacques), rue des Prêtres-Saint-Germain-l'Auxerrois. 22 juillet 1782.

Sauthon (Joseph), rue du Cœur-Volant. 23 février 1780.

Sauvage. Époque Louis XV.

Sauvé (Edme-Louis), rue..... 15 juin 1782.

Sauvé (Jean-Alexandre), rue Neuve-Saint-Augustin. 15 juin 1782.

Sauvé (Louis), rue..... 4 novembre 1758.

Savard (Dieudonné-Grég.), cour de la Juiverie. 27 juillet 1763.

Savary (Pierre), rue Galande. 17 juillet 1758.

Savoye (Gabriel), rue Saint-Honoré. 15 octobre 1782.

Schauff (François), rue Phelippeaux. 10 décembre 1781.

Schauff (Jacques), rue et porte Saint-Martin. 17 avril 1765.

Scheffer, dit Bergé (François), rue de Richelieu. 1782.

Schey (Fedely), rue et fauxbourg Saint-Antoine. 5 février 1777.

Schilder (Jean-Henri), rue du Ponceau. 27 juin 1781.

Schiller (Jean-Martin), rue Saint-Nicolas, fauxbourg Saint-Antoine. 27 juin 1781.

Schlichtig (G.). Règne de Louis XVI. Mort avant 1785.

Schlichtig (La veuve Jean-Georges), rue Saint-Nicolas, fauxbourg Saint-Antoine. [Almanach de 1785.]

Schmidt (Antoine-Marie), rue Chabanois. 4 février 1784.

Schmitz (Jean), rue du Fauxbourg-Saint-Antoine. 2 août 1782.

Schmitz (Pierre), rue Neuve-Saint-Martin. 17 juin 1778.

Schneider (Gaspard), fauxbourg Saint-Antoine. 15 mars 1786.

Schneider (Joseph), cour du Commerce. 17 avril 1782.

Schuman (André), rue du Fauxbourg-Saint-Antoine. 5 octobre 1779.

Schuler (Jean-Philippe), rue de la Petite-Truanderie. 21 janvier 1767.

Schwerdfeger (Jean-Ferdinand), rue Saint-Sébastien. 26 mai 1786.

Scoff (La veuve Luc), rue du Bacq.

Sedaine (Jean-Baptiste), rue du Fauxbourg-Saint-Martin. 17 mars 1762.

Sedaine (Pierre-Artus), cour de Lamoignon. 14 juillet 1756.

Sefert (Pierre-François), rue de Charenton. 26 avril 1780.

Seigneur (Charles-Louis), rue Bordes. 2 août 1775.

Sené (Claude), rue de Cléri. 20 juillet 1743.

Sené (Claude), rue de Cléri. 31 juillet 1769.

Sené (Jean-Baptiste-Claude). 10 mai 1769.

Senturel (Jean-Adrien), chaussée d'Antin. 30 décembre 1750.

Serrurier (Charles-Joseph), rue Traversière, fauxbourg Saint-Antoine. 3 septembre 1783.

Servais (Jean-Baptiste), rue Saint-Landry. 23 juin 1779.

Séverin (Nicolas-Pierre), rue Dauphine. 26 juillet 1757.

Simonot (Alexandre-Pierre), cul-de-sac de la Brasserie, hutte Saint-Roch. 4 juillet.

Sorre (Jean-Baptiste-Laurent), rue du Monceau-Saint-Germain. 9 mai 1783.

Soltzer (La veuve Jean), rue et fauxbourg Saint-Antoine.

Sommermont (Claude), rue des Arcis. 15 mars 1777.

SORDET (Sigismond), rue Feydeau. 16 avril 1777.

SORELLE (Marc-Joseph), rue Crussolle. 11 mars 1772.

STADLER (Charles-Antoine), rue Royale. 13 novembre 1776.

STOCKEL (Joseph), rue de Charenton. 2 août 1775.

STOUF (Claude-Luc), rue du Bacq. 25 juin 1754.

STOUF (Laurent), rue du Bacq. 25 juillet 1764. Syndic en 1776.

STUMPFF (Jean), rue Saint-Nicolas, au fauxbourg Saint-Antoine. 27 août 1766.

SUDANT (Claude-Marie), rue Boucherat, n° 37. 26 juin 1782.

SULPICE, inventeur de la table mécanique du château de Choisy. Époque Louis XV. Voyez plus haut, p. 144.

SUSSE (Jean), rue Saint-Julien-le-Pauvre. 30 juin 1762.

TABARY (Pierre-Charles), rue Neuve-Saint-Martin. 26 mai 1773.

TABOIN (Nicolas), rue d'Avignon. 1er février 1782.

TASSIN (Joseph), rue des Marais, fauxbourg Saint-Martin. 2 juillet 1766.

TEL (Louis-Joseph), rue du Fauxbourg-Saint-Martin. 23 février 1780.

TERMERY (Augustin), rue de la Roquette. 13 février 1760.

TESSIER (Louis), rue Pastourelle. 18 avril 1747.

TEUNÉ (F. Gaspard), rue de Charonne. 29 mars 1766.

THEAUX (J.-B.), rue des Petits-Carreaux. 31 décembre 1757.

THELOT (Jean-Michel), rue et porte Saint-Martin. 23 novembre 1774.

THEVENIN (Prix), rue Mouffetard. 16 mai 1760.

THIBAULT (Antoine), cul-de-sac Berthault. 23 mai 1770.

THIBAULT (Thomas), rue Neuve-Saint-Denis. 6 mai 1767.

THIBOUST (J.-B.), à la Grande-Pinte, près Berry. 6 avril 1767.

THIELLEMENT (Jean-Baptiste), rue Bordet. 14 juillet 1734.

THIELLEMENT (Jean-Ignace), rue Saint-Étienne-des-Grés. 26 juin 1765.

THOMELLE (Agnan), rue des Boucheries-Saint-Honoré. 23 juin 1779.

THUILLIER (Jean-François), rue du Fauxbourg Saint-Antoine. 9 août 1752.

THUMEREAU (Germain), cour de la Juiverie. 27 septembre 1784.

TILLIARD (Jacques-Jean-Baptiste), rue de Cléri. 16 juillet 1752.

TOPINO (Charles), rue du Fauxbourg-Saint-Antoine. 14 juillet 1773.

TOUPILLIER (Denis), rue des Tournelles. 30 juillet 1764.

TOURBILLON (Louis), rue Mazarine. 11 décembre 1776.

TRAMEY (Jacques), rue du Fauxbourg-Saint-Antoine puis rue de Charonne. 6 octobre 1781.

TREMBLOL (Louis), rue Couture-Saint-Gervais. 9 novembre 1772.

TRICADEAU (Pascal-Simon-Antoine), rue de la Bucherie. 11 décembre 1776.

TRICOTEL (Alexandre-Roch), rue Amelot. 14 février 1767.

TRILLIARGA (Enemond), rue du Bacq, cour des Miracles. 2 août 1782.

TRIQUET (Jean-Philibert), rue du Chantre. 1er mars 1764.

TROMPETTE (Étienne), rue de Bourbon, Fauxbourg Saint-Germain. 27 novembre 1776.

TROUVÉ (Martial), rue..... 1er août 1753.

TUARD (J.-B.). Seconde moitié du xviiie siècle.

TURCOT (Pierre-François), rue Saint-Antoine. 11 septembre 1771.

UPSON (Jacques), grande rue de Chaillot. 6 décembre 1782.

VAFLOU (Jean-Baptiste), rue Saint-Nicolas, fauxbourg Saint-Antoine. 28 janvier 1767.

VAILLANT (Jean), rue des Vieilles-Tuileries. 15 juillet 1783.

VAN DER CRUSE (Roger), rue et fauxbourg Saint-Antoine. 6 février 1775. Syndic en 1782. Voyez Vandercruse.

VANXWOLL (Jean), rue des Boucheries-Saint-Germain; agrégé à la communauté en 1785.

VASTEL (François), rue de la Tannerie. 21 février 1754.

VAUCLIN (Jean), rue de la Corderie. 15 mars 1760.

VAUDOUX (Claude-Michel), rue Saint-Martin. 23 février 1780.

VAUTIER (Jacques), passage de la Marmite. 1er février 1782.

VAZILLE (Jean-Baptiste), rue de Sève. 27 juillet 1774.

VEAUX (Robert), rue et fauxbourg Saint-Antoine; agrégé à la communauté en 1785.

VENDERCRUSE (Pierre). 13 août 1771.

VERNIER (Claude-Fortuné), rue Saint-Antoine. 14 juin 1775.

VERRON (La veuve Jean), rue du Foin-Saint-Jacques.

VEST (Augustin), rue du Haut-Moulin. 8 juin 1774.

VIALLA (Joseph), rue du Fauxbourg du Temple. 10 avril 1782.

VIBERT (Jean-Baptiste), rue des Bourguignons. 27 novembre 1776.

VIEZ (Joseph), cour du Commerce. 6 juillet 1786.

VIGUIÉ (François), cul-de-sac Basfour. 11 juillet 1763.

VIGUIER (Pierre-François), rue aux Fèves. 10 octobre 1784.

VILLARD (André-Joseph), à la barrière du Roule. 26 mai 1784.

VILLEREZ (François), marché Saint-Martin. 24 mars 1789.

VINCENT (Pierre-Jean-Claude), rue et fauxbourg Saint-Martin. 4 février 1784.

VIOLET (Thomas-Claude), rue..... 26 juillet 1741.

VIRRIG (Nicolas), rue Traversière, fauxbourg Saint-Antoine.

VOISIN. Travaille pour Versailles de 1735 à 1756.

VOLFF (Christophe), rue du Fauxbourg-Saint-Denis. 10 décembre 1755.

VOVIS (Jean-Adelbert), rue Traversière, fauxbourg Saint-Antoine. 10 mai 1767.

VCATTEBLED (Jean-Jac.), rue de Seine. 30 mai 1764.

VCATTEAUX (Louis-Antoine), rue du roi de Sicile. 5 octobre 1779.

VYLLAIN (Pierre), rue de Grenelle, fauxbourg Saint-Germain. 6 septembre 1775.

WAKNER (Tr.-Valentin), rue des Filles-du-Calvaire. 15 février 1781.

WARTAIRE (François), rue de Sève. 3 février 1773.

WATRIGANT (Jos.), rue de Savoye. 1er août 1763.

WATTAIRE (Nicolas), rue de la Planche. 29 septembre 1779.

WEISWEILER (Adam), rue et fauxb. S.-Antoine. 16 mars 1778.

WIART (Jean-François-Marie), rue des Vieilles-Étuves-Saint-Martin. 19 septembre 1781.

WILAME (Philippe-Joseph), rue du Gindre. 9 mars 1753.

WOLFF (Christophe), rue Neuve-Saint-Denis. 10 décembre 1775.

YVON (François-Antoine), rue du fauxbourg-Saint-Antoine, à *la Main d'or*, 26 septembre 1783.

ADDITIONS ET CORRECTIONS

Page 24, ligne 11, *au lieu de* : planche III, *lisez* : planche II.

Page 156. — L'une des commodes conservées à Chantilly a été gravée dans la *Revue de l'Art ancien et moderne*, 2ᵉ année, t. III, nᵒ 4, p. 375. M. G. Bapst les attribue à Riesener et j'adopte complètement cette opinion.

Page 237. — Le cabinet de G. Naupt est gravé dans l'article plus haut cité, p. 378.

TABLE DES CHAPITRES

PAGES

Avant-propos...   v

CHAPITRE I

Le mobilier en France sous Henri IV et Louis XIII...   1

CHAPITRE II

Le cabinet, son origine et son évolution..   11

CHAPITRE III

Le style français sous Louis XIV..   33

   I. Organisation artistique..   33
  II. L'influence italienne : Domenico Cucci et Caffieri.................................   45
 III. Le meuble français : André-Charles Boulle...   53
 IV. Coup d'œil sur la sculpture sur bois..   84

CHAPITRE IV

Le style du mobilier français pendant la Régence et le règne de Louis XV.....................   95

   I. Notions préliminaires..   95
  II. Charles Cressent, ébéniste de Philippe d'Orléans, régent de France (1685-1768)......   101
 III. Le goût chinois. — Les Martin...   111
 IV. Le style rocaille. — Juste-Aurèle Meissonnier. — Les Slodtz.......................   120
  V. Jacques Caffieri et Philippe III Caffieri. — Les ébénistes du milieu du règne de Louis XV.........   129
 VI. Le déclin du style rocaille. — Le retour aux formes antiques. — Jean-François Oeben et Jean-Henri
     Riesener...   150

CHAPITRE V

Le triomphe définitif du style antique..   171

   I. Les dernières années du règne de Louis XV. Mme Du Barry : son mobilier à Versailles et à Louveciennes.   171
  II. L'ameublement du pavillon de Bagatelle. — Louis XVI et Marie-Antoinette............   191
 III. Quelques mots sur le mobilier de la fin du XVIIIe siècle et du premier Empire.....   223

CHAPITRE VI

Quelques mots sur le style français a l'étranger 233

APPENDICE

Extraits des statuts de la corporation des menuisiers-ébénistes.................................... 239

Essai d'une liste des ébénistes parisiens de la seconde moitié du xviiie siècle.......................... 249

Additions et corrections 263

TABLE DES PLANCHES HORS TEXTE

		Pages
.I.	Cabinet en ébène. Travail français. Règne de Louis XIII (Musée du Louvre)	16
II.	Cabinet en cuir gravé, peint et doré. Travail flamand (?) fin du xvi⁰ ou commencement du xvii⁰ siècle (Musée de Cluny)	24
III.	Cabinet. Travail de Boulle. Commencement du xviii⁰ siècle (Collection de M. le duc de Buccleuch)	62
IV.	Grande armoire en marqueterie par André-Charles Boulle (Musée du Louvre)	64
V.	1. Commode en marqueterie par André-Charles Boulle (Bibliothèque Mazarine) 2. Bibliothèque en marqueterie par André-Charles Boulle (Collection de M. le comte de Castellane)	68
VI.	Cabinets en marqueterie par André-Charles Boulle (Musée du Louvre)	72
VII.	1. Pendule en marqueterie et en bronze doré. Atelier des Boulle (Collection Charles Stein). 2. Console en bois doré. Époque de la Régence (Musée de Poitiers)	78
VIII.	1. Grande armoire en bois de rose par Charles Cressent (Collection de M. le comte de Castellane). 2. Meuble pour écrire debout. France. Milieu du xviii⁰ siècle (Collection de M. le baron Nathaniel de Rothschild, à Vienne)	104
IX.	1. Commode par Charles Cressent. 2. Commode par Caffieri (Collection Richard Wallace, à Londres)	108
X.	Lustre en bronze doré attribué à l'atelier des Caffieri. Milieu du xviii⁰ siècle (Bibliothèque Mazarine)	132
XI.	Grand bureau décoré de bronzes dorés. France, milieu du xviii⁰ siècle (Collection de M. le prince de Metternich, à Vienne)	134
XII.	1. Grand médaillier en forme de commode : composition des frères Slodtz, ébénisterie de Gaudreaux. 1739. 2. Médaillier en forme d'encoignure, par Joubert, ébéniste. 1755 (Cabinet des Médailles, à la Bibliothèque Nationale)	136
XIII.	Meuble en forme d'encoignure. Dessin de Pineau; ébénisterie de Dubois. Règne de Louis XV (Collection de M. le baron Nathaniel de Rothschild, à Vienne)	146
XIV.	Canapé et fauteuil en bois doré, recouverts en tapisserie. Ancien mobilier du château de Versailles. Règne de Louis XV (Collection de M. le comte I. de Camondo)	148
XV.	Bureau du roi Louis XV, face et revers, dessiné par Jean-François Oeben, achevé par Riesener, bronzes par Duplessis, Winant et Hervieux (1760-1769) (Musée du Louvre)	156
XVI.	Pendule en marbre blanc. Les trois Grâces, par Falconet (Collection de M. le comte I. de Camondo)	180

XVII. 1. Pendule en forme de vase : porcelaine de Chine et bronze doré. Fin du règne de Louis XV ou commencement du règne de Louis XVI (Collection R. Kann).
2, 3. Feux en bronze doré par Gouthière, provenant du château de Louveciennes (Déposés au Musée du Mobilier national)   184

XVIII. 1. Grand cartel en bronze doré. Mouvement de Bunon. Première moitié du xviiie siècle (Collection de M. le comte de Castellane).
2. Console en bois doré. Époque de la Régence (Collection de M. Fournier).
3. Bras de lumière en bronze doré. Style de Meissonnier. Règne de Louis XV (Mobilier National).
4. Bras de lumière en bronze doré, par Gouthière (Collection de M. le comte I. de Camondo)   186

XIX. 1. Commode en marqueterie par Jean-François Leleu. Fin du règne de Louis XV ou commencement du règne de Louis XVI.
2. Commode en marqueterie de bois et d'ivoire, au chiffre de la reine Marie-Antoinette, par Georges Schlichtig. Règne de Louis XVI (Collection de M. le comte I. de Camondo)   188

XX. 1. Petit fauteuil en bois sculpté et doré exécuté pour le Dauphin. Règne de Louis XVI (Collection de M. le comte de Castellane).
2. Commode en acajou, ornée de bronzes dorés, attribuée à l'ébéniste Riesener et au ciseleur Gouthière. Règne de Louis XVI (Collection de M. le comte I. de Camondo)   190

XXI. 1. Commode en forme de bas d'armoire attribuée à J.-F. Leleu. Peintures sur verre par Degault. Règne de Louis XVI (Collection de M. le comte I. de Camondo).
2. Grande console en marbre bleu turquin ; bronzes de Gouthière. Règne de Louis XVI (Collection de M. le comte de Castellane)   208

XXII. Pavillon d'Amalienburg, dans le parc de Nymphenburg. Détail de la décoration de la chambre à coucher   234

XXIII. Château de Sans-Souci. Bibliothèque du roi Frédéric II   236

TABLE DES GRAVURES INSÉRÉES DANS LE TEXTE

	Pages
Panneau sculpté. France. Époque de Louis XIII (Musée de Cluny)	6
Table. France. Époque de Louis XIII (Musée de Cluny)	7
Chaise couverte de cuir. France ou Flandre. Époque de Louis XIII (Musée de Cluny)	8
Fauteuil. France. Époque de Louis XIII (Musée de Cluny)	8
Table. Époque de Louis XIII (Musée de Cluny)	9
Lit, table à coiffer et siège pliant de l'époque de Louis XIII, d'après Abraham Bosse	9
Meubles de l'époque de Louis XIII, d'après Abraham Bosse	10
Table incrustée d'ivoire. Espagne (?). Commencement du xviie siècle (Musée de Cluny)	11
Chaise rembourrée en cuir. Espagne ou Flandre. xviie siècle (Musée de Cluny)	12
Fauteuil garni de cuir. Époque Louis XIII (Musée de Cluny)	13
Grand cabinet en marqueterie et mosaïque de Florence, ayant appartenu à Marie de Gonzague, reine de Pologne (Musée de Cluny)	18
Cabinet dit « Armoire de Poméranie ». Commencement du xviie siècle (Musée d'art industriel de Berlin)	21
Bureau en marqueterie ayant appartenu au maréchal de Créqui. Époque de Louis XIV (Musée de Cluny)	28
Bureau de la reine Marie de Médicis. Époque Louis XIII (Musée de Cluny)	29
Bustes en bronze doré de Louis XIV et de Marie-Thérèse provenant peut-être de la décoration de deux cabinets exécutés par Domenico Cucci (Exposés actuellement dans la chambre du roi, au palais de Versailles)	47
Porte sculptée par Philippe Caffieri pour le grand escalier de Versailles (Palais de Versailles)	51
Partie supérieure d'un cabinet, par André-Charles Boulle (base moderne) (Ancienne collection Hamilton)	57
Coffre, par André-Charles Boulle (Ancienne collection Seillière)	59
Bureau orné d'incrustations d'écailles sur fond de cuivre. Commencement du xviiie siècle (Atelier des Boulle) (Musée de Dijon)	61
Grande armoire en marqueterie, attribuée à André-Charles Boulle (Ancienne collection Seillière)	65
Armoire vitrée, attribuée à André-Charles Boulle (Ancienne collection Beurdeley)	66
Bureau et serre-papier en marqueterie de Boulle. Horloge d'Enderlin (Collection Edmond Foule, à Paris)	67
Bureau en ébène incrusté de cuivre et d'écaille attribué à Boulle (Ministère de la Marine)	69
Bureau en marqueterie de Boulle (Ancienne collection Armaillé)	70
Guéridon marqueté d'écaille et de cuivre (Collection de M. le comte de Castellane)	73
Miroir (Revers de) en marqueterie de cuivre et d'écaille par André-Charles Boulle (Ancienne collection Hamilton)	74
Grande horloge en marqueterie. Atelier des Boulle (Palais de Fontainebleau)	75
Lustre en bronze par André-Charles Boulle (Bibliothèque Mazarine)	79
Bras de lumière en bronze. Atelier des Boulle (?). Commencement du xviiie siècle (Ancienne collection Armaillé)	80
Lustre en bronze. Atelier des Boulle. Commencement du xviiie siècle (Ancienne collection Armaillé)	81
Meuble d'appui ou bureau en forme de bas d'armoire. Époque de Louis XIV (Palais de Versailles)	83
Porte en bois sculpté. Milieu du xviie siècle. Ancien collège des Quatre-Nations (Bibliothèque Mazarine)	85
Guéridon en bois doré. Époque de Louis XIV (Musée des Arts décoratifs, à Paris)	86

Grande armoire en chêne sculpté. Époque de Louis XIV (Musée des Arts décoratifs, à Paris   87
Panneau sculpté provenant d'une boiserie. Époque de Louis XIV (Musée des Arts décoratifs, à Paris)   88
Table en bois doré à dessus de marbre. Style de Le Pautre. Époque de Louis XIV. Mobilier national, Grand
     Trianon ...., ...   89
Console en bois doré. Fin de l'époque de Louis XIV (Vente Edgard de P., 1894, n° 83)   90
Grand canapé en bois sculpté et doré. Époque de Louis XIV (Appartenant à M. Chappey)   91
Chaise sculptée et cannée. Époque de Louis XIV (Musée du Louvre)   92
Panneau sculpté, provenant d'un salon de l'Arsenal, attribué à Dugoulon. Commencement du xviiie siècle
     (Musée des Arts décoratifs)   93
Modèle de pendule en bronze. Style de Robert de Cotte (D'après le dessin original conservé au Cabinet des
     Estampes, à la Bibliothèque Nationale)   97
Console en bois doré. Époque de la Régence (Vente du vicomte de B., 1891, n° 113)   98
Bureau. Époque de la Régence (Ancienne collection Josse, n° 152)   99
Pluton et Proserpine. Feux en bronze doré ornés de têtes de dragons. Milieu du xviiie siècle (Collection
     R. Kann)   100
Bureau en bois d'amarante décoré de bronzes. Style de Cressent. Mobilier national   103
Médaillier par Charles Cressent. Cabinet des Médailles, à la Bibliothèque Nationale   104
L'amour vainqueur du Temps. Cartel en bronze par Cressent (Chambre des Requêtes, à la Cour de Cassation).   107
Régulateur par Cressent. Pendule par Charost (Ancienne collection Armaillé)   107
Commode en marqueterie montée en bronze doré, attribuée à Cressent (Ancienne collection Hamilton)   108
Armoire en marqueterie de bois de rose décorée de bronzes dorés. Style de Cressent (Vente Edgard de P.,
     1894, n° 55)   109
Cartonnier en bois d'amarante déposé au Ministère des Affaires Étrangères. Époque de la Régence   110
Flambeau de style chinois. Bronze doré. Seconde moitié du xviiie siècle (Collection de M. le comte de
     Castellane)   113
Vase de Chine en porcelaine bleu turquoise, monté en bronze doré. Fin du règne de Louis XV. Style de
     Delafosse (Musée du Louvre)   113
Commode en laque, décor en couleur et en or sur fond noir. Signée B V R B. Milieu du xviiie siècle (Ancienne
     collection Josse, n° 153)   114
Grande armoire de laque à fond rouge. Décor doré. Signée B V R B. Milieu du xviiie siècle (Ancienne collec-
     tion de Mlle de Choiseul, vente de 1896, n° 4)   115
Commode en laque. Milieu du xviiie siècle (Ancienne collection Josse)   116
Table en bois doré, supportant un plan de Versailles en stuc peint par Andrieux de Bensou, présenté à
     Louis XV en 1736. Musée National de Versailles   120
Console en bois doré. Style rocaille, vers 1740 (Vente du vicomte de B., 1891, n° 114)   121
L'Enlèvement d'Europe. Pendule en bronze en partie doré. Monument de Hilgers, à Paris (Collection de
     Mme la comtesse de Béarn)   122
Grand flambeau en bronze doré. Style rocaille. Milieu du xviiie siècle (Collection de M. le comte de
     Castellane)   122
Pilastre en bois sculpté et doré. Dessin original de l'un des frères Slodtz (Cabinet des Estampes, à la Biblio-
     thèque Nationale)   123
Modèle de guéridon en bois sculpté et doré. Dessin original de l'un des Slodtz, conservé au Cabinet des
     Estampes, à la Bibliothèque Nationale   124
Modèle de guéridon en bois sculpté et doré. Dessin original de l'un des Slodtz, conservé au Cabinet des
     Estampes, à la Bibliothèque Nationale   124
Modèle de guéridon en bois sculpté et doré. Dessin de l'un des Slodtz, conservé au Cabinet des Estampes, à la
     Bibliothèque Nationale   125
Modèle de guéridon en bois sculpté et doré. Dessin original de l'un des Slodtz, conservé au Cabinet des
     Estampes, à la Bibliothèque Nationale   125
Panneau de boiserie de la chapelle du château de Versailles. Époque de Louis XV   126
Modèle de flambeau en argent par l'un des frères Slodtz (D'après le dessin original conservé au Cabinet des
     Estampes, à la Bibliothèque Nationale)   127

Modèle de l'un des meubles déposé au Ministère de la Marine. Dessin original de l'un des Slodtz, conservé au Cabinet des Estampes, à la Bibliothèque Nationale ... 128

Angle de plafond représentant une treille. Époque de Louis XV. Dessin original conservé au Cabinet des Estampes, à la Bibliothèque Nationale ... 129

Horloge astronomique par Passemant et Dauthiau. Monture en bronze par Jacques Caffieri (1749-1753) (Musée National de Versailles) ... 131

Baromètre par Passemant. Monture en bronze doré enchâssant des plaques de porcelaines de Sèvres peintes en camaïeu rose (Legs Jones au Musée de South Kensington) ... 132

Commode en marqueterie décorée de bronzes dorés. Signée : Joseph (Ancienne collection Charles Stein) ... 133

Aiguière en porcelaine céladon montée en bronze dorée. Monture attribuée à Duplessis (Musée du Louvre) ... 135

Petit bureau plat en bois de rose et bois satiné, ayant appartenu aux filles de Louis XV (Collection de M. le comte I. de Camondo) ... 137

Encoignure en bois satiné signée I. P. Latz et L. Boudin. Seconde moitié du règne de Louis XV (Ancienne collection Josse, n° 158) ... 139

Bureau de dame, marqueterie et bronze. Bronzes marqués du C couronné (Ancienne collection Armaillé, vente de 1890, n° 164) ... 141

Commode en bois satiné signée : J. Dubois. Époque de Louis XV (Vente Lepic, 1897, n° 48) ... 142

Petit bureau de dame signé : R + V + L + C. Époque de Louis XV (Vente du vicomte de B., 1891) ... 143

Petit bureau en bois de rose à vantaux formant rideaux. Époque de Louis XV (Vente du vicomte de B., 1891, n° 149) ... 144

Petite table à ouvrage en marqueterie. Ancienne collection de Mᵐᵉ de Campan. Signée : Delorme. Époque de Louis XV (Collection de M. le comte I. de Camondo) ... 145

Chaise longue en bois sculpté et doré ayant fait partie du mobilier de la reine Marie-Antoinette. Époque de Louis XV (Collection de M. le comte I. de Camondo) ... 146

Chaise en bois sculpté et doré couverte en tapisserie des Gobelins. Ancien mobilier de la chambre du roi, à Versailles (Collection de M. le comte I. de Camondo) ... 147

Bras de lumière en bronze doré. Style de Delafosse. Fin du règne de Louis XV (Collection Charles Stein) ... 149

Bureau exécuté par Riesener en 1777 (Mobilier national) ... 157

Bureau décoré de marqueterie de nacre de perles par Riesener (Collection de M. le baron Alfred de Rothschild, à Londres) ... 158

Commode en marqueterie provenant de Buffon. Style de Riesener (Ancienne collection Seillière, n° 578) ... 159

Commode en laque du Japon. Style Riesener (Ancienne collection Lepic) ... 160

Commode en marqueterie, par Riesener (Palais de Fontainebleau) ... 161

Commode en marqueterie, par Riesener (Musée du Louvre) ... 163

Petit bureau en marqueterie. Style de Riesener. Fin du règne de Louis XV (Collection de M. le comte de Castellane) ... 165

Jardinière décorée de plaques de porcelaine de Sèvres, par Riesener (Collection de M. le baron Alfred de Rothschild, à Londres) ... 166

Encoignure de bois de rose et de bois de violette, décorée d'un médaillon de bronze, par Riesener (Ancienne collection Stein) ... 167

Tricoteuse acajou et bronze, par Riesener (Collection de M. le comte I. de Camondo) ... 168

Bras de lumière en bronze ciselé et doré, par Gouthière (Legs Jones au Musée de South Kensington, à Londres) ... 172

Bras de lumière en bronze ciselé et doré. Style de Gouthière. Fin du règne de Louis XV (Ancienne collection de Josse, vente de 1894, n° 147) ... 172

Petit bureau ou bonheur-du-jour en bois de sycomore orné de plaques de porcelaine de Sèvres. Règne de Louis XV (Legs Jones au Musée de South Kensington, à Londres) ... 173

Petit secrétaire en marqueterie de bois des Iles décoré de plaques de porcelaine de Sèvres. Règne de Louis XV (Legs Jones au Musée de South Kensington, à Londres) ... 174

Table décorée de plaques de porcelaine de Sèvres. Ébénisterie de C.-C. Saunier. Fin du règne de Louis XV (Collection de M. le baron Alfred de Rothschild, à Londres) ... 175

Petite commode en bois de rose ornée de marqueterie. Signée : J.-B. Saunier. Règne de Louis XV (Vente Lepic, 1897) ... 175

Secrétaire en bois de rose décoré de porcelaine de Sèvres. Fin du règne de Louis XV (Ancienne collection Scillière, n° 595).. 176

Guéridon en marbre et en bois doré. Fin du règne de Louis XV. Vente Randon de Boisset, février 1777, n° 823 (Ancienne collection Armaillé).. 185

Commode en bois de rose ornée de bronzes, par C.-C. Saunier. Fin du règne de Louis XV (Ancienne collection du vicomte de B., vente de 1891, n° 158)... 186

Console en marbre bleu turquin. Bronzes de Gouthière. Détail d'une des extrémités (voir l'ensemble planche XXI, n° 2) (Collection de M. le comte de Castellane).. 187

Petit cadre en bois sculpté. Fin du règne de Louis XV (Musée du Louvre).. 188

Petit cadre en bois sculpté. Fin du règne de Louis XV (Musée du Louvre).. 188

Commode en marqueterie par J.-F. Leleu. Ancien mobilier de Mme Du Barry (Collection de M. Luce-Ladurée, à Versailles).. 189

Secrétaire, marqueterie et peinture, par P.-N. Pasquier. Ancien mobilier de Mme du Barry (Collection Hamilton, n° 300).. 190

Flambeau en argent accompagné de l'inscription « fait à Turin dans l'atelier des Orfèvreries royales, 1783 » (Musée de South Kensington)... 190

Chambre à coucher du comte d'Artois au pavillon de Bagatelle. Dessin original de l'architecte Belanger (Bibliothèque Nationale, département des Estampes)... 191

Chambre à coucher du comte d'Artois au pavillon de Bagatelle. Côté de la croisée. Dessin original de l'architecte Belanger (Bibliothèque Nationale, département des Estampes)................................... 192

Cheminée décorée de bronzes dans le style de Thomire. Dessin original de l'architecte Belanger (Bibliothèque Nationale, département des Estampes)... 193

Une cheminée. Dessin original de l'architecte Belanger (Bibliothèque Nationale, département des Estampes).. 194

Tabouret. Bureau de table à gradins. Tabouret. Projet de décoration intérieure. Dessin original de Belanger (Département des Estampes, à la Bibliothèque Nationale)... 195

Tabouret. Tête-à-tête. Ottomane. Tête-à-tête. Tabouret. Projet de décoration intérieure (Département des Estampes, à la Bibliothèque Nationale).. 196

Projet de décoration intérieure. Dessin original de Belanger (Département des Estampes, à la Bibliothèque Nationale).. 197

Commode en laque en forme de bas d'armoire, par Martin Carlin (Musée du Louvre)................................. 198

Vase en porcelaine de Sèvres monté en bronze par Thomire. Règne de Louis XVI (Musée du Louvre)................. 199

Commode en marqueterie dans le style de Boulle, attribuée à Montigny ou à Levasseur. Ancien mobilier du comte d'Artois (Collection Hamilton, n° 184)... 200

Grand régulateur dans le style de Boulle. Écaille incrustée de cuivre. Époque Louis XVI. Provenant de Mlle de Choiseul (Collection de M. le comte de Castellane).. 201

Commode en forme de bas d'armoire. Acajou, bronze doré et bronze patiné en vert. Signée : Benneman (Musée du Louvre)... 202

Grand meuble de salle à manger en acajou et bronze doré et orné de glaces, au chiffre de la reine Marie-Antoinette, par Benneman (Musée du Louvre)... 203

Grande commode en acajou décorée de bronzes dorés et d'un médaillon en biscuit de Sèvres par Benneman (Mobilier national).. 204

Modèle de lit dessiné par Lequeu pour le mobilier de l'hôtel Montholon (Bibliothèque Nationale, département des Estampes)... 205

Lit dessiné par Lequeu pour le mobilier de l'hôtel Montholon (Bibliothèque Nationale, département des Estampes).. 206

Meubles et draperies dessinés par Lequeu pour le mobilier de l'hôtel Montholon (Bibliothèque Nationale, département des Estampes)... 207

Dessin de Lequeu pour la décoration de l'hôtel Montholon : « Élévation de la salle d'audience, côté de la bibliothèque » (Bibliothèque Nationale, département des Estampes).. 208

Modèles dessinés par Lequeu pour le mobilier de l'hôtel Montholon (Bibliothèque Nationale, département des Estampes)... 209

Petit bureau : laque, acier et bronze doré, provenant du mobilier de la reine Marie-Antoinette, par Adam Weisweiller (Musée du Louvre)... 210

Armoire à bijoux de la reine Marie-Antoinette, par Jean-Ferdinand Schwerdfeger, Degault et Thomire (Mobilier national)... 211

Brûle-parfums en bronze, par Thomire (Musée du Louvre)... 212

Candélabres en bronze. Modèle de Clodion (Ancienne collection Seillière)... 213

Feu en bronze doré, exécuté pour la reine Marie-Antoinette en 1786. Boizot sculpteur, Thomire ciseleur (Mobilier national)... 215

Feu en bronze doré ciselé et exécuté, en 1786, pour la reine Marie-Antoinette. Boizot sculpteur, Thomire ciseleur (Mobilier national)... 215

Pendule en bronze. Style de Thomire. Mouvement de Manière, à Paris. Époque Louis XVI (Vente du vicomte de B., 1892, n° 72)... 216

Fauteuil en bois sculpté et doré ayant fait partie du mobilier de la reine Marie-Antoinette (Collection de M. le comte I. de Camondo)... 217

Console en bois sculpté et doré, déposée actuellement au Ministère de l'Intérieur (Règne de Louis XVI)... 218

Petit canapé en bois sculpté et doré recouvert en tapisserie. Époque Louis XVI (Collection de M. le duc de la Trémoille)... 219

Petit fauteuil ayant appartenu au Dauphin. Époque Louis XVI (Collection de M. le comte I. de Camondo)... 220

Tabouret de pied en bois sculpté et doré. Époque Louis XVI (Collection de M. le comte I. de Camondo)... 220

Grand canapé dit confident, bois sculpté et doré recouvert de tapisserie. Époque de Louis XVI (Ancienne collection Hamilton, n° 1902)... 221

Panneau de boiserie. Époque de Louis XVI. Cabinet du roi, à Versailles... 222

Panneau de boiserie. Époque de Louis XVI. Cabinet du roi, à Versailles... 223

Fauteuil en bois sculpté et doré. Style de Percier. Époque de l'Empire (Mobilier national)... 224

Lit de Napoléon Ier déposé au château de Compiègne. Style de Percier (Mobilier national)... 225

Bureau en acajou et en bronze. Style de Percier, ébénisterie de Jacob (Mobilier national)... 226

Armoire basse ou bibliothèque en acajou décorée de bronzes. Style de Percier. Ébénisterie de Jacob (Mobilier national)... 227

Grande table en marbre et en bronze. Style de Percier (Mobilier national)... 229

Armoire à bijoux de l'impératrice Marie-Louise, en acajou et bronze doré, par Jacob-Desmalter (Mobilier national)... 231